中国非物质文化遗产年鉴 | 2011年

吕品田　主编

文化藝術出版社
Culture and Art Publishing House

图书在版编目（CIP）数据

中国非物质文化遗产年鉴·2011年 / 吕品田主编. —北京：文化艺术出版社，2016.12
ISBN 978-7-5039-6188-5

Ⅰ.①中… Ⅱ.①吕… Ⅲ.①文化遗产–中国–2011–年鉴 Ⅳ.①G122-54

中国版本图书馆CIP数据核字(2016)第325181号

中国非物质文化遗产年鉴·2011年

主　　编　吕品田
责任编辑　毛　忠　彭世帆　齐大任
装帧设计　李　鹏
出版发行　文化艺术出版社
地　　址　北京市东城区东四八条52号　（100700）
网　　址　www.caaph.com
电子邮箱　s@caaph.com
电　　话　（010）84057666（总编室）84057667（办公室）
　　　　　（010）840576916—84057699（发行部）
传　　真　（010）84057660（总编室）84057670（办公室）
　　　　　（010）84057690（发行部）
经　　销　新华书店
印　　刷　鑫艺佳利（天津）印刷有限公司
版　　次　2018年8月第1版
印　　次　2018年8月第1次印刷
印　　张　38.25
字　　数　500千字
开　　本　880毫米 x 1194 毫米　1/16
书　　号　ISBN 978-7-5039-6188-5
定　　价　180.00元

《中国非物质文化遗产年鉴·2011年》
编辑委员会

目　录

引言

中国非物质文化遗产古老而灿烂，保护与传承非物质文化遗产，就是保护我们世代相传的民族精神与文化根脉。党和国家充分认识到文化在国家综合实力发展中的重要地位和意义，在2011年召开的中国共产党第十七届六中全会上，明确提出“坚持中国特色社会主义文化发展道路”，要“建设优秀传统文化传承体系”。作为文化建设重要组成部分的非物质文化遗产保护工作，也迎来了其发展历程中的重要一年。

2011年，作为新世纪一个新的十年的起点，也是实施“十二五”国家发展规划的开局之年，同时，对于我国的非物质文化遗产保护工作而言，更有着特殊的意义。这一年，《中华人民共和国非物质文化遗产法》（以下简称《非遗法》）颁布实施，配套法规和地方性法规建设有序展开，我国非物质文化遗产保护工作步入有法可依的新阶段。以宣传贯彻《中华人民共和国非物质文化遗产法》为契机，从现阶段全国非物质文化遗产保护面临的形势和任务出发，遵循非物质文化遗产自身生存演变规律，各项基础性工作扎实开展，非物质文化遗产保护关键环节上有新进展和新成效。《第三批国家级非物质文化遗产名录》公布，中国非物质文化遗产数字化保护工程一期工程建设完成，《〈保护非物质文化遗产公约〉履约报告》完成并获通过，生产性保护方式不断完善，整体性保护方式积极推进，队伍建设继续加强，有中国特色的非物质文化遗产保护体系初步建成，我国非物质文化遗产保护事业步入全面发展和继续深化的重要阶段。

我国在快速推进国内非物质文化遗产保护工作的同时，同样高度重视国际非物质文化遗产的合作与交流，积极参与联合国教科文组织相关名录的申报工作，并成为拥有该组织公布的人类非物质文化遗产代表作名录、急需保护的非物质文化遗产名录和优秀实践名册等入选项目数量最多的国家。保护非物质文化遗产，是一项维护人类文化多样性的国际性课题，因为非物质文化遗产不仅是一个国家、民族的文化财富，也是属于全人类共同的精神财富。我国通过项目的申报，向世界充分展示了我国非物质文化遗产的独特价值、实施保护的积极态度和创新务实的保护实践。2004年8月，经全国人大常委会批准，我国加入联合国教科文组织《保护非物质文化遗产公约》，成为最早加入该公约的国家之一。从2001年

5月18日昆曲名列世界首批“人类口头和非物质遗产代表作”以来，短短十年间，我国已有29个非物质文化遗产项目列入联合国教科文组织的“人类非物质文化遗产代表作名录”，7个项目列入“急需保护的非物质文化遗产名录”。2010年到2011年，文化部的非物质文化遗产司和对外文化联络局、中国艺术研究院共同撰写完成并向联合国教科文组织提交了《〈保护非物质文化遗产公约〉履约报告》，2011年11月在印度尼西亚召开的保护非物质文化遗产政府间委员会第六次会议上，我国提交的履约报告受到好评并获得通过。在本次会议上，我国申报的“中国皮影戏”被列入“人类非物质文化遗产代表作名录”，“赫哲族伊玛堪”被列入“急需保护的非物质文化遗产名录”。“中国经验”的传播对促进世界范围内非物质文化遗产保护具有重要意义。

中国共产党第十七届六中全会上，从文化纲领、文化目标、文化政策上阐述了文化强国的“中国道路”，首次讨论了我国的文化发展，提出建设社会主义文化强国的宏伟目标和战略任务。当前，文化领域正在发生广泛而深刻的变革，推动文化大发展大繁荣既具备许多有利条件，也面临一系列新情况、新问题。这就要求文化管理部门在开展非物质文化遗产保护工作中，既要立足于基本国情、文化传统和现实基础，又要在实践中探索新途径，正如在党的第十七届六中全会上提到的：“要全面认识祖国传统文化，取其精华、去其糟粕，古为今用、推陈出新，坚持保护利用、普及弘扬并重。”而我国非物质文化遗产项目的丰富性，又决定了保护方式的多样性。我国目前主要采取了三种非物质文化遗产保护方式，即抢救性保护、整体性保护和生产性保护。2011年，国家对这三种保护方式都进行了积极的探索和推进。在抢救性保护方面，文化部继续推动2010年10月启动的文化部“十二五”时期规划项目——“中国非物质文化遗产数字化保护工程”。非物质文化遗产和其生存的自然、文化生态紧密相连，因而，文化部在抢救性保护的基础上，根据非物质文化遗产的自身规律、特性和生存状况，进一步提出整体性保护的新思路。建设文化生态保护实验区，就是推进立体、系统的整体性保护的重要举措。自2007年，我国第一个文化生态保护试验区在闽南落户后，几年时间，相继有11家文化生态保护实验区被正式命名。从2011年开始，这11个国家级文化生态保护实验区将编制规划、实施细则，进入具体实施阶段。在生产性保护方面，文化部认定了第一批41个生产性保护示范基地，同时，起草了《文化部关于加强非物质文化遗产生产性保护的指导意见》。

2011年，我国的非物质文化遗产保护工作不但走上了法治化道路，建立了系统完善的工作体系，同时在构建非物质文化遗产保护的理论保障体系方面，也向前迈进了一大步。从国家到地方层面，加强理论队伍建设，以当前非物质文化遗产保护及研究的热点问题入手，举办了各种形式的学术交流研讨、传承和传播等活动。还以工作实践需求为基点开办了多种形式的培训班，为工作人员进一步厘清非物质文化遗产保护工作思路，积极探索可持续发展的建设道路，更好地推动整体保护工作的深入开展提供了良好的理论学习契机。此外，在非物质文化遗产保护的宣传、教育方面，新闻媒体发挥了重要的作用，促进了社会公众参与保护的自觉意识，共同推动非物质文化遗产保护工作的开展。6月11日是中国第6个“文化遗产日”，也是《非遗法》正式实施后的第一个“文化遗产日”。全国各地的非物质文化遗产保护机构都组织了形式多样的文化活动。通过众多的活动，向公众传播了非物质文化遗产知识，为进一步提高全社会的文化遗产保护意识，促进我国文化遗产保护工作健康有序地发展，提升民众对民族文化的认知度和自信心，促进各民族之间，各社区、群体和个人之间的相互理解和尊重，使民众自觉参与非物质文化遗产保护并共享保护成果，营造了全社会共同关注、参与文化遗产保护事业的良好氛围，促进了社会和谐可持续发展。

《中国非物质文化遗产年鉴·2011年》(以下简称《年鉴·2011年》)由中国非物质文化遗产保护中心组织专业力量，组成编辑委员会编撰完成，是《中国非物质文化遗产年鉴》中的第二卷。《年鉴·2011年》卷秉承了第一卷《中国非物质文化遗产年鉴·2010年》卷的体例结构及编撰原则，正文采用分类编辑法，全文由特载、政策法规、保护实践、理论建设、大事记和附录六大部分组成。在各板块具体栏目的设置上，根据本年度的实践工作情况作了相应调整，真实、客观、全面、系统地反映了2011年度国家在非物质文化遗产保护领域的新成就、新事件和新变化，是一本具有权威性、综合性、系统性、规范性、资料性和实用性的专业年鉴。

《年鉴·2011年》卷的编撰资料主要由文化部非物质文化遗产司和各省(区、市)的非物质文化遗产主管部门提供，少部分来源于公开出版发行的图书、报纸和相关数据库。内容主要收录了中央国家机关及直属单位，各省(区、市)文化行政主管部门及相关机构在本年度开展的与非物质文化遗产及其保护相关的工作。限于篇幅，除计划单列市外，地级市以下(含地级市)的活动暂不收录。全书中凡涉及“非物质文化遗产”这一专有名词，使用全称，遇有当年政策文件、公开出版物、活动事项名称中使用“非遗”简称的，本着尊重事实的态度，保留原样，但统一为该简称增加双引号，以保证全文行文一致。另外，全书标题中出现的活动名称除特殊情况外，原则上不加注双引号。

《年鉴·2011年》卷的内容兼顾了工作性与学术性，既载录了本年度颁布的相关法规文件、领导的重要讲话和文章，又涵盖了年度内主要的学术活动及研究成果等。书中记述要点不断，大事频仍。其中“特载”“政策法规”和“保护实践”等栏目，一如既往地记录和反映了中国非物质文化遗产保护事业的进程；“理论建设”部分展示了我国非物质文化遗产研究领域的学术进展、研究成果和整体风貌；而“大事记”和“附录”，则为读者更为直观地了解中国非物质文化遗产保护工作现状提供了资讯与线索。我们期望能为读者提供一部集综合性、系统性、资料性、学术性、专业性于一体的非物质文化遗产方面的实用工具书，使其成为广大读者和非物质文化遗产保护工作者、研究者了解国家非物质文化遗产保护事业发展进程的重要文献资料，并以此存照，镜鉴将来。

《中国非物质文化遗产年鉴》编辑委员会

综述

非物质文化遗产保护工作的方法和过程相当复杂，要求在工作实践中深入其内在的结构与精神，经过不断探索，最终使文化遗产在快节奏的现代社会中彰显出自身的价值，保持稳健而持久的健康发展态势。2011年作为“十二五”国家发展规划的开局之年，为了完成中国共产党第十七届六中全会确立的建设社会主义文化强国的宏伟目标和战略任务，我国的非物质文化遗产保护工作全面建立并完善了法制化、系统化的整体性保护工作机制，更加凸显了国家在提高全民族文明素质，培养了高度的文化自觉和文化自信，增强了国家文化软实力，弘扬了中华文化，扩大了中国非物质文化遗产的国际影响力等发展战略方面的基本诉求。

一、《中华人民共和国非物质文化遗产法》正式施行

2011年2月25日，《中华人民共和国非物质文化遗产法》（以下简称《非遗法》）在经过第十一届全国人民代表大会常务委员会第十六次、第十八次和第十九次会议三次审议后，最终以155票赞成、2票反对的表决结果通过，自2011年6月1日起施行。

《非遗法》是新中国成立后，继《中华人民共和国文物保护法》颁布近30年来，文化领域颁布的第二部法律，在文化建设立法中具有里程碑的意义。《非遗法》的出台，显示了非物质文化遗产保护的方针政策上升为国家意志，将非物质文化遗产保护的有效经验上升为法律制度，将各级政府部门保护非物质文化遗产的职责上升为法律责任，为非物质文化遗产保护政策的长期实施和有效运行提供了坚实保障，更标志着我国非物质文化遗产在自觉的依法保护、科学保护的道路上迈进了一大步。

我国非物质文化遗产保护的立法工作可以追溯到20世纪90年代。全国人大教科文卫委员会在对云南、四川、贵州、重庆、广西等地的民间艺术、传统工艺等进行调查后，向文化部提出了研究起草民族民间传统文化保护法的建议。2002年8月，文化部经过反复论证和研究，向全国人大教科文卫委员会报送了《中华

人民共和国民族民间传统文化保护法（建议稿）》。2004年8月，我国全国人大常委会批准加入《保护非物质文化遗产公约》。为了更好地与国际公约接轨，全国人大教科文卫委员会决定由文化部牵头，组织有关方面的力量，对原有文本加以修改和补充。2005年，文化部成立非物质文化遗产保护法立法工作小组，在总结实践经验、广泛调查研究的基础上，起草了《中华人民共和国非物质文化遗产保护法（草案送审稿）》，于2006年9月报请国务院审议。在审查草案送审稿的过程中，国务院法制办会同文化部等部门进行了修改和完善，形成了《中华人民共和国非物质文化遗产法（草案）》。2010年6月，国务院第115次常务会议讨论通过了该草案，并提请全国人民代表大会常务委员会审议。其后，全国人大教科文卫委员会、法律委员会先后对该草案进行审议。这些工作，为《非遗法》的正式审议通过并颁行做了充分准备。

《非遗法》颁布之前，2005年国务院办公厅颁发的《国务院办公厅关于加强我国非物质文化遗产保护工作的意见》和《国务院关于加强文化遗产保护的通知》两个文件，是国家最高行政机关首次就非物质文化遗产保护工作发布的指导意见。《非遗法》的出台，明确了继承和弘扬中华民族优秀传统文化的“一个目标”；指出了指导非物质文化遗产保护工作的“两大原则”（一是保护非物质文化遗产，应当注重其真实性、整体性和传承性；二是保护非物质文化遗产应当有利于增强中华民族的文化认同，有利于维护国家统一和民族团结，有利于促进社会和谐和可持续发展）；规定了非物质文化遗产保护的“三项制度”（调查制度、代表性项目名录制度、传承传播制度）。明确了非物质文化遗产保护工作“保护为主、抢救第一、合理利用、传承发展”的指导方针和“政府主导、社会参与、明确职责、形成合力；长远规划、分步实施、点面结合、讲求实效”的保护原则，为我国非物质文化遗产保护工作的健康发展奠定了坚实基础。

《非遗法》第一次以法律形式界定了非物质文化遗产的范围，规范了非物质文化遗产的调查行为，确定国家采取认定、记录、建档等措施保存各类非物质文化遗产，采取传承、传播等方式保护体现中华民族优秀传统文化并具有历史、文学、艺术、科学价值的非物质文化遗产。该法还对违反本法有关规定行为的法律责任作了相应规定。制定《非遗法》是新形势下深入开展非物质文化遗产工作的迫切需要，是贯彻落实科学发展观、推动社会主义文化大发展大繁荣、完善社会主义法律体系的具体举措。该法的出台，标志着我国非物质文化遗产保护工作正式走上依法保护的道路，进入有法可依的历史时期，为我国非物质文化遗产保护事业的深入开展提供了坚实的法律保障，对继承和弘扬中华民族优秀传统文化，促进社会主义精神文明建设，推动文化大发展大繁荣，必将产生重大而深远的积极影响。

《非遗法》的公布与正式实施，在社会上引起了巨大反响。为了进一步提高对依法保护、保存非物质文化遗产重要性的认识，《非遗法》颁布出台之后，文化部和各省（区、市）文化行政主管部门及相关机构组织了多种形式的学习、宣传和贯彻《非遗法》的活动。

3月1日，文化部召开贯彻实施《非遗法》座谈会。4月26日，文化部办公厅下发《关于宣传贯彻〈中华人民共和国非物质文化遗产法〉的通知》，对贯彻实施《非遗法》进行全面部署。6月9日，全国人大、国务院法制办和文化部等单位在人民大会堂联合召开宣传贯彻《非遗法》座谈会，对深入宣传贯彻《非遗法》，依法做好非物质文化遗产保护、保存工作起到重要推动作用。全国人大教科文卫委员会、全国人大常委会法制工作委员会、国务院法制办公室和文化部联合编印了《非物质文化遗产法律指南》。该书收录包括《非遗法》在内的法律及其相关文件8种、《非遗法》条文释义、国务院及其有关部门文件10种和国际公约及其相关文件4种。文化部与国家民族事务委员会共同组织翻译出版蒙古文、藏文、维吾尔文、哈萨克文、朝鲜文、彝文、壮文7种文字的《非遗法》。各地除了以多种形式学习和宣传《非遗法》外，还积极举办《非遗法》培训班近2000期，培训人员90000余人。

二、配套法规和地方性法规建设有序开展

国家在全面落实《非遗法》的基础上，逐步完善了一系列配套法规和地方性法规的建设工作，同时积极建立健全非物质文化遗产保护的工作机制，开展四级名录体系建设，并不断加强名录管理工作。2011年5月23日，国务院正式批准公布了第三批国家级非物质文化遗产名录（共计191项）和国家级非物质文化遗产名录扩展项目名录（共计164项），至此，我国的国家级非物质文化遗产名录项目达到了1219项。在不断扩大国家级非物质文化遗产名录项目规模的同时，相关的文化管理部门也看到了各地“重申报、轻保护”的问题，为了扭转这一局面，就需要进一步完善相关配套法规体系建设，使依法开展非物质文化遗产保护工作更加具体化、规范化和制度化。《非遗法》对政府的职责作了明确规定：“政府是非物质文化遗产的第一保护人，其他组织和个人则是参与者。”在此基础上，文化部发布了《关于加强国家级非物质文化遗产代表性项目保护管理工作的通知》，

明确要求各级文化行政部门要认真履行职责，要加强对国家级代表性项目保护工作的管理，进一步完善国家级代表性项目的检查、监督、奖励和退出机制，维护国家级代表性项目名录的严肃性、权威性。全国各级地方立法机关和政府部门也根据《非遗法》确立的原则和制度，结合本地、本部门实际情况，加紧推进相关配套地方性法规建设。

2月14日，福建省人民政府第66次常务会议审议通过，2月17日福建省人民政府第113号令公布《福建省传统工艺美术保护办法》，自2011年5月1日起施行。5月27日，四川省第十一届人民代表大会常务委员会第二十三次会议批准《阿坝藏族羌族自治州非物质文化遗产保护条例》，由阿坝藏族羌族自治州人民代表大会常务委员会公布，自7月1日起实施。2011年7月29日，广东省第十一届人民代表大会常务委员会第二十七次会议通过《广东省非物质文化遗产条例》，自10月1日起施行。同时，《河南省非物质文化遗产保护条例（草案）》已报省人大常委会审批立项；河北、内蒙古、湖北等省（区）的非物质文化遗产保护条例列入了省人大、省法制办的立法计划；天津市人大已将地方非物质文化遗产条例起草工作纳入议事日程并开展前期调研工作。2011年之前，已有云南、贵州、广西、福建、江苏、浙江、宁夏、新疆8个省区出台相关保护条例。

为了使我国的非物质文化遗产保护工作与《非遗法》精神相衔接，非物质文化遗产的知识产权保护也引起重视。国家知识产权战略实施部际联席会议办公室出台《2011年国家知识产权战略实施推进计划》，其中提出“加快《民间文学艺术作品著作权保护办法》立法进度”，强调“配合《非遗法》的施行，研究制定《非物质文化遗产生产性保护扶持政策》《非物质文化遗产传承人及传承机制建设政策》《国家级非物质文化遗产名录项目分类保护规范》《国家级文化生态保护区总体规划编制规范》《非物质文化遗产珍贵实物管理办法》《人口较少民族非物质文化遗产保护政策》等政策或指导性文件”。

三、四级名录体系初步形成，名录管理不断强化

强化名录保护制度，规范名录管理，综合运用抢救性保护、整体性保护和生产性保护等多种方式，全面、系统、科学地保护非物质文化遗产代表性项目，逐步把工作重心从名录申报转移到遗产保护方面上来，建立健全非物质文化遗产保护的工作机制，是我国非物质文化遗产保护工作开展到一定阶段的必然选择。

5月23日，国务院正式批准公布了第三批国家级非物质文化遗产名录和国家

级非物质文化遗产名录扩展项目名录。第三批国家级非物质文化遗产名录所含项目191项，扩展项目164项，加之此前公布的两批1028项，至此，我国的国家级非物质文化遗产名录项目共计1219项。根据四级名录建设规划要求和各地方保护工作计划安排，山西省、吉林省、河南省、湖北省、重庆市、陕西省和甘肃省公布了第三批省级非物质文化遗产名录，黑龙江省、上海市和江苏省公布了第三批省级非物质文化遗产名录和扩展项目名录，四川省公布了第三批省级非物质文化遗产名录和第一、二批扩展项目名录，福建省公布了第四批省级非物质文化遗产名录，本年公布的省级非物质文化遗产项目共计1205项。截至2011年，公布省级非物质文化遗产项目计8566项。一些市、县也建立了非物质文化遗产名录。国家、省、市、县四级名录体系基本形成。

本年度，文化部印发《关于加强国家级非物质文化遗产代表性项目保护管理工作的通知》，对国家级名录项目及保护单位实施动态化管理，首次明确提出国家级名录项目退出机制，打破国家级名录项目及保护单位只进不出的僵化局面。国家级名录项目有进有出的制度机制成为我国非物质文化遗产保护工作的新常态。吉林省印发《吉林省省级非物质文化遗产代表性项目申报评定办法》，海南省印发《海南省省级非物质文化遗产代表性项目申报评定暂行办法》，四川省开展本辖区内国家级、省级非物质文化遗产代表性项目保护自查工作，青海省出台加强全省非物质文化遗产项目及其代表性传承人建档工作的意见，非物质文化遗产名录建设和管理不断加强。

四、代表性传承人评审认定循序进行，传承人保护力度不断加强

促进活态传承是非物质文化遗产保护工作的关键。建立代表性传承人评审认定体系和加强代表性传承人保护，是逐步建立非物质文化遗产保护制度的核心。

截至2011年，文化部先后公布了三批共1488名国家级非物质文化遗产项目代表性传承人，其中69位已经去世，保护和传承工作仍很严峻。本年度，文化部组织开展第四批国家级代表性传承人评审认定工作，申报工作已经结束，即将组织开展评审工作。中央财政加大对国家级代表性传承人开展传习活动的资助力度，自2011年起，补助经费从原来的8000元提高到10000元。

本年度，依据相关规定和各地区非物质文化遗产保护工作部署，各省、市、县级非物质文化遗产项目代表性传承人认定工作继续按照科学、严格、公正的程序有序进行。据统计，北京市、山西省、山东省、广西壮族自治区和甘肃省公布

了第三批省级非物质文化遗产项目代表性传承人名单，天津市、吉林省、广东省和青海省公布了第二批省级代表性传承人名单，江西省公布了第二批省级代表性传承人名单和补充名单，安徽省公布了第三、第四批省级代表性传承人名单，新公布省级代表性传承人1589名。截至2011年，全国共命名省级非物质文化遗产项目代表性传承人9564名。

五、抢救性保护工作全面开展

非物质文化遗产的不可再生性和脆弱性，决定了要将抢救性保护放在首位。因而，文化部从抢救第一的原则出发，于2011年继续推动2010年10月启动的文化部"十二五"时期规划项目——"中国非物质文化遗产数字化保护工程"，旨在通过先进成熟的数字信息技术，对我国大量珍贵、濒临消亡的非物质文化遗产项目，以及陷入生存困境的项目，通过文字、数字化等形式，加以真实、系统、全面地记录，使其得到抢救性保护，转化为有形的形式加以有效保存和传承。

2011年，中国艺术研究院以传统戏剧、传统美术、传统技艺3个门类的专家为核心，结合信息技术方面专业力量，多次深入地方调研，综合听取专家学者、非物质文化遗产从业者、非物质文化遗产保护工作者等多方面意见和建议，完成了中国非物质文化遗产数字化保护工程一期工程的建设，保证了规划方案及项目实施过程的科学性、有效性和可行性。运用数字化手段，进行资源采集、存储及应用，已成为非物质文化遗产抱救性保护的重要方法。

六、整体性保护方式积极推进

根据非物质文化遗产自身的整体性特征，吸收人类学、民俗学等学科的"整体论"思想，并借鉴人类此前保护遗产的有益经验，非物质文化遗产的整体性保护理念应是涵盖非物质文化遗产本体、相关环境和人这三项要素，从时间向度的历时性和空间维度的共时性对非物质文化遗产进行的综合性、立体式的系统保护，以最大程度地保持非物质文化遗产的完整性。面对我国丰富多样的文化传统，如果不能从整体上对非物质文化遗产进行综合保护，而仅以个别"代表作"形式对相应的文化片段进行"圈护"，就可能会在保护个别文化片段的同时，漠视、忽略、遗弃或者伤害尚未"圈护"的更多优秀文化遗产。非物质文化遗产保护不应也不会仅仅停留于保护一个个"文化碎片"或者"文化孤岛"上。历史的经验以及世界文化遗产保护的发展趋势都告诉我们，坚持整体性原则是非物质文化遗产保护的必然方向。因而，我国政府和非物质文化遗产保护工作者从整体性保护原则出发，探索出设立文化生态保护实验区的新举措。

本年度，生态区建设在实践和理论两方面都取得了重要进展。文化部重点加强已经批准的11个文化生态保护实验区的建设工作，根据《文化部关于加强国家级文化生态保护区建设的指导意见》，经过近半年时间的准备，下发了《文化部办公厅关于加强国家级文化生态保护区总体规划编制工作的通知》，分别于1月16日和4月26日正式同意批复了热贡和徽州两个文化生态保护区的总体规划。1月，文化部批准设立"大理文化生态保护实验区"。

8月，文化部在青海热贡召开了国家级文化生态保护区建设现场交流会，总结了生态保护区建设的基本模式、基本经验、基本做法，以及解决生态保护区建设所面临的困难和问题。会议加深了对非物质文化遗产生态性和系统性，非物质文化遗产与自然地理、人文社会环境关联性和整体性的认识与理解，更加明确了生态保护区是建立在非物质文化遗产整体性存在基础上的一种保护方式。

6月8日，湖北省发布《省文化厅关于公布省级文化生态保护实验区的通知》，公布确定恩施市等13个省级文化生态保护实验区。10月22日，河南省公布首批省级非物质文化遗产生态保护实验区，命名洛阳市（河洛文化）等5个市县为河南省非物质文化遗产生态保护实验区。本年度，江苏省印发《关于省级文化生态保护实验区建设的指导意见》，对建设省级文化生态保护实验区作出规划和部署；召开全省非物质文化遗产保护工作座谈会和省级文化生态保护实验区规划纲要论证会，研究、论证相关文化生态保护实验区规划纲要；先后设立洪泽湖渔文化生态保护实验区等4个省级文化生态保护实验区。云南省以曲靖市罗平县腊者布依族传统文化生态保护区为试点，编制完成《罗平县腊者布依族传统文化生态保护区保护规划》。此外，江苏省印发了《关于省级文化生态保护实验区建设的指导意见》，内蒙古自治区草拟了《内蒙古自治区文化生态保护区建设指导意见（草案）》和《内蒙古自治区蒙古族长调民歌和蒙古族呼麦传承基地管理办法（草案）》，四川省召开四川省国家级文化生态保护实验区总体规划专家论证会。

全国各文化生态保护实验区从整体性保护原则出发，有力地调动了当地政府和社会公众参与保护非物质文化遗产的积极性，维护了文化生态空间的完整性和文化资源的丰富性。

七、生产性保护方式日渐完善

“生产性保护”是指在具有生产性质的实践过程中，以保持遗产真实性、整体性和传承性为核心，以有效传承遗产技艺为前提，借助生产、流通、销售等手段，将非物质文化遗产及其资源转化为文化产品的保护方式。我国的非物质文化遗产保护工作，按照联合国教科文组织《保护非物质文化遗产公约》精神和国务院办公厅《关于加强我国非物质文化遗产保护工作的意见》中“保护为主、抢救第一、合理利用、传承发展”的方针，积极开展非物质文化遗产生产性保护的探索和实践。

目前，生产性保护方式主要是在传统技艺、传统美术和传统医药药物炮制类非物质文化遗产领域实施。在有效保护和传承的前提下，加强传统技艺、传统美术和传统医药药物炮制类非物质文化遗产代表性项目的生产性保护，符合非物质文化遗产传承发展的特定规律，有利于增强非物质文化遗产自身活力，推动非物质文化遗产保护更紧密地融入人们的生产生活；有利于提高非物质文化遗产传承人的传承积极性，培养更多后继人才，为非物质文化遗产保护奠定持久、深厚的基础；有利于继承弘扬优秀传统文化，推动优秀传统文化繁荣发展，满足人民群众的精神文化需求；有利于促进文化消费、扩大就业，促进非物质文化遗产保护与改善民生相结合，推动区域经济、社会全面协调可持续发展。

各级文化行政主管部门充分认识非物质文化遗产生产性保护的重要意义，增强责任感和紧迫感，积极探索，进一步推动我国非物质文化遗产生产性保护工作的深入开展。2010年年底和2011年上半年，文化部委托中国社会科学院组成非物质文化遗产生产性保护专项调研课题组，对生产性保护的重要意义、现实状况、存在的问题、保护方式的内涵和要求进行广泛深入的研究探讨，形成《中国非物质文化遗产生产性保护现状及扶持政策调研报告》，为生产性保护提供了重要的依据和指导。

10月31日，根据《文化部办公厅关于开展国家级非物质文化遗产生产性保护示范基地建设的通知》要求，经地方推荐、专家组初评、实地考察、评审委员会审议、社会公示、报部审批等程序，文化部公布《第一批国家级非物质文化遗产生产性保护示范基地名单》，认定了北京市珐琅厂有限责任公司（景泰蓝制作技艺）等41个国家级非物质文化遗产生产性保护示范基地。

各地方政府也积极加强生产性保护示范基地建设。6月7日，福建省公布首批省级非物质文化遗产生产性保护示范基地名单，认定泉州市木偶戏剧团（木偶戏·泉州提线木偶戏）等18个省级非物质文化遗产生产性保护示范基地；6月8

日，陕西省命名凤翔县城关镇六营村（凤翔泥塑）等4个省级生产性保护示范基地和西安坝酒坊酒业有限公司（户县龙窝酒手工酿造技艺及习俗）等21个生产性保护示范单位；9月22日，河南省公布认定开封汴绣厂（汴绣）等10个省级生产性保护示范基地；12月23日，贵州省公布第一批省级非物质文化遗产生产性保护示范基地名单，认定贵阳市乌当区新堡布依族乡香纸沟土法造纸传习所（土法造纸技艺）等14个省级生产性保护示范基地。

在各级生产性保护基地建设的同时，文化部还积极推进《关于加强非物质文化遗产生产性保护的指导意见》的制定工作，从“充分认识开展非物质文化遗产生产性保护的重要意义”“正确把握非物质文化遗产生产性保护的方针和原则”“科学推进非物质文化遗产生产性保护工作深入开展”和“建立完善非物质文化遗产生产性保护的工作机制”四个方面对生产性保护工作提出指导性意见，积极引导我国非物质文化遗产生产性保护工作沿着正确、协调和可持续的方向健康发展。

八、宣传教育活动广泛开展，保护意识深入人心

人民群众是非物质文化遗产的创造者、拥有者和传承者。提高广大人民群众的非物质文化遗产保护意识，是保护工作极其重要的一个方面。近年来，文化部和各级文化部门利用文化遗产日和民族传统节日，大力开展形式多样、内容丰富的非物质文化遗产展览、演出、讲座、论坛以及咨询服务等活动，集中、全面、深入地宣传报道非物质文化遗产保护工作，对促进非物质文化遗产的传播，扩大其社会影响，营造保护非物质文化遗产的良好氛围，成效明显，全社会的保护意识得到极大提高。

今年“文化遗产日”以“依法保护，重在传承”为主题。围绕这一主题举办的主题活动包括在京举办的“依法保护，重在传承——《中华人民共和国非物质文化遗产法》宣传展”“薪火相传——中国非物质文化遗产传承人师徒同台展演”“我们的精神家园·中国非物质文化遗产摄影大展”“册府琳琅 根脉相承——中华典籍与非物质文化遗产特展”，在四川成都举办的第三届“中国成都国际非物质文化遗产节”和浙江嘉兴举办的端午节节庆等活动，以及在澳门和香港举办的“根与魂·中国非物质文化遗产展演”等活动。各地文化部门也围绕“文化遗产日”的主题，举办了丰富多彩的宣传展示活动。这些活动覆盖面广，重头戏多，人民群众广泛参与，体现出非物质文化遗产保护工作日益深入人心，保护

非物质文化遗产的文化自觉日益加强。

本年度，各地各级文化部门积极与教育部门协商，将民歌和民乐纳入学校音乐课程，将剪纸和年画纳入美术课程，将传统技艺纳入手工课程，将传统舞蹈纳入体育课程，积极推进非物质文化遗产进课堂、进教材、进校园，让非物质文化遗产成为对青少年进行传统文化教育的重要载体。同时，通过建立遗产传承教学基地、命名非物质文化遗产传承示范学校、遗产项目传承人走入课堂向学生们授课等多种形式，以及非物质文化遗产进社区等，积极开展非物质文化遗产教育活动。

九、国际和地区间交流与合作不断拓展

联合国教科文组织是联合国致力于保护世界文化传承与发展的专门机构，其工作具有前瞻性、权威性、多样性和包容性。该组织提出的保护文化多样性、保护世界自然和文化遗产等理念深入人心，在全世界范围内产生了重要影响。

2003年，联合国教科文组织通过了《保护非物质文化遗产公约》。截止到2011年5月16日，全世界已有135个国家加入联合国教科文组织《保护非物质文化遗产公约》。作为非物质文化遗产极为丰富的大国，我国政府高度重视与联合国教科文组织的合作，全力支持其在各领域所做的努力，全面参与各领域活动，特别是在促进文化多样性、保护世界自然和文化遗产以及非物质文化遗产方面，取得了显著成效。2004年8月，经全国人大常委会批准，我国加入《保护非物质文化遗产公约》，是第6个递交批准书的缔约国，成为最早加入该公约的国家之一。自加入该公约以来，我国政府认真履行承诺，加大对入选联合国教科文组织非物质文化遗产名录项目的保护，积极参与国际规则的制定，为促进人类非物质文化遗产保护事业做出应有贡献。

2010年到2011年，文化部非物质文化遗产司和对外文化联络局、中国艺术研究院·中国非物质文化遗产保护中心共同撰写完成并向联合国教科文组织提交了《〈保护非物质文化遗产公约〉履约报告》。2011年11月在印度尼西亚召开的保护非物质文化遗产政府间委员会第六次会议上，委员会充分肯定了中国政府在保护和传承非物质文化遗产方面做出的努力，以及与遗产相关社区卓有成效的工作；我国提交的履约报告获得通过。

多年来，我国政府高度重视国际间的合作，积极参与联合国教科文组织实施的人类非物质文化遗产代表作公告制度，并成为拥有该组织公布的人类非物质文

化遗产代表作名录、急需保护的非物质文化遗产名录和优秀实践名册等入选项目数量最多的国家。通过项目的申报，向世界充分展示了我国非物质文化遗产的独特价值、实施保护的积极态度和创新务实的保护实践。在联合国教科文组织召开的保护非物质文化遗产政府间委员会第六次会议上，我国申报的“中国皮影戏”被列入“人类非物质文化遗产代表作名录”，“赫哲族伊玛堪”被列入“急需保护的非物质文化遗产名录”。至此，我国共有29个项目被列入“人类非物质文化遗产代表名录”，7个项目被列入“急需保护的非物质文化遗产名录”。

一年来，我国非物质文化遗产保护工作取得了突破性进展，同时，我们也清醒地看到，随着经济社会的快速发展和人民生产生活方式的急剧变化，我国非物质文化遗产保护工作面临很多的新情况、新问题。我们要继续加强非物质文化遗产保护的科学发展意识，继续加强保护机构和队伍能力建设，健全工作机制和经费保障机制，强化监督管理机制，进一步重视传承人传承活动和后备人才培养，着力加强理论研究，积极开展学术交流，以新思路、新举措，在宏观、大规模社会动员和全面展开的基础上，向微观、具体、精准、深入的方向扎实稳妥发展，实现非物质文化遗产保护工作新发展。

特载

概述

本年度，我国的非物质文化遗产保护工作进一步探索和总结符合国情的保护方式和措施，随着《中华人民共和国非物质文化遗产法》（以下简称《非遗法》）的颁布施行，我国非物质文化遗产保护事业走上了依法保护的新阶段，进入了全新的法制化保护时期。文化部部长蔡武、文化部副部长王文章等领导发表署名文章和讲话，为全面、依法保护非物质文化遗产提供了学理依据和科学指导。

为了保证《非遗法》正确、客观地施行，3月2日，文化部部长蔡武在《人民日报》发表文章指出，《非遗法》明确了继承和弘扬中华民族优秀传统文化的“一个目标”，提出了指导非物质文化遗产保护工作的“两大原则”，而且还规定了非物质文化遗产保护的“三项制度”。它的出台是我国履行联合国教科文组织《保护非物质文化遗产公约》的重要体现，为非物质文化遗产保护政策的长期实施和有效运行提供了坚实保障，并对非物质文化遗产的保护与保存、整体性保护方式以及知识产权保护等问题作出了分析和阐释。

文化部副部长王文章在全国非物质文化遗产保护工作会议上的讲话，从四个方面梳理总结了非物质文化遗产保护工作的经验，对于取得的成绩给予了肯定和认可，并对下一步工作部署和保护思路提出意见和建议。讲话指出，有中国特色的非物质文化遗产保护工作体系已初步形成，今后非物质文化遗产保护工作要深入学习贯彻党的十七届六中全会精神，充分认识非物质文化遗产保护工作面临的新形势，抓住机遇，趁势而上，开创非物质文化遗产保护工作的新局面。

依法保护　重在传承

——关于贯彻《中华人民共和国非物质文化遗产法》的几点思考

蔡　武

《中华人民共和国非物质文化遗产法》(以下简称《非遗法》)将于2011年6月1日起施行。《非遗法》的出台，适应了文化多样性发展的世界潮流，丰富了我国社会主义法律体系，对继承和弘扬中华民族优秀传统文化、增强民族凝聚力和创造力，推动文化的大发展大繁荣将产生重大而深远的影响。

具有里程碑意义

《非遗法》是中国特色社会主义政治、经济、社会、文化四位一体战略布局中颁布的一部重要法律。

《非遗法》是完善中国特色社会主义法律体系，加强文化立法的重要步骤。文化领域的法律法规是中国特色社会主义法律体系的重要组成部分，是全面实施"依法治国"的具体体现，在文化建设中具有基础性和全局性的作用。改革开放30多年来，我国文化立法取得了很大进展，初步形成了覆盖文化遗产保护、知识产权保护、公共文化服务、文化市场管理等全方位的法规体系。但总体上看，文化建设的法律层级还较低，体系还很不完善。《非遗法》是继《文物保护法》颁布近30年来，文化领域的又一部重要法律，不仅提升了文化立法的层次和水平，而且丰富了我国法律体系的内容，在文化建设立法中具有里程碑的意义。

《非遗法》的出台将为加强非物质文化遗产保护工作提供坚实保障。随着非物质文化遗产保护工作的逐步深入，社会各界都认识到，保护非物质文化遗产是一项长期而艰巨的任务，需要法律、科技、行政和财政各项措施环环相扣，持续不断。随着工作实践的深入，近些年来各地颁布了一些地方性保护法规，但在整个国家层面的立法仍是空白。《非遗法》的出台，将党中央关于文化遗产保护的方针政策上升为国家意志，将非物质文化遗产保护的有效经验上升为法律制度，将各级政府部门保护非物质文化遗产的职责上升为法律责任，为非物质文化遗产保护政策的长期实施和有效运行提供了坚实保障。

此外，《非遗法》的出台是我国履行国际公约义务的重要体现。我国是制定《保护非物质文化遗产公约》的重要发起国，并两次当选保护非物质文化遗产政府间委员会委员国。以法律的形式保护本国非物质文化遗产，是《保护非物质文化遗产公约》赋予缔约国的重要职责。作为一个负责任的大国，中国有责任、也有义务，为推进国际社会的非物质文化遗产保护做出努力。在充分吸收国际公约精神的基础上，结合我国非物质文化遗产的保护实践制定《非遗法》，这是我国全面履行国际公约义务的体现，彰显了我国维护人类文化多样性的决心和努力，是我国为促进世界非物质文化遗产保护、维护人类文化多样性做出的积极贡献。

准确把握精神实质

《非遗法》明确了继承和弘扬中华民族优秀传统文化“一个目标”：“继承和弘扬中华民族优秀传统文化，促进社会主义精神文明建设，加强非物质文化遗产保护、保存工作”。这一目标，过去主要体现在党和国家的政策文件中，现在以法律的形式得到确认。为了进一步体现这一目标，《非遗法》从不同角度进行了制度设计：一是在调整范围上，对保护对象进行了明确界定。二是在法律性质上，定位于行政保护为主。三是在保护措施上，实行区别保护，确认国家采取认定、记录、建档等措施保存各类非物质文化遗产，采取传承、传播等方式保护具有历史、文学、艺术、科学价值的非物质文化遗产。

《非遗法》提出了指导非物质文化遗产保护工作的“两大原则”：一是保护非物质文化遗产，应当注重其真实性、整体性和传承性。二是保护非物质文化遗产应当有利于增强中华民族的文化认同，有利于维护国家统一和民族团结，有利于促进社会和谐和可持续发展。这两大原则是我国非物质文化遗产保护经验的高度凝练和总结，是我们在保护实践中遵循非物质文化遗产传承、衍变规律，处理好有关民族、宗教问题以及传统文化中的精华与糟粕等问题的重要指针。

《非遗法》规定了非物质文化遗产保护的“三项制度”，分别是调查制度、代表性项目名录制度、传承与传播制度：非物质文化遗产调查是保护工作的基础，本法对县级以上人民政府、各有关部门、公民、法人和其他组织的调查以及境外组织或个人在我国境内的调查分别作出了规定；建立非物质文化遗产代表性项目名录，是为了集中有限的资源，对体现中华民族优秀传统文化，具有历史、文学、艺术、科学价值的非物质文化遗产项目制定保护规划，进行重点保护，并明确了建立名录的程序规范和保护要求；非物质文化遗产的传承与传播，既包括对代表性传承人的认定和扶持，也包括各级人民政府、有关部门及学校、新闻媒体、公共文化机构等在非物质文化遗产宣传、教育、传播方面的重要责任。另外，国家鼓励和支持合理利用非物质文化遗产代表性项目开发具有地方、民族特色和市场潜力的文化产品和文化服务。

对几个问题的理解

我对这部法律涉及的几个问题谈几点认识。

一是关于非物质文化遗产的保护和保存。《非遗法》立法过程中，大家对非物质文化遗产保护和保存的内涵和关系进行了广泛的探讨甚至是激烈的争论。目前出台的《非遗法》分为“保存”和“保护”两个层面，是考虑到在我国语境中，“保护”更具有积极的意义，不能完全照搬联合国教科文组织的提法。同时，我国非物质文化遗产种类繁多、性质各异，有的民俗和民间信仰活动或多或少含有一些与时代发展不相符合的因素，需要在认真甄别的基础上，针对不同的情况采取相应措施。

非物质文化遗产保护工作开展以来，社会上一直存在有可能保护一些消极的、负面文化的担忧。本法将“保护”与“保存”区别开来。对于本法界定范围的所有非物质文化遗产，采取认定、记录、建档等措施，通过影像资料、书面资料作为历史的记忆保存下来，以便研究和展示；而对那些体现中华民族优秀传统文化，具有历史、文学、艺术、科学价值的非物质文化遗产，采取积极有效的措施，包括将其列入名录、建立传承传播机制进行保护和弘扬。

二是关于如何看待非物质文化遗产整体性保护。《非遗法》明确提出了对非物质文化遗产项目集中、特色鲜明、形式和内涵保持完整的特定区域，实行区域性整体保护。自2007年以来，我们通过对非物质文化遗产区域性整体保护的探索和实践，开展了国家级文化生态保护实验区建设，并根据国家“十一五”文化发展纲要的要求，相继设立了11个国家级文化生态保护实验区，并初步总结出文化生态保护的工作原则和措施，出台了指导性意见。

但总体而言，区域性整体保护方式是我们开展非物质文化遗产保护工作的一种探索和创新，可借鉴的国内外经验较少，文化生态保护区的保护内容、保护方式、管理模式以及非物质文化遗产保护同区内各项建设事业的相互关系等需要作深入探索。今后我们要进一步出台相关规章，防止文化生态保护区变成一般意义上的经济开发区。

三是关于如何对待使用非物质文化遗产涉及的知识产权保护。《非遗法》是一部行政法，主要规范行政部门的行为，而知识产权属于民事范畴，不是这部法律所能完全涵盖的。同时，非物质文化遗产保护涉及的知识产权问题非常复杂，特别是许多非物质文化遗产的原创权属关系不是很明确，谁是权利主体有时难以确定，这些问题具有相当的复杂性，学术界对此也有不同看法。但考虑到非物质文化遗产使用会涉及到知识产权问题，《非遗法》对此作了衔接性规定，“使用非物质文化遗产涉及知识产权的，适用有关法律、行政法规的规定”。

（摘自《人民日报》，2011年3月2日）

（作者：蔡武，中华人民共和国文化部部长）

在全国非物质文化遗产保护工作会议上的讲话

王文章

同志们，今天我们在宁波召开全国的非物质文化遗产保护工作会议。大家在一起探讨一些问题，报告我们工作的经验和研究下一步工作的部署和思路，这个是很重要的。

今年，我们文化大事、喜事不断。一是历时十余年，社会各界翘首以盼的《中华人民共和国非物质文化遗产保护法》(以下简称《非遗法》)正式出台；二是党的十七届六中全会顺利召开，首次专门讨论文化的发展，首次提出建设社会主义文化强国的宏伟目标和战略任务，这标志着文化建设进入了新的发展阶段。在全国文化系统掀起学习贯彻全国十七届六中全会精神的背景下，今天我们在浙江宁波召开全国非物质文化遗产保护工作会议，会议的重要任务是深入学习贯彻十七届六中全会精神，学习贯彻《非遗法》，总结近年来非物质文化遗产保护工作，交流经验，研究部署下一阶段的工作任务。这一次会议得到了浙江省委、省政府，浙江省文化厅，宁波市人民政府，宁波市文化广电新闻出版局的大力支持。我代表文化部和全体与会人员表示衷心的感谢!

浙江省的非物质文化遗产保护工作动手早、起步快，工作主动，成效显著，这些年来一直是走在全国的前列。宁波市在开展非物质文化遗产普查，加强名录项目和代表性传承人保护等方面积极探索，积累了有益的经验。会议期间，我们将参观考察宁波市国家级名录项目的保护工作情况，交流各地非物质文化遗产保护工作的经验。我相信，这一次会议对于在新形势下进一步推动我国非物质文化遗产的科学保护，将具有重要的意义。

下面，我就当前非物质文化遗产保护和下一阶段工作任务，谈一些意见。

首先，有中国特色的非物质文化遗产保护工作体系初步形成。近年来，在党中央、国务院的高度重视下，在地方各级党委和政府的支持下，全国各级文化部门和广大非物质文化遗产保护工作者的共同努力下，非物质文化遗产保护工作取得了积极进展，有中国特色的非物质文化遗产保护体系已经初步形成。主要表现在以下几个方面：

第一，《非遗法》出台，为非物质文化遗产保护工作提供了坚实的法律保障。

2011年2月25日，十一届全国代表大会常务委员会第19次会议审议通过了《非遗法》；6月1日，《非遗法》正式施行。《非遗法》是中国特色社会主义政治、经济、文化、社会四位一体战略布局中颁布的一部重要的法律。现在我们的文化立法很少，所以《非遗法》的颁布，对我们国家的文化立法来说，是一个重大的试验。

《非遗法》颁布，不仅体现了党和国家对文化建设的高度重视，丰富了我国法律体系的内容，而且也是履行国际公约义务的体现，为促进世界非物质文化遗产保护，维护人类文化多样性做出了积极的贡献。最重要的是《非遗法》的出台，为非物质文化遗产保护政策的长期实施和有效运行提供了坚实的法律保障。从此，我国的非物质文化遗产保护工作就进入了一个依法保护的阶段。这个依法保护阶段应该说是一个很高的层次，所以能够进入这个层次，我们的非遗保护，就有了一个很有力的，能够持之长远的有效保障。

《非遗法》颁布出台之后，文化部和各省（区、市）组织了多种形式的学习、宣传和贯彻《非遗法》的活动。文化部组织了专家的座谈会，印发了《关于贯彻〈中华人民共和国非物质文化遗产法〉的通知》，编印了《非物质文化遗产法法律指南》。各省（区、市）结合“文化遗产日”，举办了各种形式的宣传活动和学习活动。如浙江省将2011年6月6日列为《非遗法》的宣传月，在全社会开展系列宣传活动。辽宁省在《辽宁日报》《辽沈晚报》等新闻媒体开设专版和专栏，向社会宣传《非遗法》。据不完全统计，全国一共举办《非遗法》的培训班1932期，培训人员90370人，为配合《非遗法》的出台，各省（区、市）积极完善地方配套法规建设。广东省人大常委会在2011年7月30日，审议通过了《广东省非物质文化遗产保护条例》，这是继云南、贵州、广西、福建、江苏、浙江、宁夏、新疆等省（区）之后，出台的第9个地方性法规。河北、山西、内蒙古、湖北等省（区）非物质文化遗产保护条例也列入了省（区）人大、省（区）法制办的立法计划。

《非遗法》出台之后，地方关于非遗保护方面的地方法规也相继出台。

第二，多种保护措施并举，保护成效明显。

非物质文化遗产的丰富性决定了保护方式和保护措施的多样性。在保护工作中，我们逐渐探索出了非物质文化遗产保护的多种方式：非物质文化遗产以项目为重要表现形式，因此在保护工作的前期，以建立项目名录、保护项目为重要工作抓手；非物质文化遗产主要是以传承人口传心授进行传承，因此，把传承人的保护放在了关键的地位，传承人的保护应该是非遗保护的核心部分；非物质文化遗产的不可再生性和脆弱性，决定了我们把抢救性保护放在第一位；非物质文化遗产与人民大众生活、生产息息相关，因此，要尽可能运用生产性保护等积极保护的方式；非物质文化遗产本身的整体性特征以及与依存的自然生态、人文生态紧密相关，所以应该采取整体性保护的方式；非物质文化遗产的不同类别项目特点和传承规律是不同的，所以我们也要根据非物质文化遗产项目不同的演变规律采取不同的保护方式。比如说现在有一些项目，我们是采用的强制性的保护方式。但有一些传统的手工技艺项目，适用于生产性保护的方式。由此可见这些保护方式都是针对不同的项目传承规律的，或者是针对不同的项目目前所处的、所面临的现状而采取的保护方式。所以非物质文化遗产保护的方式应当是多样的。

利用现代信息技术手段对非物质文化遗产项目，以及年老体弱的传承人进行全面拍摄、记录，形成档案，建立数据库，是非物质文化遗产抢救性保护的重要方式。目前，非物质文化遗产数字化保护工程“一期工程”已经完成；国家级代表性传承人的抢救性记录工程也已经列入文化部“十二五”文化发展规划。

非物质文化遗产与人民大众的生产生活息息相关，根据非物质文化遗产自身传承、衍变的规律，我们提出了生产性保护的理念，在有效保护的前提下进行合理的生产、利用，在生产、利用中激发非物质文化遗产自身的生机和活力，促进非物质文化遗产的保护和传承。在促进生产性保护等这些方面得到了社会各个方面的肯定，包括中央领导也有批示。生产性保护，应该是非物质文化遗产保护的一种重要的方式。2011年，文化部开展了非物质文化遗产生产性保护示范基地建设工作，已经命名公布了第一批41个国家级非物质文化遗产生产性保护示范基地，树立了开展非物质文化遗产生产性保护的典型。这么多年来，在生产性保护方面，示范基地的工作人员不断地开展创造性的工作，成效很明显，这些经验应该好好总结，让大家在工作中加以推进、遵循。现在各地都在积极探索非物质文化遗产生产性保护的措施，这个非常重要。

建设文化生态保护区，将非物质文化遗产从单项的项目保护提升到与其依存的环境进行整体性保护，是遵循非物质文化遗产传承和发展规律的科学保护方式，是当前社会主义新农村建设和快速城市化进程中，保护非物质文化遗产的重要举措。自2007年文化部启动文化生态保护区建设以来，目前设立了11个国家文化生态保护试验区。浙江、山东、云南、广西等省（区）也开展了省（区）级文化生态保护区建设的探索工作。2011年8月，文化部在青海省召开了国家级文化生态保护区建设的现场交流会。经过研讨与交流，文化生态保护区建设的思路已经基本清晰，文化生态保护区建设工作正在稳步推进。现在全国11个文化生态保护实验区，他们在保护区的规划，在一些具体的保护措施落实方面，推进得比较有成效。

第三，非物质文化遗产保护的三项制度进一步完善。

近年来，我们通过开展普查，建立四级名录体系和代表性传承人评审认定体系，加强代表性传承人保护等，逐步建立了非物质文化遗产保护的三项制度。

普查是非物质文化遗产保护的一项基础性的工作，普查是前提。全国非物质文化遗产普查工作取得了阶段性的成果，共收集珍贵的实物和资料29万件，普查文字记录达20亿字，拍摄图片477万张，普查资源总量近87万项。目前的主要工作任务是做好普查成果的整理利用和普查报告出版的工作。

文化部专门召开了专家座谈会，研究制定非物质文化遗产普查报告编写体例，确定了浙江、重庆等地作为普查报告编撰的试点单位，并在云南举办了非物质文化遗产的普查成果应用培训班。普查的成果编撰，是成果留存下来的很重要的方面，文化部非物质文化遗产司做了很多工作，希望各地也要重视这个工作。

非物质文化遗产名录建设是非物质文化遗产保护制度的重要内容。截止到2011年，国务院公布了三批国家级非物质文化遗产名录共1219项。各省（区、市）也公布省级非物质文化名录8566项。一些市、县也建立了非物质文化遗产名录。国家、省(区)、市、县四级名录体系基本形成。2011年9月，文化部印发了《关于加强国家级非物质文化遗产代表性项目保护管理工作的通知》，明确提出了国家级名录项目的退出机制。从此，国家级名录项目将不再是终身制，有进有出将成为常态化的工作。

促进活态传承，是非物质文化遗产保护工作的关键。截止到2011年，文化部公布了三批1488名国家级非物质文化遗产项目代表性传承人。但是里面有69位已经去世，所以保护的工作很严峻。第四批国家级代表性传承人的申报工作已经结束，即将组织开展评审工作，从2008年开始，在中央转移地方非物质文化遗产保护经费中，文化部按每年每人8000元的标准，对国家级代表性传承人开展传习活动进行资助，自2011年起，补助经费提高到了10000元。各地也陆续开展了省、市、县级非物质文化遗产项目代表性传承人的认定与命名工作，全国一共命名省级代表性传承人9564名。

第四，宣传教育活动丰富多彩，非物质文化遗产保护意识日益深入人心。

宣传教育这一块，应该是工作成效很明显。人民群众是非物质文化遗产的创造者、拥有者和传承者。人民群众保护意识的提高是对非物质文化遗产最好的保护。近年来，文化部和各级文化部门利用文化遗产日和中华民族的传统节日，大力开展非物质文化遗产的宣传、展示活动，集中、全面、深入地宣传报道非物质文化遗产保护工作，促进了非物质文化遗产的传播，扩大了社会影响，营造了保护非物质文化遗产的良好氛围，提高了全社会的保护意识。非物质文化遗产保护做得好不好，公众参与的程度高不高是一个很重要的评价标准。

2011年“文化遗产日”，文化部确定了“依法保护，重在传承”的主题。围绕学习、宣传和贯彻《非遗法》，2011年的“文化遗产日”期间，在北京举办了文化遗产的主题活动，包括“依法保护，重在传承——《非遗法》的宣传展”“薪火相传——中国非物质文化遗产传承人师徒同台展演”“我们的精神家园——中国非物质文化遗产摄影大展”；在国家图书馆举办了一系列展览；在四川成都举办了第三届中国成都国际非物质文化遗产节；在浙江嘉兴举办了端午节节庆的活动。2011年6月、10月，文化部还在澳门特区和香港特区举办了“根与魂——中国非物质文化遗产的展演”活动。各地文化部门也围绕文化遗产日的主题，举办了丰富多彩的非物质文化遗产宣传活动和保护成果展示活动。总体来说，活动覆盖面很广，重头戏很多，人民群众广泛参与，充分体现出非物质文化遗产保护工作日益深入人心，保护非物质文化遗产的文化自觉日益加强。

各地文化部门通过积极与教育部门协商，将民歌、民乐纳入音乐课，将剪纸、年画纳入美术课，将传统技艺纳入手工课，将传统舞蹈纳入体育课，积极推进非物质文化遗产进课堂、进教材、进校园，使非物质文化遗产成为对青少年进行传统文化教育和爱国主义教育的重要载体。我们进校园的活动，要跟教育部门加强联系，争取让更多反映非物质文化遗产知识的项目进入中小学的课堂。

第五，对外交流渠道继续拓展，国际影响力日益提高。

我国作为联合国教科文组织《保护非物质文化遗产公约》(以下简称《公约》)的缔约国，积极参与国际规则的制定工作，积极履行加入《公约》的义务。不断学习和借鉴他国文化遗产保护的成功经验，积极参与国际交流与合作，这也是我们工作侧重的一个方面。近年来，我国在法国巴黎成功举办了中国非物质文化遗产艺术节；在四川成都举办了三届“中国成都国际非物质文化遗产节”；与蒙古国联合申报蒙古族长调民歌为“人类非物质文化遗产代表作名录”项目，并签订合作协议，加强联合保护；参加以“非遗延续和弘扬”为主题的“亚洲文化部长论坛”等。2010年，联合国教科文组织和我国政府在中国艺术研究院设立“亚太地区非物质文化遗产国际培训中心”。我国积极参与联合国教科文组织“人类非物质文化遗产名录”和“急需保护非物质文化遗产名录”的申报工作。2011年11月，在印度尼西亚召开的保护非物质文化遗产政府间委员会第六次会议上，我国申报的赫哲族说唱艺术“伊玛堪”被联合国教科文组织列入“急需保护的非物质文化遗产名录”，中国皮影戏被列为“人类非物质文化遗产代表名录”。截止到2011年11月底，我国入选联合国教科文组织非物质文化遗产名录项目总数达到36项，成为世界上入选项目最多的国家。这充分说明了国际社会对我国非物质文化遗产保护工作的充分肯定。不仅是入选的项目多，中国对非遗保护的推进，保护措施的实施和工作成效和成绩，在国际上都得到了充分肯定。

虽然我们保护工作取得了突破性的进展，但也要看到当前工作当中也存在一些不容忽视的问题，比如说一些地方没有真正树立科学发展意识和正确的政绩观，对保护非物质文化遗产的意义认识不到位，文化自觉意识不强；非物质文化遗产盲目开发的现象不同程度地存在；一些地方保护工作机制和经费保障机制还不健全，所需经费还没有列入当地财政预算，保护机构和队伍建设还需要加强；重申报，轻保护的现象还是不同程度地存在。突出的现象就是申报还是很重视的，申报之后保护的措施不落实，其中包括：经费不到位。非物质文化遗产保护基础理论与实践研究滞后，使得非物质文化遗产保护中的重大问题还缺乏相应的理论支撑，我们的理论研究要加以推进。许多非物质文化遗产项目传承后继乏人。现在我们非物质文化遗产后继乏人是一个比较突出的问题，但我们也要看到，近年来，通过国家的非物质文化遗产保护工作的推进，这个现象在很多项目当中，也是有了突出的改变。很多的项目现在后备的传承人才，应该说是队伍不断扩大，这也是另一方面可喜的现象。非遗项目有一些传承人比较薄弱，有的时候是一个客观的现象。总体上讲，非物质文化遗产的后续的队伍，传承队伍的建设，必须加以更大的重视。全社会的非物质文化遗产保护意识还有待加强。因此，我们必须切实增强非物质文化遗产保护工作的紧迫感和责任感，提高对非物质文化遗产保护重要性的认识，认真解决保护工作中存在的一些突出问题，不断提高保护工作的水平，推进这项工作深入、有效、持续、扎实地开展。

第二个大的方面，是深入学习贯彻党的十七届六中全会精神，充分认识非物质文化遗产保护工作面临的新形势。

前面讲了非物质文化遗产保护工作在推进方面取得的成绩，但这个成绩不是我们近十年保护工作全面的总结，是这一段时间以来，我们在这些方面的一些推进、一些成效。总的来讲，非物质文化遗产保护工作十年来，成效是非常明显的。一个是目标明确，思路清晰，机制有效，推进扎实，成绩显著。

非遗工作，应该说从整体的进展，从取得的成绩方面来说，得到了社会一致的肯定，但是对出现的问题我们必须要看得很清楚。总体来讲，工作的成绩是很突出的。

第一，非物质文化遗产保护是建设中国特色社会主义文化发展道路的重要内容。

当前，世界正处在大发展、大变革、大调整的时期，我国也是处在经济和社会转型的时期。各项事业的发展站在了新的历史起点上。党的十七届六中全会从时代发展和战略全局的高度，科学把握我国文化改革发展的特点和规律，提出了坚持中国特色社会主义文化发展道路，努力建设社会主义文化强国的战略思想和宏伟目标，吹响了建设社会主义强国的号角。非物质文化遗产保护是文化建设的基础性工作，是公益性文化事业的重要组成部分，是国家文化战略和中国特色社会主义文化发展道路的重要内容。加强非物质文化遗产保护，对弘扬中华民族优秀传统文化，推动社会主义文化大发展，大繁荣，提升国家文化软实力，建设中国特色社会主义文化强国有重要的意义。

随着经济全球化、城市化的进一步加快，许多源于农耕文明，又要靠口传心授的方式传承的非物质文化遗产越来越受到严重的冲击。由于遗产本身的脆弱性，在传统社会向现代社会的转型过程当中，在现代化发展的浪潮当中，许多非物质文化遗产面临着生存危机。非物质文化遗产保护工作任重而道远。各级文化部门要全面深入学习领会党的十七届六中全会精神，充分认识非物质文化遗产的保护工作面临的新形势和新机遇。认真挖掘和深刻认识中国传统文化的历史意义和现实价值，坚持科学的保护理念，落实保护措施，进一步加强非物质文化遗产保护工作。

第二，非物质文化遗产保护工作当中要处理好以下几个关系。

一是非物质文化遗产保护和利用的关系。非物质文化遗产是活在社会当中的传统文化，是广大民众生产生活中的重要组成部分。由于非物质文化遗产具有不可再生性，加强对非物质文化遗产的保护，并使之世代传承，是我们面临的紧迫的任务。同时，许多非物质文化遗产往往是在生产实践的具体活动当中产生的，这一些非物质文化遗产要融入人民群众的生产生活才可以获得生机活力。非物质文化遗产项目，只有跟广大民众的生产生活实践密切地融合在一起，我们的保护才可以真的持久，真正可以得到民众的喜爱。通过深入发掘非物质文化遗产的多重价值，对非物质文化遗产项目进行适度利用和开发，不仅可以满足当地群众精神文化生活的需求，让当地的群众和传承人获得经济效益，提高他们的传承积极性，促进地方经济结构调整和经济发展，也符合非物质文化遗产的传承发展规律，有利于传统文化的继承和弘扬。非物质文化遗产的很多项目，我们一定要思考，怎么样和民众的生活和生产融为一体。

在利用的过程当中，我们要坚持“保护为主，抢救第一”，不能过度开发，要有长远的眼光，避免急功近利。要牢记“保护重于利用”，保护是利用的保证、基础和前提。没有保护的利用，只能让非物质文化遗产在利用当中变异，在变异中消亡。在利用中，关键要把握好度，不能丢失或者是篡改非物质文化遗产的主要内容，从而伤及遗产本身。我们要把握好非物质文化遗产自身的发展、衍变规律，在保护的基础上进行合理利用，使非物质文化遗产更好地融入社会和民众，融入生活，为大家服务。

我们的利用一定要遵循规律，不能伤害非物质文化遗产的重要的特质。在非物质文化遗产保护工作中，我们要特别强调这一点，这一点在把握的时候，和我们思考如何更好地更充分地利用非物质文化遗产不矛盾。所以，保护和利用这一关系，我们只要思考得清楚，把握适度，完全可以大胆地放开去开发利用。

二是非物质文化遗产继承与发展的关系。我国的优秀传统文化凝聚着中华民族自强不息的精神追求和历久弥新的精神财富，是建设中华民族共有精神家园的重要支撑。实现中华民族的伟大复兴，离不开对优秀传统文化的继承。非物质文化遗产是优秀传统文化的重要载体，是开展文艺创造、推动文化繁荣的重要源泉。我们今天继承非物质文化遗产，就是传承优秀传统文化的文脉。我们今天继承非物质文化遗产，要在科学认定的基础上，采取有力措施，使非物质文化遗产在全社会得到确认、尊重和弘扬，我们还要全面认识非物质文化遗产，加强对非物质文化遗产实现文化价值的挖掘和利用，把握时代的脉搏，使非物质文化遗产成为新时代鼓舞人民前进的精神力量。

一方面，发展是人类社会的永恒的主题，非物质文化遗产同样离不开发展。我们要把握好非物质文化遗产继承和发展的关系，认识到继承是发展的必要前提，发展是继承的必然要求。我们要遵循非物质文化遗产自身传承、发展、衍变的规律，在衍变的基础上发展，在发展的过程当中传承。我们还要学习借鉴世界其他国家的文化，学习其他国家在保护非物质文化遗产方面的先进理念和手段，在文化交流、借鉴和融合的过程当中，吸收其他国家民族文化的有益成果为我所为，大力推进文化创新，在创新当中维护中华民族文化的基本元素，努力使当代中华文化多姿多彩，更有吸引力和感染力。这个关系也是我们要把握的主要的关系。非物质文化遗产应该说具有广泛性，可以说是融入我们老百姓的生产生活当中的。在浙江宁波，他们出版了一些群众基础广泛和深入的非物质文化遗产项目。另一方面，我们对非物质文化遗产要进行保护和继承、发展，但很多当前已经不可能传承，但是要保存下来，这个是我们要注意的。比如说有一些，大家经常讲的有一些项目，是民间信仰的项目，这些项目怎么样对待？因为在现代化进程当中，这些很快会消失，我们先保存下来，以后再逐步地研究，或者是让后人研究，也是很重要的。先保存，包括录音、录像，甚至是尊重现在的存在，也很重要。有一些项目有很多迷信的成分，但是这个成分剔除了之后，这个项目就不能存在了，具体怎么样看待？所以我们要保存起来。不是什么都放在非物质文化遗产里面，要采取科学的态度，要把握好度。

三是非物质文化遗产保护与旅游的关系。文化是旅游的灵魂，旅游是文化的重要载体，文化旅游相互融合，相互促进，有利于传播文化，扩大优秀传统文化的影响力，满足人民群众的精神文化需求，促进社会和谐发展。十七届六中全会指出要积极发展文化旅游，促进非物质文化遗产保护传承和旅游相结合。开展非物质文化遗产保护，要注意处理好非物质文化遗产保护传承与旅游的关系，处理好非物质文化遗产表现形式和文化创意产品、旅游产品的关系。要坚持保护为主、合理利用的原则，在保持非物质文化遗产本真性的基础上，组织非物质文化遗产项目进入旅游景区，提升旅游的文化内涵。如对传统的美术、技艺类的遗产，可以通过生产性的保护方式加以合理利用，为文化产业和旅游业注入新鲜元素；对文化生态保护区中独具特色的文化生态资源，可以适度开展文化观光旅游、文化体验游、文化休闲游等多种形式的旅游活动。在保护与旅游的结合工作当中，我们要始终把传承放在第一位，避免过度开发而严重影响非物质文化遗产保护、传承的要落实整改措施。同时要充分尊重非物质文化遗产背后的文化价值和特定的内涵，尊重文化遗产中蕴含的风俗、信仰和情感，不能为了追求经济效益对非物质文化遗产项目进行破坏性的商业包装，例如，有的地方为了招徕游客，不分时间，不分地方，不分场合地表演所谓的民俗风情，严重地伤害了特定风俗的庄严感、神圣感和持有群体的情感，损害了非物质文化遗产的“真实性”，这类伪民俗旅游项目要采取措施予以坚决制止。旅游和非遗保护的结合，应该优势互补，在和旅游的结合当中，弘扬和发展非物质文化遗产项目，这个是要认识到，这一点很重要。另一方面，如果把握不当，旅游的开发，会消解或者会歪曲非物质文化遗产的项目，这个关系我们要把握好。

第三个大的问题：抓住机遇，乘势而上，开创非物质文化遗产保护工作的新局面。

当前，非物质文化遗产保护工作已经有了良好的开局。鉴于这项工作的长期性、复杂性，今后我们还会面临更艰巨、更繁重的任务。非物质文化遗产保护应该是千秋万代的事情。近十年来，我们做了很多开创性的工作，应该说，在非物质文化遗产保护的历史上，要记下一笔。但是非物质文化遗产保护的长远性，决定了我们要采用非常稳健扎实的，与我们人民群众的生产生活密切结合的发展方针。我们不能设想非遗保护再有10年或是20年就会保护得很好，这是不可能的，我们很快把这个保护做得很完善是不现实的。我们人类生活发展的进程当中，会产生很多的变化，有的项目消失了，有的可能在生产生活当中，产生新的项目，经过时间的积累之后，也会成为遗产。所以，非物质文化遗产保护的长远性和我们人类生活相生相伴的过程，决定了我们的一些措施和目标要考虑实际，这个是非常重要的。

我们有一次到澳大利亚去，在一个剧场里面，看到给一些小学生表演他们民族的舞蹈。舞台上表演的演员有五六十人。学生，观众也是五六十位，很多坐在舞台上，有两个主持人问学生，这个舞蹈是哪个民族的？就有人回答是哪个民族的。问学生，这个民族在什么地方、地理位置、有多少人口、生活的习惯等的问题？通过这个表演，把整个民族的历史知识和现实发展的情况宣传给孩子们。然后再问服装，为什么裙子是几层的？为什么这么穿？谁回答对了，主持人就说哪个地方对，不对的就补充。这个歌舞团让不多的孩子过来看了一个上午。我想，他们国家非物质文化遗产传承很重要的方面，是在传承民族的历史知识。我想，它的成本是很高的，一个剧团，一上午就给孩子们表演这个，为什么下这么大的功夫，肯定是国家的支持。我问他们，你们演出一上午，收入是怎么来的？他们说，是国家补贴的，但补贴不是很高。我想，他们更多的是一种责任和义务，来宣传他们国家的非物质文化遗产。我们现在很多还是追求表面的宏观效益。这些在非物质文化遗产保护开始的几年是必要的。但是，长远来看，我们要做得更扎实。

为了做好这个工作，我们要以《非遗法》和党的十七届六中全会精神为指导，不断深化非物质文化遗产的保护意识，遵循非物质文化遗产保护的客观规律，努力提升工作水平，抓住机遇，乘势而上，全面落实各项工作任务，开创非遗保护工作的新局面。下一阶段，我们要重点抓好以下几方面的工作：

第一，要进一步贯彻落实《非遗法》。要结合《非遗法》对非物质文化遗产保护事业"十二五"规划进行完善，对近期工作计划进行适当调整，使其更加符合法律要求，进一步廓清非物质文化遗产保护工作科学规范、深入发展的思路，提高保护工作的针对性和时效性。要制定完善非物质文化遗产保护工作配套法规，将法律设立的调查制度、代表性项目名录制度、传承与传播制度等进行细化，转化为各项长效工作机制，促进非物质文化遗产保护工作迈上新台阶。文化部将配合国务院法制办，研究制定《〈中华人民共和国非物质文化遗产法〉实施细则》及各项配套法规。各地要对照《非遗法》修订现有的规章制度，积极推动地方非物质文化遗产保护条例等地方法规建设。要加强对各级文化行政部门和非物质文化遗产保护工作人员的法规培训，强化依法行政、依法保护的观念，掌握非物质文化遗产法规的精神实质和各项具体规定，在实际工作当中正确履行法律所赋予的权利和义务，真正做到有法必依，执法必严，违法必究，就是要依法保护。

第二，完善调查制度，加强普查成果的整理利用。要根据《非遗法》的精神，进一步完善非物质文化遗产的调查制度，尽快出台《境外组织和个人在中华人民共和国境内开展非物质文化遗产调查管理的暂行办法》，加强对境外组织和个人在中国境内开展非物质文化遗产调查的审批与管理。要抓好非物质文化遗产普查成果的整理利用工作，对第一次全国非物质文化遗产普查资料进行系统化整理研究，积极推进各级非物质文化遗产数据的库建设工作。以山西、浙江、重庆、云南等省（市）为试点单位，编撰出版四省（市）的非物质文化遗产普查报告，并在全国范围内启动非物质文化遗产普查报告编撰出版工作。

第三，加强名录项目保护与管理。要对列入"人类非物质文化遗产代表作名录"，"急需保护的非物质文化遗产名录"和国家级非物质文化遗产名录的项目，加强管理，加大保护力度，采取科学有效的保护措施，把保护工作落到实处。文化部将根据不同类别、不同项目的实际情况制定国家级非物质文化遗产名录项目分类保护的规范标准，通过以点带面的方式，加强对不同类别的非物质文化遗产保护工作的指导。各地要组织制定非物质文化遗产名录项目的"十二五"保护规划。根据保护规划落实保护措施。列入国家级的项目，要制定一个具体的规划，一定要细化，要把保护的措施和规划落实到位。要进一步落实《文化部关于加强国家级非物质文化遗产代表性项目保护管理工作的通知》要求，建立健全监督、检查机制和退出机制，加强对国家级名录项目保护工作的指导和督察。各地要建立定期自查、报告机制，落实自查工作。在各地自查的基础上，文化部将组织专家对各地的国家级名录项目保护工作情况和代表性传承人履行传承义务情况进行全面检查，及时发现问题、解决问题，总结经验，指导全国的非物质文化遗产保护工作，并通过督察，对国家级代表性项目和代表性传承人保护情况进行评估，实施动态管理，落实国家级非物质文化遗产名录退出机制，对保护工作开展不力、怠于开展保护工作和进行破坏性开发的项目和单位，文化部查实后将予以警告，限期改正。破坏性开发，虽然不是有意识的破坏，但可能在客观上，起到一种消减的作用。对整改不力，该国家级名录项目状况还没有得到明显改善的，文化部将取消这个项目的保护单位资格，收回国家级名录项目标牌，并向社会公告。文化部在2012年的遗产日之前，要对各地列入名录的项目的情况，进行一次督察和检查。

第四，健全传承机制，加大对代表性传承人、学艺者的培养和扶持。要继续加强代表性传承人的保护，研究制定代表性传承人保护的政策法规，继续做好非物质文化遗产项目代表性传承人的认定和命名工作。为代表性传承人开展传习活动创造良好的条件，包括提供必要的传承场所，资助传习经费，支持其开展授徒传艺、教学、交流活动等。对中央财政补助传承人的传习活动经费，要保证用到传承人传习活动中，防止挪作他用。但是，有一些传承人本身生活困难，进行一些生活补助也是允许的。现在据了解，有些省（市、区），传承人的经费没有落实到传承人本身，这个要各地监察一下，经费一定要落实到传承人本身。要按照《非遗法》的有关规定，将传承人保护逐步制度化、规范化，建立对传承人传承工作的考核机制，对传承工作有突出贡献的代表性传承人给予表彰、奖励，对传承不利的也要采取相应的处罚措施。同时研究落实对学艺者的助学、奖学等政策措施，鼓励他们掌握传统知识或技艺，培养更多的后继人才。前面我们讲的，我们非物质文化遗产保护工作是一个长期的过程。所以，不能产生急躁的情绪。比如说，一些地方提出来，有一些项目的发展要普及化，培养传承和学习的后备人才很重要，但是一些项目盲目地利用政府的力量，不顾实际地推广，这是不符合实际的。要看实际项目的情况和它影响的程度，和人民群众接受的程度去因地制宜地加以推进，不是盲目地把一个项目普及到一个地区。有的地方，有一些项目发展不错，有一些发展不平衡，所有项目要一样发展，这是不合实际的。所以要看项目在群众当中的影响、自身可能发展的程度来因势利导地加以推进，盲目地去推进一个项目是不符合实际的。

还有一个，后备人才缺乏。这个是很多非物质文化遗产项目都面临的情况，我们要加以研究和推进改变。另外一个方面，也不是一个项目，很多的人都要学习这个项目，这样才感觉后备人才不缺乏，后继有人了，其实并不是这样的。一定要对我们的项目发展有一个实事求是的评估，在这个基础上，加以引导，推动传承和发展。要按照中宣部的要求，制定《非物质文化遗产项目代表性传承人扶持计划实施方案》，这个正在抓紧研究制定，要列入中宣部的人才培养的计划。对代表性传承人进行培养、扶持。要加大对传承人的培训力度，重点加强非物质文化遗产保护的政策法规、保护方式、知识产权保护、教学技巧等相关知识培训，组织代表性传承人开展横向交流活动，切磋技艺和交流传承经验，提高他们的文化自觉和文化自信，提高他们传承责任意识和保护传承能力。要尽快启动国家级非物质文化遗产项目代表性传承人抢救性记录工程，做好第四批国家级非物质文化遗产项目代表性传承人的评审认定工作。

第五，继续推进非物质文化遗产整体性保护。要统筹规划文化生态保护区建设，进一步规范国家级文化生态区的申请、审批和命名程序，制定《国家级文化生态保护区申报和管理暂行办法》。“十二五”期间，在充分考虑民族和地域特点的基础上，文化部将选择历史文化积淀丰厚、存续性良好，具有重要价值和鲜明特色的文化形态进行整体性保护，新设立了一批文化生态保护区。各省（区、市）可根据地方实际情况开展省级文化生态保护区建设。已经设立的文化生态区要在规划纲要的基础上，认真编制《文化生态保护区总体规划》（以下简称《总体规划》）。现在有一些确立为生态保护区之后，保护的总体规划不完善。依照《总体规划》落实具体措施，加强非物质文化遗产整体性保护。各地要将文化生态保护区建设纳入当地经济社会发展规划，积极探索保护区科学、合理的建设模式，加强与相关部门的合作与协调，研究解决一些文化生态保护区建设中的困难和问题，及时总结建设经验。文化部将继续做好国家级文化生态保护区总体规划的认证、审批工作，加强对国家级文化生态保护区建设情况的检查和指导，推动文化生态保护区建设工作稳步深入开展。

第六，积极开展非物质文化遗产生产性保护。要加强非物质文化遗产生产性保护的探索和实践，厘清生产性保护思路，针对不同的物质文化遗产项目资源，探索针对性的保护机制和管理模式，积极培育生产性保护的成功典型，促进生产性保护的全面深入开展。要充分发挥已命名的41个国家级非物质文化遗产生产性保护示范基地的示范带头作用，在实践中总结生产性保护的做法和经验，文化部将制定出台《关于加强非物质文化遗产生产性保护的指导意见》《国家级非物质文化遗产生产性保护示范基地命名与管理暂行办法》等文件，进一步加强引导和管理。下一步，在调查研究的基础上，文化部将积极与国家财税、金融、国土管理等有关部门沟通，争取生产性保护税收、融资、土地使用等方面的优惠政策，为开展生产性保护创造有利的条件。各地要积极推动当地政府把非物质文化遗产生产性保护纳入当地经济社会发展的总体规划给予重点的扶持。

现在，各省（市、区）把非物质文化遗产生产性保护写入“十二五”规划，特别是十七届六中全会之后，把生产性保护放在了重要的位置。对生产性保护这个方面要进一步开展，希望争取当地政府部门的支持，纳入地方总体发展规划当中。

2012年元宵节期间，就是2012年春节期间，文化部会在北京农展馆举办“中国非物质文化遗产生产性保护成果大展”等系列活动，保护中心正在加紧筹备。这一次系列活动规格高、范围广、规模大，将集中宣传展示非物质文化遗产生产性保护的丰硕成果，对进一步推动生产性保护，促进非物质文化遗产保护成果由人民共享，丰富节日期间人民群众的文化生活，营造欢乐祥和的节日氛围具有重要意义。希望各地高度重视，积极配合，认真做好参展项目的审核、展览展示等各项工作。这一次生产性保护成果大展，在农展馆，场地很大。这个要通过图片和成果来宣传生产性保护的经验和成果，同时，要现场看看生产性保护当中最精粹的技艺和创造的项目成果，还有一些珍品。希望各地重视这一次工作。我们作为非物质文化遗产的战线，这个是展现自身的成果和进一步提高宣传保护的意识，提高全社会的意识，很重要的一次活动。希望各地支持和参与，把这一次活动办好。

第七，开展宣传教育，促进非物质文化遗产的传播和弘扬。要充分利用每年的“文化遗产日”，开展一些形式多样、内容丰富的演出、讲座、论坛以及咨询服务等活动；组织开展非物质文化遗产博览会等示范性展示宣传活动；要利用民族的传统节日，组织开展丰富多彩的节日文化活动，与各民族的传统民俗节庆活动相结合，突出传统节日的文化内涵，充分展现与节日主题相关的非物质文化遗产，弘扬民族文化的优秀传统。要积极推动非物质文化遗产进校园、进课堂、进教材。要根据实际情况，在大中小学开设相关的课程，建立一批非物质文化遗产传播、教育基地。要积极推动非物质文化遗产进社区、进乡村、进家庭，发挥非物质文化遗产在活跃群众精神文化生活，提高思想道德素质和科学文化素质，维护民族团结和社会稳定方面的积极作用。非物质文化遗产保护工作是深入开展，前景广阔，作为保护领域里面，有很大的潜力需要我们进一步研究，怎么样开拓性地进行保护。要有序推进非物质文化遗产普查成果和保护成果的出版工作，编纂出版全国非物质文化遗产普查报告，指导全国的普查成果和保护成果出版，当然在一些资料和成果的出版方面，各地可以根据自身的情况思考，提出自己的意见和格式。出版国家级非物质文化遗产名录丛书、国家级非物质文化遗产名录项目代表性传承人纪略、代表性传承人口述史、非物质文化遗产重点项目调研报告、非物质文化遗产保护年鉴（2011—2015）、非物质文化遗产普及读物、培训教材、非物质文化遗产保护研究专著、研讨会论文集、理论研究文献和学术刊物等。各地可以根据实际出版非物质文化遗产保护成果，拍摄非物质文化遗产专题片等。

第八，拓展交流渠道，推动非物质文化遗产保护的国际交流与合作。要充分利用国际平台，积极参与国际间非物质文化遗产的交流和合作，认真履行国际责任和义务，为维护世界文化多样性和人类社会文明进步做出应有的贡献。要及时关注国际非物质文化遗产保护工作动向，参与非物质文化遗产保护国际规则的制定工作。要积极参与联合国教科文组织的“人类非物质文化遗产名录”和“急需保护的非物质文化遗产名录”及“优秀实践名册项目”的申报工作，重视申报“优秀实践名册项目”，推广非物质文化遗产保护中国经验。今后要把申报重点放在申报优秀的名册项目上。现在优秀的名册项目，我们中国还没有项目列入。下一步，要把这个重点放在优秀的世界名册项目上。要积极履行申报时作出的承诺，加大“人类非物质文化遗产代表作名录”和“急需保护的非物质文化遗产名录”项目的保护力度，尽快展现保护成效。要加强宣传，使我国的优秀非物质文化遗产走出国门，扩大中华文化的影响力。要吸取和借鉴其他国家的非物质文化遗产保护方面的一些经验和做法，为我所用。要继续加强同联合国教科文组织的合作，办好成都国际非物质文化遗产节。下一步，我们非遗的巡展就可以到世界各国去举办，规模可大可小，通过宣传向国际宣传我们保护的一些经验和成果。

第四个大的方面，关于下一步工作的几点要求。

党的十七届六中全会对我们的非物质文化遗产保护工作提出了新的要求。《非遗法》出台，为非物质文化遗产保护工作深入科学发展提供了坚实的法律保障，整个文化事业和非物质文化遗产保护工作者面临着进一步发展的良好机遇。各级文化部门和广大文化遗产保护工作者要抓住机遇、振兴精神，认真学习、深刻领会全会精神，对照全会提出的各项方针政策、目标任务和要求，对照当前的非物质文化遗产保护工作，增强保护传承优秀传统文化的责任感和紧迫感。贯彻落实全会《中共中央关于深化文化体制改革推动社会主义文化大发展大繁荣若干问题的决定》对非物质文化遗产保护工作提出的新要求，把我国的非物质文化遗产保护工作推向新的阶段。

非物质文化遗产保护在我们国家上下认识一致，看法一致，评价也是一致的。对非物质文化遗产保护工作的必要性和工作的进展评价都很好，这个是我们文化工作者难得的状况，我们要珍惜非物质文化遗产保护的成果。在推进非物质文化遗产保护工作中，我们的思路还是比较清晰的，目标是明确的，我们一定要珍惜现在的工作状态。所以，要尽可能研究规律性的东西，把我们工作进程当中重点和一般需要推进的工作分开层次，注意纠正可能出现的偏差。要掌握好工作的主动性，这个很重要。我们几十年的非遗保护进展比较顺利，和我们主动的思考有很重要的关系。

今后的工作，强调以下几点要求：一是要加强学习和调查研究，提高业务能力和工作水平。当前，非物质文化遗产保护工作面临着新形势。新形势，今天我这里没有讲。我们在以前，目标明确，思路清晰，机制有效，推进扎实，这个是我们的评价。下一步，怎么样更深入地、更细致地、更稳健地来推进非遗保护，我们要研究新的形势。

各级文化部门和广大非物质文化遗产保护工作者要学习和领会党的十七届六中全会精神，学习《非遗法》的各项规定，学习非物质文化遗产保护的相关学科知识和业务知识，结合学习开展调查研究，充分了解和把握非物质文化遗产保护的各项政策法规，当前保护工作的现状和问题，不断加强业务建设，提高自身能力和工作水平，适应新的形势和要求，为非物质文化遗产保护工作做出贡献。

二是依靠专家队伍，加强非物质文化遗产保护的理论学术支撑。非物质文化遗产保护，现在全国的机制有效（政府主导，社会参与），同时我们本身的非物质文化遗产从政府部门和整个系统的工作队伍的建设方面，有很好的成效，也有一个很好的基础。现在有16个省（市、区）建立了非物质文化遗产文化处、建立了中心，我们自身的队伍建设，可以说推进了整个非物质文化遗产的保护，这是一个基础，没有这个基础和队伍，我们不可能做得这么好。我们做得这么好，我们这个队伍和机制产生了作用。我们要推行工作，要靠我们的基本队伍，比如我们非物质文化遗产司下面的非物质文化遗产处、各级中心等。我们要珍惜队伍建设、加强队伍建设，这个很重要。除了我们自身要发挥作用之外，要依靠专家队伍，加强非物质文化遗产的理论学术支撑。我国的非物质文化遗产保护工作之所以取得成效，初步形成了比较完备的保护体系，和专家的参与是分不开的。我们的专家学者在非物质文化遗产保护工作当中，积极建言献策，对我们非物质文化遗产的科学发展做出了重要的贡献，今后要继续依靠专家队伍，建立健全非物质文化遗产保护工作专家委员会和专家库。支持专家开展非物质文化遗产保护重大理论和实践研究，支持相关高等院校、科研机构开展非物质文化遗产保护研究，充分发挥专家专业指导、业务咨询等方面的作用，为科学开展非物质文化遗产保护工作提供决策参考和智力支持。

三是充分发挥非物质文化遗产的保护部际联席会议成员单位的作用。部际联席会议是非物质文化遗产保护工作非常重要的领导机制、协调机制和工作机制。自2005年文化部牵头建立非物质文化遗产保护工作部际联席会议制度以来，非物质文化遗产保护工作得到了发改委、财政部、商务部等各成员单位的大力支持。在部际联席会议框架下，和各成员单位相互配合，充分发挥了指导协调作用，全面推动了非物质文化遗产保护的工作。许多地方也仿效建立了本地区的非物质文化遗产保护部际联席会议制度。今后，我们要继续发挥非物质文化遗产保护部际联席会议成员单位的作用，加强沟通，形成合力，协调解决好非物质文化遗产保护工作中的重大问题。

所以部际联席会议的建立，有效促进了保护协调工作。所以现在，非物质文化遗产实际上从文化的核心出发，覆盖了很多系统和部门。我们怎么样来协调好？有这么一个联席会议制度，这个很重要。文化部和很多部门的协调是比较有效的。充分体现了以文化部为主导，各个部门积极参与。虽然我们是横跨了很多的系统和部门，但我们还是比较协调的。这个是我们非物质文化遗产保护取得成效的很重要的原因。

四是动员社会力量参与非物质文化遗产保护。非物质文化遗产是中华民族共有的宝贵精神财富，保护与传承的主体是广大人民群众，非物质文化遗产的保护与传承既需要政府的主导，也离不开社会的参与，需要动员各方面的力量进行扶持和帮助。《非遗法》第9条也明确规定：国家鼓励和支持公民、法人和其他组织参与非物质文化遗产保护工作。今后，我们要充分调动个人和企事业单位，其他社会团体等各方面的力量，激发他们参与非物质文化遗产保护的积极性和主动性，为他们参与非物质文化遗产保护工作创造条件、提供服务，集全社会之力，共同推进非物质文化遗产保护工作。

当前一些社会资金的支持也很重要。我们进入非遗名录的一些国家级项目，很多生产性保护做得很好，有这些单位来参与，资金支持非遗保护也很重要，要发挥这些社会的各方面的作用。前不久，有一个企业，他们认为自己也可以在非物质文化遗产保护中投入资金，可以设立一个优秀传承人的奖励机制，可以从2011年开始实施。这个是社会的参与，有利于推动非物质文化遗产保护下一步更好地开展。我想，这里面的力量是非常大的。我们现在本身的队伍、专家的队伍，再加上社会的广泛的参与，包括国家的资金和社会的资金、国家的力量和专家的力量都结合起来，这样，我们非物质文化遗产保护的前景应该非常好。

五是加强机构队伍建设和经费投入，为非物质文化遗产保护提供有力保障。目前，全国31个省（区、市）都建立了非物质文化遗产保护中心，北京、山西、内蒙古、安徽、云南等9个省（区、市）成立了省级非物质文化遗产保护中心。江苏、浙江、河南、青海、新疆等15个省（区、市）成立了独立的非物质文化遗产处室。各地要继续加强机构的建设，向有关部门努力争取人员编制，争取建立独立运行的非物质文化遗产保护工作机构。要加强非物质文化遗产保护人才队伍建设，有计划地对现有的保护工作人员进行培训，做好经常化、制度化，形成一支专兼职的保护队伍。要与高等院校、科研院所密切协作，设立与非物质文化遗产相关专业，建立一批研究、培训基地，培养一批硕士、博士研究生，为非物质文化遗产保护提供专业的人才保障。

截至2011年，中央财政已累计投入非物质文化遗产保护经费14.99亿元；截至2010年，省（区）级财政投入非物质文化遗产保护工作共约22亿元。各地要继续与地方财政部门沟通，积极争取非物质文化遗产经费投入力度的进一步加大，将非物质文化遗产保护经费纳入地方财政预算体系，同时也要加强经费使用的执行力度，加强保护经费使用的管理、监督和检查。应该说，国家，包括省（市、区），对非物质文化遗产保护的经费投入力度还是有的，但是针对非遗保护的要求，这么多的非物质文化遗产保护的项目，总体来讲投入还是不够，我们要通过与财务部门的沟通，不断争取增加经费。

同志们，“十二五”时期是我国非物质文化遗产保护事业进入全面深入发展的重要时期，面对新的形势和任务，我们要自觉肩负起历史和时代赋予我们的神圣的职责，以党的十七届六中全会精神为指导，贯彻《非遗法》，坚持依法保护、科学保护，锐意进取，开拓创新，为我国非物质文化遗产保护事业做出新的贡献。

我们这一次会议，实际上就是我们文化主管部门和中心有关的专家参加的一次会议，我们大家为非物质文化遗产保护贡献自己的力量，在自己的岗位上，为我们国家的历史文化传承和弘扬做工作，大家也是有自豪感和责任感来尽职尽责的。我们这个队伍要加强交流，包括观摩学习。非物质文化遗产司下一步也会组织我们交流、考察、学习、参观。在这样一个新的形势下，我们大家要共同携手、共同努力。新的形势到底对我们非物质文化遗产保护工作会有怎样的影响？我们要学习。在一个新的背景下，我们有很多新的需要变化的方面，对此要加以深入研究。我相信，我们大家共同携手，共同来团结努力，为了我们国家的非物质文化遗产保护能够做得更好、不断地向前发展，做出我们的努力。这个是我们的责任，也是我们大家非常乐意尽的责任。

为了我们已经取得的成绩，和我们将要开展的更艰巨的工作，我代表文化部感谢大家的努力，感谢大家。祝大家工作顺利，身体健康，为我们的事业蓬勃发展做出更大的贡献。谢谢大家！

（文稿由浙江省非物质文化遗产保护中心提供）

（作者：王文章，中华人民共和国文化部副部长，
中国艺术研究院院长、中国非物质文化遗产保护中心主任）

政策法规

概述

本年度，《中华人民共和国非物质文化遗产法》颁布实施，标志着我国的非物质文化遗产保护步入有法可依的阶段。该法历经数年，几易其稿。本年2月25日，经第十一届全国人民代表大会常务委员会第十九次会议审议通过，《中华人民共和国非物质文化遗产法》自本年6月1日起正式施行。

《中华人民共和国非物质文化遗产法》共6章45条，分为总则、非物质文化遗产的调查、非物质文化遗产代表性项目名录、非物质文化遗产的传承与传播、法律责任和附则。该法立足我国非物质文化遗产存续状况和保护实际，第一次从法律上界定了非物质文化遗产的范围，规范了非物质文化遗产的使用和调查行为，明确了传承人的任命方式和退出机制。

部分省、区、市人民政府也积极开展本省、区、市非物质文化遗产立法调研工作。河南省、广东省出台了该省非物质文化遗产（保护）条例，四川省出台了阿坝藏族羌族自治州非物质文化遗产保护条例。这些条例，在《中华人民共和国非物质文化遗产法》的框架下，具有地方针对性，将在该地区非物质文化遗产保护工作中发挥积极作用。

此外，文化部和各级人民政府还就非物质文化遗产代表性项目申报、保护和管理，非物质文化遗产保护专项资金管理，非物质文化遗产代表性传承人档案建设，传统文化保护区和文化生态保护实验区建设，以及非物质文化遗产保护研究等方面出台了相关法规和文件，对非物质文化遗产保护工作有序、规范开展起到积极的推进作用。

一、立法工作

十一届全国人大常委会第十九次会议
审议通过《中华人民共和国非物质文化遗产法》

2月25日，十一届全国人大常委会第十九次会议审议通过《中华人民共和国非物质文化遗产法》，该法于2011年6月1日起正式实施。

中华人民共和国主席令（第四十二号）

《中华人民共和国非物质文化遗产法》已由中华人民共和国第十一届全国人民代表大会常务委员会第十九次会议于2011年2月25日通过，现予公布，自2011年6月1日起施行。

中华人民共和国主席　胡锦涛

2011年2月25日

中华人民共和国非物质文化遗产法

（2011年2月25日第十一届全国人民代表大会

常务委员会第十九次会议通过）

第一章　总　则

第一条　为了继承和弘扬中华民族优秀传统文化，促进社会主义精神文明建设，加强非物质文化遗产保护、保存工作，制定本法。

第二条　本法所称非物质文化遗产，是指各族人民世代相传并视为其文化遗产组成部分的各种传统文化表现形式，以及与传统文化表现形式相关的实物和场所。包括：

（一）传统口头文学以及作为其载体的语言；

（二）传统美术、书法、音乐、舞蹈、戏剧、曲艺和杂技；

（三）传统技艺、医药和历法；

（四）传统礼仪、节庆等民俗；

（五）传统体育和游艺；

（六）其他非物质文化遗产。

属于非物质文化遗产组成部分的实物和场所，凡属文物的，适用《中华人民共和国文物保护法》的有关规定。

第三条　国家对非物质文化遗产采取认定、记录、建档等措施予以保存，对体现中华民族优秀传统文化，具有历史、文学、艺术、科学价值的非物质文化遗产采取传承、传播等措施予以保护。

第四条　保护非物质文化遗产，应当注重其真实性、整体性和传承性，有利于增强中华民族的文化认同，有利于维护国家统一和民族团结，有利于促进社会和谐和可持续发展。

第五条　使用非物质文化遗产，应当尊重其形式和内涵。

禁止以歪曲、贬损等方式使用非物质文化遗产。

第六条　县级以上人民政府应当将非物质文化遗产保护、保存工作纳入本级国民经济和社会发展规划，并将保护、保存经费列入本级财政预算。

国家扶持民族地区、边远地区、贫困地区的非物质文化遗产保护、保存工作。

第七条　国务院文化主管部门负责全国非物质文化遗产的保护、保存工作；县级以上地方人民政府文化主管部门负责本行政区域内非物质文化遗产的保护、保存工作。

县级以上人民政府其他有关部门在各自职责范围内，负责有关非物质文化遗产的保护、保存工作。

第八条　县级以上人民政府应当加强对非物质文化遗产保护工作的宣传，提高全社会保护非物质文化遗产的意识。

第九条　国家鼓励和支持公民、法人和其他组织参与非物质文化遗产保护工作。

第十条　对在非物质文化遗产保护工作中做出显著贡献的组织和个人，按照国家有关规定予以表彰、奖励。

第二章　非物质文化遗产的调查

第十一条　县级以上人民政府根据非物质文化遗产保护、保存工作需要，组织非物质文化遗产调查。非物质文化遗产调查由文化主管部门负责进行。

县级以上人民政府其他有关部门可以对其工作领域内的非物质文化遗产进行调查。

第十二条　文化主管部门和其他有关部门进行非物质文化遗产调查，应当对非物质文化遗产予以认定、记录、建档，建立健全调查信息共享机制。

文化主管部门和其他有关部门进行非物质文化遗产调查，应当收集属于非物质文化遗产组成部分的代表性实物，整理调查工作中取得的资料，并妥善保存，防止损毁、流失。其他有关部门取得的实物图片、资料复制件，应当汇交给同级文化主管部门。

第十三条　文化主管部门应当全面了解非物质文化遗产有关情况，建立非物质文化遗产档案及相关数据库。除依法应当保密的外，非物质文化遗产档案及相关数据信息应当公开，便于公众查阅。

第十四条　公民、法人和其他组织可以依法进行非物质文化遗产调查。

第十五条　境外组织或者个人在中华人民共和国境内进行非物质文化遗产调查，应当报经省、自治区、直辖市人民政府文化主管部门批准；调查在两个以上省、自治区、直辖市行政区域进行的，应当报经国务院文化主管部门批准；调查结束后，应当向批准调查的文化主管部门提交调查报告和调查中取得的实物图片、资料复制件。

境外组织在中华人民共和国境内进行非物质文化遗产调查，应当与境内非物质文化遗产学术研究机构合作进行。

第十六条　进行非物质文化遗产调查，应当征得调查对象的同意，尊重其风俗习惯，不得损害其合法权益。

第十七条　对通过调查或者其他途径发现的濒临消失的非物质文化遗产项目，县级人民政府文化主管部门应当立即予以记录并收集有关实物，或者采取其他抢救性保存措施；对需要传承的，应当采取有效措施支持传承。

第三章　非物质文化遗产代表性项目名录

第十八条　国务院建立国家级非物质文化遗产代表性项目名录，将体现中华民族优秀传统文化，具有重大历史、文学、艺术、科学价值的非物质文化遗产项目列入名录予以保护。

省、自治区、直辖市人民政府建立地方非物质文化遗产代表性项目名录，将本行政区域内体现中华民族优秀传统文化，具有历史、文学、艺术、科学价值的非物质文化遗产项目列入名录予以保护。

第十九条　省、自治区、直辖市人民政府可以从本省、自治区、直辖市非物质文化遗产代表性项目名录中向国务院文化主管部门推荐列入国家级非物质文化遗产代表性项目名录的项目。推荐时应当提交下列材料：

（一）项目介绍，包括项目的名称、历史、现状和价值；

（二）传承情况介绍，包括传承范围、传承谱系、传承人的技艺水平、传承活动的社会影响；

（三）保护要求，包括保护应当达到的目标和应当采取的措施、步骤、管理制度；

（四）有助于说明项目的视听资料等材料。

第二十条　公民、法人和其他组织认为某项非物质文化遗产体现中华民族优秀传统文化，具有重大历史、文学、艺术、科学价值的，可以向省、自治区、直辖市人民政府或者国务院文化主管部门提出列入国家级非物质文化遗产代表性项目名录的建议。

第二十一条　相同的非物质文化遗产项目，其形式和内涵在两个以上地区均保持完整的，可以同时列入国家级非物质文化遗产代表性项目名录。

第二十二条　国务院文化主管部门应当组织专家评审小组和专家评审委员会，对推荐或者建议列入国家级非物质文化遗产代表性项目名录的非物质文化遗产项目进行初评和审议。

初评意见应当经专家评审小组成员过半数通过。专家评审委员会对初评意见进行审议，提出审议意见。

评审工作应当遵循公开、公平、公正的原则。

第二十三条　国务院文化主管部门应当将拟列入国家级非物质文化遗产代表性项目名录的项目予以公示，征求公众意见。公示时间不得少于二十日。

第二十四条　国务院文化主管部门根据专家评审委员会的审议意见和公示结果，拟定国家级非物质文化遗产代表性项目名录，报国务院批准、公布。

第二十五条　国务院文化主管部门应当组织制定保护规划，对国家级非物质文化遗产代表性项目予以保护。

省、自治区、直辖市人民政府文化主管部门应当组织制定保护规划，对本级人民政府批准公布的地方非物质文化遗产代表性项目予以保护。

制定非物质文化遗产代表性项目保护规划，应当对濒临消失的非物质文化遗产代表性项目予以重点保护。

第二十六条　对非物质文化遗产代表性项目集中、特色鲜明、形式和内涵保持完整的特定区域，当地文化主管部门可以制定专项保护规划，报经本级人民政府批准后，实行区域性整体保护。确定对非物质文化遗产实行区域性整体保护，应当尊重当地居民的意愿，并保护属于非物质文化遗产组成部分的实物和场所，避免遭受破坏。

实行区域性整体保护涉及非物质文化遗产集中地村镇或者街区空间规划的，应当由当地城乡规划主管部门依据相关法规制定专项保护规划。

第二十七条　国务院文化主管部门和省、自治区、直辖市人民政府文化主管部门应当对非物质文化遗产代表性项目保护规划的实施情况进行监督检查；发现保护规划未能有效实施的，应当及时纠正、处理。

第四章　非物质文化遗产的传承与传播

第二十八条　国家鼓励和支持开展非物质文化遗产代表性项目的传承、传播。

第二十九条　国务院文化主管部门和省、自治区、直辖市人民政府文化主管部门对本级人民政府批准公布的非物质文化遗产代表性项目，可以认定代表性传承人。

非物质文化遗产代表性项目的代表性传承人应当符合下列条件：

（一）熟练掌握其传承的非物质文化遗产；

（二）在特定领域内具有代表性，并在一定区域内具有较大影响；

（三）积极开展传承活动。

认定非物质文化遗产代表性项目的代表性传承人，应当参照执行本法有关非物质文化遗产代表性项目评审的规定，并将所认定的代表性传承人名单予以公布。

第三十条　县级以上人民政府文化主管部门根据需要，采取下列措施，支持非物质文化遗产代表性项目的代表性传承人开展传承、传播活动：

（一）提供必要的传承场所；

（二）提供必要的经费资助其开展授徒、传艺、交流等活动；

（三）支持其参与社会公益性活动；

（四）支持其开展传承、传播活动的其他措施。

第三十一条　非物质文化遗产代表性项目的代表性传承人应当履行下列义务：

（一）开展传承活动，培养后继人才；

（二）妥善保存相关的实物、资料；

（三）配合文化主管部门和其他有关部门进行非物质文化遗产调查；

（四）参与非物质文化遗产公益性宣传。

非物质文化遗产代表性项目的代表性传承人无正当理由不履行前款规定义务的，文化主管部门可以取消其代表性传承人资格，重新认定该项目的代表性传承人；丧失传承能力的，文化主管部门可以重新认定该项目的代表性传承人。

第三十二条　县级以上人民政府应当结合实际情况，采取有效措施，组织文化主管部门和其他有关部门宣传、展示非物质文化遗产代表性项目。

第三十三条　国家鼓励开展与非物质文化遗产有关的科学技术研究和非物质文化遗产保护、保存方法研究，鼓励开展非物质文化遗产的记录和非物质文化遗产代表性项目的整理、出版等活动。

第三十四条　学校应当按照国务院教育主管部门的规定，开展相关的非物质文化遗产教育。

新闻媒体应当开展非物质文化遗产代表性项目的宣传，普及非物质文化遗产知识。

第三十五条　图书馆、文化馆、博物馆、科技馆等公共文化机构和非物质文化遗产学术研究机构、保护机构以及利用财政性资金举办的文艺表演团体、演出场所经营单位等，应当根据各自业务范围，开展非物质文化遗产的整理、研究、学术交流和非物质文化遗产代表性项目的宣传、展示。

第三十六条　国家鼓励和支持公民、法人和其他组织依法设立非物质文化遗产展示场所和传承场所，展示和传承非物质文化遗产代表性项目。

第三十七条　国家鼓励和支持发挥非物质文化遗产资源的特殊优势，在有效保护的基础上，合理利用非物质文化遗产代表性项目开发具有地方、民族特色和市场潜力的文化产品和文化服务。

开发利用非物质文化遗产代表性项目的，应当支持代表性传承人开展传承活动，保护属于该项目组成部分的实物和场所。

县级以上地方人民政府应当对合理利用非物质文化遗产代表性项目的单位予以扶持。单位合理利用非物质文化遗产代表性项目的，依法享受国家规定的税收优惠。

第五章　法律责任

第三十八条　文化主管部门和其他有关部门的工作人员在非物质文化遗产保护、保存工作中玩忽职守、滥用职权、徇私舞弊的，依法给予处分。

第三十九条　文化主管部门和其他有关部门的工作人员进行非物质文化遗产调查时侵犯调查对象风俗习惯，造成严重后果的，依法给予处分。

第四十条　违反本法规定，破坏属于非物质文化遗产组成部分的实物和场所的，依法承担民事责任；构成违反治安管理行为的，依法给予治安管理处罚。

第四十一条　境外组织违反本法第十五条规定的，由文化主管部门责令改正，给予警告，没收违法所得及调查中取得的实物、资料；情节严重的，并处十万元以上五十万元以下的罚款。

境外个人违反本法第十五条第一款规定的，由文化主管部门责令改正，给予警告，没收违法所得及调查中取得的实物、资料；情节严重的，并处一万元以上五万元以下的罚款。

第四十二条　违反本法规定，构成犯罪的，依法追究刑事责任。

第六章　附　则

第四十三条　建立地方非物质文化遗产代表性项目名录的办法，由省、自治区、直辖市参照本法有关规定制定。

第四十四条　使用非物质文化遗产涉及知识产权的，适用有关法律、行政法规的规定。

对传统医药、传统工艺美术等的保护，其他法律、行政法规另有规定的，依照其规定。

第四十五条　本法自2011年6月1日起施行。

（来源：中华人民共和国中央人民政府门户网站，http://www.gov.cn/flfg/2011-02/25/content_1811046.htm）

二、国家部委规章、文件

国务院关于公布第三批国家级非物质文化遗产名录的通知

国发〔2011〕14号

各省、自治区、直辖市人民政府，国务院各部委、各直属机构：

国务院批准文化部确定的第三批国家级非物质文化遗产名录（共计191项）和国家级非物质文化遗产名录扩展项目名录（共计164项），现予公布。

各地区、各部门要按照《国务院关于加强文化遗产保护的通知》（国发〔2005〕42号）和《国务院办公厅关于加强我国非物质文化遗产保护工作的意见》（国办发〔2005〕18号）要求，认真贯彻落实“保护为主，抢救第一，合理利用，传承发展”的工作方针，坚持科学的保护理念，扎实做好非物质文化遗产名录项目的保护、传承和管理工作，努力推动非物质文化遗产保护迈上新的台阶，为构建完备的、有中国特色的非物质文化遗产保护制度，推动文化大发展大繁荣，建设中华民族共有精神家园，满足人民群众日益增长的精神文化需求，做出积极的贡献。

国务院

二〇一一年五月二十三日

文化部关于加强国家级非物质文化遗产代表性项目保护管理工作的通知

各省、自治区、直辖市文化厅（局）、新疆生产建设兵团文化广播电视局：

近年来，按照党中央、国务院的要求，文化部和地方各级文化行政部门共同扎实推进非物质文化遗产保护工作，取得了显著的进展，初步构建起了符合我国国情的非物质文化遗产保护工作体系。《中华人民共和国非物质文化遗产法》自2011年6月1日起正式施行，标志着我国非物质文化遗产保护工作上升到了依法保护、科学保护的新阶段。

2011年5月底，国务院公布了第三批国家级非物质文化遗产名录项目191项，扩展项目164项。加上此前公布的两批，国家级非物质文化遗产名录项目共1219项。为进一步加强国家级非物质文化遗产代表性项目（以下简称“国家级代表性项目”）的保护管理工作，现就有关事项通知如下：

一、认真履行职责，切实将国家级代表性项目保护工作落到实处

各级文化行政部门和国家级代表性项目申报地区（单位）、保护单位、代表性传承人，要切实按照《中华人民共和国非物质文化遗产法》“保护非物质文化遗产，应当注重其真实性、整体性和传承性”的要求，认真履行各自职责，采取有效措施，对国家级代表性项目进行全面、系统、科学的保护。

（一）制定保护规划

在申报国家级代表性项目五年保护计划的基础上，明确保护目标、保护方式、保护措施，结合每个项目的特点与实际情况，制定每个项目的保护规划和年度实施方案，增强针对性和可操作性。按照保护规划和实施方案，对保护措施逐项予以落实。

（二）加强资料保存与研究

在前期调查的基础上，对国家级代表性项目及其代表性传承人进行文字、图片、影像记录，征集并妥善保管相关珍贵实物和资料，建立档案和数据库。加强对国家级代表性项目的深入调查、研究，有计划地出版相关成果。

（三）完善传承机制

加强国家级代表性项目的代表性传承人的保护和传承机制建设。努力为代表性传承人开展传承活动创造条件，提供必要的传承、展示场所、经费资助和宣传展示机会等，建立对学艺者的助学、奖学激励机制。

（四）开展教育传播活动

与教育部门密切合作，建立非物质文化遗产教育机制，在学校、社会广泛开展国家级代表性项目教育宣传活动，促进青少年和社会公众积极参与保护工作。

（五）突出整体性保护

注重保护国家级代表性项目的珍贵实物、场所、原材料等及其所依存的自然环境和人文环境，对项目实施系统性、整体性保护。

二、加强监督检查，实施国家级代表性项目的动态管理

《中华人民共和国非物质文化遗产法》明确规定："国务院文化主管部门和省、自治区、直辖市人民政府文化主管部门应当对非物质文化遗产代表性项目保护规划的实施情况进行监督检查；发现保护规划未能有效实施的，应当及时纠正、处理。"为此，要加强对国家级代表性项目保护工作的管理，进一步完善国家级代表性项目的检查、监督、奖励和退出机制，维护国家级代表性项目名录的严肃性、权威性。

（一）建立定期自查、报告机制

各地文化行政部门和项目保护单位要建立国家级代表性项目保护工作的定期自查和报告制度。每年年底前，对国家级代表性项目保护规划的进展情况，特别是代表性传承人保护和传承情况、经费使用情况、传播展示情况等，进行认真检查。发现保护规划未有效实施、保护措施不当、出现问题的，应及时纠正、处理。各省（区、市）文化厅（局）应于每年3月31日前将上一年度国家级代表性项目保护工作总体情况和每个项目的存续情况与保护工作评价报送文化部。

凡因自然灾害、工程建设等原因导致或可能导致国家级代表性项目受到严重损害的，国家级代表性项目保护单位和当地文化行政部门应采取必要措施，并经省级文化行政部门向文化部报告；国家级代表性传承人去世的，也应按照上述程序及时报告；国家级代表性项目保护工作的典型经验，可专门向文化部报送。

（二）建立督促检查和社会监督机制

在各地自查的基础上，文化部将组织专家对各地国家级代表性项目保护工作情况进行抽查和重点督查。通过督查，对国家级代表性项目保护情况进行评估，实施动态管理。

探索建立国家级代表性项目保护的社会监督机制，鼓励公民、法人和其他组织对国家级代表性项目的保护工作进行监督。

（三）建立表彰奖励机制

文化部将适时开展国家级代表性项目保护示范项目评选工作，并对保护工作成绩突出的单位、有关人员和代表性传承人予以表彰、奖励。

（四）建立警告、退出机制

国家级代表性项目因保护不力或保护措施不当，导致项目存续状况恶化或出现严重问题的，一经

查实，文化部将对国家级代表性项目申报地区（单位）和项目保护单位提出警告和限期整改要求，并向社会公布。因整改不力，该国家级代表性项目状况仍未得到明显改善的，文化部将取消项目保护单位资格，收回国家级代表性项目标牌，对项目申报地区（单位）进行通报，并向社会公告。

国家级代表性项目因名称不当等原因需纠正的，或因客观环境改变不再呈“活态文化”特性而自然消亡的，经文化部组织专家研究认定并征求非物质文化遗产保护工作部际联席会议成员单位意见后，报请国务院批准，予以更正或退出名录，并向社会公告。

各级文化行政部门要认真履行职责，积极与有关部门沟通，制定非物质文化遗产保护的法规政策，加强保护工作机构和队伍建设，争取更多的经费支持，为国家级代表性项目的保护提供有力保障。

特此通知。

二〇一一年八月二十四日

（来源：中华人民共和国文化部官网，http://www.mcprc.gov.cn/whzx/ggtz/201111/t20111121_420613.html）

工业和信息化部等关于开展第六届中国工艺美术大师评审工作的通知

工信部联消费〔2011〕259号

各省、自治区、直辖市及新疆生产建设兵团工业和信息化主管部门、文化厅（局）、人力资源社会保障厅（局）：

根据国务院颁布的《传统工艺美术保护条例》（国务院令第217号）规定，经国务院批准，由工业和信息化部、文化部、人力资源社会保障部会同国家民委、民政部、财政部、国土资源部、国资委8个部委和中国轻工业联合会、中国珠宝玉石首饰行业协会2个行业组织联合开展第六届中国工艺美术大师评审工作。现将有关事项通知如下：

一、评审要求

各省、自治区、直辖市及新疆生产建设兵团工业和信息化、文化、人力资源社会保障部门按照评审工作统一要求，结合各地实际情况，制定相应办法。评审工作牵头部门（以下简称牵头部门）参照部级层面评审组织架构确定（青海省除外），要按照《第六届中国工艺美术大师评审工作管理办法》所确定的指导思想、工作原则、申报范围、申报资格等相关要求，结合本地实际，做好本地区的申报组织和推荐工作。

（一）申报材料

申报者须填写《第六届中国工艺美术大师申报评审表》（简称《申报表》），准备有关业绩、成果、学历、职称、荣誉称号证明的复印件等书面材料，按A4纸规格装订成册（一式三套）；如有已经发表的具代表性的著作和论文可另附一套；并选择主要由本人设计并制作的实物作品（简称申报作品）3件（套），按要求上报各地方牵头部门。

（二）网上申报

申报者在准备申报作品、书面材料的同时，还须通过互联网上专用的第六届中国工艺美术大师网上申报系统注册申报，系统网址为：http://art.vidc.info，在该网站上可下载操作手册、《申报表》及填写说明。不具备网上申报条件的申报者，应由地方牵头部门代其录入相关资料。

（三）地方评审

1.各地对《申报表》和有关书面材料、申报作品等进行审核，重点确认以下内容：

（1）申报者及其申报作品、申报材料符合申报要求；

（2）申报作品确为本人创作且无模仿（移植名画和摄影作品以及文物复制品除外）；

（3）艺术业绩无伪造、浮夸；

（4）学历、高级职称、作品获奖、荣誉称号、社会职务等法定证明原件；

（5）论文等无抄袭；

（6）其他需复核的重要材料。

2.上述内容审核无误后，各地方牵头部门应会同相关部门组织专家对申报者进行初审，并进行现场制作考核，要求申报者现场制作申报作品的局部，并留存录像资料，按名额要求择优提出推荐人选并在其申报表上填写推荐意见、加盖公章。

3.如发现有弄虚作假或违法、违规、违纪等行为的个人和机构，应立即取消个人参评及机构组织评审的资格。

（四）上报材料

1.各地须通过第六届中国工艺美术大师网上申报系统上报，同时向第六届中国工艺美术大师评审工作办公室（简称评审办公室）正式行文，将推荐申报者的《申报表》等书面材料（一式三套）、其他附件和现场制作考核录像资料（30分钟以上）一并于2011年8月31日前报评审办公室。

2. 报送的各类证书等相关材料复印件，应由地方牵头部门加盖印章。

3. 申报作品的报送时间、地点另行通知（评审结束后作品一律退还申报者本人）。

二、工作要求

各地方要高度重视第六届中国工艺美术大师评审工作，切实加强领导和协调，深入调查研究，充分调动和发挥各方面的积极性，认真按照本通知要求，科学规范、客观公正地完成好有关评审组织工作。

三、评审办公室联系方式（略）

附件：第六届中国工艺美术大师评审工作管理办法

第六届中国工艺美术大师申报评审表（略）

第六届中国工艺美术大师各地推荐申报者数量表（略）

工业和信息化部　文化部　人力资源社会保障部

二〇一一年五月二十四日

附件：

第六届中国工艺美术大师评审工作管理办法

为做好第六届中国工艺美术大师评审工作，确保第六届中国工艺美术大师评审工作客观公正、科学规范，根据国务院1997年颁布的《传统工艺美术保护条例》（国务院令第217号）规定，特制定本办法。

一、指导思想和原则

（一）指导思想

以科学发展观为指导，贯彻实施国务院《传统工艺美术保护条例》，坚持以人为本，尊重知识，尊重人才，通过评选，表彰德艺双馨、业绩卓越的工艺美术专业人员，激励、引导广大传统工艺美术专业人员进一步繁荣创作，促进传统工艺美术的传承和创新，推动工艺美术行业健康发展。

（二）工作原则

1. 坚持依法行政，规范评审的原则。

2.坚持政府主导、协会参与、专家评审的原则。

3.坚持公正、公平、公开，接受社会监督的原则。

4.坚持民主集中制原则。

二、组织机构

（一）工业和信息化部、文化部、人力资源社会保障部、国家民委、民政部、财政部、国土资源部、国资委、中国轻工业联合会和中国珠宝玉石首饰行业协会共同组成第六届中国工艺美术大师评审工作领导小组（简称领导小组），全面负责第六届中国工艺美术大师评审的领导工作，协调解决评审工作中的重大问题，研究决定评审工作中的重大事项。

（二）领导小组下设评审工作委员会（简称工作委员会），由领导小组成员单位主管部门人员组成，负责第六届中国工艺美术大师评审的组织管理工作，审定专家委员会拟定的评审细则，审定专家库的专家名单，提出评审工作中需领导小组研究决定的重大事项，组织落实领导小组会议议定事项。

（三）工作委员会的办事机构为评审工作办公室（简称评审办）、评审专家委员会（简称专家委员会）和评审监督检查组（简称监督组）。办公地点设在工业和信息化部。

1.评审办由政府有关部门、行业组织人员组成，负责工作委员会日常工作以及评审具体组织工作。

2.专家委员会由行业内资深专家组成，负责拟定评审细则等相关制度，指导评审专家组（简称专家组）工作，对专家组提出的第六届中国工艺美术大师建议名单进行审核，不参与专家组的具体评审工作。

3.监督组由有关部门和行业组织人员组成，负责评审全过程的监督工作。

（四）各地第六届中国工艺美术大师评审推荐工作，由各省、自治区、直辖市及新疆生产建设兵团工业和信息化、文化、人力资源社会保障部门，按照评审工作统一要求，结合各地实际情况，制定相应办法并组织实施。评审工作牵头部门由工业和信息化、文化、人力资源社会保障部门参照部级层面评审组织构架确定。

三、专家库

（一）设立全国工艺美术专家库（简称专家库），从中产生第六届中国工艺美术大师评审专家，并为本届工艺美术大师评审工作提供专业咨询。

（二）专家库的专家应包括不同地区、涵盖不同专业，具有广泛的代表性。专家名单由有关部委、行业主管部门、行业组织、院校等推荐。专家委员会对推荐的专家进行审核，提出建议名单，报工作委员会审定后进入专家库。

（三）专家入选专家库应具备以下资质之一：

1. 具有中国工艺美术大师称号；

2. 高等院校、科研院所具有教授或研究员职称的有关专家；

3. 长期从事工艺美术行业管理的资深专家。

四、专家组及评审专家

（一）专家组由工作委员会从专家库中随机抽取的专家组成，按工艺美术品种类别分组，专家组成员名单严格保密，不对外公布。

（二）专家组的组成，应遵守以下原则：

1. 专家组成员为奇数，具体名额根据申报者人数和作品所属工艺美术品种分类情况而定；

2. 具有中国工艺美术大师称号的专家在专家组中应不少于三分之一；

3. 评审专家应严格执行评审回避制度。申报本届中国工艺美术大师者（简称申报者）、与申报者有近亲属关系者，或者其他与评审工作有利害关系者，不得作为评审专家。

（三）评审专家组采取召集人制度。评审专家应客观公正、认真负责地开展工作，自觉遵守评审工作纪律，严格执行保密制度，不得向外界透露评审工作有关情况。评审最终结果未经领导小组批准前，严禁向外界透露。

（四）评审专家有下列情况之一者，取消其评审专家资格。

1. 有泄密行为；

2. 有行贿受贿、徇私舞弊行为；

3. 向申报者许诺，为之游说、拉选票；

4. 有其他违反客观公正原则的行为。

五、申报范围

（一）传统工艺美术品种分类是：工艺雕刻、工艺陶瓷、工艺印染、工艺织绣、工艺编结、工艺织毯、漆器工艺、工艺家具、金属工艺、首饰工艺、其他工艺，共十一大类。

（二）列入本届传统工艺美术大师评审的品种和技艺应符合以下条件：

1. 具有百年以上的传承历史；

2. 技艺精湛，世代相传，自成风格；

3. 以天然原材料为主，采用传统工艺和技术，作品主要以手工制作；

4. 具有鲜明的民族风格和地方特色；

5.在国内外享有声誉。

六、申报条件

（一）申报者应是上述传统工艺美术品类范围内直接从事设计并制作的人员，并同时具备以下条件：

1.爱国敬业，遵纪守法，德艺双馨，无不良信誉记录；

2.连续20年（含20年）以上从事传统工艺美术设计并制作的专业人员；

3.有丰富的创作经验和深厚的传统文化艺术修养，技艺全面而精湛，创作出色且自成风格，艺术成就为业内所公认，在国内外享有声誉；

4.在传统工艺美术的传承、发掘、保护、发展、人才培养等方面有突出贡献；

5.省级人民政府或省级行业主管部门认定的工艺美术大师称号；未开展评定省级工艺美术大师的地方，应具有省级人力资源社会保障部门按照国家统一规定评定的高级工艺美术师职称。

（二）不符合上述第2项、第5项条件，但掌握独特技艺或绝技，或少数民族地区掌握濒临失传技艺的申报者，允许破格申报，但应从严掌握。

七、申报要求

（一）申报者须按户籍所在地申报，户籍迁入时间满6年。

（二）从事研究、教学、行政和企业管理等方面工作的人员不在申报者范围内。

（三）在省级审核过程中，如发现申报者有下列情况之一的，应立即取消其申报资格：

1.伪造、夸大业绩，或窃取他人成果占为己有；

2.有违法行为或因触犯法律等被追究刑事责任。

八、申报程序

（一）申报者须填写《第六届中国工艺美术大师申报表》（简称《申报表》，由评审办统一制定），准备有关书面申报材料，并选择主要由本人设计并制作的实物作品（简称申报作品）3件（套），按要求上报各地方牵头部门。

（二）地方牵头部门会同相关部门对申报者的《申报表》和书面申报材料、申报作品等组织专家进行初步评审和审核，按名额要求择优提出推荐名单，填写推荐意见，并将推荐申报者的报告、申报者的《申报表》、所有书面申报材料以及现场制作影像资料（录像）光盘报评审办；待申报资格确认后，按《通知》要求将申报作品报送至评审办指定地点。评审工作结束后申报作品即退还申报者。

九、评审程序

（一）资料审查

评审办对各地推荐的申报者资料，按照本办法中对申报材料的相关要求进行审查。

（二）申报资格公示

评审办将各地报送的申报者名单及其有关情况在工业和信息化部、文化部、人力资源社会保障部网站上向社会进行为期20日的公示。公示结束后，监督组对署实名的书面意见进行调查、核实，并提出处理意见。

（三）申报资格确认

评审办将公示名单及监督组的处理意见，一并提交专家委员会讨论，由专家委员会提出可参与评审的推荐名单报送工作委员会确认。

（四）专家评审

评审专家分组对经工作委员会确认的推荐申报者的作品及相关资料进行评审，提出第六届中国工艺美术大师建议名单，报专家委员会审核。

（五）审议

工作委员会根据专家委员会审核意见，审议提出第六届中国工艺美术大师名单。

（六）评审结果公示

将工作委员会审议的第六届中国工艺美术大师名单在工业和信息化部、文化部、人力资源社会保障部网站上向社会进行为期20日的公示。公示结束后，监督组对署实名的书面意见进行调查、核实并提出处理意见后，报工作委员会。

（七）审定

由工作委员会将公示后确定的第六届中国工艺美术大师名单报请领导小组审定。

（八）授予

经领导小组审定的第六届中国工艺美术大师，由工业和信息化部、文化部、人力资源和社会保障部三部门联合发布公告并颁发证书。

十、评审监督

（一）第六届中国工艺美术大师评审工作接受全社会监督，评审全过程在监督组的监督下进行，确保评审工作的公平性和公正性。

（二）监查组受理举报电话、信函，对举报事项进行调查、核实，负责答复实名举报人。

十一、附则

本办法适用于第六届中国工艺美术大师评审管理工作，本办法由第六届中国工艺美术大师评审工作委员会负责解释。

（来源：中华人民共和国文化部官网，
http://59.252.212.6/auto255/201106/t20110620_20709.html?keywords=）

文化部办公厅关于公示2011—2013年度“中国民间文化艺术之乡”命名名单的公告

为进一步推动我国民间文化艺术的发展和繁荣，充分发挥其在公共文化服务体系建设中的重要作用，文化部2011年组织开展了2011—2013年度“中国民间文化艺术之乡”评审命名工作。根据《文化部办公厅关于组织开展2011—2013年度“中国民间文化艺术之乡”评审命名工作的通知》（办社文函〔2011〕131号）要求，在有关单位申报的基础上，经各省、自治区、直辖市文化厅（局）推荐，专家组评审和实地抽查，并报请部领导批准，文化部初步确定了2011—2013年度“中国民间文化艺术之乡”命名名单。

现将2011—2013年度“中国民间文化艺术之乡”命名名单向社会公示，公示期为7天。

异议受理单位：文化部社会文化司群众文化活动指导处

联系方式（略）

特此公告。

附件：2011—2013年度“中国民间文化艺术之乡”命名名单

二〇一一年十月二十七日

附件：

2011—2013年度“中国民间文化艺术之乡”命名名单

北京市（11）

1	西城区广安门内街道	空竹
2	丰台区南苑乡	摄影
3	平谷区大华山镇	民间文学
4	密云县古北口镇	民间花会
5	怀柔区喇叭沟门满族乡	民间花会
6	顺义区高丽营镇	戏曲
7	顺义区北务镇	龙狮舞
8	房山区南窖乡	民间花会
9	房山区阎村镇	书法
10	顺义区马坡镇	民间艺术
11	房山区大石窝镇	石雕

天津市（9）

12	滨海新区塘沽区	塘沽版画
13	滨海新区汉沽区	刻字　版画
14	北辰区	现代民间绘画
15	西青区	杨柳青木版年画
16	静海县	书法　绘画
17	武清区	书法　绘画
18	宝坻区	评剧
19	滨海新区大港区太平镇	书法　绘画
20	宁河县	木雕　根雕

河北省（21）

21	正定县	常山战鼓
22	井陉县	拉花　晋剧
23	抚宁县	民间文学　吹歌
24	昌黎县	地秧歌　民歌

25	滦南县	评剧　乐亭大鼓
26	乐亭县	乐亭大鼓　皮影
27	固安县	古乐
28	曲阳县	石雕　吹歌
29	定州市子位镇	吹歌
30	保定市高新技术开发区	灯谜
31	吴桥县	杂技
32	宁晋县	工笔画
33	永年县	太极拳　吹歌
34	蔚县	剪纸
35	广宗县	太平道乐　梅花拳
36	邱县	农民漫画
37	沧县	狮舞　木板大鼓
38	丰宁满族自治县	剪纸　蝴蝶舞
39	晋州市营里镇	书画
40	黄骅市齐家务乡	麒麟舞
41	南宫市	民间花会

山西省（19）

42	清徐县东于镇	东于社火
43	浑源县	民间艺术
44	阳泉市郊区西南舁乡	民间艺术
45	怀仁县	旺火习俗
46	永济市韩阳镇	背冰
47	长治县	潞安大鼓
48	泽州县大阳镇	大阳八音会
49	河曲县	河曲民歌
50	汾阳市	地秧歌
51	左权县	左权民歌　小花戏
52	太谷县	秧歌
53	霍州市	威风锣鼓
54	翼城县	花鼓

55	稷山县清河镇	民间艺术
56	中阳县	中阳剪纸
57	黎城县	黎侯虎
58	忻州市忻府区	摔跤
59	屯留县	瞪眼家伙
60	泽州县高都镇	民间庙会

内蒙古自治区（10）

61	库伦旗	蒙古族安代舞
62	根河市敖鲁古雅鄂温克民族乡	驯鹿文化
63	科尔沁右翼中旗	乌力格尔
64	准格尔旗	漫瀚调
65	东乌珠穆沁旗	长调
66	巴林右旗	格斯尔
67	和林格尔县	剪纸
68	察哈尔右翼后旗	阿斯尔
69	乌拉特中旗	乌拉特民歌
70	土默特右旗	二人台

辽宁省（18）

71	沈阳市和平区	秧歌
72	沈阳市沈河区	摄影
73	大连市西岗区	京剧
74	大连市旅顺口区	合唱
75	大连市金州区	民间绘画
76	海城市	高跷秧歌
77	岫岩满族自治县	农民画
78	桓仁满族自治县	版画
79	丹东市东港区	民间绘画
80	北镇市	书画
81	黑山县	二人转
82	阜新蒙古族自治县于寺镇	诗词

83	凌源县	皮影
84	朝阳县	小戏
85	建平县	剪纸
86	葫芦岛市连山区	筝
87	沈阳市大东区	合唱
88	庄河市	民间绘画

吉林省（11）

89	九台市其塔木镇	书画
90	蛟河市	乌林草先祖　石雕
91	梨树县	二人转　诗歌
92	东辽县	满族剪纸
93	东丰县	农民画
94	柳河市	书法
95	前郭尔罗斯蒙古族自治县	马头琴　歌舞
96	抚松县	人参文化
97	汪清县	朝鲜族象帽舞
98	双阳县	剪纸
99	敦化县	刀画　秧歌

黑龙江省（20）

100	宾县	农民画
101	方正县	剪纸
102	海林市	楹联
103	林口县	连环画
104	望奎县	诗词
105	绥棱县	黑陶　农民画　草柳编
106	庆安县	庆安版画
107	肇东市	国画
108	黑龙江农垦总局宝泉岭管理局	曲艺
109	黑龙江农垦总局红兴隆分局八五三农场	北大荒燕窝岛版画
110	虎林市	摄影

111	密山市	剪纸
112	北安市	书画
113	林甸县	满族剪纸
114	漠河县	民间管乐
115	呼玛县白银纳鄂伦春族乡	民间艺术
116	同江市街津口镇	伊玛堪鱼皮制作
117	依安县	剪纸
118	穆棱市	歌词
119	哈尔滨市道里区	京剧

上海市（12）

120	长宁区新泾镇	西郊农民画
121	闵行区颛桥镇	颛桥剪纸
122	宝山区罗店镇	罗店龙船
123	金山区	金山农民画
124	闸北区彭浦镇	摄影
125	奉贤区柘林镇	胡桥滚灯
126	徐汇区枫林路街道	上海剪纸
127	浦东新区三林镇	三林舞龙
128	浦东新区新场镇	锣鼓书
129	嘉定区徐行镇	徐行草编
130	崇明县新河镇	民乐
131	青浦区白鹤镇	沪剧

江苏省（33）

132	句容市	少儿故事
133	常熟市虞山镇	虞山派艺术
134	苏州工业园区胜浦镇	民间音乐
135	海门市	海门山歌
136	扬州市邗江区	琴筝
137	高淳县东坝镇	东坝大马灯
138	海安县	海安龙舞

139	江阴市月城镇	戏剧
140	吴江市	戏曲
141	南京市江宁区秣陵街道	方山大鼓（麻雀蹦）
142	溧阳市	少儿书法
143	常州市新北区孟河镇	书画雕刻
144	东海县	少儿版画
145	射阳县	农民画
146	丹阳市皇塘镇	书画
147	金坛市	金坛刻纸
148	泗阳县临河镇	云渡桃核雕
149	昆山市周庄镇	水乡民俗
150	姜堰市溱潼镇	溱潼会船
151	江阴市	民间故事　民乐
152	宜兴市	书画　宜兴陶瓷
153	邳州县	农民画　剪纸
154	淮安市楚州区 农民画	杂技
155	建湖县	杂技　淮剧
156	东台市	发绣　少儿二胡
157	张家港市	戏曲　山歌　书画
158	常熟市	白茆山歌　徐市灯谜　王庄戏曲
159	昆山市	戏曲　昆曲　舞龙
160	苏州市吴中区	书画　工艺雕刻　水乡妇女服饰
161	南通市通州区	小戏　小品　风筝　京剧
162	太仓市	江南丝竹　龙狮　书画
163	如东县	如东绘画
164	苏州市高新技术产业开发区	刺绣　少儿书画

浙江省（20）

165	杭州市余杭区	余杭滚灯
166	杭州市萧山区坎山镇	萧山花边
167	杭州市西湖区蒋村街道	龙舟
168	泰顺县	木偶戏

169	乐清市	黄杨木雕　细纹刻纸
170	青田县	青田鱼灯
171	景宁畲族自治县	畲族民间歌舞
172	嵊州市	嵊州吹打
173	诸暨市	书画
174	磐安县深泽乡	炼火先锋　寿龟奉茶
175	长兴县	长兴百叶龙
176	湖州市南浔区善琏镇	湖笔制作
177	舟山市定海区白泉镇	舟山锣鼓
178	舟山市普陀区	渔民画
179	嘉善县	嘉善田歌
180	桐乡市	漫画　摄影
181	海宁市	硖石灯彩
182	嘉兴市秀洲区	农民画
183	象山县	象山竹根雕
184	三门县亭旁镇	杨家板龙

安徽省（15）

185	萧县	书画
186	砀山县	唢呐
187	蚌埠市禹会区秦集镇	花鼓灯
188	临泉县	杂技　马戏
189	界首市	彩陶
190	太和县	书画
191	凤台县	花鼓灯
192	凤阳县	凤阳花鼓
193	当涂县	民歌
194	巢湖市居巢区	民歌
195	芜湖市镜湖区	铁画
196	宿松县	文南词
197	怀宁县	黄梅戏
198	歙县三阳乡	叠罗汉

199　望江县	挑花

福建省（25）

200　石狮市	灯谜
201　福清市	闽剧
202　晋江市	闽南戏曲　灯谜
203　武夷山市	武夷茶文化
204　浦城县	剪纸
205　诏安县	绘画
206　漳浦县	剪纸
207　安溪县	安溪茶文化
208　仙游县	莆仙戏
209　柘荣县	剪纸
210　松溪县	版画
211　惠安县	雕刻
212　德化县	白瓷
213　将乐县	擂茶
214　福州市鼓楼区	南后街花灯
215　福州市晋安区	寿山石雕
216　福州市晋安区新店镇	腰鼓
217　厦门市翔安区	农民画
218　漳州市芗城区	灯谜　芗剧
219　泉州市鲤城区	南音　刻纸　闽南戏曲
220　莆田市荔城区	莆仙戏　木雕
221　龙岩市新罗区	采茶灯
222　宁德市蕉城区霍童镇	线狮表演
223　漳平市新桥镇	农民画
224　莆田市湄洲岛	妈祖信俗

江西省（14）

225　兴国县	山歌
226　于都县	唢呐

227	瑞昌市	剪纸
228	上高县	农民摄影
229	南昌市青山湖区	龙舞
230	永丰县	农民画
231	湖口县	戏曲
232	婺源县	雕刻
233	永新县	书法
234	宜春市袁州区	版画
235	吉安县	灯彩
236	安义县	唢呐
237	萍乡市湘东区	傩面具
238	修水县	书法

山东省（30）

239	章丘市	芯子
240	商河县	鼓子秧歌
241	即墨市	柳腔戏
242	青岛市崂山区	民间文学
243	淄博市周村区	游艺
244	淄博市博山区	陶瓷琉璃
245	枣庄市薛城区	唢呐
246	滕州市	书画
247	东营市东营区牛庄街道	吕剧
248	临朐县	书画
249	青州市	书画
250	海阳市	秧歌
251	莱州市	曲艺
252	兖州市	花棍舞
253	嘉祥县	石雕
254	肥城市	桃木雕刻
255	新泰市	民间舞蹈

256	荣成市	剪纸
257	日照市东港区	农民画
258	莒县	书画
259	沂水县高桥镇	手绣
260	宁津县	杂技
261	惠民县胡集镇	曲艺
262	博兴县锦秋街道	草柳编
263	郓城县	古筝
264	巨野县大义镇	杂技
265	高唐县	书画
266	聊城市东昌府区	葫芦雕刻
267	胶州市	秧歌
268	潍坊市寒亭区	风筝　年画

河南省（23）

269	开封县朱仙镇	木版年画
270	安阳县吕村镇	战鼓
271	浚县屯子镇	石雕
272	济源市梨林镇	曲剧
273	南阳市卧龙区青华镇	戏曲
274	长葛市石固镇	狮舞
275	原阳县太平镇	盘鼓
276	长垣县佘家乡	武术
277	项城市南顿镇	回民秧歌
278	新县千斤乡	地灯戏
279	新县八里畈镇	民歌
280	商城县	民歌
281	洛阳市洛龙区关林镇	关林社火
282	孟津县平乐镇	牡丹绘画
283	新密市超化镇	超化吹歌　龙舞
284	巩义市鲁庄镇	小相狮舞
285	陕县西张村镇	剪纸　澄泥砚

286	灵宝市阳平镇	东西常社火
287	漯河市源汇区问十乡	铜器舞
288	孟州市槐树乡	火龙舞
289	武陟县詹店镇	盘鼓
290	上蔡县东岸乡	核桃雕花
291	沈丘县槐店回族镇	民间舞蹈

湖北省（22）

292	长阳土家族自治县	歌舞
293	来凤县百福司镇	摆手舞
294	黄梅县	黄梅戏　黄梅挑花
295	武汉市黄陂区	楚剧
296	孝感市孝南区	楚剧
297	潜江市	荆州花鼓戏
298	仙桃市	荆州花鼓戏　雕花剪纸
299	天门市	曲艺　荆州花鼓戏
300	崇阳县	崇阳提琴戏
301	阳新县	阳新采花戏　阳新布贴
302	秭归县	秭归花鼓舞
303	利川市柏杨坝镇	民歌
304	巴东县野三关镇	歌舞
305	枝江市	吹打乐
306	恩施市三岔乡	傩戏
307	安陆市	漫画
308	郧县	凤凰灯舞
309	黄冈市黄州区	农民画
310	广水市	书法
311	荆州市荆州区马山镇	民歌
312	红安县	红安刺绣
313	兴山县	民歌

湖南省（26）

314	攸县槚山乡	槚山皮影戏
315	炎陵县沔渡镇	三人龙
316	湘潭县	民间唢呐
317	常德市鼎城区周家店镇	吹打乐
318	石门县罗坪乡	山歌
319	常德市鼎城区草坪镇	民间歌舞
320	慈利县龙潭河镇	板板龙灯
321	汝城县土桥镇	香火龙
322	江华瑶族自治县贝江乡	瑶族长鼓舞等
323	通道侗族自治县	侗族芦笙
324	靖州苗族侗族自治县	苗族歌鼟
325	龙山县	土家族摆手舞
326	永顺县大坝乡	毛古斯舞
327	保靖县葫芦镇	苗族鼓舞
328	古丈县默戎镇	苗族鼓舞
329	长沙市开福区捞刀河镇	湘绣
330	浏阳市永和镇	菊花石雕
331	常宁市	版画
332	衡阳县石市乡	竹木雕
333	隆回县虎形山瑶族乡	花瑶挑花
334	泸溪县合水镇	踏虎凿花
335	凤凰县柳薄乡	苗族银饰锻制
336	花垣县	苗绣　织锦
337	汨罗市长乐镇	抬阁（故事会）
338	常德市鼎城区尧天坪镇	龙狮
339	吉首市双塘镇	阳戏

广东省（27）

340	广州市海珠区	美术　书法
341	广州市天河区珠吉街	乞巧习俗
342	广州市番禺区沙湾镇	飘色　广东音乐

343	深圳市盐田区沙头角街道	沙头角鱼灯舞
344	汕头市潮阳区	潮阳剪纸　笛套音乐　英歌舞
345	佛山市南海区	醒狮　武术
346	佛山市禅城区石湾镇街道	石湾陶
347	梅县	客家山歌
348	丰顺县埔寨镇	埔寨火龙
349	大埔县	广东汉乐
350	龙门县	龙门农民画
351	惠东县平海镇	民俗活动
352	东莞市中堂镇	龙舟民俗文化活动
353	东莞市樟木头镇	麒麟舞
354	东莞市长安镇	粤剧　摄影　醒狮
355	中山市小榄镇	菊花会　书画
356	吴川市	飘色　泥塑
357	雷州市	雷剧
358	肇庆市端州区黄岗街道	端砚
359	连南瑶族自治县	耍歌堂　长鼓舞
360	潮州市枫溪区	枫溪瓷塑
361	饶平县黄冈镇	布马舞
362	普宁市	英歌舞
363	潮州市湘桥区意溪镇	大锣鼓　金漆木雕
364	郁南县连滩镇	山歌
365	佛山市南海区大沥镇	粤曲
366	廉江市	舞鹰雄

海南省（5）

367	儋州市	调声
368	定安县	琼剧
369	临高县	人偶戏　渔歌
370	琼中县上安乡	黎族民歌
371	乐东黎族自治县大安镇	黎族剪纸

广西壮族自治区（12）

372	东兰县	铜鼓
373	马山县	壮族多声部民歌
374	东兴市	京族独弦琴
375	靖西县	壮族绣球
376	宜州市	刘三姐歌谣
377	博白县	采茶戏
378	金秀瑶族自治县	瑶族服饰
379	融水苗族自治县安陲乡	苗族芦笙
380	岑溪市	牛娘戏
381	平南县大安镇	粤曲
382	三江县梅林乡	侗族大歌
383	阳朔县福利镇	扇画

重庆市（11）

384	铜梁县	龙灯
385	酉阳土家族苗族自治县	摆手舞
386	大足县	大足石雕
387	綦江县	农民版画　永城吹打　金桥吹打
388	巴南区	接龙吹打　花溪民歌　木洞山歌
389	秀山土家族苗族自治县	秀山花灯
390	石柱土家族自治县	啰儿调
391	梁平县	梁山灯戏　木版年画　癞子锣鼓
392	彭水苗族土家族自治县	苗族山歌
393	北碚区澄江镇	北泉板凳龙
394	九龙坡区九龙镇	楹联

四川省（32）

395	宝兴县	尧蹟民歌
396	泸州市纳溪区	民歌
397	富顺县	唢呐

398	威远县	山歌
399	康定县	情歌
400	丹棱县	唢呐
401	壤塘县	梵音
402	阆中市	巴象鼓舞
403	会理县	歌舞
404	巴塘县	弦子
405	巴中市巴州区	皮影
406	色达县	藏剧
407	蓬溪县	书法
408	射洪县	诗画
409	成都市青羊区	书画
410	绵竹市	年画
411	成都市金牛区	摄影
412	成都市锦江区	糖画
413	崇州市	竹编
414	安岳县	石刻
415	沐川县	草龙
416	夹江县	书画纸
417	昭觉县	彝族服饰
418	青神县	竹编
419	江安县	竹簧
420	剑阁县	花灯
421	成都市龙泉驿区	水龙
422	双流县黄龙溪	火龙
423	北川羌族自治县	羌族文化
424	兴文县	高桩
425	泸县	龙舞
426	绵阳市涪城区金峰镇	雄狮

贵州省（23）

427	松桃苗族自治县	民间特技表演

428	榕江县栽麻乡	侗族大歌
429	沿河土家族自治县	土家族山歌
430	榕江县	侗族琵琶歌
431	丹寨县	苗族锦鸡舞
432	从江县	侗族大歌
433	印江土家族苗族自治县	书法
434	大方县	现代民间绘画
435	玉屏侗族自治县	箫笛
436	平坝县	书画　屯堡地戏
437	榕江县古州镇	三宝侗族歌舞
438	台江县	苗族姊妹节
439	思南县	花灯戏
440	凯里市	苗族芦笙歌舞
441	兴义市	布依八音
442	镇宁布依族苗族自治县黄果树镇	布依族蜡染
443	印江土家族苗族自治县合水镇	蔡氏古法造纸
444	三都水族自治县中和镇	水族马尾绣
445	黄平县	银饰　蜡染
446	德江县	傩戏
447	榕江县兴华乡	摆贝苗族百鸟衣
448	安顺市西秀区刘官乡	傩雕
449	从江县往洞乡	鼓楼花桥建筑

云南省（19）

450	昆明市官渡区	现代民间绘画
451	陆良县	书法
452	峨山彝族自治县	彝族花鼓舞
453	牟定县	彝族左脚舞
454	腾冲县固东镇	皮影
455	大理市	白族大本曲
456	洱源县	白族唢呐
457	丽江市古城区大东乡	纳西族热美蹉

458	景谷县威远镇	象脚鼓舞
459	梁河县	葫芦丝
460	石屏县	彝族烟盒舞
461	景洪市嘎洒镇	曼暖典傣族织锦
462	永善县马楠乡	苗族芦笙舞
463	马关县仁和镇	阿峨壮族农民版画
464	耿马傣族自治县孟定镇	傣族歌舞
465	泸水县鲁掌镇	歌舞
466	维西傈僳族自治县	叶枝傈僳族阿尺木刮歌舞
467	双柏县	彝族老虎舞
468	沧源佤族自治县	佤族民俗

西藏自治区（7）

469	定结县陈塘镇	夏尔巴歌舞
470	札达县	底雅宣舞
471	比如县香曲乡	丁嘎热巴
472	拉萨市堆龙德庆乃琼镇加热村	藏戏
473	乃东县昌珠镇扎西曲登村	藏戏
474	昂仁县日吾其乡	迥巴藏戏
475	昌都县嘎玛乡	金属锻造

陕西省（16）

476	延川县	剪纸
477	凤翔县	木版年画　泥塑
478	子长县	唢呐
479	铜川市印台区陈炉镇	耀州瓷
480	合阳县黑池镇	书法
481	横山县	老腰鼓　陕北说书
482	城固县博望镇	架花刺绣
483	旬邑县	剪纸 唢呐
484	神木县	面花
485	商南县	大鼓秧歌

486	紫阳县	民歌
487	绥德县	秧歌　石雕　唢呐　剪纸　民歌
488	户县	农民画
489	宝鸡市陈仓区	社火
490	安塞县	腰鼓　剪纸　民间绘画　民歌
491	韩城市	行鼓

甘肃省（7）

492	环县	道情皮影戏
493	武山县	书画
494	和政县	花儿
495	秦安县	秦安小曲
496	华亭县	曲子戏
497	清水县	轩辕鼓舞
498	秦安县王尹乡	麦秆编

青海省（11）

499	湟源县	排灯
500	大通回族土族自治县	老爷山朝山会
501	湟中县拦隆口镇	高台
502	互助土族自治县丹麻镇	土族花儿会
503	乐都县瞿昙镇	花儿会
504	同仁县	热贡艺术
505	共和县	藏族拉伊
506	海晏县	赛马
507	门源回族自治县泉口镇	回族宴席曲
508	格尔木市郭勒木德镇	民间木雕　刺绣
509	格尔木市乌图美仁乡	乌图美仁那达慕

宁夏回族自治区（7）

510	隆德县	民间艺术
511	海源县	花儿　剪纸

512	平罗县头闸镇	民间艺术
513	青铜峡市峡口镇	峡口社火
514	固原市原州区	民间艺术
515	彭阳县城阳乡	民间艺术
516	青铜峡市青铜镇	民间艺术

新疆维吾尔自治区（12）

517	昌吉市二六工镇	新疆花儿
518	玛纳斯县包家店镇	新疆曲子
519	新源县	哈萨克族阿依特斯
520	额敏县萨尔也木勒牧场	哈萨克族阿依特斯
521	且末县托格拉克勒克乡	维吾尔族且末赛乃姆
522	阿瓦提县乌鲁却勒镇	维吾尔刀郎木卡姆
523	阿合奇县色帕巴依乡	柯尔克孜族库姆孜艺术
524	策勒县达玛沟乡	维吾尔族麦西热甫
525	塔什库尔干塔吉克自治县	塔吉克族鹰舞
526	莎车县	维吾尔族十二木卡姆
527	和布克赛尔蒙古自治县查干库勒乡	蒙古族长调
528	富蕴县	哈萨克族木沙依拉

（来源：中华人民共和国文化部官网，
http://59.252.212.6/auto255/201111/t20111103_28028.html?keywords=）

文化部关于开展2012年国家非物质文化遗产保护专项资金申报工作的通知

各省、自治区、直辖市文化厅（局），新疆生产建设兵团文化广播电视局，各计划单列市文化局：

为保证2012年度非物质文化遗产中央补助地方资金按时申报和下达，加快项目实施进度，提高财政资金使用效益，经商财政部，我部将于近日开展2012年度非物质文化遗产中央补助地方资金申报工作，现将有关事项通知如下：

一、申报范围

（一）入选联合国教科文组织非物质文化遗产名录项目补助经费

已入选联合国教科文组织“人类非物质文化遗产代表作名录”“急需保护的非物质文化遗产名录”的项目可申报补助经费。京剧、昆曲等国家已安排专项资金的，不列入申报范围。

（二）国家级非物质文化遗产名录项目保护补助经费

国家级项目的申报比例不得超过本地区国家级非物质文化遗产名录项目总数的30%（不包括入选联合国教科文组织非物质文化遗产名录项目）。经济效益较好的项目不列入申报范围。

（三）国家级非物质文化遗产名录项目代表性传承人传习活动补助经费

申报范围包括本通知申报截止之日前经文化部批准公布的所有国家级非物质文化遗产名录项目代表性传承人（已去世的代表性传承人除外），补助标准为每人每年1万元。

（四）国家级文化生态保护实验区建设补助经费

《总体规划》已得到文化部正式批复的国家级文化生态保护实验区，按照《总体规划》内容申请补助经费；2011年1月以后新设立的国家级文化生态保护实验区可申请《总体规划》编制工作补助经费。

二、申报要求

（一）突出重点，合理排序

1. 入选联合国教科文组织非物质文化遗产名录项目作为重点项目单独申报。

2. 国家级名录项目中符合下列条件的，应作为重点项目申报：（1）具有重大历史、文化和科学价值，涉及国家文化主权和文化安全的以及重要的少数民族项目；（2）急需开展抢救性保护的濒危项目，如项目传承链条几近断裂、传承人年老体弱等。

各省（区、市）文化厅（局）应遵循“统筹规划，分步实施”的原则，区分轻重缓急，按照文化价值和濒危程度进行合理排序。

（二）明确资金使用范围

2012年专项资金重点支持：（1）抢救性记录，包括相关资源的调查、记录、整理、保存、数字化及出版等；其中，优先支持对国家级代表性传承人开展抢救性记录，即采取文字、图片、音像、多媒体等方式，真实、系统地记录国家级代表性传承人口述史、传统技艺流程、代表剧（节）目、仪式规程等全面信息。（2）传承工作，包括租赁传承场所、购置传承设备、举办培训、复排剧目、编写教材等。

2012年专项资金适当支持开展宣传展示和研究工作，包括举办或参加展览展演、开展学术研究、举办学术活动、出版研究成果、总结保护经验等。

各省（区、市）文化厅（局）应对保护工作取得一定成效、具有典型意义和示范作用的项目，特别是中央财政补助过的重点项目，认真评估保护成效，加快总结保护经验，尽快制定本地非物质文化遗产项目的分类保护规范，用于指导本地区非物质文化遗产项目保护工作的开展。

各省（区、市）文化厅（局）应对资金申报单位加强指导，严格把握资金使用范围，不得超范围申报补助资金，不得将资金用于基建工程、单位人员工资或福利发放。

（三）加强管理，严格审核预算

根据财政部要求，此次申报工作中，各省（区、市）文化厅（局）应对项目资金预算进行严格审核，做到支出事项明确清晰、资金测算合理准确。例如，抢救性记录应说明具体实施单位、记录对象、记录方式、录制时长、成果形式等；传承培训应说明培训对象、培训人数、培训时间、培训目标及内容等。

对资金测算不清晰、不合理的项目，在评审时将不予受理。

三、申报程序

（一）资金申报单位根据项目保护中长期规划和实际需求，制定本项目年度保护计划和资金预算，由地方各级文化行政部门和财政部门逐级申报。

（二）各省（区、市）文化厅（局）对资金申报书应按照要求严格审核，拟定本省申报方案，会同财政厅（局）联合报送财政部、文化部。

四、申报材料

申报材料详见附件。其中，资金申报单位需填写附件3或附件5，各省（区、市）文化厅（局）需填写附件1、附件2、附件4。

五、注意事项

在专项资金申报过程中，各省（区、市）文化厅（局）应与财政厅（局）积极沟通协商、密切配合、共同审核；同时，要及时掌握资金使用和保护工作开展情况，总结项目保护成功经验，探索有效的保护管理模式。

申报材料应于2012年2月28日前分别报送至文化部、财政部，逾期不予受理。上报时应报送纸质文件一式两份，光盘一份，电子版需发送至 whbysc@126.com。本文件和报表的电子版可从文化部政府门户网站下载。

联系方式（略）

特此通知。

附件（略）：

1.《2012年度国家非物质文化遗产保护专项资金申报汇总表》

2.《2012年度国家级非物质文化遗产名录项目保护补助经费申报汇总表》

3.《2012年度国家级非物质文化遗产名录项目保护补助资金申报书》

4.《2012年度国家级非物质文化遗产名录项目代表性传承人传习活动补助经费申报表》

5.《2012年度国家级文化生态保护实验区建设补助经费申报书》

二〇一一年十二月十六日

（来源：中华人民共和国文化部官网，
http://59.252.212.6/auto255/201112/t20111220_27622.html?keywords=）

三、地方性法规、文件

（一）法规、文件

吉林省文化厅关于印发吉林省省级非物质文化遗产代表性项目申报评定办法的通知

吉文发〔2011〕294号

各市（州）人民政府，长白山管委会，各县（市）人民政府，省政府各厅委办、各直属机构：

《吉林省省级非物质文化遗产代表性项目申报评定办法》已经省政府同意，现印发给你们，请认真贯彻执行。

二〇一一年十一月二十八日

吉林省省级非物质文化遗产代表性项目申报评定办法

第一条　为贯彻落实《中华人民共和国非物质文化遗产法》，加强非物质文化遗产保护，规范省级非物质文化遗产代表性项目申报和评定工作，结合我省非物质文化遗产保护工作实际，制定本办法。

第二条　非物质文化遗产代表性项目申报的范围包括：

（一）传统口头文学以及作为其载体的语言；

（二）传统美术、书法、音乐、舞蹈、戏剧、曲艺和杂技；

（三）传统技艺、医药和历法；

（四）传统礼仪、节庆等民俗；

（五）传统体育和游艺；

（六）其他非物质文化遗产。

第三条　非物质文化遗产代表性项目，应是具有典型意义的民间传统文化表现形式或文化空间；

或在历史、艺术、民族学、民俗学、社会学、人类学、语言学及文学等方面具有重要价值。

具体评审标准如下：

（一）具有展现吉林乃至中华民族文化创造力的重要价值；

（二）具有见证民族民间活动的文化传统的独特价值；

（三）具有鲜明的地方特色，扎根于民间的文化传统，世代相传；

（四）具有促进民族文化认同、增强社会凝聚力、增进民族团结和社会稳定的作用，是文化交流的重要纽带；

（五）具有维系民族文化传承的重要意义，同时因缺乏保护措施而面临消失的危险。

第四条　省级非物质文化遗产代表性项目申报须提出为期不少于五年的保护计划，并承诺采取相应的具体措施，进行切实保护。

主要保护措施包括：

（一）保存：对申报项目进行真实、全面的调查，用文字、录音、录像、数字化多媒体等手段系统记录，建立完整的档案；

（二）保护：保护传统的文化表现形式和文化空间，保护该项遗产传承人（团体）的智力成果及所享有的权益；

（三）传承：通过社会教育和学校教育等途径，使该项非物质文化遗产的传承后继有人，能够继续作为活的文化传统在相关范围尤其是青少年中得到继承；

（四）传播：利用节日活动、展览、观摩、培训、专业性研讨等形式，通过大众传媒和互联网的宣传，加深公众对该项遗产的了解和认识，促进社会共享；

（五）发掘：进一步搜集整理该项目有关实物资料，深入发掘其历史沿革、分布区域、传承谱系、表演形式和文化内涵，研究其独特价值，展现其鲜明特色；

（六）发扬：在保持固有传统的前提下，合理开发利用，促进融入现代生活，促进文化交流与合作，促进文化的可持续发展。

第五条　申报省级非物质文化遗产代表性项目，应在市（州）级非物质文化遗产代表性项目名录中遴选产生，由市（州）文化行政部门向省级文化行政部门提出申报。省直属单位可直接向省级文化行政部门提出申报。

第六条　申报者须提交以下资料：

（一）申请报告：对申报项目名称、申报者、申报目的和意义进行简要说明；

（二）项目申报书：包括申报项目简介，项目的历史、现状、价值和濒危状况，保护计划，重要申报辅助材料以及市（州）文化行政部门申报意见等；

（三）申报录像片：对申报项目相关信息进行简明扼要的形象说明；

（四）其他有助于说明申报项目的必要材料。

第七条　传承于不同地区并为不同社区、群体所共享的同类项目，可联合申报；联合申报的各方须提交同意联合申报的协议书。

第八条　省级文化行政部门组织专家评审小组和专家评审委员会，对推荐列入省级非物质文化遗产代表性项目名录的非物质文化遗产项目进行初评和审议。初评意见应当经专家评审小组半数通过。专家评审委员会对初评意见进行审议，提出审议意见。评审工作应当遵循公开、公平、公正的原则。

第九条　省级文化行政部门将拟列入省级非物质文化遗产代表性项目名录的项目予以公示，征求公众意见。公示期20天。

第十条　省级文化行政部门根据专家评审委员会的审议意见和公示结果，拟定省级非物质文化遗产代表性项目名录，报省政府批准、公布。

第十一条　列入省级非物质文化遗产代表性项目名录的项目，按照分级负责、以项目保护责任地保护为主的原则，由项目所在市（州）、县（市、区）政府安排专项经费予以重点保护；省财政对列入省级非物质文化遗产代表性项目名录的项目保护给予适当的经费补助。

第十二条　省级文化行政部门负责对列入省级非物质文化遗产代表性项目名录的项目进行保护指导、检查和监督。

第十三条　本办法由省级文化行政部门负责解释。

第十四条　本办法自公布之日起施行。

浙江省文化厅关于印发浙江省非物质文化遗产保护发展“十二五”规划的通知

浙文非遗〔2011〕64号

各市、县（市、区）文化广电新闻出版局，各高校省非遗研究基地：

《浙江省非物质文化遗产保护发展“十二五”规划》，是配套《浙江省文化发展“十二五”规划》的专项规划，现印发给你们。请结合实际，认真组织实施。

二〇一一年十月十八日

浙江省非物质文化遗产保护发展"十二五"规划

（2011—2015年）

非物质文化遗产是各族人民世代相传并视为其文化遗产组成部分的各种传统文化表现形式，以及与传统文化表现形式相关的实物和场所。延绵千百年的非物质文化遗产，是民族文化的精华，民族智慧的象征，民族精神的结晶，是民族历史的见证，民族身份的标志，民族基因的宝库。中华优秀传统文化是我们文化发展的母体，非物质文化遗产是中华优秀传统文化的重要组成部分。保护好、传承好、利用好、发展好非物质文化遗产，是实践科学发展观理念的具体体现，是构建社会主义核心价值体系的必然选择，是继承和弘扬中华民族优秀传统文化的内在要求，是繁荣社会主义先进文化的重要举措，是保持人类文化多样性的有效途径。

浙江非物质文化遗产资源丰厚，种类繁多，形式多样，特色鲜明。"十一五"期间，浙江非物质文化遗产保护事业全面扎实推进，打下牢固基础，凸现优势亮点，开创了良好局面。在省委、省政府的高度重视下，全省非物质文化遗产保护工作，敢于先行，敢于创新，在实践中探索，在探索中前进，创造了许多宝贵的实践经验。无论是全民参与的非遗大普查，还是覆盖全省的名录体系建设；无论是多种保护传承载体的创设，还是广泛的宣传展示与弘扬；无论是保护法规和制度建设，还是各种保护机制的形成；无论是保护机构队伍的加强，还是科研编纂工作的开展，均取得了令人瞩目的成绩，为"十二五"我省非物质文化遗产保护事业的发展奠定了坚实的基础，为全国非遗保护工作做出了富有成效的探索。

"十二五"时期，浙江非物质文化遗产保护事业，将进入转型升级、深化拓展、提升水平、再创优势的重要发展时期。为明确"十二五"时期全省非物质文化遗产保护工作目标任务，促进非物质文化遗产保护事业又好又快地发展，根据《中华人民共和国非物质文化遗产法》和《浙江省非物质文化遗产保护条例》精神，制定本规划。

一、指导思想

认真贯彻党的十七大和十七届六中全会精神，坚持以邓小平理论和"三个代表"重要思想为指导，坚持以科学发展观为统领，坚持"创业富民，创新强省"的方略，坚持"以文化人""以文育人"，坚持"保护为主、抢救第一、合理利用、传承发展"的工作方针，坚持"干在实处，走在前列"，以推进非遗大省向非遗强省跨越为目标，继续以"转型升级，深入深化，提升水平，再创优势"为总体思路，以深化非物质文化遗产保护五大体系和八大计划为建设重点，以弘扬"主流文化"、礼敬"母体文化"为自觉，以"人人参与，人人共享"为落脚点，推进文化事业的大发展大繁荣，为增强浙江文化软实力，营造中华民族共有的精神家园做出应有的贡献。

二、基本原则

（一）政府主导，社会参与。充分发挥各级政府在保护工作中的主导地位与主导作用，制定规划，组织力量，落实经费，加强管理。调动社会各方面的力量，激发广大人民群众参与非物质文化遗产保护的积极性、主动性、创造性，共同推进非物质文化遗产保护工作。

（二）活态传承，突出生态。充分发挥传承人在非遗活态传承中的核心作用。积极支持代表性传承人开展传承活动，培养后继人才；鼓励设立非物质文化遗产展示场所和传承场所。突出非物质文化遗产生态环境的整体性保护，尊重人民群众的生活方式、风俗习惯，着力促进非物质文化遗产与自然生态和人文生态的和谐共存。

（三）扎根民间，服务民众。非物质文化遗产是草根文化、乡土文化、民间文化，与广大群众的生产生活息息相关。在非物质文化遗产保护中，要坚持尊重人民群众的主体地位，让更多的非物质文化遗产回归民间。充分运用多种载体和多种渠道，展示优秀非物质文化遗产保护成果。鼓励和支持发挥非物质文化遗产资源的特殊优势，在有效保护的基础上合理开发利用。

（四）科学保护，濒危优先。尊重非物质文化遗产原生性、本真性的传统表现形式和内涵，尊重非物质文化遗产自身传承的发展规律。区分轻重缓急，优先抢救和保护具有重大历史、文化和科学价值且处于濒危状态的品种、项目和传人。坚持合理利用，防止对非物质文化遗产的误解、滥用。鼓励开展非物质文化遗产科学保护方法研究，完善非物质文化遗产保护体系和评价体系。

（五）先行先试，率先发展。坚持在非物质文化遗产保护中创造性地开展工作，解放思想，实事求是，与时俱进，开拓进取。鼓励大胆创新，率先发展，善于把握发展机遇，善于创造新鲜经验，善于总结保护规律，敢做先行者，敢做排头兵，不断以新的举措和成果，为全国非遗保护提供示范。

三、发展目标

通过5年努力，到2015年，浙江非物质文化遗产事业取得新的全面进步，非遗项目普遍焕发生机活力，民众深切感受到非遗悠久魅力，全省各地都积极建设“非遗”精神家园，在全社会形成文化自觉、文化自信、文化自强的意识和氛围。

通过5年努力，在全省建立起比较系统的、具有时代特征、浙江特点和地域特色的非物质文化遗产保护制度、较为完善的保护工作机制，逐步形成比较成熟的非物质文化遗产有效保护与传承的多种方式和途径，建立起非物质文化遗产合理利用与弘扬的有效体系。各项非物质文化遗产保护传承的基础建设更加扎实，区域优秀非物质文化遗产得到充分展示，非物质文化遗产保护水平整体性提高，非物质文化遗产保护成果全面呈现，非物质文化遗产保护典型不断涌现，非物质文化遗产保护工作继续走在全国前列，成为我国非物质文化遗产保护重要示范区域。

通过5年努力，进一步健全我省非物质文化遗产保护“五大体系”：

——进一步健全非物质文化遗产生态保护体系。进一步重视和突出文化生态保护，维护文化生态多样性。着力开展沿海海洋渔俗文化生态、山区民俗文化生态、水乡民俗文化生态的保护，着力开展传统表演艺术与传统手工生产方式生态的保护，着力开展城市历史文化街区、古镇古村落文化生态的保护。对非物质文化遗产代表性项目集中、特色鲜明、形式和内涵保护完整的特定区域，实行区域性整体保护。探索并形成文化生态整体性保护模式和保护方式，初步建立起科学有效的非物质文化遗产生态保护体系。

——进一步健全非物质文化遗产传承发展体系。始终抓住非物质文化遗产活态传承的特性，在传承中求发展，在发展中促传承。进一步加强新老传承人队伍建设，完善非物质文化遗产代表性传承人保护制度和保护机制，使传承人保护制度化、规范化。通过命名非物质文化遗产代表性项目传承基地、传承教学基地、传统节日保护基地、非遗生产性保护基地等途径，拓展多种传承载体，促进优秀非物质文化遗产的有效传承和发展。

——进一步健全非物质文化遗产展示共享体系。以建设省、市、县三级各类非物质文化遗产馆为重点，以开展多种形式的展示展演活动为平台，以积极培育非物质文化遗产精品项目为抓手，以推进非物质文化遗产旅游景区建设为途径，形成多方位、多层次的非物质文化遗产宣传展示体系，大力展示和传播优秀非物质文化遗产，让更多的人民群众走近非物质文化遗产，让全社会共享非物质文化遗产保护成果，让广大群众接受优秀传统文化教育。

——进一步健全非物质文化遗产典型示范体系。鼓励非物质文化遗产保护工作探索创新，先行先试，创造经验。深入开展调查研究，及时发现和培育先进典型，在全省树立一批倾心事业、勇于担当、乐于奉献、成绩突出的非物质文化遗产先进人物，树立一批项目保护、传承发展、生态保护、生产性保护和整体性保护等先进典型，树立一批非物质文化遗产事业全面推进、保障有力、保护成效突出的示范地区，形成各级各类非物质文化遗产保护典型示范体系。

——进一步健全非物质文化遗产保护制度体系。以实践为基础，以科学保护为目标，建立起比较完善的非物质文化遗产保护制度，形成一系列推进非物质文化遗产保护的规范性指导意见，健全省、市、县三级责任明确、运转协调的保护工作机制，创造有利于非物质文化遗产保护的良好制度环境，实现非物质文化遗产保护科学化、规范化。

四、工作任务

围绕上述发展目标，“十二五”时期全省非物质文化遗产保护的主要工作任务是：

（一）深入推进非物质文化遗产抢救性保护

在科学认定的基础上，继续推进省、市、县三级非物质文化遗产名录体系建设，进一步健全以市县级名录为基础，以省级名录为骨干，以国家级名录为重点的梯次结构名录体系，使一大批优秀非物质文化遗产得到有效抢救保护。积极做好国家级非物质文化遗产名录项目推荐申报工作，进一步扩充我省国家级名录项目数量。积极推荐申报“人类非物质文化遗产代表作名录”和“急需保护的非物质文化遗产名录”，争取有新项目上榜。积极推进优秀保护成果申报联合国教科文组织“非物质文化遗产保护优秀实践名册”项目。进一步促进优秀非物质文化遗产得到有效抢救保护，进一步提升浙江非物质文化遗产的影响力。

以推进科学保护为重点，进一步抓好我省列入“人类非物质文化遗产代表作名录”“急需保护的非物质文化遗产名录”项目和国家级非物质文化遗产项目的抢救保护。对人类非遗项目和国家级、省级非遗项目，实施“八个一”保护措施，“一项一策”，逐项制定项目保护规划，根据项目不同特点，分类指导，分项保护，强化措施，创新机制，有重点有序地做好保护工作。对生存状况濒危的各级名录项目予以重点抢救保护。积极探索和推广有针对性有实效性的保护方法，建立动态性的名录项目保护监督检查机制，促进项目抢救保护工作取得扎实成效。继续推进传统表演艺术精品项目培育工作，推陈出新，加强交流，提升效益。

专栏1：非物质文化遗产抢救保护计划重点项目

1. 加强对各级非遗名录项目的保护管理工作，制定出台《浙江省非物质文化遗产名录项目保护与管理办法》。

2. 开展名录项目保护工作调查，省、市、县三级共完成100个项目的专项重点调查。

3. 新公布省级名录项目400项左右，市级名录800项左右，县级名录1800项左右。

4. 争取有100个左右项目新列入国家级非物质文化遗产名录项目。对生存状况濒危的国家级非遗项目予以重点抢救保护。

5. 争取有2个项目列入人类非物质文化遗产代表作名录。落实人类非遗项目保护承诺，建立承诺执行情况年度汇报督查制度。

6. 实施国家级非遗项目“八个一”保护措施，一项一策：一个保护方案、一个专家指导组、一个工作班子、一个传承基地、一个展示平台、一套完备的档案、一册普及读物、一系列保护政策。一抓到底，务求成效，力促成果。

7. 设立“浙江省非物质文化遗产保护成果奖”，推出100个国家级、省级非物质文化遗产保护示范项目。

（二）深入推进非物质文化遗产活态性保护

坚持非物质文化遗产保护以人为本的理念，扎实推进传承人保护与传习工作，促进活态传承与保护。继续开展省、市、县三级非物质文化遗产名录项目代表性传承人认定工作，做到每个名录项目至少有一名代表性传承人，开展传授活动。推行师徒传承协议制度、传承基地责任制度等，有效推进师徒传承、群体传承等多种形式的传承活动。健全省、市、县三级代表性传承人传习活动资助制度，鼓励带徒传艺，促进活态传承。大力举办各类传习班、传承培训班，不断培养新的传承人。继续开展“服务传承人月”活动，努力维护传承人在传承非物质文化遗产过程中的合法权益，保障相关非物质文化遗产项目得到传承和延续。探索代表性传承人有效管理办法，逐步形成代表性传承人认定和退出机制，开展优秀传承人评选活动，促进传承工作的深入开展。

继续开展省、市、县三级非物质文化遗产传承基地、传承教学基地、传统节日保护基地等命名工作，扩大活态传承的有效载体。加强对传承基地、传承教学基地、传统节日保护基地建设的调研，总结经验，形成一批有显著成效、有影响力的示范性基地。

专栏2：非物质文化遗产活态传承计划重点项目

1. 继续认定省、市、县三级非物质文化遗产名录项目代表性传承人。新认定400名左右省级代表性传承人。

2. 每年元旦至元宵节期间，继续开展“传承人服务月”活动，并继续实行“三必报五必访”制度。

3. 继续开展省、市、县三级非物质文化遗产名录项目传承基地、传承教学基地和传统节日保护基地等命名工作，全省建立省、市、县三级非遗项目传承基地300个，传承教学基地200个，传统节日保护基地100个。

4. 推广名录项目、传承人、传承基地“三位一体”的保护传承模式，实行“落地式”“捆绑式”传承，确保项目保护成效。

5. 全省举办传习班300期左右，大力培养新的传人，促进活态传承。

6. 推进非物质文化遗产进校园、进教材、进课堂，全省完成100本非物质文化遗产校本教材编写，开展优秀非物质文化遗产校本教材评选活动。

（三）深入推进非物质文化遗产生态性保护

文化生态保护区是指以保护非物质文化遗产为核心，对历史文化积淀丰厚、存续状态良好，具有重要价值和鲜明特色的文化形态进行整体性保护。有计划地进行整体性保护，使之成为充满活力的文化空间。推进国家级海洋渔文化（象山）文化生态保护实验区建设，积极编制专项保护规划，进一步明确保护重点和保护区域，落实各项保护措施，有效组织实施，努力出成效、出经验。积极支持龙泉青瓷文化生态区等申报国家级文化生态保护区。继续推进省级文化生态保护区建设，指导相关的科学编制文化生态保护区规划和实施方案。确定对非物质文化遗产实行区域性整体保护，尊重当地居民的意愿，并保护属于非物质文化遗产组成部分的实物和场所，避免遭受破坏。积极探索自然生态和文化生态整体性保护的有效途径。积极推进文化生态保护与当地经济社会全面协调和可持续发展。

专栏3：非物质文化遗产生态区建设计划重点项目

1.推进国家级海洋渔文化（象山）生态保护实验区建设，完善保护规划，经当地政府批准后施行。

2.积极争取龙泉青瓷文化生态区申报为国家级文化生态保护实验区。

3.省、市两级建立30个文化生态保护实验区，对非物质文化遗产代表性项目集中、特色鲜明、形式和内涵保护完整的特定区域实行区域性整体保护。

4.开展文化生态保护实验区建设调查研究，总结有效做法和经验，研究制订《浙江省文化生态保护实验区管理暂行办法》，科学指导各地文化生态区建设。

5.注重非物质文化遗产集聚的古街区、古村落等人文环境整体性保护，实现各门类非物质文化遗产与自然、人文环境的共生共荣。

（四）深入推进非物质文化遗产展示性保护

加强非物质文化遗产基础设施建设，构建和健全省、市、县、乡、村五级多种类别、多种形式、多种主体的非遗展示馆网络，加大相关实物资料收集整理力度，创新展示手段，放大宣传展示效应。

积极运用“文化遗产日”、传统节日、文化节庆等平台，组织开展具有民族传统和地域特色的非遗宣传展示活动。继续举办浙江省非物质文化遗产节系列活动和中国浙江非遗博览会，充分展示优秀非物质文化遗产资源，促进文化交流与发展。积极支持杭州市重点打造中华中秋文化节、支持嘉兴市举办中国端午民俗文化节等传统节庆活动，充分展示地域民俗文化，进一步打响浙江特色文化品牌。

积极组织优秀非物质文化遗产项目和传承人、民间艺术表演队伍，参与国内外文化展示和重要文化交流活动，让浙江优秀非物质文化遗产走向全国、走向世界。

专栏4：非物质文化遗产展示共享计划重点项目

1.争取设立浙江省非物质文化遗产馆，集中展示全省优秀非物质文化遗产。

2.积极推进市、县、乡、村非物质文化遗产展示场馆建设。60%的设区市建设具一定规模的非物质文化遗产馆；40%的县（市、区）建设符合当地实际的综合性或专题性非物质文化遗产馆；有条件的乡镇和村落因地制宜设立专题非物质文化遗产展示场所。

3.认真组织开展“文化遗产日”宣传展示活动，举办浙江省非物质文化遗产节系列活动，继续举办中国浙江非遗博览会。

4.支持杭州市举办中国中秋文化节、嘉兴市举办中国端午民俗文化节活动；继续扶持20个省级传统节日示范地，开展民俗文化展示活动；继续扶持省文化厅公布的20个重点文化节庆活动。

5.重点培育100项左右以传统表演艺术精品项目，努力形成“一地一品”或“一地多品”的精品格局。

6.组织参加文化部组织的各项全国性非遗展示活动，积极推进浙江走出去，参加对外文化交流，使我省在更高层次、更大范围、更广领域展示浙江非遗项目，提升浙江非遗影响力。

（五）深入推进非物质文化遗产生产性保护

在有效保护的前提下，通过挖掘非物质文化遗产资源的独特技艺和经济价值，进行合理开发和利用，用生产性方式促进活态传承和保护，实现文化遗产保护和经济效益的良性循环互动。以传统手工技艺项目为重点，以“项目＋企业”“项目＋作坊”等多种方式，在继承传统的基础上，扩大生产经营规模，提高传承人的地位与收入，扩大就业岗位，实现保护传承与经济效益双赢。与发展文化产业相结合，以传承为核心，以产业为纽带，培育和发展具有市场潜力的非物质文化遗产生产性保护基地；与旅游业相结合，培育和发展非物质文化遗产旅游经典景区，开展古镇游、生态游、农家乐等民俗旅游项目，形成各具特色的非物质文化遗产旅游区块；大力开发系列非物质文化遗产旅游产品，增加旅游产品的文化附加值；与各地大型商贸展览活动相结合，聚集和展销全省优秀非物质文化遗产。加强对非物质文化遗产生产性保护的调查研究，总结实践经验，评选和命名省级优秀非物质文化遗产生产性保护基地。

专栏5：非物质文化遗产生产实践计划重点项目

1.在生产性保护活动中，坚持非物质文化遗产的本真性、完整性及核心技艺的保护与传承，坚持合理开发利用。

2.积极推进生产性保护基地建设，命名100个省级、200个市级、300个县级生产性保护基地，基本形成省、市、县三级生产性保护体系。

3.研究制定《浙江省非物质文化遗产生产性保护基地管理暂行办法》，加强对生产性保护的指导。

4.会同省旅游局命名50个省级非遗旅游经典景区，开发非遗旅游线路，扩大非遗展示宣传。

5.开发非物质文化遗产旅游产品，形成各具特色、富有非遗内涵的旅游产品系列，评选100种优秀非遗旅游产品。

6.对合理利用非物质文化遗产代表性项目的企业，依法给予国家规定的税收优惠。

（六）深入推进非物质文化遗产科研性保护

积极推进非物质文化遗产信息化建设，运用数字化手段，促进非物质文化遗产科学保护。在总结各地非遗数据库建设试点有效做法的基础上，探索建立综合性的浙江省非物质文化遗产数据库，逐步实现全省“一网式”运行与管理。形成文字、图片、音频、视频于一体的，具有普查资源保存系统、名录项目和传承人管理系统、保护载体管理系统、检索系统和信息安全系统的非遗数据库网络，使之成为资料充实、结构合理、操作方便、便于搜索、运转高效的信息化平台，基本实现全省非物质文化遗产保护信息化工作体系。

继续编纂出版《浙江省非物质文化遗产代表作丛书》，编撰出版《中国非物质文化遗产普查报告·浙江卷》和《浙江省非物质文化遗产资源分布地图集》。各市、县（市、区）以普查成果为基础，完成当地《非物质文化遗产大观》等普及型读物的编纂出版工作。充分发挥省非遗保护专家委员会委员专业优势和高校省非遗研究基地科研优势，开展非遗重点课题研究。各地积极组织相关专家学者和非遗保护工作者，分层次分门类开展重点调查和学术研究，形成一批突破性的研究成果。继续举办每年一届的浙江省非物质文化遗产论坛，总结实践经验，探索保护规律，科学指导工作。

专栏6：非物质文化遗产研究应用计划重点项目

1. 建立省级非物质文化遗产数据库。逐步建立全省非物质文化遗产保护信息化工作体系。

2. 继续编纂出版《浙江省非物质文化遗产代表作丛书》，完成我省第二批国遗项目85个书目的编纂出版。基本完成我省第三批国遗项目丛书编纂出版工作。

3. 编撰出版《中国非物质文化遗产普查报告・浙江卷》，编制出版《浙江省非物质文化遗产资源分布地图集》。各市县基本完成当地《非遗普查大观》编纂出版。

4. 加强非物质文化遗产专门史研究，推进非物质文化遗产保护实证性研究，完成15—20个重点课题研究。

5. 发挥高校省非遗研究基地人才、智力密集的优势，推进出成果出成效。

6. 举办5届浙江省非物质文化遗产保护论坛。

（七）深入推进非物质文化遗产制度性保护

建章立制，健全完善制度，是在新的起点上促进保护工作有序有效开展的迫切需要，是非遗保护工作科学发展的有力保障。进一步完善全省非物质文化遗产保护各项制度，形成系列，形成系统。逐步制定出台浙江省非物质文化遗产传承基地、传承教学基地、传统节日保护基地、生产性保护基地等各类保护载体管理办法；研究出台非物质文化遗产精品项目培育指导意见；研究出台非物质文化遗产馆建设指导意见；研究出台非物质文化遗产项目代表性传承人管理办法，使非遗保护工作发展有章可循、有据可依，使非遗保护事业发展步入良性发展轨道。逐步建立非物质文化遗产保护成效检查督导制度、非物质文化遗产保护专项资金使用绩效评估检查制度、非物质文化遗产传承工作检查督导制度，形成非物质文化遗产保护跟踪评价体系，推动保护工作深入有效地开展。

专栏7：非物质文化遗产制度建设计划重点项目

1. 开展非物质文化遗产保护制度建设调查研究，吸纳宝贵经验，推广有效做法。

2. 研究制定《浙江省非物质文化遗产名录项目管理办法》和《浙江省非物质文化遗产代表性传承人管理办法》。

3. 研究制定《浙江省非物质文化遗产传承基地管理办法》《浙江省非物质文化遗产传承教学基地管理办法》《浙江省非物质文化遗产生产性保护基地管理办法》等。

4. 研究制定《浙江省非物质文化遗产馆建设指导意见》《浙江省非物质文化遗产精品项目培育工作指导意见》等。研究制定非物质文化遗产保护专项资金使用绩效评估制度。

（八）深入推进非物质文化遗产持续性保护

非遗保护不是阶段性、突击性的工作，是一项长期的具有战略意义的任务。推进非遗持续性保护，是巩固保护成果、彰显非遗价值的必然选择。全省非遗保护工作既要突出重点，又要统筹兼顾；既注重抢救保护，又着力继承弘扬；既立足当前，又着眼未来；既立足浙江，又放眼全国；促进形成规模大，势头强，质量高，品牌响，服务好，环境优的非遗事业持续健康发展的态势。

县级区域是非遗保护事业可持续发展的关键。坚持以县为主，属地管理，分级负责，相互协作，着力推进县级区域非遗保护事业的发展，重点培育和支持30个左右非遗保护先进县，带动县域非遗保护工作水平的整体优化和提升，促进全省县域非遗事业发展驶上快车道。村级文化生态环境，是非遗存续发展的土壤，也是非遗保护工作的基石。在全省全面推进"美丽乡村"建设中，坚持把发掘与培育、保护与利用、继承与弘扬有机结合起来，发掘乡村历史文脉，彰显乡村文化特色，始终保持非物质文化遗产传承发展的活力，凸显乡村独特魅力。加强生态文明知识的普及教育，构建和谐的农村生态文化体系。

通过省、县、村三个层面的着力强化和相互联动，促进非遗事业层级推进、梯度发展。全省继续率先做好非遗保护事业可持续发展的探索与实验，着力维护文化生态环境，促进文化多样化的可持续；着力发掘重要非遗资源，保持我省入选国家级名录项目前列优势的可持续；着力保护优秀非遗基因，促进非遗资源合理利用的可持续；着力加强人财物建设，促进非遗事业发展的可持续；着力发展壮大非遗保护志愿者队伍，促进公众参与社会协同的可持续；着力推进依法保护，促进非遗事业发展繁荣的可持续；着力创新体制机制，促进浙江非遗工作在全国领先地位的可持续。

专栏8：非物质文化遗产可持续发展计划重点项目

1.继续在国家级名录项目中保持前列优势。

2.继续率先示范，为全国非遗保护创造经验。

3.大力加强人财物建设。强化非遗保护工作机构，定编定员定岗；设立非遗保护专项资金，确保非遗事业发展需要；推进非遗馆建设，为社会公众提供经常性的宣传展示场所。

4.积极推进非遗保护社团建设，扩充志愿者队伍，注重业务知识和能力培训，着力提高保护水平，发挥积极作用。

5.着力推进县级区域非遗保护事业发展，重点培育30个非遗保护先进县。县域非遗保护具体工作任务为：一是党委政府摆上重要议事日程；二是编制当地非遗保护规划；三是大力培育非遗品牌项目；四是积极推进非遗展示宣传；五是大力弘扬地域特色文化；六是扎实推进文化生态整体保护；七是积极促进非遗融入生活；八是切实加强非遗保护政策保障；九是建立健全社会力量参与机制；十是不断探索非遗保护途径。提升县域非遗事业整体实力和竞争力。

6.在全省重点培育100个村级非遗保护典型，以点带面，使"美丽乡村"中的非遗保护呈现兴旺景象，使全省非遗事业发展勃发不竭的动力。

五、保障机制

（一）健全政策保障机制

进一步加强对非物质文化遗产保护工作的领导，健全各级保护工作领导机构和协调机构，把非物质文化遗产保护摆上各级政府重要议事日程，纳入各级各地国民经济和社会发展、城乡建设规划。全面贯彻落实国家《中华人民共和国非物质文化遗产法》《浙江省非物质文化遗产保护条例》，贯彻落实“抢救为主，保护第一，合理利用，传承发展”的指导方针。进一步健全完善非物质文化遗产保护政策措施，加大对保护传承的政策扶持力度。建立责任明确的非物质文化遗产保护工作考核机制，将保护工作纳入各级政府及文化主管部门任期目标及年度目标责任制考核内容，将人文环境的保护与改善状况纳入生态省建设考核体系，加强监督，确保非遗保护事业又好又快开展。

（二）健全经费投入机制

各级要加大对非物质文化遗产保护的资金投入。全省县级以上普遍建立非物质文化遗产保护专项资金，列入当地财政预算，并随财政收入的增长而增长，增长比例不低于当年财政支出的增长幅度。鼓励从土地出让金中提取一定比例用于文化遗产保护事业，加大对非物质文化遗产保护的财政扶持倾斜力度；鼓励采取公益性项目财政补助等政策措施，体现财政资金的杠杆作用；鼓励社会资本对非遗保护的投入，落实公益捐赠和赞助优惠政策。鼓励设立非遗保护社会基金，推动非遗保护社会化。

（三）健全工作队伍机制

健全机构，强化职能，充实力量，提高素质，是非遗事业持续发展的保障。切实重视和加强非遗保护管理机构建设，各市县均经当地编制部门批准，设立非遗保护中心，落实人员编制，落实工作场所，落实工作经费，落实工作任务。逐步在市、县文化主管部门设立非遗处（科），加强依法行政依法保护的工作力量。全省建立一支职业化的高素质的非遗保护工作队伍。采取综合性和专题性培训等方式，不断提高保护工作队伍素质、能力和水平。健全各级非物质文化遗产保护专家库，发挥决策参谋、业务咨询、工作指导的作用。积极推进非遗保护社团建设，扩充非遗保护志愿者队伍，发挥其积极作用。切实把培养青年人才放到更加突出的位置，把大力培养青年人才贯穿于非遗保护的全过程，促进大批优秀青年人才脱颖而出，使青年人才成为非遗保护的生力军。对在非遗保护事业中做出突出贡献的单位和个人，进行表彰和奖励。

（四）健全宣传推广机制

进一步加大非物质文化遗产保护宣传力度，营造有利于保护工作推进的宣传环境。各级进一步创设宣传推广平台，办好浙江非遗网，创办非遗宣传刊物，成为宣传推广浙江非物质文化遗产的重要窗口；办好各级非物质文化遗产工作简报，成为宣传交流工作的重要载体；继续开展浙江省非遗保护“十大新闻人物”评选活动和浙江省“精神家园守护者”评选活动，宣传和褒扬先进事迹和自觉担当精神。继续开展浙江省非遗宣传报道“好专栏、好专题、好文章”评选活动，促进宣传工作水平的不断提高。充分发挥各级新闻媒体的宣传推广作用，运用多种手段和形式，大力宣传推广非物质文化遗产保护工作的成果。通过营造声势，营造环境，促进“人人参与，人人共享”，促进文化事业的大发展大繁荣。

浙江省文化厅关于实施国家级非物质文化遗产项目“八个一”保护措施的通知

浙文非遗〔2011〕33号

各市、县（市、区）文化广电新闻出版局：

为认真贯彻落实赵洪祝书记“希望倍加珍惜，采取措施，切实把国家级非物质文化遗产项目保护好，传承好，利用好”的重要指示精神，进一步推进国家级非物质文化遗产名录项目保护传承工作，推进“十二五”时期非遗保护工作，切实把非物质文化遗产保护好、传承好、利用好。我厅经认真研究，决定在全省实施国家级非物质文化遗产项目“八个一”保护措施，一项一策，分类指导，加强管理，促进保护工作落到实处，取得明显成效。现将具体事项通知如下：

一、指导思想

国家级非物质文化遗产项目，具有展现中华民族文化创造力的杰出价值，具有见证中华民族活的文化传统的独特价值，在非物质文化遗产中具有典型意义。国遗项目的保护，必须坚持以科学发展观为指导，坚持“保护为主，抢救第一，合理利用，传承发展”的工作方针，采取有力措施，积极探索和创新保护方式和保护途径，使非物质文化遗产在全社会得到确认、尊重和弘扬。

二、具体内容

国家级非物质文化遗产项目“八个一”保护措施，是指每一个国遗项目都要有“一个保护方案、一个专家指导组、一个工作班子、一个传承基地、一个展示平台、一套完备档案、一册普及读本、一项配套政策”。

一个保护方案。每个国遗项目，都要有一套切实可行的保护方案，以五年为期，可以延伸到更长一个阶段。要求在国遗项目申报书五年计划的基础上进一步修订完善，要具有针对性、实效性，要长计划、短安排。

一个专家指导组。要根据每个国遗项目的特点，组建专家指导组，指导保护传承工作。专家组成员，以当地乡土专家为主，有条件和有必要的，可以聘请省级或者国家级专家参加。专家成员，可以是与项目有直接关系的，也可以是相关联的。专家组成员一般以3－5人为宜，可以设首席专家制度。专家组应参与项目保护工作全过程，包括参与国遗项目保护方案的制定，以及方案的具体实施。

一个工作班子。每个国遗项目的保护，均应建立一个具体负责保护工作施行的工作班子。班子成员一般以文化部门、项目保护责任单位以及相关单位等人员共同组成，人员精干，力量配强。

一个传承基地。每个国遗项目都要设立保护传承基地。可以是一个基地，也可以是多个基地，形成传承、展示、教育等不同功能的基地链，切实承担传承责任。通过社会教育和学校教育等途径，使该项目的传承后继有人，继续作为活的文化传统得以继承和弘扬，使项目保护传承做到正常化、经常化、常态化。

一个展示平台。根据项目特点，根据地方实际，开展展示活动。可以利用节会、展示馆（厅）、书场等多种途径，定期或不定期，固定或不固定，做好经常性宣传展示工作，加深公众对该项遗产的了解和认识，促进社会共享。

一套完备档案。做好每个国遗项目的资料保存和建档工作。用文字、录音、录像、数字化多媒体等手段，对项目的文化表现形式进行真实、完整的记录，并积极搜集有关实物资料，科学分类、编目，为项目建立全面、系统和立体的档案，妥善保存并合理利用。

一册普及读物。省里统一部署编撰浙江省非遗代表作丛书，每个国遗项目一项一册。各地也可结合实际，出版非遗项目普及性读物，列入地方乡土文化丛书、地方校本教材等。

一项配套政策。根据必要和可能，地方政府可以出台国遗项目专门的保护传承政策性意见。也可以在地方非遗政策性意见中，对国遗项目的保护传承明确相应的具体措施。对于每个国遗项目的保护传承，应有年度财政资金给予扶持，加强保障力度。

三、组织实施

国遗项目“八个一”保护措施分三阶段组织实施。

第一阶段，2011年7月至12月，制定实施方案。各地文化行政部门要认真履行牵头协调和主管的职责，统筹和负责制定好当地国遗项目“八个一”保护措施的具体实施方案，一项一策，一个国遗项目形成一个具体实施方案，报经当地政府审核同意后，于9月底前书面上报我厅非遗处。

第二阶段，2012年全年，布好局，打好基础。各国遗项目保护责任单位要依照该国遗项目“八个一”保护实施方案，按照工作计划和步骤，切实履行保护传承的责任。全面实施国遗项目“八个一”保护措施，取得明显工作成效。

第三阶段，2013年始，分类分批展示保护成果。省文化厅将分类分批选调优秀项目进行交流和宣传展示，总结推广先进经验，表彰一批保护传承先进单位和个人，评选浙江省非物质文化遗产保护成果奖。

四、工作要求

（一）要切实加强领导。各地文化行政部门要切实重视国遗项目“八个一”保护措施的实施，把这项工作作为一项长期性任务和日常性工作来抓。加强对这项工作的领导，加强对实施工作的研究，加强对保护责任单位落实工作的指导，加强投入等方面的政策支持力度，确保“八个一”保护措施取得实效。

（二）要大胆创新实践。各地要按照省里的统一部署，做好规定动作，创新自选动作，注重整体推进的同时，注重凸显和彰显特色。实施分类指导，实行一项一策，精心设计载体，找准工作切入点和突破口，把握规律和特点，探索有效做法，积累实践经验。

（三）要形成社会合力。非遗保护是一项社会工程，政府主导，社会参与。要从实际出发，着眼项目特点，把“八个一”保护措施的工作责任分解落实到各个保护责任单位。充分调动社会力量，共同推进国遗项目保护工作，推动国遗项目保护传承上新水平。

（四）要注重典型示范。要注重以点带面，及时总结在国遗项目“八个一”保护措施施行中形成的好经验好做法，充分发挥其示范和带头作用。对于各地好的做法和经验，我省将及时给予宣传推广。各地要充分利用各类新闻媒体，积极开展国遗项目保护传承工作的宣传。要积极做好保护传承的宣传展示，让人民群众共享保护成果。

二〇一一年七月六日

福建省传统工艺美术保护办法

（2011年2月14日福建省人民政府第66次常务会议审议通过
2011年2月17日福建省人民政府令第113号公布
自2011年5月1日起施行）

第一章　总则

第一条　为了保护传统工艺美术，促进传统工艺美术事业的繁荣与发展，根据《传统工艺美术保护条例》和有关法律、法规规定，结合本省实际，制定本办法。

第二条　本办法所称传统工艺美术，是指历史悠久，技艺精湛，世代相传，以传统工艺和制作技艺流程创作生产，主要采用天然或者传统原材料制作，具有鲜明的民族风格和地方特色，在国内外享有声誉的手工艺品种和技艺。

采用属国家法律保护的天然原材料加工、制作传统工艺美术品的，应当严格遵守国家相关法律、法规规定。

第三条　传统工艺美术保护工作应当遵循保护与发展、继承传统技艺与采用现代科技手段创新相结合的原则，促进传统工艺美术事业的繁荣和发展。

第四条　县级以上人民政府应当加强传统工艺美术保护工作，将传统工艺美术事业发展纳入当地国民经济和社会发展规划，在政策、资金、信贷、信息技术服务和人才等方面给予支持。

第五条　省人民政府经济贸易主管部门是本省传统工艺美术主管部门，负责全省传统工艺美术保护、发展的协调、指导和监督管理工作。市、县（区）人民政府确定的传统工艺美术主管部门负责本行政区域内的传统工艺美术保护、发展的协调、指导和监督管理工作。

县级以上人民政府有关部门，应当按照各自职责协助做好传统工艺美术的保护、发展工作。

第六条　工艺美术相关的协会、学会、科研机构及中介组织协助传统工艺美术主管部门做好传统工艺美术保护、发展工作。传统工艺美术主管部门可委托工艺美术相关的协会、学会、科研机构及中介组织办理传统工艺美术保护、发展的具体事务。

第七条　对在保护和发展传统工艺美术事业中做出突出贡献的单位和个人，由县级以上人民政府给予奖励。

第二章　评审与认定

第八条　福建省传统工艺美术品种和技艺、福建省工艺美术精品、福建省工艺美术大师、福建省工艺美术名人实行认定制度。认定工作每4年进行一次。

省传统工艺美术主管部门聘请评审专家组成福建省传统工艺美术评审委员会（以下简称省评审委员会），负责福建省传统工艺美术品种和技艺、福建省工艺美术精品、福建省工艺美术大师、福建省工艺美术名人的评审工作。

第九条　省评审委员会的成员由中国工艺美术大师、福建省工艺美术大师、专家、学者等组成。省评审委员会应为九人以上单数，其中，中国工艺美术大师和福建省工艺美术大师不得少于三分之二。

省传统工艺美术主管部门应当建立评审专家库。

第十条　申请认定福建省传统工艺美术品种和技艺、福建省工艺美术精品、福建省工艺美术大师、福建省工艺美术名人的，应当按照规定，向省传统工艺美术主管部门提交真实、完整、翔实的材料。

第十一条　省传统工艺美术主管部门应当将申请认定福建省传统工艺美术品种和技艺、福建省工艺美术精品、福建省工艺美术大师、福建省工艺美术名人的名单预先公告。公告期为20日。公告期内，任何单位和个人有权提出书面异议。

对提出的书面异议，省传统工艺美术主管部门应当在公告期满后30日内，组织调查核实；经调查核实确定不列入评审范围的，应当向申请人说明。

第十二条　省传统工艺美术主管部门应当自公告期满之日起3个月内，组织省评审委员会对申请认定福建省传统工艺美术品种和技艺、福建省工艺美术精品、福建省工艺美术大师、福建省工艺美术名人的材料进行评审。

第十三条　省评审委员会成员及其近亲属申请认定福建省传统工艺美术品种和技艺、福建省工艺美术精品、福建省工艺美术大师、福建省工艺美术名人的，该省评审委员会成员应当回避。

第十四条　符合下列条件的工艺美术品种和技艺，经省评审委员会评审为福建省传统工艺美术品种和技艺的，由省传统工艺美术主管部门认定后予以公布：

（一）历史悠久，世代相传；

（二）以传统工艺和制作技艺流程创作；

（三）主要采用天然或者传统原材料制作；

（四）具有鲜明的民族风格和地方特色；

（五）在国内外享有声誉。

第十五条　符合前条规定条件的传统工艺美术品种中技艺创新、工艺精湛的作品，经省评审委员会评审为福建省工艺美术精品的，由省传统工艺美术主管部门认定后予以公布，并颁发证书。

第十六条　符合下列条件的传统工艺美术设计、制作者，经省评审委员会评审为福建省工艺美术大师的，由省传统工艺美术主管部门报省人民政府批准认定后，由省人民政府授予福建省工艺美术大师称号并颁发证书：

（一）长期从事工艺美术设计、制作；

（二）具有良好的职业道德；

（三）技艺精湛，成就卓越，在国内外享有声誉；

（四）获得福建省非物质文化遗产项目代表性传承人或者福建省工艺美术名人称号、或者具有高级工艺美术师职称、或者具有工艺美术类国家一级职业资格。

第十七条　符合下列条件的传统工艺美术设计、制作者，经省评审委员会评审为福建省工艺美术名人的，由省传统工艺美术主管部门认定后授予福建省工艺美术名人称号并颁发证书：

（一）具有良好的职业道德；

（二）具有丰富的设计、制作实践经验和较高的艺术造诣；

（三）具有工艺美术师以上职称、或者具有工艺美术类国家二级职业资格、或者获得设区的市人民政府批准认定的工艺美术名艺人荣誉称号。

第十八条　申请认定中国传统工艺美术品种和技艺、中国工艺美术珍品或者中国工艺美术大师的，由省传统工艺美术主管部门组织省评审委员会从符合国家规定条件的福建省传统工艺美术品种和技艺、福建省工艺美术精品、福建省工艺美术大师中评选产生并推荐。

第三章　保护与发展

第十九条　福建省传统工艺美术品种和技艺，由省传统工艺美术主管部门组织有关单位采取下列保护措施：

（一）搜集、整理、建立档案；

（二）征集、收藏优秀代表作品；

（三）对工艺技术秘密确定密级，依法采取保密措施；

（四）对濒临失传的品种和技艺等采用录像制作、记录等方式进行抢救，对已失传的品种和技艺，进行补救或发掘；

（五）培养传统工艺美术人才。

第二十条　福建省传统工艺美术品种和技艺，可以使用由省传统工艺美术主管部门统一制发的福建省传统工艺美术标志。具体管理办法由省传统工艺美术主管部门制定。

任何单位和个人不得伪造或者冒用福建省传统工艺美术标志。

第二十一条　福建省工艺美术精品，由省传统工艺美术主管部门造册登记，建立档案。

任何单位和个人不得复制或者假冒福建省工艺美术精品。

第二十二条　福建省工艺美术大师、福建省工艺美术名人可以在其作品及其说明上使用福建省工艺美术大师、福建省工艺美术名人的称号。

任何单位和个人不得冒用福建省工艺美术大师、福建省工艺美术名人的称号。

第二十三条　县级以上人民政府可以根据本地实际，建立传统工艺美术的保护基地，开展传统工艺美术保护和发展的相关工作。

第二十四条　鼓励和扶持高等院校、中等职业学校特别是工艺美术重点产区的院校与相关行业协会、企业联合建立传统工艺美术人才培养、培训基地，为传统工艺美术保护和发展提供人才支持。

第二十五条　县级以上人民政府国土资源及相关主管部门应当加强对制作传统工艺美术产品特需的珍稀矿产资源和天然原材料的保护，严禁乱采滥挖。

第二十六条　县级以上人民政府文化主管部门应当将传统工艺美术保护工作列入文化产业发展规划，制定扶持措施，促进传统工艺美术的保护和发展。

第二十七条　县级以上人民政府应当鼓励单位和个人建立传统工艺美术收藏展示场馆，收藏展示传统工艺美术精品和其他优秀作品。

县级以上人民政府有关部门应当鼓励、支持单位和个人申请有关传统工艺美术的专利、商标注册或者版权登记。

第二十八条　县级以上人民政府及有关部门、单位应当支持工艺美术大师的创作工作，并按照下列规定为其提供创作条件：

（一）工艺美术大师所在单位应当支持工艺美术大师设立工作室，并为其到艺术院校讲学、进修提供便利条件；

（二）为工艺美术大师带徒传授技艺创造便利条件，对从事濒临失传的传统工艺美术技艺的工艺美术大师带徒传承技艺的，由当地人民政府给予适当的授艺补贴；

（三）为传统工艺美术事业的发展做出特殊贡献、在生活上有特殊困难的工艺美术大师，由当地人民政府在生活、医疗上给予适当的经济补助。

第二十九条　省人民政府设立省传统工艺美术保护发展专项资金，用于支持传统工艺美术产业基地开发和园区建设、建立研发机构、开拓市场、培养人才以及保护、发掘、抢救濒危失传的品种与技艺等。

市、县人民政府应当根据实际情况，对传统工艺美术保护和发展给予资金支持。

第四章　罚　则

第三十条　提供虚假材料或者作品骗取福建省传统工艺美术品种和技艺或者福建省工艺美术精品认定的，由省工艺美术主管部门撤销已认定的资格并收回证书、标志，3年内不再受理其申请。

第三十一条　有下列情形之一的，由省传统工艺美术主管部门取消其福建省工艺美术名人称号，或者报请省人民政府批准取消其福建省工艺美术大师称号：

（一）剽窃、伪造他人作品或者提供虚假材料骗取称号的；

（二）因犯罪被追究刑事责任的；

（三）严重丧失职业道德的。

第三十二条　违反本办法，非法采伐、占用或者破坏传统工艺美术特需的珍稀矿产资源和天然原材料的，由国土资源、林业等主管部门依法给予行政处罚；构成犯罪的，依法追究刑事责任。

第三十三条　传统工艺美术主管部门和相关部门及其工作人员，有下列行为之一的，依法给予处分；构成犯罪的，依法追究刑事责任：

（一）泄露工作中知悉的传统工艺美术技艺秘密及其他商业秘密的；

（二）遗失有关评审材料，给当事人造成重大损失的；

（三）工作严重失职，致使应受保护的传统工艺美术品种和技艺未得到有效保护的；

（四）收受贿赂的；

（五）滥用职权、徇私舞弊、玩忽职守的。

省评审委员会成员有上述行为之一的，由省传统工艺美术主管部门予以解聘，并由其所在单位或者上级主管机关给予处分；构成犯罪的，依法追究刑事责任。

第五章　附　则

第三十四条　设区的市人民政府可以制定工艺美术名艺人评审办法。

第三十五条　本办法自2011年5月1日起施行。

青岛市人民政府办公厅关于加强青岛市非物质文化遗产保护的意见

青政办发〔2011〕36号

各区、市人民政府，市政府各部门，市直各单位：

为贯彻落实《中华人民共和国非物质文化遗产法》和国家、省有关文件精神，进一步加强我市非物质文化遗产保护工作，结合我市实际，制定本意见。

一、提高认识，明确非物质文化遗产保护工作的指导思想和目标任务

（一）充分认识非物质文化遗产保护工作的重要性和紧迫性。非物质文化遗产是指各族人民世代相传并视为其文化遗产组成部分的各种传统文化表现形式，以及与传统文化表现形式相关的实物和场所。我市的非物质文化遗产既是历史发展的见证，又是珍贵的、有重要价值的文化资源。保护和利用好非物质文化遗产，对贯彻落实科学发展观，建设文化青岛，构建和谐社会，丰富人民群众精神文化生活，实现经济社会的全面协调可持续发展，都具有重要而深远的意义。随着全球化趋势的加快和现代化进程的推进，文化生态发生了巨大变化，非物质文化遗产受到越来越大的冲击。一些珍贵的非物质文化遗产濒临消亡，许多有历史文化价值的珍贵实物和资料遭到毁弃或流失，许多传统技艺后继乏人，加强对非物质文化遗产的保护已经刻不容缓。各级政府和有关部门要高度重视，进一步增强责任感和紧迫感，切实做好非物质文化遗产的保护工作。

（二）指导思想。坚持以邓小平理论和“三个代表”重要思想为指导，全面贯彻落实科学发展观，认真贯彻“保护为主，抢救第一，合理利用，传承发展”的方针；做到政府主导、社会参与，明确职责、形成合力；统筹规划、分步实施，突出重点、讲求实效；充分发挥非物质文化遗产在构建和谐社会、丰富人民群众精神文化生活、促进经济社会发展中的重要作用。

（三）目标任务。通过全社会的共同努力，建立符合青岛实际的较为健全完备的非物质文化遗产保护制度和保护体系，建立市和区（市）两级非物质文化遗产资料库，公布两级非物质文化遗产名录，确定两级非物质文化遗产项目代表性传承人，使非物质文化遗产得到全面抢救保护和有效传承弘扬，并形成一批非物质文化遗产品牌项目、全社会关心支持非物质文化遗产保护的氛围和非物质文化遗产保护的良好工作机制。

二、全面摸清非物质文化遗产的现状和价值

（四）认真开展非物质文化遗产普查工作。将普查摸底作为非物质文化遗产保护的基础性工作抓好，全面了解和掌握非物质文化遗产资源的品种类别、项目数量、历史沿革、主体民族、传承人员、生存环境、分布保存现状和存在的问题。各区、市在普查后要写出普查报告，及时整理建档。普查中要注意发现和征集非物质文化遗产的典型实物和文献资料。

（五）做好非物质文化遗产的科学认定工作。按照国家关于非物质文化遗产的定义、分类与范围，进行科学论证，弄清楚每项非物质文化遗产的文化、历史和科学价值。组织力量对非物质文化遗产进行科学认定，鉴别真伪。对在普查中发现和征集到的非物质文化遗产典型实物和文献资料进行整理，搞好保护，防止毁损、遗失。编辑出版市和区（市）非物质文化遗产文献资料丛书，组织有关文化单位、科研机构、大专院校的专家学者对非物质文化遗产开展广泛深入的研究，编写专著，发掘我市非物质

文化遗产潜在价值。

（六）集中展示丰富的非物质文化遗产。充分利用现有博物馆、文化馆、图书馆等公共文化设施，对非物质文化遗产的典型实物和文献资料等进行陈列和展示。有条件的区、市可通过积极筹建非物质文化遗产展示中心，或在区、市博物馆中设立非物质文化遗产专题展区等形式的集中展示，让社会充分了解非物质文化遗产。同时，要将非物质文化遗产列入网络服务内容，供群众查询。

三、建立科学有效的非物质文化遗产保护制度和体系

（七）建立非物质文化遗产档案和资料库。在普查的基础上，运用文字、录音、录像、数字化多媒体等各种方式，对各类非物质文化遗产进行真实、系统和全面的记录，并分别建立非物质文化遗产档案和资料库。市和有条件的区、市要在书面档案和实物资料的基础上，建立电子数据库。

（八）建立非物质文化遗产名录体系。非物质文化遗产实行分级保护，市级非物质文化遗产代表性项目名录由市政府每两年批准并公布一次；区（市）级非物质文化遗产代表性项目名录由同级政府批准公布，并报市政府备案。要制定科学、严谨的评审标准，对非物质文化遗产项目进行认定，使各级非物质文化遗产代表性项目名录具有科学性和权威性。同时，要积极做好国家级和省级非物质文化遗产代表性项目名录的申报工作。对被批准为非物质文化遗产代表性项目名录的项目，要通过制定科学的保护计划，明确保护的责任主体，落实保护经费，进行切实有效的保护。

（九）建立切实可行的非物质文化遗产传承机制。对市和区、市两级非物质文化遗产名录的代表性传承人，可采取命名、授予称号、资助扶持等方式，鼓励和支持其开展带徒授艺等传习活动，确保优秀非物质文化遗产的传承。鼓励和支持各类学校和团体开展与非物质文化遗产的传承密切相关的活动，各非物质文化遗产保护机构和责任保护单位要通过举办各类展览、展演、论坛、讲座和培训班等活动，推进全社会对非物质文化遗产的认识。市和区、市两级文化教育主管部门要根据非物质文化遗产分布情况，分批分层次命名相应的非物质文化遗产传承学校。在部分中小学试点的基础上，形成传承学校的上下衔接，促进传承人才培养机制的建立。要把非物质文化遗产列为中小学教育内容，纳入教育计划，编入乡土特色教材，在广大青少年中普及推广。

（十）做好非物质文化遗产保护试点工作。研究探索非物质文化遗产保护规律，通过筛选项目，抓好试点工作，积累工作经验，不断推动保护工作全面开展。筛选一批具有独特历史文化价值且工作基础较好的项目予以重点扶持，进一步突出主题，弘扬特色，形成一批富有地方特色和较大影响力的非物质文化遗产品牌项目。鼓励、资助非遗传承人积极开展传习活动培养新人。

四、积极发挥非物质文化遗产的优势和作用

（十一）充分利用我市丰富的非物质文化遗产资源，促进文化青岛建设。要大力挖掘非物质文化遗产中蕴藏的文艺创作素材，努力运用非物质文化遗产中优秀的文艺表现形式繁荣文艺创作，不断推出新的文艺精品。要大力普及非物质文化遗产中深受群众喜爱的各类文化活动，积极推广非物质文化遗产中仍在民间流传的健康民俗活动，用以丰富群众文化活动，特别是用以推动节庆文化活动、广场文化活动、社区文化活动、农村文化活动、老年文化活动和青少年文化活动的广泛开展。

（十二）合理开发非物质文化遗产资源，促进文化产业的发展。要将合理开发利用摆到更加突出的位置，促进非物质文化遗产保护更好地结合现代经济社会的发展，使之融入现代经济社会生活，在开发中加强保护，在利用中加快发展。要加快传统手工技艺的开发，做大做强传统工艺美术产业。要加快传统表演艺术和传统民俗活动的开发，打造新的文化旅游品牌，积极推介非物质文化旅游项目。

（十三）充分发挥非物质文化遗产资源优势，搞好以爱国主义为核心的思想品德教育。各级图书馆、文化馆、博物馆、科技馆等公共文化机构和教育部门，要经常利用非物质文化遗产对广大人民群众特别是青少年进行以爱国主义为核心的思想品德教育。要通过举办非物质文化遗产专题书展、专题讲座、专题学术研讨、专题实物展示以及专题兴趣小组活动等形式，增进广大人民群众特别是广大青少年对青岛历史文化的了解，以及对祖国历史文化的了解，激发广大人民群众的爱国主义热情和民族自豪感。

（十四）努力运用非物质文化遗产资源优势，广泛开展对外对港澳台文化交流。要积极组织优秀非物质文化遗产项目出国或到香港、澳门、台湾等地演出、办展，进行文化交流，进一步宣传青岛，不断提升我市非物质文化遗产的知名度和影响力。同时，要注意学习借鉴外国和港澳台非物质文化遗产保护工作的有益经验和做法，进一步提高非物质文化遗产保护工作水平，进一步促进文化的全面发展。

五、切实加强对非物质文化遗产保护工作的领导和协调

（十五）发挥政府的主导作用，建立协调有效的非物质文化遗产保护机制。建立由市文广新局牵头，市发展改革委、市教育局、市财政局、市城乡建设委、市国土资源房管局、市规划局、市商务局、市民族宗教局、市体育局、市旅游局、市文化市场执法局、青岛日报报业集团、市广播电视台、市文物局等有关部门组成的青岛市非物质文化遗产保护工作联席会议制度。各区、市也要发挥政府的主导作用，把非物质文化遗产保护工作列入重要议事日程。要广泛吸纳有关学术机构、大专院校、企事业单位、社会团体等各方面力量共同开展非物质文化遗产保护工作。要充分发挥专家的作用，建立非物质文化遗产专家咨询机制和检查监督机制。

（十六）制定非物质文化遗产保护规划，不断加大对非物质文化遗产保护工作的经费投入。各级政

府要将非物质文化遗产保护工作，纳入国民经济和社会发展总体规划，纳入文化发展纲要，明确近期和中长期非物质文化遗产保护范围、保护措施和保护目标。各级财政应积极调整财政支出结构，根据本区、市财力增长和非物质文化遗产保护工作实际情况，加大对非物质文化遗产保护的投入。同时，要通过政策引导，鼓励社会捐赠和赞助，调动社会团体、企业和个人资助非物质文化遗产保护的积极性，形成政府主导、社会力量广泛参与的良性投入机制。

（十七）落实非物质文化遗产保护工作责任，加强非物质文化遗产保护工作的检查监督。各级政府和有关部门对列入国家级、省级、市级和区市级非物质文化遗产名录的项目，要加强指导、检查、监督。对发现责任单位或责任人不能切实履行职责、做好非物质文化遗产项目保护工作的，要按规定变更责任单位或变更责任人。对不履行职责，造成保护不力的，要责令改正，并追究有关责任单位和责任人的责任。对玩忽职守，违反相关法律构成犯罪的，要依法追究刑事责任。

（十八）加强非物质文化保护工作队伍建设。进一步加强市非物质文化遗产保护中心队伍建设，提高专业化水平。各区、市明确非物质文化遗产保护工作机构，非物质文化遗产资源相对丰富的区、市配备1名以上的专职人员；在非物质文化遗产资源相对丰富的镇（街道）文化服务机构配备1名以上的专兼职人员。要采取积极措施，加大工作队伍的培训力度，逐步形成较为完善的非物质文化遗产保护工作人才培训体系。

（十九）加大宣传力度，营造非物质文化遗产保护的良好氛围。要通过运用报纸、广播、电视和互联网等新闻媒体经常宣传非物质文化遗产保护的法律法规、政策措施，宣传非物质文化遗产保护在经济社会发展中的重要意义、作用及保护工作进展情况，宣传非物质文化遗产的保护知识，宣传非物质文化遗产保护的先进典型。及时曝光破坏非物质文化遗产组成部分的实物及场所的行为和事件，发挥舆论监督作用，形成保护非物质文化遗产的良好氛围。各级文化部门要充分利用好每年一次的“文化遗产日”，认真组织开展好“文化遗产日”期间非物质文化遗产保护的各项宣传，以进一步提高全社会保护非物质文化遗产的意识。

附件：青岛市非物质文化遗产代表作申报评定办法（试行）

附件：

青岛市非物质文化遗产代表作申报评定办法（试行）

第一条　为加强非物质文化遗产保护工作，规范市非物质文化遗产代表作的申报和评定工作，制定本办法。

第二条　非物质文化遗产，是指各族人民世代相传并视为其文化遗产组成部分的各种传统文化表现形式，以及与传统文化表现形式相关的实物和场所。包括：

（一）传统口头文学以及作为其载体的语言；

（二）传统美术、书法、音乐、舞蹈、戏剧、曲艺和杂技；

（三）传统技艺、医药和历法；

（四）传统礼仪、节庆等民俗；

（五）传统体育和游艺；

（六）其他非物质文化遗产。

第三条　市非物质文化遗产代表作的申报评定工作由市文化主管部门具体实施。

第四条　市非物质文化遗产代表作的申报项目，应当是具有杰出价值的民间传统文化表现形式或文化空间；或在非物质文化遗产中具有典型意义；或在历史、艺术、民族学、民俗学、社会学、人类学、语言学及文学等方面具有重要价值。

第五条　评审工作应坚持科学、民主、公正的原则。具体评审标准如下：

（一）具有展现青岛地区民族传统文化创造力的杰出价值；

（二）扎根于相关社区的文化传统，世代相传，具有鲜明的青岛地方特色；

（三）具有促进青岛地区民族传统文化认同、增强社会凝聚力、增进民族团结和社会稳定的作用，是文化交流的重要纽带；

（四）出色地运用传统工艺和技能，体现出高超的水平；

（五）具有见证青岛地区民间活的文化传统的独特价值；

（六）对维系青岛地区民族传统文化传承具有重要意义，同时因社会变革或缺乏保护措施而面临消失的危险。

第六条　申报项目应当提出五年保护计划，并提出相应的保护措施。保护措施主要包括以下内容：

（一）建档：通过搜集、记录、分类、编目等方式，为申报项目建立完整的档案；

（二）保存：用文字、录音、录像、数字化多媒体等手段，对保护对象进行真实、全面、系统的记录，并积极搜集有关实物资料，选定有关机构妥善保存并合理利用；

（三）传承：通过社会教育和学校教育等途径，使该项非物质文化遗产的传承后继有人，能够继续作为活的文化传统在相关社区尤其是青少年当中得到继承和发扬；

（四）传播：利用节日活动、展览、观摩、培训、专业性研讨等形式，通过大众传媒和互联网的宣传，加深公众对该项遗产的了解和认识，促进社会共享；

（五）保护：采取切实可行的具体措施，保证该项非物质文化遗产及其智力成果得到保存、传承和发展，保护该项遗产的传承人（团体）对其世代相传的文化表现形式和文化空间所享有的权益，防止对非物质文化遗产的误解、歪曲或滥用。

第七条　公民、企事业单位、社会组织等，可以向所在区市文化主管部门提出非物质文化遗产代表作项目申请。申报主体为非申报项目传承人（团体）的，申报主体应获得申报项目传承人（团体）的授权。传承于不同区市并为不同社区、群体所共享的同类项目，可联合申报；联合申报的各方应当提交同意联合申报的协议书。

第八条　区、市文化主管部门对本行政区域内的非物质文化遗产代表作申报项目进行汇总、筛选，经同级人民政府核定后，向市文化主管部门申报。市直属单位可以直接向市文化主管部门申报。

第九条　原则上推荐申报国家级、省级非物质文化遗产代表作的项目分别在已列入省级、市级非物质文化遗产代表作名录的项目中遴选，市级非物质文化遗产代表作项目在区市级非物质文化遗产代表作项目和市直属单位申报的项目中遴选。

第十条　项目申报应当提交以下材料：

（一）申请报告：对申报项目名称、申报者、申报目的和意义进行简要说明；

（二）项目申报书：对申报项目的历史、现状、价值和濒危状况等进行说明；

（三）保护计划：对未来五年的保护目标、措施、步骤和管理机制等进行说明；

（四）其他有助于说明申报项目的材料。

第十一条　市文化主管部门对申报材料进行审核，审核合格的，提交评审委员会评审。

第十二条　评审委员会由市文化主管部门人员和相关领域的专家组成，承担市非物质文化遗产代表作的评审和专业咨询。

评审委员会每届任期四年。评审委员会设主任1名、副主任若干名，主任由市文化主管部门有关负责同志担任。

第十三条　评审委员会根据本办法第六条、第七条的规定进行评审，提出市非物质文化遗产代表作名录推荐项目，提交联席会议办公室。

第十四条　市文化主管部门通过新闻媒体将市非物质文化遗产代表作名录推荐项目向社会公示，公示期15天。

第十五条　市文化主管部门根据评审委员会的评审意见和公示结果，拟定入选市非物质文化遗产代表作名录名单，经市文化主管部门审核同意后，报市政府批准、公布。

第十六条　市政府每两年批准并公布一次市非物质文化遗产代表作名录。

第十七条　对列入市非物质文化遗产代表作名录的项目，区、市政府应当给予相应支持。

申报主体应当履行其保护计划中的各项承诺，按年度向联席会议办公室提交实施情况报告。

第十八条　市文化主管部门组织专家对列入市非物质文化遗产代表作名录的项目进行评估、检查和监督，对未履行保护承诺、出现问题的，应当及时提出整改建议；对拒不整改，情节严重的，可以清除出名录。

第十九条　本《办法》自发布之日起施行。

河南省文化厅关于印发《河南省非物质文化遗产保护研究课题指南》的通知

豫文非遗〔2011〕14号

各省辖市、省直管试点县（市）文广新（文化）局，省非物质文化遗产保护中心，各非物质文化遗产研究基地：

为认真贯彻落实《中华人民共和国非物质文化遗产法》，加强全省非物质文化遗产保护科学研究，提升非物质文化遗产保护工作理论水平，结合非物质文化遗产保护工作实际和工作需要，我厅编制了《河南省非物质文化遗产保护研究课题指南》，现予印发，供各有关单位研究参考。

附件：河南省非物质文化遗产保护研究课题指南

二〇一一年九月九日

附件：

河南省非物质文化遗产保护研究课题指南

一、研究指南

1. 非物质文化遗产的学科意识研究；
2. 非物质文化遗产项目分类保护的方法与途径；
3. 非物质文化遗产保护的考核标尺研究；
4. 政府及公民、法人和其他社会组织在非物质文化遗产保护工作中的职责与功能研究；
5. 重大非遗项目保护现状田野调查；
6. 非物质文化遗产保护资金的构成要素及计算模式研究；
7. 非物质文化遗产的静态保护与活态保护研究；
8. 不同类别非物质文化遗产项目代表性传承人的标准、数额及认定程序研究；
9. 非物质文化遗产保护与开发利用研究；
10. 非物质文化遗产保护的监督机制研究；

二、编制说明

1．为加强全省非物质文化遗产保护科学研究，提升非物质文化遗产保护工作理论水平，根据《中华人民共和国非物质文化遗产法》等相关法律法规，按照“保护为主，抢救第一，合理利用，传承发展”的工作方针，遵循需求导向、重点突出的原则，编写本研究指南。

2．本指南只规定研究范围和研究方向，各单位和研究者可在分析研究的基础上自行拟定具体题目。

3．省文化厅每年将根据研究课题指南，发布课题申报通知。

河南省文化厅关于报送《河南省非物质文化遗产保护条例》立法材料的报告

豫文非遗〔2011〕17号

省人大常务委员会：

多年来，在省人大和省政府的大力支持下，我省的非物质文化遗产保护工作取得了显著成绩，在繁荣和发展社会主义文化中发挥了积极作用，《河南省非物质文化遗产保护条例》的制定和颁布实施已列入2013年省人大的立法工作目标。根据省人大、省政府立法工作要求，我们组织专门人员，积极开展立法的相关准备工作，初步形成了《河南省非物质文化遗产保护条例（草案）》和《河南省非物质文化遗产保护条例（草案）起草说明》《河南省非物质文化遗产保护条例（草案）立法对照表》等。现将有关材料呈上，请审批立项。

附件：

1.河南省年度地方立法项目申报表（略）

2.河南省非物质文化遗产保护条例（草案）

3.关于《河南省非物质文化遗产保护条例（草案）》起草说明

4.《河南省非物质文化遗产保护条例（草案）》立法对照表

二〇一一年十月九日

附件2：

河南省非物质文化遗产保护条例（草案）

第一章 总 则

第一条 为了继承和弘扬中华民族优秀传统文化，促进社会主义精神文明建设，加强非物质文化遗产保护、保存工作，根据《中华人民共和国非物质文化遗产法》和有关法律、行政法规，结合本省实际，制定本条例。

第二条 本条例所称非物质文化遗产，是指各族人民世代相传并视为其文化遗产组成部分的各种传统文化表现形式，以及与传统文化表现形式相关的实物和场所。包括：

（一）传统口头文学以及作为其载体的语言；

（二）传统美术、书法、音乐、舞蹈、戏剧、曲艺和杂技；

（三）传统技艺、医药和历法；

（四）传统礼仪、节庆等民俗；

（五）传统体育和游艺；

（六）其他非物质文化遗产。

属于非物质文化遗产组成部分的实物和场所，且属文物的，适用《中华人民共和国文物保护法》《中华人民共和国文物保护法实施条例》《河南省实施〈中华人民共和国文物保护法〉办法》的有关规定。

第三条 非物质文化遗产保护贯彻“保护为主，抢救第一，合理利用，传承发展”的方针，实行政府主导、鼓励社会参与，坚持真实性、完整性和传承性的保护原则。

第四条 县级以上人民政府应当制定非物质文化遗产保护规划，将非物质文化遗产保护事业纳入国民经济和社会发展规划，所需经费列入财政预算。

县级以上人民政府用于非物质文化遗产保护的财政拨款随着财政收入的增长而增加。

第五条 县级以上人民政府文化行政部门主管本行政区域内非物质文化遗产的保护工作。

县级以上人民政府发展与改革、财政、宗教、住房与城乡建设、教育、旅游、体育、文物等有关部门应当按照相关法律、法规和各自职责做好非物质文化遗产保护工作。

第六条 县级以上人民政府应当加强对非物质文化遗产保护工作的宣传，提高全社会保护非物质文化遗产的意识。

宣传、新闻出版、广播电视等部门以及相关媒体应当宣传非物质文化遗产保护工作，普及非物质文化遗产保护知识，培养全社会非物质文化遗产保护意识。

第七条 公民、法人和其他组织都有保护非物质文化遗产的义务。

第八条 有下列事迹的公民、法人和其他组织，由县级以上人民政府或者文化行政主管部门给予精神鼓励或者物质奖励：

（一）认真执行非物质文化遗产保护法律、法规，保护非物质文化遗产成绩显著的；

（二）为保护非物质文化遗产与违法犯罪行为作坚决斗争的；

（三） 将个人收藏、保管的重要非物质文化遗产实物、资料捐献给国家或者为非物质文化遗产保护事业作出捐赠的；

（四）发现濒危并具有重要价值的非物质文化遗产及时调查或者上报，抢救、保护非物质文化遗产有功的；

（五）在非物质文化遗产调查、宣传、展示、传承、传播、利用工作中做出重大贡献的；

（六）长期从事非物质文化遗产保护工作，做出显著成绩的。

第九条　鼓励通过社会组织和个人捐赠等方式依法建立非物质文化遗产保护基金，用于保护非物质文化遗产。捐赠者依法享受税收减免或者其他优惠待遇。

第二章　非物质文化遗产的调查

第十条　县级以上人民政府应当根据非物质文化遗产保护工作的实际需要，定期组织开展非物质文化遗产的调查工作。

第十一条　县级以上人民政府文化主管部门应当有计划地开展本行政区域内的非物质文化遗产资源的普查工作，建立本级非物质文化遗产保护档案。

县级以上人民政府其他有关部门可以对其工作领域内的非物质文化遗产进行专题性或者行业性调查。调查结束后一个月内，应当将调查工作中取得的实物图片、资料复制件汇交同级文化行政部门。

第十二条　除涉及国家秘密、商业秘密或者个人隐私外，非物质文化遗产保护档案应当置备当地文化主管部门或者在其官方网站上向社会公开，便于公众查阅。

第十三条　境外组织或者个人在河南省境内进行非物质文化遗产调查，应当经省辖市人民政府文化主管部门报请省人民政府文化主管部门批准。

第十四条　境外组织或者个人申请在河南省境内进行非物质文化遗产调查，应当提交下列材料：

（一）申请书；

（二）经我国驻申请人所在地的使领馆验证的法人证明或者身份证明材料；

（三）拟调查的非物质文化遗产项目名称及基本情况；

（四）调查非物质文化遗产的目的和用途；

（五）参加调查人员的基本情况；

（六）拟采取调查的方式、期限；

（七）与境内非物质文化遗产学术研究机构签订的合作协议；

（八）向批准调查的文化主管部门提交调查报告和调查中取得的实物图片、资料复制件的时间、形式；

（九）法律法规规定的其他材料。

省人民政府文化主管部门应当自收到申请之日起30个工作日内作出批准或者不批准的决定。决定批准的，发给批准文件；决定不批准的，应当书面通知申请人并说明理由。

第十五条　进行非物质文化遗产调查，应当征得被调查人、非物质文化遗产实物所有人或者持有人的同意，尊重其风俗习惯，维护其人格尊严、财产所有权和知识产权，不得损害其合法权益。

第三章　非物质文化遗产代表性项目名录

第十六条　县级以上人民政府文化行政主管部门会同有关部门编列本级非物质文化遗产代表性项目名录，报同级人民政府批准公布，并报上一级人民政府文化行政主管部门备案。

第十七条　省人民政府应当从河南省非物质文化遗产代表性项目名录选择具有重大历史、文学、艺术、科学价值的非物质文化遗产项目向国务院文化主管部门推荐列入国家级非物质文化遗产代表性项目名录。

县级以上人民政府应当从本级非物质文化遗产代表性项目名录选择具有重要历史、文学、艺术、科学价值的非物质文化遗产项目向省人民政府文化主管部门推荐列入河南省非物质文化遗产代表性项目名录。

第十八条　公民、法人和其他组织向省人民政府文化主管部门提出某项非物质文化遗产列入国家级非物质文化遗产代表性项目名录的建议时，应当附有下列材料：

（一）项目介绍，包括项目的名称、历史、现状和价值；

（二）传承情况介绍，包括传承范围、传承谱系、传承人的技艺水平、传承活动的社会影响；

（三）保护请求，包括保护应当达到的目标和应当采取的措施、步骤、管理制度；

（四）有助于说明项目的视听资料等材料。

第十九条　具有唯一性或者排他性的非物质文化遗产项目，列入河南省非物质文化遗产代表性项目名录前，省人民政府文化主管部门应当根据《中华人民共和国非物质文化遗产法》第二十三条的规定向社会公示。公示期间，公民、法人或者其他组织提出异议的，省人民政府文化主管部门应当举行听证。

除涉及国家秘密、商业秘密或者个人隐私外，听证活动一律公开进行。

第二十条　县级以上人民政府文化主管部门应当组织制定保护规划，对本级人民政府批准公布的地方非物质文化遗产代表性项目予以保护。

制定非物质文化遗产代表性项目保护规划，应当对濒临消失的非物质文化遗产代表性项目予以重点保护。

第二十一条　对非物质文化遗产代表性项目集中、特色鲜明、形式和内涵保持完整的特定区域，当地文化主管部门可以制定专项保护规划，报经本级人民政府批准后，实行区域性整体保护。

第四章　非物质文化遗产的传承与传播

第二十二条　县级以上人民政府文化主管部门对本级人民政府批准公布的非物质文化遗产代表性项目，可以认定代表性传承人。

第二十三条　非物质文化遗产的代表性传承人和代表性传承单位，由县级以上人民政府文化行政部门确认和命名。

确认和命名非物质文化遗产代表性传承人和代表性传承单位，应当组织有关专家评审，并向社会公示。公示期满，对公示对象没有异议或者异议不成立的，予以确认、公布，并报上一级文化行政部门备案。

第二十四条　符合下列条件的公民，可以申请或者被推荐为非物质文化遗产代表性传承人：

（一）熟练掌握其传承的非物质文化遗产；

（二）在特定领域内具有代表性，并在一定区域内具有较大影响；

（三）积极开展传承活动。

第二十五条　符合下列条件的组织和团体，可以申请或者被推荐为非物质文化遗产代表性传承单位：

（一）具有三名以上该项非物质文化遗产的代表性传承人，并积极开展传承活动；

（二）保存该项非物质文化遗产的原始资料、代表性实物；

（三）在一定区域内被公认具有代表性或者较大影响。

第二十六条　符合下列条件的县（市）、乡（镇），由省人民政府命名为“民族文化艺术之乡”：

（一）具有悠久历史、民族或者地方特色鲜明、世代传承的传统文化艺术表现形式；

（二）该文化艺术在当地具有广泛的群众基础；

（三）当地民族民间传统文化保护工作取得显著成绩。

第二十七条　符合下列条件的街区或者村寨，可以建立民族文化生态博物馆：

（一）自然生态环境整体保存较好；

（二）具有民族文化典型特征；

（三）民族传统文化保存较好；

（四）历史悠久、建筑典型、民风古朴，具有代表性的民族村寨。

第二十八条　各级人民政府可以采取下列方式支持代表性传承人和代表性传承单位开展传承活动：

（一）提供必要的场所；

（二）给予适当的资助；

（三）促进交流与合作；

（四）其他形式的帮助。

县级以上人民政府对有突出贡献的代表性传承人和代表性传承单位，可以授予相应的荣誉称号；对有突出贡献的代表性传承人，应当给予适当的奖励。

第二十九条　鼓励、支持教育机构将非物质文化遗产纳入教育内容，开展普及优秀非物质文化遗产知识的活动，建立传承教学基地，培养非物质文化遗产传承人才。

第三十条　非物质文化遗产丰富的地方，县级以上人民政府应当建立专题博物馆，收藏、保存和展示当地的非物质文化遗产。

鼓励单位和个人兴办专题博物馆、展示室等，展示非物质文化遗产。

第五章　保障与监督管理

第三十一条　县级以上人民政府应当建立非物质文化遗产保护工作协调机构，负责协调、解决本行政区域内非物质文化遗产保护工作的重大问题。

第三十二条　县级以上人民政府文化行政部门应当履行非物质文化遗产保护的下列职责：

（一）宣传贯彻非物质文化遗产保护法律、法规，督促相关单位、个人履行非物质文化遗产保护义务；

（二）组织实施本行政区域非物质文化遗产保护规划；

（三）组织开展非物质文化遗产的普查、发掘、整理、评审、研究等工作；

（四）组织开展非物质文化遗产展示、交流活动；

（五）监督检查非物质文化遗产的保护、管理和利用情况；

（六）其他非物质文化遗产保护的相关工作。

第三十三条　县级以上人民政府及文化行政部门在编制非物质文化遗产保护规划、评审非物质文化遗产项目、认定非物质文化遗产代表性传承人和代表性传承单位等工作中，应当听取专家的意见和建议。

第三十四条　县级以上人民政府设置的非物质文化遗产保护的财政性资金只能用于下列用途：

（一）非物质文化遗产的普查、发掘、整理；

（二）非物质文化遗产珍贵资料、实物的征集和濒危非物质文化遗产的抢救；

（三）对非物质文化遗产代表性传承人、代表性传承单位的资助或者补助；

（四）非物质文化遗产的展示、展演；

（五）非物质文化遗产保护的宣传、培训、研究；

（六）其他重要的非物质文化遗产保护事项。

非物质文化遗产保护专项资金应当加强管理，专款专用，不得挪作他用。

第三十五条　公民、法人和其他组织在本省行政区域内进行非物质文化遗产参观、考察等活动，应当遵守有关法律、法规，并接受活动所在地人民政府文化行政部门的管理。

第三十六条　各级人民政府应当结合本地实际，将自然风光与非物质文化遗产项目相结合，采取有效措施，发掘、利用非物质文化遗产资源，开发传统非物质文化遗产产品，提升旅游业文化品位，拓展旅游服务项目，促进旅游经济的发展。

第六章　法律责任

第三十七条　文化主管部门和其他有关部门的工作人员在非物质文化遗产保护、保存工作中玩忽职守、滥用职权、徇私舞弊的，依法给予行政处分。

第三十八条　以歪曲、贬损等方式使用非物质文化遗产，由县级以上人民政府文化行政部门责令改正；造成严重后果，处以一千元以上一万元以下罚款；有违法所得的，并处违法所得二倍以上五倍以下罚款。

第三十九条　有下列行为之一的，由当地人民政府文化行政主管部门责令改正，造成严重后果，尚未构成犯罪的，对单位处以一万元以上十万元以下罚款，对个人处以一千元以上一万元以下罚款。

（一）开展非物质文化遗产调查，没有征得被调查人同意，造成不良社会影响的；

（二）不尊重当地风俗习惯或者伤害被调查人人格尊严的；

（三）强迫被调查人从事不健康的舞蹈、曲艺、游艺、口头文学等表演活动的；

（四）侵害被调查人财产所有权或者知识产权的；

（五）其他损害被调查人合法权益的。

第四十条　有下列行为之一的，文化主管部门可以取消其相应级别的代表性传承人资格，重新认定该项目的代表性传承人：

（一）停止传承活动一年以上的；

（二）因故意或者重大过失导致保存的实物、资料遗失或者损毁的；

（三）拒不配合文化主管部门和其他有关部门进行非物质文化遗产调查的；

（四）无正当理由，长期不参与非物质文化遗产公益性宣传的；

（五）其他妨碍非物质文化遗产传承行为，情节严重的。

第四十一条　违反本条例规定，侵占、破坏非物质文化遗产珍贵资料、实物和场所的，依法承担民事赔偿责任。

第四十二条　违反本条例规定，构成犯罪的，依法追究刑事责任。

附　则

第四十三条　本条例自 ×× 年 ×× 月 ×× 日起施行。

附件3：

关于《河南省非物质文化遗产保护条例（征求意见稿）》的起草说明

一、立法的必要性

（一）建设社会主义先进文化的需要

非物质文化遗产是指各族人民世代相传并视为其文化遗产组成部分的各种传统文化表现形式，以及与传统文化表现形式相关的实物和场所，是文化遗产的重要组成部分。我省非物质文化资源丰富而多姿多彩，是打造华夏历史文明创新核心区的主要内容，体现着中华民族的生命力和创造力，蕴含着中华民族特有的精神价值、思维方式。加强非物质文化遗产保护，是建设社会主义先进文化，贯彻落实科学发展观和构建社会主义和谐社会的必然要求。

（二）文化遗产不可再生性的本质要求

文化遗产是不可再生的珍贵资源。随着经济全球化趋势和现代化进程的加快，我省的文化生态正在发生巨大变化，文化遗产及其生存环境日益受到严重威胁，一些传统民间文艺、礼仪和习俗正在消失，有些传统技艺面临失传的危险，不少有历史文化价值的珍贵实物和资料遭到毁弃。这种局面亟需结合地方工作实际，通过地方立法，确保非物质文化遗产得到及时有效的保护。

（三）完善非遗保护体制机制的需要

非物质文化遗产保护是一项政府主导、全社会来共同关注和参与的工作，目前工作亟待解决的人员、机构、经费等较为突出和普遍的问题，需要具体的、强制性的地方法规进行落实。一些地方党政领导干部对非物质文化遗产保护工作的意识不强，重视和支持不够，严重影响非遗保护工作的全面开展。需要依靠地方立法，来建立完善的非遗保护体制机制。

（四）我省立法的时机已经成熟

《中华人民共和国非物质文化遗产法》已颁布实施，已有上位法依据。全省非遗保护工作取得了一定成绩，积累了实践经验。目前，已完成了全省非遗资源普查工作，建立了省级保护名录。省政府已公布了两批共计275项省级非物质文化遗产项目，文化厅分两批公布了452名省级项目代表性传承人，批准成立了22个非遗研究基地，8个非遗展示馆、9个非遗传习所和11个非遗社会传承基地。各市、县（区）也已基本建立了相应的非遗代表性名录体系。这些都为制定《河南省非物质文化遗产保护条例》打下了坚实的基础。

二、起草过程

今年6月1日，《中华人民共和国非物质文化遗产法》正式实施。该法的起草、制定历时十余载，几经磨砺，来之不易。早在《非遗法》颁布之前，我省有关部门就根据河南非遗保护工作实际需要，密切配合，为出台非遗保护地方性法规进行过积极的准备。2008年以来，省文化厅组织专门人员，就《河南省非物质文化遗产条例》的制定等提出具体建议，并配合省人大、省政府法制办做了多次相关调研工作。在调研的基础上，形成了《河南省非物质文化遗产条例》草案。《非遗法》的出台，为尽早颁布我省非遗保护地方法规提供了有利契机。

当前，全省文化系统正在认真学习、宣传、贯彻《非遗法》，不断推进非遗保护工作。为做好与《非遗法》相配套的地方法规的立法工作，我们希望与省人大紧密配合，成立课题组，继续开展立法的调研工作，尽快修订完善《河南省非物质文化遗产条例》。

三、需要说明的几个问题

（一）加大非遗保护财政投入力度

近年来，国家财政设立了非物质文化遗产保护工作专项资金，全国各省（自治区、直辖市）相继都设立了省级非物质文化遗产保护工作专项经费，部分省份还设立了传承人扶持专项资金。河南省财政从2010年开始设立省级非物质文化遗产保护工作专项经费每年100万元。但这个数字与周边省份每年千万元以上的投入相比，与我省“两个跨越”的宏伟战略相比，与中央财政扶持力度相比，显得极不相称，远远不能满足河南非物质文化遗产保护工作的需要。全省各市、县保护工作专项经费的设立也受到较大的影响。目前，全省仅有9个省辖市设立有非物质文化遗产保护工作专项经费，其中最高的为100万元/年（郑州市），最低的仅为3万元/年，仅仅能够维持日常的申报、出差等办公开支。经费严重不足成为制约事业发展的瓶颈。希望通过立法手段将非物质文化遗产专项经费列入各级财政预算，并随经济社会发展逐年提高。

（二）健全非遗保护工作机构和人员队伍

目前，尽管全省所有省辖市和绝大多数县（市、区）都已成立了非物质文化遗产保护中心，但多为挂靠在当地群众艺术馆（文化馆），至今未落实人员编制，工作人员多为兼职且流动性强，影响了工作的有序开展。各地的非物质文化遗产保护中心工作人员的素质参差不齐，缺乏高素质的专业人才成为一个共性的问题。希望通过立法手段明确各级政府成立工作机构并落实人员编制的责任，以期建立一支业务精、素质高的专业队伍，保持非遗保护工作的可持续发展。

（三）完善非遗保护工作体制机制

文化遗产保护是一项跨部门的工作，涉及发展改革、财政、民族宗教、经贸、建设、规划、环境保护、国土资源、教育、旅游、体育、文物等相关部门，单靠某个部门或某一个机构无法做好文化遗产保护工作。但由于各种主客观因素制约，如何对非物质文化遗产资源进行合理的开发、保护和利用的问题，在相当一些地方没有引起足够的重视，也未被纳入有关部门和领导的议事日程，有的只是停留在一般性的号召和文字上，缺乏具体的措施。特别是受体制和工作机制的影响，政府的主导地位和作用未得到充分发挥，河南全省的非物质文化遗产保护体制机制尚不健全。我们希望通过立法的形式，强化政府的主导地位和作用，强化全省各级非遗保护联席工作制度，完善非遗保护工作体制和机制。

附件4：

《河南省非物质文化遗产保护条例（草案）》立法对照表

条　　文	依　　据	参照规定
第一章　总　则		
第一条　为了继承和弘扬中华民族优秀传统文化，促进社会主义精神文明建设，加强非物质文化遗产保护、保存工作，根据《中华人民共和国非物质文化遗产法》和有关法律、行政法规，结合本省实际，制定本条例。	《中华人民共和国非物质文化遗产法》　第一条　为了继承和弘扬中华民族优秀传统文化，促进社会主义精神文明建设，加强非物质文化遗产保护、保存工作，制定本法。	《江苏省非物质文化遗产保护条例》第一条　为了保护非物质文化遗产，继承和弘扬优秀文化传统，根据有关法律、行政法规，结合本省实际，制定本条例。 《浙江省非物质文化遗产保护条例》第一条　为了加强对非物质文化遗产的保护，继承和弘扬优秀传统文化，根据有关法律、行政法规，结合本省实际，制定本条例。
第二条　本条例所称非物质文化遗产，是指各族人民世代相传并视为其文化遗产组成部分的各种传统文化表现形式，以及与传统文化表现形式相关的实物和场所。包括： （一）传统口头文学以及作为其载体的语言； （二）传统美术、书法、音乐、舞蹈、戏剧、曲艺和杂技； （三）传统技艺、医药和历法； （四）传统礼仪、节庆等民俗； （五）传统体育和游艺；	《中华人民共和国非物质文化遗产法》第二条　本法所称非物质文化遗产，是指各族人民世代相传并视为其文化遗产组成部分的各种传统文化表现形式，以及与传统文化表现形式相关的实物和场所。包括： （一）传统口头文学以及作为其载体的语言； （二）传统美术、书法、音乐、舞蹈、戏剧、曲艺和杂技； （三）传统技艺、医药和历法； （四）传统礼仪、节庆等民俗； （五）传统体育和游艺；	《江苏省非物质文化遗产保护条例》第二条　本省行政区域内的非物质文化遗产的保护和管理适用本条例。 本条例所称的非物质文化遗产包括： （一）口头传统，包括作为文化载体的语言； （二）传统表演艺术和民间美术； （三）传统礼仪、节庆、庆典以及竞技、游戏等民俗活动； （四）传统手工艺技能； （五）有关自然界和宇宙的民间传统知识和实践；

（续表）

条　　文	依　　据	参照规定
（六）其他非物质文化遗产。 属于非物质文化遗产组成部分的实物和场所，且属文物的，适用《中华人民共和国文物保护法》《中华人民共和国文物保护法实施条例》《河南省实施〈中华人民共和国文物保护法〉办法》的有关规定。	（六）其他非物质文化遗产。 属于非物质文化遗产组成部分的实物和场所，凡属文物的，适用《中华人民共和国文物保护法》的有关规定。	（六）与第（一）（二）（三）（四）、（五）项相关的资料、实物和场所； （七）其他需要保护的非物质文化遗产。
第三条　非物质文化遗产保护贯彻“保护为主，抢救第一，合理利用，传承发展”的方针，实行政府主导、鼓励社会参与，坚持真实性、完整性和传承性的保护原则。	《中华人民共和国非物质文化遗产法》第三条　国家对非物质文化遗产采取认定、记录、建档等措施予以保存，对体现中华民族优秀传统文化，具有历史、文学、艺术、科学价值的非物质文化遗产采取传承、传播等措施予以保护。 第四条　保护非物质文化遗产，应当注重其真实性、整体性和传承性，有利于增强中华民族的文化认同，有利于维护国家统一和民族团结，有利于促进社会和谐和可持续发展。	《江苏省非物质文化遗产保护条例》第三条　非物质文化遗产保护工作坚持政府主导、全社会共同参与，贯彻“保护为主，抢救第一，合理利用，传承发展”的方针。 《浙江省非物质文化遗产保护条例》第三条　非物质文化遗产保护坚持“政府主导、社会参与，贯彻保护为主、抢救第一、合理利用、传承发展”的方针。
第四条　县级以上人民政府应当制定非物质文化遗产保护规划，将非物质文化遗产保护事业纳入国民经济和社会发展规划，所需经费列入财政预算。 县级以上人民政府用于非物质文化遗产保护的财政拨款随着财政收入的增长而增加。	《中华人民共和国非物质文化遗产法》第六条　县级以上人民政府应当将非物质文化遗产保护、保存工作纳入本级国民经济和社会发展规划，并将保护、保存经费列入本级财政预算。 国家扶持民族地区、边远地区、贫困地区的非物质文化遗产保护、保存工作。 《中华人民共和国文物保护法》第十条　国家发展文物保护事业。县级以上人民政府应当将文物保护事业纳入本级国民经济和社会发展规划，所需经费列入本级财政预算。 国家用于文物保护的财政拨款随着财政收入增长而增加。 国有博物馆、纪念馆、文物保护单位等的事业性收入，专门用于文物保护，任何单位或者个人不得侵占、挪用。 国家鼓励通过捐赠等方式设立文物保护社会基金，专门用于文物保护，任何单位或者个人不得侵占、挪用。	《江苏省非物质文化遗产保护条例》第四条　县级以上地方人民政府应当加强对非物质文化遗产保护工作的领导，建立部门联席会议制度，统一协调非物质文化遗产保护工作，并将非物质文化遗产保护工作纳入国民经济和社会发展规划以及城乡建设规划。非物质文化遗产保护所需经费列入本级财政预算。 《浙江省非物质文化遗产保护条例》第四条　各级人民政府应当加强对非物质文化遗产保护工作的领导，将保护工作列入重要议事日程，建立协调机制，实施有效保护。 县级以上人民政府应当制定非物质文化遗产保护规划，将非物质文化遗产保护事业纳入国民经济和社会发展规划。 第九条　各级人民政府应当保障非物质文化遗产保护所需经费，保护经费列入财政预算。

（续表）

条　　文	依　　据	参照规定
第五条　县级以上人民政府文化行政部门主管本行政区域内非物质文化遗产的保护工作。 县级以上人民政府发展与改革、财政、宗教、住房与城乡建设、教育、旅游、体育、文物等有关部门应当按照相关法律、法规和各自职责做好非物质文化遗产保护工作。	《中华人民共和国非物质文化遗产法》第七条　国务院文化主管部门负责全国非物质文化遗产的保护、保存工作；县级以上地方人民政府文化主管部门负责本行政区域内非物质文化遗产的保护、保存工作。 县级以上人民政府其他有关部门在各自职责范围内，负责有关非物质文化遗产的保护、保存工作。	《江苏省非物质文化遗产保护条例》第五条　县级以上地方人民政府文化行政部门主管本行政区域内非物质文化遗产的保护工作。 县级以上地方人民政府发展和改革、教育、财政、建设、规划、广播电视、旅游等有关部门按照各自职责，做好非物质文化遗产保护工作。 《浙江省非物质文化遗产保护条例》第五条　县级以上人民政府文化行政部门主管本行政区域内非物质文化遗产的保护工作。 县级以上人民政府发展改革、财政、民族宗教、经贸、建设、规划、环境保护、国土资源、教育、旅游、体育、文物等部门应当按照相关法律、法规和各自职责做好非物质文化遗产保护工作。
第六条　县级以上人民政府应当加强对非物质文化遗产保护工作的宣传，提高全社会保护非物质文化遗产的意识。 宣传、新闻出版、广播电视等部门以及相关媒体应当宣传非物质文化遗产保护工作，普及非物质文化遗产保护知识，培养全社会非物质文化遗产保护意识。	《中华人民共和国非物质文化遗产法》第八条　县级以上人民政府应当加强对非物质文化遗产保护工作的宣传，提高全社会保护非物质文化遗产的意识。	《江苏省非物质文化遗产保护条例》第三十二条　图书馆、文化馆、博物馆、科技馆等公共文化机构应当展示和传播本地有代表性的非物质文化遗产，有条件的应当向中小学生免费开放。 新闻出版、广播电视、互联网等公共传媒应当介绍、宣传优秀的非物质文化遗产及其保护工作，普及保护知识，提高全社会自觉保护非物质文化遗产的意识。 《浙江省非物质文化遗产保护条例》第五条　宣传、新闻出版、广播电视等部门以及相关媒体应当宣传非物质文化遗产保护工作，普及非物质文化遗产保护知识，培养全社会非物质文化遗产保护意识。

（续表）

条　文	依　据	参照规定
第七条　公民、法人和其他组织都有保护非物质文化遗产的义务。	《中华人民共和国非物质文化遗产法》第九条　国家鼓励和支持公民、法人和其他组织参与非物质文化遗产保护工作。	《浙江省非物质文化遗产保护条例》第五条　任何单位和个人都有保护非物质文化遗产的义务。 《云南省民族民间传统文化保护条例》第七条　本省行政区域内的机关、团体、企业事业组织和公民，都有保护民族民间传统文化的责任和义务。
第八条　有下列事迹的公民、法人和其他组织，由县级以上人民政府或者文化行政主管部门给予精神鼓励或者物质奖励： （一）认真执行非物质文化遗产保护法律、法规，保护非物质文化遗产成绩显著的； （二）为保护非物质文化遗产与违法犯罪行为作坚决斗争的； （三）将个人收藏、保管的重要非物质文化遗产实物、资料捐献给国家或者为非物质文化遗产保护事业作出捐赠的； （四）发现频危并具有重要价值的非物质文化遗产及时调查或者上报，抢救、保护非物质文化遗产有功的； （五）在非物质文化遗产调查、宣传、展示、传承、传播、利用工作中做出重大贡献的； （六）长期从事非物质文化遗产保护工作，做出显著成绩的。	《中华人民共和国非物质文化遗产法》第十条　对在非物质文化遗产保护工作中做出显著贡献的组织和个人，按照国家有关规定予以表彰、奖励。 《中华人民共和国文物保护法》第十二条　有下列事迹的单位或者个人，由国家给予精神鼓励或者物质奖励： （一）认真执行文物保护法律、法规，保护文物成绩显著的； （二）为保护文物与违法犯罪行为作坚决斗争的； （三）将个人收藏的重要文物捐献给国家或者为文物保护事业作出捐赠的； （四）发现文物及时上报或者上交，使文物得到保护的； （五）在考古发掘工作中做出重大贡献的； （六）在文物保护科学技术方面有重要发明创造或者其他重要贡献的； （七）在文物面临破坏危险时，抢救文物有功的； （八）长期从事文物工作，做出显著成绩的。	《江苏省非物质文化遗产保护条例》第八条　在非物质文化遗产保护工作中做出显著成绩的单位和个人，由县级以上地方人民政府及其文化行政部门予以表彰和奖励。 《浙江省非物质文化遗产保护条例》第六条　县级以上人民政府及文化行政部门对非物质文化遗产保护工作中做出显著成绩的单位和个人，应当予以表彰和奖励。

（续表）

条　　文	依　　据	参照规定
第九条　鼓励通过社会组织和个人捐赠等方式依法建立非物质文化遗产保护基金，用于保护非物质文化遗产。捐赠者依法享受税收减免或者其他优惠待遇。	《中华人民共和国非物质文化遗产法》第三十七条　县级以上地方人民政府应当对合理利用非物质文化遗产代表性项目的单位予以扶持。单位合理利用非物质文化遗产代表性项目的，依法享受国家规定的税收优惠。 《中华人民共和国文物保护法》第十条　国家鼓励通过捐赠等方式设立文物保护社会基金，专门用于文物保护，任何单位或者个人不得侵占、挪用。	《江苏省非物质文化遗产保护条例》第三十条　鼓励通过公民、法人和其他组织捐赠等方式依法设立非物质文化遗产保护资金，专门用于非物质文化遗产保护，任何单位和个人不得侵占、挪用。 对非物质文化遗产保护捐赠资金或者实物的公民、法人和其他组织，按照国家有关规定享受优惠待遇。 《浙江省非物质文化遗产保护条例》第十二条　鼓励社会以捐赠、认领保护、设立保护专项资金等形式支持非物质文化遗产保护事业。公民、法人和其他组织向非物质文化遗产保护事业捐赠的，享受国家和省有关优惠待遇。
第二章　非物质文化遗产的调查		
第十条　县级以上人民政府应当根据非物质文化遗产保护工作的实际需要，定期组织开展非物质文化遗产的调查工作。	《中华人民共和国非物质文化遗产法》第十一条　县级以上人民政府根据非物质文化遗产保护、保存工作需要，组织非物质文化遗产调查。非物质文化遗产调查由文化主管部门负责进行。 县级以上人民政府其他有关部门可以对其工作领域内的非物质文化遗产进行调查。	《宁夏回族自治区非物质文化遗产保护条例》第九条　文化行政部门应当会同民族事务及其他有关部门，对本地区的非物质文化遗产进行普查、认定、收集和整理。 《贵州省民族民间文化保护条例》第八条　县级以上人民政府文化行政部门应当组织对本地区的民族民间文化进行普查、搜集、整理和研究，保护研究成果，提倡资源共享，鼓励开展民族民间文化的交流与合作。
第十一条　县级以上人民政府文化主管部门应当有计划地开展本行政区域内的非物质文化遗产资源的普查工作，建立本级非物质文化遗产保护档案。	《中华人民共和国非物质文化遗产法》第十二条　文化主管部门和其他有关部门进行非物质文化遗产调查，应当对非物质文化遗产予以认定、记录、建档，建立健全调查信息共享机制。	《江苏省非物质文化遗产保护条例》第十条　县级以上地方人民政府应当组织文化行政部门及其他有关部门对本行政区域内的非物质文化遗产进行普查、确认、登记，运用文字、录音、录像、数字化多媒体等方式，对非物质文化遗产进行真实、系统和全面的记录。

（续表）

条　文	依　据	参照规定
县级以上人民政府其他有关部门可以对其工作领域内的非物质文化遗产进行专题性或者行业性调查。调查结束后一个月内，应当将调查工作中取得的实物图片、资料复制件汇交同级文化行政部门。	文化主管部门和其他有关部门进行非物质文化遗产调查，应当收集属于非物质文化遗产组成部分的代表性实物，整理调查工作中取得的资料，并妥善保存，防止损毁、流失。其他有关部门取得的实物图片、资料复制件，应当汇交给同级文化主管部门。	《宁夏回族自治区非物质文化遗产保护条例》第十二条　文化行政部门应当采用录音、录像、拍照、文字记录、数字化多媒体、实物收集等方法建立非物质文化遗产档案和数据库。 自治区文化行政部门应当指导和协助市、县（市、区）文化行政部门做好非物质文化遗产的档案建立和代表作名录的编列工作。
第十二条　除涉及国家秘密、商业秘密或者个人隐私外，非物质文化遗产保护档案应当置备当地文化主管部门或者在其官方网站上向社会公开，便于公众查阅。	《中华人民共和国非物质文化遗产法》第十三条　文化主管部门应当全面了解非物质文化遗产有关情况，建立非物质文化遗产档案及相关数据库。除依法应当保密的外，非物质文化遗产档案及相关数据信息应当公开，便于公众查阅。	《江苏省非物质文化遗产保护条例》第十条　县级以上地方人民政府文化行政部门应当建立非物质文化遗产档案及相关数据库，可以公布的，应当及时公布。
第十三条　境外组织或者个人在河南省境内进行非物质文化遗产调查，应当经省辖市人民政府文化主管部门报请省人民政府文化主管部门批准。	《中华人民共和国非物质文化遗产法》第十五条　境外组织或者个人在中华人民共和国境内进行非物质文化遗产调查，应当报经省、自治区、直辖市人民政府文化主管部门批准；调查在两个以上省、自治区、直辖市行政区域进行的，应当报经国务院文化主管部门批准；调查结束后，应当向批准调查的文化主管部门提交调查报告和调查中取得的实物图片、资料复制件。 境外组织在中华人民共和国境内进行非物质文化遗产调查，应当与境内非物质文化遗产学术研究机构合作进行。	《贵州省民族民间文化保护条例》第十三条　国外、境外团体、个人以研究或者营利为目的，到本省进行民族民间文化考察活动的，应当报省人民政府文化行政部门批准。 《云南省民族民间传统文化保护条例》第十四条　境外团体和公民到本省行政区域内进行民族民间传统文化的学术性考察与研究，必须报经省级文化行政或者民族事务等有关业务主管部门审核，由省级外事行政主管部门批准。

（续表）

条　文	依　据	参照规定
第十四条　境外组织或者个人申请在河南省境内进行非物质文化遗产调查，应当提交下列材料： （一）申请书； （二）经我国驻申请人所在地的使领馆验证的法人证明或者身份证明材料； （三）拟调查的非物质文化遗产项目名称及基本情况； （四）调查非物质文化遗产的目的和用途； （五）参加调查人员的基本情况； （六）拟采取调查的方式、期限； （七）与境内非物质文化遗产学术研究机构签订的合作协议； （八）向批准调查的文化主管部门提交调查报告和调查中取得的实物图片、资料复制件的时间、形式； （九）法律法规规定的其他材料。 省人民政府文化主管部门应当自收到申请之日起30个工作日内作出批准或者不批准的决定。决定批准的，发给批准文件；决定不批准的，应当书面通知申请人并说明理由。	《中华人民共和国非物质文化遗产法》第十五条　境外组织或者个人在中华人民共和国境内进行非物质文化遗产调查，应当报经省、自治区、直辖市人民政府文化主管部门批准；调查在两个以上省、自治区、直辖市行政区域进行的，应当报经国务院文化主管部门批准；调查结束后，应当向批准调查的文化主管部门提交调查报告和调查中取得的实物图片、资料复制件。 境外组织在中华人民共和国境内进行非物质文化遗产调查，应当与境内非物质文化遗产学术研究机构合作进行。	
第十五条　进行非物质文化遗产调查，应当征得被调查人、非物质文化遗产实物所有人或者持有人的同意，尊重其风俗习惯，维护其人格尊严、财产所有权和知识产权，不得损害其合法权益。	《中华人民共和国非物质文化遗产法》第十六条　进行非物质文化遗产调查，应当征得调查对象的同意，尊重其风俗习惯，不得损害其合法权益。	《江苏省非物质文化遗产保护条例》第二十五条　公民、法人和其他组织合法拥有的承载非物质文化遗产的珍贵资料、实物、场所等，其所有权受法律保护。 非物质文化遗产知识产权受法律保护。 《宁夏回族自治区非物质文化遗产保护条例》第二十四条　开展

（续表）

条　文	依　据	参照规定
		非物质文化遗产考察、采访活动，应当尊重少数民族风俗习惯，维护少数民族的利益。
第三章　非物质文化遗产代表性项目名录		
第十六条　县级以上人民政府文化行政主管部门会同有关部门编列本级非物质文化遗产代表性项目名录，报同级人民政府批准公布，并报上一级人民政府文化行政主管部门备案。	《国务院办公厅关于加强我国非物质文化遗产保护工作的意见》（国办发〔2005〕18号）建立非物质文化遗产代表作名录体系。要通过制定评审标准并经过科学认定，建立国家级和省、市、县级非物质文化遗产代表作名录体系。国家级非物质文化遗产代表作名录由国务院批准公布。省、市、县级非物质文化遗产代表作名录由同级政府批准公布，并报上一级政府备案。	《江苏省非物质文化遗产保护条例》第十一条　建立本省地方非物质文化遗产代表作名录体系，实行分级保护。对经过科学认定列入名录的非物质文化遗产项目，根据所属级别由同级人民政府制定具体、科学的保护措施，明确保护的责任主体，对其代表性传承人和代表性传承单位，有计划地提供资助，鼓励和支持其开展传承活动。 省级、市级和县级非物质文化遗产代表作名录，分别经省、设区的市和县级人民政府文化行政部门组织专家评审并征求有关部门、社会团体和公众的意见后，由同级人民政府核定公布，并报上一级人民政府备案。 地方各级非物质文化遗产代表作的申报评定办法，由同级人民政府制定。 《浙江省非物质文化遗产保护条例》第十五条　建立省、市、县非物质文化遗产名录体系。 省级、市级和县级非物质文化遗产名录项目，分别由同级人民政府文化行政部门组织专家评审、向社会公示，由同级人民政府批准公布，并报上一级人民政府备案。 国家级非物质文化遗产的申报和评定，按照国家有关规定执行。

（续表）

条　文	依　据	参照规定
第十七条　省人民政府应当从河南省非物质文化遗产代表性项目名录选择具有重大历史、文学、艺术、科学价值的非物质文化遗产项目向国务院文化主管部门推荐列入国家级非物质文化遗产代表性项目名录。 县级以上人民政府应当从本级非物质文化遗产代表性项目名录选择具有重要历史、文学、艺术、科学价值的非物质文化遗产项目向省人民政府文化主管部门推荐列入河南省非物质文化遗产代表性项目名录。	《中华人民共和国非物质文化遗产法》第十八条　国务院建立国家级非物质文化遗产代表性项目名录，将体现中华民族优秀传统文化，具有重大历史、文学、艺术、科学价值的非物质文化遗产项目列入名录予以保护。 省、自治区、直辖市人民政府建立地方非物质文化遗产代表性项目名录，将本行政区域内体现中华民族优秀传统文化，具有历史、文学、艺术、科学价值的非物质文化遗产项目列入名录予以保护。	《江苏省非物质文化遗产保护条例》第十二条　对具有重大保护价值的非物质文化遗产，县级以上地方人民政府应当依照国家有关规定申报国家级非物质文化遗产代表作以及联合国人类非物质文化遗产代表作。 《浙江省非物质文化遗产保护条例》第十三条　县级以上人民政府应当制定非物质文化遗产普查计划，有关部门应当按计划要求对非物质文化遗产进行普查，对普查结果进行分类、登记；具有重要历史、文化、科学价值的项目，按规定程序列入非物质文化遗产名录。
第十八条　公民、法人和其他组织向省人民政府文化主管部门提出某项非物质文化遗产列入国家级非物质文化遗产代表性项目名录的建议时，应当附有下列材料： （一）项目介绍，包括项目的名称、历史、现状和价值； （二）传承情况介绍，包括传承范围、传承谱系、传承人的技艺水平、传承活动的社会影响； （三）保护请求，包括保护应当达到的目标和应当采取的措施、步骤、管理制度； （四）有助于说明项目的视听资料等材料。	《中华人民共和国非物质文化遗产法》第十九条　省、自治区、直辖市人民政府可以从本省、自治区、直辖市非物质文化遗产代表性项目名录中向国务院文化主管部门推荐列入国家级非物质文化遗产代表性项目名录的项目。推荐时应当提交下列材料： （一）项目介绍，包括项目的名称、历史、现状和价值； （二）传承情况介绍，包括传承范围、传承谱系、传承人的技艺水平、传承活动的社会影响； （三）保护要求，包括保护应当达到的目标和应当采取的措施、步骤、管理制度； （四）有助于说明项目的视听资料等材料。	
第十九条　具有唯一性或者排他性的非物质文化遗产项目，列入河南省非物质文化遗产代表性项目名录前，省人民政府文化主管部门应当根据《中华人民共和国非物质文化遗产法》第二十三条的规定向社会公示。		

（续表）

条　　文	依　　据	参照规定
公示期间，公民、法人或者其他组织提出异议的，省人民政府文化主管部门应当举行听证。 除涉及国家秘密、商业秘密或者个人隐私外，听证活动一律公开进行。		
第二十条　县级以上人民政府文化主管部门应当组织制定保护规划，对本级人民政府批准公布的地方非物质文化遗产代表性项目予以保护。 制定非物质文化遗产代表性项目保护规划，应当对濒临消失的非物质文化遗产代表性项目予以重点保护。	《中华人民共和国非物质文化遗产法》第二十五条　国务院文化主管部门应当组织制定保护规划，对国家级非物质文化遗产代表性项目予以保护。 省、自治区、直辖市人民政府文化主管部门应当组织制定保护规划，对本级人民政府批准公布的地方非物质文化遗产代表性项目予以保护。 制定非物质文化遗产代表性项目保护规划，应当对濒临消失的非物质文化遗产代表性项目予以重点保护。	《江苏省非物质文化遗产保护条例》第十三条　地方各级非物质文化遗产代表作名录中非物质文化遗产濒危的，核定公布该名录的人民政府应当及时公布濒危名单。 对列入濒危名单的非物质文化遗产代表作，县级以上地方人民政府应当制定抢救保护方案，并组织文化行政部门及其他有关部门及时进行科学、有效的抢救性保护。 前款规定的抢救性保护包括，对年事已高、掌握特殊传统技艺的非物质文化遗产传承人工作、生活条件的改善，对其技艺的记录、整理和传承以及对珍贵、濒临灭失的非物质文化遗产实物、资料、场所的征集、收藏、保存和修缮等内容。 《浙江省非物质文化遗产保护条例》第十六条　对列入非物质文化遗产名录的项目，县级以上人民政府应当明确保护责任单位，落实保护责任。 保护责任单位应当按照项目申报书提出的保护计划和措施履行保护义务，并按年度向项目所在地文化行政部门报告保护计划实施情况。 第二十五条　对濒危的有重要价值的非物质文化遗产，县级以上人民政府文化行政部门应当会同有关部门采取科学有效的措施，及时进行抢救性保护。实施抢救性保护应当在专家指导下制定周密的方案，保持非物质文化遗产的原真性和完整性。

（续表）

条　文	依　据	参照规定
第二十一条　对非物质文化遗产代表性项目集中、特色鲜明、形式和内涵保持完整的特定区域，当地文化主管部门可以制定专项保护规划，报经本级人民政府批准后，实行区域性整体保护。	《中华人民共和国非物质文化遗产法》第二十六条　对非物质文化遗产代表性项目集中、特色鲜明、形式和内涵保持完整的特定区域，当地文化主管部门可以制定专项保护规划，报经本级人民政府批准后，实行区域性整体保护。确定对非物质文化遗产实行区域性整体保护，应当尊重当地居民的意愿，并保护属于非物质文化遗产组成部分的实物和场所，避免遭受破坏。 实行区域性整体保护涉及非物质文化遗产集中地村镇或者街区空间规划的，应当由当地城乡规划主管部门依据相关法规制定专项保护规划。	《江苏省非物质文化遗产保护条例》第十五条　非物质文化遗产现存形态较完整、特色鲜明，有行之有效的传承措施和广泛群众基础的特定区域，所在地人民政府申报，经省人民政府文化行政部门审核后，报省人民政府授予相应称号。所在地人民政府应当采取有效措施进行整体性保护。 对非物质文化遗产遭到破坏，不再符合规定条件的区域，由省人民政府撤销相应称号。
第四章　非物质文化遗产的传承与传播		
第二十二条　县级以上人民政府文化主管部门对本级人民政府批准公布的非物质文化遗产代表性项目，可以认定代表性传承人。	《中华人民共和国非物质文化遗产法》第二十九条　国务院文化主管部门和省、自治区、直辖市人民政府文化主管部门对本级人民政府批准公布的非物质文化遗产代表性项目，可以认定代表性传承人。	《江苏省非物质文化遗产保护条例》第十七条　县级以上地方人民政府文化行政部门确定和命名本级非物质文化遗产代表作的代表性传承人和代表性传承单位。
第二十三条　非物质文化遗产的代表性传承人和代表性传承单位，由县级以上人民政府文化行政部门确认和命名。 确认和命名非物质文化遗产代表性传承人和代表性传承单位，应当组织有关专家评审，并向社会公示。公示期满，对公示对象没有异议或者异议不成立的，予以确认、公布，并报上一级文化行政部门备案。	《中华人民共和国非物质文化遗产法》第二十九条　认定非物质文化遗产代表性项目的代表性传承人，应当参照执行本法有关非物质文化遗产代表性项目评审的规定，并将所认定的代表性传承人名单予以公布。	《江苏省非物质文化遗产保护条例》第十七条　县级以上地方人民政府文化行政部门确定和命名代表性传承人和代表性传承单位前，应当进行公示，征求公众以及有关部门、社会团体、专家学者的意见。确定和命名代表性传承人和代表性传承单位后，应当于十五日内予以公告。 县级以上地方人民政府文化行政部门应当为非物质文化遗产代表性传承人和代表性传承单位建立档案。 《浙江省非物质文化遗产保护条例》第十七条　非物质文化遗产的代表性传承人和代表性传承单位，由县级以上人民政府文化行政部门确认和命名。

（续表）

条　　文	依　　据	参照规定
		确认和命名非物质文化遗产代表性传承人和代表性传承单位，应当组织有关专家评审，并向社会公示。公示期满，对公示对象没有异议或者异议不成立的，予以确认、公布，并报上一级文化行政部门备案。
第二十四条　符合下列条件的公民，可以申请或者被推荐为非物质文化遗产代表性传承人： （一）熟练掌握其传承的非物质文化遗产； （二）在特定领域内具有代表性，并在一定区域内具有较大影响； （三）积极开展传承活动。	《中华人民共和国非物质文化遗产法》第二十九条　非物质文化遗产代表性项目的代表性传承人应当符合下列条件： （一）熟练掌握其传承的非物质文化遗产； （二）在特定领域内具有代表性，并在一定区域内具有较大影响； （三）积极开展传承活动。	《江苏省非物质文化遗产保护条例》第十八条　符合下列条件的公民，可以申请或者被推荐为非物质文化遗产代表性传承人： （一）掌握并保持某项非物质文化遗产代表作的表现形态或者技艺； （二）在一定区域内被公认为具有较大影响； （三）积极开展传承活动，培养后继人才。 《浙江省非物质文化遗产保护条例》第十八条　符合下列条件的公民，可以申请或者被推荐为非物质文化遗产代表性传承人： （一）掌握某项非物质文化遗产的表演艺术、传统工艺、制作技艺等表现形态； （二）在一定区域内被公认具有代表性或者较大影响； （三）积极开展传承活动，培养后继人才。
第二十五条　符合下列条件的组织和团体，可以申请或者被推荐为非物质文化遗产代表性传承单位： （一）具有三名以上该项非物质文化遗产的代表性传承人，并积极开展传承活动； （二）保存该项非物质文化遗产的原始资料、代表性实物； （三）在一定区域内被公认具有代表性或者较大影响。	《国务院办公厅关于加强我国非物质文化遗产保护工作的意见》（国办发〔2005〕18号）建立科学有效的非物质文化遗产传承机制。对列入各级名录的非物质文化遗产代表作，可采取命名、授予称号、表彰奖励、资助扶持等方式，鼓励代表作传承人（团体）进行传习活动。	《江苏省非物质文化遗产保护条例》第十九条　符合下列条件的组织和团体，可以申请或者被推荐为非物质文化遗产代表性传承单位： （一）有掌握某种非物质文化遗产代表作表现形态或者技艺的传承人，并对该非物质文化遗产展开研究； （二）以传承、发展非物质文化遗产为宗旨，并坚持开展相关活动；

（续表）

条　　文	依　　据	参照规定
		（三）保存某项非物质文化遗产的原始资料或者代表性实物。 《浙江省非物质文化遗产保护条例》第十九条　符合下列条件的组织和团体，可以申请或者被推荐为非物质文化遗产代表性传承单位： （一）掌握某项非物质文化遗产的表演艺术、传统工艺、制作技艺等表现形态； （二）具有若干名该项非物质文化遗产的代表性传承人，并积极开展传承活动； （三）保存该项非物质文化遗产的原始资料、代表性实物； （四）在一定区域内被公认具有代表性或者较大影响。
第二十六条　符合下列条件的县（市）、乡（镇），由省人民政府命名为“民族文化艺术之乡”： （一）具有悠久历史、民族或者地方特色鲜明、世代传承的传统文化艺术表现形式； （二）该文化艺术在当地具有广泛的群众基础； （三）当地民族民间传统文化保护工作取得显著成绩。		《浙江省非物质文化遗产保护条例》第二十九条　传统民间艺术特色鲜明，并具有广泛群众基础的区域，可以命名为民间文化艺术之乡。 民间文化艺术之乡由省人民政府文化行政部门命名。 《宁夏回族自治区非物质文化遗产保护条例》第十四条　符合下列条件之一的区域，可以命名为宁夏回族自治区传统文化艺术之乡： （一）地方特色鲜明、具有悠久的民族民间表演艺术形态； （二）具有独特的民族风格或者地域色彩的文学艺术传统，并有广泛的群众基础； （三）具有优秀传统工艺和制作技艺，并有广泛的群众基础。

（续表）

条　　文	依　　据	参照规定
第二十七条　符合下列条件的街区或者村寨，可以建立民族文化生态博物馆： （一）自然生态环境整体保存较好； （二）具有民族文化典型特征；		《贵州省民族民间文化保护条例》第十八条　符合下列条件的区域或者村寨，可以建立民族文化生态博物馆或者民族文化村寨博物馆： （一）自然生态环境整体保存较好； （二）具有民族文化典型特征；
（三）民族传统文化保存较好； （四）历史悠久、建筑典型、民风古朴，具有代表性的民族村寨。		（三）民族传统文化保存较好； （四）历史悠久、建筑典型、民风古朴，具有代表性的民族村寨。
第二十八条　各级人民政府可以采取下列方式支持代表性传承人和代表性传承单位开展传承活动： （一）提供必要的场所； （二）给予适当的资助； （三）促进交流与合作； （四）其他形式的帮助。 县级以上人民政府对有突出贡献的代表性传承人和代表性传承单位，可以授予相应的荣誉称号；对有突出贡献的代表性传承人，应当给予适当的奖励。	《中华人民共和国非物质文化遗产法》第三十条　县级以上人民政府文化主管部门根据需要，采取下列措施，支持非物质文化遗产代表性项目的代表性传承人开展传承、传播活动： （一）提供必要的传承场所； （二）提供必要的经费资助其开展授徒、传艺、交流等活动； （三）支持其参与社会公益性活动； （四）支持其开展传承、传播活动的其他措施。	《江苏省非物质文化遗产保护条例》第二十二条　县级以上地方人民政府应当支持杰出传承人和优秀传承单位开展非物质文化遗产传承活动，支持的方式主要有： （一）提供必要的场所； （二）给予适当的资助； （三）促进相关的交流； （四）开展相应的宣传； （五）其他形式的帮助。 《浙江省非物质文化遗产保护条例》第二十二条　各级人民政府应当支持代表性传承人和代表性传承单位开展传承活动，支持的主要方式有： （一）提供必要的场所； （二）给予适当的资助； （三）促进交流与合作； （四）其他形式的帮助。 县级以上人民政府对有突出贡献的代表性传承人和代表性传承单位，可以授予相应的荣誉称号；对有突出贡献的代表性传承人，可以给予适当的津贴。

（续表）

条　文	依　据	参照规定
第二十九条　鼓励、支持教育机构将非物质文化遗产纳入教育内容，开展普及优秀非物质文化遗产知识的活动，建立传承教学基地，培养非物质文化遗产传承人才。	《中华人民共和国非物质文化遗产法》第三十四条　学校应当按照国务院教育主管部门的规定，开展相关的非物质文化遗产教育。 新闻媒体应当开展非物质文化遗产代表性项目的宣传，普及非物质文化遗产知识。	《江苏省非物质文化遗产保护条例》第三十一条　鼓励和支持教育机构以开设相关课程等形式开展传播、弘扬优秀非物质文化遗产的活动。 中小学校应当将本地优秀的、体现民族精神与民间特色的非物质文化遗产列入教育内容，因地制宜地开展教育活动。 鼓励和支持高等院校和科研机构开展非物质文化遗产保护的研究和专门人才培养。
		《浙江省非物质文化遗产保护条例》第二十四条　鼓励、支持教育机构将非物质文化遗产纳入教育内容，开展普及优秀非物质文化遗产知识的活动，建立传承教学基地，培养非物质文化遗产传承人才。
第三十条　非物质文化遗产丰富的地方，县级以上人民政府应当建立专题博物馆，收藏、保存和展示当地的非物质文化遗产。 鼓励单位和个人兴办专题博物馆、展示室等，展示非物质文化遗产。	《中华人民共和国非物质文化遗产法》第三十六条　国家鼓励和支持公民、法人和其他组织依法设立非物质文化遗产展示场所和传承场所，展示和传承非物质文化遗产代表性项目。	《江苏省非物质文化遗产保护条例》第二十四条　鼓励有条件的单位和个人成立研究机构，兴办专题博物馆，开设专门展室，开展对非物质文化遗产的研究工作，展示有代表性的非物质文化遗产。 《浙江省非物质文化遗产保护条例》第三十条　非物质文化遗产丰富的地方，县级以上人民政府应当建立专题博物馆，收藏、保存和展示当地的非物质文化遗产。 鼓励单位和个人兴办专题博物馆、展示室等，展示非物质文化遗产。

（续表）

条　　文	依　　据	参照规定
第五章　保障与监督管理		
第三十一条　县级以上人民政府应当建立非物质文化遗产保护工作协调机构，负责协调、解决本行政区域内非物质文化遗产保护工作的重大问题。	《国务院关于加强文化遗产保护的通知》（国发〔2005〕18号）地方各级人民政府和有关部门要将文化遗产保护列入重要议事日程，并纳入经济和社会发展计划以及城乡规划。要建立健全文化遗产保护责任制度和责任追究制度。成立国家文化遗产保护领导小组，定期研究文化遗产保护工作的重大问题，统一协调文化遗产保护工作。地方各级人民政府也要建立相应的文化遗产保护协调机构。要建立文化遗产保护定期通报制度、专家咨询制度以及公众和舆论监督机制，推进文化遗产保护工作的科学化、民主化。要充分发挥有关学术机构、大专院校、企事业单位、社会团体等各方面的作用，共同开展文化遗产保护工作。	《河南省实施〈中华人民共和国文物保护法〉办法》第五条　各级人民政府负责本行政区域内的文物保护工作。县级以上人民政府文物保护管理委员会负责协调、解决本行政区域内文物保护工作的重大问题。
第三十二条　县级以上人民政府文化行政部门应当履行非物质文化遗产保护的下列职责： （一）宣传贯彻非物质文化遗产保护法律、法规，督促相关单位、个人履行非物质文化遗产保护义务； （二）组织实施本行政区域非物质文化遗产保护规划； （三）组织开展非物质文化遗产的普查、发掘、整理、评审、研究等工作； （四）组织开展非物质文化遗产展示、交流活动； （五）监督检查非物质文化遗产的保护、管理和利用情况； （六）其他非物质文化遗产保护的相关工作。		《浙江省非物质文化遗产保护条例》第八条　县级以上人民政府文化行政部门应当履行非物质文化遗产保护的下列职责： （一）宣传贯彻非物质文化遗产保护法律、法规，督促相关单位、个人履行非物质文化遗产保护义务； （二）组织实施本行政区域非物质文化遗产保护规划； （三）组织开展非物质文化遗产的普查、发掘、整理、评审、研究等工作； （四）组织开展非物质文化遗产展示、交流活动； （五）监督检查非物质文化遗产的保护、管理和利用情况； （六）其他非物质文化遗产保护的相关工作。

（续表）

条　　文	依　　据	参照规定
第三十三条　县级以上人民政府及文化行政部门在编制非物质文化遗产保护规划、评审非物质文化遗产项目、认定非物质文化遗产代表性传承人和代表性传承单位等工作中，应当听取专家的意见和建议。	《中华人民共和国非物质文化遗产法》第二十二条　国务院文化主管部门应当组织专家评审小组和专家评审委员会，对推荐或者建议列入国家级非物质文化遗产代表性项目名录的非物质文化遗产项目进行初评和审议。 初评意见应当经专家评审小组成员过半数通过。专家评审委员会对初评意见进行审议，提出审议意见。 评审工作应当遵循公开、公平、公正的原则。	《江苏省非物质文化遗产保护条例》第十六条　建立本省非物质文化遗产保护的专家咨询制度。 县级以上地方人民政府及其文化行政部门，在编制非物质文化遗产保护规划、认定非物质文化遗产项目等工作中，应当听取专家的意见和建议。 《浙江省非物质文化遗产保护条例》第十一条　建立非物质文化遗产保护专家咨询制度。 县级以上人民政府及文化行政部门在编制非物质文化遗产保护规划、评审非物质文化遗产项目、认定非物质文化遗产代表性传承人和代表性传承单位等工作中，应当听取专家的意见和建议。
第三十四条　县级以上人民政府设置的非物质文化遗产保护的财政性资金只能用于下列用途： （一）非物质文化遗产的普查、发掘、整理； （二）非物质文化遗产珍贵资料、实物的征集和濒危非物质文化遗产的抢救； （三）对非物质文化遗产代表性传承人、代表性传承单位的资助或者补助； （四）非物质文化遗产的展示、展演； （五）非物质文化遗产保护的宣传、培训、研究； （六）其他重要的非物质文化遗产保护事项。 非物质文化遗产保护专项资金应当加强管理，专款专用，不得挪作他用。		《江苏省非物质文化遗产保护条例》第二十九条　县级以上地方人民政府应当根据当地非物质文化遗产的分布和工作开展情况，在年度财政预算中安排资金，用于下列项目： （一）非物质文化遗产的普查； （二）濒危非物质文化遗产的抢救； （三）非物质文化遗产的传承和传播活动； （四）非物质文化遗产重大项目的研究； （五）非物质文化遗产珍贵资料和实物的征集和收购； （六）非物质文化遗产的宣传教育； （七）非物质文化遗产保护的其他重大事项。 县级以上地方人民政府文化、财政等部门应当加强对非物质文化遗产保护专项资金的管理，确保专款专用。

（续表）

条　　文	依　　据	参照规定
		《浙江省非物质文化遗产保护条例》第九条　县级以上人民政府根据需要设立非物质文化遗产保护专项资金，主要用于： （一）非物质文化遗产的普查、发掘、整理； （二）非物质文化遗产珍贵资料、实物的征集和濒危非物质文化遗产的抢救； （三）对非物质文化遗产代表性传承人、代表性传承单位的资助或者补助； （四）非物质文化遗产的展示、展演； （五）非物质文化遗产保护的宣传、培训、研究； （六）其他重要的非物质文化遗产保护事项。 非物质文化遗产保护专项资金应当加强管理，专款专用，不得挪作他用。
第三十五条　公民、法人和其他组织在本省行政区域内进行非物质文化遗产参观、考察等活动，应当遵守有关法律、法规，并接受活动所在地人民政府文化行政部门的管理。		《江苏省非物质文化遗产保护条例》第二十八条　任何团体或者个人在本省行政区域内进行非物质文化遗产参观、考察等活动，应当遵守有关法律、法规，并接受活动所在地人民政府文化行政部门的管理。 《宁夏回族自治区非物质文化遗产保护条例》第二十三条　任何团体、个人在自治区行政区域内进行非物质文化遗产考察、参观活动的，不得损坏非物质文化遗产珍贵资料、实物、建筑物、场所及其附属物。 携带自治区珍贵非物质文化遗产资料、实物出境的，执行有关法律、法规的规定。

（续表）

条　　文	依　　据	参照规定
第三十六条　各级人民政府应当结合本地实际，将自然风光与非物质文化遗产项目相结合，采取有效措施，发掘、利用非物质文化遗产资源，开发传统非物质文化遗产产品，提升旅游业文化品位，拓展旅游服务项目，促进旅游经济的发展。		《江苏省非物质文化遗产保护条例》第二十六条　县级以上地方人民政府应当鼓励和扶持有关单位和个人在有效保护的前提下合理利用优秀非物质文化遗产资源，进行弘扬优秀传统文化的文艺创作，开发具有民间和地方文化特色的传统文化产品，拓展民间民俗文化旅游服务。 《福建省民族民间文化保护条例》第二十九条　县级以上地方人民政府应当支持民族民间文化的研究、创新工作，合理开发利用民族民间文化资源，保护民族民间文化所需的天然原材料和珍稀矿产，大力发展民族民间文化产业。 开发民族民间文化产品、开展民族民间文化旅游服务，以及其他发展民族民间文化产业，按照国家有关规定，享受相关优惠政策。 发展民族民间文化产业应当保护文化资源和文化风貌。
第六章　法律责任		
第三十七条　文化主管部门和其他有关部门的工作人员在非物质文化遗产保护、保存工作中玩忽职守、滥用职权、徇私舞弊的，依法给予行政处分。	《中华人民共和国非物质文化遗产法》第三十八条　文化主管部门和其他有关部门的工作人员在非物质文化遗产保护、保存工作中玩忽职守、滥用职权、徇私舞弊的，依法给予处分。	《江苏省非物质文化遗产保护条例》第三十七条　县级以上地方人民政府文化行政部门及其他有关部门工作人员，在非物质文化遗产保护工作中玩忽职守、滥用职权、徇私舞弊的，依法给予行政处分；构成犯罪的，依法追究刑事责任。 《宁夏回族自治区非物质文化遗产保护条例》第四十四条　文化及其他有关部门工作人员在非物质文化遗产保护工作中，玩忽职守、滥用职权、徇私舞弊的，对直接负责的主管人员和其他责任人员依法给予行政处分；构成犯罪的，依法追究刑事责任。

（续表）

条　文	依　据	参照规定
第三十八条　以歪曲、贬损等方式使用非物质文化遗产，由县级以上人民政府文化行政部门责令改正；造成严重后果的，处以一千元以上一万元以下罚款；有违法所得的，并处违法所得二倍以上五倍以下罚款。		
第三十九条　有下列行为之一的，由当地人民政府文化行政主管部门责令改正，造成严重后果，尚未构成犯罪的，对单位处以一万元以上十万元以下罚款，对个人处以一千元以上一万元以下罚款： （一）开展非物质文化遗产调查，没有征得被调查人同意，造成不良社会影响的； （二）不尊重当地风俗习惯或者伤害被调查人人格尊严的； （三）强迫被调查人从事不健康的舞蹈、曲艺、游艺、口头文学等表演活动的； （四）侵害被调查人财产所有权或者知识产权的； （五）其他损害被调查人合法权益的。		《云南省民族民间传统文化保护条例》第三十八条　在进行民族民间传统文化考察、收集、采访、整理和研究过程中，违反民族政策，不尊重民族习惯，伤害民族感情和利益的，给予批评教育，责令其赔礼道歉，情节严重的，给予行政处分或者行政处罚，构成犯罪的依法追究刑事责任。 《广西壮族自治区民族民间传统文化保护条例》第三十七条　在进行民族民间传统文化考察、搜集、采访、整理或者研究过程中，不尊重民族风俗习惯，造成不良影响的，由县级以上人民政府文化行政部门责令停止侵害、消除影响；属于国家机关工作人员的，还应当依法给予行政处分。 《贵州省民族民间文化保护条例》第三十六条　在进行民族民间文化考察、搜集、采访、整理和研究过程中，违反民族政策、伤害民族感情和损害民族利益的，由县级以上人民政府文化行政部门会同有关部门责令其停止活动；情节严重，尚未构成犯罪的，依法给予行政处分或者行政处罚。

（续表）

条　　文	依　　据	参照规定
第四十条　有下列行为之一的，文化主管部门可以取消其相应级别的代表性传承人资格，重新认定该项目的代表性传承人： （一）停止传承活动一年以上的； （二）因故意或者重大过失导致保存的实物、资料遗失或者损毁的； （三）拒不配合文化主管部门和其他有关部门进行非物质文化遗产调查的； （四）无正当理由，长期不参与非物质文化遗产公益性宣传的； （五）其他妨碍非物质文化遗产传承行为，情节严重的。		
第四十一条　违反本条例规定，侵占、破坏非物质文化遗产珍贵资料、实物和场所的，依法承担民事赔偿责任。	《中华人民共和国非物质文化遗产法》第四十条　违反本法规定，破坏属于非物质文化遗产组成部分的实物和场所的，依法承担民事责任；构成违反治安管理行为的，依法给予治安管理处罚。	《江苏省非物质文化遗产保护条例》第三十五条　违反本条例规定，侵占、破坏非物质文化遗产珍贵资料、实物和场所的，依法承担民事赔偿责任。 违反本条例规定，侵占、破坏国家所有的非物质文化遗产珍贵资料、实物和场所的，由县级以上地方人民政府文化行政部门责令改正；有违法所得的，没收违法所得；情节严重的，并处五千元以上二万元以下罚款；违反治安管理规定的，由公安机关予以处罚，构成犯罪的，依法追究刑事责任。
第四十二条　违反本条例规定，构成犯罪的，依法追究刑事责任。	《中华人民共和国非物质文化遗产法》第四十二条　违反本法规定，构成犯罪的，依法追究刑事责任。	
第七章　附　则		
第四十三条　本条例自　年　月　日起施行。	《中华人民共和国非物质文化遗产法》第四十五条　本法自2011年6月1日起施行。	《江苏省非物质文化遗产保护条例》第三十九条　本条例自2006年11月1日起施行。

广东省第十一届人民代表大会常务委员会公告

第66号

《广东省非物质文化遗产条例》已由广东省第十一届人民代表大会常务委员会第二十七次会议于2011年7月29日通过，现予公布，自2011年10月1日起施行。

广东省人民代表大会常务委员会

二〇一一年七月二十九日

广东省非物质文化遗产条例

（2011年7月29日广东省第十一届人民代表大会常务委员会第二十七次会议通过）

第一章　总　则

第一条　为了继承和弘扬优秀的传统文化，加强对非物质文化遗产的保护、保存工作，根据《中华人民共和国非物质文化遗产法》等有关法律、法规，结合本省实际，制定本条例。

第二条　本条例适用于本省行政区域内非物质文化遗产的保护、保存活动。

本条例所称非物质文化遗产是指各族人民世代相传并视为其文化遗产组成部分的各种传统文化表现形式，以及与传统文化表现形式相关的实物和场所。包括：

（一）传统口头文学以及作为其载体的语言；

（二）传统美术、书法、音乐、舞蹈、戏剧、曲艺和杂技；

（三）传统技艺、医药和历法；

（四）传统礼仪、节庆等民俗；

（五）传统体育和游艺；

（六）其他非物质文化遗产。

第三条　非物质文化遗产保护、保存应当坚持政府主导、社会参与，正确处理经济建设、社会发展与非物质文化遗产保护的关系，加强对非物质文化遗产的认定、记录、建档等保存工作，加强对体现优秀传统文化，具有历史、文学、艺术、科学价值的非物质文化遗产的传承、传播等保护工作。

第四条　县级以上人民政府应当将非物质文化遗产保护、保存工作纳入本级国民经济和社会发展规划；将保护、保存经费列入本级财政预算，并随着财政收入的增长而增加。

县级以上人民政府应当设立非物质文化遗产保护专项资金，用于本行政区域内非物质文化遗产的调查、传承、传播、濒危项目抢救等保护、保存工作。

第五条　省、地级以上市人民政府应当在资金、人才培养、设施建设等方面加强对少数民族地区、贫困地区非物质文化遗产保护、保存工作的扶持，并在其设立的非物质文化遗产保护专项资金中加大对本行政区域内少数民族地区、贫困地区的扶持力度。

第六条　县级以上人民政府建立非物质文化遗产保护协调机制，协调处理非物质文化遗产保护中涉及的重大事项。

非物质文化遗产保护、保存工作涉及两个以上行政区域的，由共同的上级人民政府及其文化主管部门予以协调。

第七条　县级以上人民政府文化主管部门（以下简称文化主管部门）负责本行政区域内的非物质文化遗产保护、保存工作。

县级以上人民政府发展改革、经济和信息化、教育、民族宗教、财政、税务、国土资源、住房城乡建设、规划、旅游等有关部门，按照各自职责，负责有关的非物质文化遗产保护、保存工作。

第八条　各级非物质文化遗产保护工作机构在文化主管部门的领导下，组织实施非物质文化遗产保护、保存的相关工作。

文化馆（站）、村民委员会、居民委员会开展相应的非物质文化遗产保护、保存工作，文化主管部门应当给予指导和支持。

第九条　任何单位和个人对违反非物质文化遗产法律、法规和本条例的行为，有权向文化主管部门举报或者投诉。

文化主管部门应当依法受理，并将处理结果告知举报人或者投诉人。

第二章　非物质文化遗产代表性项目名录

第十条　县级以上人民政府及其有关部门应当对本行政区域内的非物质文化遗产资源状况进行调查，建立非物质文化遗产档案和相关数据库。

鼓励公民、法人和其他组织向文化主管部门提供非物质文化遗产信息。

第十一条　县级以上人民政府应当建立本级非物质文化遗产代表性项目名录，对本行政区域内体现优秀传统文化，具有历史、文学、艺术、科学价值的非物质文化遗产进行保护。

列入非物质文化遗产代表性项目名录的，应当具有世代传承传播、活态存在的特点，具有鲜明的民族或者地域特色，并在当地有较大影响。

第十二条　公民、法人和其他组织认为某项非物质文化遗产体现优秀传统文化，具有历史、文学、艺术、科学价值，可以向文化主管部门提出列入非物质文化遗产代表性项目名录的建议。

第十三条　公民、法人和其他组织可以向文化主管部门提出列入非物质文化遗产代表性项目名录的申请。申请主体为非申请项目传承人（团体）的，应当获得申请项目传承人（团体）的授权。

第十四条　县级以上人民政府可以从本级非物质文化遗产代表性项目名录中向上一级文化主管部门推荐列入上一级非物质文化遗产代表性项目名录的项目。

第十五条　向文化主管部门提交的申请材料或者推荐材料应当包括：

（一）项目介绍，包括项目的名称、历史、现状和价值；

（二）传承情况介绍，包括传承范围、传承谱系、传承人的技艺水平、传承活动的社会影响；

（三）保护要求，包括保护应当达到的目标和应当采取的措施、步骤、管理制度；

（四）有助于说明项目的视听资料等材料。

第十六条　非物质文化遗产代表性项目的认定实行专家评审制度。

评审工作应当遵循公开、公平、公正的原则。

第十七条　文化主管部门可以建立由具有较高学术水平和良好职业道德的专家组成的非物质文化遗产专家库。

第十八条　文化主管部门应当组织五名以上专家组成专家评审小组，对推荐、申请或者建议列入非物质文化遗产代表性项目名录的项目进行初评。初评意见应当经专家评审小组成员过半数通过。

文化主管部门应当组织五名以上专家组成专家评审委员会，对初评意见进行审议，提出审议意见。

专家评审小组和专家评审委员会从非物质文化遗产专家库中随机选择相关领域的专家组成。未建立非物质文化遗产专家库的，从相关领域选择专家组成。

专家评审小组的成员不得同时担任专家评审委员会的成员。县级人民政府文化主管部门组织的专家评审委员会人数不足的，专家评审小组成员可以参加专家评审委员会，但不得超过专家评审委员会总人数的三分之一。

第十九条　文化主管部门应当将拟列入本级非物质文化遗产代表性项目名录的项目予以公示，征求公众意见。公示时间不得少于二十日。

公示期间，公民、法人和其他组织有异议的，应当书面提出。文化主管部门经过调查，认为异议不成立的，应当在收到异议之日起三十日内书面告知异议人并说明理由；认为异议成立的，应当重新组织专家按照本条例规定的程序进行评审。

第二十条　文化主管部门根据专家评审委员会的审议意见和公示结果，拟定本级非物质文化遗产代表性项目名录，报本级人民政府批准、公布。

市、县级非物质文化遗产代表性项目名录应当报上一级文化主管部门备案。

第二十一条　文化主管部门对通过调查或者其他途径发现因自然或者人为原因而面临消亡、失传的非物质文化遗产项目，应当建立非物质文化遗产濒危项目目录，并将该目录报上一级文化主管部门。

文化主管部门应当会同有关部门制定非物质文化遗产濒危项目抢救方案，采取有效措施及时进行抢救性保护、保存。在建立非物质文化遗产代表性项目名录时，对体现优秀传统文化，具有历史、文学、艺术、科学价值的非物质文化遗产濒危项目予以优先考虑。

第三章　非物质文化遗产的传承、传播和其他保护措施

第二十二条　文化主管部门应当组织制定保护规划，对本级人民政府批准公布的非物质文化遗产代表性项目予以保护，并对濒危的非物质文化遗产代表性项目予以重点保护。保护规划由非物质文化遗产保护工作机构负责执行。

文化主管部门应当对保护规划的实施情况进行监督检查；发现保护规划未能有效实施的，应当及时纠正、处理。

第二十三条　对列入非物质文化遗产代表性项目名录的项目，文化主管部门可以认定保护单位和代表性传承人。

第二十四条　非物质文化遗产代表性项目的保护单位应当具有该项目相对完整的资料，具备实施该项目保护计划的能力和开展传承、展示活动的场所及条件。

非物质文化遗产代表性项目的保护单位经文化主管部门组织五名以上专家评议、公示后，由文化主管部门批准并向社会公布。

第二十五条　非物质文化遗产代表性项目的保护单位应当履行下列职责：

（一）收集该项目的实物、资料，并登记、整理、建档；

（二）推荐代表性传承人；

（三）保护该项目相关的文化场所；

（四）开展该项目的展示展演活动；

（五）为该项目传承及相关活动提供必要条件；

（六）制定并实施该项目保护计划，定期报告项目保护实施情况，并接受监督；

（七）其他应当履行的职责。

非物质文化遗产代表性项目的保护单位无正当理由不履行保护职责并拒不改正的，文化主管部门应当撤销其保护单位资格并按照本条例规定的程序重新认定；因客观原因无法继续履行保护职责的，文化主管部门应当按照本条例规定的程序另行认定。

第二十六条　公民、法人和其他组织可以向文化主管部门推荐非物质文化遗产代表性项目的代表性传承人人选，公民也可以自行申请认定为代表性传承人。

公民、法人和其他组织推荐非物质文化遗产代表性项目的代表性传承人的，应当征得被推荐人的书面同意。

向文化主管部门提交的推荐材料或者申请材料应当包括：

（一）被推荐人或者申请人的基本情况；

（二）该项目的传承谱系以及被推荐人或者申请人的学艺与传承经历；

（三）被推荐人或者申请人的技艺特点、成就及相关的证明材料；

（四）被推荐人或者申请人持有该项目的相关实物、资料的情况；

（五）其他说明被推荐人或者申请人代表性的材料。

认定非物质文化遗产代表性项目的代表性传承人，应当参照执行本条例有关非物质文化遗产代表性项目评审的规定，代表性传承人名单经文化主管部门批准后予以公布。

第二十七条　非物质文化遗产代表性项目的代表性传承人应当符合法定条件。下列人员不得认定为代表性传承人：

（一）仅从事非物质文化遗产资料收集、整理和研究的人员；

（二）文化主管部门和非物质文化遗产保护工作机构的工作人员；

（三）其他不直接从事非物质文化遗产项目传承活动的人员。

第二十八条　非物质文化遗产代表性项目的代表性传承人应当依法履行义务，并享有下列权利：

（一）开展传授、展示技艺、讲学以及文艺创作、学术研究等活动；

（二）享受人民政府规定的传承人补助费；

（三）开展传承活动有困难的，可以申请文化主管部门予以支持；

（四）提出非物质文化遗产保护工作的意见、建议；

（五）其他与非物质文化遗产保护相关的权利。

县级以上人民政府及其文化主管部门应当在活动经费、场所等方面支持非物质文化遗产代表性项目的代表性传承人依法开展非物质文化遗产代表性项目的传承、传播活动。

第二十九条　文化主管部门应当建立本级非物质文化遗产代表性项目代表性传承人档案。

文化主管部门应当每年将本行政区域内代表性传承人的情况报送上一级文化主管部门。

第三十条　文化主管部门应当指导非物质文化遗产代表性项目保护单位和代表性传承人依法保护其享有的知识产权。

第三十一条　县级以上人民政府对列入本级非物质文化遗产代表性项目名录的项目给予项目保护传承经费，对非物质文化遗产代表性项目的代表性传承人开展传承、传播活动给予传承人补助费。

任何单位和个人不得截留、挪用、挤占前款规定的项目保护传承经费和传承人补助费。

第三十二条　县级以上人民政府应当鼓励和扶持有关单位和个人在有效保护的前提下，合理利用非物质文化遗产资源。

鼓励采取与经贸、旅游相结合的方式保护和传承具有生产性、表演性或者观赏性的非物质文化遗产代表性项目。

第三十三条　县级以上人民政府可以结合节庆、文化活动、当地民间习俗等实际情况，组织开展非物质文化遗产代表性项目的展示、表演等活动。

第三十四条　县级以上人民政府应当在文化馆（站）内设立专门展室，或者根据需要建立非物质文化遗产专题的公共文化设施，用于非物质文化遗产代表性项目的传承、收藏和研究。

文化馆、图书馆、博物馆、美术馆等公共文化机构应当有计划地传播非物质文化遗产代表性项目，并依照国家和省有关规定向社会免费开放。

第三十五条　县级以上人民政府应当依法加强对与非物质文化遗产代表性项目密切相关的珍稀矿产、动物、植物等天然原材料的保护。

严禁乱采、滥挖或者盗猎、盗卖与非物质文化遗产代表性项目密切相关的珍稀矿产、动物、植物等天然原材料。

第三十六条　县级以上人民政府应当对与非物质文化遗产代表性项目直接关联的建筑物、场所、遗迹及其附属物划定保护范围，作出标志说明，建立专门档案，并在城乡规划和建设中采取有效措施予以保护。

前款所称标志说明包括非物质文化遗产代表性项目的名称、级别、简介和立标机关、立标日期等内容。

第三十七条　各级人民政府设立的文化机构在遵循自愿原则的基础上，可以依法对本行政区域内具有代表性的非物质文化遗产资料和实物进行征集、收购。收购时，应当合理作价，并向所有者颁发证书。

鼓励公民、法人和其他组织将其所有的非物质文化遗产资料和实物捐赠给政府设立的文化机构收藏、或者委托政府设立的文化机构保管或者展出。对捐赠者，应当予以表彰，并颁发捐赠证书；对委托者，应当注明委托单位的名称或者个人姓名。

鼓励公民、法人和其他组织依法成立研究机构，兴办专题博物馆，开设专门展室，开展对非物质文化遗产的研究工作，展示非物质文化遗产代表性项目。

第三十八条　县级以上人民政府及其文化主管部门和报刊、广播、电视、互联网等媒体，应当通过非物质文化遗产代表性项目专题展示、专栏介绍等方式，普及非物质文化遗产知识，提高全社会的非物质文化遗产保护意识。

第三十九条　学校应当按照教育主管部门的规定，因地制宜地开展非物质文化遗产教育活动，并将非物质文化遗产代表性项目教育列为素质教育的内容。

第四十条　鼓励和支持公民、法人和其他组织依法通过资金资助、物资支持、提供场所等方式参与非物质文化遗产代表性项目的传承、传播活动。

鼓励和支持社会团体、研究机构、大专院校参与与非物质文化遗产有关的科学技术研究和非物质文化遗产保护方法研究。

鼓励依法开展非物质文化遗产保护工作的地区和国际交流合作。

第四十一条　各级人民政府及其有关部门应当加强非物质文化遗产保护工作队伍的建设，培养非物质文化遗产保护、研究、传承等各类专门人才。

第四章　法律责任

第四十二条　违反本条例第三十一条第二款规定，截留、挪用、挤占项目保护传承经费、传承人补助费的，由县级以上人民政府有关部门责令返还，并依照有关法律、法规予以处罚；构成犯罪的，依法追究刑事责任。

第四十三条　违反本条例第三十五条第二款规定，非法采挖或者盗猎、盗卖与非物质文化遗产代表性项目密切相关的珍稀矿产、动物、植物等天然原材料的，由县级以上人民政府有关部门依照有关法律、法规予以处罚；构成犯罪的，依法追究刑事责任。

第四十四条　违反本条例关于非物质文化遗产代表性项目、保护单位或者代表性传承人的评审规定，弄虚作假的，由文化主管部门给予警告；已认定为非物质文化遗产代表性项目、保护单位或者代表性传承人的，予以撤销，并责令返还项目保护传承经费、传承人补助费。

第四十五条　行政主管部门、非物质文化遗产保护工作机构及其工作人员违反本条例规定，有下列情形之一的，由其上级主管部门或者监察机关责令改正；情节严重的，对直接负责的主管人员和其他直接责任人员依法给予处分；构成犯罪的，依法追究刑事责任：

（一）截留、挪用、挤占非物质文化遗产保护专项资金的；

（二）未按照本条例第九条规定处理举报或者投诉的；

（三）未按照本条例第十八条、第十九条、第二十条、第二十四条第二款、第二十六条第四款、第二十七条规定认定非物质文化遗产代表性项目、保护单位和代表性传承人的；

（四）未按照本条例第二十一条规定建立非物质文化遗产濒危项目目录或者及时进行抢救性保护的；

（五）未按照本条例第二十二条规定组织制定非物质文化遗产代表性项目保护规划，或者未对保护规划的实施情况进行监督检查的；

（六）有其他滥用职权、玩忽职守、徇私舞弊行为的。

第五章　附则

第四十六条　本条例自2011年10月1日起施行。

海南省黎族传统纺染织绣技艺保护领导小组办公室关于印发《“黎族传统纺染织绣技艺”保护五年规划（2011—2015）》的通知

海南省黎族传统纺染织绣技艺保护领导小组各成员单位，三亚市、东方市、五指山市、昌江黎族自治县、琼中黎族苗族自治县、陵水黎族自治县、白沙黎族自治县、保亭黎族苗族自治县、乐东黎族自治县人民政府：

为加强对“黎族传统纺染织绣技艺”的保护、传承和发展，更好地履行对联合国教科文组织的承诺，经海南省黎族传统纺染织绣技艺领导小组同意，现将《“黎族传统纺染织绣技艺”保护五年规划（2011—2015）》印发给你们，请认真抓紧落实。

特此通知。

附件：“黎族传统纺染织绣技艺”保护五年规划（2011—2015）

二○一一年八月二十五日

附件：

“黎族传统纺染织绣技艺”保护五年规划（2011—2015）

2009年10月1日，“黎族传统纺染织绣技艺”（以下简称“黎锦技艺”）被联合国教科文组织列入首批“急需保护的非物质文化遗产名录”。为了全面履行申报承诺，落实有关保护措施，更好地保护、传承和发展黎锦技艺，为海南国际旅游岛建设增添独特的文化魅力，特制定本规划。

一、黎锦技艺保护的重要性和紧迫性

黎锦技艺是黎族妇女利用棉、麻等天然纤维制作衣物和其他生活用品所使用的传统手工技艺。在认识和利用植物纤维和染料的长期实践中，黎族妇女不断完善技艺形态、提高技艺水平，形成了由纺、染、织、绣四大技艺类型构成的完整技术体系。黎锦技艺具有重要的历史、科学和艺术价值，在中国棉纺织业发展史上具有重要地位。元代著名的纺织革新家黄道婆向黎族人民学习并革新这些技艺，从而推动了江浙地区棉纺织业的兴盛发达。

黎锦上的各类图案包含了祖先崇拜、自然崇拜、图腾崇拜、信仰禁忌、民俗民风等诸多方面的内容。这些图案不仅具有很高的美学价值，还是区别黎族哈、杞、美孚、润、赛五大方言标识的重要标志，在民间信仰、节庆、婚嫁、丧葬等民俗活动中有着独特的文化意义和社会功能。黎锦技艺在黎族妇女中世代相传，以它制作的织物用品是黎族文化的重要载体，是黎族人民在长期生产生活实践中创造的丰富多彩的非物质文化遗产，蕴含着本民族特有的精神价值、思维方式、想象力和文化意识，是重要的文化特色资源。黎锦技艺作为珍贵的世界人类文化遗产，已成为享誉全球的优秀的海南特色和黎族文化的重要标识。

随着社会发展和环境变化，黎族掌握黎锦技艺的妇女逐渐减少。20世纪50年代，掌握该技艺的黎族妇女约有5万人，到20世纪70年代数量减少了一大半。目前，掌握该技艺的黎族妇女已不足1000人，且多为年过七旬的老人。其中掌握絣染技艺的不足200人，掌握双面绣技艺的屈指可数，而龙被制作技艺则已无人能够完整地掌握，黎锦技艺传存已临濒危。在黎锦技艺保护工作中，中央和省财政资金投入较多，市县财政投入相对过少；传习活动没有形成系统规模，黎锦技艺培训基地建设和正规教育（走进课堂）有待进一步加强；对于传承人的保护，有待制定更加积极的保护措施；受代表性传承人数量和能力所限，规模化、常规化传习活动还很有限；对黎锦技艺的宣传力度不够，组织机构和专业队伍薄弱。保护工作已显得非常紧迫，急需我们采取切实有效的措施，加大工作力度，确保黎锦技艺保护工作取得实效。

二、黎锦技艺保护的指导方针、工作原则及总体目标

（一）指导方针

以《中华人民共和国非物质文化遗产法》为准绳，坚持“保护为主，抢救第一，合理利用，传承发展”的指导方针，正确处理保护和利用的关系。坚持黎锦技艺保护的真实性和整体性，在有效保护的前提下合理利用，防止对黎锦技艺保护的误解、歪曲和滥用。在科学认定的基础上，采取有力措施，使黎锦技艺保护在全社会得到肯定、尊重和弘扬。对黎锦技艺产品，在坚持尊重民族文化、天然材料、手工制作本真性的基础上，实行生产性保护，积极探索和开拓市场，不断扩大技艺持有者队伍，使黎

锦技艺更好地活态传承。

（二）工作原则

1.政府主导、社会参与。充分发挥各级政府的核心和主导作用，制定规划、组织力量、落实经费、加强指导。文化行政部门是黎锦技艺保护工作的主管部门，其他部门是相关责任部门，同时，调动社会各方面的积极性，鼓励社会力量参与保护工作。

2.属地管理，分级负责。对黎锦技艺的保护实行属地管理，分级负责，以所在地政府保护为主，上级指导和支持为辅，建立省、市、县分级负责保护责任制。

3.长远规划，分步实施。坚持全局观念，统筹规划黎锦技艺保护工作，并将其与经济社会发展规划相衔接、相配套，做到立足长远，切实可行。同时分阶段提出目标、任务和要求，循序渐进，逐步实施。

4.点面结合，讲求实效。坚持试点先行与面上推进相结合，重点抢救与整体保护相结合，典型示范，积累经验，以点带面，逐步建立起完备、规范的黎锦技艺保护制度。

（三）总体目标

全面兑现向联合国申请将“黎锦技艺”列入“急需保护的非物质文化遗产名录”申报书中提出的2010—2013四年期间的保护承诺，在2014年前，改善其濒危状况，争取申报“人类非物质文化遗产代表作名录”，使之纳入人类文化遗产的正常保护轨道。2011—2015五年期间，逐步建立比较完备的黎锦技艺保护制度，使黎锦技艺得到有效保护，并得以传承和发扬。

三、黎锦技艺保护的重点工作任务

（一）建立技艺传习馆，保护和培养该技艺的传承人。在东方、五指山、白沙、乐东、保亭等市县各建一处功能健全的黎锦技艺传习馆，开设传统纺纱、染色、织布、刺绣等课程，由国家级和省级项目代表性传承人收徒授艺，对有兴趣学习该项技艺的妇女进行常规和系统的辅导培训，使其掌握较全面的技能，成为推广和传习该技艺的骨干。保护和培养传承人，多渠道筹资改善代表性传承人生活状况，政府制定相关政策，给予其必要的工作经费和生活资助，以保障传承活动正常进行。

（二）建立技艺传承村，促进黎族村寨及其人民的保护自觉。2013年前，建立5个黎锦技艺传承村，即白沙黎族自治县元门乡向民双面绣传承村、东方市东河镇西方絣染传承村、五指山市冲山镇番茅服饰传承村、乐东黎族自治县志仲镇红内麻纺传承村、保亭黎族苗族自治县保城镇番道棉纺传承村，使黎锦技艺得以在传统文化背景下全面恢复。

（三）建立技艺所需原材料生产基地，保护自然环境。在相关市县建立一批棉花、麻、蓝靛等植物生产基地，为黎锦技艺提供基本原材料。种植棉花300亩，麻200亩，蓝靛植物200亩，其他染料植物

2000株。

（四）设立研究机构和展览场所，加强该技艺的宣传和研究工作。相关市县每年举办一次黎锦技艺知识普及活动。在黎族市县有条件的中小学开设该技艺校本课程，使少年儿童得到相关知识的学习。建立黎锦技艺保护的官方网站和黎锦技艺研究机构，出版学术著作。召开由联合国专家参加的国际学术会议。

（五）制定和完善保护该技艺的法规规章。省人民政府制定海南省非物质文化遗产保护管理办法法规规章，民族自治地方制定非物质文化遗产保护单行条例。

（六）全面整理该技艺的档案资料，建立专项数据库。通过普查和专题调查，用文字、录音、照相、摄像等多种手段，全面记录该技艺及其传承人的相关信息，同时抢救和收集一批承载黎锦技艺信息的实物，分类整理，立档管理，建立多媒体数据库。

四、黎锦技艺保护的主要措施

（一）加强领导，统筹协调。在"海南省黎族传统纺染织绣技艺保护领导小组"的领导下，统一领导和协调全省黎锦技艺的保护工作。相关市县也应成立相应的领导协调机构，形成分级管理，相互协调，上下联系，良性互动的机制。

各级政府要把黎锦技艺的保护列入重要工作议事日程，列为领导班子年度考核重要内容。各单位各部门要职责明确、分工协作，做到责任、措施和投入"三到位"。

（二）建立健全非物质文化遗产保护组织机构。非物质文化遗产保护涉及范围广、种类多、专业性强、任务重，应设立专门机构和专职人员从事这项工作。省非物质文化遗产保护中心要增加人员编制；市县相应设立保护机构，增加人员编制，配备专职工作人员。

（三）制定和完善相关规章制度。加快制定非物质文化遗产重要项目管理办法，进一步研究制定促进黎锦技艺资源保护、合理开发和利用等规章制度。

（四）加强黎锦技艺保护政策引导。加大对黎锦技艺保护的政策扶持力度。黎锦技艺保护重点项目优先列入市县重点建设项目，优先保证用地。对符合国家划拨供地目录的重要黎锦技艺保护项目用地，可实行行政划拨。制定黎锦技艺保护资源有偿使用政策，依法征收和管理资源开发补偿费。

（五）加大执法检查力度。强化黎锦技艺保护法律监督，加强对有关法规实施情况的执法检查，对严重破坏和损毁黎锦技艺保护资源的单位和个人，依法进行查处。采取有效措施，防止珍贵的黎锦技艺实物和资料非法流出境外。对黎锦技艺的物质载体予以保护，对被认定为文物的，按照《中华人民共和国文物保护法》的相关规定执行。

（六）加强宣传教育，充分发挥社会监督和公众参与的作用。发挥新闻媒体作用，运用多种手段和形式，大力宣传黎锦技艺保护工作的意义、目标和任务，形成社会共识，营造全社会重视、关心黎锦技艺保护的良好氛围。

（七）建立社会公众积极参与的有效机制。扩大公民对黎锦技艺保护的知情权、参与权和监督权，促进黎锦技艺保护决策的科学化、民主化。各级文化行政主管部门要组织专家和群众以适当方式参与黎锦技艺保护评价。鼓励工会、共青团、妇联等社会团体和群众参与黎锦技艺保护。对为黎锦技艺保护做出突出贡献的单位和个人给予表彰奖励。实行黎锦技艺保护有奖举报制度，鼓励检举揭发各种违反国家相关法律法规的行为。加强黎锦技艺保护相关法律法规、政策和技术咨询服务，保护社会公众享有黎锦技艺的保护的合法权益。

（八）加大保护经费投入。各级政府要切实增加对黎锦技艺保护的投入，将黎锦技艺保护专项经费列入本级财政预算。“十二五”期间，省财政要加大对黎锦技艺的扶持力度，保障其保护、发展和传承所必需的各项经费；相关市县每年安排专项资金不少于50万元，用于黎锦技艺的发掘、保护和民间艺术人才的培养，并制定制度，加强管理，确保黎锦技艺保护专项资金专款专用，提高资金使用效益。

（九）拓宽渠道，完善社会化运作机制。积极争取海内外和社会各界的广泛参与，鼓励社会赞助，吸纳民间资本，设立各种黎锦技艺保护社会基金，推动黎锦技艺保护项目的社会化运作。

关于印发《海南省省级非物质文化遗产代表性项目申报评定暂行办法》并做好第四批省级非物质文化遗产代表性项目申报工作的通知

琼文化〔2011〕84号

各市、县、自治县文化广电出版体育局，各有关单位：

为加强非物质文化遗产保护和规范我省省级非物质文化遗产代表性项目的申报和评定工作，我厅制定了《海南省省级非物质文化遗产代表性项目申报评定暂行办法》（以下简称《暂行办法》），现印发你们，请遵照执行。

根据工作安排，我厅拟进行第四批省级非物质文化遗产代表性项目评定工作，请你们按照《暂行办法》的有关规定做好各项申报工作。申报材料接收截止日期为2011年9月30日，逾期不予受理。

二〇一一年九月十五日

海南省省级非物质文化遗产代表性项目申报评定暂行办法

第一条　为加强非物质文化遗产保护工作，规范海南省省级非物质文化遗产代表性项目的申报和评定工作，根据《中华人民共和国非物质文化遗产法》，制定本办法。

第二条　本办法所称非物质文化遗产，是指各族人民世代相传并视为其文化遗产组成部分的各种传统文化表现形式，以及与传统文化表现形式相关的实物和场所。包括：

（一）传统口头文学以及作为其载体的语言；

（二）传统美术、书法、音乐、舞蹈、戏剧、曲艺和杂技；

（三）传统技艺、医药和历法；

（四）传统礼仪、节庆等民俗；

（五）传统体育和游艺；

（六）其他非物质文化遗产。

第三条　建立海南省省级非物质文化遗产代表性项目名录和市县级非物质文化遗产代表性项目名录。

第四条　申报省级非物质文化遗产代表性项目应当具备下列特征：

（一）体现中华民族优秀传统文化；

（二）具有较高历史、文学、艺术、科学价值；

（三）有悠久的历史传统和清晰的传承脉络，至今仍以活态形式存在。

第五条　市、县、自治县文化行政部门可以从本市县非物质文化遗产代表性项目名录中推荐项目列入省级非物质文化遗产代表性项目名录。

公民、法人和其他组织可以向所在地市县文化行政部门或者省文化行政部门提出列入省级非物质文化遗产代表性项目名录的建议。

第六条　相同的非物质文化遗产项目，其形式和内涵在两个以上地区均保持完整的，可以同时列入省级非物质文化遗产代表性项目名录。

第七条　项目申报者应当制定该项目的五年保护计划，并承诺采取相应措施，进行切实保护。保护措施主要包括：

（一）建档保存：用文字、录音、录像、数字化多媒体等方式，对申报项目进行真实、全面、系统的记录，并分类、编目，建立完整档案，妥善保存；

（二）传承：通过培养传承人、学校教育等途径，使该项非物质文化遗产的传承后继有人；

（三）传播：利用节庆活动、展览、观摩、培训、研讨等形式，通过大众传媒和互联网宣传，加深公众对该项非物质文化遗产的了解和认识。

第八条　申报省级非物质文化遗产代表性项目应当提交以下材料：

（一）申请报告：包括申报项目的名称、申报者、申报目的和意义；

（二）项目申报书：包括申报项目的历史、现状、价值、传承情况和保护计划（申报书可从海南省文化广电出版体育厅网站下载）；

（三）有助于说明项目的视听资料等材料。

第九条　省级非物质文化遗产代表性项目的申报程序：

（一）已列入市县级非物质文化遗产代表性项目名录的，由责任保护单位向市县文化行政部门提出申请，经市县人民政府批准后向省文化行政部门推荐。

（二）公民、法人和其他组织向市县文化行政部门提出建议，转报省文化行政部门；或者直接向省文化行政部门提出建议。

第十条　省文化行政部门组织专家评审小组和评审委员会，对推荐或者建议列入省级非物质文化遗产代表性项目名录的非物质文化遗产项目进行初评和审议。

初评意见应当经专家评审小组三分之二以上成员通过。评审委员会对初评意见进行审议，提出审议意见，提交省文化行政部门。

评审工作应当遵循公开、公平、公正的原则。

第十一条　评审委员会由省文化行政部门有关负责人和相关领域副高以上职称的专家组成。评审委员会设主任一名，副主任若干名，主任由省文化行政部门有关负责人担任。

第十二条　省文化行政部门应当将拟列入省级非物质文化遗产代表性项目名录的项目予以公示，征求公众意见。公示时间不少于20天。

第十三条　省文化行政部门根据审议意见和公示结果，拟定省级非物质文化遗产代表性项目名录，报海南省人民政府批准、公布。

第十四条　对列入省级非物质文化遗产代表性项目名录的项目，保护责任者应当认真做好保护工作，履行保护承诺，并于每年12月31日前向省文化行政部门提交上当年度保护工作实施情况报告。

第十五条　省非物质文化遗产保护中心应当加强对省级非物质文化遗产代表性项目保护工作的指导。市县文化行政部门应当加强对项目保护实施情况的监督检查，发现未能有效实施保护的，应当及时纠正、处理。

第十六条　本《办法》由省文化行政部门负责解释。

第十七条　本《办法》自发布之日起施行。

四川省人民代表大会常务委员会关于批准《阿坝藏族羌族自治州非物质文化遗产保护条例》的决定

（2010年5月27日四川省第十一届人民代表大会常务委员会第二十三次会议通过）

四川省第十一届人民代表大会常务委员会第二十三次会议决定：批准《阿坝藏族羌族自治州非物质文化遗产保护条例》，由阿坝藏族羌族自治州人民代表大会常务委员会发布公告予以公布。

阿坝藏族羌族自治州第十届人民代表大会常务委员会公告

第七号

《阿坝藏族羌族自治州非物质文化遗产保护条例》经四川省第十一届人民代表大会常务委员会第二十三次会议于2011年5月27日批准，现予公布，自2011年7月1日起实施。

阿坝州人大常委会

二〇一一年六月一日

阿坝藏族羌族自治州非物质文化遗产保护条例

（2011年1月9日阿坝藏族羌族自治州第十届人民代表大会第六次会议通过
2011年5月27日四川省第十一届人民代表大会常务委员会第二十三次会议批准）

第一章　总　　则

第一条　为了有效保护非物质文化遗产，继承和弘扬优秀传统文化，根据《中华人民共和国民族区域自治法》《中华人民共和国非物质文化遗产法》《中华人民共和国文物保护法》和《阿坝藏族羌族自治州自治条例》等法律、法规的规定，结合阿坝藏族羌族自治州（以下简称自治州）实际，制定本条例。

第二条　自治州辖区内的非物质文化遗产抢救、保护、传承、利用和管理适用本条例。

本条例所称非物质文化遗产，是指各族人民世代相承的、与群众生活密切相关的各种传统文化表现形式和文化空间，其范围包括：

（一）口头传统，包括作为文化载体的语言；

（二）传统表演艺术；

（三）民俗活动、礼仪、节庆；

（四）有关自然界和宇宙的民间传统知识和实践；

（五）传统手工艺技能；

（六）与上述表现形式相关的文化空间。

第三条　自治州非物质文化遗产实行县级、州级、省级、国家级、世界级代表性名录、文化生态保护区逐级申报和分级保护制度。

第四条　自治州非物质文化遗产保护工作应当坚持保护为主、抢救第一、合理利用、传承发展、科学管理和真实性、整体性、传承性保护原则。

第五条　自治州非物质文化遗产保护工作应当坚持政府主导、社会参与，自治州、县人民政府应当加强对非物质文化遗产保护工作的领导，统一协调非物质文化遗产保护工作，并将其纳入国民经济和社会发展规划；非物质文化遗产保护所需经费应当纳入同级财政预算，并根据财力水平和实际需要逐步加大投入。

自治州、县人民政府文化行政部门主管本辖区内非物质文化遗产保护工作。

自治州、县人民政府相关部门应当按照各自职责，做好非物质文化遗产保护工作。

第六条　自治州、县人民政府文化行政部门应当设立非物质文化遗产保护机构，具体承担本级非物质文化遗产保护工作。

第七条　自治州、县人民政府应当积极宣传非物质文化遗产及其保护工作，加强非物质文化遗产保护工作队伍建设，培养非物质文化遗产保护、研究、传承等各类专门人才，支持代表性传承人和传承单位开展优秀非物质文化遗产的活态传承与展示活动。

第八条　自治州鼓励支持公民、法人和其他组织参与非物质文化遗产保护工作，依法开展非物质文化遗产保护工作的合作和交流活动。

第九条　自治州、县人民政府应当对非物质文化遗产保护工作做出显著成绩的单位和个人予以表彰和奖励。

第十条　抢救性、生产性和整体性保护非物质文化遗产，应当遵守法律、法规规定，尊重民族风俗习惯，维护民族团结和社会稳定，不得扰乱社会秩序，不得侵犯公民、法人或者其他组织的合法权益。

第十一条　自治州公民、法人和其他组织有保护非物质文化遗产的责任，对破坏非物质文化遗产保护的行为，有向自治州、县人民政府及其文化行政部门举报的义务。

第二章　保　护

第十二条　非物质文化遗产实行分级保护制度。自治州、县人民政府文化行政部门应当组织对本辖区内的非物质文化遗产进行调查、普查、确认、登记，运用传统和现代技术，对非物质文化遗产进行真实、系统和全面的记录，并完整归档，妥善保存和管理。

自治州、县人民政府文化行政部门应当建立本级非物质文化遗产代表作名录，保护本辖区内具有历史、文化、科学价值的非物质文化遗产，建立、更新档案和相关数据库，可以公布的，应当及时公布。

第十三条　自治州、县人民政府应当建立地方非物质文化遗产保护名录体系，确定抢救性、生产性、整体性保护的重点项目和特定区域，制定保护措施，明确保护的责任主体，有计划地开展活态传承与展示活动。

州、县非物质文化遗产名录，分别经州、县人民政府文化行政部门组织专家评审并征求有关部门、社会团体和公众的意见后，由同级人民政府批准、公布，报上一级人民政府备案。

自治州、县人民政府文化行政部门对确定和命名的本级文化生态保护区、特定区域传统文化以及文化生态空间进行整体性保护。

州、县非物质文化遗产的申报评定办法，由同级人民政府制定。

第十四条　公布为州级非物质文化遗产名录的申报项目，应当是具有杰出价值的民族民间传统文化表现形式或者文化空间；或者在非物质文化遗产中具有典型意义、群众基础；或者在历史、艺术、民族学、民俗学、社会学、人类学、语言学以及文学等方面具有重要价值。

具体评审标准如下：

（一）具有展现自治州各民族文化创造力杰出价值的；

（二）扎根于村寨文化传统，世代相传，具有鲜明的地方特色、民族特色的；

（三）具有促进自治州各民族文化认同、文化交流，增强社会凝聚力、增进民族团结和社会稳定的；

（四）出色运用传统工艺和技能，体现出高超水平的；

（五）具有见证自治州各民族活态文化传统独特价值的；

（六）对维系自治州各民族文化传承具有重要意义，同时因社会变革或者缺乏保护措施而面临消亡的。

第十五条　列入州、县两级代表性名录，具有重大历史、文化、科学价值的非物质文化遗产，州、县人民政府应当依照国家有关规定逐级申报省级、国家级非物质文化遗产。

第十六条　自治州、县人民政府文化行政部门应当建立非物质文化遗产濒危项目名录，及时发现濒危的具有重要价值的非物质文化遗产，并逐级上报。

濒危、有重要价值的非物质文化遗产，应当实施抢救性保护，保持原真性和完整性。

抢救性保护可以采取下列措施：

（一）采用文字、录音、录像等方式进行系统、真实、完整的记录、整理；

（二）征集、收藏濒危非物质文化遗产的相关资料、可移动代表性实物；

（三）保存、修缮相关村寨、民居、城堡、碉楼、建筑物、传习所、展示馆等不可移动的代表性实体；

（四）依法实施的其他抢救措施 。

第十七条　列入非物质文化遗产代表性名录的非物质文化遗产抢救性、生产性、整体性保护所涉及的建筑物、传习所、展示馆、古遗迹及其附属物，州、县人民政府应当划定保护范围，作出标志说明，在土地利用和城乡建设中采取有效措施予以保护。

第十八条　划定非物质文化遗产文化生态保护区、命名民间艺术之乡，应当尊重当地群众意愿，由所在地乡镇人民政府申报，县人民政府组织相关部门和专家评审，自治州人民政府文化行政部门审核，经自治州人民政府批准和公布，报上一级人民政府文化行政部门备案。

第十九条　自治州、县人民政府应当定期对非物质文化遗产代表性传承人、代表性传承单位、文化生态保护区、民间艺术之乡、杰出传承人和优秀传承单位进行评估，丧失命名条件的，应当撤销其资格。

第二十条　自治州、县人民政府应当建立非物质文化遗产评审和保护专家委员会。专家委员会组成人员由同级人民政府聘请。

自治州、县人民政府编制非物质文化遗产保护规划、认定非物质文化遗产名录和建设文化生态保护区，应当建立专家咨询和检查监督制度。

第三章 传 承

第二十一条 自治州、县人民政府文化行政部门应当根据本级非物质文化遗产代表作保护单位的推荐，依据有关标准和条件，确定和命名非物质文化遗产代表性传承人或者代表性传承单位。

自治州、县非物质文化遗产代表性传承人和代表性传承单位列入代表作名录的，应当由本级人民政府文化行政部门组织专家评审，同级人民政府公布，报上一级人民政府文化行政部门备案。

自治州非物质文化遗产代表性传承人和代表性传承单位，应当按照前款规定的程序，在县级非物质文化遗产代表作名录中确定。自治州人民政府也可以根据保护工作需要，将尚未列入县级代表性传承人和代表性传承单位名录的非物质文化遗产列入本级代表作名录。

拟列入非物质文化遗产代表作名录的项目，应当及时向社会公示，公民、法人和其他组织若有异议的，应当以书面形式向人民政府文化行政部门提出。州、县人民政府文化行政部门接到书面异议，经审核后，在规定时限内予以答复。

符合州级、省级、国家级、世界级非物质文化遗产代表性名录和整体性保护申报条件的，自治州、县人民政府文化行政部门应当组织申报，健全各级非物质文化遗产名录体系和代表性传承人认定体系。

第二十二条 代表性传承人应当符合下列条件：

（一）完整掌握某项非物质文化遗产表现形态或者技艺；

（二）具有某项非物质文化遗产公认代表性、权威性和影响力；

（三）积极开展传承与展示活动，培养后继人才。

第二十三条 代表性传承单位，应当符合下列条件：

（一）有代表性传承人；

（二）真实、熟练掌握该项非物质文化遗产表现形态或者技艺；

（三）坚持开展以弘扬非物质文化遗产为宗旨的传承、展示活动；

（四）保存该项非物质文化遗产相关原始资料和代表性实物。

第二十四条 代表性传承人和代表性传承单位享有下列权利：

（一）开展传艺、讲学以及艺术创作、学术研究等相关活动并取得报酬；

（二）向他人有偿提供其掌握的知识和技艺以及相关的原始资料、实物、古村寨、传习所、展示场所等；

（三）开展活态传承和展示活动有经济困难的，可以申请同级人民政府补助。

第二十五条 代表性传承人和代表性传承单位应当履行下列义务：

（一）按照师承形式或者其他方式选择、培养新传承人；

（二）完整保存所掌握的知识、技艺以及相关的原始资料、实物、建筑物、古村寨、传习所、展示馆等；

（三）依法开展活态传承、展示、传播非物质文化遗产等活动。

第二十六条　符合下列条件的，自治州人民政府可以划定为非物质文化遗产文化生态保护区：

（一）居住相对集中，民族、语言相同，能够原真性、整体性、活态性、集中性反映原生态民族民间文化的；

（二）传统生产、生活习俗有特色的；

（三）传统民居建筑风格独特并有一定规模的；

（四）传统文化艺术以及手工技艺一脉相承的。

第二十七条　符合下列条件的，自治州人民政府可以命名为民间艺术之乡：

（一）民间艺术历史悠久、地方特色和风格鲜明的；

（二）传统技艺精湛，种类独特，世代相传，有较高艺术性和观赏性，具有广泛群众基础的；

（三）传统建筑民族特色独特，具有较高研究、利用价值的。

第四章　利　用

第二十八条　自治州、县非物质文化遗产保护机构负责执行州、县非物质文化遗产保护的规划、计划和工作规范，组织实施和指导开展州、县非物质文化遗产的普查、编译、认定、申报、保护、展示、交流和传播。

自治州、县人民政府设立的收藏、研究以及其他文化机构对本辖区内具有代表性的非物质文化遗产相关资料和实物进行征集、收购。征集、收购应当遵循自愿原则，合理作价，颁发证书。

鼓励单位和个人将其拥有的非物质文化遗产相关资料和实物捐赠或者委托给政府设立的收藏、研究以及其他文化机构收藏、保管或者展出。

鼓励有条件的单位和个人依法成立研究机构，兴办专题博物馆，开设专门展示馆，进行研究开发，活态传承非物质文化遗产。

第二十九条　自治州、县人民政府设立的收藏、研究以及其他文化机构征集、收购和受赠的非物质文化遗产相关珍贵资料、实物，属于国家所有。

公民、法人和其他组织合法拥有的承载非物质文化遗产的相关珍贵资料、实物、古村寨、传习所、展示馆等，受法律保护。任何单位和个人不得侵占、破坏。

自治州、县人民政府应当加强非物质文化遗产知识产权保护。

第三十条　自治州、县人民政府鼓励、扶持和利用下列优秀非物质文化遗产资源项目：

（一）民族民间传统工艺品、美术品、医药品、标识、服饰、刺绣、编织、版画、唐卡、坛城、奇石、根雕、碉楼、器皿、雕塑、雕刻、壁画、用具、漆艺、食品等手工制作技艺；

（二）有民族民间传统文化特色的设施、民居、高碉、佛塔、城堡、桥梁、建筑物、古村寨、传习所、茶马古道等手工营造技艺；

（三）具有民族民间特色的民俗节庆活动表演；

（四）具有学术、史料、艺术价值的手稿、经卷、典籍、文献、乐谱、谱牒、碑碣、楹联、图经以及口传文化；

（五）民族民间文学（含口头文学）、故事、传说、戏曲、山歌、锅庄、乐舞、梵音、古乐、唱经、美术、治疗、体育、游艺、杂技等。

与非物质文化遗产密切相关的天然原材料，应当限量开采、捕猎，严禁乱采、滥挖、盗猎、盗卖。

第三十一条　在自治州辖区内进行非物质文化遗产参观、考察、观摩等活动，应当尊重非物质文化遗产原真形式和文化内涵，不得歪曲、滥用、贬损；未经许可，不得擅自摄影、摄像、录音。

第三十二条　列入非物质文化遗产名录的传统工艺以及其他艺术表现形式，属于国家秘密和商业秘密的，依照国家相关法律、法规执行。

纳入保密范围的非物质文化遗产传授、使用和转让，应当依照法律法规和传承习俗规定的方式、途径进行。

第五章　管　理

第三十三条　自治州、县人民政府文化行政部门会同有关部门拟定自治州、县非物质文化遗产保护规划，组织同级非物质文化遗产代表项目的申报与评审工作，拟定同级非物质文化遗产保护名录，组织实施非物质文化遗产保护和优秀民族文化的传承普及工作，具体负责非物质文化遗产保护专项资金的管理、监督和使用。

拟定的州、县非物质文化遗产保护规划，由同级人民政府批准后组织实施，报上一级人民政府文化行政部门备案；拟定的非物质文化遗产保护名录，由同级人民政府批准、认定、公布，报上一级人民政府文化行政部门备案。

第三十四条　自治州、县人民政府应当对可进入市场交易的非物质文化遗产项目进行生产性管理，对历史文化积淀深厚、存续状态基本良好的重点区域文化形态进行整体性管理。

第三十五条　自治州、县人民政府非物质文化遗产保护经费用于下列项目：

（一）非物质文化遗产珍贵资料和相关实物的抢救、发掘、征集、收购、整理、编译、研究、出版和保存；

（二）非物质文化遗产的活态传承、展示和传播活动；

（三）非物质文化遗产的普查认定和代表性传承人的命名表彰；

（四）濒危非物质文化遗产的抢救性保护；

（五）非物质文化遗产数据库、数字博物馆和数字档案馆的建立；

（六）非物质文化遗产专题博物馆、传习所与展示馆的建设；

（七）非物质文化遗产的宣传与培训；

（八）非物质文化遗产保护的其他事项。

自治州、县人民政府应当改善代表性传承人的工作环境，为代表性传承人的授徒传艺、活态传承提供基本生活保障和资金扶持。

第三十六条　自治州、县人民政府对做出重要贡献的代表性传承人和代表性传承单位应当授予杰出传承人和优秀传承单位称号。

自治州、县人民政府应当每年为批准、公布的本级代表性传承人给予生活补助和专项津贴，鼓励和支持传统技艺传习。

自治州、县人民政府应当支持杰出传承人和优秀传承单位开展非物质文化遗产活态传承与展示活动。可以采取以下方式：

（一）提供必要场所；

（二）给予适当补助；

（三）开展相应宣传；

（四）促进相关交流；

（五）其他形式的支持或者帮助。

第三十七条　鼓励公民、法人和其他组织以捐赠等方式设立非物质文化遗产保护专项资金，专门用于非物质文化遗产保护，捐赠者享受国家规定的优惠待遇。

第三十八条　鼓励和支持教育机构以开设相关课程等形式开展宣传、传播、弘扬优秀非物质文化遗产的活动。

自治州、县人民政府文化、教育行政部门应当把非物质文化遗产保护知识纳入学校教育，加深青少年对非物质文化遗产的了解和认识。

第三十九条　自治州辖区内的非物质文化遗产保护机构、图书馆、文化馆、文管所、博物馆、档案馆、传习所、展示场所等公共文化机构应当征集、收藏、研究、展示和传播本地有代表性的非物质文化遗产。

自治州和县的新闻出版、广播电视、互联网等公共传媒应当加强对非物质文化遗产的宣传报道，增强全社会珍爱优秀传统文化和参与传承、保护非物质文化遗产的意识。

第六章　法律责任

第四十条　违反本条例第十六条规定的，由自治州、县人民政府文化行政部门责令改正；导致濒危非物质文化遗产灭失的，对直接负责的主管人员和其他直接责任人员，依法给予行政处分；构成犯罪的，依法追究刑事责任。

第四十一条　违反本条例第二十九条规定的，由同级人民政府文化行政部门责令改正；造成严重损坏、被窃或者遗失的，对直接负责的主管人员和其他直接责任人员，依法给予行政处分；构成犯罪的，依法追究刑事责任。

第四十二条　违反本条例第三十条第二款规定的，由同级人民政府文化行政部门责令改正，依法承担民事赔偿责任；有违法所得的，没收违法所得；情节严重的，并处5000元以上20000元以下罚款；构成违反治安管理行为的，由公安机关依法给予治安处罚；构成犯罪的，依法追究刑事责任。

第四十三条　违反本条例第三十一条规定的，由县级以上人民政府文化行政部门给予警告，责令改正，没收或者删除其拍照、摄录的资料；构成违反治安管理行为的，由公安机关依法给予治安处罚。

第四十四条　违反本条例第三十二条规定的，给予批评教育，并承担相应的民事责任；构成违反治安管理行为的，由公安机关依法给予治安处罚；构成犯罪的，依法追究刑事责任。

第四十五条　自治州、县人民政府文化行政部门及其他有关部门工作人员，在非物质文化遗产保护工作中玩忽职守、滥用职权、徇私舞弊的，依法给予行政处分；构成犯罪的，依法追究刑事责任。

第七章　附　则

第四十六条　本条例中所称的非物质文化遗产资料、实物和古村寨、传习所等，已被确定为文物或者文物保护单位的，适用文物保护的法律、法规。

第四十七条　自治州人民政府应当根据本条例制定实施办法。

第四十八条　本条例自2011年7月1日起施行。

四川省关于开展四川省国家级、省级非物质文化遗产代表性项目保护自查工作的通知

川文办发〔2011〕200号

各市、州文化局，厅直相关单位：

根据《中华人民共和国非物质文化遗产法》和《文化部关于加强国家级非物质文化遗产代表性项目保护管理工作的通知》（文非遗发〔2011〕38号）及《文化部办公厅关于开展国家级非物质文化遗产代表性项目保护督查工作的通知》（办非遗函〔2011〕491号）精神，四川省文化厅将于近期在全省范围内开展四川省国家级、省级非物质文化遗产代表性项目保护自查工作。现将有关事宜通知如下：

一、自查内容

（一）国家级、省级非物质文化遗产代表性项目保护规划实施情况以及保护现状；

（二）国家级、省级非物质文化遗产代表性项目保护单位履行保护职责情况；

（三）国家级、省级非物质文化遗产代表性项目中央、省级补助专项资金使用情况；

（四）国家级、省级非物质文化遗产代表性项目代表性传承人义务履行情况。

二、自查方式及安排

本次自查工作采取各地各单位自查与省文化厅组织检查组进行交叉检查相结合的方式进行。各市州文化局针对自查内容进行全面检查，按照要求提交有关自查材料。省文化厅在各地自查的基础上，组织检查组进行交叉检查。具体安排如下：

（一）准备阶段（2011年12月15日至12月30日）

培训人员，部署安排。由省文化厅采取以会代训的形式，组织各市（州）文化局及厅直相关单位相关负责人，统一认识，明确目标，细化落实任务。

（二）自查阶段（2012年1月1日至2月15日）

各市（州）文化部门进行自查，并于2012年2月15日前将国家级、省级项目的自查情况报省文化厅。

（三）交叉检查阶段（2012年2月16日至2月28日）

由省文化厅从市、州抽调从事非遗保护工作的领导和人员组成若干检查组，根据检查工作要求，深入到各市、州进行实地交叉检查，并对各市、州文化局提交的自查报告和相关材料进行核查。

（四）重点督查阶段（2012年3月1日至3月15日）

根据交叉检查情况，确定重点督查对象进行重点督查，并提出整改意见。

（五）总结督办阶段（2012年3月16日至3月30日）

根据各地自查报告及检查组检查情况，对需整改督办的进行整改督办，同时形成全省自查报告上报文化部。

（六）整改迎检阶段（2012年4月1日至4月15日）

各市、州根据省文化厅检查组提出的整改意见，及时进行整改，迎接文化部的检查。

三、工作要求

（一）高度重视，认真落实。为了扎实、有序、有效地开展此项工作，省文化厅决定成立四川省国家级、省级非物质文化遗产代表性项目保护自查工作领导小组，由厅长挂帅，分管厅长具体负责，组织抽调专门力量，确保工作的顺利实施。各市（州）文化局及厅直有关单位也要成立相应的组织机构，切实加强领导，按要求做好此次四川省国家级、省级非物质文化遗产代表性项目保护自查的组织工作，自查内容要全面落实，不遗漏，不留死角，自查过程要认真细致，严禁走过场或弄虚作假。

（二）边查边纠，积极整改。各市（州）文化局和厅直有关单位在自查阶段中要注意发现传承有序、保护成效显著的项目和保护单位，并及时总结经验；对保护不力、存在问题的项目和保护单位，要找准问题，理清责任，及时提出警告和限期整改要求，并考察整改成效。自查结束后，各市（州）文化局和厅直有关单位要将国家级、省级非物质文化遗产代表性项目保护工作的相关做法与经验、存在问题及整改情况一并上报省文化厅。

（三）抓紧进行，按时上报。各市（州）文化局及厅直有关单位要严格把握工作节奏和进度，按时上报自查报告及相关材料（详见附件）。不能按时完成自查工作，省文化厅将予以重点督查。

四、材料报送

所有材料均以书面及电子邮件方式报送省文化厅非遗处，书面文件均需加盖本单位公章。

材料报送方式（略）。

附件：1. 四川省文化厅开展国家级、省级非物质文化遗产代表性项目保护自查工作领导小组名单（略）

2. 市(州)文化局或厅直有关单位国家级、省级非物质文化遗产代表性项目保护工作自查报告(体例)

3. 国家级、省级非物质文化遗产代表性项目存续状况表（略）

4. 国家级、省级非物质文化遗产代表性项目保护单位履责情况表（略）

5. 国家级、省级非物质文化遗产代表性项目中央、省级补助专项资金使用情况表（略）

6. 国家级、省级非物质文化遗产代表性项目代表性传承人传承义务履行情况表（略）

7. 市（州）非遗博物馆、传习所建设情况统计表（略）

二〇一一年十二月二十二日

附件2：

市（州）文化局或厅直有关单位国家级、省级非物质文化遗产代表性项目保护工作自查报告（体例）

一、国家级、省级非物质文化遗产代表性项目保护规划实施情况

1. 本市（州）或单位制定出台的国家级、省级非物质文化遗产代表性项目保护工作相关政策法规及实施情况；

2. 本市（州）或单位国家级、省级非物质文化遗产代表性项目保护工作中的有效方法、措施和典型经验；

3. 本市（州）或单位国家级、省级非物质文化遗产代表性项目保护工作中存在的问题、产生原因及整改情况；

4. 全面总结本市（州）或单位国家级、省级非物质文化遗产代表性项目保护规划实施总体情况和项目保护总体状况，并进行评估分类。（国家级、省级非物质文化遗产代表性项目具体存续状况请填附表3）

二、国家级、省级非物质文化遗产代表性项目保护单位保护职责履行情况

对本市（州）或单位国家级、省级非物质文化遗产代表性项目保护单位履行保护职责情况进行总结，包括（但不限于）以下方面：1．制定并实施项目保护规划情况；2．中央、省级专项补助资金使用情况；3．为代表性传承人开展传承活动提供支持情况；4．搜集整理保存相关实物、资料情况；5．开展项目展示活动情况；6．接受上级文化主管部门监督检查情况；7．建立传习展示设施情况。（保护单位具体履责情况请填附件4）

同时，总结国家级、省级非物质文化遗产代表性项目保护工作中好的做法和经验，梳理保护单位履责过程中存在的问题以及整改措施落实情况。

三、国家级、省级非物质文化遗产代表性项目中央、省级补助专项资金使用情况

请对本市（州）或单位国家级、省级非物质文化遗产代表性项目中央补助专项资金使用情况进行全面检查和总结，重点说明在资金使用和管理方面的做法、经验和现存主要问题。（资金详细使用情况请填附件5）

四、国家级、省级非物质文化遗产代表性项目代表性传承人义务履行情况

对本市（州）或单位国家级、省级非物质文化遗产代表性项目的代表性传承人传承义务履行情况进行全面总结，主要包括：1．带徒授艺情况，包括举办传承培训，学徒队伍梯次规模等；2．保存实物和相关资料情况；3．配合进行非物质文化遗产调查情况；4．参与公益性宣传活动情况等。（代表性传承人传承义务具体履行情况请填附件6）

梳理在保护代表性传承人，以及代表性传承人开展传承工作中的措施、经验和存在问题等。

五、国家级、省级非物质文化遗产代表性项目保护工作总体情况及对策建议

1．如实反映自查中发现的问题和整改情况。

2．推荐保护工作做得好的有益经验（项目保护单位或代表性传承人）

3．针对此次自查情况，提出今后工作的对策与建议。

云南省民族传统文化保护区专项规划编制大纲（试行）

云南省文化厅关于云南省民族传统文化保护区专项保护规划编制的指导意见

云文非遗〔2011〕16号

各州、市、县（区、市）文化局：

云南省民族传统文化保护区是由云南省人民政府批准公布的“非物质文化遗产代表性项目集中、特色鲜明、形式和内涵保持完整的特定区域”。根据《中华人民共和国非物质文化遗产法》的规定，传统文化保护区所在地的县级文化主管部门应当制定专项保护规划，报省级文化主管部门审核同意后，由当地县级人民政府批准并组织实施区域性整体保护。为规范民族传统文化保护区专项保护规划的编制和审批，特提出以下指导意见：

一、设立民族传统文化保护区是在经济社会迅速发展变化的当今形势下，有效地保护和传承优秀的民族传统文化，并努力实现文化与经济、社会、生态的协调和可持续发展的一种乡村发展模式。宗旨是要实现文化生态的多样性保护，原生地的保护，探寻一种与现代社会接轨的有效途径和方法，增强非物质文化遗产保护传承的生机与活力。

二、云南省民族传统文化保护区的规划建设，要以科学发展观为指导，认真贯彻“保护为主，抢救第一，合理利用，传承发展”的非物质文化遗产保护工作方针；坚持保护非物质文化遗产的真实性、整体性和传承性原则。

三、在传统文化保护区的规划和建设中，应当坚持以下原则：

1. 民族传统文化区的规划与建设，要以非物质文化遗产为主要内容，加强文化与自然生态保护。各级人民政府批准的非物质文化遗产保护名录，在传统文化保护区应得到长期、有效的保护；要大力促进传承活动的开展和传承人队伍建设，使民族传统文化区成为弘扬民族文化优秀传统、保护非物质文化遗产的示范区。

2. 注重保持民族传统文化区的原有风貌，不得改变与其相互依存的自然景观和环境。保护区内传统民居建筑风格不得随意改变、破坏；新建各种设施和民居建筑应与原传统民居的外观风貌保持协调一致。

3. 尊重人民群众的文化主体地位。规划的主要内容和重点项目，要充分理解和尊重保护区内社会公众意识。支持积极有益的民俗活动，鼓励公民积极参与非物质文化遗产保护。

4. 根据各类非物质文化遗产的不同类别特点，因地制宜地采取针对性的保护措施，做好保护工作。合理规划民族传统文化保护区内展示馆、传习所等文化设施建设。

5．正确处理文化遗产保护与旅游发展的关系，合理利用文化遗产资源，用发展的方法保护和传承民族文化遗产。在保护中创新发展，在发展中加强保护是“活态”的非物质文化遗产保护的有效方法。

6．保护区内涉及文物、历史文化街区、名镇、名村、自然保护区、风景名胜区等，应当执行国家有关法律、法规的规定。

四、云南省民族传统文化保护区规划的主要内容应包括保护项目的基本情况、价值评估、现状评估、保护措施与保障措施，规划分期实施方案以及经费概算等。

五、规划年限一般为二十年，可分早、中、晚三期，实行统一规划，分期实施。

六、云南省民族传统文化保护区专项保护规划编制工作及审批程序为：

1．由保护区所在地的县级文化主管部门委托有资质的规划单位进行编制。规划编制过程中，应组织专业工作人员对保护区全面深入地进行实地调查研究，充分了解保护区的历史和现状，听取保护区干部群众的意见和建议。

2．规划文本编制完成后，委托单位将规划文本上报省文化主管部门组织专家评审。县级文化主管部门将经评审通过和修改完善的规划文本，报由县级人民政府批准并组织实施。

七、规划编制工作所需经费、保护规划所列保护经费应列入当地县级财政预算。这是上级主管部门安排专项补助经费的依据。

八、保护区专项保护规划应纳入当地经济和社会发展规划、城乡建设发展规划，应当与相关的生态保护、环境保护、土地利用、旅游发展等各类专门性规划相衔接。

九、为保证专项保护规划能够贯彻落实，应设立以县政府领导任组长的保护规划实施领导小组，由县文化主管部门牵头，由城建、民宗、旅游等有关部门领导和乡镇、村寨的干部参加，负责指导、协调、监督、检查保护区专项保护规划的实施工作。

附件：云南省民族传统文化保护区专项规划编制大纲（试行）

二〇一一年九月二十二日

附件：

云南省民族传统文化保护区专项规划编制大纲（试行）

总体要求

云南省民族传统文化保护区专项规划应严格按照《云南省文化厅关于云南省民族传统文化保护区专项规划编制的指导意见》的要求，组织编制和审批。规划文本要言简意赅，重点突出，特色鲜明，在保护措施上要注意保持保护区的历史风貌和传统文化生态，不得改变与其互相依存的自然景观和环境，要注意保护区内多种文化表现形式的综合性保护和活态传承。同时，还应注意保护措施的可行性和可操作性，以保证规划的实施和收到实效。

第一章　规划文本

一、总则

表述规划的性质、政策依据、规划范围、规划期限等。

1. 保护区概况：自然地理、历史沿革、行政区划、民族人口、经济社会等基本情况；

2. 表述规划的性质、政策依据、规划范围、规划期限等。

二、非物质文化遗产构成

1. 保护区内保存的各种传统文化表现形式；

2. 与上述传统文化表现形式相关的物质载体；

3. 传统民居、自然景观和生态环境。

三、价值评估

1. 评估上述非物质文化遗产构成的历史价值、艺术价值及科学研究价值；

2. 评估上述遗产构成的社会文化价值（社会、文化、经济的影响力）。

四、现状评估

1. 评估各类非物质文化遗产的保存状况；

2. 评估非物质文化遗产项目传承人的传承情况或项目传承情况；

3. 评估各类非物质文化遗产的展示与开发利用情况；

4. 评估各类非物质文化遗产的管理情况。

五、保护措施

1. 非物质文化遗产的保护措施；

2. 非物质文化遗产项目传承人的申报与传承；传承人的保护与培养、传统民居与自然生态环境保护措施。

六、展示与利用

1. 制定展示利用方案；

2. 规划展示内容；

3. 展示设施；

4. 服务设施；

5. 测算开放容量。

七、建设工程规划建议

论证保护区内保护或展示工程项目的必要性，选址、规模、功能设定及建筑设计要求；提出基础设施建设及环境整治建议。

八、管理规划

1．非物质文化遗产管理；

2．经营管理；

3．典型传统民居及自然生态环境的管理。

九、规划分期与投资估算

1．规划期限为批准规划起20年，一般分近期、中期与远期（要说各期要实现的目标）；

2．投资估算（即保护规划实施的经费预算）：

（1）应包括：标识制作、保护措施、展示服务设施、环境整治、传承培训及管理设施等事项，应核算总经费估算及分期估算；

（2）提出规划实施资金的筹措及相关政策建议。

十、附则

说明文本的效力，批准及执行时间。

第二章　规划图纸

用图像表述现状和规划内容，要求清楚正确，图纸表达内容与规划文本一致。

规划图纸内容

一、区位图　标明保护区所在行政辖区的地理位置；

二、保护区划图　标明保护区保护范围及建控地带范围；

三、文化遗产分布图　标明各类遗产在保护区内所在位置；

四、建设规划图　标明保护工程基础设施建设、环境整治等规划内容；

五、展示规划图　标明参观路线、展示目的地，展示设施、服务设施等规划内容。

规划图纸标准参照《村镇规划标准》（2003年）或1/10000航测图纸。

第三章　规划说明书

专项规划说明主要用于解释和说明规划文本中各专项规划的条款及编制依据。

专项规划说明的主要内容

一、遗产清单及传承人名录

二、专项评估说明

1. 价值评估说明;

2. 现状评估说明;

3. 展示利用评估说明;

4. 管理利用评估说明;

5. 专项评估结论。

三、规划说明

1. 说明编制过程、编制要求、指导思想、规划目标等;

2. 根据评估结论、解释和说明规划文本的条款与依据;

3. 规划投资估算的计算依据;

4. 说明规划实施保障。

第四章　基础资料汇编

基础资料汇编的主要内容

一、所在地乡镇及村寨的基本情况，包括当前的社会、经济、文化、交通、人口、地理、气候、水文等基础资料。

二、保护区申报时的申报文本或调研报告。

三、政府相关文件。

四、参考文献目录。

青海省文化和新闻出版厅关于加强全省非物质文化遗产项目及其代表性传承人建档工作的意见

青文新遗字〔2011〕3号

各州（地、市）、县文化局，省文化馆、省格萨尔研究所、省金诃藏药药业股份有限公司、省藏医院：

为全面夯实我省非物质文化遗产保护工作基础，推进非物质文化遗产保护工作规范化，根据《国务院办公厅关于加强我国非物质文化遗产保护工作的意见》(国办发〔2005〕18号)《国家级非物质文化遗产保护与管理暂行办法》(文化部令第39号)《国家级非物质文化遗产项目代表性传承人认定与管理暂行办法》(文化部令第45号)等文件精神,现就加强全省非物质文化遗产项目及其代表性传承人建档工作提出如下意见:

一、充分认识非物质文化遗产项目建档的重要性

建立系统、完整的档案资料,是开展非物质文化遗产保护工作的重要前提,既是各级非物质文化遗产项目保存、保护的需要,又是衡量一个地区非物质文化遗产保护工作水平的重要标志。截至目前,我省共有国家级非物质文化遗产项目57项,国家级代表性传承人40名;省级非物质文化遗产项目93项,省级代表性传承人159名。近年来,各级文化主管部门和责任保护单位积极开展项目档案资料的收集、整理,做了大量基础工作,初步建立了国家级、省级项目及其代表性传承人的基本档案,但总体看,全省非物质文化遗产项目建档工作还普遍滞后,不少地方和项目责任保护单位对项目建档工作的认识不够、抓建档的意识不强,许多项目及其代表性传承人没有建立起完整的档案库,档案资料不齐、不全、不规范的问题仍很突出。这种状况与国家对非物质文化遗产保护提出的工作要求不相适应,亟需采取有效措施,切实加以改进和完善。

二、非物质文化遗产项目建档的原则和重点

按照统筹规划、分步实施,突出重点、兼顾一般,系统完整、真实可靠的原则,大力推进非物质文化遗产项目建档工作,逐步建立起各级非物质文化遗产项目及其代表性传承人的档案库。重点推进国家级项目及其代表性传承人的档案建设,统筹兼顾省级项目及其代表性传承人的建档工作。已安排中央专项补助的国家级项目,必须明确建档任务并列入项目保护计划,所需经费统一纳入项目经费支出预算,保证经费到位;对未安排专项补助资金的国家级、省级项目及其代表性传承人,其建档任务完成后,由项目所在地文化主管部门向省厅提出申请,经验收通过后,予以适当的经费补助。

三、非物质文化遗产项目建档的内容与形式

开展专项调查。认真分析国家级、省级非物质文化遗产项目现有建档状况的基础上,制定出科学合理的建档方案,本着缺什么、补什么的原则,深入开展专项调查,利用田野普查、走访传承人、民间艺人等方式,全面系统地掌握项目的分布状况、风格种类、技艺特征以及与之相关联的有关信息,并运用文字、录音、录像、数字化多媒体等各种方式进行真实、详细的记载。全面记录国家级、省级代

表性传承人掌握的非物质文化遗产表现形式、技艺和知识等，有计划地征集并保管代表性传承人的代表作品。对传统美术、传统技艺、传统服饰类项目，注重征集代表性的实物资料。

规范整理归档。对收集到的各类文字、图片、音像资料，分类登记、规范整理，有条件的地方可聘请档案馆专业人员进行整理。资料整理完成后，启动数据库项目建设。对形成的档案资料，按项目和传承人分类单设卷宗，设立专柜，妥善保存。对征集到的珍贵实物，建立名录，登记在册，妥善保管，确保安全。

完善“十二五”保护规划。按照省厅的反馈意见，各地和项目责任保护单位要进一步补充完善国家级非物质文化遗产项目的“十二五”保护计划，明确“十二五”期间项目保护的指导思想、保护目标、保护计划、保障措施等，将保护计划上升为保护规划，为下一步申报中央专项补助资金、开展保护工作提供重要依据。

四、几点要求

（一）明确责任。各地和项目责任保护单位要高度重视非物质文化遗产项目及其代表性传承人的建档工作，将其列入重要议事过程，作为今年非物质文化遗产保护工作的一项重要任务来抓，制定方案，周密部署，明确责任，狠抓落实，确保项目建档任务落到实处。各级文化行政主管部门要注重发挥项目责任保护单位在建档工作中的主体作用，并从人、财、物方面给予必要的支持。

（二）积极探索。非物质文化遗产项目涉及的门类多，每个项目都有各自的特点，对其建立完善的档案库，无现成模式可借鉴。各地和项目责任保护单位要因地制宜，结合项目特点，大胆探索，及时总结经验，注重培养典型，并加强与省厅的信息交流和沟通。对建档工作中涌现出来的示范典型，省厅将通过青海文化信息、会议交流等形式进行宣传推广，用以指导和推动全省工作。

（三）加强督导。项目所在地文化行政主管部门要切实肩负起组织、监督的责任，对项目及其代表性传承人的建档进展情况，定期进行检查，发现的问题，及时研究解决。省厅将于今年下半年结合中央专项补助资金使用管理的专项检查，对项目建档工作一并进行检查。对建档工作中，工作落实不到位的，提出通报批评；对工作成绩突出的地区和项目责任保护单位，给予通报表扬，并在推荐先进、申报资金等方面予以优先考虑。

各地建档工作完成后，请将项目和传承人的完整档案连同项目的“十二五”保护规划各一式两份，一并上报省厅非物质文化遗产处备案。

二〇一一年三月八日

（二）立法调研

天津市进行地方性非物质文化遗产立法前期调研工作

8月19日，天津市人大教科文卫专委会到市文广局开展非物质文化遗产立法调研督导工作。自6月1日国家颁布了《中华人民共和国非物质文化遗产法》后，市人大将地方非物质文化遗产条例的起草工作纳入议事日程，前期调研工作稳步开展。

河北省调研非物质文化遗产立法工作

4月18日，河北省人大常委会副主任宋长瑞率省人大法制委、省人大常委会法工委有关人员到省直文化系统就文化遗产保护等工作进行调研。河北省文化厅相关负责人陪同调研。

河南省在安阳开展《河南省非物质文化遗产保护条例》立法调研活动

10月26日，河南省人大《河南省非物质文化遗产保护条例》立法调研组赴安阳市调研，听取了该市关于非物质文化遗产保护工作的汇报和制定条例的意见和建议。河南省人大常委会教科文卫工委领导、省文化厅非物质文化遗产处、省非物质文化遗产保护中心、省人大教科文卫工委办公室相关负责人、安阳县有关领导，以及安阳市部分非物质文化遗产项目传承人代表出席了座谈会。

云南省完成《云南省非物质文化遗产保护条例》的立法调研和文本起草工作

1月至6月，云南省组织有关专家开展调查、研讨、论证和修改，顺利完成了《云南省非物质文化遗产保护条例》初稿的起草及立法计划的申报工作。

保护实践

概述

本年度保护规划与政策研究方面，为更好地贯彻上一年颁布的《中华人民共和国非物质文化遗产法》，文化部和地方文化部门多次就工作机制、工作重点以及拟定省级非物质文化遗产条例等召开工作会议，进行研究和论证。湖北省还形成了《湖北省非物质文化遗产条例（送审稿）》，报送湖北省人民代表大会和省政府。

在名录体系建设方面，国务院于5月正式批准公布了第三批国家级非物质文化遗产名录（共计191项）和国家级非物质文化遗产名录扩展项目名录（共计164项）。加之此前公布的两批1028项，截至2011年，国家级非物质文化遗产名录项目达到了1219项。同时，根据四级名录建设规划要求和各地方保护工作计划安排，山西省、吉林省、河南省、湖北省、重庆市、陕西省和甘肃省公布了第三批省级非物质文化遗产名录，黑龙江省、上海市和江苏省公布了第三批省级非物质文化遗产名录和扩展项目名录，四川省公布了第三批省级非物质文化遗产名录和第一、二批扩展项目名录，福建省公布了第四批省级非物质文化遗产名录。本年新公布的省级非物质文化遗产名录项目共计1205项（据各地上交材料统计），至此，各省（区、市）公布的省级非物质文化遗产名录项目达到8566项。

在致力于非物质文化遗产名录体系建设的同时，符合条件的非物质文化遗产名录项目的代表性传承人，也进一步得到更科学的认定和命名。本年度，文化部组织开展第四批国家级代表性传承人评审认定工作，申报工作已经结束，即将组织开展评审工作。中央财政加大对国家级代表性传承人开展传习活动的资助力度，自2011年起，补助经费从原来的8000元提高到10000元。截至2011年，文化部先后公布了三批国家级非物质文化遗产项目代表性传承人共1488名，其中69位已经去世。

根据构建非物质文化遗产项目代表性传承人评审认定体系相关规定和各地区非物质文化遗产保护工作部署，各省、市、县也命名了本地区各级非物质文化遗产项目代表性传承人。在省级代表性传承人认定方面，北京市、山西省、山东省、广西壮族自治区和甘肃省公布了第三批省级非物质文化遗产项目代表性传承人名单，天津市、吉林省、广东省和青海省公布了第二批省级代表性传承人名单，江西省公布了第二批省级代表性传承人名单和补充名单，安徽省于上、下半年分别公布了第三、第四批省级代表性传承人名单。据各地上交材料统计，本年度新公布的省级非物质文化遗产项目代表性传承人共1589名。截至2011年，我国已命名省级非物质文化遗产项目代表性传承人9564名。

本年度，文化生态保护实验区的理论和实践建设都取得了重要进展。包含国家级与省级文化生态保护实验区的设立、分类管理、保护与建设。文化部重点加强现有的10个文化生态保护实验区的建设工作，新设立国家级文化生态保护实验区1个（大理文化生态保护实验区），截至2011年，我国共设立国家级文化生态保护实验区11个。

在省级文化生态保护实验区的设立方面，江苏省设立洪泽湖渔文化生态保护实验区等4个省级文化生态保护实验区，河南省公布洛阳市（河洛文化）等5个省级文化生态保护实验区，湖北省确定恩施市等13个省级文化生态保护实验区，全年全国设立省级文化生态保护实验区共计22个。

在对已有文化生态保护实验区的保护和建设方面，国家根据《文化部关于加强国家级文化生态保护区建设的指导意见》，下发了《文化部办公厅关于加强国家级文化生态保护区总体规划编制工作的通知》，正式同意批复了徽州和热贡两个文化生态保护实验区的总体规划，并在青海热贡召开了国家级文化生态保护区建设现场交流会，对已设立的各级文化生态保护实验区的建设和规划进行指导完善，进一步明确了文化生态保护区是建立在“非遗”整体性存在基础上的一种保护方式。

根据2010年11月4日下发的《文化部办公厅关于开展国家级非物质文化遗产生产性保护示范基地建设的通知》（办非遗函〔2010〕499号）要求，文化部在各地推荐的基础上，经专家评审、实地考察、评审委员会审议、社会公示、报部审批等程序，公布了第一批国家级非物质文化遗产生产性保护示范基地名单，涉及41个项目企业或单位，39项国家级名录项目。各省紧随其后，有天津市、福建省、河南省、贵州省、陕西省共5个省（区、市）也公布了相应批次的省级非物质文化遗产生产性保护示范基地名单。

同时，各地、各部门积极推进非物质文化遗产的调查、保存、传承与传播等各项保护工作，也取得丰硕成果。文化部和中国艺术研究院共同完成了中国非物质文化遗产数字化保护工程一期工程，在“非遗”保护的技术手段上开始了一项重要工作。本年“文化遗产日”确立了“依法保护，重在传承”的主题，在北京举办了主题活动，包括“依法保护，重在传承——《中华人民共和国非物质文化遗产法》宣传展”“薪火相传——中国非物质文化遗产传承人师徒同台展演”“我们的精神家园·中国非物质文化遗产摄影大展”；在国家图书馆举办“册府琳琅 根脉相承——中华典籍与非物质文化遗产特展”；在四川成都举办了第三届“中国成都国际非物质文化遗产节”，在浙江嘉兴举办了端午节庆活动等，各地文化部门也围绕“文化遗产日”的主题，进行了丰富多彩的宣传展示。文化部还分别在澳门和香港举办了“根与魂·中国非物质文化遗产展演”活动，有力地推动了非物质文化遗产的传播。

在现有的非物质文化遗产保护机构建设和工作机制基础上，辽宁省文化厅、西藏自治区文化厅成立了非物质文化遗产处，云南省成立了省级非物质文化遗产保护中心。个别省份在区县进一步建立专门的非物质文化遗产保护机构。其中，山东省召开了全省非物质文化遗产保护协会成立大会暨第一届会员代表大会，河南省增补了全省非物质文化遗产保护工作专家委员会委员，浙江省在浙江大学等5所高校建立了上千人的非物质文化遗产志愿者团队，非物质文化遗产保护队伍不断壮大。文化部及各省（区、市）还举办了多个以文化生态保护区建设、非物质文化遗产的申报、非物质文化遗产数字化保护等为主题的业务培训班，尤其是针对当年公布《中华人民共和国非物质文化遗产法》，全国共举办《中华人民共和国非物质文化遗产法》培训班1932期，培训人员90370人。

本年度，我国继续履行《保护非物质文化遗产公约》缔约国职责，开展保护实践和交流合作工作，主要表现为以下三方面：一是完成对已有的“人类非物质文化遗产代表作名录”项目的履约工作。文化部配合部外联局、中国艺术研究院撰写并向联合国教科文组织提交了《〈保护非物质文化遗产公约〉履约报告》，在11月印度尼西亚召开的保护非物质文化遗产政府间委员会第六次会议上，获得通过并受到好评。二是继续积极组织申报联合国教科文组织“人类非物质文化遗产代表作名录”和“急需保护的非物质文化遗产名录”。我国申报的“中国皮影戏”被列入“人类非物质文化遗产代表作名录”，“赫哲族伊玛堪”被列入“急需保护的非物质文化遗产名录”。至此，我国共有29个项目列入“人类非物质文化遗产代表作名录”，7个项目列入“急需保护的非物质文化遗产名录”。三是积极开展文化交流活动，提高我国在非物质文化遗产保护工作中的国际地位，参加非物质文化遗产保护社会实践。

一、国内

（一）保护规划与政策研究

中国与蒙古国在北京召开中蒙联合保护非物质文化遗产合作机制工作小组第二次会议、第一次领导小组会议

继4月份召开中国与蒙古国联合保护非物质文化遗产合作机制工作小组第二次会议之后，9月14日，中蒙联合保护非物质文化遗产合作机制第一次领导小组会议在北京召开。会议由文化部副部长、中蒙联合保护非物质文化遗产合作机制领导小组中方组长赵少华主持，蒙古国教育文化科技部副部长、中蒙联合保护非物质文化遗产合作机制领导小组蒙方组长库兰达，蒙古国国务秘书达莱扎尔嘎勒等一行7人参加。会议期间，双方签署了《中华人民共和国文化部和蒙古国教育文化科学部关于保护非物质文化遗产合作协议》。

文化部等单位在宁波举行全国非物质文化遗产保护工作会议

12月7日至11日，由中华人民共和国文化部、浙江省文化厅、宁波市人民政府主办，宁波市文化广电新闻出版局承办，宁波市文化馆执行承办的全国非物质文化遗产保护工作会议在宁波召开。会上，安徽省、四川省、广东省、山西省、甘肃省、宁波市等省、市就文化生态保护区建设、非物质文化遗产生产性保护、地方法律法规制定、普查资料整理利用、“优秀实践名册项目”的保护、“三位一体”非物质文化遗产保护等内容做了经验交流，并在实地考察宁波市非物质文化遗产保护工作的基础上进行分组讨论。

河北省召开全省非物质文化遗产保护工作领导小组第四次会议

12月26日，河北省非物质文化遗产保护工作领导小组第四次会议在河北省政府召开。会议总结了前一阶段全省非物质文化遗产保护工作，对下一步工作任务进行了安排部署。孙士彬副省长主持会议并作重要讲话，领导小组成员单位有关负责同志出席会议，河北省非物质文化遗产保护专家委员会的五位专家列席会议。领导小组办公室（河北省文化厅）汇报了近两年河北省非物质文化遗产保护工

作和第四批省级非物质文化遗产名录推荐项目的有关情况。会议审核通过了河北省第四批省级非物质文化遗产名录项目名单，共111个项目（子项123项）。

山西省召开全省社会文化和非物质文化遗产保护工作会议

3月15日，山西省社会文化和非物质文化遗产保护工作会议在山西省京剧院剧场召开，会议全面总结2010年全省社会文化和非物质文化遗产保护工作，安排部署“十二五”期间和2011年全省社会文化和非物质文化遗产保护工作，进一步明确当前工作任务。山西省文化厅领导，社文处（非物质文化遗产处）全体，各市文广新局分管领导、社文科长、非物质文化遗产科长、公共图书馆馆长、群艺馆馆长、非物质文化遗产保护中心负责人，省图书馆、省群艺馆、省非物质文化遗产保护中心班子成员60余人参加了会议。

浙江省召开全省非物质文化遗产保护重点工作推进会

5月18日，浙江省文化厅在诸暨市召开浙江省非物质文化遗产保护重点工作推进会。浙江省文化厅相关负责人就新时期非物质文化遗产保护工作中要处理好的几个关系作重要讲话，为当前及今后一个时期的非物质文化遗产保护工作指明了方向，部署了年度非物质文化遗产保护重点工作，分析现状，布置任务。

（二）名录公布

国务院公布第三批国家级非物质文化遗产名录

国务院关于公布第三批国家级非物质文化遗产名录的通知

国发〔2011〕14号

各省、自治区、直辖市人民政府，国务院各部委、各直属机构：

国务院批准文化部确定的第三批国家级非物质文化遗产名录（共计191项）和国家级非物质文化

遗产名录扩展项目名录（共计164项），现予公布。

各地区、各部门要按照《国务院关于加强文化遗产保护的通知》（国发〔2005〕42号）和《国务院办公厅关于加强我国非物质文化遗产保护工作的意见》（国办发〔2005〕18号）要求，认真贯彻落实“保护为主，抢救第一，合理利用，传承发展”的工作方针，坚持科学的保护理念，扎实做好非物质文化遗产名录项目的保护、传承和管理工作，努力推动非物质文化遗产保护迈上新的台阶，为构建完备的、有中国特色的非物质文化遗产保护制度，推动文化大发展大繁荣，建设中华民族共有精神家园，满足人民群众日益增长的精神文化需求，做出积极的贡献。

国务院

二〇一一年五月二十三日

第三批国家级非物质文化遗产名录

（共计191项）

序号	项目编号	项目名称	申报地区或单位
一、民间文学（共计41项）			
1029	I-85	天坛传说	北京市东城区
1030	I-86	曹雪芹传说	北京市海淀区
1031	I-87	契丹始祖传说	河北省平泉县
1032	I-88	赵氏孤儿传说	山西省盂县
1033	I-89	白马拖缰传说	山西省晋城市城区
1034	I-90	舜的传说	山西省沁水县、山东省诸城市
1035	I-91	禹的传说	四川省汶川县、北川羌族自治县
1036	I-92	防风传说	浙江省德清县
1037	I-93	盘瓠传说	湖南省泸溪县
1038	I-94	庄子传说	山东省东明县
1039	I-95	柳毅传说	山东省潍坊市寒亭区
1040	I-96	禅宗祖师传说	湖北省黄梅县
1041	I-97	布袋和尚传说	浙江省奉化市
1042	I-98	钱王传说	浙江省临安市

（续表）

序号	项目编号	项目名称	申报地区或单位
1043	I-99	苏东坡传说	浙江省杭州市
1044	I-100	王羲之传说	浙江省绍兴市
1045	I-101	李时珍传说	湖北省蕲春县
1046	I-102	蔡伦造纸传说	陕西省汉中市
1047	I-103	牡丹传说	山东省菏泽市牡丹区
1048	I-104	泰山传说	山东省泰安市
1049	I-105	黄鹤楼传说	湖北省武汉市武昌区
1050	I-106	烂柯山的传说	山西省陵川县、浙江省衢州市
1051	I-107	珞巴族始祖传说	西藏自治区米林县
1052	I-108	阿尼玛卿雪山传说	青海省果洛藏族自治州
1053	I-109	锡伯族民间故事	辽宁省沈阳市
1054	I-110	嘉黎民间故事	西藏自治区嘉黎县
1055	I-111	海洋动物故事	浙江省洞头县
1056	I-112	土家族哭嫁歌	湖南省永顺县、古丈县
1057	I-113	坡芽情歌	云南省富宁县
1058	I-114	祝赞词	内蒙古自治区东乌珠穆沁旗，新疆维吾尔自治区博湖县、和布克赛尔蒙古自治县
1059	I-115	黑暗传	湖北省保康县、神农架林区
1060	I-116	陶克陶胡	吉林省前郭尔罗斯蒙古族自治县
1061	I-117	密洛陀	广西壮族自治区都安瑶族自治县
1062	I-118	亚鲁王	贵州省紫云苗族布依族自治县
1063	I-119	目瑙斋瓦	云南省德宏傣族景颇族自治州
1064	I-120	洛奇洛耶与扎斯扎依	云南省墨江哈尼族自治县
1065	I-121	阿细先基	云南省弥勒县
1066	I-122	羌戈大战	四川省汶川县
1067	I-123	恰克恰克	新疆维吾尔自治区伊宁市
1068	I-124	酉阳古歌	重庆市酉阳土家族苗族自治县
1069	I-125	谚语（沪谚）	上海市闵行区

（续表）

序号	项目编号	项目名称	申报地区或单位
二、传统音乐（共计16项）			
1070	Ⅱ-140	凤阳民歌	安徽省滁州市
1071	Ⅱ-141	九江山歌	江西省九江县
1072	Ⅱ-142	利川灯歌	湖北省利川市
1073	Ⅱ-143	天门民歌	湖北省天门市
1074	Ⅱ-144	临高渔歌	海南省临高县
1075	Ⅱ-145	弥渡民歌	云南省弥渡县
1076	Ⅱ-146	青海汉族民间小调	青海省西宁市
1077	Ⅱ-147	阿里郎	吉林省延边朝鲜族自治州
1078	Ⅱ-148	哈萨克族民歌	新疆维吾尔自治区伊犁哈萨克自治州
1079	Ⅱ-149	塔吉克族民歌	新疆维吾尔自治区塔什库尔干塔吉克自治县
1080	Ⅱ-150	茅山号子	江苏省兴化市
1081	Ⅱ-151	弦索乐（菏泽弦索乐）	山东省菏泽市
1082	Ⅱ-152	纳西族白沙细乐	云南省丽江市古城区
1083	Ⅱ-153	伽倻琴艺术	吉林省延吉市
1084	Ⅱ-154	京族独弦琴艺术	广西壮族自治区东兴市
1085	Ⅱ-155	哈萨克族库布孜	新疆维吾尔自治区伊犁哈萨克自治州
三、传统舞蹈（共计15项）			
1086	Ⅲ-97	跳马伕	江苏省如东县
1087	Ⅲ-98	仗鼓舞（桑植仗鼓舞）	湖南省桑植县
1088	Ⅲ-99	南县地花鼓	湖南省南县
1089	Ⅲ-100	跳花棚	广东省化州市
1090	Ⅲ-101	老古舞	海南省白沙黎族自治县
1091	Ⅲ-102	跳曹盖	四川省平武县
1092	Ⅲ-103	棕扇舞	云南省元江哈尼族彝族傣族自治县
1093	Ⅲ-104	鄂温克族萨满舞	内蒙古自治区根河市
1094	Ⅲ-105	协荣仲孜	西藏自治区曲水县
1095	Ⅲ-106	普兰果尔孜	西藏自治区阿里地区

（续表）

序号	项目编号	项目名称	申报地区或单位
1096	Ⅲ－107	陈塘夏尔巴歌舞	西藏自治区定结县
1097	Ⅲ－108	巴当舞	甘肃省岷县
1098	Ⅲ－109	安昭	青海省互助土族自治县
1099	Ⅲ－110	萨玛舞	新疆维吾尔自治区喀什市
1100	Ⅲ－111	哈萨克族卡拉角勒哈	新疆维吾尔自治区伊犁哈萨克自治州
四、传统戏剧（共计20项）			
1101	Ⅳ－139	上党二簧	山西省晋城市城区
1102	Ⅳ－140	醒感戏	浙江省永康市
1103	Ⅳ－141	湖剧	浙江省湖州市
1104	Ⅳ－142	淳安三角戏	浙江省淳安县
1105	Ⅳ－143	嗨子戏	安徽省阜南县
1106	Ⅳ－144	赣剧	江西省赣剧院
1107	Ⅳ－145	西河戏	江西省星子县
1108	Ⅳ－146	鹧鸪戏	山东省淄博市临淄区
1109	Ⅳ－147	淮调	河南省安阳县
1110	Ⅳ－148	落腔	河南省内黄县
1111	Ⅳ－149	武当神戏	湖北省丹江口市
1112	Ⅳ－150	雷剧	广东省雷州市
1113	Ⅳ－151	关索戏	云南省澄江县
1114	Ⅳ－152	通渭小曲戏	甘肃省通渭县
1115	Ⅳ－153	弦子腔	陕西省平利县
1116	Ⅳ－154	西路梆子	河北省海兴县
1117	Ⅳ－155	淮北梆子戏	安徽省宿州市、阜阳市
1118	Ⅳ－156	滑稽戏	上海滑稽剧团、江苏省苏州市
1119	Ⅳ－157	张家界阳戏	湖南省张家界市永定区
1120	Ⅳ－158	海南斋戏	海南省海口市
五、曲艺（共计18项）			
1121	Ⅴ－97	莲花落	山西省太原市

（续表）

序号	项目编号	项目名称	申报地区或单位
1122	Ⅴ－98	长子鼓书	山西省长子县
1123	Ⅴ－99	翼城琴书	山西省翼城县
1124	Ⅴ－100	曲沃琴书	山西省曲沃县
1125	Ⅴ－101	泽州四弦书	山西省泽州县
1126	Ⅴ－102	盘索里	辽宁省铁岭市、吉林省延边朝鲜族自治州
1127	Ⅴ－103	永康鼓词	浙江省永康市
1128	Ⅴ－104	唱新闻	浙江省象山县
1129	Ⅴ－105	渔鼓道情	安徽省萧县
1130	Ⅴ－106	三棒鼓	湖北省宣恩县
1131	Ⅴ－107	祁阳小调	湖南省祁阳县
1132	Ⅴ－108	粤曲	广东省广州市
1133	Ⅴ－109	木鱼歌	广东省东莞市
1134	Ⅴ－110	四川评书	重庆市曲艺团
1135	Ⅴ－111	洛南静板书	陕西省洛南县
1136	Ⅴ－112	南音说唱	澳门特别行政区
1137	Ⅴ－113	河州平弦	甘肃省临夏市
1138	Ⅴ－114	端鼓腔	山东省东平县、微山县
六、传统体育、游艺与杂技（共计15项）			
1139	Ⅵ－56	拦手门	天津市河东区
1140	Ⅵ－57	通背缠拳	山西省洪洞县
1141	Ⅵ－58	地术拳	福建省精武保安培训学校
1142	Ⅵ－59	佛汉拳	山东省东明县
1143	Ⅵ－60	孙膑拳	山东省青岛市市北区、安丘市
1144	Ⅵ－61	肘捶	山东省临清市
1145	Ⅵ－62	十八般武艺	浙江省杭州市余杭区
1146	Ⅵ－63	华佗五禽戏	安徽省亳州市
1147	Ⅵ－64	撂石锁	河南省开封市
1148	Ⅵ－65	赛龙舟	湖南省沅陵县，广东省东莞市，贵州省铜仁市、镇远县

（续表）

序号	项目编号	项目名称	申报地区或单位
1149	Ⅵ－66	迎罗汉	浙江省缙云县
1150	Ⅵ－67	掼牛	浙江省嘉兴市南湖区
1151	Ⅵ－68	高杆船技	浙江省桐乡市
1152	Ⅵ－69	花毽	山东省青州市
1153	Ⅵ－70	口技	北京市西城区
七、传统美术（共计13项）			
1154	Ⅶ－97	棕编（新繁棕编）	四川省成都市新都区
1155	Ⅶ－98	苗画	湖南省保靖县
1156	Ⅶ－99	嘉兴灶头画	浙江省嘉兴市
1157	Ⅶ－100	永春纸织画	福建省永春县
1158	Ⅶ－101	平遥纱阁戏人	山西省平遥县
1159	Ⅶ－102	清徐彩门楼	山西省清徐县
1160	Ⅶ－103	上海绒绣	上海市浦东新区
1161	Ⅶ－104	宁波金银彩绣	浙江省宁波市鄞州区
1162	Ⅶ－105	瑶族刺绣	广东省乳源瑶族自治县
1163	Ⅶ－106	藏族编织、挑花刺绣工艺	四川省阿坝藏族羌族自治州
1164	Ⅶ－107	侗族刺绣	贵州省锦屏县
1165	Ⅶ－108	锡伯族刺绣	新疆维吾尔自治区察布查尔锡伯自治县
1166	Ⅶ－109	宁波泥金彩漆	浙江省宁海县
八、传统技艺（共计26项）			
1167	Ⅷ－187	越窑青瓷烧制技艺	浙江省上虞市、杭州市、慈溪市
1168	Ⅷ－188	建窑建盏烧制技艺	福建省南平市
1169	Ⅷ－189	汝瓷烧制技艺	河南省汝州市、宝丰县
1170	Ⅷ－190	淄博陶瓷烧制技艺	山东省淄博市
1171	Ⅷ－191	长沙窑铜官陶瓷烧制技艺	湖南省长沙市望城区
1172	Ⅷ－192	蓝夹缬技艺	浙江省温州市

（续表）

序号	项目编号	项目名称	申报地区或单位
1173	Ⅷ－193	中式服装制作技艺（龙凤旗袍手工制作技艺、亨生奉帮裁缝技艺，培罗蒙奉帮裁缝技艺，振兴祥中式服装制作技艺）	上海市静安区、上海市黄浦区、浙江省杭州市
1174	Ⅷ－194	铅锡刻镂技艺	湖北省荆州市
1175	Ⅷ－195	乌铜走银制作技艺	云南省石屏县
1176	Ⅷ－196	银铜器制作及鎏金技艺	青海省湟中县
1177	Ⅷ－197	青铜器修复及复制技艺	故宫博物院
1178	Ⅷ－198	国画颜料制作技艺（姜思序堂国画颜料制作技艺）	江苏省苏州市
1179	Ⅷ－199	藏族矿植物颜料制作技艺	西藏自治区拉萨市
1180	Ⅷ－200	毛笔制作技艺（周虎臣毛笔制作技艺、扬州毛笔制作技艺）	上海市黄浦区、江苏省江都市
1181	Ⅷ－201	衡水法帖雕版拓印技艺	河北省衡水市桃城区
1182	Ⅷ－202	古书画临摹复制技艺	故宫博物院
1183	Ⅷ－203	白茶制作技艺（福鼎白茶制作技艺）	福建省福鼎市
1184	Ⅷ－204	仿膳（清廷御膳）制作技艺	北京市西城区
1185	Ⅷ－205	直隶官府菜烹饪技艺	河北省保定市
1186	Ⅷ－206	孔府菜烹饪技艺	山东省曲阜市
1187	Ⅷ－207	五芳斋粽子制作技艺	浙江省嘉兴市
1188	Ⅷ－208	北京四合院传统营造技艺	中国艺术研究院
1189	Ⅷ－209	雁门民居营造技艺	山西省忻州市
1190	Ⅷ－210	石库门里弄建筑营造技艺	上海市黄浦区
1191	Ⅷ－211	土家族吊脚楼营造技艺	湖北省咸丰县、湖南省永顺县、重庆市石柱土家族自治县
1192	Ⅷ－212	维吾尔族民居建筑技艺（阿依旺赛来民居营造技艺）	新疆维吾尔自治区和田地区
九、传统医药（共计4项）			
1193	Ⅸ－18	壮医药（壮医药线点灸疗法）	广西中医学院
1194	Ⅸ－19	彝医药（彝医水膏药疗法）	云南省楚雄彝族自治州
1195	Ⅸ－20	傣医药（睡药疗法）	云南省西双版纳傣族自治州、德宏傣族景颇族自治州

（续表）

序号	项目编号	项目名称	申报地区或单位
1196	Ⅸ－21	维吾尔医药（维药传统炮制技艺、木尼孜其·木斯力汤药制作技艺、食物疗法、库西台法）	新疆维吾尔医学高等专科学校、新疆维吾尔自治区和田地区、新疆维吾尔自治区莎车县、新疆维吾尔自治区维吾尔医药研究所
		十、民俗（共计23项）	
1197	Ⅹ－122	中元节（潮人盂兰胜会）	香港特别行政区
1198	Ⅹ－123	中和节（永济背冰、云丘山中和节）	山西省永济市、乡宁县
1199	Ⅹ－124	俄罗斯族巴斯克节	内蒙古自治区额尔古纳市
1200	Ⅹ－125	鄂温克族瑟宾节	黑龙江省讷河市
1201	Ⅹ－126	诺茹孜节	新疆维吾尔自治区塔城地区
1202	Ⅹ－127	布依族“三月三”	贵州省贞丰县、望谟县
1203	Ⅹ－128	土家年	湖南省永顺县
1204	Ⅹ－129	彝族年	四川省凉山彝族自治州
1205	Ⅹ－130	侗年	贵州省榕江县
1206	Ⅹ－131	藏历年	西藏自治区拉萨市
1207	Ⅹ－132	舜帝祭典	湖南省宁远县
1208	Ⅹ－133	祭寨神林	云南省元阳县
1209	Ⅹ－134	歌会（瑞云四月八、四十八寨歌节）	福建省福鼎市、贵州省天柱县
1210	Ⅹ－135	尉村跑鼓车	山西省襄汾县
1211	Ⅹ－136	独辕四景车赛会	山西省平顺县
1212	Ⅹ－137	网船会	浙江省嘉兴市秀洲区
1213	Ⅹ－138	月也	贵州省黎平县
1214	Ⅹ－139	婚俗（朝鲜族回婚礼、达斡尔族传统婚俗、彝族传统婚俗、裕固族传统婚俗、回族传统婚俗、哈萨克族传统婚俗、锡伯族传统婚俗）	吉林省延边朝鲜族自治州、黑龙江省齐齐哈尔市富拉尔基区、四川省美姑县、甘肃省张掖市、宁夏回族自治区、新疆维吾尔自治区伊犁哈萨克自治州、新疆嘎善文化传播中心
1215	Ⅹ－140	径山茶宴	浙江省杭州市余杭区
1216	Ⅹ－141	装泥鱼习俗	广东省珠海市斗门区
1217	Ⅹ－142	苗族栽岩习俗	贵州省榕江县
1218	Ⅹ－143	柯尔克孜族驯鹰习俗	新疆维吾尔自治区阿合奇县
1219	Ⅹ－144	塔吉克族服饰	新疆维吾尔自治区塔什库尔干塔吉克自治县

国家级非物质文化遗产扩展项目名录

（共计164项）

序号	项目编号	项目名称	申报地区或单位
一、民间文学（共计8项）			
1	I–1	苗族古歌	湖南省花垣县
8	I–8	孟姜女传说	山东省莒县
9	I–9	董永传说	江苏省丹阳市
522	I–35	尧的传说	山东省菏泽市牡丹区
523	I–36	牛郎织女传说	陕西省西安市长安区
528	I–41	徐福传说	江苏省赣榆县、山东省胶南市、青岛市黄岛区
537	I–50	木兰传说	陕西省延安市宝塔区
561	I–74	司岗里	云南省西盟佤族自治县
二、传统音乐（共计16项）			
38	Ⅱ–7	畲族民歌	浙江省泰顺县
60	Ⅱ–29	侗族琵琶歌	贵州省从江县
61	Ⅱ–30	多声部民歌（潮尔道—阿巴嘎潮尔）	内蒙古自治区阿巴嘎旗
68	Ⅱ–37	唢呐艺术 （徐州鼓吹乐、砀山唢呐、长汀公嫲吹）	江苏省徐州市、安徽省宿州市、 福建省长汀县
76	Ⅱ–45	鲁西南鼓吹乐	山东省巨野县、单县
83	Ⅱ–52	吹打（广西八音）	广西壮族自治区玉林市
596	Ⅱ–97	海洋号子（长海号子、象山渔民号子）	辽宁省长海县、浙江省象山县
604	Ⅱ–105	蒙古族民歌（乌拉特民歌）	内蒙古自治区乌拉特前旗
608	Ⅱ–109	苗族民歌（苗族飞歌）	贵州省剑河县
612	Ⅱ–113	彝族民歌（彝族山歌）	贵州省盘县
614	Ⅱ–115	藏族民歌（藏族赶马调、班戈昌鲁）	四川省冕宁县、西藏自治区班戈县
622	Ⅱ–123	锣鼓艺术（云胜锣鼓、中州大鼓、鄂州牌子锣、小河锣鼓）	山西省原平市、河南省新乡县、湖北省鄂州市、重庆市渝北区
623	Ⅱ–124	洞箫音乐（高陵洞箫）	陕西省高陵县
635	Ⅱ–136	口弦音乐	四川省北川羌族自治县

（续表）

序号	项目编号	项目名称	申报地区或单位
637	Ⅱ－138	佛教音乐（楞严寺寺庙音乐、觉囊梵音、洋县佛教音乐、塔尔寺花架音乐）	山西省左云县、四川省壤塘县、陕西省洋县、青海省湟中县
638	Ⅱ－139	道教音乐（东岳观道教音乐、澳门道教科仪音乐）	浙江省平阳县、澳门特别行政区
三、传统舞蹈（共计16项）			
105	Ⅲ－2	秧歌（小红门地秧歌、乐亭地秧歌、阳信鼓子秧歌）	北京市朝阳区、河北省乐亭县、山东省阳信县
107	Ⅲ－4	龙舞（浦东绕龙灯、直溪巨龙、碇步龙、开化香火草龙、坎门花龙、龙灯扛阁、火龙舞、三节龙、地龙灯、芷江孽龙、城步吊龙、香火龙、六坊云龙舞）	上海市浦东新区，江苏省金坛市，浙江省泰顺县，浙江省开化县，浙江省玉环县，山东省临沂市，河南省孟州市，湖北省云梦县，湖北省来凤县，湖南省芷江侗族自治县，湖南省城步苗族自治县，广东省南雄市，广东省中山市
108	Ⅲ－5	狮舞（马桥手狮舞，古陂蔗狮，犁狮，青狮，松岗七星狮舞，藤县狮舞，田阳壮族狮舞，高台狮舞）	上海市闵行区、江西省信丰县、广东省揭阳市、广东省深圳市、广西壮族自治区藤县、广西壮族自治区田阳县、重庆市彭水苗族土家族自治县
110	Ⅲ－7	傩舞（浦南古傩）	福建省漳州市
111	Ⅲ－8	英歌（甲子英歌）	广东省陆丰市
113	Ⅲ－10	盾牌舞（藤牌舞）	浙江省瑞安市
125	Ⅲ－22	羌姆（拉康加羌姆、直孔嘎尔羌姆、曲德寺阿羌姆）	西藏自治区洛扎县、墨竹工卡县、贡嘎县
639	Ⅲ－42	鼓舞（万荣花鼓、土沃老花鼓、稷山高台花鼓、乌拉陈汉军旗单鼓舞）	山西省万荣县、沁水县、稷山县，吉林省吉林市
640	Ⅲ－43	麒麟舞（麒麟采八宝，睢县麒麟舞，坂田永胜堂舞麒麟、大船坑舞麒麟，樟木头舞麒麟）	山西省侯马市、河南省睢县、广东省深圳市、广东省东莞市
641	Ⅲ－44	竹马（蒋塘马灯舞）	江苏省溧阳市
642	Ⅲ－45	灯舞（无为鱼灯）	安徽省无为县
655	Ⅲ－58	鹤舞（三灶鹤舞）	广东省珠海市
657	Ⅲ－60	瑶族长鼓舞（小长鼓舞、黄泥鼓舞）	广东省连山壮族瑶族自治县、广西壮族自治区金秀瑶族自治县
680	Ⅲ－83	谐钦（尼玛乡谐钦）	西藏自治区班戈县
691	Ⅲ－94	萨吾尔登	新疆维吾尔自治区博湖县
693	Ⅲ－96	赛乃姆（若羌赛乃姆、且末赛乃姆、库尔勒赛乃姆、伊犁赛乃姆、库车赛乃姆）	新疆维吾尔自治区若羌县、且末县、库尔勒市、伊宁县、库车县

（续表）

序号	项目编号	项目名称	申报地区或单位
四、传统戏剧（共计28项）			
148	Ⅳ-4	潮剧	福建省云霄县
162	Ⅳ-18	晋剧	河北省井陉县、内蒙古自治区呼和浩特市
164	Ⅳ-20	北路梆子	山西省大同市
170	Ⅳ-26	大平调	山东省成武县、河南省浚县
171	Ⅳ-27	越调	河南省邓州市
172	Ⅳ-28	京剧	江苏省演艺集团、江苏省淮安市
183	Ⅳ-39	乱弹（诸暨西路乱弹）	浙江省诸暨市
193	Ⅳ-49	碗碗腔（曲沃碗碗腔）	山西省曲沃县
195	Ⅳ-51	评剧	河北省石家庄市、辽宁省沈阳市和平区、黑龙江省评剧院
201	Ⅳ-57	庐剧（东路庐剧）	安徽省和县
204	Ⅳ-60	黄梅戏	安徽省黄梅戏剧院
206	Ⅳ-62	泗州戏	江苏省泗洪县
209	Ⅳ-65	采茶戏（高安采茶戏、抚州采茶戏、粤北采茶戏）	江西省高安市、抚州市临川区、广东省韶关市
213	Ⅳ-69	曲子戏	甘肃省白银市
214	Ⅳ-70	秧歌戏（泽州秧歌）	山西省泽州县
215	Ⅳ-71	道情戏（神池道情戏、商洛道情戏）	山西省神池县、陕西省商洛市
217	Ⅳ-73	二人台（东路二人台）	内蒙古自治区乌兰察布市
222	Ⅳ-78	花灯戏	贵州省花灯剧团
224	Ⅳ-80	藏戏（尼木塔荣藏戏、南木特藏戏）	西藏自治区尼木县、甘肃省甘南藏族自治州
227	Ⅳ-83	侗戏	广西壮族自治区三江侗族自治县
233	Ⅳ-89	傩戏（任庄扇鼓傩戏、德安潘公戏、梅山傩戏、荔波布依族傩戏）	山西省曲沃县、江西省德安县、湖南省冷水江市、贵州省荔波县
235	Ⅳ-91	皮影戏（昌黎皮影戏、巴林左旗皮影戏、龙江皮影戏、桐柏皮影戏、云梦皮影戏、腾冲皮影戏）	河北省昌黎县、内蒙古自治区巴林左旗、黑龙江省哈尔滨市、河南省桐柏县、湖北省云梦县、云南省腾冲县

（续表）

序号	项目编号	项目名称	申报地区或单位
236	Ⅳ-92	木偶戏（海派木偶戏、杖头木偶戏、泰顺提线木偶戏、廿八都木偶戏、广东木偶戏、揭阳铁枝木偶戏）	上海木偶剧团、江苏省演艺集团、浙江省泰顺县、浙江省江山市、广东省木偶艺术剧院有限公司、广东省揭阳市
694	Ⅳ-93	老调（安国老调）	河北省安国市
700	Ⅳ-99	眉户（晋南眉户）	山西省临汾市
703	Ⅳ-102	淮剧	江苏省淮安市、泰州市
713	Ⅳ-112	花鼓戏（荆州花鼓戏、襄阳花鼓戏、衡州花鼓戏、临湘花鼓戏、长沙花鼓戏）	湖北省仙桃市、湖北省襄阳市、湖南省衡阳市、湖南省临湘市、湖南省花鼓戏剧院
717	Ⅳ-116	吕剧	山东省滨州市
五、曲艺（共计10项）			
237	Ⅴ-1	苏州评弹（苏州评话、苏州弹词）	江苏省演艺集团，浙江曲艺杂技总团
238	Ⅴ-2	扬州评话	江苏省演艺集团
249	Ⅴ-13	温州鼓词	浙江省平阳县
256	Ⅴ-20	河南坠子	河北省临漳县
257	Ⅴ-21	山东琴书	山东省郓城县
263	Ⅴ-27	丝弦	湖南省武冈市
274	Ⅴ-38	小热昏	江苏省常州市
768	Ⅴ-75	四川扬琴	重庆市曲艺团
770	Ⅴ-77	四川清音	重庆市曲艺团
784	Ⅴ-91	金钱板	重庆市万州区
六、传统体育、游艺与杂技（共计8项）			
292	Ⅵ-10	沧州武术（六合拳）	河北省泊头市
294	Ⅵ-12	梅花拳	河北省威县
793	Ⅵ-21	摔跤（朝鲜族摔跤、彝族摔跤、维吾尔族且力西）	吉林省延吉市、云南省石林彝族自治县、新疆维吾尔自治区岳普湖县
797	Ⅵ-25	八卦掌	北京市西城区、河北省固安县
798	Ⅵ-26	形意拳	山西省太谷县

（续表）

序号	项目编号	项目名称	申报地区或单位
801	Ⅵ－29	心意拳	山西省祁县
805	Ⅵ－33	螳螂拳	山东省栖霞市、青岛市崂山区
819	Ⅵ－47	戏法	天津市和平区
七、传统美术（共计19项）			
313	Ⅶ－14	藏族唐卡（勉萨画派）	西藏自治区
315	Ⅶ－16	剪纸（包头剪纸、新干剪纸、延川剪纸、旬邑彩贴剪纸、会宁剪纸）	内蒙古自治区包头市、江西省新干县、陕西省延川县、陕西省旬邑县、甘肃省会宁县
321	Ⅶ－22	苗绣	贵州省台江县
324	Ⅶ－25	挑花（苗族挑花）	湖南省泸溪县
346	Ⅶ－47	泥塑（惠民泥塑）	山东省惠民县
347	Ⅶ－48	酥油花（强巴林寺酥油花）	西藏自治区昌都地区
349	Ⅶ－50	灯彩（忠信花灯）	广东省连平县
350	Ⅶ－51	竹编（益阳小郁竹艺、毛南族花竹帽编织技艺）	湖南省益阳市、广西壮族自治区环江毛南族自治县
828	Ⅶ－52	面人（面人汤）	北京市通州区
830	Ⅶ－54	草编（哈萨克族芨芨草编织技艺）	新疆维吾尔自治区托里县
831	Ⅶ－55	柳编（固安柳编、黄岗柳编、霍邱柳编、博兴柳编、曹县柳编）	河北省固安县、安徽省阜南县、安徽省霍邱县、山东省博兴县、山东省曹县
832	Ⅶ－56	石雕（菊花石雕）	湖南省工艺美术研究所
833	Ⅶ－57	玉雕（海派玉雕）	上海市
834	Ⅶ－58	木雕（紫檀雕刻、莆田木雕、花瑰艺术、剑川木雕）	中国紫檀博物馆、上海市、福建省莆田市、海南省澄迈县，云南省剑川县
841	Ⅶ－65	木版年画（老河口木版年画）	湖北省老河口市
860	Ⅶ－84	料器（葡萄常料器）	北京市东城区
867	Ⅶ－91	镶嵌（潮州嵌瓷）	广东省潮州市工艺美术研究院
870	Ⅶ－94	盆景技艺（苏派盆景技艺、川派盆景技艺）	江苏省苏州市、四川省盆景艺术家协会
872	Ⅶ－96	建筑彩绘（传统地仗彩画）	辽宁省沈阳市

（续表）

序号	项目编号	项目名称	申报地区或单位
八、传统技艺（共计28项）			
363	Ⅷ－13	南京云锦木机妆花手工织造技艺	江苏汉唐织锦科技有限公司
375	Ⅷ－25	蜡染技艺（苗族蜡染技艺、黄平蜡染技艺）	四川省珙县、贵州省黄平县
378	Ⅷ－28	客家土楼营造技艺	福建省南靖县、华安县
390	Ⅷ－40	银饰锻制技艺（畲族银器制作技艺、苗族银饰锻制技艺）	福建省福安市，贵州省剑河县、台江县
394	Ⅷ－44	弓箭制作技艺（蒙古族牛角弓制作技艺）	内蒙古师范大学
395	Ⅷ－45	家具制作技艺（晋作家具制作技艺、精细木作技艺）	山西省临汾市、江苏工美红木文化艺术研究所
417	Ⅷ－67	皮纸制作技艺（龙游皮纸制作技艺）	浙江省龙游县
423	Ⅷ－73	徽墨制作技艺（曹素功墨锭制作技艺）	上海市黄浦区
428	Ⅷ－78	雕版印刷技艺（杭州雕版印刷技艺、同仁刻版印刷技艺）	浙江省杭州市西湖区、青海省同仁县
438	Ⅷ－88	风筝制作技艺（北京风筝制作技艺）	北京市东城区、海淀区
881	Ⅷ－98	陶器烧制技艺（黎族泥片制陶技艺、荣昌陶器制作技艺）	海南省白沙黎族自治县、重庆市荣昌县
882	Ⅷ－99	蚕丝织造技艺（杭州织锦技艺、辑里湖丝手工制作技艺）	浙江省杭州市、湖州市南浔区
883	Ⅷ－100	传统棉纺织技艺（南通色织土布技艺、余姚土布制作技艺、维吾尔族帕拉孜纺织技艺）	江苏省南通市、浙江省余姚市、新疆维吾尔自治区拜城县
884	Ⅷ－101	毛纺织及擀制技艺（维吾尔族花毡制作技艺）	新疆维吾尔自治区柯坪县
888	Ⅷ－105	苗族织锦技艺	贵州省台江县、凯里市
898	Ⅷ－115	手工制鞋技艺（老美华手工制鞋技艺）	天津市和平区
903	Ⅷ－120	藏族金属锻制技艺（扎西吉彩金银锻铜技艺）	西藏自治区日喀则地区
907	Ⅷ－124	民族乐器制作技艺（宏音斋笙管制作技艺、蒙古族拉弦乐器制作技艺、马头琴制作技艺、上海民族乐器制作技艺、苗族芦笙制作技艺、傣族象脚鼓制作技艺）	北京市海淀区、内蒙古自治区科尔沁右翼中旗、吉林省前郭尔罗斯蒙古族自治县、上海市闵行区、贵州省凯里市、云南省临沧市临翔区

（续表）

序号	项目编号	项目名称	申报地区或单位
910	Ⅷ－127	漆器髹饰技艺（绛州剔犀技艺、鄱阳脱胎漆器髹饰技艺、潍坊嵌银髹漆技艺、楚式漆器髹饰技艺、阳江漆器髹饰技艺）	山西省新绛县、江西省鄱阳县、山东省潍坊市、湖北省荆州市、广东省阳江市
916	Ⅷ－133	砚台制作技艺（贺兰砚制作技艺）	宁夏回族自治区银川市
919	Ⅷ－136	装裱修复技艺（苏州书画装裱修复技艺）	江苏省苏州市
930	Ⅷ－147	花茶制作技艺（吴裕泰茉莉花茶制作技艺）	北京市东城区
931	Ⅷ－148	绿茶制作技艺（碧螺春制作技艺、紫笋茶制作技艺、安吉白茶制作技艺）	江苏省苏州市吴中区、浙江省长兴县、浙江省安吉县
935	Ⅷ－152	黑茶制作技艺（下关沱茶制作技艺）	云南省大理白族自治州
943	Ⅷ－160	传统面食制作技艺（天津“狗不理”包子制作技艺、稷山传统面点制作技艺）	天津市和平区、山西省稷山县
949	Ⅷ－166	火腿制作技艺（宣威火腿制作技艺）	云南省宣威市
963	Ⅷ－180	窑洞营造技艺（地坑院营造技艺、陕北窑洞营造技艺）	河南省陕县、陕西省延安市宝塔区
969	Ⅷ－186	碉楼营造技艺（羌族碉楼营造技艺、藏族碉楼营造技艺）	四川省汶川县、茂县，青海省班玛县
九、传统医药（共计7项）			
441	Ⅸ－2	中医诊法（葛氏捏筋拍打疗法、王氏脊椎疗法、道虎壁王氏中医妇科、朱氏推拿疗法、张一帖内科疗法）	北京市海淀区、北京市西城区、山西省平遥县、上海市、安徽省黄山市
443	Ⅸ－4	中医传统制剂方法（达仁堂清宫寿桃丸传统制作技艺、定坤丹制作技艺、六神丸制作技艺、致和堂膏滋药制作技艺、季德胜蛇药制作技艺、朱养心传统膏药制作技艺、漳州片仔癀制作技艺、夏氏丹药制作技艺、马应龙眼药制作技艺、罗浮山百草油制作技艺、保滋堂保婴丹制作技艺、桐君阁传统丸剂制作技艺）	天津中新药业集团股份有限公司达仁堂制药厂、山西省太谷县、上海市黄浦区、江苏省江阴市、江苏省南通市、浙江省杭州市、福建省漳州市、湖北省京山县、湖北省武汉市武昌区、广东省博罗县、广东省医药行业协会、重庆市南岸区
444	Ⅸ－5	针灸（陆氏针灸疗法）	上海市
445	Ⅸ－6	中医正骨疗法（武氏正骨疗法、张氏骨伤疗法、章氏骨伤疗法、林氏骨伤疗法）	山西省高平市、浙江省富阳市、浙江省台州市、福建省福州市仓山区
448	Ⅸ－9	藏医药（藏医骨伤疗法）	云南省迪庆藏族自治州

（续表）

序号	项目编号	项目名称	申报地区或单位
972	Ⅸ－12	蒙医药（蒙医传统正骨术、蒙医正骨疗法、血衰症疗法）	内蒙古自治区中蒙医医院、科尔沁左翼后旗、辽宁省阜新蒙古族自治县
975	Ⅸ－15	苗医药（癫痫症疗法、钻节风疗法）	湖南省凤凰县、花垣县
十、民俗（共计24项）			
449	Ⅹ－1	春节（怀仁旺火习俗、查干萨日）	山西省怀仁县、吉林省前郭尔罗斯蒙古族自治县
450	Ⅹ－2	清明节（介休寒食清明习俗）	山西省介休市
451	Ⅹ－3	端午节（五大连池药泉会、嘉兴端午习俗、蒋村龙舟胜会、石狮端午闽台对渡习俗、大澳龙舟游涌）	黑龙江省黑河市、浙江省嘉兴市、浙江省杭州市西湖区、福建省石狮市、香港特别行政区
452	Ⅹ－4	七夕节（石塘七夕习俗、天河乞巧习俗）	浙江省温岭市、广东省广州市天河区
453	Ⅹ－5	中秋节（泽州中秋习俗、秋夕、大坑舞火龙）	山西省泽州县、吉林省延边朝鲜族自治州、香港特别行政区
454	Ⅹ－6	重阳节（皇城村重阳习俗、上蔡重阳习俗）	山西省阳城县、河南省上蔡县
458	Ⅹ－10	火把节（彝族火把节）	贵州省赫章县
480	Ⅹ－32	黄帝祭典（缙云轩辕祭典）	浙江省缙云县
481	Ⅹ－33	炎帝祭典（随州神农祭典）	湖北省随州市
483	Ⅹ－35	祭孔大典（南孔祭典）	浙江省衢州市
484	Ⅹ－36	妈祖祭典（洞头妈祖祭典）	浙江省洞头县
485	Ⅹ－37	太昊伏羲祭典（新乐伏羲祭典）	河北省新乐市
486	Ⅹ－38	女娲祭典（秦安女娲祭典）	甘肃省秦安县
488	Ⅹ－40	祭敖包（达斡尔族沃其贝）	新疆维吾尔自治区塔城市
516	Ⅹ－68	农历二十四节气（九华立春祭、班春劝农、石阡说春）	浙江省衢州市柯城区、浙江省遂昌县，贵州省石阡县
978	Ⅹ－71	元宵节（豫园灯会、上坂关公灯）	上海市黄浦区、江西省南昌市湾里区
984	Ⅹ－77	苗族四月八	湖南省吉首市
987	Ⅹ－80	塔塔尔族撒班节	新疆维吾尔自治区奇台县
991	Ⅹ－84	庙会（北山庙会、张山寨七七会、方岩庙会、九华山庙会、西山万寿宫庙会、汉阳归元庙会、当阳关陵庙会）	吉林省吉林市、浙江省缙云县、浙江省永康市、安徽省池州市九华山风景区、江西省新建县、湖北省武汉市汉阳区、湖北省当阳市

（续表）

序号	项目编号	项目名称	申报地区或单位
992	X－85	民间信俗（梅日更召信俗、锡伯族喜利妈妈信俗、闽台送王船、清水祖师信俗、嫘祖信俗、波罗诞、悦城龙母诞、长洲太平清醮、鱼行醉龙节）	内蒙古自治区包头市九原区、辽宁省沈阳市、福建省厦门市、福建省安溪县、湖北省远安县、广东省广州市黄埔区、广东省德庆县、香港特别行政区、澳门特别行政区
994	X－87	抬阁（海沧蜈蚣阁、宜章夜故事、长乐抬阁故事会、通海高台）	福建省厦门市海沧区、湖南省宜章县、湖南省汨罗市、云南省通海县
996	X－89	朝鲜族花甲礼	黑龙江省牡丹江市
997	X－90	祭祖习俗（沁水柳氏清明祭祖、太公祭、石壁客家祭祖习俗、灯杆彩凤习俗、下沙祭祖）	山西省沁水县、浙江省文成县、福建省宁化县、广东省揭东县、广东省深圳市福田区
1027	X－120	南海航道更路经	海南省琼海市

山西省人民政府公布第三批省级非物质文化遗产名录

山西省人民政府关于公布第三批省级非物质文化遗产名录的通知

晋政函〔2011〕83号

各市、县人民政府，省人民政府各委、厅，各直属机构：

省人民政府批准由省文化厅确定的第三批省级非物质文化遗产名录（共计82项）和省级非物质文化遗产名录扩展项目名录（共计64项），现予以公布。

各地、各部门要按照《国务院关于加强文化遗产保护的通知》（国发〔2005〕42号）《国务院办公厅关于加强我国非物质文化遗产保护工作的意见》（国办发〔2005〕18号）和《山西省人民政府办公厅关于加强我省非物质文化遗产保护工作的实施意见》（晋政办发〔2005〕77号）精神，以《中华人民共和国非物质文化遗产法》为指导，认真贯彻“保护为主，抢救第一，合理利用，传承发展”的工作方针，坚持科学的保护理念，扎实做好我省非物质文化遗产名录项目的保护、传承和管理工作，努力推动非物质文化遗产保护迈上新的台阶，为构建和谐山西，建设文化强省，推动社会主义大发展大繁荣做出新的贡献。

二〇一一年六月十九日

第三批省级非物质文化遗产名录

（共计82项，涉及94个申报地区或单位）

序号	项目编号	项目名称	申报地区或单位
一、民间文学（共计12项，涉及12个申报地区或单位）			
272	Ⅰ-37	狄仁杰的传说	太原市小店区营盘街办文化站
273	Ⅰ-38	石海的传说	太原市小店区北格镇北格村
274	Ⅰ-39	李佬人的传说	长治市黎城县文化馆
275	Ⅰ-40	青果寒泉寺的传说	长治市沁源县交口乡候壁村
276	Ⅰ-41	炎帝的传说	长治市城区炎帝文化研究会
277	Ⅰ-42	王泰来的传说	晋城市泽州县大箕镇南沟村委、秋木洼村委
278	Ⅰ-43	松林积雪的传说	晋城市泽州县大箕镇松林寺
279	Ⅰ-44	汾神台骀的传说	临汾市侯马市群众艺术馆
280	Ⅰ-45	黄河仙子的传说	临汾市大宁县文化馆
281	Ⅰ-46	李娘娘的传说	临汾市翼城县文化馆
282	Ⅰ-47	晋文公的传说	运城市绛县文化馆
283	Ⅰ-48	卫夫人的传说	运城市夏县文化馆
二、传统音乐（共计5项，涉及5个申报地区或单位）			
284	Ⅱ-26	斤秤锣鼓	长治市武乡县人民文化馆
285	Ⅱ-27	福胜锣鼓	吕梁市文水县闫家社村
286	Ⅱ-28	人祖山祭祖鼓乐	临汾市吉县文化馆
287	Ⅱ-29	晋都文锣鼓	临汾市曲沃县乐昌镇席村
288	Ⅱ-30	软槌锣鼓	运城市万荣县软槌锣鼓研究会
三、传统舞蹈（共计10项，涉及11个申报地区或单位）			
289	Ⅲ-33	风火龙舞	长治市襄垣县非物质文化遗产保护中心
290	Ⅲ-34	漾杠箱	晋城市泽州县大箕镇南河底村
291	Ⅲ-35	霍家山龙灯	晋城市沁水县文化馆
292	Ⅲ-36	渔翁逗海蚌	忻州市繁峙县繁城镇北城街村
293	Ⅲ-37	左权小花戏	晋中市左权县开花调艺术团

（续表）

序号	项目编号	项目名称	申报地区或单位
294	Ⅲ－38	独龙杆	晋中市灵石县静升镇静升村
295	Ⅲ－39	跑莲灯	晋中市和顺县文化馆
296	Ⅲ－40	转身鼓（翼城转身鼓、令伯转身鼓）	临汾市翼城县文化馆、临汾市襄汾县令伯村委会
297	Ⅲ－41	花腔鼓	临汾市襄汾县赵康镇赵雄村委会
298	Ⅲ－42	亮宝	运城市永济市文化馆
四、传统戏剧（共计3项，涉及3个申报地区或单位）			
299	Ⅳ－25	弦腔（夫子岭弦腔）	晋中市和顺县文化馆
300	Ⅳ－26	乐乐腔	临汾市浮山县文化馆
301	Ⅳ－27	目连戏	临汾市翼城县文化馆
五、曲艺（共计2项，涉及2个申报地区或单位）			
302	Ⅴ－15	垣曲镲	运城市垣曲县文化馆
303	Ⅴ－16	四弦书（平陆高调）	运城市平陆县文化馆
六、传统体育、游艺与杂技（共计5项，涉及7个申报地区或单位）			
304	Ⅵ－16	浑元一气功	武警山西总队
305	Ⅵ－17	耍叉（晋阳三三叉、寿阳耍叉、火叉）	太原市晋源区武术协会、晋中市寿阳县文化馆、临汾市翼城县文化馆
306	Ⅵ－18	手歌	临汾市汾西县文化馆
307	Ⅵ－19	永济飞狮	运城市永济市文化馆
308	Ⅵ－20	杨氏太极拳	太原传统杨氏太极拳协会
七、传统美术（共计4项，涉及8个申报地区或单位）			
309	Ⅶ－18	石雕（沁源石雕）	长治市沁源县赤石桥乡武家沟村
310	Ⅶ－19	木雕（根雕、永乐桃木雕刻技艺）	长治市沁源县赤石桥乡涧崖底村、忻州市宁武县怀海根艺美术专业合作社、忻州市定襄晟龙木雕模型艺术有限公司、吕梁市交口县文化馆、运城市芮城县永乐理天桃木雕刻坊
311	Ⅶ－20	泥金笺画	运城永济市文化馆
312	Ⅶ－21	宫灯（柴森宫灯）	运城市夏县柴森宫灯厂

（续表）

序号	项目编号	项目名称	申报地区或单位
八、传统技艺（26项，涉及30个申报地区或单位）			
313	Ⅷ－58	清徐葡萄酒酿制技艺	山西清徐葡萄酒有限公司
314	Ⅷ－59	清徐熏葡萄技艺	太原市清徐马峪葡萄酒厂
315	Ⅷ－60	清徐孟封饼制作工艺	太原市昌发祥食品有限公司
316	Ⅷ－61	豆腐干制作技艺（徐沟豆腐干制作技艺）	太原市清徐徐沟豆制品有限公司
317	Ⅷ－62	浑源凉粉制作技艺	大同市浑源大瑞食品有限责任公司
318	Ⅷ－63	铸造技艺（浑源铸钟制作技艺）	神溪牛氏铸钟公司
319	Ⅷ－64	烧饼制作技艺（灵丘烧饼制作技艺、棉上酥饼）	大同市灵丘县田师傅食品加工厂、长治市沁源县棉上村
320	Ⅷ－65	羊汤制作技艺（壶关羊汤）	山西郭氏食品工业有限公司（长治市）
321	Ⅷ－66	上党腊驴肉制作技艺	山西世龙食品有限公司
322	Ⅷ－67	苇编技艺	长治市襄垣县非物质文化遗产保护中心
323	Ⅷ－68	沁州干馍制作工艺	长治市沁县文化馆
324	Ⅷ－69	刘氏制鼓技艺	长治市黎城县民俗文化学会
325	Ⅷ－70	金银铜器传统制作技艺（金银铜器制作技艺、黎城银器制作技艺、繁峙银器制作技艺）	运城市杰忠金银铜器传统制作工艺研究中心、长治市黎城县八宝银楼、忻州市繁峙县星河银业有限公司
326	Ⅷ－71	长子炒饼制作技艺	长治市长子县明孩饭店
327	Ⅷ－72	乔氏“法花”陶瓷传统手工技艺	晋城市阳城县乔枫瓷业有限公司
328	Ⅷ－73	桑蚕丝被制作技艺	晋城市晋氏实业有限公司
329	Ⅷ－74	德义园府酱制作技艺	山西德义园味业有限公司
330	Ⅷ－75	桑皮纸制作技艺	吕梁市柳林县孟门镇文化站
331	Ⅷ－76	寿阳油柿子技艺	晋中市寿阳县文化馆
332	Ⅷ－77	宝剑制作技艺	晋中市平遥县文涛坊艺术品有限公司
333	Ⅷ－78	传统布鞋制作技艺（宝龙斋传统布鞋制作技艺、千层底手工拉花布鞋制作技艺）	晋中市平遥宝龙制鞋厂、临汾市尧都区土圪塔手工布艺有限公司
334	Ⅷ－79	熏醋酿制技艺	临汾市安泽县府城镇义唐泽林醋业
335	Ⅷ－80	米醋酿制技艺（小米醋酿造技艺）	山西三盛合酿造有限公司（襄汾）
336	Ⅷ－81	古陶烧制技艺（古陶烧制技艺）	临汾市九州地方文化工作室

（续表）

序号	项目编号	项目名称	申报地区或单位
337	Ⅷ－82	彩古陶烧制技艺（彩绘陶制作技艺）	运城市新绛县店头乡乐义林堂仿古工艺厂
338	Ⅷ－83	"酱玉瓜"制作技艺	运城市临猗县临晋东晟酱园
九、传统医药（共计2项，涉及2个申报地区或单位）			
339	Ⅸ－11	针灸（一针消肿疗法）	临汾市非物质文化遗产保护协会
340	Ⅸ－12	中药炮制技术（山西颐圣堂醋制药材）	山西黄河中药有限公司
十、民俗（共计13项，涉及14个申报地区或单位）			
341	Ⅹ－42	东于架火迎鼓习俗	太原市清徐县文化馆
342	Ⅹ－43	刮街	长治市平顺县石城镇白杨坡村
343	Ⅹ－44	上党连氏宗族信俗	长治市襄垣非物质文化遗产保护中心
344	Ⅹ－45	端午节习俗	长治市沁县文化馆
345	Ⅹ－46	黎城望乡会	长治市黎城县文化馆
346	Ⅹ－47	打潭习俗	晋城市阳城县非物质文化遗产保护中心、泽州县下村镇上寺头村
347	Ⅹ－48	泽州打铁花习俗	晋城市泽州县巴公镇来村村委会
348	Ⅹ－49	宁武天池净身节习俗	忻州市宁武县余庄乡马营村村委会
349	Ⅹ－50	用水习俗	临汾市霍州市文化馆
350	Ⅹ－51	火星圣母祭祀习俗	临汾市霍州市文化馆
351	Ⅹ－52	五龙洞祭祀习俗	临汾市蒲县非遗中心
352	Ⅹ－53	汾西添仓节	临汾市汾西县文化馆
353	Ⅹ－54	本命年习俗	山西本命年习俗研究会

省级非物质文化遗产扩展项目名录

（共计64项，涉及131个申报地区或单位）

序号	项目编号	项目名称	申报地区或单位
一、民间文学（共计6项，涉及7个申报地区或单位）			
5	Ⅰ－5	笑话（襄汾七十二呆）	临汾市襄汾县非物质文化遗产保护协会
106	Ⅰ－9	尧的传说	长治市黎城县文化馆、临汾市非物质文化遗产保护协会
137	Ⅰ－18	舜的传说	运城市垣曲县文化馆

（续表）

序号	项目编号	项目名称	申报地区或单位
143	Ⅰ-24	稷王的传说	运城市稷山县文化馆
144	Ⅰ-36	张四姐的故事	吕梁市孝义市传统文化研究会
148	Ⅰ-29	围棋起源传说（沁县烂柯的传说）	长治市沁县文化馆
二、传统音乐（共计3项，涉及3个申报地区或单位）			
17	Ⅱ-9	晋北鼓吹（定襄八音）	忻州市定襄县金锁呐艺术团
18	Ⅱ-10	恒山道乐	大同市浑源县文化馆
19	Ⅱ-11	上党乐户	长治市潞城市西流村王家乐户
三、传统舞蹈（共计8项，涉及17个申报地区或单位）			
21	Ⅲ-1	狮舞（南上官狮舞）	临汾市侯马市南上官村委会
22	Ⅲ-2	高跷（集义高跷、太原庙前高跷、元王高跷、神农高跷、飞岭高跷）	太原市清徐县文化馆、太原市民间文艺家协会（迎泽区）、长治市沁县文化馆、晋城市高平市文化馆、临汾市安泽县府城镇飞岭村
23	Ⅲ-3	花鼓（北垣花鼓）	运城市闻喜县文化馆
24	Ⅲ-4	秧歌（水船秧歌、旱船秧歌、踢鼓秧歌、地秧歌、地灯秧歌）	吕梁市柳林镇青龙社区文化活动中心、吕梁市离石区文化馆、大同市大同县文化馆、大同市南郊区文化馆、临汾市汾西县文化馆
31	Ⅲ-11	背铁棍（抬阁）	晋中市榆次区张庆乡张庆村、晋中市灵石县静升镇静升村
33	Ⅲ-13	霸王鞭（西石霸王鞭）	运城市垣曲县古城镇西石村
112	Ⅲ-16	九莲灯（冶底九莲灯）	晋城市泽州县南村镇冶底村
174	Ⅲ-24	竹马（左权县五里堠）	晋中市左权县辽阳镇五里堠村村委会
四、传统戏剧（共计6项，涉及11个申报地区或单位）			
41	Ⅳ-7	秧歌戏（大树秧歌、沁水秧歌、中庄秧歌、祁县武秧歌）	晋城市阳城县非物质文化遗产保护中心、晋城市沁水县文化馆、晋城市阳城县非物质文化遗产保护中心、晋中市祁县温曲村
42	Ⅳ-8	道情戏（大涧道情、兴县道情、永和道情）	大同市灵丘县文化馆、吕梁市兴县人民文化馆、临汾市永和县文化馆
44	Ⅳ-10	锣鼓杂戏	运城市万荣县锣鼓杂戏研究会
45	Ⅳ-11	皮影戏	太原市清徐县常丰村皮影艺术团
48	Ⅳ-14	上党落子	长治市上党落子剧团

（续表）

序号	项目编号	项目名称	申报地区或单位
52	Ⅳ－18	赛戏（鳌石赛戏）	大同市阳高县文化馆
五、曲艺（共计3项，涉及5个申报地区或单位）			
56	Ⅴ－3	鼓书（隰县打鼓书）	临汾市隰县文化馆
58	Ⅴ－5	晋东南说唱道情（屯长道情）	长治市长子县文化馆
60	Ⅴ－7	三弦书（临县三弦书、离石三弦书、平遥弦子书）	吕梁市临县文化馆、吕梁市离石区文化馆、晋中市平遥县文化馆
六、传统体育、游艺与杂技（共计1项，涉及1个申报地区或单位）			
199	Ⅵ－11	傅山拳	晋中市灵石县武术协会
七、传统美术（共计9项，涉及30个申报地区或单位）			
64	Ⅶ－1	剪纸（武乡剪纸、沁源剪纸、陵川剪纸、右玉剪纸、柳林剪纸、寿阳福寿剪纸、左权剪纸、闻喜剪纸、万荣剪纸）	长治市武乡县职业介绍服务中心、长治市沁源县郭道镇郭道村、晋城市陵川县文化馆、朔州市右玉县飞天民间艺术发展中心、吕梁市柳林县民间剪纸协会、晋中市寿阳县文化馆、晋中市左权县文化馆、运城市闻喜县文化馆、运城市万荣县月贵剪纸工作室
66	Ⅶ－3	面花（太原面塑、晋阳花馍、代县面塑、太平面塑、万荣面人）	杏花岭区三桥街道办事处桃北西社区、太原市晋源区晋阳文化研究会、忻州市代县面塑艺术研究中心、临汾市非物质文化遗产保护协会、运城市万荣县董氏面人工作室
67	Ⅶ－4	山西民居砖雕（太谷砖雕）	晋中市太谷县晋派砖雕研究所
68	Ⅶ－5	布艺（阳高布艺、阳泉布老虎、陵川布贴画、绛县布扎、芮城布艺）	大同市阳高县民间工艺美术协会、阳泉市城区峰梅琴艺术工作室、晋城市陵川县文化馆、运城市绛县秋菊布扎虎艺术工作室、运城市芮城县雅婷布艺工作室
69	Ⅶ－6	长治堆锦	长治市城区德艺坊堆锦工作室
116	Ⅶ－7	建筑彩绘（墙围画、襄垣民居脊饰传统技艺、古建筑彩绘）	长治市沁源县赤石桥乡赤石桥村、长治市襄垣县非物质文化遗产保护中心、晋中市山西晋阳古建筑工程有限公司榆社分公司
117	Ⅶ－8	民间绣活（上党女红、繁峙晋绣、榆社晋绣）	长治郊区锦绣坊、忻州市繁峙县晋绣坊文化产业发展中心、晋中市榆社县兴晋绣艺专业合作社
206	Ⅶ－11	泥塑（不倒翁、泥塑佛像）	清徐县文化馆、晋中市灵石县静升镇苏溪村
209	Ⅶ－14	麦草画	临汾市蒲县非物质文化保护中心

（续表）

序号	项目编号	项目名称	申报地区或单位
八、传统技艺（共计18项，涉及31个申报地区或单位）			
73	Ⅷ－4	老陈醋酿制技艺（"益源庆"宁化府老陈醋酿造技艺、辛寨陈醋酿制技艺、四眼井醋制作工艺）	太原市宁化府益源庆醋业有限公司、长治市壶关县辛寨绿色醋业有限公司、晋中市榆次区四眼井酿造实业有限公司
74	Ⅷ－5	传统面食制作技艺（剪刀面制作技艺、交里桥饸饹面制作技艺、大阳馔面制作技艺）	侯马市宴皇源餐饮有限公司、临汾市曲沃县交里桥小胖饸饹面馆、晋城市泽州县文化馆
80	Ⅷ－11	砚台制作技艺（五台山石砚雕刻技艺、温氏空心澄泥砚）	忻州市定襄县河边雅艺轩制砚厂、五台温氏澄泥砚制品有限公司
81	Ⅷ－12	传统月饼制作技艺（雪莲酥月饼制作技艺、神池月饼加工技艺）	太原市山西大唐明楼食品有限公司、忻州市神池县长祥圆食品有限责任公司
83	Ⅷ－14	蒸馏酒传统酿造技艺（唐宫悦酒制作工艺、子酒酿造技艺、罗酒制作技艺）	长治市潞城市凤栖桥酿业有限公司、山西后沟古村酒业有限公司、山西舜都集团永济酒业有限公司
119	Ⅷ－18	六味斋酱肘花传统生产工艺	太原市六味斋实业有限公司
213	Ⅷ－28	手工空心挂面制作技艺	运城市夏县黄土壹佰合家食品有限公司
215	Ⅷ－30	砂货烧制技艺（翼城砂锅烧制技艺）	临汾市翼城县隆化镇尧都村
219	Ⅷ－34	古建筑营造技艺（晋南古建筑营造技艺）	侯马市盛世华韵古典家居文化有限公司
220	Ⅷ－35	黄酒酿制技艺（代州黄酒制作技艺、平遥"长昇源"黄酒酿制技艺）	忻州市代县四达酒类饮料有限责任公司，晋中市平遥"长昇源"黄酒厂
221	Ⅷ－36	神池胡麻油压榨技艺	忻州市神池县清泉岭榨油厂
223	Ⅷ－38	传统宴席制作（平定传统三八席制作技艺、高平十大碗制作技艺）	阳泉市晋香源餐饮服务有限公司、晋城市高平市翠岭茶楼
230	Ⅷ－45	武乡炒指技艺	长治市武乡县人民文化馆
233	Ⅷ－48	黑陶制作工艺	山西翔龙黑陶工艺品有限公司（榆次）
234	Ⅷ－49	传统豆腐制作技艺（古寨豆腐制作技艺）	太原市晋源区金胜镇古寨村委会
237	Ⅷ－52	晋作家具制作技艺（家具制作技艺）	山西省鑫荣木雕工艺有限公司（忻府区）、侯马市盛世华韵古典家居文化有限公司
238	Ⅷ－53	传统棉纺织技艺（襄子老粗布织造技艺、顺手工纺织技艺、丁村民间传统棉纺技艺）	长治市襄垣县非物质文化遗产保护中心、长治市平顺县石城镇白杨坡村、临汾市丁村民俗文化开发有限公司
241	Ⅷ－56	贾得手工麻纸技艺	临汾市尧都区贾得乡贾得村

（续表）

序号	项目编号	项目名称	申报地区或单位
九、传统医药（共计4项，涉及9个申报地区或单位）			
87	Ⅸ－2	龟龄御酒传统制作技艺	山西龟龄御酒厂
243	Ⅸ－3	中医传统制剂方法（白氏拔毒膏药与生肌散制作技艺、安宫牛黄丸制作技艺、勒马回中药制作技艺）	晋中市仁庄中医外科诊所、山西广誉远国药有限公司、运城市万荣三九药业有限公司
249	Ⅸ－9	中医正骨疗法（李氏正骨疗法、何氏中医正骨、平王中医正骨）	长治市城区红十字李新如骨科医院，运城市稷山县洪新诊所、运城市芮城县陌南镇平王村中医骨科诊所
250	Ⅸ－10	中医诊法（吉祥王氏烧伤、腹揉康传统揉肚技艺）	临汾市曲沃县吉祥村卫生所、运城腹揉康传统揉肚特色疗法研究所
十、民俗（共计6项，涉及17个申报地区或单位）			
88	Ⅹ－1	民间社火（代县上阳花社火）	忻州市代县上阳花社火研究中心
89	Ⅹ－2	尧的祭祀	运城市绛县文化馆
90	Ⅹ－3	舜的祭祀	运城市垣曲县舜文化研究会
98	Ⅹ－11	庙会（圪咀崖娘娘庙会、高都三月二十八传统庙会、凤山庙会、东岳庙——四醮朝山、华佗庙会、娘娘庙会、四牌楼传统古会、翼城滦池古会、鸣条二月二四圣出巡古庙会）	太原市古交市文化馆、晋城市泽州县高都镇综合文化站、吕梁市离石区文化馆、临汾市蒲县非遗中心、临汾市曲沃县方城村民俗文化研究会、临汾市曲沃县里村镇封王村委会、临汾市曲沃县乐昌镇东关村、临汾市翼城县文化馆、运城市盐湖区鸣条尧舜禹关四圣民间文化传承会
104	Ⅹ－17	婚俗（平定婚俗）	阳泉市平定县历史文化研究会
269	Ⅹ－39	九曲黄河阵（平顺转九曲、保德九曲黄河阵灯会、左权县河南村黄河阵、榆社“九曲黄河灯阵”）	长治市平顺县石城镇白杨坡村、忻州九曲黄河阵灯会文化发展有限公司、晋中市左权县辽阳镇河南村委、晋中市榆社县箕城镇北逆流河村

内蒙古自治区人民政府公布第三批自治区级非物质文化遗产名录和自治区级非物质文化遗产扩展名录

内蒙古自治区人民政府关于公布第三批自治区级非物质文化遗产名录和自治区级非物质文化遗产扩展名录的通知

内政发〔2011〕97号

各盟行政公署、市人民政府，自治区各委、办、厅、局，各大企业、事业单位：

自治区人民政府批准自治区文化厅确定的第三批自治区级非物质文化遗产名录和自治区级非物质文化遗产扩展名录，现予公布。

各地区、各部门要按照《国务院关于加强文化遗产保护的通知》（国发〔2005〕42号）和《内蒙古自治区人民政府批转自治区文化厅关于加强文化遗产保护实施意见的通知》（内政字〔2006〕149号）精神，深入贯彻“保护为主、抢救第一、合理利用、传承发展”的工作方针，切实做好非物质文化遗产的保护和管理工作，为弘扬民族文化，建设民族文化强区，推动社会主义文化大发展大繁荣做出新的贡献。

附件：1.内蒙古自治区第三批非物质文化遗产文化遗产名录

2.内蒙古自治区非物质文化遗产扩展名录

内蒙古自治区人民政府

二〇一一年八月二十六日

附件1：

内蒙古自治区第三批非物质文化遗产名录

（共计48项）

序号	编号	项目名称	申报地区或单位
一、民间文学（3项）			
1	NM Ⅰ-21	五哥放羊传说	土右旗
2	NM Ⅰ-22	哈布图·哈萨尔传说	乌拉特前旗
3	NM Ⅰ-23	蟒古斯的故事	科右中旗

（续表）

序号	编号	项目名称	申报地区或单位
二、传统音乐（8项）			
1	NM Ⅱ －33	蒙古族雅托噶（蒙古筝）音乐	苏尼特右旗
2	NM Ⅱ －34	和硕特民歌	阿左旗
3	NM Ⅱ －35	民间吹打乐（土默特民间吹打乐）	土右旗
4	NM Ⅱ －36	赤峰雅乐	赤峰市红山区
5	NM Ⅱ －37	宁城十番乐	宁城县
6	NM Ⅱ －38	葛根庙叙事民歌	乌兰浩特市
7	NM Ⅱ －39	科尔沁民歌	科右前旗
8	NM Ⅱ －40	蒙古族林丹汗宫廷音乐	阿鲁科尔沁旗
三、传统舞蹈（3项）			
1	NM Ⅲ －18	抬阁（宁城三座店抬阁背阁）	宁城县
2	NM Ⅲ －19	高跷（土默特慢板高跷）	呼和浩特市
3	NM Ⅲ －20	秧歌（清水河踢鼓子秧歌）	清水河县
四、传统戏剧（1项）			
1	NM Ⅳ －7	双山道情	凉城县
六、传统体育、游艺与杂技（3项）			
1	NM Ⅵ －23	蒙古族射箭（乌珠穆沁射箭）	西乌旗
2	NM Ⅵ －24	塔克拉牌游艺	阿右旗
3	NM Ⅵ －25	燕青拳	乌兰浩特市
七、传统美术（2项）			
1	NM Ⅶ －17	计氏羊皮画	包头市
2	NM Ⅶ －18	拜灵制作技艺	苏尼特左旗
八、传统技艺（12项）			
1	NM Ⅷ －44	清水河瓷艺	清水河县
2	NM Ⅷ －45	佛坛城制作技艺	阿左旗

（续表）

序号	编号	项目名称	申报地区或单位
3	NM Ⅷ－46	铜银器制作技艺（乌拉特铜银器制作技艺、多伦铜银器制作技艺）	乌拉特中旗、多伦县
4	NM Ⅷ－47	蒙古族奶酒酿造技艺（乌珠穆沁奶酒酿制技艺）	东乌旗
5	NM Ⅷ－48	毡绣技艺	苏尼特左旗
6	NM Ⅷ－49	多伦“喇嘛庙月饼”制作技艺	多伦县
7	NM Ⅷ－50	蒙医传统疗法器械制作工艺	阿鲁科尔沁旗
8	NM Ⅷ－51	青城德兴源烧麦	呼和浩特市玉泉区
9	NM Ⅷ－52	鄂温克族口弦琴制作技艺	根河市
10	NM Ⅷ－53	鄂温克族鹿哨制作技艺	根河市
11	NM Ⅷ－54	鄂温克族熟皮子技艺	根河市
12	NM Ⅷ－55	毛绣（察哈尔毛绣）	察哈尔右翼后旗
九、传统医药（3项）			
1	NM Ⅸ－17	阿拉善蒙医红柳灸疗法	额济纳旗
2	NM Ⅸ－18	科尔沁蒙医药浴疗法	科右中旗
3	NM Ⅸ－19	鸿茅中医药酒文化	鸿茅医药酒文化研究会
十、民俗（13项）			
1	NM Ⅹ－80	扎赉特服饰	扎赉特旗
2	NM Ⅹ－81	科尔沁赛马习俗	科右中旗
3	NM Ⅹ－82	祭神树	额济纳旗
4	NM Ⅹ－83	土尔扈特服饰	额济纳旗
5	NM Ⅹ－84	喀尔喀服饰	阿右旗
6	NM Ⅹ－85	和硕特服饰	阿左旗
7	NM Ⅹ－86	布里亚特服饰	鄂温克旗锡尼河镇
8	NM Ⅹ－87	蒙古族酒令（阿拉善蒙古族酒令）	阿右旗
9	NM Ⅹ－88	达斡尔族萨满斡包祭	莫旗
10	NM Ⅹ－89	达里湖冬捕习俗	克什克腾旗
11	NM Ⅹ－90	信仰伊斯兰教蒙古族婚礼	阿左旗
12	NM Ⅹ－91	蒙古族年俗（阿拉善年俗）	阿拉善盟
13	NM Ⅹ－92	鄂温克巴彦呼硕敖包祭祀	鄂温克族自治旗

附件2：

内蒙古自治区第二批非物质文化遗产名录扩展项目

（共计19项）

序号	编号	项目名称	申报地区或单位
一、民间文学（2项）			
1	NM Ⅰ－1	祝赞词（乌拉特祝赞词）	巴彦淖尔市
2	NM Ⅰ－5	巴拉根仓故事	正蓝旗
二、传统音乐（2项）			
1	NM Ⅱ－15	阿斯尔	镶黄旗
2	NM Ⅱ－19	蒙古族长调民歌（扎鲁特长调）	扎鲁特旗
三、传统舞蹈（1项）			
1	NM Ⅲ－5	博舞	科尔沁左翼中旗
五、曲艺（1项）			
1	NM Ⅴ－1	好来宝	扎鲁特旗
六、传统体育、游艺与杂技（3项）			
1	NM Ⅵ－10	蒙古族赛驼	苏尼特右旗
2	NM Ⅵ－3	蒙古族搏克（布里亚特搏克）	鄂温克族自治旗锡尼河镇
3	NM Ⅵ－22	帕日吉游戏	额济纳旗
七、传统美术（4项）			
1	NM Ⅶ－5	剪纸（红山剪纸、科尔沁剪纸、达拉特纪事剪纸）	赤峰市红山区、通辽市、达拉特旗
2	NM Ⅶ－6	蒙古族图案	内蒙非物质文化遗产保护中心
3	NM Ⅶ－7	蒙古族刺绣（鄂尔多斯刺绣、科尔沁刺绣、乌拉特刺绣、乌兰毛都刺绣、奥日雅玛拉刺绣）	鄂托克前旗、通辽市、乌拉特后旗、科尔沁右翼前旗、乌兰浩特市
4	NM Ⅶ－16	面塑（青城面塑）	呼和浩特市新城区
八、传统技艺（3项）			
1	NM Ⅷ－2	蒙古包（蒙古包营造技艺）	正蓝旗、阿鲁科尔沁旗

（续表）

序号	编号	项目名称	申报地区或单位
2	NM Ⅷ－5	蒙古族马具制作技艺（鄂尔多斯马具制作技艺）	鄂托克前旗
3	NM Ⅷ－23	炒米制作工艺（科尔沁炒米加工技艺）	科尔沁左翼中旗
十、民俗（3项）			
1	NM Ⅹ－9	祭敖包	内蒙古非物质文化遗产保护中心
2	NM Ⅹ－58	祭火（乌珠穆沁祭火、察哈尔祭火）	东乌珠穆沁旗、正镶白旗
3	NM Ⅹ－63	蒙古族剪发仪式	阿拉善左旗

吉林省人民政府公布第三批省级非物质文化遗产名录

吉林省人民政府关于公布第三批省级非物质文化遗产名录的通知

吉政函〔2011〕235号

各市（州）人民政府，长白山管委会，各县（市）人民政府，省政府各厅委办、各直属机构：

省文化厅确定的第三批省级非物质文化遗产名录（共计101项）和省级非物质文化遗产名录扩展项目名录（共计2项）已经省政府批准，现予公布。

各地区、各部门要认真贯彻执行《中华人民共和国非物质文化遗产法》，按照《国务院关于加强文化遗产保护的通知》（国发〔2005〕42号）和《国务院办公厅关于加强我国非物质文化遗产保护工作的意见》（国办发〔2005〕18号）要求，认真贯彻落实“保护为主，抢救第一，合理利用，传承发展”的工作方针，扎实做好非物质文化遗产名录项目的保护、传承和管理工作，努力推动文化大发展大繁荣，不断满足人民群众日益增长的精神文化需求。

二〇一一年十一月十一日

吉林省第三批省级非物质文化遗产名录

（共计101项）

序号	项目名称	申报地区或单位
	一、民间文学（9项）	
1	满语地名传说	吉林市
2	辽河源头传说	东辽县
3	长白山人参故事	通化师范学院、抚松县
4	于凤至家族故事	松原市
5	大布苏传说	乾安县
6	祝赞词	前郭县
7	阿阑豁阿的故事	前郭县
8	巴拉根仓的故事	前郭县
9	镇赉民间故事	镇赉县
	二、传统音乐（6项）	
1	长白山民歌	通化师范学院
2	海龙鼓吹乐	梅河口市
3	潮尔	前郭县
4	呼麦	前郭县
5	朝鲜族筝	延吉市
6	朝鲜族短箫	延边大学艺术学院
	三、传统舞蹈（6项）	
1	长白山满族高跷大秧歌	通化师范学院
2	东北高跷“双面人”	辉南县
3	郭尔罗斯博舞	前郭县
4	朝鲜族响钹舞	延边州
5	朝鲜族顶水舞	敦化市
6	朝鲜族背架舞	龙井市

（续表）

序号	项目名称	申报地区或单位
四、曲艺（6项）		
1	榆树二人转	榆树市
2	东路二人转	吉林市
3	磐石奉尾大鼓	磐石市
4	左赵评书	磐石市
5	朝鲜族说唱歌舞“乞丐谣”	辉南县
6	梁海清乌力格尔	通榆县
五、传统体育、游艺与杂技（7项）		
1	武术铁松遗真	吉林市
2	罗氏戏法	吉林市
3	蒙古族象棋	前郭县
4	蒙古族乃日	前郭县
5	郭尔罗斯蒙古族扔砣	前郭县
6	蒙古族打唠唠	前郭县
7	朝鲜族踩地神	龙井市
六、传统戏剧（1项）		
1	吉剧	吉林省吉剧院
七、传统美术（19项）		
1	宇平绢人	长春市
2	董丛仁草编	长春市
3	长白山红松根雕	通化师范学院
4	佟佳江满族剪纸	通化市东昌区
5	长白山满族撕纸	通化县
6	辉发满族剪纸	辉南县
7	长白山根雕	白山市
8	长白山木瓢	白山市
9	乌力吉将嘎（绳编）	前郭县

（续表）

序号	项目名称	申报地区或单位
10	郭尔罗斯剪纸	前郭县
11	姜淑艳布贴画	白城市
12	高乃峰根须画	白城市
13	丛翠莲缝绣画	洮南市
14	张玉欣布贴画	通榆县
15	李向荣无笔画	通榆县
16	于洋鱼骨工艺	通榆县
17	刘福山黄榆根雕	通榆县
18	刘景峰蛋雕	通榆县
19	朝鲜族刺绣	延边州
八、传统技艺（38项）		
1	赵氏鹿茸炸煮技法	长春市双阳区
2	吉林面人胡	吉林市
3	牛马行传统牛肉饸饹	吉林市
4	满族萨满骨质神偶制作技艺	永吉县
5	龙泉春酒酿造技艺	辽源市
6	长白山野山蜂养殖技艺	通化师范学院
7	长白山粉条漏制技艺	通化师范学院
8	长白山叶裹食品制作技艺	通化师范学院
9	长白山山参栽培技艺	通化市东昌区
10	集安药王谷野山参繁衍技艺	集安市
11	福贵铁锅鸭绿江鱼	集安市
12	集安新开河边条人参加工技艺	集安市
13	长白山野生山葡萄酒酿造技艺	通化县
14	龙岗山蝲蛄豆腐制作技艺	柳河县
15	姜家店火山岩水稻种植技艺	柳河县
16	长白山黑木耳栽培加工技艺	白山市
17	金斗笠酱酿造技艺	长白县
18	伯都讷满族扎彩技艺	松原市宁江区

（续表）

序号	项目名称	申报地区或单位
19	岭泉白酒酿造技艺	长岭县
20	三青山粉条制作工艺	长岭县
21	前郭尔罗斯酿酒技艺	前郭县
22	前郭尔罗斯蒙古族牛肉干制作技艺	前郭县
23	郭尔罗斯传统民居建造技艺	前郭县
24	黏米食品制作技艺	前郭县
25	大安老窖酒酿造技艺	白城市
26	东北骄子酒酿造技艺	白城市
27	洮南万宝粉条制作技艺	洮南市
28	镇赉柳编技艺	镇赉县
29	野山参鉴别加工技艺	延边州
30	朝鲜族民居建筑技艺	延吉市、龙井市
31	朝鲜族冬至红豆粥制作技艺	延吉市
32	朝鲜族糕饼制作技艺	延吉市
33	朝鲜族臭酱制作技艺	延吉市
34	朝鲜族马格力酒酿造技艺	延吉市
35	小万庄酱菜腌制技艺	敦化市
36	甩湾子豆瓣酱制作技艺	敦化市
37	锉草鸡养殖技艺	敦化市
38	安图隋氏铁制品制作技艺	安图县
九、民俗（9项）		
1	满族赵氏家族祭祖习俗	长春师范学院
2	长白山满族过年习俗	通化师范学院
3	蒙古族交际礼俗	前郭县
4	蒙古族祭火	前郭县
5	蒙古族祭神树	前郭县
6	郭尔罗斯祈月节	前郭县
7	成吉思汗祭	前郭县
8	正觉寺庙会	敦化市

（续表）

序号	项目名称	申报地区或单位
9	烧月亮房	龙井市

吉林省第二批省级非物质文化遗产扩展项目名录

（共计2项）

序号	项目名称	申报地区或单位
一、传统体育、游艺与杂技（1项）		
1	朝鲜族尤茨	吉林市
二、传统技艺（1项）		
1	朝鲜族泡菜制作技艺	延吉市

黑龙江省人民政府公布第三批省级非物质文化遗产名录和省级非物质文化遗产扩展项目名录

黑龙江省人民政府关于公布第三批省级非物质文化遗产名录和省级非物质文化遗产扩展项目名录的通知

黑政发〔2011〕48号

各市（地）、县（市）人民政府（行署），省政府各直属单位：

省政府批准省非物质文化遗产保护工作厅际联席会议确定的第三批省级非物质文化遗产名录（共计47项）和省级非物质文化遗产扩展项目名录（共计4项），现予公布。

各地、各部门要按照《中华人民共和国非物质文化遗产法》及《黑龙江省人民政府关于加强文化遗产保护工作的意见》（黑政发〔2006〕55号）要求，贯彻落实“保护为主，抢救第一，合理利用，传承发展”的工作方针，认真做好非物质文化遗产的保护传承和发展工作，为弘扬黑龙江传统文化，推动全省文化大繁荣大发展做出积极贡献。

二〇一一年七月十四日

黑龙江省第三批省级非物质文化遗产名录

（共计47项）

序号	项目名称	申报地区或单位
一、民间文学（4项）		
1	双城民间故事	双城市
2	鄂温克族民间传说	讷河县
3	秃尾巴老李传说	牡丹江市
4	满族说部《招抚宁古塔》	宁安市
二、传统音乐（6项）		
5	满族传统民歌	哈尔滨市阿城区
6	达斡尔族扎恩达勒	齐齐哈尔市梅里斯达斡尔族区
7	朝鲜族四物打击乐	牡丹江市
8	满族祭祀音乐	宁安市
9	吕氏鼓吹乐棚	海林市
10	咔戏	七台河市
三、传统舞蹈（9项）		
11	满族巴拉莽式	宁安市
12	满族杨烈舞	宁安市
13	满族拍水舞	宁安市
14	满族萨满舞	泰来县哈尔滨市阿城区
15	朝鲜族农乐舞	牡丹江市
16	朝鲜族长鼓舞	海林市
17	朝鲜族击打舞	东宁县
18	东北传统大秧歌	大庆市
19	抬杆舞	克山县
四、传统戏剧（1项）		
20	京剧	黑龙江省京剧院

（续表）

序号	项目名称	申报地区或单位
五、曲艺（1项）		
21	山东快书	黑龙江省曲艺团
六、传统体育、游艺与杂技（2项）		
22	舞中幡	齐齐哈尔市
23	朝鲜族尤茨游戏	黑龙江省艺术研究所
七、传统美术（6项）		
24	面塑	哈尔滨市
25	木雕重彩	哈尔滨市阿城区
26	泥塑	哈尔滨市阿城区
27	达斡尔族刺绣	齐齐哈尔市梅里斯达斡尔族区
28	北方民俗剪纸	大庆市
29	渤海靺鞨绣	牡丹江市
八、传统技艺（12项）		
30	柳编技艺	宾县
31	粗陶泥塑制作技艺	依安县
32	中国传统书画装裱修复技术	哈尔滨市 黑龙江省装裱艺术研究会
33	玉泉酒两步法酿造工艺	哈尔滨市阿城区
34	松城酱油酿造工艺	牡丹江市
35	绥棱米醋酿造工艺	绥棱县
36	王氏橡木酒桶制作技艺	七台河市
37	皮影镂刻技艺	双城市
38	宁古塔彩灯制作技艺	宁安市
39	匏器制作技艺	哈尔滨市
40	鱼皮制作技艺	牡丹江市
41	穆棱晒烟种植技术	穆棱市

（续表）

序号	项目名称	申报地区或单位
九、民俗（6项）		
42	猴石山庙会	宾县
43	达斡尔族抹黑习俗	齐齐哈尔市梅里斯达斡尔族区
44	富拉尔基滚冰节	齐齐哈尔市富拉尔基区
45	满族礼节	海林市
46	锡伯族鱼清明节民俗	兰西县
47	祭孔大典	黑龙江省民族博物馆

省级非物质文化遗产扩展项目名录

（共计4项）

序号	项目名称	申报地区及单位
一、曲艺（2项）		
1	东北大鼓	肇源县、东宁县、方正县、七台河市
2	东北二人转	双城市黑龙江省龙江剧院
二、传统技艺（1项）		
3	哈尔滨冰灯冰雕制作技艺	哈尔滨市
三、民俗（1项）		
7	鄂伦春族萨满服饰	逊克县

上海市人民政府公布第三批市级非物质文化遗产名录和上海市非物质文化遗产扩展项目名录

上海市人民政府关于公布第三批上海市非物质文化遗产名录和上海市非物质文化遗产扩展项目名录的通知

沪府发〔2011〕41号

各区、县人民政府，市政府各委、办、局：

经研究，市政府同意市文广影视局确定的第三批上海市非物质文化遗产名录（共计29项）和上海市非物质文化遗产扩展项目名录（共计8项），现予公布（附后）。

各区县、各部门要按照《中华人民共和国非物质文化遗产法》的规定，继续贯彻“保护为主，抢救第一，合理利用，传承发展”的方针，进一步做好非物质文化遗产的保护、保存、传承、传播工作，为弘扬中华民族优秀传统文化，推动社会主义文化大发展、大繁荣，促进上海文化事业不断发展做出新的贡献。

上海市人民政府

二〇一一年七月十二日

第三批上海市非物质文化遗产名录

（共计29项）

序号	编号	项目名称	申报地区或单位
一、传统音乐（3项）			
129	I-11	古琴艺术	上海七弦古琴文化发展基金会
130	I-12	上海玉佛禅寺传统梵呗艺术	普陀区
131	I-13	崇明吹打乐	崇明县
二、传统舞蹈（3项）			
132	II-6	花篮灯舞	浦东新区
133	II-7	吕巷小白龙	金山区
134	II-8	调狮子	崇明县

（续表）

序号	编号	项目名称	申报地区或单位
三、曲艺（1项）			
135	IV-6	上海说唱	徐汇区
四、民间文学（2项）			
136	V-7	新浜山歌	松江区
137	V-8	杨瑟严的故事	崇明县
五、传统体育、游艺与杂技（2项）			
138	VI-9	绵拳	杨浦区
139	VI-10	益智图	崇明县
六、传统美术（7项）			
140	VII-21	上海宣传画	上海人民美术出版社
141	VII-22	烙画	青浦区
142	VII-23	上海细刻	上海工艺美术研究所、闵行区
143	VII-24	海派紫砂艺术	上海市收藏协会
144	VII-25	印章艺术雕刻	上海长江企业发展合作公司
145	VII-26	三林瓷刻	浦东新区
146	VII-27	奉城木雕	奉贤区
七、传统技艺（8项）			
147	VIII-47	古陶瓷修复技艺	上海博物馆、长宁区
148	VIII-48	老正兴本帮菜肴传统烹饪技艺	黄浦区
149	VIII-49	上海老饭店本帮菜肴	传统烹饪技艺黄浦区
150	VIII-50	本帮菜肴传统烹饪技艺	浦东新区
151	VIII-51	小绍兴白斩鸡制作技艺	黄浦区
152	VIII-52	神仙酒传统酿造技艺	奉贤区
153	VIII-53	上海米糕制作技艺	松江区
154	VIII-54	国际饭店京帮点心制作技艺	上海锦江国际酒店（集团）股份有限公司

（续表）

序号	编号	项目名称	申报地区或单位
八、传统医药（3项）			
155	IX-7	顾氏外科疗法	龙华医院
156	IX-8	张氏风科疗法	浦东新区
157	IX-9	竿山何氏中医文化	青浦区

上海市非物质文化遗产扩展项目名录

（共计8项）

序号	编号	项目名称	申报地区或单位
一、传统体育、游艺与杂技（1项）			
32	VI-2	鸟哨	崇明县
二、传统美术（2项）			
47	VII-13	石雕	长宁区
94	VII-14	月份牌年画	上海市美术家协会
三、传统技艺（2项）			
72	VIII-25	羊肉加工技艺（江桥羊肉加工技艺）	嘉定区
116	VIII-43	土布染织技艺	青浦区
四、传统医药（2项）			
75	IX-1	伤科疗法（魏氏伤科疗法、施氏伤科疗法、陆氏伤科疗法）	瑞金医院、黄浦区、静安区
123	IX-5	针灸疗法（杨氏针灸疗法）	浦东新区
五、民俗（1项）			
79	X-4	端午节（熏中药、挂香袋习俗）	华东医院
注：本扩展项目名录的序号、编号均为第一批、第二批上海市非物质文化遗产名录的序号和编号。			

江苏省人民政府公布第三批省级非物质文化遗产名录和扩展项目名录

江苏省政府关于公布第三批非物质文化遗产名录的通知

苏政发〔2011〕124号

各市、县（市、区）人民政府，省各委办厅局，省各直属单位：

省文化厅关于第三批省级非物质文化遗产名录和省级非物质文化遗产扩展项目名录，已经省人民政府批准，现予公布。

江苏省人民政府

二〇一一年九月二日

江苏省第三批省级非物质文化遗产名录

（共计63项）

序号	编号	项目名称	申报地区或单位
一、民间文学（9项）			
236	JS Ⅰ－29	焦尾琴传说	溧阳市
237	JS Ⅰ－30	虞姬传说	沭阳县
238	JS Ⅰ－31	汉王拔剑泉和马扒泉传说	徐州市铜山区
239	JS Ⅰ－32	张士诚传说	大丰市
240	JS Ⅰ－33	海州智慧人物传说	连云港市海州区
241	JS Ⅰ－34	曹瘦脸儿故事	如东县
242	JS Ⅰ－35	蒋乔镇的民间故事	镇江市润州区
243	JS Ⅰ－36	花子街	南通市港闸区
244	JS Ⅰ－37	二郎神传说	灌南县

（续表）

序号	编号	项目名称	申报地区或单位
		二、传统音乐（3项）	
245	JS Ⅱ －24	通州民歌	南通市通州区
246	JS Ⅱ －25	二胡艺术	无锡市
247	JS Ⅱ －26	板桥道情	兴化市
		三、传统舞蹈（4项）	
248	JS Ⅲ －33	打罗汉	高淳县
249	JS Ⅲ －34	渔舟剑桨	无锡市滨湖区
250	JS Ⅲ －35	睢宁鲤鱼戏花篮	睢宁县
251	JS Ⅲ －36	跑驴（丁嘴跑驴）	宿迁市宿豫区
		四、传统戏剧（2项）	
252	JS Ⅳ －16	肩担木偶戏	高邮市
253	JS Ⅳ －17	吕剧	东海县
		五、曲艺（2项）	
254	JS Ⅴ －14	无锡评曲	无锡市滨湖区
255	JS Ⅴ －15	唱春（常州唱春）	常州市新北区
		六、传统美术（7项）	
256	JS Ⅵ －33	邳州喜床画	邳州市
257	JS Ⅵ －34	木雕（南京仿古木雕、扬州木雕、南通红木雕刻）	南京市玄武区、扬州市、南通市崇川区、如皋市
258	JS Ⅵ －35	苏州砖雕	苏州市相城区
259	JS Ⅵ －36	泰兴麻将雕刻	泰兴市
260	JS Ⅵ －37	东海水晶雕刻	东海县
261	JS Ⅵ －38	连云港锻铜技艺	连云港市
262	JS Ⅵ －39	草编（薛桥草编）	徐州市铜山区

（续表）

序号	编号	项目名称	申报地区或单位
七、传统技艺（20项）			
263	JS Ⅷ－71	如皋丝毯织造技艺	如皋市
264	JS Ⅷ－72	南通扎染技艺	海安县
265	JS Ⅷ－73	南通勾针技艺	海安县
266	JS Ⅷ－74	青铜器修复与仿古技艺	南京博物院
267	JS Ⅷ－75	南通铜香炉浇铸技艺	南通市崇川区
268	JS Ⅷ－76	谢馥春“香、粉、油”制作技艺	扬州市
269	JS Ⅷ－77	建湖花炮制作技艺	建湖县
270	JS Ⅷ－78	兴化水车制作技艺	兴化市
271	JS Ⅷ－79	宜兴青瓷制作技艺	宜兴市
272	JS Ⅷ－80	制陶技艺（宜兴均陶制作技艺、宜兴彩陶装饰技艺、宜兴黑陶制作技艺）	宜兴市、连云港市
273	JS Ⅷ－81	拓印技艺	南京博物院
274	JS Ⅷ－82	太仓糟油制作技艺	太仓市
275	JS Ⅷ－83	太仓肉松制作技艺	太仓市
276	JS Ⅷ－84	钦工肉圆制作技艺	淮安市楚州区
277	JS Ⅷ－85	石港腐乳酿制技艺	南通市通州区
278	JS Ⅷ－86	合成昌醉螺制作技艺	盐城市亭湖区
279	JS Ⅷ－87	木渎石家鲃肺汤制作技艺	苏州市吴中区
280	JS Ⅷ－88	徐州饣它汤工艺	徐州市
281	JS Ⅷ－89	秦淮（夫子庙）传统风味小吃制作技艺	南京市秦淮区
282	JS Ⅷ－90	苏州织造官府菜制作技艺	苏州市平江区
八、传统医药（12项）			
283	JS Ⅸ－7	丁氏痔科医术	南京市秦淮区
284	JS Ⅸ－8	雅妙河戴氏中医喉科疗法	泰州市
285	JS Ⅸ－9	闵氏伤科疗法	苏州市、昆山市
286	JS Ⅸ－10	郑氏妇科疗法	昆山市
287	JS Ⅸ－11	金坛儒林树德堂妇科疗法	金坛市
288	JS Ⅸ－12	常州钱氏中医儿科疗法	常州市

（续表）

序号	编号	项目名称	申报地区或单位
289	JS Ⅷ－13	臣字门儿科中医术	仪征市
290	JS Ⅷ－14	金坛老人山程氏骨伤疗法	金坛市
291	JS Ⅷ－15	许氏正骨疗法	泰州市
292	JS Ⅷ－16	曹氏中药热敷接骨疗法	灌南县
293	JS Ⅷ－17	戴晓觉膏药制作技艺	连云港市新浦区
294	JS Ⅷ－18	阙氏膏药制作技艺	淮安市楚州区
九、传统体育、游艺与杂技（1项）			
295	JS Ⅸ－7	铜山北派少林拳	徐州市铜山区
十、民俗（3项）			
296	JS Ⅹ－13	抖空竹	南京市秦淮区
297	JS Ⅹ－14	苏南水乡婚俗	常熟市
298	JS Ⅹ－15	湖甸龙舟会	常熟市

省级非物质文化遗产扩展项目名录

（共计32项）

序号	编号	项目名称	申报地区或单位
一、民间文学（2项）			
128	JS Ⅰ－12	水漫泗州城传说	泗洪县
141	JS Ⅰ－25	项羽传说	宿迁市宿豫区
二、传统音乐（3项）			
14	JS Ⅱ－7	渔民号子（弶港渔民号子）	东台市
16	JS Ⅱ－9	江南丝竹	苏州市
17	JS Ⅱ－10	五大宫调（响水五大宫调）	响水县

（续表）

序号	编号	项目名称	申报地区或单位
三、传统舞蹈（4项）			
31	JS Ⅲ－8	龙舞（玉祈龙舞、海安苍龙舞、海安罗汉龙、丁伙龙舞）	无锡市惠山区、海安县、江都市
34	JS Ⅲ－11	狮舞（邳州舞狮）	邳州市
153	JS Ⅲ－18	莲湘（闵桥莲湘）	金湖县
161	JS Ⅲ－26	灯舞（马灯阵舞）	丹阳市
四、传统戏剧（5项）			
41	JS Ⅳ－4	锡剧	苏州市
42	JS Ⅳ－5	淮剧	宝应县
43	JS Ⅳ－6	柳琴戏	新沂市
45	JS Ⅳ－8	淮海戏	泗阳县
168	JS Ⅳ－12	京剧	江苏省戏剧学校
五、曲艺（2项）			
54	JS Ⅴ－6	苏北琴书	泗阳县、泗洪县
55	JS Ⅴ－7	工鼓锣	泗阳县、响水县
六、传统美术（3项）			
61	JS Ⅵ－5	剪纸（溱湖刻纸、金湖剪纸）	东台市、金湖县
63	JS Ⅵ－7	苏绣（南通彩锦绣）	南通市
80	JS Ⅵ－24	竹编（后塍竹编）	张家港市
七、传统技艺（11项）			
95	JS Ⅶ－15	风筝制作技艺（如皋风筝制作技艺）	如皋县
96	JS Ⅶ－16	精细木作技艺（柞榛家具制作技艺）	南通市
101	JS Ⅶ－21	彰锻织造技艺（苏州彰锻织造技艺）	苏州市
103	JS Ⅶ－23	传统木船制作技艺（连云港木质渔船制作技艺）	赣榆县
108	JS Ⅶ－28	酿造酒酿造技艺（铜罗黄酒酿造技艺、后塍黄酒酿造技艺、海门颐生酒酿造技艺、王四桂花酒酿造技艺）	吴江市、张家港市、海门市、常熟市

（续表）

序号	编号	项目名称	申报地区或单位
187	JS Ⅶ－35	色织土布技艺（南通色织土布技艺）	启东县
193	JS Ⅶ－41	装裱技艺（苏派装裱技艺）	南京博物院
196	JS Ⅶ－44	柳编技艺（草桥柳编）	新沂市
197	JS Ⅶ－45	渔具制作技艺（兴化渔具制作技艺）	兴化市
202	JS Ⅶ－50	糕点制作技艺（乾生元枣泥麻饼制作技艺、常州大麻糕制作技艺、常州芝麻糖制作技艺）	苏州市吴中区、常州市武进区、常州市钟楼区
211	JS Ⅶ－59	豆腐制品制作技艺（白蒲茶干制作技艺）	如皋市
十、民俗（2项）			
120	JS Ⅹ－4	庙会（祠山庙会、金村庙会）	溧阳市、张家港市
122	JS Ⅹ－6	清明节（茅山会船）	兴化市
注：本扩展项目名录的序号、编号均为第一批和第二批省级非物质文化遗产名录的序号和编号。			

福建省人民政府公布第四批省级非物质文化遗产项目名录

福建省人民政府关于公布第四批省级非物质文化遗产名录的通知

闽政〔2011〕105号

各市、县（区）人民政府，平潭综合实验区管委会，省人民政府各部门、各直属机构，各大企业，各高等院校：

根据《中华人民共和国非物质文化遗产法》和《福建省民族民间文化保护条例》等有关规定，经研究，同意省文化厅组织专家评审后提出的我省第四批省级非物质文化遗产名录（共计74项），现予以公布。

二〇一一年十二月十四日

福建省第四批省级非物质文化遗产名录

（共计74项）

序号	项目类别	项目名称	申报地区或单位
一、新增项目（共计52项）			
1	Ⅰ民间文学	洛阳桥传说	泉州市洛江区
			泉州市台商投资区
2		姑嫂塔传说	石狮市
3	Ⅰ民间文学	江梅妃传说	莆田市荔城区
4		妈祖传说	莆田市
5		福州诗钟	福州市鼓楼区
6		福建土楼楹联（永定）	永定县
7	Ⅱ传统音乐	莆仙十音八乐（涵江、仙游）	莆田市涵江区
			仙游县
8		将乐食闹音乐	将乐县
9	Ⅲ传统舞蹈	灯舞（五夫龙鱼戏）	武夷山市
10		竹马（福鼎前岐马灯）	福鼎市
11	Ⅳ传统戏剧	平讲戏（福安）	福安市
12	Ⅴ曲艺	闽北南词（将乐）	将乐县
13	Ⅵ传统体育、游艺与杂技	六合门	福建华夏武术发展中心
14		南少林武术（莆田）	莆田市城厢区
15		张三丰原式太极拳	心武自然门武术研究院
16		漳州太祖拳青龙阵	漳州市
17		俞家棍	泉州市洛江区

（续表）

序号	项目类别	项目名称	申报地区或单位
18	Ⅶ传统美术	彩扎（诏安彩扎技艺）	诏安县
19		木雕（潘山庙宇木雕）	晋江市
20		根雕（福安、蕉城）	福安市 宁德市蕉城区
21		灯彩（长汀童坊镇彭坊刻纸龙灯）	长汀县
22		泥塑（莆田神佛泥塑）	莆田市荔城区
23		翔安农民画	厦门市翔安区
24	Ⅷ传统技艺	漆线雕（泉州）	泉州市
25		剪瓷雕工艺（诏安）	诏安县
26		珠光青瓷烧制技艺（同安汀溪）	厦门市同安区
27		竹藤编技艺（安溪）	安溪县
28		湛卢宝剑铸造技艺	松溪县
29		木活字印刷术（宁化、光泽）	宁化县 光泽县
30		漳州水仙花雕刻技艺	龙海市
31		铜雕技艺（莆田）	莆田市秀屿区
32		传统木结构营造技艺（仙游）	仙游县
33		“金镶玉”“玉镶金”传统技艺	莆田市涵江区
34		壶山砂花传统技艺	莆田市荔城区
35		长泰明姜制作技艺	长泰县
36		龙岩咸酥花生传统加工技艺	龙岩市新罗区
37		闽东畲族乌饭制作技艺（蕉城、霞浦）	宁德市蕉城区 霞浦县
38		古田曲醋制作技艺	古田县
39		腐乳酿造技艺（莆田豆腐乳制作工艺）	莆田市涵江区
40		花茶制作技艺（福州茉莉花茶窨制工艺）	福州市仓山区

（续表）

序号	项目类别	项目名称	申报地区或单位
41	X民俗	田公元帅信俗（福州、龙岩）	福州市鼓楼区
			上杭县
42		齐天大圣信俗	顺昌县
43		朱熹祭典（尤溪）	尤溪县
44		德化窑坊公信俗	德化县
45		关岳信俗（泉州）	泉州市鲤城区
46		广泽尊王信俗（南安）	南安市
47		福德信俗（仙岳山）	厦门市湖里区
48		大使公信俗（灌口）	厦门市集美区
49		延平郡王信俗	厦门市思明区
50		定光佛信俗（沙县）	沙县
51		惠利夫人信俗（明溪）	明溪县
52		山重赛大猪祈丰年	长泰县

二、第一、二、三批省级名录扩展项目（共13项）

序号	项目类别	批次	扩展项目	申报地区
1	Ⅰ民间文学	三	灯谜（漳州）	漳州市芗城区
2	Ⅱ传统音乐	一	十番音乐（南平）	南平市延平区
3	Ⅷ传统技艺	二	闽南传统民居营造技艺（厦门）	厦门市湖里区
4		二	福建乌龙茶制作技艺（北苑茶、清源山茶、永春佛手茶）	建瓯市、泉州市丰泽区、永春县
5		二	酿造酒传统酿造技艺（龙岩沉缸酒）	龙岩市新罗区
6	Ⅸ传统医药	一	畲族医药（福安）	福安市
7		三	中医传统制剂方法（仙游青靛提炼技艺）	仙游县
8		三	中医诊法（福州萧氏外科）	福州市鼓楼区
9	X民俗	一	妈祖信俗（泉州、漳浦）	泉州市、漳浦县
10		一	保生大帝信俗（泉州）	安溪县
11		一	福建端午节习俗（云淡海上龙舟竞渡）	宁德市蕉城区
12		一	关帝信俗（安溪）	安溪县
13		三	祈梦习俗（九鲤湖）	仙游县

（续表）

三、第一、二、三批省级非物质文化遗产名录新增保护单位（共9项）					
序号	项目类别	项目名称	批次	地区	新增保护单位
1	Ⅱ传统音乐	畲族山歌	二	福州	罗源县民俗文化研究会
2	Ⅶ传统美术	寿山石雕	一	省直	福建省工艺美术实验厂
3					福建省寿山石文化艺术研究会
4		惠安石雕（惠和影雕）	一	厦门	厦门市惠和腾飞园林古建工程有限公司
5		木雕（莆田木雕）	三	莆田	福建省莆田市蒲洋佛像工艺品有限公司
6					莆田市兴化雕塑研究院
7	Ⅷ传统技艺	福建脱胎漆器髹饰技艺	一	省直	福建省工艺美术实验厂
8		银饰锻制技艺（畲族银器制作技艺）	一	宁德	宁德市盈盛号金银饰品有限公司
9		畲族苎布织染缝纫技艺	二	福州	罗源县民俗文化研究会

河南省人民政府公布第三批省级非物质文化遗产名录

河南省人民政府关于公布第三批河南省省级非物质文化遗产名录的通知

豫政〔2011〕88号

各省辖市人民政府，省人民政府各部门：

现将第三批河南省省级非物质文化遗产名录（共计95项）和河南省省级非物质文化遗产名录扩展项目名录（共计37项）予以公布。

各地、各部门要按照“保护为主，抢救第一，合理利用，传承发展”的工作方针，切实做好我省非物质文化遗产名录项目的保护、传承和管理工作，不断提高非物质文化遗产保护、利用水平，为推动文化大发展大繁荣、打造华夏历史文明传承创新区、推进中原经济区建设做出积极贡献。

二○一一年十二月十九日

第三批河南省省级非物质文化遗产名录

（共计95项）

序号	项目编号	项目名称	申报地区或单位
一、民间文学（15项）			
1	I－31	神农传说	沁阳市
2	I－32	伊尹传说	虞城县
3	I－33	范蠡传说	淅川县
4	I－34	老子传说	灵宝市
5	I－35	韩愈传说	孟州市
6	I－36	玄奘传说	偃师市
7	I－37	列子传说	郑州市非物质文化遗产保护中心、郑州市管城区、郑州市经济技术开发区、中牟县
8	I－38	妙善观音传说	平顶山市新华区、宝丰县
9	I－39	吴道子传说	禹州市
10	I－40	张良传说	禹州市
II	I－41	马文升传说	禹州市
12	I－42	钟繇传说	长葛市
13	I－43	陈实传说	长葛市
14	I－44	灯谜［安阳灯谜］	安阳市
15	I－45	传统儿歌［洛阳儿歌］	洛阳市涧西区
二、传统美术（11项）			
序号	项目编号	项目名称	申报地区或单位
16	Ⅱ－32	传统糖塑［吹糖人］	开封市、滑县
17	Ⅱ－33	烙画	南阳市卧龙区、宛城区
18	Ⅱ－34	滕派蝶画	开封市鼓楼区
19	Ⅱ－35	登封木版年画	登封市
20	Ⅱ－36	黄石砚	方城县
21	Ⅱ－37	天坛砚（盘谷砚）	济源市
22	Ⅱ－38	刺绣［灵宝刺绣］	灵宝市

（续表）

序号	项目编号	项目名称	申报地区或单位
23	Ⅱ－39	石雕［浚县石雕］	浚县
24	Ⅱ－40	许氏屋兽与砖雕	兰考县
25	Ⅱ－41	水晶雕刻	河南省应文玉文化研究院
26	Ⅱ－42	古建筑彩绘［朱氏古建筑彩绘］	郑州市金水区
三、传统音乐（4项）			
27	Ⅲ－28	十盘	渑池县
28	Ⅲ－29	原武盘鼓	新乡市
29	Ⅲ－30	八音楼子	周口市川汇区
30	Ⅲ－31	古琴艺术［中州派］	河南省群众艺术馆
四、传统舞蹈（10项）			
31	Ⅳ－39	竹马舞［三家村竹马舞、常平对子马、苏羊竹马、朗公庙竹马］	滑县、沁阳市、宜阳县、新乡县
32	Ⅳ－40	霸王鞭（花棍舞）	林州市、叶县
33	Ⅳ－41	担经挑	上蔡县、淮阳县、新密市
34	Ⅳ－42	抬阁［东蔡庄高抬“故事”、崇阳垛子、五柳集抬阁］	偃师市、洛宁县、原阳县
35	Ⅳ－43	登封闹阁	登封市
36	Ⅳ－44	柳位高跷	卫辉市
37	Ⅳ－45	花伞舞［商城花伞舞］	商城县
38	Ⅳ－46	狮舞［五花营狮子舞］	南乐县
39	Ⅳ－47	南席老虎舞	长葛市
40	Ⅳ－48	弓子锣舞	禹州市
五、传统戏剧（3项）			
41	Ⅴ－30	坠剧（坠子戏）	南乐县、郸城县
42	Ⅴ－31	柳琴戏	永城市
43	Ⅴ－32	嗨子戏（耍孩儿）	潢川县
六、曲艺（3项）			
44	Ⅵ－12	蛤蟆嗡	淅川县
45	Ⅵ－13	渔鼓道情	夏邑县、桐柏县、通许县、潢川县、商水县

（续表）

序号	项目编号	项目名称	申报地区或单位
46	Ⅵ-14	画锅	开封市
七、传统体育、游艺与杂技（13项）			
47	Ⅶ-21	岳家拳	新乡市牧野区
48	Ⅶ-22	南无拳	洛阳市老城区
49	Ⅶ-23	子路八卦拳（白拳）	开封县
50	Ⅶ-24	回族七式拳	开封市顺河区
51	Ⅶ-25	阴阳八卦拳	武陟县
52	Ⅶ-26	马坡八卦掌	沁阳市
53	Ⅶ-27	太乙拳	郑州市管城区
54	Ⅶ-28	杨家枪	南乐县
55	Ⅶ-29	摔跤［沈氏摔跤］	郑州市金水区
56	Ⅶ-30	梅庄马戏	清丰县
57	Ⅶ-31	赵庄魔术	宝丰县
58	Ⅶ-32	转秋［孙氏十六挂转秋］	洛阳市洛龙区
59	Ⅶ-33	中原民间游戏	河南省艺术研究院
八、传统技艺（22项）			
60	Ⅷ-51	阮制作技艺	河南省艺术研究院
61	Ⅷ-52	笙制作技艺	洛阳市老城区
62	Ⅷ-53	中原棉纺织技艺［老粗布织作技艺、黛眉手织布工艺］	滑县、新安县
63	Ⅷ-54	中原棉布印染技艺［捶草印花技艺、棉布豆花印染技艺］	陕县、灵宝市
64	Ⅷ-55	中原养蚕织绸技艺［拐河丝绸织作技艺、鲁山绸织作技艺］	方城县、鲁山县
65	Ⅷ-56	装裱修复技艺	河南博物院、开封市顺河区
66	Ⅷ-57	金属捶锻工艺	洛阳市高新区
67	Ⅷ-58	合伯宝剑煅造技艺	舞阳县
68	Ⅷ-59	青铜器制作技艺［烟云涧青铜器制作技艺］	伊川县
69	Ⅷ-60	金镶玉制作技艺［郏县李氏金镶玉工艺］	郏县

（续表）

序号	项目编号	项目名称	申报地区或单位
70	Ⅷ－61	登封窑陶瓷烧制技艺	登封市
71	Ⅷ－62	布鞋手工制作技艺［毛底布鞋手工制作技艺］	商城县
72	Ⅷ－63	浚县木旋玩具制作技艺	浚县
73	Ⅷ－64	卢仝煎茶技艺	济源市
74	Ⅷ－65	大周黄蜡制作技艺	长葛市
75	Ⅷ－66	醋酿造技艺［米醋制作技艺、王勿桥醋手工制作技艺］	滑县、正阳县
76	Ⅷ－67	酱菜腌制技艺［大有丰酱菜腌制技艺、三园斋味合酱菜腌制技艺、莫家酱菜培制技艺］	商丘市睢阳区、柘城县、杞县
77	Ⅷ－68	酒酿造技艺［大湖九河黄酒酿造技艺、黄酒酿造技艺、赊店老酒酿造技艺、王氏烧酒酿造技艺］	鹤壁市山城区、邓州市、社旗县、扶沟县
78	Ⅷ－69	牛羊肉烹制技艺［沙家品味来五香牛肉制作技艺、何记牛肉制作技艺］	开封市顺河区、扶沟县
79	Ⅷ－70	荥阳霜糖（柿霜糖）制作技艺	荥阳市
80	Ⅷ－71	大槽油制作技艺	鲁山县
81	Ⅷ－72	中原烹饪技艺（豫菜）	河南省餐饮与饭店行业协会
九、传统医药（8项）			
82	Ⅸ－7	烧伤疗法［黄家烧伤药膜、烧伤自然疗法与自然烧伤膏、潘氏烧伤传统疗法］	三门峡市湖滨区、洛阳市、杞县
83	Ⅸ－8	口腔咽喉疾病疗法［张氏喉科、秦李庄周氏口腔咽喉科、纯德堂口疮散、杜氏口疮治疗技法、杨氏珍珠散治疗口疮技艺］	柘城县、浚县、洛阳市老城区、卫辉市、开封市
84	Ⅸ－9	中医正骨疗法［快庄李氏中医正骨、刘氏正骨、陈氏正骨、杨家正骨疗法］	浚县、漯河市郾城区、武陟县、商水县
85	Ⅸ－10	中医外科［张八卦中医外科、世医堂中医外科、买氏中医外治疗法］	民权县、濮阳县、周口市川汇区
86	Ⅸ－11	张氏经络收放疗法	新乡市
87	Ⅸ－12	针灸［贵氏针灸］	新乡市凤泉区
88	Ⅸ－13	毛氏济世堂脱骨疽症疗法	新蔡县

（续表）

序号	项目编号	项目名称	申报地区或单位
89	Ⅸ－14	李氏眼药	通许县
十、民俗（6项）			
90	Ⅹ－18	九流渡添仓会	浚县
91	Ⅹ－19	王海鳌山灯会	濮阳县
92	Ⅹ－20	仓颉庙会	南乐县
93	Ⅹ－21	老君山庙会	栾川县
94	Ⅹ－22	上巳节	新郑市
95	Ⅹ－23	薛氏宗祠祭祖仪式	修武县

河南省省级非物质文化遗产扩展项目名录

（共计37项）

序号	项目编号	项目名称	申报地区或单位
一、民间文学（2项）			
1	Ⅰ－12	大禹神话传说	登封市
2	Ⅰ－16	牛郎织女传说	鲁山县
二、传统美术（6项）			
3	Ⅱ－2	黄河澄泥砚［存献澄泥砚］	温县
4	Ⅱ－4	泥塑［淮滨泥塑（小叫吹）、郸城泥塑、赵恩民泥塑、王忠富泥塑］	淮滨县、郸城县、郑州市管城、山县
5	Ⅱ－9	民间剪纸	夏邑县
6	Ⅱ－11	豫北木版神像画［小杨庄木版年画、刘氏木版年画］	获嘉县、濮阳市高新区
7	Ⅱ－14	桃核雕花工艺［桃符制作］	遂平县
8	Ⅱ－21	香包	郑州市金水区
注：Ⅱ－4原名称为“柘城李秀山泥塑”，更名为“泥塑”；Ⅱ－11原名称为“滑县木版年画”，更名为“豫北木版神像画［滑县木版年画］”；Ⅱ－14原名称为“东岸桃核雕花工艺”，更名为“桃核雕花工艺”。			

（续表）

序号	项目编号	项目名称	申报地区或单位
三、传统音乐（3项）			
9	Ⅲ-3	筝音乐	项城市
10	Ⅲ-17	黄河号子	三门峡市湖滨区
11	Ⅲ-20	小咚鼓［东同古小鼓］	新乡市凤泉区
注：Ⅲ-20原名称为“小咚鼓艺术”，更名为“小咚鼓”。			
四、传统舞蹈（4项）			
12	Ⅳ-4	齐天圣鼓［大圣鼓］	武陟县
13	Ⅳ-27	耍老虎［常家武虎、小尚虎舞、言状老虎］	焦作市中站区、沁阳市
14	Ⅳ-35	肘阁［宁陵肘歌］	宁陵县
15	Ⅳ-37	龙舞［麦秆龙］	清丰县
注：IV-27原名称为“虎舞”，更名为“耍老虎”；IV-35原名称为“项城肘歌”，更名为“肘阁［项城肘歌］”。			
五、传统戏剧（10项）			
16	Ⅴ-3	越调	社旗县、襄城县
17	Ⅴ-6	目连戏	商丘市睢阳区
18	Ⅴ-10	大平调	内黄县
19	Ⅴ-11	皮影戏［白埋皮影戏、皮影戏］	濮阳县、信阳市平桥区
20	Ⅴ-13	怀梆	济源市
21	Ⅴ-21	二夹弦	濮阳县
22	Ⅴ-22	落腔	南乐县
23	Ⅴ-23	木偶戏［蔡村提偶］	南乐县
24	Ⅴ-25	四股弦（五调腔）	林州市、武陟县、淇县
25	Ⅴ-27	汉剧［二簧戏、庞庄二簧戏］	叶县、郏县
注：V-25原名称为“南乐五腔调”，更名为“四股弦（五调腔）”。			
六、曲艺（4项）			
26	Ⅵ-1	河洛大鼓	巩义市，登封市
27	Ⅵ-7	三弦书［三弦铰子书］	汝阳县
28	Ⅵ-9	大鼓书（鼓词）［鼓儿哼、郸城大鼓］	邓州市、郸城县
29	Ⅵ-II	豫东琴书［清音］	永城市

（续表）

序号	项目编号	项目名称	申报地区或单位
七、传统体育、游艺与杂技（3项）			
30	Ⅶ－1	心意六合拳	邓州市、襄城县
31	Ⅶ－12	查拳	驻马店市驿城区
32	Ⅶ－14	梅花拳［闫村梅花拳、梅花拳］	濮阳县
注：Ⅶ－12原名称为“黄派查拳”，更名为“查拳”。			
八、传统技艺（4项）			
33	Ⅷ－19	手工造纸技艺［白棉纸制作技艺］	济源市
34	Ⅷ－36	闹汤驴肉制作技艺	焦作市解放区
35	Ⅷ－45	毛笔制作技艺［刘腾龙毛笔制作技艺、郭氏毛笔制作工艺］	宁陵县、郏县
36	Ⅷ－46	芝麻种植及传统小磨香油制作技艺［义兴长小磨香油制作技艺、朱氏石磨香油制作技艺］	清丰县、鹿邑县
九、传统医药（1项）			
37	Ⅸ－3	传统膏药［明氏正骨膏药、杨氏沙园膏药，济世堂李占标膏药、聂麟郊膏药］	滑县、洛阳市老城区、宜阳县
注：Ⅷ－19原名称为“麻纸制作技艺（手工造纸）”，更名为“手工造纸技艺”；Ⅷ－36原名称为“怀府闹汤驴肉制作技艺”，更名为“闹汤驴肉制作技艺”。			

湖北省人民政府公布第三批省级非物质文化遗产名录

湖北省人民政府关于公布第三批省级非物质文化遗产名录的通知

鄂政发〔2011〕33号

各市、州、县人民政府，省政府各部门：

第三批省级非物质文化遗产名录共计90项，其中，新入选项目76个，第一批和第二批名录扩展项目14个，已经省人民政府同意，现予以公布。

各地、各部门要按照《国务院办公厅关于加强我国非物质文化遗产保护工作的意见》（国办发〔2005〕18号）要求，坚持“保护为主，抢救第一，合理利用，传承发展”的工作方针，切实做好非物质文化遗产保护、管理和利用工作，为弘扬民族精神，维护文化多样性，促进我省经济社会全面、协调、可持续发展做出贡献。

湖北省人民政府

二〇一一年六月九日

第三批省级非物质文化遗产名录

（共计76项）

一、民间文学（13项）			
序号	编号	项目名称	申报地区或单位
185	Ⅰ-26	三国传说（荆州三国传说、荆州关羽传说）	荆州市
186	Ⅰ-27	张居正传说	荆州市荆州区
187	Ⅰ-28	伍子胥传说	监利县
188	Ⅰ-29	五句子歌谣	兴山县（兴山五句子歌谣）
189	Ⅰ-30	廪君传说	长阳土家族自治县
190	Ⅰ-31	女娲传说	竹山县
191	Ⅰ-32	汤池传说	应城市
192	Ⅰ-33	莫愁女传说	钟祥市
193	Ⅰ-34	苏东坡传说	黄冈市
194	Ⅰ-35	长篇叙事山歌	咸宁市
195	Ⅰ-36	杨涟传说	广水市
196	Ⅰ-37	土家族哭嫁歌	来凤县
197	Ⅰ-38	陆羽传说	天门市
二、传统音乐（13项）			
序号	编号	项目名称	申报地区或单位
198	Ⅱ-39	火居道音乐（谷城火居道音乐）	谷城县
199	Ⅱ-40	汉江磨调	宜城市
200	Ⅱ-41	星岩坪山歌	五峰土家族自治县
201	Ⅱ-42	官渡民歌	竹山县

（续表）

序号	编号	项目名称	申报地区或单位
202	Ⅱ－43	汉江硪歌	沙洋县
203	Ⅱ－44	浠水民歌	浠水县
204	Ⅱ－45	大洪山民歌	随州市
205	Ⅱ－46	五句子山歌（恩施五句子山歌）	恩施州
206	Ⅱ－47	石工号子	恩施州
207	Ⅱ－48	高腔山歌（宣恩高腔山歌）	宣恩县
208	Ⅱ－49	穿句子山歌（鹤峰山歌）	鹤峰县
209	Ⅱ－50	沔阳民歌	仙桃市
210	Ⅱ－51	吹打乐（老河口锣鼓架子、五峰民间吹打乐、宜都民间吹打乐、红安荡腔锣鼓、建始南乡锣鼓、来凤打安庆、潜江唢呐）	老河口市、五峰土家族自治县、宜都市、红安县、建始县、来凤县、潜江市
三、传统舞蹈（3项）			
序号	**编号**	**项目名称**	**申报地区或单位**
211	Ⅲ－22	搭虾子	洪湖市
212	Ⅲ－23	蚂虾灯	郧县
213	Ⅲ－24	狮舞（安陆麒狮舞、潜江高台舞狮）	安陆市、潜江市
四、传统戏剧（1项）			
序号	**编号**	**项目名称**	**申报地区或单位**
214	Ⅳ－26	花鼓戏（郧阳二棚子戏）	郧县
五、曲艺（6项）			
序号	**编号**	**项目名称**	**申报地区或单位**
215	Ⅴ－25	善书（索河善书、沔阳善书）	武汉市蔡甸区、仙桃市
216	Ⅴ－26	跳三鼓（江陵跳三鼓）	江陵县
217	Ⅴ－27	公安道情	公安县
218	Ⅴ－28	郧阳四六句	郧县
219	Ⅴ－29	沔阳渔鼓	仙桃市
220	Ⅴ－30	沔阳道情	仙桃市

（续表）

六、传统体育、游艺与杂技（2项）			
序号	编号	项目名称	申报地区或单位
221	Ⅵ－6	武当纯阳秘功	十堰市
222	Ⅵ－7	板凳拳	咸丰县
七、传统美术（8项）			
序号	编号	项目名称	申报地区或单位
223	Ⅶ－10	灯彩（武汉花灯扎制技艺）	武汉市汉阳区
224	Ⅶ－11	泥塑（黄陂泥塑）	武汉市黄陂区
225	Ⅶ－12	木雕（荆沙榫卯木雕、通山木雕）	荆州市、通山县
226	Ⅶ－13	石雕（绿松石雕刻技艺）	郧县、竹山县
227	Ⅶ－14	膏雕（应城膏雕）	应城市
228	Ⅶ－15	英山缠花	英山县
229	Ⅶ－16	咸丰何氏根雕	咸丰县
230	Ⅶ－17	民间绣活（土家族苗族绣花鞋垫）	咸丰县、宣恩县
八、传统技艺（19项）			
序号	编号	项目名称	申报地区或单位
231	Ⅷ－21	煨汤技艺（武汉小桃园煨汤技艺）	武汉市江汉区
232	Ⅷ－22	老大兴园鮰鱼制作技艺	武汉市硚口区
233	Ⅷ－23	传统榨油技艺（黄陂杨楼子塆榨坊榨油技艺）	武汉市黄陂区
234	Ⅷ－24	糕点制作技艺（黄石港饼制作技艺、建始花坪桃片糕制作技艺）	黄石市、建始县
235	Ⅷ－25	风筝制作技艺（荆州磨鹰风筝制作技艺）	荆州市
236	Ⅷ－26	蒸馏酒传统酿造技艺（白云边酒传统酿造工艺）	松滋市
237	Ⅷ－27	绿茶制作技艺（仙人掌茶制作技艺、恩施玉露制作技艺、宣恩伍家台贡茶制作技艺）	当阳市、恩施市、宣恩县
238	Ⅷ－28	陶器烧制技艺（均陶烧制技艺、马口陶器烧制技艺）	丹江口市、汉川市
239	Ⅷ－29	织造技艺（大悟织锦带制作技艺）	大悟县
240	Ⅷ－30	蟠龙菜制作技艺	钟祥市

（续表）

序号	编号	项目名称	申报地区或单位
241	Ⅷ－31	豆豉酿制技艺（杨芳酱油豆豉酿制技艺）	通山县
242	Ⅷ－32	柈纸制作技艺（黄龙柈纸制作技艺）	通城县
243	Ⅷ－33	应山滑肉制作技艺	广水市
244	Ⅷ－34	豆制品制作技艺（利川柏杨豆干制作技艺、巴东五香豆干制作技艺）	利川市、巴东县
245	Ⅷ－35	油茶汤制作技艺	咸丰县、来凤县
246	Ⅷ－36	漆筷制作技艺（来凤漆筷制作技艺）	来凤县
247	Ⅷ－37	湖北蒸菜制作技艺（沔阳三蒸制作技艺、天门蒸菜制作技艺）	仙桃市、天门市
248	Ⅷ－38	蓝印花布印染技艺（天门蓝印花布印染技艺）	天门市
249	Ⅷ－39	囊匣制作技艺	省直
九、传统医药（7项）			
序号	编号	项目名称	申报地区或单位
250	Ⅸ－5	彭银亭中药炮制工艺	武汉市江岸区
251	Ⅸ－6	张介安中医儿科诊疗法	武汉市江岸区
252	Ⅸ－7	梅竹青跌打损伤疗法	武汉市汉阳区
253	Ⅸ－8	邱氏医药	宜城市
254	Ⅸ－9	麝火疗法	洪湖市
255	Ⅸ－10	咸宁胡氏烧烫伤疗法及祖传秘方	咸宁市咸安区
256	Ⅸ－11	严氏眼科中医疗法	咸丰县
十、民俗（4项）			
序号	编号	项目名称	申报地区或单位
257	Ⅹ－14	庙会（旧街花朝节、富池三月三庙会）	武汉市新洲区、阳新县
258	Ⅹ－15	七夕习俗	郧西县
259	Ⅹ－16	民间商用数字	丹江口市
260	Ⅹ－17	婚俗（孙桥婚俗）	京山县

第一批省级非物质文化遗产扩展项目名录

（共计3项）

序号	编号	项目名称	申报地区或单位
一、民间文学（1项）			
11	Ⅰ－11	孟宗、黄香孝行故事 （“孟宗哭竹生笋”故事）	武汉市武昌区
五、曲艺（1项）			
79	Ⅴ－14	打锣鼓（善歌锣鼓）	京山县
六、传统体育、游艺与杂技（1项）			
80	Ⅵ－1	岳家拳	黄梅县

第二批省级非物质文化遗产扩展项目名录

（共计11项）

序号	编号	项目名称	申报地区或单位
三、传统舞蹈（2项）			
119	Ⅲ－16	龙舞（杨店高龙、咸丰板凳龙）	孝感市孝南区、咸丰县
121	Ⅲ－18	五虾闹鲇	武汉市蔡甸区、洪湖市
四、传统戏剧（5项）			
124	Ⅳ－16	荆州花鼓戏	监利县、天门市
125	Ⅳ－17	（秭归皮影戏、堵河皮影戏、东宝沮漳皮影戏、曾都皮影戏）	秭归县、竹山县、荆门市东宝区、随州市曾都区
127	Ⅳ－19	文曲戏	黄梅县
174	Ⅳ－21	汉剧	荆州市
175	Ⅳ－22	楚剧（大悟北路子花鼓戏）	大悟县
五、曲艺（1项）			
177	Ⅳ－23	鼓盆歌（潜江鼓歌）	

（续表）

序号	编号	项目名称	申报地区或单位
八、传统技艺（2项）			
149	Ⅷ－13	传统面食制作技艺（蔡林记热干面制作技艺、浮屠玉油面制作技艺、还地桥鱼面制作技艺、罗田手工油面制作技艺、应山奎面制作技艺）	武汉市江汉区阳新县、大冶市、阳新县、大冶市、
151	Ⅷ－15	酱菜制作技艺（远安冲菜）	远安县
十、民俗（1项）			
181	Ⅹ－13	端午节（洪湖凤舟、汉江龙船会、泽林旱龙舟）	洪湖市、郧县、鄂州市

四川省人民政府公布第三批省级非物质文化遗产名录和第一、二批省级非物质文化遗产扩展项目名录

四川省人民政府关于公布第三批省级非物质文化遗产名录和第一、二批省级非物质文化遗产扩展项目名录的通知

川府函〔2011〕119号

各市（州）、县（市、区）人民政府，省政府各部门、各直属机构：

由各市（州）申报的第三批四川省非物质文化遗产名录（共89项）和第一、二批省级非物质文化遗产扩展项目名录（共38项），已经省级专家评审委员会评审、四川省非物质文化遗产保护工作厅际联席会议审议通过，现予公布。

各地、各部门要进一步增强责任感和紧迫感，认真贯彻落实《中华人民共和国非物质文化遗产法》，坚持“保护为主、抢救第一、合理利用、传承发展”的工作方针，采取切实有效措施，共同做好全省非物质文化遗产保护工作。

二〇一一年六月十三日

第三批四川省非物质文化遗产名录

（共89项）

序号	编号	项目名称	申报地区或单位
一、民间文学（8项）			
1	Ⅰ-1	诺苏佐木莫	乐山市峨边彝族自治县文化馆
2	Ⅰ-2	释比古唱经	阿坝州茂县文化体育局
3	Ⅰ-3	木姐珠和斗安珠	阿坝州汶川县文化馆
4	Ⅰ-4	毕阿史拉则传说	凉山州金阳县文化馆
5	Ⅰ-5	傈僳族民间传说	凉山州德昌县文化馆
6	Ⅰ-6	东乡白莲教传说	达州市宣汉县文化馆
7	Ⅰ-7	阿都歌谣	凉山州布拖县文化馆
8	Ⅰ-8	什喜尼支嘿	凉山州布拖县文化馆
二、传统音乐（12项）			
9	Ⅱ-1	荥经民间竹号	雅安市荥经县文化馆
10	Ⅱ-2	西充祥龙嫁歌	南充市西充县祥龙乡社会事务服务中心
11	Ⅱ-3	苗族斗釜歌	攀枝花市盐边县文化馆
12	Ⅱ-4	彝族“久觉合”	凉山州甘洛县文化馆
13	Ⅱ-5	木模拉格	凉山州越西县文化馆
14	Ⅱ-6	热打（“里惹尔”）	凉山州甘洛县文化馆
15	Ⅱ-7	阿古合	凉山州甘洛县文化馆、凉山州越西县文化馆
16	Ⅱ-8	金江鼓乐	凉山州会东县文化馆
17	Ⅱ-9	南溪哈号	宜宾市南溪县文化馆
18	Ⅱ-10	广元煤歌	广元市煤炭工业管理局
19	Ⅱ-11	石坪山歌	内江市威远县观音滩镇人民政府
20	Ⅱ-12	西岭山歌	成都市大邑县文化馆
三、传统舞蹈（11项）			
21	Ⅲ-1	灯舞（羌族麻龙马灯、蛾蛾灯）	绵阳市北川羌族自治县文化馆、成都市温江区公平街办文化中心
22	Ⅲ-2	圈德迪	阿坝州黑水县文体新闻出版局
23	Ⅲ-3	迪厦	阿坝州松潘县文化体育局

（续表）

序号	编号	项目名称	申报地区或单位
24	Ⅲ－4	新山傈僳族舞蹈“斑鸠吃水”	攀枝花市米易县文化馆
25	Ⅲ－5	彝族羊皮鼓舞	攀枝花市仁和区文化馆
26	Ⅲ－6	纳西族“金佐措”	凉山州木里藏族自治县文化馆
27	Ⅲ－7	苍溪独角兽舞	广元市苍江县陵江镇综合文化站
28	Ⅲ－8	古蔺苗族舞蹈	泸州市古蔺县民宗办
29	Ⅲ－9	水族闹春	达州市开江县文化馆
30	Ⅲ－10	高跷（夹关高跷）	成都市邛崃市群众艺术馆
31	Ⅲ－11	春牛舞	阿坝州松潘县文化体育局
五、曲艺（4项）			
32	Ⅴ－1	折嘎说唱	阿坝州阿坝县文化馆
33	Ⅴ－2	四川评书（南部评书）	南充市南部县文化馆
34	Ⅴ－3	相书（宣汉背篼戏、四川相书）	达州市宣汉县文化馆、 成都市武侯区文化馆
35	Ⅴ－4	四川莲箫（峨眉莲箫、四川莲箫）	乐山市峨眉山市文化馆 成都市青羊区文化馆
六、传统体育、游艺与杂技（1项）			
36	Ⅵ－1	太极拳（李雅轩太极拳）	成都市李雅轩太极拳武术馆
七、传统美术（6项）			
37	Ⅶ－1	壤塘藏经石刻技艺	阿坝州壤塘县文化馆
38	Ⅶ－2	彝族传统刺绣技艺	凉山州甘洛县彝族妇女刺绣协会
39	Ⅶ－3	傈僳族刺绣技艺（傈僳族刺绣技艺、新山傈僳族刺绣技艺）	凉山州德昌县文化馆、 攀枝花市米易县文化馆
40	Ⅶ－4	民间画匠技艺（合江匠笔画）	泸州市合江县甘雨镇政府
41	Ⅶ－5	成都面人	成都市成华区文化馆
42	Ⅶ－6	竹雕（聚源竹雕）	成都市都江堰市文化馆
八、传统技艺（22项）			
43	Ⅷ－1	家禽菜肴传统烹制技艺（周记棒棒鸡制作技艺、桥头堡凉拌鸡传统制作技艺、徐鸭子传统制作技艺、观音场月母鸡汤制作技艺）	雅安市荥经县文化馆、 雅安市天全县文化馆、 达州市宣汉县文化馆、 泸州市云龙观音场月母鸡汤餐馆
44	Ⅷ－2	川北凉粉传统制作技艺	四川川北凉粉饮食文化有限公司

（续表）

序号	编号	项目名称	申报地区或单位
45	Ⅷ－3	梓潼片粉制作技艺	绵阳市梓潼县文化馆
46	Ⅷ－4	梓潼酥饼制作技艺	绵阳市梓潼县文化馆
47	Ⅷ－5	金属制品加工工艺（藏族金属制品加工工艺）	阿坝州阿坝县文化馆
48	Ⅷ－6	羌族传统编织技艺	阿坝州四川羌寨绣庄有限责任公司
49	Ⅷ－7	羌族银饰锻制技艺	阿坝州茂县文化体育局
50	Ⅷ－8	麻布制作技艺	阿坝州汶川县文化馆
51	Ⅷ－9	傈僳族织布技艺（新山傈僳族织布技艺、傈僳族火草织布技艺）	攀枝花市米易县文化馆、凉山州德昌县文化馆
52	Ⅷ－10	彝族金属锻造技艺（喜德彝族叶形双耳腰刀制作技艺）	凉山州喜德县文化馆
53	Ⅷ－11	藏族手工皮制品制作技艺	凉山州木里藏族自治县文化馆
54	Ⅷ－12	擦窝制作技艺	凉山州木里藏族自治县文化馆
55	Ⅷ－13	饵块手工制作技艺	凉山州会理县文化馆
56	Ⅷ－14	宜宾燃面传统制作技艺	宜宾市益康饮食服务有限责任公司
57	Ⅷ－15	什邡晾晒烟传统生产技艺	四川省川渝中烟工业公司
58	Ⅷ－16	泸州邓氏桂圆干果传统制作技艺	泸州市邓氏土特产品有限公司
59	Ⅷ－17	牛肉烹制技艺（阆中盐叶子牛肉制作、自贡火边子牛肉制作）	四川阆中市华珍风味食品有限公司、自贡市文化馆
60	Ⅷ－18	酱菜制作技艺（“周萝卜”酱菜制作技艺、“丰源”资中冬尖生产工艺）	内江市威宝食品有限公司、四川省资中县丰源食品有限责任公司
61	Ⅷ－19	赖汤圆传统制作技艺	成都市饮食公司
62	Ⅷ－20	夫妻肺片传统制作技艺	成都市饮食公司
63	Ⅷ－21	钟水饺传统制作技艺	成都市饮食公司
64	Ⅷ－22	仁和釉药制作技艺	泸州市泸县得胜仁和釉药厂
九、传统医药（6项）			
65	Ⅸ－1	“油符”疗法技艺	遂宁市传统医学研究所
66	Ⅸ－2	传统彝医药	凉山州西昌彝医药研究所
67	Ⅸ－3	嘉州中医滋脾疗法	乐山市中医医院
68	Ⅸ－4	何天佐传统中医药正骨疗法	八一骨科医院
69	Ⅸ－5	传统药浴疗法（新繁传统药浴）	成都市新都区文化馆
70	Ⅸ－6	何天祺传统中医药疗骨法	四川何氏骨科医院

（续表）

序号	编号	项目名称	申报地区或单位
十、民俗（19项）			
71	X－1	抬阁（晏场高台）	雅安市雨城区文化馆
72	X－2	七里夺标民俗节	雅安市芦山县民族民间文化传承中心
73	X－3	郪江镇城隍庙会	绵阳市三台县郪江镇人民政府
74	X－5	羌族婚俗	绵阳市北川羌族自治县文化馆、阿坝州茂县文化体育局
75	X－6	骆日节	阿坝州嘉绒文化研究会
76	X－7	“古尔果”（羌族转山会）	阿坝州茂县文化体育局
77	X－8	羌族成人冠礼	阿坝州汶川县文化馆
78	X－9	傈僳族婚礼	攀枝花市盐边县文化馆
79	X－10	仡佬族送年节	攀枝花市盐边县文化馆
80	X－11	苗族绷鼓仪式	攀枝花市盐边县文化馆
81	X－12	彝族嘎库甘尔习俗	凉山州布拖县文化馆
82	X－13	藏族服饰（尔苏藏族服饰）	凉山州甘洛县文化馆
83	X－14	苗族服饰	凉山州木里藏族自治县文化馆
84	X－15	女子踩桥	宜宾市屏山县文化馆
85	X－16	祭孔礼仪	乐山市犍为县文化馆
86	X－17	彝族维克达解习俗	乐山市峨边彝族自治县文化馆
87	X－18	人日游草堂	成都市杜甫草堂博物馆
88	X－19	郫县望丛赛歌会	成都市郫县文化馆
89	X－20	羌族服饰	阿坝州四川羌寨绣庄有限责任公司

第一、二批省级非物质文化遗产扩展项目名录

（共计38项）

序号	编号	项目名称	申报地区及单位
一、民间文学（1项）			
1	Ⅰ－5	羌戈大战	阿坝州茂县文化体育局

（续表）

序号	编号	项目名称	申报地区及单位
二、传统音乐（5项）			
2	Ⅱ-1	江河号子（嘉陵江船工号子）	南充市蓬安县文化馆
3	Ⅱ-11	阿惹妞	凉山州甘洛县文化馆
4	Ⅱ-18	四川洞经音乐（邛都洞经古乐）	凉山州西昌市邛都洞经古乐艺术团
5	Ⅱ-1	薅秧歌（玄滩薅秧歌）	泸州市泸县文化馆
6	Ⅱ-25	羌笛演奏技艺	绵阳市北川羌族自治县文化馆
三、传统舞蹈（7项）			
7	Ⅲ-1	龙舞（盐亭梓江龙、泸县兆雅火龙、小金龙龙舞、李庄草龙）	绵阳市盐亭县文化馆、泸州市泸县兆雅镇综合文化站、成都市青白江区文化馆、宜宾市翠屏区李庄镇社会事务服务中心
8	Ⅲ-2	灯舞（成都牛儿灯）	成都市大邑县文化馆
9	Ⅲ-11	锅庄（草地锅庄）	阿坝州阿坝县文化馆
10	Ⅲ-9	羌族萨朗	阿坝州茂县文化体育局、阿坝州汶川县文化馆
11	Ⅲ-6	狮舞（向家班狮舞、元坝狮舞）	乐山市市中区文化馆、广元市元坝区元坝镇生态与文化建设服务中心
12	Ⅲ-9	麒麟灯（荣县麒麟灯）	自贡市荣县文化馆
13	Ⅲ-11	花灯（回族花灯舞）	阿坝州松潘县文化体育局
四、传统戏剧（1项）			
14	Ⅳ-1	川剧（川北河川剧艺术、资阳河川剧艺术）	南充市川剧团、自贡市川剧团、内江市川剧团
五、曲艺（1项）			
15	Ⅴ—3	竹琴（道琴）	眉山市彭山县文化馆
六、传统体育、游艺与杂技（1项）			
16	Ⅵ-6	羌族推杆	阿坝州茂县文化体育局
七、传统美术（2项）			
17	Ⅶ-7	四川手工剪纸（西充剪纸）	南充市西充县文化馆

（续表）

序号	编号	项目名称	申报地区及单位
18	Ⅶ－12	竹编（古城竹鸟笼制作技艺）	成都市郫县文化馆
八、传统技艺（16项）			
19	Ⅷ－1	蒸馏酒传统酿造技艺（苏东坡酒传统酿造技艺、醉八仙酒酿制技艺、崇阳大曲传统酿造技艺）	四川省三苏酒业有限责任公司、泸州市千年酒业有限公司、成都市崇阳酒业有限责任公司
20	Ⅷ－2	自贡扎染工艺	自贡市天工艺术品有限公司
21	Ⅷ－6	藏族牛羊毛手工编织技艺（藏族毛纺织品编织技艺）	凉山州木里藏族自治县文化馆
22	Ⅷ－8	龚扇	自贡市龚道勇竹编工艺品有限公司
23	Ⅷ－11	毛笔制作技艺（柄林毛笔制作技艺）	绵阳市涪城区文化馆
24	Ⅷ－15	腐乳酿造技艺（唐场豆腐乳制作技艺）	成都市大邑县酿造厂
25	Ⅷ－17	醋传统酿造技艺（思坡醋传统酿造技艺、阆州醋传统手工酿造技艺、太源井晒醋酿制技艺）	四川省宜宾市思坡醋业有限责任公司、四川省阆中张飞牛肉有限公司、自贡市沿滩区文化馆
26	Ⅷ－28	民族乐器制作技艺（傈僳族口弦制作技艺、竹制口弦制作技艺）	凉山州德昌县文化馆、凉山州布拖县文化馆
27	Ⅷ－34	微刻（贾氏微刻）	宜宾市兴文县文物管理所
28	Ⅷ－35	丝毯手工编织技艺（手工打结丝毯编织技艺）	南充市阆中四川银河地毯有限公司
29	Ⅷ－38	四川绿茶制作技艺（蒙顶黄芽传统制作技艺、叙府龙芽传统制作技艺）	雅安市名山县非物质文化遗产保护、中心四川省叙府茶业有限公司
30	Ⅷ－49	醪糟酿造技艺（木门醪糟酿造工艺）	广元市旺苍县文化馆
31	Ⅷ－51	酱油酿造技艺（“五比一”酱油酿造技艺）	泸州市合江县永兴诚酿造有限责任公司
32	Ⅷ－14	豆腐菜肴制作技艺（陈麻婆豆腐制作技艺）	成都市饮食公司
33	Ⅷ－7	羌绣传统刺绣工艺	绵阳市北川羌族自治县文化馆、绵阳市平武县文化馆
34	Ⅷ－24	木雕（汉源涂家木雕）	雅安市汉源县文化体育局
十、民俗（4项）			
35	Ⅹ－15	彝族婚俗（彝族婚姻习俗）	乐山市峨边彝族自治县文化馆
36	Ⅹ－17	彝族服饰（呷咪服饰）	凉山州木里藏族自治县文化馆
37	Ⅹ－22	还山鸡节（尔苏藏族还山鸡节）	凉山州甘洛县文化馆
38	Ⅹ－11	苗族踩山节（苗族花山节、古蔺踩山）	宜宾市兴文县民宗局、泸州市古蔺县民宗办

重庆市人民政府公布第三批市级非物质文化遗产名录

重庆市人民政府关于公布第三批市级非物质文化遗产名录的通知

渝府发〔2011〕27号

各区县（自治县）人民政府，市政府各部门，有关单位：

为保护和传承非物质文化遗产，弘扬优秀传统文化，推动重庆文化大发展大繁荣，根据《国务院关于加强文化遗产保护的通知》（国发〔2005〕42号）《国务院办公厅关于加强我国非物质文化遗产保护工作的意见》（国办发〔2005〕18号）《重庆市人民政府办公厅关于加强我市非物质文化遗产保护工作的实施意见》（渝办发〔2005〕223号）精神，经市非物质文化遗产专家委员会评审、市非物质文化遗产局际联席会议审核，市政府同意将郭氏养生按摩手法、古琴、吴癞子的传说、华蓥高腔、广阳民间故事、北碚民间故事、跳石昆词、川剧、吴抄手传统技艺、燕青门正骨疗法、南山盆景技艺、广阳龙舟会、九龙坡剪纸、堰兴剪纸、江北蜀绣、渝北赵氏武术、偏岩耍锣鼓、北碚五谷粮食画、鱼洞乱针绣、“白市驿板鸭”传统制作技艺、大渡口乱针绣、华生园传统糕点制作技艺、梁平狮舞、梁平竹雕、梁平孝歌、梁平张鸭子传统制作技艺等119项非物质文化遗产纳入重庆市第三批市级非物质文化遗产，现予公布。

附件：重庆市第三批市级非物质文化遗产名录

二〇一一年四月七日

附件：

重庆市第三批市级非物质文化遗产名录

（共计119项）

序号	项目名称	项目类别	申报地区或单位
1	吴癞子的传说	民间文学	江北区
2	广阳民间故事		南岸区
3	北碚民间故事		北碚区

（续表）

序号	项目名称	项目类别	申报地区或单位
4	善书	民间文学	合川区
5	大足石刻传说		大足县
6	丰都县民间故事		丰都县
7	石柱酒令		石柱县
8	巫山神女传说		巫山县
9	龙潭八牌锣鼓	传统音乐	涪陵区
10	偏岩耍锣鼓		北碚区
11	华蓥高腔		渝北区
12	跳石昆词		巴南区
13	七子鼓		合川区
14	金佛山打闹		南川区
15	三角吹打		綦江县
16	大足薅秧山歌		大足县
17	大足陪歌		大足县
18	三人锣鼓		城口县
19	梁平孝歌		梁平县
20	后坪山歌		武隆县
21	鸭平吹打		武隆县
22	仙女山耍锣鼓		武隆县
23	邓家背二哥号子		巫山县
24	巫山民歌		巫山县
25	木叶吹奏		酉阳县
26	三棒鼓		酉阳县
27	梅子山歌		彭水县
28	古琴		渝中区
29	龙驹狮舞	传统舞蹈	万州区
30	后坝狮舞		万盛区
31	双桥狮舞		双桥区
32	小彩龙舞		江津区
33	大足狮舞		大足县

（续表）

序号	项目名称	项目类别	申报地区或单位
34	中敖火龙	传统舞蹈	大足县
35	忠州矮人舞		忠县
36	瑞兽金狮		开县
37	梁平狮舞		梁平县
38	石柱板凳龙		石柱县
39	川剧	传统戏剧	九龙坡区
40	亚亚戏		云阳县
41	花鼓	曲艺	万州区
42	荷叶		长寿区
43	金钱板		荣昌县
44	花鼓子		奉节县
45	四川盘子		重庆市曲艺团
46	万州逃遁术	传统体育、游艺与杂技	万州区
47	牙齿顶板凳		万州区
48	双桥杂技		双桥区
49	渝北赵氏武术		渝北区
50	江津况氏武术		江津区
51	大足梅丝拳		大足县
52	万州石雕	传统美术	万州区
53	大渡口乱针绣		大渡口区
54	堰兴剪纸		大渡口区
55	九龙坡剪纸		九龙坡区
56	江北蜀绣		江北区
57	南山盆景技艺		南岸区
58	北碚五谷粮食画		北碚区
59	北碚复兴镇农村线描画		北碚区
60	鱼洞乱针绣		巴南区
61	綦江农民版画		綦江县
62	荣昌民间道教绘画		荣昌县

（续表）

序号	项目名称	项目类别	申报地区或单位
63	忠州杇木虫雕	传统美术	忠县
64	梁平竹雕		梁平县
65	大石竹编		垫江县
66	大宁河刺绣		巫溪县
67	万县桐油手工压榨技艺	传统技艺	万州区
68	涪陵油醪糟传统制作技艺		涪陵区
69	吴抄手传统技艺		渝中区
70	华生园传统糕点制作技艺		大渡口区
71	熊鸭子传统制作技艺		江北区
72	“白市驿板鸭”传统制作技艺		九龙坡区
73	偏岩唐门彩扎工艺		北碚区
74	静观镇竹麻编扎技艺		北碚区
75	道竹芦笙传统制作技艺		万盛区
76	金桥唢呐传统制作技艺		万盛区
77	祝家山苗族服饰传统制作技艺		万盛区
78	黔江珍珠兰茶罐窨手工制作技艺		黔江区
79	黔江斑鸠蛋树叶绿豆腐制作技艺		黔江区
80	长寿血豆腐制作工艺		长寿区
81	江津酱油、醋酿造技艺		江津区
82	江津烧酒酿造技艺		江津区
83	江津米花糖制作技艺		江津区
84	青草坝萝卜卷传统手工技艺		合川区
85	东溪腐乳酿造技艺		綦江县
86	荣昌卤白鹅制作技艺		荣昌县
87	城口漆艺		城口县

（续表）

序号	项目名称	项目类别	申报地区或单位
88	仙家豆腐乳传统制作技艺	传统技艺	丰都县
89	包鸾竹席传统制作技艺		丰都县
90	忠州传统制盐技艺		忠县
91	开县“冰薄月饼”传统制作技艺		开县
92	三合水竹凉席传统制作技艺		开县
93	临江油纸扇传统制作技艺		开县
94	云阳泥溪土法造纸技艺		云阳县
95	梁平张鸭子传统制作技艺		梁平县
96	梁平土陶技艺		梁平县
97	羊角豆腐干传统制作技艺		武隆县
98	石柱黄连传统生产技艺		石柱县
99	竹园盐子鸡传统制作技艺		奉节县
100	夔梳传统制作技艺		奉节县
101	奉节土火纸制作技艺		奉节县
102	奉节阴沉木雕刻技艺		奉节县
103	酉阳西兰卡普传统制作技艺		酉阳县
104	宜居乡传统制茶技艺		酉阳县
105	彭水青瓦烧制技艺		彭水县
106	彭水灰豆腐制作技艺		彭水县
107	彭水普子火药制作技艺		彭水县
108	燕青门正骨疗法	传统医药	渝中区
109	邵氏烧烫伤消痕疗法		江津区
110	鹿角镇民间蛇伤疗法		彭水县
111	广阳龙舟会	民俗	南岸区
112	黑山请水习俗		万盛区
113	角角调		黔江区
114	旱码头龙舟歌会		江津区
115	清源宫庙会		江津区
116	铜梁坐歌堂		铜梁县
117	楼子山迎春狮舞会		丰都县

（续表）

序号	项目名称	项目类别	申报地区或单位
118	盐运民俗	民俗	石柱县
119	薅草仪式		石柱县

陕西省人民政府公布第三批省级非物质文化遗产名录

陕西省人民政府关于公布第三批非物质文化遗产名录的通知

陕政发〔2011〕31号

各市、县、区人民政府，省人民政府各工作部门、各直属机构：

按照《陕西省非物质文化遗产代表作申报评定暂行办法》，经申报、评审、公示等程序，省政府批准将“仓颉造字传说”等10大类140个项目列入陕西省第三批非物质文化遗产名录，现予以公布。

广大人民群众在长期生产生活实践中创造出丰富多彩的非物质文化遗产，既是各地历史发展的见证，又是具有重要价值的特色文化资源。保护和利用好非物质文化遗产，对于促进文化事业和文化产业发展，推动文化大发展大繁荣具有重要作用。各地、各有关部门要认真贯彻“保护为主，抢救第一，合理利用，传承发展”的方针，研究制定项目保护规划，明确责任目标，落实保护措施，切实做好非物质文化遗产的保护、管理和利用工作，为继承和弘扬中华民族优秀传统文化、加快文化强省建设做出新的贡献。

陕西省人民政府

二〇一一年六月三日

陕西省第三批非物质文化遗产名录

（共计140项）

序号	项目编号	项目名称	申报地区、单位或个人
一、民间文学（8项）			
1	Ⅰ-1	长安仓颉造字传说	西安市长安区非遗保护中心
2	Ⅰ-2	仓颉传说	白水县史官镇史官村
3	Ⅰ-3	寒窑传说	西安市非物质文化遗产保护中心、西安市曲江文化旅游（集团）有限公司、曲江池遗址公园景区分公司
4	Ⅰ-4	古豳国传说	彬县非物质文化遗产保护中心
5	Ⅰ-5	炎帝传说	宝鸡市渭滨区文化馆
6	Ⅰ-6	宝塔山的传说	延安市宝塔区非遗保护中心
7	Ⅰ-7	张骞传说	城固县文化馆
8	Ⅰ-8	沉香传说	洛南县非遗保护中心
二、传统音乐（10项）			
1	Ⅱ-1	埙乐艺术	陕西省艺术研究所、中国埙文化学会
2	Ⅱ-2	陕北混源道歌	陕西省非物质文化遗产研究会
3	Ⅱ-3	户县北乡锣鼓	户县文化馆
4	Ⅱ-4	周至镇殿八卦锣鼓	周至县文化馆
5	Ⅱ-5	陇州小调	陇县文化馆
6	Ⅱ-6	合阳民间唢呐	合阳县非遗保护中心
7	Ⅱ-7	镇巴唢呐	镇巴县文化馆
8	Ⅱ-8	韩城围鼓	韩城市非遗保护中心
9	Ⅱ-9	神木二人台	神木县文化馆
10	Ⅱ-10	汉中孝歌	汉中市非遗保护中心
三、传统舞蹈（11项）			
1	Ⅲ-1	唐代乐舞	陕西演艺集团陕西省歌舞剧院有限公司
2	Ⅲ-2	周至龙灯	周至县文化馆
3	Ⅲ-3	田市八仙鼓	渭南市临渭区非遗保护中心
4	Ⅲ-4	南留锣鼓	大荔县文化馆

（续表）

序号	项目编号	项目名称	申报地区、单位或个人
5	Ⅲ－5	定边霸王鞭	定边县文化馆
6	Ⅲ－6	靖边霸王鞭	靖边县文化馆
7	Ⅲ－7	保宁堡老秧歌	榆林市榆阳区非遗保护中心
8	Ⅲ－8	鄜州飞锣	富县文化馆
9	Ⅲ－9	黄陵抬鼓	黄陵县非遗保护办公室
10	Ⅲ－10	略阳羌族羊皮鼓舞	略阳县文化馆
11	Ⅲ－11	排灯舞	铜川市印台区印台乡人民政府
四、传统戏剧（7项）			
1	Ⅳ－1	陕西杖头木偶戏	陕西演艺集团民间艺术剧院有限公司
2	Ⅳ－2	眉户戏	陕西省戏曲研究院
3	Ⅳ－3	泾阳木偶	泾阳县泾河艺术团
4	Ⅳ－4	朱王秧歌剧	渭南市临渭区非遗保护中心
5	Ⅳ－5	旬阳八步景	旬阳县文化馆
6	Ⅳ－6	宜川蒲剧	宜川县文化馆
7	Ⅳ－7	商州皮影戏	商洛市商州区文化馆
五、曲艺（5项）			
1	Ⅴ－1	陕西快板	陕西省曲艺家协会
2	Ⅴ－2	旬邑咪子戏	旬邑县非遗保护中心
3	Ⅴ－3	安康曲子	安康市汉滨区文化馆
4	Ⅴ－4	眉县曲子	眉县文化馆
5	Ⅴ－5	漫川大调	山阳县剧团
六、传统体育、游艺与杂技（7项）			
1	Ⅵ－1	甘水坊高空耍狮子	户县文化馆
2	Ⅵ－2	李式太极拳	咸阳市渭城区文化馆
3	Ⅵ－3	吴东无底鸳鸯秋千	富平县文化馆
4	Ⅵ－4	南社秋千	合阳县非遗保护中心
5	Ⅵ－5	华县填字谜接龙游戏	华县赤水镇郭村三组　同洋州

（续表）

序号	项目编号	项目名称	申报地区、单位或个人
6	Ⅵ－6	柳池芯子	澄城县文化馆
7	Ⅵ－7	洛南担芯子	洛南县非遗保护中心
		七、传统美术（13项）	
1	Ⅶ－1	汉中民间木版图画	陕西省非物质文化遗产研究会、南郑县文化馆
2	Ⅶ－2	周至剪纸	周至县文化馆
3	Ⅶ－3	朝邑剪纸	大荔县文化馆
4	Ⅶ－4	佳县剪纸	佳县非遗保护中心
5	Ⅶ－5	靖边剪纸	靖边县文化馆
6	Ⅶ－6	绥德剪纸	绥德县文化馆
7	Ⅶ－7	延长剪纸	延长县文化馆
8	Ⅶ－8	大荔刺绣	大荔县文化馆
9	Ⅶ－9	合阳面花	合阳县非遗保护中心
10	Ⅶ－10	洛川面花	洛川县文化馆
11	Ⅶ－11	凤翔罩金漆器制作技艺	凤翔县文化馆
12	Ⅶ－12	黄陵木雕	黄陵县非遗保护办公室
13	Ⅶ－13	东龙山狗娃咪泥哨	商洛市商州区文化馆
		八、传统技艺（48项）	
1	Ⅷ－1	西安陈氏世家金银饰器制作技艺	陕西省非物质文化遗产研究会
2	Ⅷ－2	传统乐器手工制作技艺	陕西省非物质文化遗产研究会
3	Ⅷ－3	户县民间缯鼓制作技艺	户县文化馆
4	Ⅷ－4	秦镇杨氏木杆秤制作技艺	户县文化馆
5	Ⅷ－5	起良村造纸制作技艺	周至县文化馆
6	Ⅷ－6	周至三多堂纸扎制作技艺	周至县文化馆
7	Ⅷ－7	渭北地坑式窑洞建筑技艺	泾阳县兴隆镇侯庄村川西组
8	Ⅷ－8	上川口村锣鼓制作技艺	杨陵区杨村乡杨凌新声乐器有限公司
9	Ⅷ－9	岐山王氏皮影制作技艺	岐山县蔡家坡文化馆
10	Ⅷ－10	绥德寨山柳编技艺	绥德县文化馆
11	Ⅷ－11	铁水打花技艺	米脂县文化馆

（续表）

序号	项目编号	项目名称	申报地区、单位或个人
12	Ⅷ－12	神木手工地毯制作技艺	神木县文化馆
13	Ⅷ－13	延安木器装饰雕刻技艺	延安市宝塔区非遗保护中心
14	Ⅷ－14	陕北编席技艺	延安市宝塔区文化馆
15	Ⅷ－15	洋县蓑衣编织技艺	洋县文化馆
16	Ⅷ－16	洋县龙亭蔡家灯影制作技艺	洋县文化馆
17	Ⅷ－17	汉中棕制品制作技艺	南郑县文化馆
18	Ⅷ－18	商南草鞋制作技艺	商南县文化馆
19	Ⅷ－19	丹凤葡萄酒酿造技艺	丹凤县文化馆
20	Ⅷ－20	洛南手工挂面制作技艺	洛南县非遗保护中心
21	Ⅷ－21	佳县手工挂面制作技艺	佳县非遗保护中心
22	Ⅷ－22	张家山手工挂面制作技艺	吴堡县非遗保护中心
23	Ⅷ－23	神仙豆腐制作技艺	岚皋县文化馆
24	Ⅷ－24	蜀河“八大件”饮食文化及制作技艺	旬阳县文化馆
25	Ⅷ－25	紫阳毛尖传统手工制作技艺	紫阳县茶业协会
26	Ⅷ－26	汉中面皮制作技艺	城固县文化馆
27	Ⅷ－27	佛坪神仙豆腐制作技艺	佛坪县非遗保护中心
28	Ⅷ－28	志丹糜子黄酒制作技艺	志丹县文化馆
29	Ⅷ－29	志丹羊肉剁荞面制作技艺	志丹县文化馆
30	Ⅷ－30	吴起米酒酿造技艺	吴起县非遗保护中心
31	Ⅷ－31	陕北油馍馍手工制作技艺	延安市宝塔区非遗保护中心
32	Ⅷ－32	陕北羊杂碎制作技艺	延安市宝塔区非遗保护中心
33	Ⅷ－33	榆林拼三鲜制作技艺	榆林市榆阳区非遗保护中心
34	Ⅷ－34	岐山农家醋制作技艺	岐山县蔡家坡文化馆
35	Ⅷ－35	岐山擀面皮制作技艺	岐山县文化馆
36	Ⅷ－36	古太酒酿造技艺	眉县文化馆
37	Ⅷ－37	凤翔豆花泡馍制作技艺	凤翔县文化馆
38	Ⅷ－38	大荔带把肘子制作技艺	大荔县文化馆
39	Ⅷ－39	陕西潼关肉夹馍制作技艺	潼关县非遗保护中心
40	Ⅷ－40	石灰窑水晶饼制作技艺	渭南市临渭区非遗保护中心

（续表）

序号	项目编号	项目名称	申报地区、单位或个人
41	Ⅷ－41	渭南时辰包子制作技艺	渭南市临渭区非遗保护中心
42	Ⅷ－42	三原蓼花糖制作技艺	三原县文化馆
43	Ⅷ－43	泾阳砖茶制作技艺	泾阳县陕西泾阳泾砖茶业有限公司
44	Ⅷ－44	茯砖茶制作技艺	咸阳市沣东镇陕西苍山茶业有限责任公司
45	Ⅷ－45	咸阳河水 Biangbiang 面制作技艺	咸阳市秦都区非遗保护中心
46	Ⅷ－46	泾阳水盆羊肉制作技艺	泾阳县陕西泾阳友军水盆羊肉餐饮有限公司
47	Ⅷ－47	中华老字号西安贾三灌汤包子及清真小吃制作技艺	西安贾三清真灌汤包子馆
48	Ⅷ－48	陕西官府菜制作技艺	西安唐博相府酒店管理有限公司
九、传统医药（3项）			
1	Ⅸ－1	杨氏一指诊脉技艺	杨凌一宁中医药研究所
2	Ⅸ－2	针挑治疗扁桃体炎	渭南市临渭区非遗保护中心
3	Ⅸ－3	史氏腰椎间盘整复手法	汉中市穆长宁
十、民俗（28项）			
1	Ⅹ－1	上巳节风俗	西安曲江文化旅游集团有限公司大唐芙蓉园景区管理分公司
2	Ⅹ－2	终南山钟馗信仰民俗	户县文化馆
3	Ⅹ－3	西王禹村纸台	礼泉县文化馆
4	Ⅹ－4	渭城区二月二古庙会	咸阳市渭城区文化馆
5	Ⅹ－5	彬县灯山庙会	彬县城关镇水帘村灯山会
6	Ⅹ－6	姜嫄庙会	杨陵区姜嫄庙管委会
7	Ⅹ－7	灵山庙会	凤翔县文化馆
8	Ⅹ－8	龙门洞庙会	陇县文化馆
9	Ⅹ－9	大荔县二月二庙会	大荔县文化馆
10	Ⅹ－10	鱼河堡府城隍庙庙会	榆林市榆阳区非遗保护中心
11	Ⅹ－11	无量山莲云寺庙会	黄龙县文化馆
12	Ⅹ－12	延安太和山庙会	延安市宝塔区文化馆
13	Ⅹ－13	宁陕城隍庙庙会	宁陕县城隍庙庙会管委会
14	Ⅹ－14	彬县大佛寺三月八庙会	彬县大佛寺石窟博物馆

（续表）

序号	项目编号	项目名称	申报地区、单位或个人
15	X－15	苏蕙织锦回文与武功 民间送手绢风俗	咸阳市苏绘民间手工工艺精品专业合作社
16	X－16	重阳追节送花糕	咸阳市秦都区非遗保护中心
17	X－17	大荔乞巧节	大荔县文化馆
18	X－18	大荔血故事	大荔县文化馆
19	X－19	华山红社火	华阴市玉泉办西王堡村委会
20	X－20	定边赛驴会	定边县文化馆
21	X－21	绥德定仙墕娘娘庙花会	绥德县文化馆
22	X－22	志丹过大年	志丹县文化馆
23	X－23	沿门子	安塞县文体广电局
24	X－24	洛川婚俗	洛川县文化馆
25	X－25	陕北丧葬习俗	志丹县文化馆
26	X－26	洛川灯会	洛川县文化馆
27	X－27	扫五穷	汉中市民间文艺家协会
28	X－28	商南花灯	商南县文化馆

甘肃省人民政府公布第三批省级非物质文化遗产名录

甘肃省人民政府关于公布第三批甘肃省非物质文化遗产名录的通知

甘政发〔2011〕34号

各市、自治州人民政府，省政府各部门：

省文化厅确定的第三批甘肃省非物质文化遗产名录（共计91项）已经省政府同意，现予公布。

甘肃省人民政府

二〇一一年三月十六日

第三批甘肃省非物质文化遗产名录

（共计91项）

序号	编号	项目名称	申报地区或单位
一、民间文学（11项）			
1	Ⅰ-1	《马五哥与尕豆妹》	临夏州临夏县
2	Ⅰ-2	《甘冬儿和杨达尔》	武威市古浪县
3	Ⅰ-3	古浪童谣	武威市古浪县
4	Ⅰ-4	陇东红色民谣	
		正宁民谣	庆阳市正宁县
		合水民谣	庆阳市合水县
5	Ⅰ-5	蒙古族祝赞词	酒泉市肃北县
6	Ⅰ-6	河西宝卷	
		永昌宝卷	金昌市永昌县
7	Ⅰ-7	甘肃民间故事	
		貂蝉传说	定西市临洮县
		苏武传说	武威市民勤县
		金瓜与银豆	武威市古浪县
		嘉峪关故事传说	嘉峪关市
8	Ⅰ-8	藏族民间故事	甘南州迭部县
9	Ⅰ-9	藏族民间谚语	甘南州迭部县
10	Ⅰ-10	谚语	庆阳市正宁县
11	Ⅰ-11	春官说诗	平凉市
二、民间音乐（9项）			
12	Ⅱ-1	嘉峪关民间小调	嘉峪关市
13	Ⅱ-2	肃南蒙古族民歌	张掖市肃南县
14	Ⅱ-3	华亭打乐架	平凉市华亭县
15	Ⅱ-4	麻家集高石崖花儿会	定西市渭源县
16	Ⅱ-5	白银寿鹿山道教音乐	白银市
17	Ⅱ-6	灵台唢呐	平凉市灵台县
18	Ⅱ-7	牛角琴演奏	甘南州玛曲县

（续表）

序号	编号	项目名称	申报地区或单位
19	Ⅱ－8	陇中民歌	
		陇西民歌	定西市陇西县
		会宁民歌	白银市会宁县
		静宁阿阳民歌	平凉市静宁县
20	Ⅱ－9	河西民歌	
		瓜州民歌	酒泉市瓜州县
		肃州民歌	酒泉市肃州区
		敦煌民歌	酒泉市敦煌市
		民勤民歌	武威市民勤县
		高台民歌	张掖市高台县
三、民间舞蹈（9项）			
21	Ⅲ－1	摆阵舞	甘南州舟曲县
22	Ⅲ－2	永登硬狮子舞	兰州市永登县
23	Ⅲ－3	何家营滚灯	兰州市永登县
24	Ⅲ－4	秦安蜡花舞	天水市秦安县
25	Ⅲ－5	陇西云阳板	定西市陇西县
26	Ⅲ－6	嘉峪关地蹦子	嘉峪关市
26	Ⅲ－7	鼓舞	
		羌蕃鼓舞	定西市渭源县
		背鼓子舞	白银市
		跳鼓舞	白银市
		太平鼓（五穷鼓）	白银市白银区
28	Ⅲ－8	陇东社火	
		打花鞭	平凉市静宁县
29	Ⅲ－9	河西社火	
		赶驴	酒泉市肃州区
		山丹县耍龙	张掖市山丹县
		甘州社火	张掖市甘州区

（续表）

序号	编号	项目名称	申报地区或单位
四、传统戏剧（5项）			
30	Ⅳ-1	崆峒笑谈	平凉市崆峒区
31	Ⅳ-2	三仓灯戏	陇南市武都区
32	Ⅳ-3	南湖曲子戏	平凉市庄浪县
33	Ⅳ-4	皮影戏	
		通渭皮影戏	定西市通渭县
		临洮皮影戏	定西市临洮县
		渭源皮影戏	定西市渭源县
		永昌皮影戏	金昌市永昌县
34	Ⅳ-5	木偶戏	
		灵台木偶戏	平凉市灵台县
		永昌木偶戏	金昌市永昌县
五、曲艺（7项）			
35	Ⅴ-1	华锐则柔	武威市天祝县
36	Ⅴ-2	山梁走唱	平凉市崇信县
37	Ⅴ-3	顶灯说唱	平凉市崇信县
38	Ⅴ-4	陇中小曲	定西市安定区
39	Ⅴ-5	古浪老调	武威市古浪县
40	Ⅴ-6	凉州贤孝	
		永昌贤孝	金昌市永昌县
41	Ⅴ-7	苦水下二调	兰州市永登县
六、传统体育、游艺与杂技（6项）			
42	Ⅵ-1	叼羊	酒泉市阿克塞县
43	Ⅵ-2	姑娘追	酒泉市阿克塞县
44	Ⅵ-3	二鬼打架	酒泉市肃州区
45	Ⅵ-4	高台通背捶、八虎棍	张掖市高台县
46	Ⅵ-5	秦安壳子棍	天水市秦安县

（续表）

序号	编号	项目名称	申报地区或单位
47	Ⅵ-6	天启棍	临夏州临夏市
七、民间美术（7项）			
48	Ⅶ-1	镇庄兽雕刻艺术	庆阳市华池县
49	Ⅶ-2	唐卡绘画	武威市天祝县
50	Ⅶ-3	庆阳剪纸	
		华池剪纸	庆阳市华池县
51	Ⅶ-4	裕固族刺绣	张掖市肃南县
52	Ⅶ-5	甘谷木雕	天水市甘谷县
53	Ⅶ-6	通渭木雕技艺	定西市通渭县
54	Ⅶ-7	通渭砖雕技艺	定西市通渭县
八、传统技艺（22项）			
55	Ⅷ-1	擦擦佛像印版制作技艺	甘南州夏河县
56	Ⅷ-2	嘉峪关石砚制作技艺	嘉峪关市
57	Ⅷ-3	武都栗玉砚制作技艺	陇南市武都区
58	Ⅷ-4	甘肃黄酒酿制技艺	
		河州黄酒	临夏州临夏市
		马岭黄酒	庆阳市庆城县
59	Ⅷ-5	角弓咂杆酒酿制技艺	陇南市武都区
60	Ⅷ-6	岷县点心加工技艺	定西市岷县
61	Ⅷ-7	静宁烧鸡制作技艺	平凉市静宁县
62	Ⅷ-8	陇西腊肉制作技艺	定西市陇西县
63	Ⅷ-9	王氏铜铸技艺	临夏州临夏市
64	Ⅷ-10	岷县铜铝铸造技艺	定西市岷县
65	Ⅷ-11	榆中县古建筑模型制作技艺	兰州市榆中县
66	Ⅷ-12	榻板房制作技艺	甘南州迭部县
67	Ⅷ-13	民间手工编结技艺	庆阳市合水县
68	Ⅷ-14	镇原高粱秆灯笼制作技艺	庆阳市镇原县
69	Ⅷ-15	戏剧头帽制作技艺	庆阳市宁县

（续表）

序号	编号	项目名称	申报地区或单位
70	Ⅷ－16	天水泥塑制作技艺	天水市秦州区
71	Ⅷ－17	天水丝毯制作技艺	天水市秦州区
72	Ⅷ－18	岷县传统织麻布技艺	定西市岷县
73	Ⅷ－19	脊兽制作技艺	定西市临洮县
74	Ⅷ－20	裕固族织褐子	张掖市肃南县
75	Ⅷ－21	民勤毛毡制作技艺	武威市民勤县
76	Ⅷ－22	王氏镰刀制作技艺	武威市古浪县
九、传统医药（4项）			
77	Ⅸ－1	北塬金氏接骨术	临夏州临夏县
78	Ⅸ－2	王氏正骨法	庆阳市西峰区
79	Ⅸ－3	曹氏中医正骨法	白银市会宁县
80	Ⅸ－4	李天套中医骨伤治疗技艺	平凉市崆峒区
十、民俗（11项）			
81	Ⅹ－1	天干吉祥节	甘南州舟曲县
82	Ⅹ－2	首阳山伯夷叔齐祭祀	定西市渭源县
83	Ⅹ－3	华锐藏族婚俗	武威市天祝县
84	Ⅹ－4	东山转灯	甘南州舟曲县
85	Ⅹ－5	毛兰木法会	甘南州夏河县
86	Ⅹ－6	麦积高抬	天水市麦积区
87	Ⅹ－7	巴寨朝水节	甘南州舟曲县
88	Ⅹ－8	甘州黄河灯阵	张掖市甘州区
89	Ⅹ－9	高台黄河灯阵	张掖市高台县
90	Ⅹ－10	民勤骆驼客	武威市民勤县
91	Ⅹ－11	卓尼藏族服饰	甘南州卓尼县

（三）代表性传承人认定

北京市公布第三批市级非物质文化遗产项目代表性传承人名单

北京市文化局关于公布第三批北京市级非物质文化遗产项目代表性传承人的通知

各区县文化委员会：

根据《中华人民共和国非物质文化遗产法》（中华人民共和国主席令第四十二号）和《北京市人民政府办公厅关于加强本市非物质文化遗产保护工作的意见》（京政办发〔2006〕1号）精神，为有效保护和传承北京市级非物质文化遗产，鼓励和支持北京市级非物质文化遗产项目代表性传承人开展传习活动，经各区县申报、专家评审委员会评审、社会公示、复审等程序，最后确定了朱锡泉等46名第三批北京市级非物质文化遗产项目代表性传承人名单，现予以公布。

非物质文化遗产项目代表性传承人是非物质文化遗产的重要承载者和传递者，掌握着非物质文化遗产的丰富知识和精湛技艺，是非物质文化遗产活态传承的代表性人物。各区县、各部门要按照《非遗法》要求，鼓励和支持北京市级非物质文化遗产项目代表性传承人开展传习活动，切实做好北京市非物质文化遗产保护工作，为推动社会主义文化大发展大繁荣，构建社会主义和谐社会，做出新的贡献。

特此通知。

二〇一一年十一月九日

第三批北京市级非物质文化遗产项目代表性传承人名单

（共计46人，排名不分先后）

序号	类别	项目	项目级别	申报人	性别	出生年月	传承人申报单位	所在区县
1	传统音乐（1人）	京都北韵禅乐	市级	朱锡泉	男	1926年11月	北京市佛教协会	西城区

（续表）

序号	类别	项目	项目级别	申报人	性别	出生年月	传承人申报单位	所在区县
2	传统舞蹈（5人）	永宁南关竹马	市级	沈迎	男	1931年4月	延庆县永宁镇南关村	延庆县
3		高跷秧歌	市级	路景仁	男	1945年1月	昌平文化馆	昌平区
4		小红门地秧歌	国家级	赵凤岭	男	1946年10月	北京市朝阳区小红门乡人民政府	朝阳区
5		六郎庄五虎棍	市级	葛金山	男	1935年8月	北京市海淀区海淀乡文化服务中心	海淀区
6		白纸坊太狮	国家级	杨敬伟	男	1958年11月	北京印钞有限公司	西城区
7	传统戏剧（10人）	昆曲	国家级	沈世华	女	1941年4月	中国戏曲学院	丰台区
8				王大元	男	1941年8月	北方昆曲剧院	西城区
9				乔燕和	女	1943年9月	北方昆曲剧院	西城区
10		河北梆子	国家级	李二娥	女	1947年7月	北京市河北梆子剧团	西城区
11		京剧	国家级	朱绍玉	男	1946年12月	北京京剧院	丰台区
12				钮骠	男	1933年11月	中国戏曲学院	丰台区
13				宋丹菊	女	1942年9月	中国戏曲学院	丰台区
14				谢锐青	女	1932年8月	中国戏曲学院	丰台区
15				蔡英莲	女	1944年4月	中国戏曲学院	丰台区
16				周龙	男	1965年1月	中国戏曲学院	丰台区
17	曲艺（2人）	太平歌词	市级	王双福	男	1945年10月	北京市海淀区人民政府曙光街道办事处	海淀区
18		北京琴书	市级	王树才	男	1968年4月	北京市西城区天桥街道社区服务中心	西城区
19	传统体育、游艺与杂技（7人）	傅氏幻术	市级	傅腾龙	男	1943年8月	北京魔幻久久文化传播有限公司	朝阳区
20		口技	市级	成加强	男	1953年11月	北京爱韵文化艺术中心	海淀区
21			国家级	牛玉亮	男	1938年7月	北京杂技家协会	西城区
22		孙式太极拳	市级	孙婉容	女	1928年6月	北京市西城区体育总会	西城区
23		意拳	市级	姚承光	男	1953年11月	北京市武术运动协会意拳研究会	东城区
24			国家级	孙志均	男	1933年8月	北京市武术运动协会八卦掌研究会	西城区
25		通背拳	市级	李占华	男	1942年9月	北京市武术运动协会通背拳研究会	西城区

（续表）

序号	类别	项目	项目级别	申报人	性别	出生年月	传承人申报单位	所在区县
26	传统美术（7人）	彩塑“兔儿爷”	市 级	双 彦	男	1958年4月	北京双起翔泥彩塑艺术创作工作室	朝阳区
27		彩塑京剧脸谱	市 级	杨玉栋	男	1943年8月	北京玉海腾龙文化艺术有限责任公司	海淀区
28		北京扎彩子	市 级	李连贵	男	1957年12月	北京市东城区人民政府龙潭街道办事处	东城区
29		北京绢人	市 级	滑树林	男	1950年3月	北京京城百工坊艺术品有限公司	东城区
30		北京刻瓷	市 级	茅子芳	男	1943年4月	北京玉器二厂有限责任公司	东城区
31		京 绣	市 级	刘秀花	女	1950年11月	北京云龙京绣艺术中心	房山区
32		北京仿古瓷	市 级	白 莉	女	1955年7月	鼎盛陶琪（北京）艺术品有限公司	西城区
33	传统技艺（8人）	琉璃渠琉璃烧制技艺	国家级	赵长安	男	1966年2月	北京明珠琉璃制品有限公司	门头沟区
34		京作硬木家具制作技艺	市 级	杜新士	男	1954年11月	北京杜顺堂古典家具厂	朝阳区
35		宏音斋笙管制作技艺	国家级	吴景馨	女	1962年6月	北京昌平区沙河吴氏管乐社	海淀区
36		北京蒙镶	市 级	吴中凤	女	1955年4月	北京吴中凤蒙镶艺术品有限公司	东城区
37		吴裕泰茉莉花茶窨制技艺	国家级	孙丹威	女	1957年9月	北京吴裕泰茶业股份有限公司	东城区
38		传统药香制作技艺	市 级	李时亮	男	1980年8月	北京羽亮手工制香研究工作室	西城区
39		北京宫毯织造技艺	国家级	王国英	女	1967年7月	北京市地毯五厂	西城区
40		荣宝斋装裱修复技艺	国家级	李淑珍	女	1968年10月	荣宝斋	西城区
41	传统医药（5人）	程氏针灸	市 级	程莘农	男	1921年8月	北京大诚中医门诊部有限公司	海淀区
42		葛氏捏筋拍打疗法	国家级	葛凤麟	男	1955年6月	北京世纪坛医院	海淀区

（续表）

序号	类别	项目	项目级别	申报人	性别	出生年月	传承人申报单位	所在区县
43	传统医药（5人）	鹤年堂中医药养生文化	国家级	王国宝	男	1954年10月	北京鹤年堂医药有限责任公司	西城区
44		清华池修治脚病传统技艺	市 级	王建生	男	1957年5月	北京翔达投资管理有限公司清华池浴池	西城区
45		王氏脊椎疗法	国家级	王兴治	男	1953年6月	北京达康神韵技术发展公司	西城区
46	民俗（1人）	石景山古城村秉心圣会	市 级	常守智	男	1931年8月	石景山区文化委员会	石景山区

天津市公布第二批市级非物质文化遗产项目代表性传承人名单

关于公布第二批天津市非物质文化遗产项目代表性传承人的通知

津文广非遗〔2011〕3号

各区县文化广播电视局（文化和旅游局），各有关保护单位，天津市非物质文化遗产保护中心：

根据国务院办公厅《关于加强我国非物质文化遗产保护工作的意见》（国办发〔2005〕18号）精神和文化部45号令等有关文件的规定，为有效管理、保护和传承我市非物质文化遗产，鼓励和支持市级非物质文化遗产项目代表性传承人开展传习活动，经我市各区县和有关项目保护单位申报、专家评审委员会审核评议、社会公示和复核等程序，确定了第二批传统音乐、传统舞蹈、传统戏剧、曲艺、传统体育、游艺与杂技、传统美术、传统手工技艺、传统医药、民俗等九类72名天津市级非物质文化遗产项目代表性传承人，现予以公布。

天津市非物质文化遗产项目代表性传承人掌握并承载着非物质文化遗产的知识和精湛技艺，是非物质文化遗产活的宝库和传习技艺的代表性人物。各区县和有关项目保护单位要按照国务院办公厅和文化部有关文件的要求，认真贯彻“保护为主，抢救第一，合理利用，传承发展”的非物质文化遗产工作指导原则，鼓励和支持天津市非物质文化遗产项目代表性传承人开展传习活动，切实做好非物质文化遗产的管理和保护工作。

附件：第二批天津市非物质文化遗产项目代表性传承人名单

二〇一一年五月三日

附件：

第二批天津市非物质文化遗产项目代表性传承人名单

（共计72人，排名不分先后，同一项目编码以姓氏笔画排序）

序号	项目编码	项目名称	申报地区或单位	代表性传承人		
				姓名	性别	出生年
传统音乐（2人）						
2-1	Ⅱ-1	小王庄民间吹打乐	滨海新区、大港	郝兆生	男	1936
2-2	Ⅱ-2	韩家墅上善道乐	北辰区	杨桂林	男	1945
传统舞蹈（15人）						
2-3	Ⅲ-1	东于庄同乐花鼓	河北区	李增有	男	1945
2-4	Ⅲ-2	金狮大轿	河北区	李炳欣	男	1976
2-5	Ⅲ-3	塘沽河头落子	滨海新区、塘沽	周庆玉	男	1944
2-6	Ⅲ-4	高王院莲花落	武清区	王文安	男	1942
2-7	Ⅲ-5	寺各庄竹马会	武清区	程立东	男	1970
2-8	Ⅲ-6	西码头百忍京秧歌高跷	红桥区	殷洪祥	男	1938
2-9	Ⅲ-6	普乐虫八蜡庙高跷	红桥区	张文杏	男	1943
2-10	Ⅲ-6	堤头庆云高跷	河北区	佟宝林	男	1948
2-11	Ⅲ-6	北塘丰登乐会高跷	滨海新区、塘沽	王少平	男	1945
2-12	Ⅲ-6	海下文武高跷	津南区	李少鹏	男	1929
2-13	Ⅲ-6	海下同善文武高跷	津南区	张永环	男	1974
2-14	Ⅲ-6	王秦庄同议高跷	北辰区	宋洪吉	男	1966
2-15	Ⅲ-6	上蒲口同乐高跷	北辰区	朱永福	男	1935
2-16	Ⅲ-6	宜兴埠永长高跷	北辰区	赵　辉	男	1967
2-17	Ⅲ-6	河西务孝力高跷	武清区	周宝丰	男	1946
传统戏剧（19人）						
2-18	Ⅳ-1	宝坻皮影戏	宝坻区	高文忠	男	1940
2-19	Ⅳ-2	京剧	天津市表演艺术咨询委	李近秋	女	1936
2-20	Ⅳ-2	京剧	天津京剧院	李经文	女	1947
2-21	Ⅳ-2	京剧	天津京剧院	康万生	男	1946

（续表）

序号	项目编码	项目名称	申报地区或单位	代表性传承人		
				姓名	性别	出生年
2-22	Ⅳ-3	评剧	天津评剧院	马淑华	女	1946
2-23	Ⅳ-3	评剧	天津评剧院	王有才	男	1945
2-24	Ⅳ-3	评剧	天津市评剧白派剧团	王冠丽	女	1962
2-25	Ⅳ-3	评剧	宁河县	冯继祥	男	1948
2-26	Ⅳ-3	评剧	天津评剧院	李秀云	女	1945
2-27	Ⅳ-3	评剧	天津评剧院	李福安	男	1921
2-28	Ⅳ-3	评剧	天津评剧院	郑伯文	男	1930
2-29	Ⅳ-3	评剧	天津评剧院	莲小君	女	1926
2-30	Ⅳ-3	评剧	天津评剧院	剧文林	男	1958
2-31	Ⅳ-3	评剧	天津评剧院	崔连润	女	1950
2-32	Ⅳ-3	评剧	天津评剧院	曾昭娟	女	1966
2-33	Ⅳ-4	卫派河北梆子	天津河北梆子剧院	刘俊英	女	1939
2-34	Ⅳ-4	卫派河北梆子	天津河北梆子剧院	闫建国	男	1938
2-35	Ⅳ-4	卫派河北梆子	天津河北梆子剧院	陈　春	女	1964
2-36	Ⅳ-4	卫派河北梆子	天津市艺术职业学院	葛秀荣	女	1936
曲艺（9人）						
2-37	Ⅴ-1	天津时调〔大数子〕	北辰区	王锁栓	男	1960
2-38	Ⅴ-4	骆派京韵大鼓	天津市曲艺团	刘春爱	女	1949
2-39	Ⅴ-4	骆派京韵大鼓	天津市曲艺团	陆倚琴	女	1934
2-40	Ⅴ-6	铁片大鼓	天津市炎黄文化研究会	姚雪芬	女	1949
2-41	Ⅴ-7	西河大鼓	天津市炎黄文化研究会	田连章	男	1938
2-42	Ⅴ-7	西河大鼓	天津市炎黄文化研究会	田蕴章	男	1945
2-43	Ⅴ-7	西河大鼓	天津市炎黄文化研究会	郝秀洁	女	1958
2-44	Ⅴ-8	梅花大鼓	天津市表演艺术咨询委	张淑钧	女	1923
2-45	Ⅴ-8	梅花大鼓	天津市炎黄文化研究会	籍　薇	女	1956
传统体育、游艺与杂技（9人）						
2-46	Ⅵ-1	竞技麻将	和平区	盛　琦	男	1934

（续表）

序号	项目编码	项目名称	申报地区或单位	代表性传承人		
				姓名	性别	出生年
2-47	Ⅵ-2	无极拳	东丽区	高铁静	男	1947
2-48	Ⅵ-3	鲍式八极拳	北辰区	鲍雅齐	男	1959
2-49	Ⅵ-4	李氏太极拳	武清区	贾仕文	男	1945
2-50	Ⅵ-5	毕式“一指禅”拿手推	和平区	毕增祥	男	1965
2-51	Ⅵ-6	永良飞叉	武清区	王文壮	男	1946
2-52	Ⅵ-7	大六分村登杆圣会	静海县	李岳全	男	1956
2-53	Ⅵ-8	独流通背拳	静海县	孙金生	男	1952
2-54	Ⅵ-9	古典戏法	和平区	肖桂森	男	1956
传统美术（3人）						
2-55	Ⅶ-2	杨柳青木版年画	西青区	张克森	男	1941
2-56	Ⅶ-2	杨柳青木版年画	西青区	韩秀英	女	1938
2-57	Ⅶ-2	杨柳青木版年画	西青区	霍秀英	女	1941
传统技艺（12人）						
2-58	Ⅷ-1	盛锡福毡礼帽制作技艺	和平区	许三明	男	1959
2-59	Ⅷ-2	老美华手工制鞋技艺	和平区	邢 俊	男	1959
2-60	Ⅷ-3	老美华中式连袖男装制作技艺	和平区	张桂蓉	女	1956
2-61	Ⅷ-3	老美华中式连袖男装制作技艺	和平区	梁玉华	女	1951
2-62	Ⅷ-9	天津“狗不理”包子制作技艺	和平区	王宏皓	男	1977
2-63	Ⅷ-9	天津“狗不理”包子制作技艺	和平区	牛秀娟	女	1982
2-64	Ⅷ-11	天津“耳朵眼”炸糕制作技艺	红桥区	朱学利	男	1959
2-65	Ⅷ-13	子火烧、一品烧饼制作技艺	蓟县	蔚俊芝	女	1962
2-66	Ⅷ-18	津门蔡氏贡掸制作技艺	南开区	蔡成浩	男	1949
2-67	Ⅷ-19	刘海空竹制作技艺	南开区	屈彦晖	男	1972
2-68	Ⅷ-21	皮影雕刻技艺	蓟县	张 奎	男	1937
2-69	Ⅷ-22	盆罐村制陶技艺	宁河县	韩克胜	男	1962

（续表）

序号	项目编码	项目名称	申报地区或单位	代表性传承人		
				姓名	性别	出生年
传统医药（1人）						
2-70	Ⅸ-1	达仁堂清宫寿桃丸宫廷秘方及其传统制剂工艺	天津中新药业集团股份有限公司达仁堂制药厂	郭玉凤	女	1949
民俗（2人）						
2-71	Ⅹ-5	葛沽宝辇出会	津南区	杜家路	男	1932
2-72	Ⅹ-5	葛沽宝辇出会	津南区	宋世祥	男	1935

山西省公布第三批省级非物质文化遗产项目代表性传承人名单

山西省文化厅关于公布第三批省级非物质文化遗产项目代表性传承人的通知

晋文发〔2011〕95号

各市文广新局：

为贯彻落实国务院办公厅《关于加强我国非物质文化遗产保护工作的意见》（国办发〔2005〕18号）精神，根据《山西省省级非物质文化遗产项目代表性传承人认定与管理暂行办法》的规定，省文化厅组织开展了第三批省级非物质文化遗产项目代表性传承人的申报和评审工作。经省非物质文化遗产保护工作专家评审委员会评审、社会公示、复审并报请省人民政府批准同意，最后确定刘润恩等386名同志为第三批省级非物质文化遗产项目代表性传承人，现予以公布。

非物质文化遗产项目代表性传承人掌握并承载着非物质文化遗产的知识和精湛技艺，既是非物质文化遗产活的宝库，又是非物质文化遗产代代相传的代表性人物。各市、各部门要按照国务院办公厅《关于加强我国非物质文化遗产保护工作的意见》和《中华人民共和国非物质文化遗产法》的要求与规定，认真贯彻“保护为主，抢救第一，合理利用，传承发展”的工作方针，鼓励和支持非物质文化遗产项目代表性传承人开展传习活动，弘扬传统文化，切实做好我省非物质文化遗产的保护工作。

附件：第三批省级非物质文化遗产项目代表性传承人名单

山西省文化厅

二○一一年十二月三十日

附件：

第三批省级非物质文化遗产名录项目代表性传承人名单

（共计386人，排名不分先后）

序号	项目编码	项目名称	申报地区和单位	代表性传承人	
				姓名	性别
一、民间文学（5人）					
229	Ⅰ-4	赵氏孤儿传说	盂县文化馆	孙金栋	男
230				张富海	男
231	Ⅰ-5	笑话（襄汾七十二呆）	襄汾县文化馆	刘润恩	男
232	Ⅰ-20	老寿星传说	寿阳县文化馆	杨生宽	男
233	Ⅰ-36	张四姐的故事	孝义市传统文化研究会	任化清	男
二、传统音乐（34人）					
234	Ⅱ-2	河曲民歌	河曲文化体育发展中心	杜全居	男
235				王永茂	男
236	Ⅱ-3	左云楞严寺庙音乐	左云县文化馆	张日荣	男
237	Ⅱ-4	晋南威风锣鼓	临汾市群众艺术馆	张　勇	男
238	Ⅱ-5	绛州鼓乐	运城市新绛县	王秦安	男
239				郝世勋	男
240	Ⅱ-6	上党八音会	晋城市群众艺术馆	陈小宁	男
241				樊祥福	男
242	Ⅱ-7	文水鈲子	文水鈲子研究会	武荣华	男
243	Ⅱ-9	晋北鼓吹	忻府区文化馆	刘省心	男
244			定襄县金锁呐艺术团	范秀文	男
245	Ⅱ-10	北岳道乐	浑源县文化馆	焦文忠	男

（续表）

序号	项目编码	项目名称	申报地区和单位	代表性传承人	
				姓名	性别
246	Ⅱ－11	上党乐户班社	长治市潞城市辛安泉镇西流村	王进支	男
247			壶关县牛府鼓乐班社	刘长有	男
248				曹柱则	男
249	Ⅱ－12	吉县唢呐	吉县文化馆	杨吉生	男
250		临县大唢呐	临县大唢呐培训活动中心	刘晓弘	男
251	Ⅱ－14	保德民歌	保德县文化馆	杨仲清	男
252				杨爱珍	女
253	Ⅱ－16	泽州对鼓	泽州县文化馆	张金莲	女
254				张田林	男
255	Ⅱ－17	十不隔	陵川县文化馆	吴红云	男
256				张金生	男
257	Ⅱ－18	盂县民歌	盂县文化馆	梁书印	男
258				韩润民	男
259	Ⅱ－19	翼城西闫民歌	翼城县文化馆	侯安荣	男
260	Ⅱ－20	花敲鼓	垣曲县	辛明亮	男
261	Ⅱ－21	庆唐神鼓	浮山县文化馆	段鲜鸿	男
262				秦志强	男
263	Ⅱ－22	金鼓乐	洪洞县万安镇	段双平	男
264				赵东锁	男
265	Ⅱ－23	台神花鼓	侯马市群众艺术馆	贺际泰	男
266	Ⅱ－26	斤秤锣鼓	武乡县文化馆	任广厚	男
267	Ⅱ－30	软槌锣鼓	运城市万荣县	张世俊	男
三、传统舞蹈（55人）					
268	Ⅲ－1	南上官狮舞	侯马市南上官村委会	樊从贤	男
269				杜云龙	男
270				郭　勇	男
271	Ⅲ－2	庙前高跷	太原市民间文艺家协会	姬秉玉	男
272		走兽高跷	运城市稷山县	王成林	男

（续表）

序号	项目编码	项目名称	申报地区和单位	代表性传承人	
				姓名	性别
273	Ⅲ－3	鼓舞（万荣花鼓、闻喜花鼓、稷山高台花鼓）	运城市万荣县	郭弘礼	男
274				王企仁	男
275			运城市闻喜县	郭吉堂	男
276			运城市稷山县	苏安福	男
277		土沃老花鼓	沁水县土沃乡土沃村	祁学德	男
278				高荣旭	男
279		翼城花鼓	翼城县文化馆	张飞飞	男
280	Ⅲ－4	水船秧歌	柳林镇青龙社区文化活动中心	王秉贵	男
281		伞头秧歌	临县伞头秧歌艺术协会	张金生	男
282		踢鼓秧歌	大同县文化馆	胡振华	男
283		白店秧歌	侯马市新田乡白店村委会	张秀兰	女
284				吴铁民	男
285				田永发	男
286		唐城花灯秧歌	安泽县唐城镇唐城村民委员会	张银莲	女
287	Ⅲ－7	壶关迓鼓	壶关县文化馆	张合义	男
288				郭书茂	男
289	Ⅲ－11	徐沟背铁棍	清徐县	郝六旦	男
290				杨胜利	男
291		抬阁	运城市万荣县	高裕民	男
292	Ⅲ－12	原平凤秧歌	原平市文化馆	吕来鱼	女
293	Ⅲ－13	榆社霸王鞭	榆社县文化馆	周文怀	男
294		西石霸王鞭	运城市垣曲县	石士达	男
295				石金生	男
296				石爱爱	女
297	Ⅲ－17	二鬼摔跤	小店区文化馆	史六儿	男
298	Ⅲ－19	盐湖龙灯舞	运城市盐湖区	荆怀民	男
299				张千圣	男

（续表）

序号	项目编码	项目名称	申报地区和单位	代表性传承人	
				姓名	性别
300	Ⅲ－21	盂县牛斗虎	盂县秀水镇南白水村	孟海金	男
301				吕宜应	男
302				王云成	男
303	Ⅲ－24	左权五里堠竹马	左权县辽阳镇五里堠村村委会	刘 剑	男
304	Ⅲ－25	阳城旱船	阳城县非物质文化遗产保护中心	陕扶瑞	男
305				王更兴	男
306		翼城孝义旱船	翼城县文化馆	郭志坚	男
307	Ⅲ－27	翼城堡子河蚌舞	翼城县文化馆	王立亮	男
308				王立明	男
309	Ⅲ－28	侯马麒麟舞	侯马市新田乡	王振平	男
310				张西山	男
311	Ⅲ－30	阳城裤马	阳城县非物质文化遗产保护中心	凌栓义	男
312				凌张庆	男
313	Ⅲ－31	扛桩故事	阳城县非物质文化遗产保护中心	白接才	男
314	Ⅲ－32	西华门舞狮	太原市民间文艺家协会	康保唐	男
315	Ⅲ－36	渔翁逗海蚌	繁峙县文广体局	宫金柱	男
316	Ⅲ－37	左权小花戏	左权县“开花调”艺术团	李明珍	女
317	Ⅲ－38	独龙杆	灵石县文化馆	王瑞堂	男
318	Ⅲ－40	令伯转身鼓	襄汾县令伯村委会	张国良	男
319				张振江	男
320		翼城转身鼓	翼城县文化馆	席廷亮	男
321	Ⅲ－41	花腔鼓	襄汾县赵康镇赵雄村委会	黄正祥	男
322	Ⅲ－42	亮宝	运城永济市	胡 曼	女
四、传统戏剧（93人）					
323	Ⅳ－1	晋剧	太原市实验晋剧院	高翠英	女
324				谢 涛	女
325				李月仙	女

（续表）

序号	项目编码	项目名称	申报地区和单位	代表性传承人	
				姓名	性别
326	Ⅳ－1	晋剧	太原市晋剧艺术研究院	阎慧贞	女
327			晋中青年晋剧团	杨红丽	女
328				李建国	男
329				贾炳正	男
330			晋中晋剧团	侯玉兰	女
331				郭志强	男
332				张鸣琴	女
333				王珍如	女
334				降经元	男
335				王万梅	女
336				罗维新	男
337	Ⅳ－2	蒲州梆子	运城市	王艺华	男
338				康希圣	男
339	Ⅳ－3	北路梆子	大同北路梆子剧团	张彩平	女
340				魏润平	男
341			忻州市北路梆子剧团	吴天凤	女
342				孙一清	男
343				沈元元	男
344	Ⅳ－4	上党梆子	山西省上党戏剧院	高玉林	女
345				郭效明	男
346	Ⅳ－7	太原秧歌	太原市小店区文化馆	乔俊宝	男
347		广灵秧歌	广灵县文化馆	郭世德	男
348				安海云	男
349		沁源秧歌	长治市沁源县文化馆	李水叶	女
350				张彩琴	女
351				南月兰	女
352		泽州秧歌	高平市文化馆	牛秋枝	男
353				王荣珍	女

（续表）

序号	项目编码	项目名称	申报地区和单位	代表性传承人	
				姓名	性别
354	Ⅳ－7	泽州秧歌	泽州县文化馆	李培明	男
355		中庄秧歌	阳城县非物质文化遗产保护中心	曹继信	男
356				赵水余	男
357		大树秧歌	阳城县非物质文化遗产保护中心	霍留善	男
358		沁水秧歌	沁水县文化馆	李　萍	女
359		平腔秧歌	陵川县文化馆	赵建华	女
360				李金莲	女
361		繁峙秧歌	繁峙县文广体局	孟智秀	男
362		汾孝秧歌	孝义市传统文化研究会	武永虎	男
363		壶关秧歌	壶关县人民艺术剧团	郭聚芳	男
364		祁太秧歌	晋中市太谷县文体广电新闻出版局	许秀娟	女
365				代富仙	女
366				刘双寿	男
367				董永珍	女
368			祁县文化馆	张维镜	男
369				史尚礼	男
370		温曲武秧歌	祁县古县镇温曲村	郭映长	男
371	Ⅳ－8	大涧道情	灵丘县文化馆	白廷光	男
372		神池道情戏	神池道情剧团	吴翠花	女
373				黄凤兰	女
374				王青华	女
375		兴县道情	兴县人民文化馆	王付全	男
376	Ⅳ－9	阳高二人台	阳高县二人台剧团	王　元	男
377				杜秀梅	女
378		河曲二人台	河曲文化体育发展中心	邬新田	男
379				管保憨	男
380				张林彦	女

（续表）

序号	项目编码	项目名称	申报地区和单位	代表性传承人	
				姓名	性别
381	Ⅳ－10	锣鼓杂戏	运城市临猗县	姚启亮	男
382			运城市万荣县	吕亲太	男
383				郝东州	男
384				徐桂生	男
385	Ⅳ－11	侯马皮影戏	侯马市群众艺术馆	廉振华	男
386				刘秀珍	女
387		孝义皮影戏	孝义市文化馆	侯建川	男
388	Ⅳ－12	孝义碗碗腔	孝义市文化馆	梁治珠	男
389		曲沃碗碗腔	曲沃县晋韵碗碗腔演艺有限责任公司（原曲沃碗碗腔剧团）	解红旗	男
390				郝荣芳	女
391				刘宝平	男
392	Ⅳ－13	晋南眉户	临汾市眉户剧团	许爱英	女
393				潘国梁	男
394				赵　梅	女
395	Ⅳ－14	上党落子	长治市上党落子剧团	郭明娥	女
396				付永亮	男
397	Ⅳ－15	芮城线腔	运城市芮城县	姚艺民	男
398	Ⅳ－16	浮山木偶戏	浮山木偶艺术团	吴春安	男
399		孝义木偶戏	孝义市传统文化研究会	郝凤莲	女
400				吴瑞青	女
401	Ⅳ－17	碓臼沟秧歌	新荣区文化馆	刘　善	男
402				刘　珍	男
403	Ⅳ－18	鳌石赛戏	阳高县文化馆	陈述堂	男
404	Ⅳ－19	上党二簧	城区凤鸣剧团	郭胖胖	女
405				杨海兰	女
406	Ⅳ－20	怀梆戏	运城市垣曲县	卫儒民	男
407				卫士华	男
408				周吉梅	女

（续表）

序号	项目编码	项目名称	申报地区和单位	代表性传承人	
				姓名	性别
409	Ⅳ－21	风台小戏	晋中市和顺县	胡志毅	男
410	Ⅳ－22	蛤蟆嗡	运城市夏县	蔡神全	男
411	Ⅳ－27	目连戏	翼城县文化馆	苏诗祥	男
412	Ⅳ－28	任庄扇鼓傩戏	曲沃县文化馆	张凤英	女
413	Ⅳ－28	任庄扇鼓傩戏	曲沃县文化馆	凌凤英	女
414				许世旺	男
415				单如恭	男
五、曲艺（20人）					
416	Ⅴ－2	太原莲花落	太原市歌舞杂技团	曹　强	男
417	Ⅴ－3	鼓书（高平鼓书）	高平市文化馆	巩元儿	男
418		长子鼓书	长子县文化馆	申虎伟	男
419		武乡盅术	武乡县盲人曲艺队	常惠斌	男
420	Ⅴ－5	屯留道情	长治市屯留县非遗保护中心	张俊风	女
421			阳城县非物质文化遗产保护中心	宁美兰	女
422				宁新胜	男
423	Ⅴ－6	河东说唱道情	永济市文化馆	肖正荣	男
424	Ⅴ－7	临县三弦书	临县曲艺家协会	康云祥	男
425		平遥弦子书	平遥县文化馆	裴芙春	男
426				侯开增	男
427		霍州三弦书	霍州市群众艺术馆	韦杏元	男
428	Ⅴ－10	曲沃琴书	曲沃县文化馆	张彩凤	女
429		翼城琴书	翼城县文化馆	李　琳	男
430	Ⅴ－11	泽州四弦书	泽州县文化馆	陈栓发	男
431				马　莉	女
432	Ⅴ－13	陵川钢板书	陵川县文化馆	马明娥	女
433				侯松锁	男
434	Ⅴ－14	沁水鼓儿词	沁水县文化馆	张帮炉	男
435	Ⅴ－16	平陆高调	运城市平陆县	侯风刚	男

（续表）

序号	项目编码	项目名称	申报地区和单位	代表性传承人	
				姓名	性别
六、传统体育、游艺与杂技（25人）					
436	Ⅵ－1	挠羊赛	忻州市摔跤俱乐部	朱彦青	男
437				张顺良	男
438	Ⅵ－2	心意拳	祁县戴氏心意拳协会	穆金桥	男
439				郭映长	男
440				段天林	男
441	Ⅵ－3	风火流星	太原市晋源区风火流星民间艺术工作室	贾天苍	男
442	Ⅵ－5	盂县武术社火	盂县南娄镇西小坪村	武星福	男
443				武有林	男
444				武东德	男
445	Ⅵ－6	形意拳	晋中市太谷县形意拳协会	杨繁生	男
446				高宝东	男
447				吴秀峰	男
448				宋光华	男
449				布秉全	男
450	Ⅵ－11	傅山拳法	太原市傅山文化开发苑	张希贵	男
451	Ⅵ－15	洪洞通背缠拳	洪洞县通背缠拳协会	徐泽生	男
452				徐洪安	男
453				徐丽生	男
454				徐天香	女
455				杜金子	男
456				申葛达	男
457				徐天生	男
458	Ⅵ－18	手歌	临汾市汾西县文化馆	要瑞昌	男
459	Ⅵ－20	杨式太极拳	山西省杨氏太极拳协会	杨振铎	男
460				杨　军	男

（续表）

序号	项目编码	项目名称	申报地区和单位	代表性传承人	
				姓名	性别
七、传统美术（59人）					
461	Ⅶ－1	广灵剪纸	广灵县剪纸协会	王兴利	男
462				高清红	女
463				邱云霞	女
464		左权剪纸	左权一江晚霞剪纸艺术馆	杨宪江	男
465		高平剪纸	高平市文化馆	乔明娥	女
466		隰县剪纸	隰县文化馆	许　晃	男
467		浮山剪纸	浮山县文化馆	乔文阁	男
468				郑洪峨	男
469		右玉剪纸	右玉县飞天民间艺术发展中心	蔡江萍	女
470				李翠萍	女
471				张桂玉	女
472		孝义剪纸	山西省孝义市传统文化研究会	武玉莲	女
473				郭润芝	女
474	Ⅶ－2	绛州木版年画	运城市新绛县	蔺永茂	男
475				吴百锁	男
476	Ⅶ－3	闻喜花馍	闻喜县文化馆	董巧兰	女
477		高平面塑	高平市文化馆	魏慧兰	女
478				张淑珍	女
479		定襄面塑	定襄县文化中心	丁芳莲	女
480				梁志明	男
481		代县面塑	代县面塑艺术研究中心	张桂英	女
482				刘金毛	女
483		面塑（捏面人）	运城市万荣县	解云仙	女
484		太平面塑	临汾市非物质文化遗产保护协会	梁秋叶	女

（续表）

序号	项目编码	项目名称	申报地区和单位	代表性传承人	
				姓名	性别
485	Ⅶ－5	阳泉布老虎	峰梅琴艺术工作室	张旭峰	女
486		黎侯虎	黎城红石民间工艺责任有限公司	李小梅	女
487		布扎	运城市绛县	马秋菊	女
488			运城市芮城县	张雅婷	女
489		侯马布老虎	侯马市群众艺术馆	王承志	男
490	Ⅶ－6	长治堆锦	长治市城区德艺坊堆锦工作室	闫德明	男
491				闫向军	男
492				闫向辉	男
493	Ⅶ－7	建筑彩绘（墙围画）	长治市沁源县赤石桥乡涧崖底村	任卫平	男
494		建筑彩绘（襄垣民居脊饰传统技艺）	襄垣县非遗保护中心	肖海昌	男
495				宋连福	男
496	Ⅶ－8	高平绣活	高平市文化馆	赵翠林	女
497		和顺刺绣（牵绣）	和顺县文化馆	范素萍	女
498		繁峙晋绣	繁峙县晋绣坊文化产业发展中心	贺志坚	男
499				张恩凤	女
500		上党女红	长治市郊区锦绣坊堆锦刺绣工艺厂	高艳青	女
501				张建旺	男
502	Ⅶ－9	南庄无根架火	榆次南庄宏艺架火美术工艺厂	赵志高	男
503	Ⅶ－10	平遥纱阁戏人	平遥县文化馆	雷显元	男
504	Ⅶ－12	曲沃花葫芦	曲沃县郑家民间美术社	郑亚辉	男
505				郑月巴	男
506	Ⅶ－13	侯马皮影	侯马市皮影雕刻艺术研究会	赵翠莲	女
507	Ⅶ－14	麦草画	蒲县非物质文化保护中心	亢秀奎	男
508		扎麦草	运城市永济市	李新德	男
509				张亮亮	女
510	Ⅶ－18	沁源石雕	长治市沁源县赤石桥乡涧崖底村	史崇信	男

（续表）

序号	项目编码	项目名称	申报地区和单位	代表性传承人	
				姓名	性别
511	Ⅶ－19	沁源木雕	长治市沁源县赤石桥乡涧崖底村	史玉荣	女
512		木　雕	定襄晟龙木雕模型艺术有限公司	刘晓晨	男
513		宁武根雕	怀海根艺美术专业合作社	张存海	男
514		根　雕	交口县文化馆	文玉贵	男
515				景文郁	男
516		永乐桃木雕刻技艺	芮城县永乐理天桃木雕刻坊	李艳军	男
517	Ⅶ－20	手工泥金笺	运城市永济市	黄自力	男
518	Ⅶ－21	宫灯（柴森宫灯）	运城市夏县柴森宫灯厂	柴青梅	女
519				张建明	男
八、传统技艺（75人）					
520	Ⅷ－4	辛寨陈醋酿制技艺	壶关县辛寨绿色醋业有限公司	辛世方	男
521	Ⅷ－5	传统面食制作技艺	山西晋餐文化研究会	杨章平	男
522		大阳馔面制作技艺	泽州县文化馆	范锁喜	男
523		交里桥饸饹面制作技艺	临汾市曲沃县交里桥小胖饸饹面馆	李新安	男
524		剪刀面制作技艺	侯马市宴皇源餐饮有限公司	刘宣萍	男
525	Ⅷ－6	绛州剔犀制作技艺	运城市新绛县	何俊明	男
526	Ⅷ－7	窑洞营造技艺	运城市平陆县	张和成	男
527	Ⅷ－10	平定黑釉刻花陶瓷制作工艺	平定文亮刻花瓷砂器研究所	张　聪	男
528				张文亮	男
529	Ⅷ－11	砚台制作技艺	运城市新绛县	解玉霞	女
530		五台山石砚雕刻技艺	定襄县河边雅艺轩制砚厂	惠东存	男
531				惠志国	男
532		温氏空心澄泥砚	五台温氏澄泥砚制品有限公司	温松康	男
533	Ⅷ－12	神池月饼制作技艺	神池县自永和食品厂	吕效忠	男
534	Ⅷ－13	绛州飞龙制作技艺	运城市绛县	郭尔夫	男
535	Ⅷ－14	唐宫悦酒酿造技艺	长治市潞城市凤栖桥酿业有限公司	孙丽刚	男
536	Ⅷ－15	汾阳王酒传统酿造工艺	汾阳王酒业有限责任公司	王再武	男

（续表）

序号	项目编码	项目名称	申报地区和单位	代表性传承人	
				姓名	性别
537	Ⅷ－18	六味斋酱肉传统制作工艺	太原六味斋实业有限公司	宋银如	男
538	Ⅷ－24	赵氏麻花制作技艺	运城市稷山县	王青艾	女
539	Ⅷ－26	南式细点制作技艺	运城市福同惠	刘　跃	男
540	Ⅷ－28	襄垣手工挂面制作技艺	襄垣县非遗保护中心	崔怀义	男
541		手工空心挂面制作技艺	运城市夏县	张合家	男
542	Ⅷ－29	大同铜器制作技艺	大同城区天艺昌工艺品厂	李安民	男
543	Ⅷ－30	平定砂货烧制工艺	平定县文化馆	张宏亮	男
544		翼城砂锅烧制技艺	翼城县隆化镇尧都村	张作奇	男
545	Ⅷ－31	恒义诚老鼠窟元宵制作技艺	太原市恒义诚甜食店	谭　凯	男
546	Ⅷ－33	王吴猪胰子	太原市小店区文化馆	吴会平	男
547	Ⅷ－34	晋南古建筑营造技艺	侯马市盛世华韵古典家居文化有限公司	杨云天	男
548		雁门杨氏古建筑营造技艺	山西杨氏古建筑工程有限公司	杨贵廷	男
549				杨美恩	男
550	Ⅷ－35	代县黄酒酿造技艺	山西四达酒类饮料有限责任公司	李全锁	男
551	Ⅷ－36	胡麻油压榨技艺	神池县清泉岭榨油厂	张志贵	男
552	Ⅷ－37	柳林碗团制作技艺	柳林县沟门前风味食品有限公司	贾旭东	男
553	Ⅷ－38	平定传统三八席制作技艺	阳泉市晋香源餐饮服务有限公司	赵永生	男
554		高平十大碗制作技艺	高平市文化馆	孙永胜	男
555		汾州八大碗制作技艺	汾阳市丰泰苑酒店	孙　森	男
556	Ⅷ－39	卫生馆五香调料面制作技艺	交城县调味品厂	蔚林生	男
557	Ⅷ－40	午城酒酿制工艺	山西午城酿酒有限责任公司	李跃明	男
558	Ⅷ－42	螺钿漆器制作技艺	运城市稷山县	李爱珍	女
559				马中发	男
560				马回茵	女
561	Ⅷ－44	绛州毛笔制作技艺	运城市新绛县	张永福	男
562	Ⅷ－46	闻喜煮饼制作技艺	运城市闻喜县	陈红锁	男
563	Ⅷ－48	黑陶烧制技艺	高平市文化馆	安　全	男

（续表）

序号	项目编码	项目名称	申报地区和单位	代表性传承人	
				姓名	性别
564	Ⅷ－52	晋作家具制作技艺	唐人居古典文化有限公司	曹运建	男
565			鑫荣木雕工艺有限公司	段鑫荣	男
566	Ⅷ－53	传统棉纺织技艺	长治市平顺县石城镇白杨坡村	赵凤霞	女
567		丁村传统棉纺技艺	丁村民俗文化开发有限公司	王秋菊	女
568	Ⅷ－54	蝴蝶杯制作工艺	侯马市群众艺术馆	周尚明	男
569	Ⅷ－55	新田青铜器制作技艺	侯马市青铜艺术学会	段无名	男
570	Ⅷ－56	蒋村麻纸	定襄县文化中心	刘隆千	男
571		崞阳麻纸	原平市文化馆	温福田	男
572	Ⅷ－57	襄汾县北许锣鼓制造工艺	襄汾县文化馆	王跃进	男
573				张炎东	男
574	Ⅷ－60	孟封饼制作工艺	太原市昌发祥食品有限公司	车四维	男
575	Ⅷ－62	浑源凉粉制作技艺	山西大瑞食品加工有限公司	李　瑞	男
576	Ⅷ－63	浑源铸钟制作技艺	浑源县神溪铸钟厂	牛　晓	男
577	Ⅷ－64	烧饼制作技艺	长治市沁源县棉上村	杨彩珍	女
578		灵丘黄烧饼制作技艺	灵丘县田师傅食品加工厂	田志贵	男
579	Ⅷ－65	壶关羊汤	山西郭氏食品工业有限公司	郭国芳	男
580	Ⅷ－66	上党腊驴肉制作技艺	长治山西世龙食品有限公司	宋天雷	男
581	Ⅷ－68	沁州干馍制作技艺	长治市沁县文化馆	张庆宏	男
582	Ⅷ－70	金银铜器制作技艺	运城市稷山县	王杰忠	男
583				马星媛	女
584		繁峙银器制作技艺	繁峙县星河银业有限公司	戴文琮	男
585				戴志强	男
586	Ⅷ－71	长子炒饼制作技艺	长治市长子明孩炒饼	张明孩	男
587	Ⅷ－72	乔氏“法华”陶瓷制作技艺	晋城市阳城县乔枫瓷业有限公司	乔香平	女
588				乔加胜	男
589	Ⅷ－74	德义园府酱制作技艺	山西德义园味业有限公司	相里冬霖	男
590	Ⅷ－75	桑皮纸制作技艺	柳林县孟门镇文化站	冯宝山	男
591	Ⅷ－79	熏醋酿制技艺	安泽县府城镇义唐泽林醋业	赵章生	男

（续表）

序号	项目编码	项目名称	申报地区和单位	代表性传承人	
				姓名	性别
592	Ⅷ－80	小米醋酿造技艺	山西三盛合酿造有限公司	王德才	男
593	Ⅷ－98	彩绘陶制技艺	新绛县店头乡乐义林堂仿古工艺厂	赵林堂	男
594	Ⅷ－83	酱玉瓜制作技艺	运城市临猗区	王会元	男
九、传统医药（14人）					
595	Ⅸ－7	定坤丹传统制作技艺	山西广誉远国药有限公司	柳慧武	男
596				李建春	男
597	Ⅸ－9	平王中医正骨	运城市芮城县	石再民	男
598		武氏正骨法	武承谋骨伤专科医院	武天宝	男
599				武承谋	男
600		李氏正骨疗法	长治市城区红十字骨科医院	李新如	男
601		中医正骨疗法	稷山县洪新诊所	何洪新	男
602	Ⅸ－10	揉肚特色疗法	运城市湖区	杨恩德	男
603				杨晓彦	女
604				杨春艳	女
605		平遥“道虎壁”王氏中医妇科	平遥王恭诊所	王培章	男
606		平遥“道虎壁”王氏中医妇科	平遥王恭诊所	王　温	男
607				王　恭	男
608			晋中市道虎壁王氏妇科研究院	王金权	男
十、民俗（6人）					
609	Ⅹ－9	春节（怀仁旺火习俗）	大同市怀仁县	武雪峰	男
610		后土祭祀	运城市万荣县	潘新杰	男
611	Ⅹ－21	郭璞堪舆文化	运城市闻喜县	崔　黎	女
612	Ⅹ－30	尉村跑鼓车	尉村村委会	贾成锁	男
613	Ⅹ－39	九曲黄河阵	长治市沁源县郭道镇伏贵村	裴虎成	男
614		保德九曲黄河阵灯会	山西九曲黄河阵和谐文化发展有限公司	乔继锋	男

吉林省公布第二批省级非物质文化遗产项目代表性传承人名单

关于公布第二批省级非物质文化遗产项目代表性传承人的通知

吉文发〔2011〕168号

各市、州文化局：

为贯彻落实《国务院关于加强文化遗产保护的通知》（国发〔2005〕42号）和《国务院办公厅关于加强我国非物质文化遗产保护工作的意见》（国办发〔2005〕18号）精神，有效保护我省非物质文化遗产，鼓励和支持非物质文化遗产项目代表性传承人开展传习活动，省文化厅开展了第二批省级非物质文化遗产项目代表性传承人的申报和评审工作。经各地申报、专家评审、社会公示和复核，最后经厅党组研究同意，确定第二批省级非物质文化遗产项目代表性传承人共计145人，现予以公布。

省级非物质文化遗产项目代表性传承人掌握并承载着非物质文化遗产重要知识和技艺，各地区要认真贯彻执行《中华人民共和国非物质文化遗产法》，按照“保护为主，抢救第一，合理利用，传承发展”的工作方针，积极鼓励和支持省级非物质文化遗产项目代表性传承人开展传习活动，切实做好非物质文化遗产项目代表性传承人的认定和保护工作，努力推动全省非物质文化遗产保护工作迈上新的台阶。

附件：吉林省第二批省级非物质文化遗产代表性传承人名单

二〇一一年六月二十日

附件：

吉林省第二批省级非物质文化遗产代表性传承人名单

（共计145人）

序号	项目名称	申报地区或单位	传承人姓名	性别	年龄
一、民间文学（8人）					
1	牛子厚故事	吉林市	李江	男	66

（续表）

序号	项目名称	申报地区或单位	传承人姓名	性别	年龄
2	乌拉陈汉军坛续传说故事	吉林市	张荣波	男	61
3	白花点将的传说	吉林市	张荣波	男	61
4	长白山老把头传说	通化师范学院	申国胜	男	68
5	长白山人参故事	通化师范学院	朱明春	男	56
6	长篇故事《陶克陶胡》	前郭县	包广林	男	71
7	蒙古族长篇英雄史诗	前郭县	哈斯朝鲁（包玉文）	男	51
8	蒙古族长篇英雄史诗	前郭县	朝鲁蒙	男	25
二、传统音乐（10人）					
1	赵家传统古筝	长春市	赵　峰	男	50
2	显顺琵琶	辽源市	周显顺	男	52
3	长白山民歌	通化师范学院	潘润海	男	83
4	海龙鼓吹乐	梅河口市	丁长福	男	65
5	蒙古族长调、短调（长调）	前郭县	乌日娜	女	43
6	蒙古族长调、短调（短调）	前郭县	吴水格特	男	39
7	朝鲜族伽倻琴	延边大学艺术学院	金星三	男	56
8	朝鲜族洞箫音乐	延吉市	金哲洙	男	56
9	朝鲜族奚琴	延吉市	金　哲	男	51
10	“阿里郎”打令	延边文化艺术研究中心	金南浩	男	77
三、传统舞蹈（10人）					
1	乌拉陈汉军单鼓舞	吉林市	张洪年	男	35
2	长白山满族高跷大秧歌	通化师范学院	潘润海	男	83
3	东北高跷“双面人”	辉南县	王兴义	男	48
4	郭尔罗斯查玛舞	前郭县	王国忠	男	51
5	蒙古族盅碗舞、筷子舞（盅碗舞）	前郭县	包淑华	女	68
6	蒙古族盅碗舞、筷子舞（筷子舞）	前郭县	乌　兰	女	26
7	朝鲜族刀舞	延边歌舞团	崔玉珠	女	77
8	朝鲜族刀舞	延边歌舞团	金香兰	女	38
9	朝鲜族扇子舞	延边歌舞团	李承淑	女	68

（续表）

序号	项目名称	申报地区或单位	传承人姓名	性别	年龄
10	朝鲜族扇子舞	延边歌舞团	金　姬	女	48
四、传统美术（20人）					
1	乌拉黄氏满族民俗剪纸	吉林市	李　侠	女	54
2	乌拉陈氏刻纸	吉林市	陈国章	男	78
3	乌拉满族赫舍里氏刻纸剪纸	吉林市	何文江	男	59
4	吉林宋氏民俗剪纸	吉林市	张春颖	女	56
5	沙氏石木雕	辽源市	沙德全	男	48
6	东丰农民画	东丰县	刘　丹	男	43
7	东丰农民画	东丰县	李俊杰	男	59
8	东丰农民画	东丰县	李俊敏	男	60
9	东辽葫芦画	东丰县	赵文秀	男	43
10	长白山红松根雕	通化师范学院	刘玉斌	男	49
11	佟佳江满族剪纸	通化市东昌区	丛永莉	女	58
12	艺发刻纸	集安市	李艺发	男	48
13	长白山满族撕纸	通化县	张　杰	男	38
14	辉发满族剪纸	辉南县	徐贵库	男	50
15	辉发满族剪纸	辉南县	徐景新	男	27
16	蒙古族枕头顶刺绣	前郭县	其木格	女	65
17	通榆李锐士剪纸	通榆县	李锐士	男	56
18	通榆闯关东年画	通榆县	李向荣	男	59
19	通榆闯关东年画	通榆县	高　静	女	48
20	李向荣无笔画	通榆县	李向荣	男	59
五、传统戏剧（2人）					
1	满族新城戏	松原市	杨欣欣	男	73
2	满族新城戏	松原市	赵彩霞	女	54
六、曲艺（16人）					
1	东北二人转	吉林省艺术研究院	闫书平	女	48

（续表）

序号	项目名称	申报地区或单位	传承人姓名	性别	年龄
2	东北二人转	吉林省吉剧院	杨柏森	男	58
3	东北二人转	吉林省吉剧院	金士贵	男	65
4	东北二人转	吉林省吉剧院	郑淑云	女	66
5	东北二人转	吉林艺术学院	高　茹	女	70
6	东北二人转	吉林省吉剧院	梁淑清	女	55
7	东北二人转	吉林省吉剧院	韩子平	男	62
8	东北二人转	吉林省吉剧院	董　伟	女	55
9	东北二人转	梨树县	董孝芳	男	71
10	东辽二人转	东辽县	刘思潭	男	64
11	朝鲜族说唱歌舞“乞丐谣”	辉南县	黄在姬	女	85
12	好来宝	前郭县	朝伦巴根（唐国兴）	男	58
13	“漫谈”和“才谈”（漫谈）	延吉市	金永植	男	46
14	“漫谈”和“才谈”（才谈）	延吉市	李京华	女	39
15	盘索里	延边文化艺术研究中心	金南浩	男	77
16	盘索里	延边歌舞团	姜信子	女	70
七、传统体育、游艺与杂技（8人）					
1	蒙古族那达慕	前郭县	高柏杰	女	45
2	蒙古族射箭	前郭县	哈斯巴根（马玉清）	男	73
3	前郭尔罗斯蒙古族鹿棋	前郭县	旭日花	女	44
4	朝鲜族秋千、跳板	延吉市	池春兰	女	29
5	朝鲜族摔跤	延吉市	李　勇	男	49
6	朝鲜族象棋	延吉市	洪性彬	男	59
7	朝鲜族栖戏	汪清县	金　一	男	66
8	朝鲜族花图游戏	汪清县	金　一	男	66
八、传统技艺（51人）					
1	鼎丰真糕点制作技艺	长春市	杨秀华	女	60
2	郭丽手工艺布鞋	长春市	郭　丽	女	38
3	东生泥人	长春市	钟东生	男	49

（续表）

序号	项目名称	申报地区或单位	传承人姓名	性别	年龄
4	贾春红编织	长春市	贾春红	女	39
5	积德泉酿酒技艺	长春市	张东升	男	52
6	积德泉酿酒技艺	长春市	商志军	男	55
7	榆树钱酒酿造技艺	榆树市	刘宝贵	男	63
8	满族旗袍制作工艺	吉林市	刘淑芬	女	57
9	满族旗袍制作工艺	吉林市	陈玉秋	女	51
10	乌拉满族民居建造技艺	吉林市	宋宝林	男	50
11	乌拉满族凤吉园贾家锅子	吉林市	贾成明	男	62
12	辽源孙氏数算	辽源市	孙守信	男	75
13	马记鹿茸制作技艺	东丰县	刘贵军	男	46
14	长白山山参培栽技艺	通化市	王俊良	男	42
15	松花砚雕刻技艺	通化市	刘祖林	男	60
16	通化松花砚雕刻技艺	通化市	张国江	男	65
17	长白山山核桃拼贴技艺	通化师范学院	刘玉斌	男	49
18	长白山满族木屋建造技艺	通化师范学院	关云山	男	72
19	长白山满族豆瓣酱制作技艺	通化师范学院	孙凤娥	女	71
20	长白山叶裹食品制作技艺	通化师范学院	王茂荣	女	63
21	长白山野山蜂养殖技艺	通化师范学院	刘功德	男	67
22	长白山粉条漏制技艺	通化师范学院	齐玉亮	男	57
23	梅河大高粱酒酿造技艺	梅河口市	陈明学	男	46
24	新开河边条人参加工技艺	集安市	许冬瑾	女	41
25	新开河边条人参加工技艺	集安市	李显辉	男	45
26	集安药王谷野山参栽培技艺	集安市	刘元喜	男	56
27	福贵铁锅鸭绿江鱼	集安市	王福贵	男	56
28	长白山野生山葡萄酒酿造技艺	通化县	纪春花	女	50
29	姜家店火山岩水稻种植技艺	柳河县	马福新	女	45
30	龙岗山蛹蛄豆腐制作技艺	柳河县	周建国	男	41
31	安氏雕刻技艺	白山市	安郁民	男	41
32	安氏雕刻技艺	白山市	安郁维	男	40
33	白山松花石雕刻技艺	白山市江源区	张涤新	男	43

（续表）

序号	项目名称	申报地区或单位	传承人姓名	性别	年龄
34	白山松花石雕刻技艺	白山市江源区	赵国平	男	40
35	临江彪哥煎饼制作技艺	临江市	董　妍	女	38
36	增盛永白酒酿造技艺	松原市	王志远	男	54
37	查干湖全鱼宴	前郭县	李长河	男	46
38	蒙古族馅饼制作技艺	前郭县	娜仁格日勒（邓艳）	女	42
39	朝鲜族咸菜制作技艺	前郭县	白顺姬	女	63
40	蒙古族荞面食品加工技艺	前郭县	高宏俐	女	43
41	马头琴制作技艺	前郭县	白苏古郎	男	29
42	东北骄子酒酿造技艺	白城市	娇　健	男	48
43	李国祥石雕	通榆县	李国祥	男	62
44	朝鲜族大酱制作技艺	延边州	李东春	男	56
45	朝鲜族礼桌名点	延吉市	崔文一	男	53
46	延边朝鲜族冷面	延吉市	崔基玉	女	57
47	朝鲜族石锅制作技艺	和龙市	盖崇军	男	57
48	朝鲜族稻草编制	和龙市	权永哲	男	56
49	朝鲜族打糕制作技艺	汪清县	崔亿今	女	65
50	老白山张氏皮铺制作技艺	安图县	张恕贵	男	57
51	安图松花砚制作技艺	安图县	王海洋	男	32
九、民俗（13人）					
1	满族关氏家族祭祖习俗	长春市	关连富	男	46
2	满族关氏家族祭祖习俗	长春市	关长纪	男	43
3	满族杨氏家族祭祖习俗	长春市	杨靖凯	男	48
4	满族杨氏家族祭祖习俗	长春市	杨靖超	男	43
5	乌拉陈汉军续谱习俗	吉林市	常树军	男	44
6	乌拉满族瓜尔佳氏家祭	吉林市	关　超	男	20
7	长白山满族过年习俗	通化师范学院	谷德全	男	58
8	蒙古族查干萨日（春节）	前郭县	阿云嘎（赵发）	男	44
9	蒙古族服饰	前郭县	包桂英	女	56

（续表）

序号	项目名称	申报地区或单位	传承人姓名	性别	年龄
10	蒙古族服饰	前郭县	乌　银	女	47
11	朝鲜族传统婚礼	延边州	洪美淑	女	52
12	朝鲜族花甲宴	延边州	洪美淑	女	52
13	长白山采参习俗	敦化市	高景森	男	47
十、传统医药（13人）					
1	长春孟氏整骨	长春市	孟晓东	男	61
2	长春孟氏整骨	长春市	孟大勇	男	51
3	平氏浸膏	长春市	吴淑琴	女	60
4	平氏浸膏	长春市	刘宸隆	男	35
5	魏氏外科祖传秘方	九台市	魏前程	男	53
6	爱新觉罗·恒绍家传满药	吉林市	爱新觉罗·恒绍	男	57
7	吉林宋氏中医儿科	吉林市	宋丛友	男	83
8	长白山满族传统医药	通化师范学院	常纪庆	男	54
9	雷氏正骨	前郭县	雷广军	男	36
10	延吉市王麻子传世秘方	延吉市	王照伟	男	55
11	朝鲜族崔氏正骨疗法	延吉市	崔宗河	男	57
12	梅花针综合疗法	延吉市	马文环	女	57
13	“耿一针”中医针灸	吉林省非遗保护中心	耿德光	男	56
注：1. 其中有6人分别是2个项目的传承人，以实际人数计算；2. 如同一项目有两位以上传承人则按姓氏笔画为序。					

第二批省级非物质文化遗产项目代表性传承人增补名单

序号	项目名称	申报地区或单位	传承人姓名	性别	年龄
1	京剧	吉林省戏曲剧院	倪茂才	男	48

安徽省公布第三批省级非物质文化遗产项目代表性传承人名单

关于公布安徽省第三批省级非物质文化遗产项目代表性传承人的通知

皖文非遗〔2011〕3号

各市文化主管部门、各有关单位：

根据国务院办公厅《关于加强我国非物质文化遗产保护工作的意见》（国办发〔2005〕18号）（以下简称《意见》）精神，为有效保护和传承非物质文化遗产，鼓励和支持非物质文化遗产项目代表性传承人开展传习活动，我厅于2010年6月印发了《关于推荐第三批省级非物质文化遗产项目代表性传承人的通知》（皖文非遗〔2010〕63号）。经各地申报、专家评审委员会评审、社会公示，最后确定胡智等180人为安徽省第三批省级非物质文化遗产项目代表性传承人，现予公布。

非物质文化遗产项目代表性传承人掌握着非物质文化遗产的知识和技艺，承载着非物质文化遗产传承的历史责任。各市文化主管部门要按照国务院办公厅《意见》的要求，认真贯彻“保护为主，抢救第一，合理利用，传承发展”的方针，鼓励和支持非物质文化遗产项目代表性传承人开展传习活动，切实做好非物质文化遗产的保护工作，为弘扬和创新安徽优秀传统文化做出贡献。

特此通知。

附件：安徽省第三批省级非物质文化遗产项目代表性传承人名单

二〇一一年一月十一日

附件：

安徽省第三批省级非物质文化遗产项目代表性传承人名单

（共计180人）

序号	姓名	性别	申报单位	传承项目
一、民间文学（6人）				
1	胡　智	男	亳州市涡阳县	老子传说故事
2	任　峰	男	亳州市涡阳县	捻军歌谣
3	王宝亮	男	宿州市灵璧县	垓下民间传说
4	冯传礼	男	阜阳市颍上县	管仲的传说
5	程联芳	女	宣城市绩溪县	徽州民谣（绩溪民歌民谣）
6	李智海	男	安庆市怀宁县	孔雀东南飞
二、传统音乐（14人）				
7	蒋法杰	男	宿州市砀山县	砀山唢呐
8	周本祥	男	宿州市灵璧县	灵璧菠林喇叭
9	朱占用	男	阜阳市颍上县	淮河锣鼓
10	罗西林	男	六安市寿县	寿州锣鼓
11	任定华	男	六安市金寨县	思帝乡锣鼓
12	王爱玉	女	马鞍山市	当涂民歌
13	陈月兰	女	马鞍山市	当涂民歌
14	李家莲	女	巢湖市	巢湖民歌
15	汪邦云	女	芜湖市繁昌县	繁昌民歌
16	蓝开友	男	宣城市宁国市	云梯畲族民歌
17	刘正荣	女	池州市贵池区	贵池民歌
18	卢文海	男	池州市石台县	石台唱曲
19	王有刚	男	池州市石台县	石台唱曲
20	宋晓琴	女	安庆市潜山县	潜山弹腔
三、传统舞蹈（23人）				
21	冯太新	男	蚌埠市禹会区	花鼓灯
22	冯开皖	男	蚌埠市禹会区	花鼓灯

（续表）

序号	姓名	性别	申报单位	传承项目
23	冯国好	男	蚌埠市禹会区	花鼓灯
24	梅其柱	男	蚌埠市怀远县	花鼓灯
25	梅连社	男	蚌埠市怀远县	花鼓灯
26	石春彩	男	蚌埠市怀远县	花鼓灯
27	石春全	男	蚌埠市怀远县	花鼓灯
28	常谦德	男	蚌埠市怀远县	花鼓灯
29	陈玉华	女	阜阳市颍上县	花鼓灯
30	何顺礼	男	阜阳市临泉县	鲖城火叉火鞭
31	王华丽	女	淮南市	花鼓灯
32	连佩玖	男	淮南市潘集区	采莲灯
33	詹圣乐	男	淮南市凤台县	火老虎
34	孙元多	男	淮南市凤台县	火老虎
35	孙志剑	男	淮南市凤台县	火老虎
36	柴　征	男	马鞍山市	采石跳和合
37	邵千峰	男	宣城市绩溪县	舞回
38	汪满根	男	宣城市绩溪县	火狮舞
39	胡正辉	男	宣城市绩溪县	火马舞
40	韩可枝	女	安庆市潜山县	十二月花神
41	何美华	女	安庆市太湖县	花梆舞
42	许秀红	女	安庆市望江县	莲湘舞
43	鲁敬之	男	安庆市望江县	莲湘舞
四、传统戏剧（27人）				
44	陶万侠	女	宿州市	泗州戏
45	李书君	男	宿州市	泗州戏
46	邢亚东	男	宿州市	坠子戏
47	张福兰	女	宿州市	淮北梆子戏
48	张晓东	女	宿州市	淮北梆子戏
49	李金桥	男	宿州市	淮北梆子戏
50	唐兆福	男	宿州市灵璧县	灵璧皮影戏

（续表）

序号	姓名	性别	申报单位	传承项目
51	尹成科	男	宿州市灵璧县	灵璧皮影戏
52	苏　静	女	蚌埠市	泗州戏
53	李芳芳	女	蚌埠市	泗州戏
54	周　斌	男	蚌埠市	泗州戏
55	陆为为	男	蚌埠市	泗州戏
56	蒋祥林	男	阜阳市	淮北梆子戏
57	王永兰	女	阜阳市	淮北梆子戏
58	张　莉	女	淮南市凤台县	推剧
59	杨　敏	女	淮南市凤台县	推剧
60	王　林	男	六安市	庐剧
61	武道芳	女	巢湖市和县	庐剧
62	邵名钦	男	宣城市绩溪县	徽剧（徽戏童子班）
63	汪家宏	男	宣城市绩溪县	徽剧（徽戏童子班）
64	何泽华	男	宣城市宣州区	皖南皮影戏
65	唐德峰	男	池州市石台县	石台目连戏
66	唐时才	男	池州市石台县	石台目连戏
67	田书民	男	安庆市太湖县	曲子戏
68	王秋来	男	黄山市祁门县	徽州目连戏
69	周源源	女	安徽省黄梅戏剧院	黄梅戏
70	王丹红	女	安徽省徽京剧院	徽剧
五、曲艺（11人）				
71	梁月银	男	合肥市肥东县	庐州大鼓
72	窦常胜	男	合肥市肥西县	庐州大鼓
73	宋玉伦	男	亳州市利辛县	淮北大鼓
74	王学清	男	亳州市利辛县	淮北大鼓
75	孟晓婷	女	宿州市	渔鼓道情
76	高小眼	男	宿州市灵璧县	灵璧琴书
77	陈凤英	女	宿州市萧县	萧县坠子
78	朱允德	男	阜阳市界首市	扁担戏

（续表）

序号	姓名	性别	申报单位	传承项目
79	柴现修	男	六安市寿县	寿州大鼓
80	杨志强	男	六安市寿县	淮词
81	吴华瑞	男	池州市青阳县	酉华唱经锣鼓
六、传统体育、游艺与杂技（3人）				
82	杨志远	男	宿州市埇桥区	民间杂技马戏
83	葛永志	男	淮南市	永京拳
84	洪允文	男	黄山市歙县	叶村叠罗汉
七、传统美术（23人）				
85	戴　舫	女	亳州市谯城区	亳州剪纸
86	赵英汉	男	宿州市灵璧县	灵璧钟馗画
87	吴河江	男	宿州市灵璧县	灵璧磬石雕刻
88	杨其鹏	男	蚌埠市	杨氏微雕
89	程兴宏	男	阜阳市	阜阳剪纸
90	吴青平	女	阜阳市	阜阳剪纸
91	王文忠	男	阜阳市阜南县	淮河柳编制作技艺
92	周昌发	男	巢湖市含山县	民间扎彩
93	田恒浩	男	巢湖市和县	羽毛画
94	徐石生	男	巢湖市和县	和县剪纸
95	彭　清	女	宣城市宣州区	皖南剪纸
96	丁　峰	男	宣城市宣州区	皖南木雕
97	黄美霞	女	安庆市潜山县	王和舒席
98	蒯正华	男	黄山市屯溪区	徽州三雕（木雕）
99	陆　俊	男	黄山市屯溪区	徽州根雕
100	曹德泉	男	黄山市屯溪区	徽州竹编
101	吴正辉	男	黄山市歙县	徽州三雕（砖雕）
102	吴林水	男	黄山市歙县	徽州三雕（砖雕）
103	黄　勇	男	黄山市歙县	徽派版画
104	查德卿	男	黄山市黟县	徽州彩绘壁画

（续表）

序号	姓名	性别	申报单位	传承项目
105	胡晓耕	男	黄山市黟县	徽州彩绘壁画
106	汪加林	男	黄山市歙县	徽州竹雕
107	郑再权	男	黄山市歙县	徽州竹雕
八、传统技艺（45人）				
108	张国强	男	淮北市	口子窖酒酿造技艺
109	蒋化清	男	淮北市	临涣包瓜传统技艺
110	卢　华	男	阜阳市界首市	界首彩陶烧制技艺
111	刘金华	男	宿州市埇桥区	符离集烧鸡制作技艺
112	张修尧	男	阜阳市临泉县	临泉毛笔制作技艺
113	曹如章	男	阜阳市临泉县	临泉毛笔制作技艺
114	刘兰英	女	阜阳市界首市	界首刺绣
115	杜　平	男	阜阳市颍东区	杜氏刻铜技艺
116	路福传	男	淮南市	紫金砚制作技艺
117	杨舜天	男	淮南市	豆腐传统制作技艺
118	沈德亮	男	淮南市八公山区	寿州窑陶瓷制作技艺
119	崔怀伦	男	淮南市大通区	寿州窑陶瓷制作技艺
120	程俊生	男	六安市霍山县	绿茶制作技艺（霍山黄芽）
121	朱庆国	男	六安市寿县	大救驾制作技艺
122	储金霞	女	芜湖市	芜湖铁画锻制技艺
123	郑建新	男	宣城市宣州区	宣酒纪氏古法酿造技艺
124	张文年	男	宣城市宣州区	宣笔制作技艺
125	佘征军	男	宣城市泾县	宣笔制作技艺
126	曹光华	男	宣城市泾县	宣纸制作技艺
127	罗　鸣	男	宣城市泾县	宣纸制作技艺
128	石其华	男	宣城市泾县	绿茶制作技艺（涌溪火青）
129	汪春林	男	宣城市旌德县	古法油烟墨制作技艺
130	方根友	男	安庆市桐城市	秋石制作技艺
131	王金林	男	安庆市桐城市	铸胎掐丝珐琅工艺
132	陈爱容	女	安庆市潜山县	桑皮纸制作技艺

（续表）

序号	姓名	性别	申报单位	传承项目
133	刘绍成	男	安庆市潜山县	桑皮纸制作技艺
134	汪培坤	男	黄山市屯溪区	徽墨制作技艺
135	奚建辉	男	黄山市屯溪区	徽州漆器髹饰技艺
136	郑中明	男	黄山市黄山区	绿茶制作技艺（太平猴魁）
137	方继凡	男	黄山市黄山区	绿茶制作技艺（太平猴魁）
138	吴成林	男	黄山市徽州区	徽墨制作技艺
139	项胜利	男	黄山市歙县	徽墨制作技艺
140	方见尘	男	黄山市歙县	歙砚制作技艺
141	程苏禄	男	黄山市歙县	歙砚制作技艺
142	蔡永江	男	黄山市歙县	歙砚制作技艺
143	王均奇	男	黄山市歙县	绿茶制作技艺（顶谷大方）
144	吴兆光	男	黄山市休宁县	万安罗盘制作技艺
145	余承泽	男	黄山市休宁县	绿茶制作技艺（松萝茶）
146	洪光明	男	黄山市休宁县	五成豆腐干制作技艺
147	叶冬华	女	黄山市休宁县	皖南火腿制作技艺（兰花火腿）
148	杨　文	男	黄山市屯溪区	徽州毛笔制作技艺
149	方如金	男	黄山市黟县	余香石笛制作技艺
150	余荫堂	男	黄山市黟县	利源手工制麻技艺
151	谢永中	男	黄山市祁门县	祁门红茶制作技艺
152	王　昶	男	黄山市祁门县	祁门红茶制作技艺
九、传统医药（2人）				
153	张舜华	女	黄山市	张一贴内科
154	李济仁	男	黄山市	张一贴内科
十、民俗（26人）				
155	侯福圣	男	亳州市利辛县	九曲黄河阵
156	蒋家华	男	亳州市利辛县	九曲黄河阵
157	李德明	男	阜阳市颍州区	颍州肘阁
158	李学仁	男	六安市金安区	邀大岭

（续表）

序号	姓名	性别	申报单位	传承项目
159	陈良亭	男	六安市金安区	邀大岭
160	吴守琳	男	六安市寿县	肘阁抬阁
161	俞时金	男	芜湖市繁昌县	九连麒麟灯会
162	牧槐柱	男	铜陵市铜陵县	竹马灯
163	王建康	男	池州市东至县	福主庙会
164	方桂芳	男	池州市东至县	平安草龙灯
165	王生应	男	安庆市桐城市	王圩灯会
166	吕桂宝	男	宣城市郎溪县	小马灯
167	周荣全	男	宣城市郎溪县	跳五猖
168	雷金花	女	宣城市宁国市	云梯畲族婚嫁习俗
169	章日如	男	宣城市绩溪县	花车转阁
170	程光宪	男	宣城市绩溪县	祭社
171	程家正	男	宣城市绩溪县	祭社
172	邵之惠	男	宣城市绩溪县	赛琼碗
173	张光顺	男	宣城市绩溪县	赛琼碗
174	胡晓辉	男	宣城市绩溪县	抬阁（湖村抬阁）
175	章光前	男	宣城市绩溪县	抬阁（湖村抬阁）
176	汪素秋	女	黄山市屯溪区	程大位珠算法
177	张均作	男	黄山市黄山区	婆溪河灯
178	苏诚义	男	黄山市黄山区	五福神会
179	黄卫国	男	黄山市	徽菜
180	张根东	男	黄山市	徽菜

安徽省公布第四批省级非物质文化遗产项目代表性传承人名单

关于公布安徽省第四批省级非物质文化遗产项目代表性传承人的通知

皖文〔2011〕10号

各市文化行政管理部门、各有关单位：

根据国务院办公厅《关于加强我国非物质文化遗产保护工作的意见》（国办发〔2005〕18号）（以下简称《意见》）精神，为有效保护和传承非物质文化遗产，鼓励和支持非物质文化遗产项目代表性传承人开展传习活动，我厅于2011年2月印发了《关于推荐安徽省第四批省级非物质文化遗产项目代表性传承人的通知》（皖文非遗〔2011〕12号）。经各地申报、专家评审委员会评审、社会公示，最后确定葛士静等76人为安徽省第四批省级非物质文化遗产项目代表性传承人，现予公布。

非物质文化遗产项目代表性传承人掌握着非物质文化遗产的知识和技艺，承载着非物质文化遗产传承的历史责任。各市文化行政管理部门要按照国务院办公厅《意见》的要求，认真贯彻“保护为主，抢救第一，合理利用，传承发展”的方针，鼓励和支持非物质文化遗产项目代表性传承人开展传习活动，切实做好非物质文化遗产的保护工作，为弘扬和创新安徽优秀传统文化做出贡献。

特此通知。

附件：安徽省第四批省级非物质文化遗产项目代表性传承人名单

二〇一一年六月七日

附件：

安徽省第四批省级非物质文化遗产项目代表性传承人名单

（共计76人）

序号	姓名	性别	申报单位	传承项目
一、民间文学（4人）				
1	葛士静	男	蚌埠市怀远县	涂山大禹传说
2	时泽雨	男	巢湖市含山县	伍子胥过韶关传说
3	李曙海	男	安庆市宿松县	小孤山传说

（续表）

序号	姓名	性别	申报单位	传承项目
4	胡时滨	男	黄山市黟县	徽州楹联匾额
			二、传统音乐（8人）	
5	谢治康	男	淮南市凤台县	谢郢锣鼓
6	程文林	男	滁州市明光市	丰收锣鼓
7	欧家林	女	滁州市凤阳县	凤阳民歌
8	李教泰	男	滁州市定远县	凉亭锣鼓
9	胡晓兰	女	巢湖市无为县	无为民歌
10	吕桂宝	男	宣城市郎溪县	大小锣鼓
11	王景义	男	安庆市宿松县	断丝弦锣鼓
12	詹和平	男	黄山市休宁县	齐云山道场音乐
			三、传统舞蹈（18人）	
13	陈德荣	男	合肥市蜀山区	抛头狮
14	刘振平	男	亳州市涡阳县	棒鼓舞
15	欧明荣	男	蚌埠市五河县	钱杆舞
16	陈广洲	男	蚌埠市五河县	旱船舞
17	李成云	女	淮南市潘集区	花鼓灯
18	岳　颖	男	淮南市凤台县	花鼓灯
19	梁　侠	女	淮南市凤台县	花鼓灯
20	王献兵	男	淮南市毛集实验区	马戏灯
21	谭　健	男	滁州市明光市	流星赶月
22	章思林	男	滁州市来安县	秧歌灯
23	傅国先	男	滁州市来安县	手狮灯
24	张传英	女	滁州市凤阳县	卫调花鼓（凤阳花鼓戏）
25	王再善	男	滁州市定远县	二龙戏蛛
26	任俊堂	男	巢湖市无为县	无为鱼灯
27	吕美娟	女	黄山市屯溪区	黎阳仗鼓
28	袁　立	男	黄山市徽州区	跳钟馗
29	张光武	男	黄山市休宁县	徽州板凳龙

（续表）

序号	姓名	性别	申报单位	传承项目
30	倪赛华	女	黄山市祁门县	采茶扑蝶舞
四、传统戏剧（6人）				
31	谷秀芳	女	亳州市利辛县	清音戏
32	葛仁先	男		拉魂腔
33	余家坤	男	蚌埠市禹会区	余家皮影戏
34	吴德才	男	滁州市来安县	洪山戏
35	顾红霞	女		
36	程泽君	女	安庆市潜山县	木偶戏
五、曲艺（5人）				
37	葛　松	男	蚌埠市怀远县	端公腔
38	吴舜英	女	蚌埠市	淮河琴书
39	徐秀山	男	滁州市来安县	白曲
40	李奋勤	女		
41	陆中和	女	滁州市凤阳县	凤阳花鼓
六、传统体育、游艺与杂技（4人）				
42	侯忠义	男	阜阳市临泉县	临泉杂技马戏
43	祖贤民	男	马鞍山市当涂县	湖阳打水浒
44	章根苗	男	安庆市枞阳县	东乡武术
45	洪孝廉	男	黄山市歙县	三阳打秋千
七、传统美术（7人）				
46	郑小良	男	合肥市瑶海区	葫芦烙画
47	陶仁志	男	合肥市长丰县	吴山铁字
48	葛庭友	男	阜阳市颍东区	阜阳剪纸
49	吴文军	男	滁州市凤阳县	凤画
50	吴德椿	男		
51	朱　泓	男	黄山市徽州区	徽州木雕
52	黎　坚	男	黄山市歙县	徽派盆景技艺

（续表）

序号	姓名	性别	申报单位	传承项目
八、传统技艺（19人）				
53	聂广荣	男	亳州市	千年古井贡酒酿造技艺
54	龚建国	男	滁州市	滁菊加工技艺
55	王立成	男	滁州市天长市	天官画
56	项兴本	男	六安市	迎驾酒传统酿造技艺
57	何云峙	男	六安市霍山县	石斛泡制技艺
58	张贻海	男	马鞍山市当涂县	博望打铁工艺
59	吴清海	男	芜湖市	耿福兴传统小吃制作技艺
60	张振清	男		
61	王兴辉	男	芜湖南陵县	大王冲佛香制作技艺
62	潘跃国	男	宣城市郎溪县	古南丰徽派本坊小缸黄酒酿造技艺
63	郑东平	男	铜陵市	传统失蜡法
64	金如林	男	铜陵市	铜陵白姜制作技艺
65	江太平	男	池州市青阳县	大九华水磨玉骨绢扇制作技艺
66	葛贤友	男	安庆市潜山县	痘姆陶器制作技艺
67	范福安	男	黄山市屯溪区	徽州漆器髹饰技艺
68	姚卡丹	男	黄山市歙县	徽州建筑技艺
69	胡公敏	男	黄山市歙县	徽州建筑技艺
70	吴季生	男	黄山市歙县	观音豆腐制作技艺
71	方幸福	男	黄山市休宁县	五城米酒制作技艺
十、民俗（5人）				
72	李传友	男	亳州市谯城区	大班会
73	丁玉祥	男	阜阳市临泉县	肘阁抬阁
74	胡德双	男	芜湖市芜湖县	八社神灯
75	王伟峰	男	芜湖市南陵县	送春
76	詹志文	男	黄山市休宁县	齐云山道场表演

江西省公布第二批省级非物质文化遗产项目代表性传承人名单

江西省文化厅关于公布第二批省级非物质文化遗产项目代表性传承人的通知

赣文社字〔2011〕29号

各设区市文化局：

根据《江西省人民政府办公厅关于加强我省非物质文化遗产保护工作的意见》（赣府厅发〔2007〕7号）精神，为有效保护和传承省级非物质文化遗产，鼓励和支持省级非物质文化遗产项目代表性传承人开展传习活动，我厅于2010年9月印发了《关于申报第二批省级非物质文化遗产项目代表性传承人的通知》（赣文社字〔2010〕25号）。经各地申报、专家评审委员会评审、社会公示等程序，最后确定了民间文学、传统音乐、传统舞蹈、传统戏剧、曲艺、传统体育、游艺与杂技、传统美术、传统技艺、传统医药及民俗等十大类共159人为第二批省级非物质文化遗产项目代表性传承人，现予以公布。

希望各地文化部门认真贯彻“保护为主，抢救第一，合理利用，传承发展”的工作方针，鼓励和支持传承人开展传习活动，传承人要认真履行传承义务，为非物质文化遗产保护工作做出新的贡献。

附件：第二批省级非物质文化遗产项目代表性传承人名单

二〇一一年六月二十一日

附件：

江西省第二批省级非物质文化遗产项目代表性传承人推荐名单

（共计159人，排名不分先后）

姓 名	项目名称	申报地区
一、民间文学（3人）		
罗时铃	靖安客家童谣	靖安县
彭振庭	宜丰恒白话故事	宜丰县
胡方生	宜丰洞山传说	宜丰县

（续表）

姓 名	项目名称	申报地区
二、传统音乐（10人）		
董丕龙	乡射遗乐	乐安县
董善道	乡射遗乐	乐安县
赖文峰	铜鼓客家山歌	铜鼓县
兰贱英（女）	竹洞畲族山歌	崇义县
郭德京	兴国山歌	兴国县
谢观莲（女）	兴国山歌	兴国县
文木根	二塘长工山歌	进贤县
史景良	新建得胜鼓	新建县
宗九奇	楚调唐音歌吟	南昌市东湖区
张金涛	龙虎山正一天师道音乐	鹰潭市
三、传统舞蹈（26人）		
罗海根	临川火老虎灯	临川区
杨冬香	乐安傩舞	乐安县
许文江	手摇狮	金溪县
饶春荣	东乡车马灯	东乡县
程冬生	手摇九节龙	资溪县
黄先柏	上高排字舞	上高县
邱乐安	永丰陶唐傩舞	永丰县
邱才会	永丰陶唐傩舞	永丰县
邹　良	遂川五龙下海	遂川县
邹　震	遂川五龙下海	遂川县
李国运	吉水鳌鱼灯	吉水县
万水生	凤凰舞	渝水区
廖清云	观巢推车灯	新余市孔目江生态经济区
章桂德	双狮舞	新余市孔目江生态经济区
欧阳如新	安远瑞龙	安远县
程昭星	崇义告圣	崇义县

（续表）

姓 名	项目名称	申报地区
吕世荣	大余南安罗汉舞	大余县
谭洪修	全南车马灯	全南县
赵永鑫	花棍舞	全南县
王天祥	花棍舞	全南县
郭宜茂	于都茶篮灯	于都县
程国华	婺源傩舞	婺源县
程金生	婺源傩舞	婺源县
许锦恩	太平跳脚龙灯	万年县
文学群	二塘泼蛇灯	进贤县
文国江	二塘泼蛇灯	进贤县
四、传统戏剧（24人）		
万安安（女）	抚州采茶戏	抚州市
应用贤	宜黄戏	宜黄县
邓　毅	宜黄戏	宜黄县
黄绍辉	萍乡采茶戏	萍乡市
刘尧贤	芦溪上埠牛带茶	芦溪县
唐柏林	九龙山采茶戏	安远县
刘洪垣	手端木偶戏	信丰县
李宝春（女）	赣南采茶戏	赣州市
陈宾茂	赣南采茶戏	赣州市
赵　茵（女）	赣南采茶戏	赣州市
张宇俊	赣南采茶戏	赣州市
黄善志	赣南采茶戏	赣州市
王爱生	赣南采茶戏	赣州市
杨振铨	兴国提线木偶	兴国县
钟烈萱	赣县东河戏	赣　县
周论荣（女）	青阳腔	湖口县
张待检	宁河戏	修水县
周文斌	丫丫戏	永修县

（续表）

姓 名	项目名称	申报地区
汤善道	德安西河大戏	德安县
胡瑞华（女）	饶河戏	鄱阳县
董联应	饶河戏	鄱阳县
何金木	饶河戏	鄱阳县
郑三军	下塘提线木偶戏	玉山县
方炳亨	横峰傀儡戏	横峰县
五、曲艺（9人）		
宋华铿	萍乡莲花落	萍乡市
张文有	宜春春锣	宜春市
肖秋林	于都古文	于都县
刘安远	于都古文	于都县
刘天宝	都昌鼓书	都昌县
王遇龙	鄱阳渔鼓	鄱阳县
陈清泉	进贤李渡道情	进贤县
范金莲（女）	南昌清音	南昌市
方振荣	万年串堂班演艺	万年县
六、传统体育、游艺与杂技（3人）		
彭定和	芦溪年丰狮	芦溪县
黄团生	洋江赛龙舟	分宜县
邹大明	洋江赛龙舟	分宜县
七、传统美术（7人）		
张宜祥	南丰傩面具雕刻	南丰县
赖明德	萍乡湘东傩面具	萍乡市湘东区
彭国龙	萍乡湘东傩面具	萍乡市湘东区
胡润生	大余核微雕技艺	大余县
田　峰	景德镇民窑陶瓷美术	景德镇市
周信兴	进贤文港微雕	进贤县

（续表）

姓 名	项目名称	申报地区
陈杵保	樟树剪纸	樟树市
八、传统技艺（37人）		
徐建元	临川篾编技艺	抚州市临川区
刘建东	莲花打锡	莲花县
廖 昶	樟树四特酒制作技艺	樟树市
张广为	万载花炮制作技艺	万载县
刘友发	袁州区脱胎漆器制作技艺	宜春市
李远志	玉扣纸手工制作技艺	永丰县
杨元生	分宜夏布制作技艺	分宜县
张小红（女）	夏绣手工技艺	新余市
邓万德	大余南安板鸭传统制作工艺	大余县
周江林	湖口豆豉	九江市
梁启标	九江桂花茶饼	九江市
陈茂林	镌石技艺	星子县
杨华光	杨氏弹花	永修县
丁国坤	鄱阳脱胎漆器制作技艺	鄱阳县
于文来	景德镇手工制瓷技艺——圆器剐坯	景德镇市
袁西北	景德镇手工制瓷技艺——琢器拉坯	景德镇市
周腊秀（女）	景德镇手工制瓷技艺——圆器画坯	景德镇市
汪申芳（女）	景德镇手工制瓷技艺——圆器画坯	景德镇市
陈繁国	景德镇手工制瓷技艺——琢器画坯	景德镇市
朱丹忱	景德镇手工制瓷技艺——传统陶瓷书法	景德镇市
徐建建	景德镇传统雕塑瓷制作技艺——圆雕	景德镇市
聂福寿	景德镇传统雕塑瓷制作技艺——捏雕	景德镇市
张 军	景德镇传统雕塑瓷制作技艺——镂雕	景德镇市
孙立新	景德镇传统青花瓷制作技艺	景德镇市
邓希平（女）	景德镇传统颜色釉瓷烧制技艺	景德镇市
刘晓玉（女）	景德镇传统颜色釉瓷烧制技艺	景德镇市
胡家旺	景德镇传统制瓷柴窑烧成技艺——把桩	景德镇市

（续表）

姓 名	项目名称	申报地区
余恂铨	景德镇传统制瓷柴窑烧成技艺——驼坯	景德镇市
盛松柏	景德镇瓷用毛笔制作技艺	珠山区
李兆麟	景德镇手工制瓷技艺——画红	景德镇市
钟振华	景德镇手工制瓷技艺——半刀泥刻花装饰	景德镇市
孙燕明	景德镇手工制瓷技艺——高温颜色釉彩绘	景德镇市
邵继柏	景德镇手工制瓷技艺——青花釉料配制技艺	景德镇市
张振方	进贤白圩木版活字印谱	进贤县
李保根	南昌塔城豆豉制作技艺	南昌市
陶永红（女）	东湖赣发绣技艺	南昌市东湖区
雷乃旺	铅山连四纸制作技艺	铅山县
九、传统医药（3人）		
袁小平	樟树中药材炮制技艺	樟树市
熊晓鹏	樟树药都药膳制作技艺	樟树市
熊瑞祥	于都敦本堂熊氏民间中医	于都县
十、民俗（37人）		
陈有生	乐安罗陂庙会	乐安县
陈大眼	乐安罗陂庙会	乐安县
蓝启东	资溪畲族祭祀仪式	资溪县
游坤明	宜丰风水狮	宜丰县
刘人坚	靖安草龙灯习俗	靖安县
熊贤流	高安土城斗牛	高安市
刘风润	敦厚元宵灯会	吉安县
肖敬忻	干麦船	吉安县
肖发根	干麦船	吉安县
黄果贤	安福吃新节	安福县
刘积善	安福中秋烧塔	安福县
周林生	安福𥔲云火把节	安福县
刘承河	安远欣山上刀山	安远县

（续表）

姓 名	项目名称	申报地区
唐太益	崇义舞春牛	崇义县
曾宪文	兴国三僚堪舆文化	兴国县
廖东平	兴国三僚堪舆文化	兴国县
陈宏继	全南中寨香火龙	全南县
廖云白	客家婚嫁哭嫁习俗	赣州市定南县
赖繁庆	龙南杨村龙舟赛	龙南县
赖观扬	龙南杨村龙舟赛	龙南县
赖发余	龙南杨村龙舟赛	龙南县
李少文	龙南香火龙	龙南县
叶志艰	章贡区客家菜	赣州市章贡区
陈贞福	章贡区客家菜	赣州市章贡区
黄运兴	石城灯会	石城县
温华德	石城灯会	石城县
戴水平	全丰花灯	修水县
欧阳福旦	彭泽板龙	彭泽县
柯培龙	彭泽板龙	彭泽县
张文和	婺源抬阁	婺源县
张保元	婺源抬阁	婺源县
江养平	婺源豆腐架	婺源县
叶炳文	婺源豆腐架	婺源县
彭长松	石塘桥灯	铅山县
林水梅（女）	石人桥灯	上饶县
张应河	石人桥灯	上饶县
吴广凡	青云谱舨王庙龙舟赛	南昌市青云谱区

江西省公布第二批省级非物质文化遗产项目代表性传承人补充名单

关于公布第二批省级非物质文化遗产项目代表性传承人补充名单的通知

赣文社字〔2011〕46号

各设区市文化局，各有关省直单位：

近期经调研发现，我省一部分重要和需抢救的省级、国家级非遗项目尚无代表性传承人，部分市文化部门在去年申报省级传承人过程中漏报了一些熟练掌握省级、国家级非遗项目技能并积极参与传承的艺人。为加强我省非物质文化遗产保护，健全我省非物质文化遗产项目代表性传承人队伍。我厅于2011年8月印发了《关于补报省级非物质文化遗产项目代表性传承人的通知》（赣文社字〔2010〕35号）。经各地申报、专家评审、公示确定了传统音乐、传统舞蹈、传统戏剧、传统美术、传统技艺、民俗等六大类共34人为第二批省级非物质文化遗产项目代表性传承人补充名单，现予以公布。

希望各地文化部门认真贯彻“保护为主，抢救第一，合理利用，传承发展”的工作方针，鼓励和支持传承人开展传习活动，传承人要认真履行传承义务，为非物质文化遗产保护工作做出新的贡献。

附件：第二批省级非物质文化遗产项目代表性传承人补充名单

二〇一一年九月八日

附件：

第二批省级非物质文化遗产项目代表性传承人补充名单

（共计34人，排名不分先后）

姓 名	项目名称	申报地区
	传统音乐（1人）	
胡长生	南昌胡华锣鼓十八番	南昌县
	传统舞蹈（6人）	
陈德春	上犹九狮拜象	上犹县

（续表）

姓 名	项目名称	申报地区
雷相贵	贵溪畲族马灯舞	贵溪市
周辉祖	马步灯	金溪县
孙发生	罗汉灯	东乡县
凌灶期	都昌打岔伞	都昌县
张待依	武宁戏社火	武宁县
传统戏剧（7人）		
宗彩琴（女）	赣剧	省赣剧院
潘凤霞（女）	赣剧	省赣剧院
祝月仙（女）	赣剧	省赣剧院
童庆礽	赣剧	省赣剧院
熊中彬（女）	弋阳腔	省赣剧院
刘安祺	弋阳腔	省赣剧院
林西怀（女）	弋阳腔	弋阳县
传统美术（1人）		
陈全富	萍乡湘东傩面具	萍乡市湘东区
传统技艺（17人）		
胡中泰	婺源歙砚制作技艺	婺源县
王 令	修水贡砚制作技艺	修水县
章仕康	铅山连四纸制作技艺	铅山县
桂建霞（女）	李渡烧酒酿造技艺	进贤县
晏小群（女）	萍乡花果手工工艺	萍乡市安源区
王 琪（女）	贵溪灯芯糕	贵溪市
刘品三	吉州窑木叶纹黑釉瓷制作技艺 （吉州窑瓷烧制技艺）	省博物馆
伍映山	吉州窑木叶纹黑釉瓷制作技艺	吉安县
蓝国华	景德镇手工制瓷技艺（古彩）	景德镇市
李文跃	景德镇手工制瓷技艺（墨彩）	景德镇市
黄云鹏	景德镇手工制瓷技艺（青花）	景德镇市
熊建军	景德镇手工制瓷技艺（粉彩）	景德镇市

（续表）

姓　名	项目名称	申报地区
陈培火	景德镇手工制瓷技艺（雕塑）	景德镇市
冯林华	景德镇手工制瓷技艺（刻花）	景德镇市
江建民	景德镇手工制瓷技艺（青花釉里红）	景德镇市
傅长敏（女）	景德镇手工制瓷技艺（粉彩）	景德镇市
钟福洪	景德镇手工制瓷技艺（雕刻）	景德镇市
民俗（2人）		
袁小平	樟树药俗	樟树市
陈　峰	文门陈	德安县

山东省公布第三批省级非物质文化遗产项目代表性传承人名单

关于公布第三批省级非物质文化遗产项目代表性传承人的通知

鲁文群〔2011〕31号

各市文广新局、省直文化系统有关单位：

为贯彻《中华人民共和国非物质文化遗产法》、国务院办公厅《关于加强我国非物质文化遗产保护工作的意见》和鲁政办发〔2005〕94号的精神和有关规定，省文化厅组织开展了第三批省级非物质文化遗产项目代表性传承人的申报和评审工作。经各地申报、专家评审委员会评审、社会公示等程序，最后确定了马镇华等63人为山东省第三批省级非物质文化遗产项目代表性传承人，现予以公布。

省级非物质文化遗产项目代表性传承人是非物质文化遗产的重要承载者和传递者，是非物质文化遗产活态传承的代表性人物。各市、各有关部门要认真贯彻"保护为主，抢救第一，合理利用，传承发展"的工作方针，积极落实各项保护措施，鼓励非物质文化遗产代表性传承人开展传习活动，为他们创造良好的传习环境，推动非物质文化遗产传承和发扬，为弘扬中华文化，建设中华民族共有精神家园，推动社会主义文化大发展大繁荣，构建社会主义和谐社会，做出新的贡献。

特此通知。

附件：第三批省级非物质文化遗产项目代表性传承人名单

二〇一一年十月二十一日

附件：

第三批省级非物质文化遗产项目代表性传承人名单

（共计63人）

序号	项目编码	项目名称	申报地区或单位	代表性传承人		
				姓名	性别	年龄
传统舞蹈（10人）						
1	Ⅲ－26	小章竹马	昌邑市	马镇华	男	72
2	Ⅲ－23	地秧歌	高密市	王兆章	男	73
3	Ⅲ－36	闹海	寿光市	黄冠群	女	51
4	Ⅲ－32	三皇舞	鄄城县	魏凤莲	女	64
5	4－7	陈官短穗花鼓	广饶县	张兰青	女	40
6	4－17	阴阳板	邹城市	王长军	男	46
7	Ⅲ－29	火虎	邹城市	周长来	男	56
8	Ⅲ－34	蹉地舞	莱芜市莱城区	黄象浩	男	56
9	Ⅲ－35	猴呱哒鞭	苍山县	张学法	男	82
10	Ⅲ－33	柳林降狮舞	冠县	杨乃让	男	48
11	Ⅳ－1	柳子戏（宋家班）	定陶县	刘进武	男	82
12	Ⅳ－1	柳子戏（宋家班）	定陶县	赵新文	男	64
13	Ⅳ－8	吕剧	滨州市	王永昌	男	75
14	5－8	吕剧	山东省文化厅	胡静华	女	47
15	5－8	吕剧	山东省文化厅	马常委	男	52
16	5－3	茂腔	胶南市	张梅香	女	61
17	5－18	山亭皮影戏	枣庄市山亭区	陈守科	男	51
18	5－7	京剧	山东省文化厅	白云明	男	66
19	5－7	京剧	山东省文化厅	王玉瑾	男	74
20	5－7	京剧	山东省文化厅	薛亚萍	女	65
曲艺（7人）						
21	Ⅴ－13	东路大鼓	安丘市	丁淑红	女	45
22	Ⅴ－13	东路大鼓	滨州市滨城区	周金山	男	71

（续表）

序号	项目编码	项目名称	申报地区或单位	代表性传承人		
				姓名	性别	年龄
23	6－9	端鼓腔	微山县	杨成兴	男	33
24	6－2	山东琴书	山东省文化厅	朱丽华	女	66
25	Ⅴ－6	山东落子	金乡县	张青敏	男	50
26	6－3	山东快书	山东省文化厅	高景佐	男	78
27	Ⅴ－11	评词	济南市	刘延广	男	72
传统体育、游艺与杂技（10人）						
28	Ⅵ－13	孙膑拳	安丘市	刘海港	男	40
29	Ⅵ－14	大洪拳	郓城县	樊庆斌	男	53
30	Ⅵ－16	佛汉拳	东明县	李义军	男	56
31	Ⅵ－9	梅花拳	梁山县	冯建武	男	43
32	Ⅵ－11	子午门	梁山县	宋义祥	男	41
33	7－1	聊城杂技	聊城市	王　峰	男	44
34	Ⅵ－21	临清肘锤	临清市	申孝生	男	66
35	4－13	螳螂拳	莱阳市	于永波	男	45
36	Ⅵ－12	徐家拳	新泰市	徐勤启	男	47
37	Ⅵ－19	济南形意拳	济南市	杨遵利	男	49
传统美术（8人）						
38	Ⅶ－37	高密半印半画年画	高密市	别世杰	男	66
39	Ⅶ－34	茌平剪纸	茌平县	尹秀凤	女	61
40	2－3	宗家庄木版年画	平度市	宗成云	男	67
41	Ⅶ－33	威海剪纸	威海市	王言昌	男	70
42	Ⅶ－35	黄县窗染花	龙口市	王松生	男	67
43	2－25	滕县松枝鸟	滕州市	王德金	男	77
44	Ⅶ－38	鲁绣	济南市	徐秀玲	女	50
45	2－19	烟台剪纸	烟台市	王秀娥	女	62

（续表）

序号	项目编码	项目名称	申报地区或单位	代表性传承人		
				姓名	性别	年龄
传统技艺（14人）						
46	Ⅷ-40	桑皮纸制作技艺	临朐县	魏先明	男	64
47	Ⅷ-24	青州府花边大套	青州市	卜范增	男	56
48	Ⅷ-28	曹县戏文纸扎	曹县	张于周	男	50
49	Ⅷ-3	蓝印花布印染技艺	滨州市	耿延祯	男	64
50	Ⅷ-3	蓝印花布印染技艺	嘉祥县	杜宗环	男	68
51	Ⅷ-2	彩印花布印染技艺	嘉祥县	李景春	男	56
52	8-12	潍坊嵌银漆器	潍坊市	陈　增	男	66
53	8-13	柘砚制作技艺	泗水县	杨玉祯	男	74
54	Ⅷ-35	聊城牛筋腰带制作技艺	聊城市东昌府区	梁成贵	男	52
55	Ⅷ-59	聊城铁公鸡制作技艺	聊城市东昌府区	魏炳田	男	64
56	Ⅷ-42	胶南泊里红席编织技艺	胶南市	张学明	男	44
57	Ⅷ-29	长岛木帆船制造技艺	长岛县	刘延安	男	58
58	Ⅷ-24	棒槌花边技艺	栖霞市	王家卿	女	56
59	Ⅷ-60	济南油旋制作技艺	济南市	卢利华	女	44
传统医药（2人）						
60	Ⅸ-7	董家骨科正骨疗法	安丘市	董胜军	男	44
61	Ⅸ-6	安驾庄梁氏正骨疗法	肥城市	梁盛兴	男	61
民俗（2人）						
62	Ⅹ-16	桃源花供	曹县	徐保忠	男	64
63	1-14	祭孔大典	曲阜市	李文广	男	45

广东省公布第二批省级非物质文化遗产项目代表性传承人名单

关于公布广东省第二批省级非物质文化遗产项目代表性传承人名单的通知

粤文非遗〔2011〕2号

各地级以上市文化广电新闻出版（文体旅游）局：

根据国务院办公厅《关于加强我国非物质文化遗产保护工作的意见》（国办发〔2005〕18号，以下简称《意见》）精神，为有效保护和传承省级非物质文化遗产，鼓励和支持省级非物质文化遗产项目代表性传承人开展传习活动，省文化厅于2010年11月下发了《关于公示广东省第二批省级非物质文化遗产项目代表性传承人名单的通知》（粤文非遗〔2010〕45号），并在广东省文化厅公众服务网上向社会公示，经各市申报、省级专家评审委员会评审、社会公示和复核，最后确定传统音乐等9大类的109名第二批省级非物质文化遗产项目代表性传承人，现予以公布。

省级非物质文化遗产项目代表性传承人掌握并承载着非物质文化遗产的知识和精湛技艺，既是非物质文化遗产活的宝库，又是非物质文化遗产代代相传的代表性人物。各市要按照国务院办公厅《意见》的要求，认真贯彻“保护为主，抢救第一，合理利用，传承发展”的工作方针，鼓励和支持省级非物质文化遗产项目代表性传承人开展传习活动，切实做好非物质文化遗产的保护工作，弘扬中华文化，建设中华民族共有精神家园。

附件：广东省第二批省级非物质文化遗产项目代表性传承人名单

二〇一一年一月二十七日

附件：

广东省第二批省级非物质文化遗产项目代表性传承人名单

（共计109人，排名不分先后）

序号	项目类别	项目名称	申报地区或单位	传承人		
				姓名	性别	年龄
1	传统音乐（9人）	沙田民歌	珠海市	吴金喜	男	66
2		潮州音乐	汕头市	林良丰	男	66
3			揭阳市	陈暹文	男	71
4		乳源瑶歌	韶关市	赵拉婢	女	75
5		石塘月姐歌	韶关市	谭彩霞	女	87
6		惠东渔歌	惠州市	苏德妹	女	63
7		汕尾渔歌	汕尾市	苏少琴	女	69
8		紫竹观道教音乐	汕尾市	林信专	女	82
9		雷州音乐	湛江市	林　胜	男	67
10	传统舞蹈（21人）	黄阁麒麟舞	广州市	张炽垣	男	62
11		麒麟舞（三角麒麟舞）	中山市	吴义芳	男	61
12		狮舞（广东醒狮）	广州市	赵继红	男	62
13			佛山市	黄钦添	男	45
14		狮舞（松岗七星狮舞）	深圳市	文琰森	男	72
15		狮舞（青溪仔狮灯）	梅州市	涂叠登	男	70
16		狮舞（碣石五色狮）	汕尾市	施　勇	男	61
17		狮舞（高脚狮）	茂名市	谢景文	男	59
18		狮舞（瑶族布袋木狮舞）	清远市	赵永富	男	75
19		狮舞（青狮）	揭阳市	孙淑强	男	36
20		龙舞（杏坛人龙）	佛山市	林普宣	男	80
21		龙舞（香火龙）	韶关市	傅敬贵	男	61
22		龙舞（六坊云龙舞）	中山市	蔡沾权	男	76
23		龙舞（文章湾村簕古龙）	湛江市	陈水禄	男	77
24		龙舞（乔林烟花火龙）	揭阳市	林建南	男	63
25		鳌鱼舞	汕头市	余合深	男	70
26		蜈蚣舞	汕头市	陈喜顺	男	58

（续表）

序号	项目类别	项目名称	申报地区或单位	传承人		
				姓名	性别	年龄
27	传统舞蹈（21人）	蜈蚣舞（雷州乌石蜈蚣舞）	湛江市	陈　六	男	63
28		英歌舞	汕尾市	陈　汉	男	75
29		春牛舞	肇庆市	马建邺	男	63
30		鹤舞	揭阳市	苏应利	男	73
31	传统戏剧（12人）	粤剧	广州市	倪惠英	女	54
32				欧凯明	男	46
33			广东省艺术研究所	罗家宝	男	80
34				郑培英	女	74
35				关国华	男	77
36				丁　凡	男	54
37		采茶戏	梅州市	魏远芳	男	54
38		木偶戏（龙川手擎木偶戏）	河源市	骆锦标	男	72
39		木偶戏（梅县提线木偶戏）	梅州市	巫启胜	男	55
40		木偶戏（高州木偶戏）	茂名市	梁东兴	男	66
41		木偶戏（揭阳铁枝木偶戏）	揭阳市	孙树忠	男	44
42		雷剧	湛江市	金由英	女	71
43	曲艺（5人）	粤语讲古	广州市	颜志图	男	66
44		粤曲	广州市	黄少梅	女	79
45				谭佩仪	女	84
46		竹板歌	梅州市	周天和	男	80
47		木鱼歌	东莞市	李仲球	男	63
48	传统体育、游艺与杂技（1人）	南枝拳	揭阳市	黄烈楷	男	62
49	传统美术（23人）	象牙雕刻	广州市	张民辉	男	57
50				李定宁	男	78
51		粤绣（广绣）	广州市	许炽光	男	78
52				梁桂开	女	65
53		粤绣（潮绣）	潮州市	孙庆先	男	60

（续表）

序号	项目类别	项目名称	申报地区或单位	传承人		
				姓名	性别	年龄
54	传统美术（23人）	粤绣（潮绣）	潮州市	康惠芳	女	62
55		剪纸（广东剪纸）	汕头市	陈雁淑	女	41
56			佛山市	何　燕	女	67
57			潮州市	张湘明	男	61
58		灯彩（东莞千角灯）	东莞市	张树祺	男	64
59		灯彩（潮州花灯）	潮州市	刘耀生	男	50
60		瑶族刺绣	韶关市	邓菊花	女	58
61		瑶族刺绣（连南瑶族服饰刺绣）	清远市	沈佩英	女	63
62		忠信花灯	河源市	赖明甫	男	73
63		猫头狮	河源市	肖金兰	男	71
64		彩扎（石龙醒狮头制作技艺）	东莞市	郭润棠	男	47
65		石雕（雷州石狗）	湛江市	吴其林	男	56
66		五华石雕	梅州市	朱镜文	男	48
67		潮州麦秆剪贴画	潮州市	林利飞	男	65
68		潮州彩瓷	潮州市	叶竹青	男	75
69				谢金英	男	64
70		镶嵌（潮州嵌瓷）	潮州市	卢芝高	男	64
71		玉雕（阳美翡翠玉雕）	揭阳市	林潮明	男	62
72	传统技艺（26人）	广彩瓷烧制技艺	广州市	许恩福	男	65
73				翟惠玲	女	56
74		石湾陶塑技艺	佛山市	梅文鼎	男	70
75				钟汝荣	男	54
76		仁化土法造纸技艺	韶关市	夏绍贵	男	77
77		丰顺埔寨纸花技艺	梅州市	张立绳	男	63
78		咀香园杏仁饼传统制作工艺	中山市	卢炜森	男	52
79		黄圃腊味传统制作工艺	中山市	王秋扬	男	63
80		广式硬木家具制作技艺（台山大江传统家具制作技艺）	江门市	伍炳亮	男	57
81		家具制作技艺（广式硬木家具制作技艺）	广州市	招赞惠	男	67

（续表）

序号	项目类别	项目名称	申报地区或单位	传承人		
				姓名	性别	年龄
82	传统技艺（26人）	阳江风筝	阳江市	冯　光	男	82
83		端砚制作技艺	肇庆市	杨焯忠	男	46
84				程均棠	男	60
85		潮州抽纱刺绣技艺	潮州市	蔡赛花	女	51
86				何可春	男	69
87		浮洋方潮盛铜锣制作技艺	潮州市	方绍鹏	男	56
88		枫溪手拉朱泥壶制作技艺	潮州市	吴瑞深	男	76
89				谢　华	男	45
90		枫溪瓷烧制技艺	潮州市	吴为明	男	72
91		潮州菜烹饪技艺	潮州市	方树光	男	57
92		贵政山茶叶陶罐制作技艺	揭阳市	纪文民	男	50
93		普宁豆酱制作技艺	揭阳市	郑楷松	男	71
94		酱油酿造技艺（揭阳酱油酿造技艺）		许晓生	男	52
95		凉茶	广东省食品行业协会	陈启源	男	49
96				黄富强	男	59
97				陈鸿道	男	49
98	传统医药（1人）	传统中医药文化（太安堂中药文化）	汕头市	柯树泉	男	62
99	民俗（11人）	疍家婚俗（疍家渔民婚俗）	阳江市	杨美福	男	51
100		八排瑶族婚俗	清远市	房七公坚	男	55
101				房伟华	男	62
102		下沙黄氏重阳祭祖习俗	深圳市	黄英超	男	49
103		贵屿街路棚	汕头市	陈　民	男	64
104		中秋节（佛山秋色）	佛山市	何洁桦	女	64
105		东坑地景	汕尾市	彭细强	男	67
106		飘色（博美飘色）	汕尾市	陈永隆	男	76
107		飘色（靖海景屏）	揭阳市	辜武雄	男	65
108		飘色（信宜镇隆飘色）	茂名市	刘成球	男	48
109		雷祖崇拜	湛江市	陈　庚	男	87

广西壮族自治区公布第三批自治区级非物质文化遗产项目代表性传承人名单

广西壮族自治区文化厅关于公布第三批自治区级非物质文化遗产项目代表性传承人的通知

桂文发〔2011〕76号

各市文化局，厅直属各有关单位：

根据国务院办公厅《关于加强我国非物质文化遗产保护工作的意见》（国办发〔2005〕18号）和《广西壮族自治区人民政府关于加强我区非物质文化遗产保护工作的意见》（桂政发〔2005〕47号）（以下简称《意见》）精神，为有效保护和传承自治区级非物质文化遗产，鼓励和支持自治区级非物质文化遗产项目代表性传承人开展传习活动，我厅于2011年2月18日印发了《自治区文化厅办公室关于推荐第三批自治区级非物质文化遗产项目代表性传承人的通知》（桂文办发〔2011〕31号）。经各市申报、专家评审委员会评审、社会公示和复核，最后确定第三批民间文学、民间音乐、民间舞蹈、传统戏剧、曲艺、杂技与竞技、传统手工技艺、传统医药、民俗等九大类121名自治区级非物质文化遗产项目代表性传承人，现予以公布。

自治区级非物质文化遗产项目代表性传承人掌握并承载着非物质文化遗产的知识和精湛技艺，既是非物质文化遗产活的宝库，又是非物质文化遗产代代相传的代表性人物。各地、各部门要按照国务院办公厅《中华人民共和国非物质文化遗产法》和自治区人民政府的《意见》要求，认真贯彻“保护为主，抢救第一，合理利用，传承发展”的方针，鼓励和支持自治区级非物质文化遗产项目代表性传承人开展传习活动，切实做好非物质文化遗产的保护工作，弘扬中华文化，建设中华民族共有精神家园。

附件：第三批自治区级非物质文化遗产项目代表性传承人名单

二〇一一年五月二十七日

附件：

第三批自治区级非物质文化遗产项目代表性传承人名单

（共计121人）

序号	项目名称	姓名	性别	出生年月	申报单位
1	彩调	杨步云	男	1954.1	广西彩调剧团
2	彩调	龙杰锋	男	1948.2	广西彩调剧团
3	桂剧	殷秀琴	女	1945.1	广西桂剧团
4	壮医药（壮医药线点灸疗法）	黄瑾明	男	1937.7	广西中医学院
5		杜学芬	男	1969.3	南宁市江南区文化馆
6	南宁壮族春牛舞	奚均仁	男	1932.1	南宁市江南区文化馆
7	香火龙舞	罗新有	男	1966.2	南宁市良庆区文化馆
8	壮族采茶戏	滕思队	男	1962.5	邕宁区文化馆
9	宾阳师公戏	莫旭先	男	1951.2	宾阳县文化馆
10	宾阳织锦技艺	谭湘光	女	1955.6	宾阳县文化馆
11	壮族“打扁担”	莫菊花	女	1954.6	马山县文化馆
12	壮族会鼓	韦建廷	男	1953.8	马山县文化馆
13	壮族九莲灯	何方仕	男	1948.2	隆安县文化馆
14	壮族采茶戏	甘美芬	女	1945.11	横县文化馆
15	上林县渡河公	黄福连	女	1946.1	上林县文化馆
16	上林壮族灯酒节	石冠美	男	1937.11	上林县文化馆
17	外沙龙母庙会	袁学武	男	1955.4	北海市群众艺术馆
18	北海贝雕技艺	曹世莲	女	1955.5	北海市群众艺术馆
19	老杨公	李日喜	男	1949.7	北海市群众艺术馆
20	北海咸水歌	麦九妹	女	1930.9	北海市群众艺术馆
21	北海咸水歌	郭亚十	女	1941.7	北海市群众艺术馆
22	大新壮族高腔民歌	许秀珍	女	1965.12	大新县文化馆
23	大新壮族高腔民歌	赵元仕	男	1964.11	大新县文化馆
24	天等指天椒加工技艺	刘兆强	女	1954.5	天等县文化馆
25	壮族拜囊海	许国莲	女	1942.7	天等县文化馆
26	壮族打榔舞	陆东华	男	1967.4	天等县文化馆
27	侗族器乐	潘甫金德	男	1942.9	三江侗族自治县文化馆

（续表）

序号	项目名称	姓名	性别	出生年月	申报单位
28	苗族系列坡会群（斗马）	梁瑞荣	男	1949.1	融水苗族自治县文化馆
29	苗族系列坡会群（苗锦制作）	潘彩英	女	1955.2	融水苗族自治县文化馆
30	长安文场	陈丽文	女	1943.9	融水苗族自治县文化馆
31	壮族师公舞	覃祖大	男	1964.1	柳江县文化馆
32	柳州山歌（平山山歌）	李语松	男	1962.11	鹿寨县文化馆
33	彩调	覃明德	男	1946.11	桂林市彩调剧团
34	彩调	唐 洁	女	1944.4	桂林市彩调剧团
35	瑶族服饰	潘继凤	女	1965.11	龙胜各族自治县文化馆
36	临桂草龙舞	刘明益	男	1958.1	临桂县非物质文化遗产保护中心
37	桂林牌灯	骆吹养	男	1957.1	临桂县非物质文化遗产保护中心
38	桂林渔鼓	李蔚琛	女	1941.1	桂林市群众艺术馆
39	广西文场	何红玉	女	1941.2	桂林市曲艺团
40	瑶族婆王节	唐碧松	男	1976.6	恭城瑶族自治县文化馆
41	侗族草龙狮制作技艺	王 禹	男	1947.9	龙胜各族自治县文化馆
42	侗族祭萨习俗	吴永能	男	1949.1	龙胜各族自治县文化馆
43	侗族祭萨习俗	吴代荣	男	1947.7	龙胜各族自治县文化馆
44	桂林龙舟习俗	朱年生	男	1948	桂林市群众艺术馆
45	还盘王愿	李观连	男	1963.5	恭城瑶族自治县文化馆
46	瑶族山歌	罗友军	男	1964.1	资源县文化馆
47	黄昌典毛笔制作技艺	陈天才	男	1950.6	桂林金典文化用品有限公司
48	黄昌典毛笔制作技艺	夏良玉	男	1956.8	桂林金典文化用品有限公司
49	湘山酒传统酿造技艺	王 勇	男	1962.1	桂林湘山酒业有限公司
50	麻布制作工艺	李本学	男	1947.1	临桂县非物质文化遗产保护中心
51	瑶族羊角舞	伍有光	男	1937.12	恭城瑶族自治县文化馆
52	板凳龙	谢龙妹	女	1957.1	临桂县非物质文化遗产保护中心
53	桂剧	罗桂霞	女	1943.6	桂林市桂剧团
54	永福阴笛乐	唐玉成	男	1959.9	永福县非物质文化遗产保护中心
55	全州民间剪纸技艺	唐爱春	女	1959.12	全州县文化馆
56	柳州山歌	周美英	女	1939.4	柳城县文化馆
57	象州壮欢	覃班信	男	1935.6	象州县文化馆

（续表）

序号	项目名称	姓名	性别	出生年月	申报单位
58	瑶族医药	褚清纯	男	1936.1	金秀瑶族自治县文化馆
59	瑶族做盘王	盘志强	男	1946.1	金秀瑶族自治县文化馆
60	瑶族织绣技艺	龚玉娟	女	1939.8	金秀瑶族自治县文化馆
61	瑶族织绣技艺	赵凤香	女	1969.2	金秀瑶族自治县文化馆
62	瑶族度戒	李光文	男	1940.1	金秀瑶族自治县文化馆
63	瑶族过山音	兰桂英	女	1950.8	金秀瑶族自治县文化馆
64	瑶族过山音	赵桂英	女	1964.1	金秀瑶族自治县文化馆
65	跳甘王	罗定光	男	1942.7	金秀瑶族自治县文化馆
66	壮族悲歌	蓝炳玉	男	1945.1	忻城县文化馆
67	壮族织锦技艺	蒙如君	女	1957.12	忻城县文化馆
68	壮族翡翠鸟舞	罗志中	男	1941.4	武宣县文化馆
69	贵港师公戏	何家前	男	1948.4	贵港市覃塘区文化馆
70	大成八音	梁达文	男	1935.11	平南县文化馆
71	梧州龙母诞	谭毓芳	女	1939.1	梧州龙母庙管理处
72	藤县水上船歌	彭桂英	女	1939.9	藤县文化馆
73	鹿儿戏	黄翠珍	女	1962.4	苍梧县非物质文化遗产保护协会
74	八步八音	蒋家宁	男	1965.8	贺州市八步区文化馆
75	壮族舞火猫	潘国仁	男	1940.6	贺州市八步区文化馆
76	浮山歌节	陶永英	女	1935.8	贺州市八步区文化馆
77	瑶族婚俗	赵福锦	男	1957.2	贺州市八步区文化馆
78	客家竹板歌	黄仕茂	男	1937.6	贺州市八步区文化馆
79	瑶族凿花	赵福华	男	1976.12	贺州市八步区文化馆
80	信都龙舟节	张其清	男	1962.9	贺州市八步区文化馆
81	瑶族长鼓舞	黄道胜	男	1962.5	富川瑶族自治县文化馆
82	瑶族蝴蝶歌	欧玉梅	女	1964.1	富川瑶族自治县文化馆
83	瑶族溜喉歌	黄先保	男	1947.1	富川瑶族自治县文化馆
84	瑶族羊角长鼓舞	盘福贵	男	1954.2	钟山县文化馆
85	瑶族门唻歌	黄凤英	女	1942.1	钟山县文化馆
86	右江瑶族歌堂习俗	杨昌林	男	1952.2	百色市右江区文化馆
87	壮族舞狮技艺	廖军民	男	1966.5	田阳县文化馆

（续表）

序号	项目名称	姓名	性别	出生年月	申报单位
88	瑶族金锣舞	阮桂陆	男	1948.5	田东县文化馆
89	田东壮族排歌	廖启忠	男	1957.7	田东县文化馆
90	田东壮族排歌	余修贤	男	1965.5	田东县文化馆
91	打砻舞	廖秀金	女	1965.1	平果县文化馆
92	打砻舞	韦爱群	女	1963.1	平果县文化馆
93	平果壮族踩花灯	李清河	男	1928.3	平果县文化馆
94	壮族马骨胡艺术	黄一格	男	1957.4	德保县文化馆
95	德保壮族山歌	黄恒笔	男	1947.12	德保县文化馆
96	德保壮族山歌	黄美玲	女	1959.12	德保县文化馆
97	南路壮剧	苏朝甫	男	1945.11	德保县文化馆
98	南路壮剧	莫世亮	男	1949.12	德保县文化馆
99	壮族提线木偶戏	李克文	男	1943.11	靖西县文化馆
100	壮族提线木偶戏	韦复兴	男	1936.7	靖西县文化馆
101	壮族末伦	蔡文献	男	1948.8	靖西县文化馆
102	南路壮剧	赵维持	男	1936.3	靖西县文化馆
103	龙合花炮节	方振宁	男	1945.2	那坡县文体局
104	壮族祭瑶娘	岑生献	男	1952.12	田林县文化馆
105	田林瑶族铜鼓舞	黄文述	男	1930.1	田林县文化馆
106	田林瑶族铜鼓舞	班点义	男	1948.1	田林县文化馆
107	隆林壮族歌会习俗	唐光华	男	1958.9	隆林各族自治县文化馆
108	隆林壮族歌会习俗	罗朝贵	男	1960.6	隆林各族自治县文化馆
109	凌云壮族72巫调音乐	唐远明	女	1936.8	凌云县文化馆
110	凌云县朝里壮族“吼喊”歌圩	李景春	男	1945.11	凌云县文化馆
111	乐业唱灯	龙光政	男	1951.1	乐业县文化馆
112	乐业唱灯	黄碧英	女	1948.6	乐业县文化馆
113	把吉造纸技艺	张德魁	男	1945.11	乐业县文化馆
114	仫佬族古歌	龙光利	男	1946.6	罗城仫佬族自治县文化馆
115	仫佬族舞草龙	谢章华	男	1937.1	罗城仫佬族自治县文化馆
116	仫佬族刺绣技艺	谢秀荣	女	1957.11	罗城仫佬族自治县文化馆

（续表）

序号	项目名称	姓名	性别	出生年月	申报单位
117	毛南族花竹帽编织技艺	谭 汝	女	1987.11	环江毛南族自治县非物质文化遗产保护中心
118	壮族铜鼓铸造技艺	韦启初	男	1963.6	环江毛南族自治县非物质文化遗产保护中心
119	壮族铜鼓铸造技艺	韦启参	男	1965.8	环江毛南族自治县非物质文化遗产保护中心
120	苗族服饰制作技艺	陆大妹	女	1955.1	南丹县文化馆
121	南丹勤泽格拉	黎芳才	男	1966.1	南丹县文化馆

甘肃省公布第三批省级非物质文化遗产名录项目代表性传承人名单

甘肃省文化厅关于公布第三批甘肃省非物质文化遗产名录项目代表性传承人的通知

甘文厅发〔2011〕128号

各市（州）、县（区）文化局，各有关单位：

为贯彻落实《国务院办公厅关于加强我国非物质文化遗产保护工作的意见》（国办发〔2005〕18号精神，有效保护和传承非物质文化遗产，鼓励和支持非物质文化遗产项目代表性传承人开展传习活动，2010年省文化厅开展了第三批甘肃省非物质文化遗产名录项目代表性传承人的申报和评审工作。经各地推荐、申报，专家评审委员会评审、社会公示和复审，最后确定第三批甘肃省非物质文化遗产名录项目代表性传承人152人，现予以公布。

各市州、县区文化部门要认真贯彻落实《非遗法》和文化部有关非物质文化遗产保护的精神和要求，鼓励和支持非物质文化遗产名录项目代表性传承人开展传习活动，切实做好非物质文化遗产保护工作。

特此通知。

附件：第三批甘肃省非物质文化遗产名录项目代表性传承人名单

甘肃省文化厅

二〇一一年九月十六日

附件：

第三批甘肃省非物质文化遗产名录项目代表性传承人名单

（共计141人）

序号	编号	项目名称	申报地区或单位	传承人
一、民间文学（16人）				
1	Ⅰ-1	《马五哥与尕豆妹》	临夏州临夏县	何莲秀、马新民
2	Ⅰ-2	《甘冬儿和杨达尔》	武威市古浪县	袁育英、严培存
3	Ⅰ-3	古浪童谣	武威市古浪县	陈万喜
4	Ⅰ-4	陇东红色民谣（正宁民谣、合水民谣）	庆阳市正宁县、合水县	
5	Ⅰ-5	蒙古族祝赞词	酒泉市肃北县	山 西
6	Ⅰ-6	河西宝卷（永昌宝卷）	金昌市永昌县	范积忠
7	Ⅰ-7	甘肃民间故事（貂蝉传说、苏武传说、金瓜与银豆、嘉峪关故事传说）	定西市临洮县、武威市民勤县、武威市古浪县、嘉峪关市	李玉寿、赵燕翼、朱芳华、周如明、何怀珠
8	Ⅰ-8	藏族民间故事	甘南州迭部县	子九
9	Ⅰ-9	藏族民间谚语	甘南州迭部县	扎西
10	Ⅰ-10	谚语	庆阳市正宁县	
11	Ⅰ-11	春官说诗	平凉市	张海山、刘王喜
二、民间音乐（25人）				
12	Ⅱ-1	嘉峪关民间小调	嘉峪关市	赵帅珍、李守财
13	Ⅱ-2	肃南蒙古族民歌	张掖市肃南县	高秀兰
14	Ⅱ-3	华亭打乐架	平凉市华亭县	王有福
15	Ⅱ-4	麻家集高石崖花儿会	定西市渭源县	汪海娥
16	Ⅱ-5	白银寿鹿山道教音乐	白银市	曹守国
17	Ⅱ-6	灵台唢呐	平凉市灵台县	姚九录、董金文
18	Ⅱ-7	牛角琴演奏	甘南州玛曲县	青知布
19	Ⅱ-8	陇中民歌（陇西民歌、会宁民歌、静宁阿阳民歌）	定西市陇西县、白银市会宁县、平凉市静宁县	王健、白好寿、张玉兰、马克选、杨生泮、黎秀华
20	Ⅱ-9	河西民歌（瓜州民歌、肃州民歌、敦煌民歌、民勤民歌、高台民歌）	酒泉市瓜州县、酒泉市肃州区、敦煌市武威市、民勤县张掖市高台县	杨生秀、孙进仁、陈秀芳、陈正清、曹宗让、杨希禄、闫占祥、王崇教、杜发会、郭永生

（续表）

序号	编号	项目名称	申报地区或单位	传承人
三、民间舞蹈（15人）				
21	Ⅲ－1	摆阵舞	甘南州舟曲县	郭殿臣、郭给舟
22	Ⅲ－2	永登硬狮子舞	兰州市永登县	冯德培
23	Ⅲ－3	何家营滚灯	兰州市永登县	朱国顺
24	Ⅲ－4	秦安蜡花舞	天水市秦安县	赵改儿、郭遂世
25	Ⅲ－5	陇西云阳板	定西市陇西县	焦志强、张映奎
26	Ⅲ－6	嘉峪关地蹦子	嘉峪关市	王占朝
27	Ⅲ－7	鼓舞（羌蕃鼓舞、背鼓子舞、跳鼓舞、太平鼓［五穷鼓］）	定西市渭源县、白银市白银区	陆寿乾、李乐亨、滕焕坤
28	Ⅲ－8	陇东社火（打花鞭）	平凉市静宁县	闫惠琴
29	Ⅲ－9	河西社火（赶驴、山丹县耍龙、甘州社火）	酒泉市肃州区张掖市山丹县张掖市甘州区	杨学斌、李建成
四、传统戏剧（9人）				
30	Ⅳ－1	崆峒笑谈	平凉市崆峒区	张作贤、王元
31	Ⅳ－2	三仓灯戏	陇南市武都区	
32	Ⅳ－4	南湖曲子戏	平凉市庄浪县	
33	Ⅳ－3	皮影戏（通渭皮影戏、临洮皮影戏、渭源皮影戏、永昌皮影戏）	定西市通渭县、定西市临洮县、定西市渭源县、金昌市永昌县	刘满仓、车兆峰、范治仪、吕兰生
34	Ⅳ－5	木偶戏（灵台木偶戏、永昌木偶戏）	平凉市灵台县、金昌市永昌县	陈巧娥、周效国、王笃中
五、曲艺（11人）				
35	Ⅴ－1	华锐则柔	武威市天祝县	吕文秀、乔索南措
36	Ⅴ－2	山梁走唱	平凉市崇信县	梁世华、赵进儒
37	Ⅴ－3	顶灯说唱	平凉市崇信县	刘彦奎、刘晓峰
38	Ⅴ－4	陇中小曲	定西市安定区	刘福
39	Ⅴ－5	古浪老调	武威市古浪县	钟长海、季宝德
40	Ⅴ－6	凉州贤孝（永昌贤孝）	金昌市永昌县	柴希桃
41	Ⅴ－7	苦水下二调	兰州市永登县	胡学文
六、传统体育、游艺与杂技（5人）				
42	Ⅵ－1	叼羊	酒泉市阿克塞县	陶汉

（续表）

序号	编号	项目名称	申报地区或单位	传承人
43	Ⅵ－2	姑娘追	酒泉市阿克塞县	艾萨吾列
44	Ⅵ－3	二鬼打架	酒泉市肃州区	龚天材
45	Ⅵ－4	高台通背捶、八虎棍	张掖市高台县	桑俊斌
46	Ⅵ－5	秦安壳子棍	天水市秦安县	高世定
47	Ⅵ－6	天启棍	临夏州临夏市	
七、民间美术（11人）				
48	Ⅶ－1	镇庄兽雕刻艺术	庆阳市华池县	
49	Ⅶ－2	唐卡绘画	武威市天祝县	马才成
50	Ⅶ－3	庆阳剪纸（华池剪纸）	庆阳市华池县	赵星萍、曹永琴
51	Ⅶ－4	裕固族刺绣	张掖市肃南县	白 萍、杨红梅、郭兰花、郭银梅
52	Ⅶ－5	甘谷木雕	天水市甘谷县	王 勇
53	Ⅶ－6	通渭木雕技艺	定西市通渭县	杨鸿宇、巩胜玉
54	Ⅶ－7	通渭砖雕技艺	定西市通渭县	马永明
八、传统技艺（27人）				
55	Ⅷ－1	擦擦佛像印版制作技艺	甘南州夏河县	
56	Ⅷ－2	嘉峪关石砚制作技艺	嘉峪关市	刘宗学
57	Ⅷ－3	武都栗玉砚制作技艺	陇南市武都区	刘淑霞、焦仁仁
58	Ⅷ－4	甘肃黄酒酿制技艺（河州黄酒、马岭黄酒）	临夏州、临夏市、庆阳市、庆城县	王维耀
59	Ⅷ－5	角弓咂杆酒酿制技艺	陇南市武都区	徐荀凤、徐兰兰
60	Ⅷ－6	岷县点心加工技艺	定西市岷县	马冬梅
61	Ⅷ－7	静宁烧鸡制作技艺	平凉市静宁县	王东升、谢林林
62	Ⅷ－8	陇西腊肉制作技艺	定西市陇西县	郭陇龙
63	Ⅷ－9	王氏铜铸技艺	临夏州临夏市	
64	Ⅷ－10	岷县铜铝铸造技艺	定西市岷县	徐芳龙、何道海
65	Ⅷ－11	榆中县古建筑模型制作技艺	兰州市榆中县	丁武明
66	Ⅷ－12	榻板房制作技艺	甘南州迭部县	卡 交
67	Ⅷ－13	民间手工编结技艺	庆阳市合水县	

（续表）

序号	编号	项目名称	申报地区或单位	传承人
68	Ⅷ－14	镇原高粱秆灯笼制作技艺	庆阳市镇原县	
69	Ⅷ－15	戏剧头帽制作技艺	庆阳市宁县	
70	Ⅷ－16	天水泥塑制作技艺	天水市秦州区	何彦云、赵旭辉
71	Ⅷ－17	天水丝毯制作技艺	天水市秦州区	武建成、刘静波
72	Ⅷ－18	岷县传统织麻布技艺	定西市岷县	司长喜
73	Ⅷ－19	脊兽制作技艺	定西市临洮县	司探微
74	Ⅷ－20	裕固族织褐子	张掖市肃南县	索兰英、沙琴梅、郭月英、杨金花、常自英
75	Ⅷ－21	民勤毛毡制作技艺	武威市民勤县	李仁德
76	Ⅷ－22	王氏镰刀制作技艺	武威市古浪县	王克俭
九、传统医药（6人）				
77	Ⅸ－1	北塬金氏接骨术	临夏州临夏县	金青龙、金秀龙
78	Ⅸ－2	王氏正骨法	庆阳市西峰区	王毅
79	Ⅸ－3	曹氏中医正骨法	白银市会宁县	曹绪明、曹庆祥
80	Ⅸ－4	李天套中医骨伤治疗技艺	平凉市崆峒区	李天套
十、民俗（16人）				
81	Ⅹ－1	天干吉祥节	甘南州舟曲县	杨面英、高健德
82	Ⅹ－2	首阳山伯夷叔齐祭祀	定西市渭源县	李德清
83	Ⅹ－3	华锐藏族婚俗	武威市天祝县	张罗、周南加、张拉先
84	Ⅹ－4	东山转灯	甘南州舟曲县	房显庆、房明轩
85	Ⅹ－5	毛兰木法会	甘南州夏河县	
86	Ⅹ－6	麦积高抬	天水市麦积区	王守业、张居义
87	Ⅹ－7	巴寨朝水节	甘南州舟曲县	郭殿臣
88	Ⅹ－8	甘州黄河灯阵	张掖市甘州区	郭玉清
89	Ⅹ－9	高台黄河灯阵	张掖市高台县	杨登贵、杨登年、严明
90	Ⅹ－10	民勤骆驼客	武威市民勤县	曹宗让
91	Ⅹ－11	卓尼藏族服饰	甘南州卓尼县	马尧草

第一、二批甘肃省非物质文化遗产名录项目补报代表性传承人名单

（共计11人）

序号	项目名称	申报地区或单位	传承人
七、民间美术（6人）			
1	剪纸	定西市、庆阳市西峰区、张掖市山丹县、白银市	傅忠民、吉彩琴、刘瑰华 张维英、梁维珍
2	唐卡	甘南州夏河县	久麦
八、传统技艺（2人）			
3	保安族腰刀锻制技艺	临夏州积石山县	冶洒力海
4	华锐藏族服饰制作技艺	武威市天祝县	徐英
九、传统医药（3人）			
5	甘南藏医药	甘南州	才项仁增旦、正甲、索南旺杰

青海省公布第二批省级非物质文化遗产项目代表性传承人名单

关于公布青海省第二批省级非物质文化遗产项目代表性传承人的通知

青文新厅〔2011〕2号

各州、地、市、县文化局，各有关单位：

为贯彻落实国务院办公厅《关于加强我国非物质文化遗产保护工作的意见》（国办发〔2005〕18号）和青海省人民政府办公厅《关于加强青海省文化遗产保护的实施意见》（青政办〔2006〕185号）精神，保护和传承我省珍贵的非物质文化遗产，根据《青海省非物质文化遗产项目代表性传承人认定与管理办法（暂行）》和《青海省非物质文化遗产名录评审工作规则（试行）》的规定，经各地申报、专家评审委员会评审、社会公示等程序，最后确定了格日尖参等46名青海省第二批省级非物质文化遗产项目代表性传承人名单，现予以公布。

非物质文化遗产项目代表性传承人是非物质文化遗产的重要承载者和传递者，掌握着非物质文化遗产的丰富知识和精湛技艺，是非物质文化遗产活态传承的代表性人物。各地区、各项目保护单位要认真贯彻“保护为主，抢救第一，合理利用，传承发展”的工作方针，鼓励和支持非物质文化遗产项目

代表性传承人开展传习活动，切实做好非物质文化遗产保护工作，为弘扬民族文化、建设和谐社会，做出新的贡献。

附件：青海省第二批省级非物质文化遗产项目代表性传承人名单

二〇一一年二月二十一日

附件：

青海省第二批非物质文化遗产项目代表性传承人名单

（共计46人，排名不分先后）

序号	姓名	民族	性别	年龄	项目名称	申报地区或单位
民间文学						
1	格日尖参	藏族	男	44	玛域《格萨尔》书传史诗	果洛藏族自治州
2	嘉仓·贡保拉青	藏族	男	64	阿尼玛卿雪山神话传说	玛沁县
3	拉木却乎	蒙古族	男	55	海晏蒙古族民间颂词	海晏县
4	张进锋	撒拉族	男	62	撒拉族谚语、歇后语	循化撒拉族自治县
5	席恒雄	土族	男	50	祁家延西	互助土族自治县
6	马彦雄	汉族	男	52	财宝神	民和回族土族自治县
传统音乐						
7	华松兰	藏族	女	49	南佛山花儿会	湟中县
8	冶进元	回族	男	69	老爷山花儿会	大通回族土族自治县
9	刘世维	汉族	男	65	青海汉族民间小调	西宁市
10	李毛加	藏族	女	57	同仁嘛呢调	黄南藏族自治州
11	白玛永西	藏族	女	30	玉树民歌	玉树藏族自治州
12	格热	藏族	男	35	阿柔逗曲	祁连县
13	金花	蒙古族	女	68	青海蒙古族长调音乐	都兰县
14	娘许扎西	藏族	男	53	格吉萨三扎	杂多县
15	群措卓玛	藏族	女	37	郭米则柔	祁连县

（续表）

序号	姓名	民族	性别	年龄	项目名称	申报地区或单位
传统舞蹈						
16	王统国	汉族	男	49	土族安召舞	互助土族自治县
17	席玉秀	土族	女	47	土族安召舞	互助土族自治县
18	李鹏起	汉族	男	69	大头罗汉戏柳翠	西宁市城北区
19	尕旺	藏族	男	40	囊谦卓干玛	囊谦县
20	罗求培	藏族	男	40	玉树依舞	玉树藏族自治州
传统戏剧						
21	王存瑚	汉族	男	79	民和目连宝卷	民和回族土族自治县
22	李先加	藏族	男	72	藏戏（黄南藏戏）	同仁县
曲艺						
23	杨铎林	汉族	男	55	青海平弦	大通回族土族自治县
24	张永清	汉族	男	67	青海平弦	西宁市
25	刘毅	汉族	男	54	青海越弦	大通回族土族自治县
26	沈永宁	汉族	男	63	西宁贤孝	西宁市
传统体育、游艺与杂技						
27	赵洪彪	汉族	男	68	青海大有山民间传统武术	湟中县
28	杨学海	回族	男	62	西宁八门拳	西宁市城东区
29	巴拉桑	蒙古族	男	56	青海蒙古达罗牌	格尔木市
传统美术						
30	李宝洲	汉族	男	50	湟中壁画	湟中县
31	多杰措	藏族	女	40	贵南藏绣	贵南县
32	邱龙	蒙古族	男	53	海西蒙古族木雕	格尔木市
33	王凤英	藏族	女	44	河湟剪纸	海晏县
34	桑格达杰	藏族	男	39	藏文书法（果洛德昂洒智）	果洛藏族自治州

（续表）

序号	姓名	民族	性别	年龄	项目名称	申报地区或单位
传统技艺						
35	卓杰	藏族	男	77	班玛藏家碉楼营造技艺	班玛县
36	王海寿	汉族	男	39	湟中陈家滩传统木雕	湟中县
37	何 满	汉族	男	46	湟中银铜器制作及鎏金工艺	湟中县
38	华来	藏族	男	68	青海藏族黑牛毛帐篷制作技艺	天峻县
39	吴英·其木格	蒙古族	女	47	海西蒙古族服饰制作技艺	格尔木市
40	白玛群加	藏族	男	33	陶器烧制技艺（藏族黑陶烧制技艺）	囊谦县
民俗						
41	索布扎	藏族	男	58	阿柔招婿习俗	祁连县
42	李延德	土族	男	64	土族民间法舞	互助土族自治县
43	仁青	藏族	男	76	海西蒙古族民间祭火	格尔木市
44	鲍呈新	土族	男	62	土族纳顿节	民和回族土族自治县
45	当曾本	藏族	男	41	热贡六月会	同仁县
46	包吉元	汉族	男	61	民和果花会	民和回族土族自治县

（四）文化生态保护区实验区设立和建设

文化生态保护区实验区设立

文化部批准设立大理文化生态保护实验区（云南省）

1月，文化部批准设立“大理文化生态保护实验区”。

大理是云南历史文化的发祥地之一，灿烂的新石器文化和青铜文化在西南地区文化发展史上占有重要位置。大理文化是指以大理白族历史文化为主体，由全州各族人民共同创造，在滇西北苍山洱海区域传承发展、并存续至今的特征鲜明的西南高原盆地农耕非物质文化遗产类型，具有鲜明的地域文化特色。大理文化生态保护实验区是在大理白族自治州人民政府主导下，根据广大民众自觉要求，旨在对全州境内历史文化积淀丰厚、存续状态良好、具有重要价值和鲜明特色的白族以及各民族文化形态进行整体性保护而设立的特定区域。其保护区域包括：大理白族自治州行政区域内的大理市、祥云县、宾川县、弥渡县、巍山彝族回族自治县、南涧彝族自治县、漾濞彝族自治县、永平县、云龙县、剑川县、洱源县、鹤庆县等12个县市。大理文化生态保护实验区的保护对象为其划定范围内的体现大理民族文化多样性、独特性的各类非物质文化遗产名录项目、保护区范围内非物质文化遗产传承人和保护区范围内与非物质文化遗产传承密切相关的历史传统文化及自然景观文化等。

江苏省文化厅批准设立4个省级文化生态保护实验区

5月11日，江苏省文化厅印发《关于省级文化生态保护实验区建设的指导意见》，对建设省级文化生态保护实验区作出规划和部署。6月14日，召开全省非物质文化遗产保护工作座谈会和省级文化生态保护实验区规划纲要论证会，研究、论证相关文化生态保护实验区规划纲要。至12月，先后设立省级洪泽湖渔文化生态保护实验区、姜堰清明习俗文化生态保护实验区、连云港山海文化生态保护实验区、高淳村俗文化生态保护实验区4个文化生态保护实验区。

河南省文化厅批准设立5个省级文化生态保护实验区

10月22日，河南省文化厅印发《河南省文化厅关于公布河南省文化生态保护实验区的通知》（豫文非遗〔2011〕19号），公布首批非物质文化遗产生态保护实验区，命名洛阳市（河洛文化）、登封市（少林文化）、温县（太极文化）、浚县（民俗文化）、滑县（木版年画文化）5个市县为河南省非物质文化遗产生态保护实验区。

湖北省文化厅批准设立13个省级文化生态保护实验区

6月8日，湖北省文化厅印发《省文化厅关于公布省级文化生态保护实验区的通知》（鄂文化文〔2011〕166号），公布省级文化生态保护实验区，确定恩施市、长阳土家族自治县、秭归县、夷陵区、郧县、五峰土家族自治县渔洋关镇、利川市柏杨坝镇、建始县长梁乡、来凤县百福司镇、宣恩县沙道沟镇、房县门古寺镇、通城县麦市镇、曾都区洛阳镇等13个县（市、区）、乡镇为省级文化生态保护实验区。

宁夏回族自治区人民政府批准设立1个自治区级文化生态保护实验区

2011年6月23日，宁夏回族自治区人民政府批复同意文化厅《关于设立六盘山山花儿生态保护试验区的请示》，在六盘山区中心固原市挂牌设立自治区级文化生态保护试验区。六盘山地区是宁夏回族自治区民间艺术资源蕴藏量最为丰富的地区，也是回族山花儿的主要流传地。六盘山回族花儿文化生态保护实验区建设在2010年就已被列为自治区文化建设的重点工作。

文化生态保护实验区建设

文化部批准通过青海省《热贡文化生态保护区建设规划》

1月16日，文化部正式批复同意《热贡文化生态保护区总体规划》，规划期限为2010年至2025年。这标志着热贡文化生态保护实验区建设将进入科学、有序推进的新阶段。根据热贡地区非物质文化遗产类型、结构及其空间分布特征，本规划涵盖了同仁、泽库、尖扎三个县，区域面积为黄南州总面积的62.5%，主要包括了基础调查与理论研究、文化资源与文化生态的现状分析；文化生态保护区的建设目标、工作原则与保护内容；文化生态保护区保护范围与重点区域；文化生态保护区的保护方式、保护与保障措施以及分期实施方案等内容。

文化部批准通过安徽省《徽州文化生态保护实验区总体规划》

4月26日，文化部正式批准通过安徽省《徽州文化生态保护实验区总体规划》，标志着徽州文化生态保护区工作进入新的阶段。6月3日，该项工作新闻发布会在合肥召开。安徽省文化厅制定了详细的推进计划，协助黄山市、绩溪县文化行政部门编制具体《徽州文化生态保护实验区总体规划实施方案》。

文化部在青海召开国家级文化生态保护区建设现场交流会

8月21日至25日，由文化部主办，青海省文化和新闻出版厅、黄南藏族自治州文化局承办的“国家级文化生态保护区现场交流会”在热贡艺术的发祥地青海省黄南藏族自治州召开。文化部副部长王文章、青海省人民政府副省长张建民出席并讲话，来自全国的100多位国家级文化生态保护区的代表参会。会议期间，代表们进行了大会交流发言，赴热贡画院、热贡艺人之家等实地考察了热贡地区非物质文化遗产项目的保护传承情况，特别是热贡艺术生产性保护的实效。

江苏省文化厅印发《关于省级文化生态保护实验区建设的指导意见》

5月27日，江苏省文化厅根据文化部《关于加强国家级文化生态保护区建设的指导意见》（文非遗发〔2010〕7号）和省政府《关于加强文化遗产保护工作的意见》（苏政发〔2006〕144号）精神，以及《江苏省国民经济和社会发展第十二个五年规划纲要》《江苏省“十二五”文化发展规划》的要求，向全省各市文广新局印发《关于省级文化生态保护实验区建设的指导意见》。该指导意见包括省级文化生态保护实验区建设的重要意义、方针原则、设立的条件、设立的程序、开展建设的基本措施和工作机制六个部分。

四川省文化厅在成都召开四川省国家级文化生态保护实验区总体规划专家论证会

4月12日，四川省文化厅在成都召开“四川省国家级文化生态保护实验区总体规划专家论证会”。会议由四川省文化厅相关领导主持，文化厅非物质文化遗产处、省非物质文化遗产保护中心、阿坝州、绵阳市文化局相关负责人，四川省内相关领域的专家及规划编制组成员参加了会议。

云南省文化厅等单位编制完成《罗平县腊者布依族传统文化生态保护区保护规划》

12月，云南省文化厅、省非物质文化遗产保护中心以曲靖市罗平县腊者布依族传统文化生态保护区为试点，编制完成《罗平县腊者布依族传统文化生态保护区保护规划》。

（五）非物质文化遗产生产性保护示范基地建设

文化部关于公布第一批国家级非物质文化遗产生产性保护示范基地名单

文化部关于公布第一批国家级非物质文化遗产生产性保护示范基地名单的通知

文非遗发〔2011〕48号

各省、自治区、直辖市文化厅（局），新疆生产建设兵团文化广播电视局：

为进一步推动非物质文化遗产生产性保护，充分发挥非物质文化遗产在育民、惠民、富民方面的积极作用，根据《文化部办公厅关于开展国家级非物质文化遗产生产性保护示范基地建设的通知》（办非遗函〔2010〕499号）要求，在各地推荐的基础上，我部经组织专家评审、实地考察、评审委员会审议、公示等程序，现将第一批国家级非物质文化遗产生产性保护示范基地名单予以公布（名单详见附件）。

希望被命名为国家级非物质文化遗产生产性保护示范基地的企业和单位要充分发挥示范、带动作用，积极探索和总结非物质文化遗产生产性保护的做法和经验，进一步加强非物质文化遗产的保护和传承，为弘扬中华传统文化，满足人民群众日益增长的精神文化需求，推动经济社会全面协调可持续发展做出更大贡献。

特此通知。

附件：第一批国家级非物质文化遗产生产性保护示范基地名单

二〇一一年十月三十一日

附件：

第一批国家级非物质文化遗产生产性保护示范基地名单

序号	省份	对象名称	项目类别	国家级名录项目名称
1	北京	北京市珐琅厂有限责任公司	传统技艺	景泰蓝制作技艺
2	北京	北京市内联升鞋业有限公司	传统技艺	内联升千层底布鞋制作技艺
3	北京	北京市荣宝斋	传统技艺	木版水印技艺、装裱修复技艺
4	河北	河北省衡水习三内画艺术有限公司	传统美术	衡水内画
5	河北	河北省曲阳宏州石业集团有限公司	传统美术	曲阳石雕
6	山西	山西老陈醋集团有限公司	传统技艺	老陈醋酿制技艺（美和居老陈醋酿制技艺）
7	江苏	江苏省扬州玉器厂	传统美术	扬州玉雕
8	江苏	江苏省宜兴紫砂工艺厂	传统技艺	宜兴紫砂陶制作技艺
9	江苏	江苏省南京云锦研究所有限公司	传统技艺	南京云锦木机妆花手工织造技艺
10	浙江	浙江省东阳市陆光正创作室	传统美术	东阳木雕
11	浙江	浙江省青田县二轻工业总公司	传统美术	青田石雕
12	安徽	安徽省绩溪胡开文墨业有限公司	传统技艺	徽墨制作技艺
13	安徽	中国宣纸集团	传统技艺	宣纸制作技艺
14	福建	福建海峡寿山石文化研究院	传统美术	寿山石雕

（续表）

序号	省份	对象名称	项目类别	国家级名录项目名称
15	江西	江西省景德镇佳洋陶瓷有限公司	传统技艺	景德镇手工制瓷技艺
16	江西	江西省景德镇古窑瓷厂	传统技艺	景德镇手工制瓷技艺
17	江西	江西省含珠实业有限公司	传统技艺	铅山连四纸制作技艺
18	山东	山东省东阿阿胶股份有限公司	传统医药	中医传统制剂方法（东阿阿胶制作技艺）
19	河南	河南省禹州市杨志钧窑有限公司	传统技艺	钧瓷烧制技艺
20	河南	河南省禹州市星航钧窑有限公司	传统技艺	钧瓷烧制技艺
21	湖南	湖南省龙山县苗儿滩镇捞车河村土家织锦技艺传习所	传统技艺	土家族织锦技艺
22	湖南	湖南省怀化市通道侗族自治县啰耶侗锦织艺发展有限公司	传统技艺	侗锦织造技艺
23	广东	广东省潮州市艺葩木雕厂	传统美术	潮州木雕
24	广东	广东省佛山市新石湾美术陶瓷厂有限公司	传统技艺	石湾陶塑技艺
25	广西	广西壮族自治区靖西县壮锦厂	传统技艺	壮族织锦技艺
26	四川	四川省成都蜀锦织绣有限责任公司	传统技艺	蜀锦织造技艺
27	四川	四川省绵竹年画社	传统美术	绵竹木版年画
28	四川	四川省雅安市友谊茶业有限公司	传统技艺	黑茶制作技艺（南路边茶制作技艺）
29	贵州	贵州省丹寨县石桥黔山古法造纸专业合作社	传统技艺	皮纸制作技艺
30	云南	云南省红河哈尼族彝族自治州建水县贝山陶庄文化产业有限公司	传统技艺	陶器烧制技艺（建水紫陶烧制技艺）
31	云南	云南省普洱市宁洱县困鹿山贡技茶场	传统技艺	普洱茶制作技艺（贡茶制作技艺）
32	西藏	西藏自治区江孜地毯厂	传统技艺	藏族卡垫织造技艺
33	西藏	西藏自治区藏药厂	传统医药	藏医药（藏药七十味珍珠丸配伍技艺）
34	陕西	陕西省凤翔新明民俗文化传承有限公司	传统美术	泥塑（凤翔泥塑）
35	陕西	陕西省西安大唐西市文化发展有限公司	传统美术	民间绣活（西秦刺绣）
36	甘肃	甘肃省环县道情皮影保护中心（皮影雕刻）	传统美术	皮影戏（环县道情皮影戏）
37	甘肃	甘肃省庆阳祁黄文化传播有限公司	传统美术	庆阳香包绣制
38	青海	青海黄南州热贡画院	传统美术	热贡艺术
39	青海	青海省互助土族文化传播有限公司	传统美术	土族盘绣
40	青海	青海省海湖藏毯有限公司	传统技艺	加牙藏族织毯技艺

（续表）

序号	省份	对象名称	项目类别	国家级名录项目名称
41	新疆	新疆维吾尔自治区疏附县吾库萨克乡热合曼·阿布都拉传习所	传统技艺	民族乐器制作技艺（维吾尔族乐器制作技艺）

注：此表涉及41个项目企业或单位，39项国家级名录项目。

天津市公布市级非物质文化遗产保护示范基地名单

关于公布天津市非物质文化遗产保护示范基地名单的通知

津文广非遗〔2011〕21号

各区县文化广播电视局（文化和旅游局），各有关单位：

为进一步推动非物质文化遗产保护工作的深入开展，充分发挥非物质文化遗产在育民、惠民、富民方面的积极作用，根据我局《关于开展天津市非物质文化遗产保护示范基地建设的通知》（津文广非遗〔2011〕2号）要求，在各区县及有关单位推荐的基础上，我局经组织有关专家评审、实地考察、审议等程序，现将天津市非物质文化遗产保护示范基地名单予以公布（见附件）。

希望被命名为天津市非物质文化遗产保护示范基地的企业和单位充分发挥示范、带动作用，积极探索和总结非物质文化遗产保护的做法和经验，进一步加强非物质文化遗产的保护和传承，为弘扬优秀传统文化、满足人民群众日益增长的精神文化需求，推动经济、政治、文化、社会全面协调可持续发展做出更大贡献。

特此通知。

附件：天津市非物质文化遗产保护示范基地名单

二〇一一年十二月二十八日

附件：

天津市非物质文化遗产保护示范基地名单

（共计10个）

序号	区县（单位）	对象名称	项目类别	天津市名录项目名称	展示场所
1	北辰区	北辰区北仓镇刘园村民委员会	传统音乐	刘园祥音法鼓	传习会所（200平米）
2	天津评剧院	天津评剧院	传统戏剧	评剧	剧院排练厅（140平米）及陈列展室
3	宝坻区	宝坻区文化广播电视局	传统戏剧	评剧	文化馆剧场（200平米）及陈列展示
4	杨柳青画社	天津杨柳青画社	传统美术	杨柳青木版年画	杨柳青年画博物馆（3500平米）
5	西青区	西青区文化广播电视局	传统美术	杨柳青木版年画	杨柳青年画一条街
6	彩塑工作室	天津泥人张彩塑工作室	传统美术	泥人张彩塑	展示、销售、陈列专室（300平米）
7	和平区	天津老美华鞋店有限责任公司	传统技艺	老美华手工制鞋技艺	鞋博物馆（近900平米）
8	和平区	天津义聚永酒业酿造有限公司	传统技艺	义聚永（高粱、玫瑰露、五加皮）酒传统酿造技艺	酒文化博物馆（1500平米）
9	达仁堂制药厂	中新药业集团股份有限公司达仁堂制药厂	传统医药	达仁堂清宫寿桃丸宫廷秘方及其传统制剂工艺	达仁堂中药文化展馆（100平米）厂区展廊（100平米）
10	河北区	中新药业集团股份有限公司隆顺榕制药厂	传统医药	天津隆顺榕中药生产技艺	厂区展览回廊（150米展线）

广西壮族自治区公布第二批自治区级非物质文化遗产传习基地展示中心和生产性保护示范基地名单

广西壮族自治区文化厅关于公布第二批自治区级非物质文化遗产传习基地展示中心和生产性保护示范基地的通知

桂文发〔2011〕139号

各设区市文化局，厅直属各有关单位：

为了强化非物质文化遗产保护工作抓手，构建保护工作平台，推动科学保护，直观活态地宣传、弘扬、展示和传承非物质文化遗产，促进非物质文化遗产的可持续发展。经各有关市县的积极努力，彩调等8个第二批自治区级非物质文化遗产传习基地、展示中心和生产性保护示范基地已完成建设工作，现将名单予以公布（名单详见附件）。

请各入选单位认真贯彻落实《国务院关于加强文化遗产保护的通知》（国发〔2005〕42号）和《中华人民共和国非物质文化遗产法》的有关精神，积极探索和总结非物质文化遗产保护工作的做法和经验，切实做好非物质文化遗产的调查、研究、传承、宣传、展示、保护、管理和合理利用工作，为弘扬中华优秀传统文化、满足人民群众日益增长的精神文化需求，推动经济、政治、文化、社会全面协调可持续发展做出更大贡献。

特此通知。

附件：第二批自治区级非物质文化遗产传习基地、展示中心和生产性保护示范基地名单

二〇一一年十二月十九日

附件：

第二批自治区级非物质文化遗产传习基地展示中心和生产性保护示范基地名单

（共计8个）

编号	基地名称	建设单位
1	自治区级非物质文化遗产传习基地（彩调）	广西壮族自治区彩调团
2	自治区级非物质文化遗产传习基地（彩调）	桂林市彩调团
3	自治区级非物质文化遗产传习基地（彩调）	桂林市永福县文化和体育局
4	自治区级非物质文化遗产传习基地（彩调）	河池市宜州市文化旅游体育局、广西歌王文化有限责任公司
5	自治区级非物质文化遗产展示中心	百色市靖西县文化和体育局
6	自治区级非物质文化遗产传习基地（铜鼓习俗）	河池市东兰县文化和体育局
7	自治区级非物质文化遗产生产性保护示范基地（壮族织锦技艺）	百色市靖西县文化和体育局、靖西县壮锦厂
8	自治区级非物质文化遗产生产性保护示范基地（黄昌典毛笔制作技艺）	桂林市文化局、桂林金典文化用品有限公司

福建省公布首批省级非物质文化遗产生产性保护示范基地名单

福建省文化厅关于公布福建省首批非物质文化遗产生产性保护示范基地的通知

闽文社〔2011〕38号

各设区市文化广电新闻出版局、省直各有关单位：

根据《中国人民共和国非物质文化遗产法》《福建省民族民间文化保护条例》的有关规定，为加强非物质文化遗产的保护和传承，合理利用非物质文化遗产资源，引导和探索非物质文化遗产生产性保护的方式方法，激发非物质文化遗产的内在活力，促进福建文化产业加快发展，福建省文化厅决定，参照文化部的标准和要求，设立福建省非物质文化遗产生产性保护示范基地。在各地申报国家级非物质文化遗产生产性保护示范基地的单位中，经专家委员会评审并进行公示后，产生首批18个省级非物质文化遗产生产性保护示范基地。现将名单公布如下（详见附件）。

希望这些单位认真贯彻落实《中华人民共和国非物质文化遗产法》和《福建省民族民间文化保护条例》，按照“保护为主，抢救第一，合理利用，继承发展”的指导方针，在有效保护和全面继承发展的基础上，积极探索非物质文化遗产生产性保护的方式方法，合理利用非物质文化遗产项目为社会提供文化产品和文化服务，为海峡西岸经济区建设和文化强省建设做出新的贡献。

附件：福建省首批非物质文化遗产生产性保护示范基地名单

二○一一年六月七日

附件：

福建省首批非物质文化遗产生产性保护示范基地名单

（共计18个）

项目名称	基地保护单位
木偶戏（泉州提线木偶戏）	泉州市木偶戏剧团
寿山石雕	福建省海峡寿山石文化研究院、樟林雕刻厂
惠安石雕	泉州豪翔石业有限公司
惠安石雕	厦门惠和腾飞石业有限公司
软木画工艺	福州市传承软木画有限公司
剪纸（漳浦剪纸）	漳浦县剪纸艺术中心
柘荣剪纸	柘荣剪纸产业发展有限公司
德化瓷烧制技艺	德化县苏清河艺瓷苑
德化瓷烧制技艺	德化县宏益陶瓷雕塑研究所
建窑建盏烧制技艺	南平市星辰天目陶瓷研究所
福州脱胎漆器髹饰技艺	福州传统脱胎漆器保护基地
厦门漆线雕技艺	厦门惟艺漆线雕艺术有限公司
畲族银器制作技艺	福安市珍华工艺品有限公司
莆田市木雕传统技艺	莆田市海慧艺术品有限公司
仙游“仙作”古典工艺家具制作技艺	福建省三福古典家具有限公司
武夷岩茶（大红袍）制作技艺	武夷山叶启桐武夷岩茶（大红袍）传统技艺制作研究中心
乌龙茶（铁观音）传统制作技艺	福建安溪岐山魏荫名茶有限公司
乌龙茶（铁观音）传统制作技艺	福建安溪八马茶业有限公司

河南省公布第二批省级非物质文化遗产传习所和展示馆、省级非物质文化遗产生产性保护示范基地名单

关于公布第二批河南省非物质文化遗产传习所、第二批河南省非物质文化遗产展示馆、河南省非物质文化遗产生产性保护示范基地的通知

豫文非遗〔2011〕16号

各省辖市、省直管县文广新（文化）局，省非物质文化遗产保护中心，省艺术研究院，有关单位：

经各地推荐和专家评审，我厅评出了第二批河南省非物质文化遗产传习所、河南省非物质文化遗产展示馆、河南省非物质文化遗产生产性保护示范基地。现予公布：

河南省非物质文化遗产传习所（9个）：

濮阳市华龙区东北庄杂技艺术学校（东北庄杂技）

新乡中州大鼓传习所（中州大鼓）

柘城县说唱团（豫东琴书）

项城市官会响锣传习所（官会响锣）

开封朱仙镇木版年画艺术馆（朱仙镇木版年画）

河南合和文化传播有限公司（朱仙镇木版年画）

博爱县龙凤灯舞传习所（苏家作龙凤灯）

武陟县大司马二股弦戏传习所（二股弦）

漯河市郾城非物质文化遗产传习所（心意六合拳）

河南省非物质文化遗产展示馆（4个）：

柘城县秀山泥人李发展研究中心展示馆（泥塑创作等）

宝丰县清凉寺君子汝瓷展示馆（汝瓷艺术展）

浚县杨纪屯泥塑艺术发展有限公司展示馆（泥咕咕等）

固始县九华山民俗村展示馆（花挑舞、皮影等豫南民俗展）

河南省非物质文化遗产生产性保护示范基地（10个）：

开封汴绣厂（汴绣）

朱文立汝瓷艺术研究所（汝瓷烧制技艺）

滑县秦氏绢艺文化产业有限公司（绢艺）

浚县蓝田泥咕咕文化艺术专业合作社（浚县泥咕咕）

河南省青山药业有限公司（禹州中药加工炮制技艺）

项城市汝阳刘笔业有限公司（汝阳刘笔制作技艺）

洛阳酒家有限责任公司（真不同洛阳水席）

汝州市廷怀汝瓷非物质文化创意园（汝瓷烧制技艺）

河南大宋官窑瓷业有限公司（钧瓷烧制技艺）

西平县棠溪剑业有限公司（棠溪宝剑铸造工艺）

二〇一一年九月二十二日

贵州省公布第一批省级非物质文化遗产生产性保护示范基地名单

贵州省文化厅关于公布第一批省级非物质文化遗产生产性保护示范基地名单的通知

黔文发〔2011〕149号

各市、州文化局：

为进一步推动非物质文化遗产生产性保护，充分发挥非物质文化遗产在育民、惠民、富民方面的积极作用，根据《关于推荐省级非物质文化遗产生产性保护示范基地的通知》（黔文发〔2011〕43号）文件要求，在各地推荐的基础上，我厅经组织专家评审、实地考察、网上公示等程序，现将第一批省级非物质文化遗产生产性保护示范基地名单予以公布（名单详见附件）。

希望被命名为省级非物质文化遗产生产性保护示范基地的企业和单位要充分发挥示范、带动作用，积极探索和总结非物质文化遗产生产性保护的做法和经验，进一步加强非物质文化遗产的保护和传承，为弘扬中华优秀传统文化、满足人民群众日益增长的精神文化需求，推动经济、政治、文化、社会全面协调可持续发展做出更大贡献。

特此通知。

附件：第一批省级非物质文化遗产生产性保护示范基地名单

贵州省文化厅

二〇一一年十二月二十三日

附件：

第一批省级非物质文化遗产生产性保护示范基地名单

（共计14个）

序号	地 区	对象名称	项目类别	省级名录项目名称
1	贵阳市	乌当区新堡布依族乡香纸沟土法造纸传习所	传统技艺	土法造纸技艺
2	遵义市	中国贵州茅台酒厂有限责任公司	传统技艺	茅台酒酿制技艺
3	安顺市	安顺市屯堡雕刻艺术有限公司	传统技艺	安顺木雕
4	安顺市	关岭蒙固祯民族服装厂	民俗	苗族服饰
5	黔南州	惠水县枫香染农民专业合作社	传统技艺	枫香印染技艺
6	黔南州	三都水族自治县凤之羽文化传播有限责任公司	传统技艺	水族马尾绣
7	黔东南州	黔东南州太阳鼓苗侗刺绣有限责任公司	传统美术	苗族刺绣
8	黔东南州	丹寨县宁航蜡染有限公司	传统技艺	苗族蜡染
9	黔东南州	丹寨县卡拉鸟笼制作技艺传习所	传统技艺	鸟笼制作技艺
10	铜仁市	玉屏侗族自治县箫笛厂	传统技艺	玉屏箫笛制作技艺
11	毕节市	纳雍县贵州复临民族文化旅游开发有限公司	民 俗	苗族服饰
12	毕节市	大方彝族漆器髹饰技艺传习中心	传统技艺	彝族漆器髹饰技艺
13	黔西南州	贵州省兴义市布谷鸟民族实业发展有限公司	民 俗	布依族服饰
14	黔西南州	贞丰县小屯乡白棉纸开发有限公司	传统技艺	小屯白棉造纸工艺

陕西省公布省级非物质文化遗产生产性保护示范基地（单位）名单

关于命名陕西省非物质文化遗产生产性保护示范基地（单位）的通报

陕文非遗〔2011〕9号

各市文化广电（文物）新闻出版局，各有关单位：

为进一步加强全省非物质文化遗产保护，推动我省非物质文化遗产生产性保护示范基地（单位）建设，增强有关单位开展生产性保护的主动性和积极性，经各市及省直有关单位推荐，省文化厅通过评审，决定“凤翔县城关镇六营村”等25个单位为陕西省非物质文化遗产生产性保护示范基地（单位）。

希望被命名的示范基地或单位再接再厉，继续开展好生产性保护工作，为促进我省非物质文化遗产保护与经济建设的和谐发展做出新的贡献。

附件：陕西省非物质文化遗产生产性保护示范基地（单位）名单

二〇一一年六月八日

附件：

陕西省非物质文化遗产生产性保护示范基地（单位）名单

（共计25个）

一、示范基地（共4个）

1. 凤翔县城关镇六营村

保护项目：凤翔泥塑

2. 华县雨田科技文化发展有限公司

保护项目：华县皮影制作技艺等

3. 扶风关中风情园

保护项目：鹿羔馍等传统饮食制作技艺

4. 西岐民俗园

保护项目：岐山臊子面等传统饮食制作技艺

二、示范单位（共21个）

1. 西安垻酒坊酒业有限公司

保护项目：户县龙窝酒手工酿造技艺及习俗

2. 西安饮食股份有限公司西安饭庄

保护项目：中华老字号西安饭庄陕菜和陕西风味小吃制作技艺

3. 西安饮食股份有限公司德发长酒店

保护项目：中华老字号德发长饺子制作技艺

4. 西安饮食股份有限公司同盛祥饭庄

保护项目：中华老字号同盛祥牛羊肉泡馍制作技艺

5. 西安市德懋恭食品商店

保护项目：中华老字号德懋恭水晶饼制作技艺

6. 咸阳苏绘民间手工工艺精品专业合作社

保护项目：武功土织布技艺

7. 千阳县美苑民间艺术有限公司

保护项目：西秦刺绣

8. 宝鸡社火脸谱绘制技艺传习所

保护项目：社火脸谱绘制技艺

9. 陕西省太白酒业有限责任公司

保护项目：太白酒酿造技艺

10. 陕西西凤酒集团股份有限公司

保护项目：中华老字号西凤酒酿造技艺

11. 陕西华典民间艺术开发有限责任公司

保护项目：澄城刺绣等

12. 华县宏权皮影艺术有限公司

保护项目：华县皮影制作技艺

13. 潼关县万盛园酱菜调味品有限责任公司

保护项目：潼关万盛园酱菜制作技艺

14. 富平县古石刻保护研究中心

保护项目：富平宫里石刻技艺

15. 陕西白水杜康酒业有限责任公司

保护项目：杜康酒酿造技艺

16. 铜川市印台区陈炉镇民间工艺瓷厂

保护项目：耀州窑陶瓷烧制技艺

17. 安塞县文化馆

保护项目：安塞剪纸、安塞民间绘画等

18. 绥德县武文石业有限公司

保护项目：绥德石雕雕刻技艺

19. 佳县非物质文化遗产保护中心

保护项目：佳县庙宇木雕雕刻技艺

20. 汉中秦洋长生酒业有限公司

保护项目：谢村黄酒酿造技艺

21. 上元观红豆腐厂

保护项目：上元观红豆腐制作技艺

（六）非物质文化遗产的调查

文化部考察组在河北、广西、西藏考察国家级非物质文化遗产生产性保护示范基地

4月至5月，文化部非物质文化遗产司马盛德副司长率领国家级非物质文化遗产生产性保护示范基地建设调研组一行赴河北省、广西省、西藏自治区进行调研。其中，4月1日至2日，考察组在保定曲阳宏州石业集团有限公司、衡水习三内画艺术有限公司进行实地考察；4月24日至26日在广西调研国家级非物质文化遗产名录项目“壮族织锦技艺”生产性保护示范基地建设工作情况；5月26日至29日，赴西藏自治区考察西藏自治区藏药厂、优敏巴藏香厂的藏药配制和藏香制作技艺。

中国工艺美术协会等单位开展贵州省工艺美术专题考察调研活动

3月11日，中国工艺美术协会秘书长王山等有关领导和贵州省工艺美术协会负责人等就“贵州省工艺美术”进行专题考察调研并召开座谈会。“贵州省工艺美术专题考察调研活动”，旨在促进贵州省工艺美术文化产业发展，抢救保护传统文化，寻找加快贵州工艺美术发展的路径。

北京市开展“北京市高校非物质文化遗产保护调研计划”

年内，北京市文化局、北京市非物质文化遗产保护中心与北京各高校联合开展“北京市高校非物质文化遗产保护调研计划”，进行帽山满族二魁摔跤、吴式太极拳等项目调查研究。

天津市开展全市非物质文化遗产全面普查工作

年内，天津市开展全面普查工作，村级普查覆盖率达到95％以上，全市16个区县分别建立普查工作组，深入到159个乡镇街、3652个行政村，村级普查覆盖率达到95％以上。调查线索1288个，汇集成果395项，涵盖了非物质文化遗产普查的16个大类。天津市文广局非物质文化遗产处提出了“常态普查”的工作方向，要求非物质文化遗产保护部门要用创新的态度和发展的眼光留住非物质文化遗产，对尚有生存土壤的项目、发展良好的项目、确已濒危的项目，提出了不同的保护建议。各区县均建立了比较完备的非物质文化遗产资源档案。整理文字资料1011卷册，音像资料953盒，拍摄照片21486张，录音741.8小时，摄像5686.7小时，收集登记实物2421件，所有普查形成的文字材料录入电脑。

河北省调查省内太极拳项目保护情况

8月23日，河北省非物质文化遗产保护工作专家委员会相关委员以及河北省文化厅非物质文化遗产处、省非物质文化遗产保护中心有关同志赴河北省广平县、鸡泽县就当地太极拳项目进行调研，详细调查了解了太极拳的历史渊源、传承谱系、风格特点及保护、普及、传播等情况。

内蒙古自治区起草《内蒙古自治区非物质文化遗产普查工作材料汇编》

全年，为了全区普查试点工作的成功进行，内蒙古自治区非物质文化遗产保护中心起草《内蒙古自治区非物质文化遗产普查工作材料汇编》。汇编共10多万字，具有指导性和可操作性，填补了以往全自治区非物质文化遗产普查工作规范的空白。

内蒙古自治区开展全区非物质文化遗产调研活动

年内，内蒙古自治区非物质文化遗产保护中心组织调查组，先后对巴彦淖尔市乌拉特前旗、乌拉特中旗、乌拉特后旗、磴口县、乌兰察布市四子王旗、鄂尔多斯市东胜区、伊金霍洛旗、鄂托克旗、乌审旗等地区进行了调研及调查，深入了解当地到非物质文化遗产保护工作的运行情况。

内蒙古自治区确定鄂托克旗为全区普查试点旗县

年内，内蒙古自治区非物质文化遗产保护中心采取试点先行，整体推进的工作思路，在实地调研的基础上，把鄂托克旗确定为全区普查试点旗县，进行全面普查工作。鄂托克旗非物质文化遗产普查共出动普查车11辆，总行程达8万公里，调查入户覆盖率达到100%，全旗挖掘出148个非物质文化遗产项目，填写了4221条资源目录清单，收录文字记录1500页40余万字、照片3904张、音频资料5244分钟、视频资料5004分钟、影像磁带164盒，数据库中录入资料达到918.34GB。此举标志着内蒙古自治区非物质文化遗产保护真正意义上的规范化、专业化、科学化普查工作已经开始，对今后全自治区非物质文化遗产保护工作起到关键性的作用。

辽宁省开展非物质文化遗产系列调研活动

4月8日至8月15日期间，辽宁省非物质文化遗产保护中心先后邀请国家非物质文化遗产保护工作专家委员会委员、中国艺术研究院研究员康玉岩，省非物质文化遗产保护工作专家委员会成员、沈阳音乐学院教授杨久盛，辽宁大学民俗学教授江帆等人，对新宾满族自治县的抚顺地秧歌、义县北韵寺庙音乐、朝阳市的辽西古战场传说和凌源皮影戏项目进行了实地调研。

辽宁省开展剪纸项目专项调研活动

4月20日，辽宁省非物质文化遗产保护中心正式启动了剪纸项目专项调研工作。经过8个多月的调研，调研组先后走访锦州、大连、鞍山、朝阳、抚顺、沈阳、阜新、铁岭等地，基本了解和掌握了医巫闾山满族剪纸、庄河剪纸、岫岩满族剪纸、建平剪纸、新宾满族剪纸、瓦房店东岗剪纸、初春枝满族剪纸、彰武民间剪纸、西丰满族剪纸和朱月岚剪纸10个省级以上剪纸项目的保护与传承情况。调研期间，辽宁省非物质文化遗产保护中心累计投入人力近300人次，出动车辆70余次，行程近5000公里，走访传承人和剪纸艺人43人，整理声像资料30多张盘，拍摄照片3000余张，征集剪纸作品448幅，完成调研表格43份，并最终形成近6万字的调研报告。

大连市开展全市间断性非物质文化遗产保护传承基地调研活动

自6月1日开始，大连市非物质文化遗产保护中心在全市范围内开展非物质文化遗产保护传承基地调研工作，经过基地调研，摸清了大连市非物质文化遗产保护传承基地基本情况。调研发现，大连市现存12个基地普遍存在人员老化、经费不足的问题，其中9个基地尚可开展活动，2个基地已解散但尚能组织恢复，1个基地已不存在。

黑龙江省开展非物质文化遗产项目基层调研活动

黑龙江省非物质文化遗产保护中心会同国家级非物质文化遗产名录项目森林号子保护单位开展普查调研工作，走访了汤旺河区老领号工人韩奉元、韩明军等人，并收集到森林号子现有资源等信息，新登记传承人及讲述人30余人。

上海市开展全市非物质文化遗产项目保护现状调研活动

6月到12月，上海市非物质文化遗产保护中心联合上海市民间文艺家协会，组织开展2011年度全市非物质文化遗产项目保护工作调研。最终形成4个调研报告:《上海非物质文化遗产项目生存状况调查报告》(总报告)《上海市非遗濒危项目基本情况及其保护工作建议》《上海非物质文化遗产保护绩效评估研究》《关于上海市非物质文化遗产项目生产性保护和创新开发的建议》。

江苏省开展非物质文化遗产项目保护与传承单位(点)调研活动

9月至12月，江苏省文化厅组织力量重点对江苏省国家级和省级非物质文化遗产项目的保护与传承单位(点)的分布与保护现状、保护措施与成效、项目资料收集整理出版、传承人保护与培养、宣传展示展演活动、专题展馆(所)等基础设施建设6方面内容进行全面普查。普查采取调查问卷、座谈会、实地调查等形式，掌握了全省非物质文化遗产保护现状。

安徽省在蚌埠、淮南两市开展非物质文化遗产调研活动

3月至4月，安徽省人大教科文卫工委组织省文化厅、省财政厅、省旅游局、省非物质文化遗产保护中心调研组对省内的蚌埠、淮南、黄山和宣城开展非物质文化遗产保护及旅游工作专题调研，安徽省人大常委会副主任朱维芳带队参加。调研组先后于3月31日至4月2日，听取蚌埠、淮南两市政府、凤台县文化局以及相关单位负责人的专题汇报，4月11日至4月15日，听取了黄山、宣城两市的市政府、黟县的县政府以及相关单位负责人的专题汇报，并与四市“非遗”传承人进行座谈、沟通。

安徽省开展徽州文化生态保护区建设调研活动

8月25日至26日，安徽省副省长谢广祥在省政府、省文化厅相关领导陪同下到黄山市调研徽州文化生态保护区建设工作，听取徽州文化生态保护区建设等情况介绍。调研组一行先后赴黄山区谭家大院、黄山玉雕工艺厂、歙县行知中学、徽州府衙，屯溪区漆器工艺厂、屯溪老街万粹楼博物馆等地进行实地考察调研，详细了解徽州文化生态保护区建设情况，并召开了徽州文化生态保护区建设工作座谈会。

广东省在江门等地开展非物质文化遗产社会功能专题调研活动

年初，广东省非物质文化遗产保护中心联合广州、深圳、佛山、东莞、中山等地保护中心，联合开展全省非物质文化遗产课题调研，确立了“非物质文化遗产的社会功能”的研究课题，并先后赴江门、茂名、深圳等地进行调研。在课题组成员的共同努力下，完成《非物质文化遗产与社会和谐》调研报告。

广东省在茂名开展“年例”专题调研活动

3月16日至18日，广东省非物质文化遗产保护中心课题调研组赴茂名市对传统民俗节日“年例”开展专题调研。

广东省在乐昌开展九峰山歌专题调研活动

4月，广东省非物质文化遗产保护中心赴韶关市乐昌市调研，了解和掌握省级非物质文化遗产项目“九峰山歌”传承与保护情况。

广东省在潮州开展畲族非物质文化遗产保护工作专题调研活动

8月，广东省非物质文化遗产保护中心与广东省民族宗教研究院深入潮安县文祠镇李工坑村，联合开展潮州市畲族非物质文化遗产保护工作专题调研，加强对广东省少数民族非物质文化遗产保护工作的扶持。

广东省在潮州凤凰山开展畲族招兵节专题调研活动

12月下旬，广东省非物质文化遗产保护中心与广东省民族宗教研究院联合开展潮州凤凰山“畲族招兵节”专题调研，保护少数民族非物质文化遗产项目“畲族招兵节”。

广西壮族自治区对部分市、县开展非物质文化遗产保护工作调研活动

5月20日至7月10日，广西壮族自治区文化厅组织4个专家调研工作组，分赴14个地级市和40多个县，对自治区的非物质文化遗产保护工作现状开展调研活动。

广西壮族自治区对部分市、县开展非物质文化遗产保护工作平台建设调研活动

7月8日至8月18日，广西壮族自治区文化厅组织工作组赴南宁、桂林、梧州、北海、钦州、玉林、防城港、贺州8个市18个县（区）开展保护工作平台建设情况调研，了解各地建设非物质文化遗产传习基地、展示中心和生产性保护示范基地建设进展情况、存在困难，为下一阶段的基地建设总结经验。

海南省开展黎锦原材料种植情况调研活动

8月24日至28日，海南省文化广电出版体育厅与海南大学合作，赴五指山、保亭等相关市县开展黎锦原料种植调研，为相关市县建立一批棉、麻、蓝靛植物等原材料生产基地提出指导性意见。

四川省考察成都国际非物质文化遗产博览园建设情况

4月14日，四川省文化厅领导以及相关处室的主要负责人一行考察了建设中的成都国际非物质文化遗产博览园，听取了成都市文化局关于第三届中国成都国际非物质文化遗产节筹备工作情况和青羊区区政府关于博览园项目建设情况及博览会筹备工作情况的汇报，对做好第三届中国成都国际非物质文化遗产节的筹备工作提出了希望和要求。

四川省在眉山开展非物质文化遗产保护工作调研活动

6月22日，四川省文化厅领导、省非物质文化遗产处、省非物质文化遗产中心负责人及省非物质文化遗产专家一行8人，赴眉山市调研指导非物质文化遗产工作，并参加“眉山市非物质文化遗产保护工作调研会”。

云南省完成16个州（市）非物质文化遗产调查相关设备配发

年内，云南省文化厅为推动非物质文化遗产保护工作，提高基层工作数字化建设，为16个州（市）配发了非物质文化遗产调查和数据库需要的笔记本电脑和单反数码相机。

西藏自治区开展非物质文化遗产专项调研活动

4月，西藏自治区文化厅副厅长任淑琼率工作组赴西藏自治区日喀则地区，开展基层文化建设调研，督促检查非物质文化遗产保护工作情况，了解吉隆沟非物质文化遗产资源和保护情况。

陕西省检查省级非物质文化遗产传承示范基地建设情况

5月27日，陕西省文化厅、文化厅非物质文化遗产处和省艺术馆负责人一行前往汉中市城固县检查陕西省级非物质文化遗产传承示范基地建设情况。

陕西省在延安开展非物质文化遗产保护工作调研活动

11月4日至5日，陕西省文化厅副厅长蒋惠莉一行对延安市非物质文化遗产保护工作进行调研，并召开了专题座谈会。会中，延安市文化局、延安市非物质文化遗产保护中心、延安市曲艺馆、安塞县文化局、安塞县文化文物馆、黄陵县非物质文化遗产保护中心相关负责人汇报当地的非物质文化遗产保护相关工作。

新疆维吾尔自治区在哈密地区开展木卡姆艺术保护现状调研活动

1月5日至9日，新疆维吾尔自治区非物质文化遗产保护研究中心5名专业人员，在哈密地区开展哈密木卡姆保护现状专题调研，走访了哈密地区非物质文化遗产保护中心、哈密市回城乡传习所、伊吾县下马崖乡传习所等地，了解了哈密木卡姆保护、传承现状，并形成了调查报告。

新疆维吾尔自治区开展巴里坤汉族节日习俗专题调研活动

2月，新疆维吾尔自治区非物质文化遗产保护研究中心12名专业人员，在巴里坤哈萨克自治县大河镇旧户西村开展汉族节日习俗“年俗”的专题调查，通过视频、音频、文字等方式，记录了当地年俗情况及特色，并形成专题片1部。

新疆维吾尔自治区开展哈萨克族非物质文化遗产现状专题调研活动

3月至12月，新疆维吾尔自治区非物质文化遗产保护研究中心5名专业人员，分春季、夏季、秋季分赴玛纳斯县、托里县、新源县、巩留县、特克斯县、青河县、富蕴县、福海县、吉木乃县、布尔津县、巴里坤等地，开展哈萨克族非物质文化遗产现状专题调研，形成调研报告4篇，论文5篇，视、音频资料20小时，照片2000余张。

（七）非物质文化遗产保存

实物征集

中国工艺美术馆在北京举办广东工艺美术家作品捐赠仪式

6月10日，“中国工艺美术馆收藏——广东工艺美术家捐赠优秀作品仪式”在中国艺术研究院举行。出自广东工艺美术师之手的40余件作品，包括陶瓷、端砚、木雕、石雕、陶公仔和手拉壶等，正式入藏中国工艺美术馆。文化部副部长、中国艺术研究院院长王文章出席捐赠仪式并为捐赠人颁发收藏证书。

北京市进行非物质文化遗产项目代表性传承人实物作品的抢救性征集

全年，北京市对年事已高的非物质文化遗产项目代表性传承人的作品进行抢救性保存和保护，征集金漆镶嵌髹饰技艺作品精工矫嵌屏风《花香凝翠》、北京宫廷补绣作品《尊胜佛母像》等具有较高文化内涵和艺术价值的非物质文化遗产项目实物作品共计13件。

天津市对全市非物质文化遗产普查线索、记录进行整理和历史比对

3月12日至25日，天津市非物质文化遗产保护中心对全市各区县的非物质文化遗产普查线索和记录进行了整理和历史比对。根据《中国民族民间文艺集成志书·天津卷》，将20世纪七八十年代的普查成果进行了归类汇总。天津市非物质文化遗产保护中心直接参与挖掘、整理和采录的重点项目包括：

天津手工布艺、武术名家李文贞、大娘娘会、长乐高跷等。其中天津手工布艺已辑录成集，其他项目责成各区县非物质文化遗产保护部门纳入申报保护范围，尽快实施抢救。

天津市采录全市濒危非物质文化遗产项目及传承人资料

4月13日，天津市非物质文化遗产保护中心和红桥区文化馆联合对89岁高龄的天津市江桥区区级非物质文化遗产保护项目功力门武术第三代代表性传人李文贞先生进行采录。通过本次采录比较完整地记录了该项目的整体情况。5月15日，天津市非物质文化遗产保护中心与津南文化馆共同对葛沽长乐老高跷进行采录，实现了对这一地方文化的完整记录。

天津市征集杨柳青年画专家王树村手稿

8月15日至20日，天津非物质文化遗产保护中心工作人员到杨柳青镇王树村家中对其部分手稿进行了记录和保存，组织相关专家召开评审会对其进行审阅和评估。本次手稿征集对杨柳青年画这一国家级优秀非物质文化遗产的保存和保护提供了资料支持。

天津市整理“风筝魏”实物制品千余件

9月至11月，天津市非物质文化遗产保护中心对国家级非物质文化遗产保护项目传承人魏永珍的千余件风筝制品进行了为期两个月的清整工作，为“风筝魏”这一国家级非物质文化遗产项目的有效保护提供了实物资料。

天津市建立全市非物质文化遗产信息呈报机制

12月，天津市非物质文化遗产保护中心完成天津市非物质文化遗产网和天津市非物质文化遗产数据库的一期建设，运用数字化手段管理非物质文化遗产，使全市非物质文化遗产工作迈向制度化的呈报机制，使濒危项目得到有效监控。

天津市整理年画“福本子”百余张

年内，天津市非物质文化遗产保护中心征集到北京收藏家张琴150余件年画“福本子”。该项征集工作汇集了众多的年画题材和古线装书籍，丰富了年画研究的专业成果和收藏范围。

天津市建立全市非物质文化遗产专家档案

年内，天津市非物质文化遗产保护中心深入各区县，对专家资源展开了同期调研，建立起天津非物质文化遗产专家档案，为非物质文化遗产保护工作提供了智力支持。

河北省开展全省部分非物质文化遗产项目保存整理工作

年内，河北省文化厅非物质文化遗产处、省非物质文化遗产保护中心开展河北全省传统戏剧、曲艺类项目的抢救性录音、整理工作，藁城北周卦乱弹、井陉县晋剧、蔚县乱弹、永年西调等项目已完成录制任务。实物保存方面，征集了曲阳石雕、定瓷、易水砚、唐山皮影戏影人、大名草编、梅花拳兵器等非物质文化遗产项目代表性作品近百件。

黑龙江省启动非物质文化遗产名录项目记录式保护工程

年初，黑龙江省文化厅决定在全省范围内对国家级和省级濒危的非物质文化遗产名录项目，实施记录式保护工程，以文字、图片、录音录像等方式，对名录项目内容和传承人技艺进行记录、整理、建档、保存。

广东省开展非物质文化遗产实物征集和采购工作

12月，广东省非物质文化遗产保护中心开展非物质文化遗产实物征集、采购工作，征集全省国家级、省级非物质文化遗产代表性项目珍贵实物及国家级、省级项目代表性传承人的代表作品。

海南省开展黎锦实物征集工作

12月11日至14日，海南省非物质文化遗产保护中心组成黎锦征集小组，赴保亭、五指山、乐东、东方等地，共征集30件（套）黎锦实物，其中龙被4件，共计价值人民币43万余元。

重庆市开展市级非物质文化遗产名录项目实物资料征集工作

4月，重庆市非物质文化遗产保护中心向各区县（自治县）非物质文化遗产项目保护单位征集市级非物质文化遗产名录项目实物资料近百件，并登记在册。

陕西省进行华县剪纸资料采集工作

7月21日，陕西省非物质文化遗产保护工作专家委员会、省艺术馆、渭南市剪纸协会、市非物质文化遗产保护中心相关人员等前往华县，为即将出版的《中国剪纸》(陕西卷)一书采集资料。华县文化馆工作人员对具有代表性的剪纸艺人作品进行了扫描，精选出李月珍、闫桂仙、白明侠的作品20余件。

新疆维吾尔自治区启动国家级非物质文化遗产项目《江格尔》抢救性记录工作

1月，新疆维吾尔自治区文化厅启动国家级非物质文化遗产项目《江格尔》抢录工作，聘请新疆大学著名江格尔史诗研究专家带领专业人员赴博乐市、和静县、和硕县、和布克赛尔蒙古自治县等地，指导当地非物质文化遗产工作人员开展抢救性记录工作。

新疆维吾尔自治区建立国家级非物质文化遗产项目代表性传承人档案

3月，新疆维吾尔自治区非物质文化遗产保护研究中心保护部完善了郭天禄、玉素因·亚亚、阿不来提·萨来等30位国家级传承人档案资料，形成完整的档案系统。

新疆维吾尔自治区启动玛纳斯国家级代表性传承人居素甫·玛玛依纪录片拍摄工作

4月，新疆文化厅与克孜勒苏柯尔克孜自治州宣传部在乌鲁木齐召开会议，专题研究拍摄《玛纳斯》代表性传承人居素甫·玛玛依专题纪录片事宜，本次拍摄任务由新疆维吾尔自治区艺术研究所(新疆维吾尔自治区非物质文化遗产保护研究中心)负责。

场馆建设

国务院批准中国工艺美术馆工程立项

8月，国务院批准中国工艺美术馆工程立项。工程总建筑面积8.68万平方米，即日起开展设计招标和可行性研究报告编制等前期工作。

辽宁省在岫岩建立县级非物质文化遗产博物馆

5月25日，辽宁省首家县级非物质文化遗产博物馆正式落户岫岩，免费向社会开放。该馆按照现代博物馆的风格和功能设计，分为上下两层，面积近800平方米。一层为展演厅，配有舞台、背景、灯光、音响等设施，可以满足演出需要。二楼为展览厅，陈列展示了剪纸、玉雕、皮影、乐器件、太平鼓等1000多种实物展品，同时配以展板的形式详细介绍非物质文化遗产项目的历史和发展。非遗博物馆开馆后，多次举行岫岩东北大鼓、岫岩皮影等非物质文化遗产项目的展演活动，供市民免费观看。另外，展演厅作为现成的传习基地，也为一些代表性传承人提供了授徒传艺的场所。

浙江省在庆元建成我国首家廊桥专题博物馆

12月2日上午，浙江省“中国·庆元廊桥博物馆”建成开馆，这是我国首家廊桥专题博物馆。民盟中央副主席、浙江省政协副主席徐辉，联合国教科文组织世界遗产评选委员会专家、纽约州立大学教授那仲良为中国·庆元廊桥博物馆开馆揭幕。该博物馆的建立，为中国木拱桥传统营造技艺的传承、保护和发展，以及推进中国木拱桥申遗进程发挥作用。

浙江省文化厅命名省级非物质文化遗产宣传展示基地

全年，浙江省文化厅公布了杭州手工艺活态展示馆、大华书场等50个单位为浙江省非物质文化遗产宣传展示基地。全省非物质文化遗产展示基地呈现出了类型多样、主体多样、门类多样和功能多样等鲜明的特点。各地推动非物质文化遗产宣传展示载体建设，充分发掘和合理利用优秀非物质文化遗产资源，积极拓展社会各界参与非物质文化遗产事业建设的渠道。

安徽省命名全省首批非物质文化遗产传习基地

6月，安徽省为探索非物质文化遗产保护有效机制，抓好非物质文化遗产生态保护和活态传承，按照省文化厅《关于开展安徽省首批非物质文化遗产传习基地评审的通知》（皖文非遗〔2010〕137号）要求，经各市积极申报，专家评审推荐，厅办公会研究，命名五河县文化馆等33个单位为“安徽省非物质文化遗产传习基地”。

河南省命名第二批省级非物质文化遗产研究基地名单

8月18日，河南省发布通知（豫文非遗〔2010〕11号），公布第二批省级非物质文化遗产研究基地名单。公布的郑州大学体育学院中原武术研究中心（传统武术研究）等10家研究基地。至此，河南省非物质文化遗产研究基地已达到22家。

河南省命名第二批省级非物质文化遗产传习所、第二批河南省非物质文化遗产展示馆名单

9月22日，河南省文化厅下发通知（豫文非遗〔2011〕16号），公布第二批省级非物质文化遗产传习所（9个）和展示馆（4个）名单、省级非物质文化遗产生产性保护示范基地（10个）名单。

陕西省在西安建立非物质文化遗产陈列馆

1月18日，陕西省非物质文化遗产陈列馆建成开馆。此馆于2010年启动建设，占地面积600余平方米，投资80余万元，是陕西首个省级非物质文化遗产陈列馆。陕西省非物质文化遗产陈列馆采用文字、图片、实物、电子屏等形式，以陕西省国家级非物质文化遗产名录十大类项目为基础，展示西安鼓乐、中国剪纸等90余项陕西的联合国教科文组织人类非物质文化遗产代表作名录项目及国家级、省级非物质文化遗产名录项目的概况，并对这些非物质文化遗产项目的地理分布、历史沿革、历史、艺术、科学价值等进行介绍。

陕西省在西安建立民俗非物质文化遗产博览城

4月7日，陕西民俗非物质文化遗产博览城在西安市大唐西市开馆，该博览馆展出面积逾万平方米，以区县划分展览场地，集中展示了陕西各市县非物质文化遗产项目和民俗文化，汇集5万余件农民画、面塑、泥塑、九连环等陕西民间民俗工艺品，涉及传统戏剧、民俗、传统手工艺、民间音乐、民间舞蹈、杂技与竞技等10多个类别。

数字化保护

中国艺术研究院在北京举办中国非物质文化遗产数字化保护工程（一期）项目验收展示会

12月25日，中国艺术研究院在北京举办“中国非物质文化遗产数字化保护工程（一期）”项目验收展示会。“中国非物质文化遗产数字化保护工程”由文化部委托中国艺术研究院承担建设，项目一期工程历时5个多月，已通过验收。文化部副部长、中国艺术研究院院长王文章，中国工程院院士、北京邮电大学校长方滨兴，文化部有关司局及中国艺术研究院负责人，非物质文化遗产保护工作部际联席会议成员单位负责人，北京等13个省（市）文化厅（局）负责同志，以及非物质文化遗产保护和信息技术领域的专家学者等150余人参加了展示会。一期项目建设成果主要涵盖三方面内容：一是非物质文化遗产项目资源数据库开发应用，二是秦腔、高密扑灰年画、徽派传统民居营造技艺3个国家级非物质文化遗产名录试点项目的数字化资源采集及专题展示，三是传统美术、传统戏剧、传统技艺三大门类的数字化标准规范草案制定。其中，包含3项基础类标准和4项业务类标准及工作规范在内的工程数字化标准规范初步制定。

内蒙古自治区启动非物质文化遗产数据库建设

年初，内蒙古自治区非物质文化遗产保护中心开始进行自治区非物质文化遗产相关工作的资料采集，截至年终，全年共采集濒危项目抢救、传承人专访、非物质文化遗产专项调查与普查、非物质文化遗产展演等各类视频资料共计300余小时，图片资料3万余张，音频资料5000余分钟。

辽宁省开展濒危非物质文化遗产名录项目声像资料数字化收录工作

从2011年开始，辽宁省非物质文化遗产保护中心陆续对国家级名录项目谭振山民间故事（1062则故事）、东北大鼓、评剧（韩花筱）、奉天落子、千山寺庙音乐、乌力格尔、阜新东蒙短调民歌的音像资料进行了数字化抢救性收录。截至12月初，累计整理声像资料211张光盘，合计约12000多分钟。

上海市启动全市国家级非物质文化遗产项目代表性传承人数字化采录工作

全年，上海市启动全市国家级非物质文化遗产项目代表性传承人数字化采录工作。通过录音、录像等数字化手段，以完整性、客观性、真实性为原则，对全市国家级传承人掌握的非物质文化遗产表现形式、表演艺术、工艺技艺、口述历史和经验知识等进行采集和录制，对珍贵的非物质文化遗产采取抢救性保护措施，建立传承人专项数字化档案，充实全市非物质文化遗产数据库资源。上海市非物质文化遗产保护中心和上海大学影视技术学院于年内合作共同完成吴歌（王锡余）、江南丝竹（陆春龄、周惠、周皓）、顾绣（戴明教）共5位传承人绝艺、绝活的摄录及其项目的口述历史记录工作。

浙江省召开非物质文化遗产数字化建设推进会

12月19日，浙江省文化厅召开全省非物质文化遗产数字化建设推进会，省文化厅负责领导出席会议并作重要讲话。会议对浙江省非物质文化遗产数字化平台构架作了介绍，对数据输入和平台的管理运用作了演示，预示着浙江在全省范围内正式启动非物质文化遗产数字化建设工作。

福建省建立全省非物质文化遗产信息保护体系

全年，福建省文化厅、福建省非物质文化遗产保护中心按照一个档案资料室和一个实物陈列室的要求，建立了非物质文化遗产信息保护体系，并安排专职人员负责非物质文化遗产档案工作，参加档案管理继续教育培训。档案资料室现有库房面积98平方米，档案数量692个，依照非物质文化遗产项目、非物质文化遗产传承人，形成了依“项”建档、依“人”建档以及“一项一档”“一人一档”的非物质文化遗产档案整理方法，形成了包括电子档案、声像档案在内的较为完整的非物质文化遗产档案体系。

山东省加强非物质文化遗产数据库建设

全年，山东完成了山东省国家级、省级非物质文化遗产名录项目和国家级、省级非物质文化遗产项目代表性传承人的数字化录入和非物质文化遗产网站材料的整理工作，撰写了山东省非物质文化遗产资源数据库规划建设方案和招投标方案，组织进行了投标，不断加强非物质文化遗产数据库建设，使其逐步完善。

湖北省加大全省非物质文化遗产普查数据库建设力度

全年，湖北省加大全省非物质文化遗产普查数据库建设力度，湖北省非物质文化遗产保护中心从行政促进和技术支持两方面着手推进，全年共收到全省各地上报65077条信息。其中项目13434项、传承人10453人、条目14962条、素材26228个。至年底，湖北省非物质文化遗产保护中心已经向全省收集“非遗”实物2725件，其中以传统美术和传统技艺类实物为主。

广东省开展畲族招兵节影像记录工作

12月下旬，广东省潮安县文祠镇李工坑村举办传统民族节日“畲族招兵节”，广东省非物质文化遗产保护中心用摄影、摄像等手段对其进行全面、完整的记录保存。

广西壮族自治区开展国家级非物质文化遗产名录记忆工程影像拍摄工作

10月10日至11月11日，广西壮族自治区文化厅组织人员前往田林县平塘乡平塘村、路城瑶族乡俄外村、旧州镇央白屯，德保县马隘乡、都安乡，靖西县，三江侗族自治县程阳八寨和梅林乡拍摄国家级名录壮剧、侗族木构建设营造技艺和侗族大歌记忆工程专题纪录片，为广西非物质文化遗产数据库收集了珍贵的非物质文化遗产资料。

云南省与佳能（中国）合作开展数字化拍摄工作

6月27日至7月1日，云南省文化厅与佳能（中国）公益项目合作开展数字化拍摄工作，先后对彝族火把节、白族扎染、傣族孔雀舞和彝族烟盒舞等4个国家级非物质文化遗产名录项目开展摄录影像、图片记录等采集工作。

云南省初步完成国家级、省级项目及传承人数字化记录工作

年内，云南省非物质文化遗产保护中心已完成90项国家级非物质文化遗产名录项目、197项省级非物质文化遗产名录项目；69名国家级非物质文化遗产项目传承人、824名省级非物质文化遗产项目传承人以及全省部分传习馆（所）、专题博物馆信息资料的建档入库，建立了云南省国家级、省级名录和传承人数据库，并制定了《云南省非物质文化遗产保护中心档案室管理制度》和《云南省非物质文化遗产保护中心数据库建设及机房管理制度》，为非物质文化遗产保护提供了有力保障。

新疆维吾尔自治区建立新疆维吾尔木卡姆艺术数据库

全年，新疆文化厅依托教育部重大课题中国新疆维吾尔木卡姆艺术数据库，与中央音乐学院先后组织六次论证会，开展了四次田野工作，分别对阿克苏、克州、喀什、和田、乌鲁木齐市、吐鲁番、哈密地区木卡姆存续状况进行了调查，采集90个班社、664名木卡姆传承人的音、像、图、文资料入库，已形成完整的数据库系统。

（八）非物质文化遗产传承

天津市举办市级非物质文化遗产师徒同台展示专场（戏曲、曲艺）演出

6月18日，天津市组织举办了“薪火相传”市级非物质文化遗产师徒同台展示专场（戏曲、曲艺）演出活动。重点打造的“薪火相传”天津市非物质文化遗产师徒同台联袂演出，以京评梆传统戏剧类和曲艺类为主，举办了两场演出。

大连市确立第一批市级非物质文化遗产保护传承基地

大连市确立了大连市第一批非物质文化遗产保护传承基地，共计6个，分别为复州皮影戏传承基地、复州双管乐传承基地、复州东北大鼓传承基地、庄河剪纸传承基地、金州龙舞传承基地、长海号子传承基地。

浙江省文化厅部署开展全省第四个“服务传承人月”活动

春节期间，浙江省文化厅开展全省非物质文化遗产保护第四个“服务传承人月”活动。活动概括为“八个一”，具体内容为：对传承人进行一次走访慰问，发放一笔传承人政府补贴，召开一次传承人座谈会，开展一次收徒活动，举办一次传承人技艺展示活动，组织一次传承人专题采访报道，建立一批传承传习基地，制订一项传习活动计划。要求各地牢固树立服务传承人意识，切实为传承人和传承工作办实事，努力创新服务内容、服务方式和服务手段，并认真总结工作成效和经验。

福建省向省级非物质文化遗产项目代表性传承人发放专项补助经费

4月，为加强福建省全省非物质文化遗产保护工作，支持省级非物质文化遗产项目代表性传承人开展相关传承工作，福建省财政对年满60周岁以上省级非物质文化遗产项目代表性传承人发放每人每年补助3000元，专项用于省级非物质文化遗产项目代表性传承人开展非物质文化遗产项目传承工作。

重庆市进行2010年度和2011年度本市非物质文化遗产项目代表性传承人传承扶助资金发放工作

年内，根据《重庆市非物质文化遗产代表性传承人扶助办法》（渝文广发〔2010〕269号），重庆市先后完成了2010年度全市28名国家级、164名市级非物质文化遗产项目代表性传承人，2011年度全市28名国家级、289名市级非物质文化遗产项目代表性传承人的传承工作考核和扶助资金发放工作，切实保障了传承人的利益和传承积极性。

重庆市举办市级国家级非物质文化遗产代表性传承人学徒技艺大赛

12月29日至30日，由重庆市文化广播电视局主办的“重庆市国家级非物质文化遗产代表性传承人学徒技艺大赛”在重庆中国三峡博物馆举办。九龙坡区走马民间故事、石柱县土家啰儿调、梁平县癞子锣鼓、酉阳县土家摆手舞等8个区县的9个国家级非物质文化遗产名录项目，共20余名国家级非物质文化遗产项目代表性传承人学徒参加了比赛。参赛节目具有较强的观赏性和艺术性，较好地展示出了该项目的传承成果。此次大赛是重庆市首次开展的非物质文化遗产传承成果评选活动，也是2011年“重庆市非物质文化遗产保护成果系列展”的三大主题活动之一。

云南省设立一批非物质文化遗产传承基地

全内，云南省设立一批非物质文化遗产传承基地，包括普洱市澜沧县拉祜族传世史诗《牡帕密帕》传承基地，昆明市官渡区“官渡饵块传习馆”“官渡古镇滇剧花灯传习馆”“古渡梨园”。

甘肃省向全省262名省级非物质文化遗产项目代表性传承人发放补助经费

9月13日，甘肃省文化厅向全省262名省级非物质文化遗产项目代表性传承人每人发放补助1000元，共下拨各市、州、省级传承人补助26.2万元。其中：兰州市3.1万元，甘南州1.4万元，临夏州

2.9万元，陇南市2.5万元，天水市3.1万元，庆阳市3.4万元，平凉市1.5万元，金昌市0.2万元，酒泉市1.3万元，定西市2万元，白银市0.9万元，张掖市2.6万元，武威市1.3万元。

宁夏回族自治区实施非物质文化遗产“绿芽计划”

全年，宁夏回族自治区非物质文化遗产保护中心根据我区国家级项目的资源分布特点、在民间的生存和濒危状况以及基本条件等，首先针对国家级非物质文化遗产项目实施“绿芽计划”，即：以项目的代表性传承人为核心，依托他们的居住地（自住民居或乡间文化活动室），设立固定的传承空间，鼓励他们在周围民众中开展技艺传习，修复项目在民间的“自然传承”链条；用民间艺人进学校、编写乡土艺术教材进课堂的方式，开展教育传承；用规定文化馆（站）工作职责的方式，规范和强化“保护性传承”；用引导和支持民间个人、企业合理利用非物质文化遗产资源发展文化产业的方式，扶植和鼓励生产性保护行为。

宁夏回族自治区继续设立非物质文化遗产传承基地

年内，宁夏回族自治区文化厅在全区新增了银川市麦丽燕回族服饰研发工作室回族服饰传承基地、吴忠市郭家桥乡回族武术张家枪传承点、银川市第二中学剪纸传承基地、宁夏职业技术学院工艺美术系 贺兰制作技艺传承基地等11个传承基地（点），总数达到50个。本年度共有18个点、基地获得传承工作补助经费。

厦门市召开省、市级非物质文化遗产项目代表性传承人工作座谈会

2月22日，“2011年厦门市省级、市级非物质文化遗产项目代表性传承人工作座谈会”在厦门市非物质文化遗产保护中心的传习中心召开。厦门市文化广电新闻出版局、非物质文化遗产保护中心转发厦门市财政为本市所有省级、市级非物质文化遗产代表性传承人发放专项补助经费每人每年3000元，专项用于省级、市级非物质文化遗产项目代表性传承人开展非物质文化遗产项目传承工作。

（九）非物质文化遗产培训

传承人培训

山东省在淄博举办省级非物质文化遗产项目代表性传承人培训班

9月27日至30日，由山东省文化厅主办、山东省艺术馆承办的“齐风鲁韵”传习大课堂——全省省级非物质文化遗产项目代表性传承人培训班在淄博市举办。来自全省17个城市及有关专业院团的79名省级非物质文化遗产项目代表性传承人参加了此次培训。

青岛市举办市级非物质文化遗产项目代表性传承人培训班7期

青岛市全年举办市级非物质文化遗产项目代表性传承人培训班7期，共15次。培训内容主要包括：剪纸培训班、莱西木偶戏培训班、孙膑拳培训班、鸳鸯螳螂拳培训班、宗家庄木版年画传习培训班、胶东大鼓培训班等。

四川省在成都举办第三期非物质文化遗产川剧传习班

5月29日至6月2日，由四川省文化厅主办，四川省川剧艺术研究院承办的“第三期非物质文化遗产川剧传习班”在成都举办。本期传习班重点学习和贯彻《中华人民共和国非物质文化遗产法》，进一步推动川剧遗产的保护和传承。来自18个川剧团的34名学员参加了学习。

西藏自治区在拉萨举办全区国家级非物质文化遗产项目代表性传承人培训班

12月，西藏自治区在拉萨举办全区国家级非物质文化遗产代表性传承人培训班。此次培训以专家授课、实地考察以及座谈交流为主要形式进行，西藏自治区各地市文化局分管非物质文化遗产保护工作的局级领导与非物质文化遗产办负责人、区内被认定为国家级非物质文化遗产项目代表性传承人以及自治区相关非物质文化遗产项目保护单位负责人参加培训。

青海省在西宁举办全省国家级非物质文化遗产项目代表性传承人培训班

9月27日至29日，青海省在西宁举办“全省国家级非物质文化遗产项目代表性传承人培训班”。来自全省的35名国家级代表性传承人和22名项目保护单位的负责人参加培训。培训班邀请中国非物质文化遗产保护专家委员会委员周小璞授课。

工作队伍培训

文化部非物质文化遗产司等单位在广州开办两期专题培训班

3月10日至15日，由文化部非物质文化遗产司、中国非物质文化遗产保护中心主办，广东省文化厅承办，广东省非物质文化遗产保护中心协办的“中国非物质文化遗产省市级非物质文化遗产保护中心负责人培训班”和“中国非物质文化遗产文化生态保护实验区建设培训班”在广东省广州市举办。来自全国各省（区、市）150余名省市级非物质文化遗产保护中心负责人和工作人员参加了培训活动。两班均以课堂教学为主，辅以实地考察，分别邀请了来自文化部非物质文化遗产司、外联局、国家非物质文化遗产保护工作专家委员会、中国艺术研究院、中国非物质文化遗产保护中心、中央民族大学等单位的领导和专家，展开专题培训。课堂教学后，学员共同考察了广东民间工艺博物馆。

文化部非物质文化遗产司等单位在杭州开办两期专题培训班

3月25日至30日，由文化部非物质文化遗产司、中国非物质文化遗产保护中心、浙江省文化厅主办，浙江省非物质文化遗产保护中心承办的“中国非物质文化遗产保护工作培训班”和“中国非物质文化遗产‘生产性方式保护’理论与实践培训班”在杭州开班。200余名来自全国各地的非物质文化遗产从业者参加了培训活动。

文化部在大理举办全国非物质文化遗产普查成果应用培训班

7月24日至27日，由文化部非物质文化遗产司主办，云南省文化厅承办，大理市文化体育广播电视局协办的“全国非物质文化遗产普查成果应用培训班”，在云南省大理市举办。来自全国30个省、自治区、直辖市的89名非物质文化遗产保护工作者参加了培训。

文化部非物质文化遗产司在新疆举办全国六省区三大史诗保存、保护与传承工作培训班

9月23日，文化部非物质文化遗产司在新疆布尔津县举办了“全国六省区三大史诗保存、保护与传承工作培训班”。研究三大史诗的专家第一次齐聚，交流三大史诗理论研究成果，并与来自三大史诗传承地西藏、四川、云南、青海、甘肃、新疆的传承人和保护工作者探讨三大史诗保护与传承工作。这是文化部第一次针对非物质文化遗产重点项目中国三大史诗举办的培训班。

中国艺术研究院首届新疆非物质文化遗产保护定向培训班结业

4月29日，中国艺术研究院首届新疆非物质文化遗产保护定向培训班学员完成学习任务，在中国艺术研究院研究生院举办结业仪式。首届新疆非物质文化遗产保护定向培训班有15名学员，分别来自乌鲁木齐、伊犁等八个市区，由维吾尔族、哈萨克族、锡伯族、柯族、蒙古族、汉族六个民族组成。面对学员不同的语言、风俗和文化背景，中国艺术研究院研究生院特聘院内外著名专家学者共计22人，有针对性地组成导师组分阶段进行授课，确保高质量的教学活动。

内蒙古自治区组织全区非物质文化遗产业务培训

5月，内蒙古非物质文化遗产保护中心应邀前往内蒙古自治区巴彦淖尔市，对来自7个旗县的50多名非物质文化遗产工作人员讲授了有关“非遗”各个环节的工作方法并到旗县重点项目存在区进行了实地考察，针对性地进行现场点评、指导、交流与互动。

10月，在确定鄂尔多斯市鄂托克旗为普查试点后，内蒙古非物质文化遗产保护中心工作人员对全旗文化馆、文化站等有关单位参加普查工作的全体工作人员80余人进行针对性培训，并赴苏米图苏木10个嘎查对非物质文化遗产普查进行了现场指导。

大连市举办全市非物质文化遗产培训班

12月7日，大连市非物质文化遗产培训班开班仪式在西岗区市民文化活动中心举办，开班仪式还为大连市六个“非物质文化遗产保护传承基地”颁发了牌匾。此次培训班培训内容为如何贯彻实施《非遗法》和新形势下如何保护非物质文化遗产。国家非物质文化遗产保护专家委员会委员常祥霖教授作了专题讲座。各区、市、县文体局、文化馆非物质文化遗产工作负责人和市级以上非物质文化遗产项目代表性传承人总计120余人参加了本次培训班。

黑龙江省在哈尔滨召开非物质文化遗产记录式保护工程培训班

6月2日，黑龙江省非物质文化遗产记录式保护工程培训班在哈尔滨举办，黑龙江省近百名非物质文化遗产项目负责人参加培训。会上，文化厅主管领导指出，非物质文化遗产记录式保护工程是以文字、图片、录音、录像等方式，对全省国家级、省级名录项目内容和传承人技艺进行全面记录、整理、建档、保存的一项重要工作。从今年起，在全省范围内启动并实施该工程，以实施非物质文化遗产记录式保护工程为契机，切实加强和推进全省非物质文化遗产保护和传承工作，从而为后人留下黑龙江传统文化的珍贵基因。

黑龙江省组织国家级非物质文化遗产名录项目代表性传承人培训班

1月和7月寒暑假期间，国家级非物质文化遗产名录项目东北大鼓传承人夏晓华、邱淑华举办了东北大鼓传承人培训班，每期培训班约20名学员参加。赫哲族伊玛堪说唱项目国家级代表性传承人吴明新，坚持每周上两次课，共授课64节，新传授单词260个、赫哲语100句、伊玛堪段子5段。培训学员100余名，其中50多名学员会唱“伊玛堪”。同时，伊玛堪传习所还先后举办了两届“赫哲族伊玛堪”比赛。赫哲族鱼皮制作技艺代表性传承人尤文凤通过开办传习班的讲座，将赫哲族鱼皮技艺的传承推向赫哲族现代生活当中。

江苏省在洪泽县召开全省非物质文化遗产保护工作座谈会

6月15日，江苏省文化厅在江苏省洪泽县召开了全省非物质文化遗产保护工作座谈会。江苏省文化厅、省文化厅非物质文化遗产处及全省各市文广新局相关负责人出席会议。会议就《江苏省省级非物质文化遗产代表性项目保护与管理暂行办法（讨论稿）》《江苏省省级非物质文化遗产代表性传承人认定与管理暂行办法（讨论稿）》展开座谈并征询修改意见，对全省非物质文化遗产保护政策、扶持和激励措施、专项资金安排、生态化保护和经济社会发展的矛盾等，进行了研讨和交流。

江苏省在无锡举办全省非物质文化遗产保护工作培训班

12月13日至15日，为贯彻落实《中华人民共和国非物质文化遗产法》和文化部《关于加强国家级非物质文化遗产代表性项目保护管理工作的通知》精神，进一步加强江苏省国家级和省级非物质文化遗产名录项目的保护与管理。由江苏省文化厅主办，省非物质文化遗产保护中心、无锡市文广新局承办的全省非物质文化遗产保护工作培训班，来自全省各地文化行政部门、非物质文化遗产保护工作机构以及部分国家级和省级非物质文化遗产项目保护单位的负责人近百人参加了此次培训。

浙江省在义乌举办全省非物质文化遗产保护培训班

4月19日至22日，由浙江省文化厅主办，浙江省非物质文化遗产保护中心、浙江省非物质文化遗产保护协会、义乌市文广新局承办的2011浙江省非物质文化遗产保护培训班在义乌市委党校举办。培训内容主要包括非物质文化遗产保护形势与任务、非物质文化遗产保护机制建设、非物质文化遗产生态保护区、保护基地建设与发展、《中华人民共和国非物质文化遗产法》学习辅导、非物质文化遗产保护的事业发展与日常管理、非物质文化遗产生态保护区、保护基地建设实践与体会、参观考察2011中国（浙江）非物质文化遗产博览会、中国义乌文化产品交易博览会、学员交流会等，共77人参加培训。

河南省在郑州举办第三期省级非物质文化遗产项目代表性传承人培训班

8月24日至26日，河南省第三期省级非物质文化遗产项目代表性传承人培训班在郑州举办，来自全市的110余名传统音乐、传统舞蹈、民间文学、民俗类国家级、省级非物质文化遗产项目代表性传承人参加了培训。开班仪式上，河南省文化厅负责人作了重要讲话。培训班上，省文化厅非物质文化遗产处负责人系统介绍了全国和全省非物质文化遗产资源现状和保护工作概况，省内知名专家分类别作了专题报告。

河南省在平顶山举办全省《中华人民共和国非物质文化遗产法》培训班

12月7日，由河南省人大科教文卫工作委员会、省文化厅联合举办的全省《中华人民共和国非物质文化遗产法》培训班在河南省平顶山市举行。河南省人大常委会副主任王菊梅，全国人大教科文卫委员会文化室主任朱兵，省人大常委会教科文卫委主任孙泉砀，以及省文化厅领导出席培训班开班仪式。

湖北省在武汉举办全省非物质文化遗产资源普查数据库建设第二期培训班

3月15日，湖北省非物质文化遗产保护中心在武汉举办全省非物质文化遗产资源普查数据库建设第二期培训班，全省34个市、州、县（市、区）非物质文化遗产保护中心的60名工作人员参加了培训班学习。培训班讲授数据库软件结构和操作、数据库录入中的图像处理等课程，安排上机操作辅导，达到了预期目标。

湖北省在武汉举办第四批国家级非物质文化遗产项目代表性传承人申报和推荐工作专题培训班

8月17日至18日，湖北省非物质文化遗产保护中心在武汉举办第四批国家级非物质文化遗产项目代表性传承人申报和推荐工作专题培训班，就本次申报推荐工作的动态与整体要求、图片与音像资料的制作要求、传承人推荐表的填写要求等作了专题授课。

广东省在广州举办全省非物质文化遗产申报文本培训班

3月，为配合开展第四批省级非物质文化遗产名录的申报工作，广东省文化厅非物质文化遗产处在广州市举办了“全省非物质文化遗产申报文本培训班”。培训班邀请国家非物质文化遗产保护工作专家委员会副主任委员乌丙安授课。广东省非物质文化遗产保护工作专家委员会委员、全省各地市非物质文化遗产保护中心负责人和业务人员近百人参加培训。

广东省在湛江举办学习贯彻非物质文化遗产法规条例培训班

8月，广东省文化厅非物质文化遗产处组织举办了学习贯彻非物质文化遗产法规条例培训班，广东省有关专家和各地级以上市文广新局分管领导、非物质文化遗产保护中心主任100多人参加了培训。

广东省在韶关等地举办全省非物质文化遗产档案管理和文化生态保护区建设培训班

11月，广东省文化厅非物质文化遗产处在广东省湛江市举办全省非物质文化遗产档案管理和文化生态保护区建设培训班。广东省有关专家、各地级以上市文化广电新闻出版（文体旅游）局分管非物质文化遗产保护工作的科长及保护中心主任等100多人参加培训。

广东省在韶关等地开办5期非物质文化遗产保护工作培训班

本年度，广东省非物质文化遗产保护中心分别与韶关市、乐昌市、梅州市、佛山市等地联合举办非物质文化遗产保护工作培训班5期，培训基层文化馆（站）、保护中心业务骨干近600人，对基层文化馆（站）的业务工作开展起到了良好的推动作用。

广西壮族自治区在百色、河池举办全区非物质文化遗产保护工作培训班

10月25日至28日、11月15日至18日，广西壮族自治区文化厅分别在百色市靖西县和河池市南丹县举办全区非物质文化遗产保护管理工作培训班和全区文化生态保护区建设工作培训班，邀请国家非物质文化遗产专家委员会和自治区非物质文化遗产专家委员会专家讲课。两期培训班分别由靖西县和南丹县人民政府承办，参加学员近400人。

重庆市在全市九个区县举办非物质文化遗产保护工作培训班

年内，重庆市非物质文化遗产保护中心先后在南岸、梁平、江津、渝北、巴南等九个区县举办了文化馆、乡镇（街道）文化专干非物质文化遗产保护工作培训班，以加强非物质文化遗产保护工作队伍建设。

四川省在成都举办全省非物质文化遗产保护工作业务干部培训班

9月16日至20日，由四川省文化厅主办，四川省非物质文化遗产保护中心承办的四川省非物质文化遗产保护工作业务干部培训班在成都举办。文化部非物质文化遗产司副司长屈盛瑞，四川省文化厅及相关处室（部门）负责人出席了培训班开班仪式。部分市州文化局分管局长，各市州文化局非物质文化遗产（社文）科长、非物质文化遗产保护中心（文化馆）主任（馆长）和专（兼职）干部，各市州扩权强县（区）文化局分管局长，厅直相关文化单位人员共约150余人参加了为期5天的学习培训。

贵州省在贵阳举办全省《中华人民共和国非物质文化遗产法》培训班

5月25日至28日，贵州省文化厅在贵阳举办“全省《中华人民共和国非物质文化遗产法》培训班”，贵州省各市、州、地文化局分管非物质文化遗产工作的领导及部门负责人、各县（市、区）文化局非物质文化遗产具体工作者共计110余人参加培训。培训期间，文化部非物质文化遗产司副司长马盛德从“我国近些年来非物质文化遗产保护工作进展和取得的主要成就、《中华人民共和国非物质文化遗产法》的意义、如何科学保护非物质文化遗产、保护工作存在的难点”等方面为学员授课。《贵州日报》《贵州都市报》对此次培训班进行报道。

云南省举办全省非物质文化遗产培训班

7月26日至29日、9月14日至18日，云南省在昆明两次举办“云南省非物质文化遗产（剪纸）培

训班”，邀请彝族傣族（剪纸）、彝族刺绣、纳西族东巴画等非物质文化遗产项目培训班，共有100余名群众作为学员参加了此次培训。此次活动是非物质文化遗产走进社区、贴近群众的具体实践。

西藏自治区阿里地区举办古籍普查工作人员培训班

3月24日至4月6日，西藏自治区阿里地区举办古籍普查保护工作会议暨古籍普查保护培训班，对阿里地区古籍普查保护工作领导小组成员单位负责人、各县（区）分管文化工作的领导、各县（区）文化局局长、古籍普查人员、地区古籍普查办公室工作人员共40多人进行了培训。培训班上，自治区古籍工作人员详细讲解了古籍普查登记知识，古籍的分布、种类、填写信息等重要知识，在阿里地区噶尔县古如江寺以学用结合的方式，实地操作和讲解了古籍登记知识和普查工作中应注意的问题，起到了“传帮带”的作用。同时，对札达县的东嘎皮央洞穴、古格、托林寺，普兰县科迦寺、香培林寺、古宫寺等地进行了普查调研。

陕西省在西安举办全省非物质文化遗产保护与申报工作培训班

1月17日至18日，由陕西省文化厅主办，陕西省非物质文化遗产保护中心承办的“陕西省非物质文化遗产保护与申报工作培训班”在西安举办。本次培训班邀请相关专家就非物质文化遗产传统戏曲、曲艺、民俗、传统美术、传统技艺等项目的申报与保护作了专题讲座，分析各地在项目申报与保护工作中存在的一些疑惑和具体问题。来自陕西全省各市、区文化广电（文物）新闻出版局主管非物质文化遗产的副局长、科长，重点县（市、区）非物质文化遗产保护中心负责人和相关业务人员共63人参加培训。

陕西省举办陕北秧歌培训班

3月28日至4月2日，陕西省艺术馆举办“陕北秧歌培训班”，本次培训班邀请了省级著名秧歌艺术家和陕西省艺术馆的舞蹈干部对数十名县级文化馆（站）的舞蹈干部进行了培训。来自陕西全省各地的一线舞蹈干部共计30余人参加了本次培训班。这次培训班的举办，对于提高各区、县文化馆（站）舞蹈干部的业务水平，促进陕北秧歌艺术的传承都有着积极的意义。

陕西省在铜川举办全省非物质文化遗产保护工作培训班

10月9日至10日，陕西省非物质文化遗产保护工作培训班在铜川市新区举办。本次培训班邀请陕西省知名专家学者和相关专业人员讲述了非物质文化遗产项目申报、文本制作、数据管理等方面的注意事项和存在问题，来自全省各地的一线非物质文化遗产保护者共计40余人参加了本次培训班。

青海省在北京举办三江源非物质文化遗产保护高级研修班

6月20日至27日，由青海省人力资源和社会保障厅、北京市人力资源和社会保障局主办，北京市人才服务中心承办的"三江源非物质文化遗产保护高级研修班"在北京举行。

新疆维吾尔自治区举办非物质文化遗产保护培训班

新疆维吾尔自治区文化厅在乌鲁木齐市举办"自治区非物质文化遗产保护工作培训班"和"自治区传统美术刺绣项目传承人培训班"，全区14个地州市、86个县市文化部门、非物质文化遗产保护单位以及各县非物质文化遗产保护中心的负责人和工作人员共210多人参加了培训。

新疆生产建设兵团成立兵团首个非物质文化遗产合作社

6月，新疆生产建设兵团在六师五家渠市红旗农场三场槽子成立哈萨克毡绣布绣合作社，这是该师成立的第一个非物质文化遗产合作社，百余名哈萨克妇女参加了合作社。哈萨克毡绣布绣合作社制定了相应的合作社规章制度，分为两个小组，传承人阿娃依和库拉希分别为小组长，集中和开发了劳动力，有力地推进了当地的非物质文化遗产传承工作。

（十）非物质文化遗产传播

宣传报道

中宣部等单位在宁波拍摄"我们的节日·端午——中华长歌行"特别节目

5月8日至21日，由中宣部、中央文明办、文化部、中国文联、浙江省委、省政府联合主办，中央电视台、宁波市委、市政府承办，宁波市文化馆、宁波市非物质文化遗产保护中心执行协办的2011年"我们的节日·端午——中华长歌行"特别节目在我市录制民俗专题片。

文化部在北京召开第三届中国"成都国际非物质文化遗产节"新闻发布会

4月15日，文化部在北京召开第三届"中国成都国际非物质文化遗产节"新闻发布会。

中国非物质文化遗产保护中心等单位在杭州举行浙江青瓷精品展暨十大中青年名师评选活动

11月10日至14日，由中国非物质文化遗产保护中心、浙江省文化厅主办的"非遗薪传——浙江青瓷精品展暨中青年十大名师评选活动"在杭州举行。本次活动对为浙江青瓷技艺传承做出突出贡献的徐朝兴、嵇锡贵、毛正聪、夏侯文4位国家级非物质文化遗产项目代表性传承人、工艺美术大师授予了"浙江青瓷技艺传承特别贡献奖"，评选出张绍斌、卢伟孙、陈爱明、徐定昌、金益荣、叶小春、徐凌、夏侯辉、陈先明、陈新华等10位"十大浙江青瓷中青年名师"及参展作品金奖33个、银奖46个。国家和省级机关相关部门，新闻界、社会各界的代表，国家级、省级非物质文化遗产项目代表性传承人和工艺美术大师携百名弟子共千余人参加开幕式。

中央电视台《穿越边境线》《边疆行》节目组赴吉林省拍摄非物质文化遗产项目朝鲜族洞箫音乐

8月19日，中央电视台经济频道《穿越边境线》节目组来到吉林省延边朝鲜族自治州珲春市密江乡拍摄国家级非物质文化遗产项目"朝鲜族洞箫音乐"表演，向洞箫音乐老艺人及传承人了解洞箫发展历史、洞箫演奏技巧等相关情况。

9月24日至25日，中央电视台中文国际频道《边疆行》节目组来到吉林省延边朝鲜族自治州珲春市密江乡拍摄国家级非物质文化遗产项目"朝鲜族洞箫音乐"表演，当地村民表演了经典曲目《农夫歌》，并介绍了洞箫音乐表演的相关情况。

北京市制作播出大型非物质文化遗产纪录片《守望》

北京非物质文化遗产保护中心继2010年后，联合北京电视台《这里是北京》栏目组，推出非物质文化遗产大型纪录片《守望》。2011年，共完成63项国家级和市级非物质文化遗产名录项目的节目拍摄和录制，并在北京卫视、公共·新闻频道中播出，收视率2.07%，受到了广大观众的好评。

北京市全年在8家媒体刊登44个非物质文化遗产专版

年内，北京市在《北京日报》《光明日报》等8家媒体刊登44个专版，公示和公布第三批北京市级非物质文化遗产项目代表性传承人名单，宣传报道第六届庙会灯会文化活动评选、文化遗产日活动、中秋及重阳节文化活动等内容。

天津市全年连续播放非物质文化遗产访谈节目

年内，天津市非物质文化遗产保护中心对国家级非物质文化遗产项目代表性传承人和濒危项目的信息采录制定了采录计划，与天津广播电台“城市记忆”栏目合作，以节目的形式连续播放非物质文化遗产项目访谈。

河北省举办“我们的节日”第三届全省民俗摄影比赛

春节前，河北省文化厅依托河北省非物质文化遗产保护网，举办“我们的节日”第三届河北省民俗摄影比赛。本次摄影大赛内容以春节及其他民族传统节日（清明节、端午节、中秋节等）期间河北及全国各地富有地方特色的庆祝活动以及与之相关的民俗活动为主，作品征集结束后主办单位将组织专家统一评奖，获奖作品由河北省文化厅统一颁发证书。

河北省全面部署《中华人民共和国非物质文化遗产法》宣传活动

在6月1日前后和第六个“文化遗产日”，河北省文化厅高度重视、精心谋划、全面部署，以《中华人民共和国非物质文化遗产法》宣传为重点，以“依法保护、重在传承”为主题，通过《河北日报》《河北电视台》《河北青年报》《河北工人报》等省内主要媒体策划专题、专栏等，对《中华人民共和国非物质文化遗产法》的施行进行报道、解读和宣传。

河北省举办《中华人民共和国非物质文化遗产法》有奖知识竞赛

5月，河北省文化厅与《河北日报》联合举办了《中华人民共和国非物质文化遗产法》有奖知识竞赛，针对《中华人民共和国非物质文化遗产法》的条文内容，精心编写了50道竞赛题，题目刊登在《河北日报》5月27日第11版及河北省非物质文化遗产保护网，在全社会普及《中华人民共和国非物质文化遗产法》知识，提高民众文化自觉和法律保护意识。

河北省在各传统节日期间举办全省非物质文化遗产网络主题活动

河北省文化厅发挥现代网络宣传优势，以河北省非物质文化遗产保护网（http://www.hebfwzwhyc.cn/）为平台开辟专栏，在春节、元宵节、清明节、端午节、七夕节、中秋节、重阳节期间举办“我们的节日——河北省非物质文化遗产网络主题活动”。内容包括节日介绍、节日习俗、专家评说、节日影像、节日贺卡、节日祝福等版块，点击量突破万人，《河北日报》、长城网等多家媒体对此次活动给予了突出报道。

《山西日报》《山西晚报》等媒体开辟非物质文化遗产保护工作专栏

6月，“文化遗产日”期间，山西省文化厅在山西电视台开展了为期一周的山西省非物质文化遗产珍稀剧种展播活动，在《山西日报》《山西晚报》等媒体开辟专栏进行非物质文化遗产保护工作宣传。

山西省组织祁太秧歌宣传工作

6月，山西省文化厅在非物质文化遗产日前后开展了祁太秧歌的普及宣传活动，为期半个月。内容有召开由传承人和祁县文化界名人参加的座谈会，在开展了非物质文化遗产项目宣传推介活动，在电视台开辟宣传专栏，制作宣传版面13块，发放宣传资料5000余份。

吉林省开机拍摄非物质文化遗产题材数字电影《天歌》

7月13日，吉林省松原市委宣传部与长春电影制片厂合作拍摄“故事吉林”系列电影《天歌》在吉林省前郭尔罗斯蒙古族自治县查干湖畔举行开机仪式。该影片内容集中反映了该县蒙古族四胡音乐、郭尔罗斯蒙古族民歌、蒙古族马头琴音乐、乌力格尔、查干淖尔冬捕习俗、蒙古族婚俗、陶克陶胡、马头琴制作技艺、查干萨日（春节）的保护情况等9项国家级非物质文化遗产项目。电影制作完成后，在全国数字影院系统播放。

内蒙古自治区举办自治区首届非物质文化遗产摄影比赛

6月，内蒙古非物质文化遗产中心迎接“文化遗产日”，组织策划了内蒙古自治区首届非物质文化遗产摄影比赛，活动受到基层非物质文化遗产工作人员与摄影爱好者的广泛参与，在很短的时间内，收到参选作品75幅（组），共计804张，涉及11个盟市，作品涵盖非物质文化遗产十个类别。经过组织摄影专家、非物质文化遗产专家严格评审，评选出一、二、三等奖6幅（组），优秀作品49幅（组）。

内蒙古自治区创办《内蒙古自治区非物质文化遗产保护工作通讯》

全年，内蒙古非物质文化遗产保护中心创办刊物《内蒙古自治区非物质文化遗产保护工作通讯》，并发送各盟市、旗县相关单位，为全区非物质文化遗产工作的交流、宣传起到积极作用，年内已编辑发行三期。

辽宁省开展全省首次非物质文化遗产保护成果奖评选

6月16日，辽宁省文化厅首次在全省范围内开展非物质文化遗产保护成果奖评选工作，正式揭晓评选结果。本次评选中，辽宁省全省各市及厅直单位共申报非物质文化遗产保护成果114项，经过资格审查，最终确定92项为实际参评项目。经过省非物质文化遗产保护成果评委会的评选，最终评出包括出版物、论文、活动展示三大类别在内的保护成果奖44项。

上海市举办《中华人民共和国非物质文化遗产法》宣传海报设计征集活动

4月1日至5月31日，上海市非物质文化遗产保护中心举办《中华人民共和国非物质文化遗产法》宣传海报设计征集活动。活动的主题口号为"依法保护、重在传承"，设计要求第一是突出法律的神圣和尊严，第二是突出非物质文化遗产的内涵，第三是突出非物质文化遗产保护人人有责的理念。活动面向全市展开，共征集到千余幅作品，评选出一等奖1个，二等奖2个。

江苏省非物质文化遗产网站正式开通

年初，由江苏省文化馆·江苏省非物质文化遗产保护中心主办的江苏非物质文化遗产网正式开通。该网站作为江苏省非物质文化遗产信息互动、学术交流的平台，发布江苏省在非物质文化遗产保护、发掘和整理工作等方面的进展情况。网站内容包括组织机构、政策法规、名录项目、代表性传承人、申报指南、场馆基地、普查成果、研究与交流、动态信息、知识窗、互动交流共11个版块。

浙江省举办首届精神家园守护者荣誉奖评选活动

6月，在《非物质文化遗产保护法》颁布实施之际，第六个"文化遗产日"到来之时，由浙江省文化厅会同《浙江日报》《钱江晚报》《今日浙江》联合开展的“首届精神家园守护者荣誉奖评选活动”，经过申报推荐、评审、公示后，李林访、马骧、马来法、吴露生、都一兵、吕洪年、王伯敏、徐宏图、张长工、倪瑞龙、屠明华、王月仙、叶大兵、徐乃武、沈瑞康、徐春雷、娄仲安、钱梅洁、吴观廉、徐农艺等20位乡土文化专家获“首届精神家园守护者”荣誉奖。

浙江省举办第二届非物质文化遗产宣传报道奖评选活动

在6月8日举行的第三批国家非物质文化遗产项目暨第六个“文化遗产日”系列活动新闻发布会上，浙江省文化厅对第二届新闻媒体“三好”（好专栏、好专题、好文章）获奖代表进行了表彰，评选出第二届浙江省非物质文化遗产保护宣传报道奖获奖名单30个，其中好专栏10个、好专题10个、好文章10篇。好专栏《阿六嫂民间寻高手》（杭州电视台明珠频道）、好专题《“世遗五花”开在浙江》（《浙江日报》）、好文章《“桥梁活化石”传人为青川建廊桥》（冯源 新华社浙江分社）等入选。

山东省开展首批全省传统技艺大师评选命名活动

2月，山东省文化厅开展传统技艺大师评选命名活动，专家评审委员会评审确定11人为首批山东省传统技艺大师。分别为杨洛书（潍坊杨家埠木版年画）、范祚信（高密剪纸）、聂希蔚（潍坊聂家庄泥塑）、韩福玲（潍坊风筝扎制）、卜范增（青州花边设计）、何晓铮（济南面塑）、徐秀玲（济南刺绣）、王千钧（莱芜锡雕）、姜书璞（临沂工艺雕刻）、李梓源（淄博刻瓷艺术）、张广庆（淄博内画）。本次活动加强了传统技艺人才队伍建设，激励、引导了广大传统技艺从业人员进一步繁荣创作、传承创新、开拓市场，促进了传统技艺事业健康发展。

湖南省举办首届非物质文化遗产系列宣传评选活动

上半年，湖南省文化厅、《香港大公报》、湖南日报报业集团联合主办了“湖南省首届非物质文化遗产系列宣传评选”活动。通过对125个候选项目、县市、人物进行推荐、复核、审查、初选、公示、考察、投票、评审等环节，最终评选出“湖南省十大最具魅力的非物质文化遗产项目”“湖南省抢救和保护非物质文化遗产项目的十大杰出人物”“湖南省非物质文化遗产保护十强县（市、区）”以及“湖南省非物质文化遗产保护特别贡献奖”4大奖项。活动期间，活动参与讨论人数近100万人，网络专题点击人数600多万次，引起了社会各界的强烈关注。在6月12日，在第六个“文化遗产日”到来之际，为4大奖项最终入选者颁奖授牌。

广东省录制岭南优秀非物质文化遗产项目电视专题片

在广东省委宣传部的指导下，广东省文化厅与南方电视台计划联合录制宣传岭南优秀非物质文化遗产项目的10集电视专题片《岭南名片》（暂定名），完成了《水上婚嫁》《香云纱》的录制，在南方电视台播出。

海南省拍摄《瑰宝·海南记忆·海南文化传人》电视专题片

1月13日，海南省政协委托海南电视台拍摄的《瑰宝·海南记忆·海南文化传人》电视专题片开机启动仪式在海南省博物馆举行。海南省政协副主席史贻云出席启动仪式并宣布正式开机。该片主要是对海南省的非物质文化遗产及其传承人进行全面拍摄和整理。通过展现传承人的人生故事、传承人谱系、技艺和项目成就，彰显海南省非物质文化遗产精彩内涵和传承人的人格魅力，进一步保护和发扬海南的传统文化。

海南省非物质文化遗产网站开通

6月11日，海南省非物质文化遗产网站正式开通。该网站由海南省非物质文化遗产保护中心建设和管理，建立了数十个栏目和“黎族传统纺染织绣技艺”专页。

《重庆日报》开辟非物质文化遗产宣传展示专栏

年内，《重庆日报》开辟非物质文化遗产宣传展示专栏，先后对重庆市第一、第二、第三批国家级非物质文化遗产名录39个项目进行了全面展示和宣传报道。

重庆市文化广播电视局举办2011年“文化遗产宣传月”活动

5月18日，重庆市文化广播电视局主办的“文化遗产宣传月”（5月18日至6月18日）活动拉开序幕。此次活动以“文化遗产与美好生活”“博物馆与记忆”为主题，与非物质文化遗产相关的活动主要包括：学习宣传《中华人民共和国非物质文化遗产法》座谈会、“文化遗产日”非物质文化遗产专题保护成果展、“文化遗产日”非物质文化遗产现场宣传活动以及在重庆中国三峡博物馆举办的为期一个月的麦草艺画展销活动。此次“文化遗产宣传月”活动受到重庆市内外平面、电视及网络多家媒体的广泛关注与报道。

陕西省表彰全省非物质文化遗产项目代表性传承人先进个人

6月7日，陕西省对西安鼓乐代表性传承人赵庚辰等53名陕西省国家级、省级非物质文化遗产代表性传承人先进个人给予通报表彰。表彰人员是在陕西省各市文化行政主管部门、省直有关项目保护责任单位推荐名单的基础上，经陕西省文化厅研究决定的。此次表彰有利于增强非物质文化遗产代表性传承人主动开展传习活动的积极性，促进非物质文化遗产的保护与传承。

云南省大理白族自治州推出文化生态保护实验区专题报道

3月，云南省大理白族自治州文化局与云南画报社合作，推出《我在大理等你——大理文化生态保护实验区》专题报道。《云南画报》2011年第2期用25个版面，通过采写一些文化生态保护实验区及非物质文化遗产保护的重点项目，以点带面展现大理非物质文化遗产和近年来对其进行的保护工作以及文化生态保护实验区的规划。

宁夏回族自治区拍摄制作系列专题节目《探寻塞上非遗》

全年，宁夏回族自治区非物质文化遗产保护研究中心携手宁夏回族自治区广电总台影视频道《老王茶馆》栏目制作系列专题节目《探寻塞上非遗》。截至2011年年底，已制作、播出20多集、800多分钟，数十万观众通过节目了解了自治区非物质文化遗产的文化魅力、特殊价值和面临的生存状况。

新疆维吾尔自治区在木垒拍摄国家级非物质文化遗产项目新疆曲子代表性传承人纪录片

6月19日至24日，新疆维吾尔自治区非物质文化遗产保护研究中心，组成摄录组赴木垒县，拍摄国家级非物质文化遗产项目新疆曲子代表性传承人郭天禄的生活、艺术和传承活动，为传承人纪录片做前期素材准备。

新疆维吾尔自治区开通非物质文化遗产官方微博

11月，新疆维吾尔自治区文化厅非物质文化遗产处、非物质文化遗产保护研究中心开通新浪官方微博，通过微博介绍新疆非物质文化遗产项目，以及发布全疆非物质文化遗产动态。

展示展演

文化部等单位在北京举办“我们的节日——百名非物质文化遗产项目代表性传承人迎春展示活动”

1月20日至25日，由文化部和北京市人民政府共同主办，中国非物质文化遗产保护中心、北京市文化局、北京市商务委员会、北京非物质文化遗产保护中心承办，在北京市金源新燕莎MALL、北京市百货大楼、朝阳大悦城和国瑞城购物中心等大型商场举办了“我们的节日——百名非物质文化遗产项目代表性传承人迎春展示活动”。本次迎春展示活动选调了国家级非物质文化遗产名录中的100个与民众年节文化密切相关的项目，如河北蔚县剪纸、天津杨柳青木板年画、北京灯彩、山西闻喜花馍等，由百名非物质文化遗产项目代表性传承人现场展示其精湛技艺并销售作品。活动期间，中国非物质文化遗产保护中心组织举办“非物质文化遗产保护与节日文化建设座谈会”，邀请了10余名国家非物质文化遗产保护工作专家委员会委员，北京大学、北京师范大学等有关专家和10余名国家级传承人代表参加会议，就当代社会下传统节日的内涵与价值等问题进行讨论，为进一步增强和推进非物质文化遗产生产性保护，弘扬悠久深厚的传统节日文化，促进非物质文化遗产融入当代、融入民众、融入生活发挥了积极作用。

文化部等单位在义乌共同举办中国（浙江）非物质文化遗产博览会

4月20日至23日，由中华人民共和国文化部、浙江省人民政府共同主办，浙江省文化厅、浙江省文化产业促进会、义乌市人民政府承办的2011年中国义乌文化产品交易博览会在义乌国际博览中心隆重举行，全国27个省（市、区）的近400个国家级、省级非物质文化遗产精品项目参展。

文化部等单位第六届中国（深圳）国际文化产业博览交易会设立“非遗”展示馆

5月13日至16日，由国家文化部、商务部、国家广播电影电视总局、新闻出版总署、中国国际贸易促进委员会、广东省人民政府、深圳市政府共同主办的第六届中国（深圳）国际文化产业博览交易会在深圳会展中心启动。主场馆4号馆为文博会开展以来首次设立的“非遗”馆，参展的“非遗”项目共有208项，来自国内17个省（自治区、直辖市），其中国家级项目67项，省级项目124项，吸引了共约10万名市民与采购商前来参观选购、洽谈合作，取得了较好的展示推广效果，成交额约6000万元，为本届文博会的最大亮点之一。

文化部在北京举办中华典籍与非物质文化遗产特展

6月8日，由文化部主办、国家图书馆承办的“册府琳琅，根脉相承——中华典籍与非物质文化遗产特展”在北京举办。此次展览展示了近200种记载着有关非物质文化遗产内容的珍贵历史文献，共涉及十大类33个非物质文化遗产项目。展出的古籍珍品有仅存的敦煌舞谱、现存最早的雕版印刷品《金刚经》、世界上第一部农业手工业生产综合性著作《天工开物》，以及早期的文房用具记载、戏曲民俗文献等，其中60%的展品是第一次与观众见面。展览揭示了文献典籍与非物质文化遗产之间的关系，达到了“溯文化之根源，探百艺之流脉，复遗产之原貌，明今后之发展”的目的。

文化部在北京举办2011年“文化遗产日”主题活动

6月8日至15日，由文化部主办，中国艺术研究院·中国非物质文化遗产保护中心承办的2011年“文化遗产日”主题活动在北京中华世纪坛展览馆举办。全国人大常委会副委员长路甬祥出席开幕式并致开幕辞。全国人大教科文卫委员会副主任委员李树文，文化部副部长王文章，以及全国人大教科文卫委员会、全国人大法制工作委员会，国务院法制办、非物质文化遗产保护工作部际联席会议成员单位以及相关部门的负责同志，非物质文化遗产领域的专家、代表性传承人出席了开幕式。本次活动由“依法保护，重在传承——《中华人民共和国非物质文化遗产法》宣传展”“薪火相传——中国非物质文化遗产传承人师徒同台展演”和“我们的精神家园——2011中国非物质文化遗产摄影大展”三部分组成。

“依法保护，重在传承——《中华人民共和国非物质文化遗产法》宣传展”以文字方式，重点介绍《中华人民共和国非物质文化遗产法》的主要内容和制度设计，全面反映了法律的精神实质，突出立法和法律出台的重大意义，有利于增强全社会保护非物质文化遗产的法律意识。

“薪火相传——中国非物质文化遗产传承人师徒同台展演”活动，以图文并茂、现场展演和展示的方式，展出了160余件展品，涉及国家级非物质文化遗产名录中的传统音乐、传统舞蹈、传统戏剧、曲艺、传统体育、游艺与杂技、传统美术、传统技艺、传统医药和民俗9个类别、共41项。华阴老腔、山东琴书等来自25个省（区、市）的各级非物质文化遗产项目代表性传承人携徒进京，同台献艺，集中体现了非物质文化遗产以人为载体、重在传承的特点。

“我们的精神家园——2011中国非物质文化遗产摄影大展”，是第一次全国性的非物质文化遗产专题摄影展。此次展出的221幅（组）作品，融纪实性和艺术性、真实性和典型性于一体，从全国范围

2万多幅应征稿件中遴选出。作者用镜头语言客观地反映了我国非物质文化遗产的资源状况、存续状态和保护成果。

文化部等单位在昆山举办昆曲入选“人类非物质文化遗产代表作名录”10周年庆典活动

5月16日，由文化部艺术司、中国艺术研究院·中国非物质文化遗产保护中心和江苏省文化厅主办的“昆山韵·故乡情——昆曲入选‘人类非物质文化遗产代表作名录’10周年庆典活动”在江苏省昆山市举办。文化部副部长王文章、艺术司司长董伟，以及艺术司戏剧处负责同志参加。活动以“昆曲韵·故乡情”为主题，以“昆曲十年复兴路”展览、“昆曲保护与传承研讨会”和“全国昆剧院团传统折子戏展演”为主要内容，整个活动融展览、研讨、展演的形式，全面展示全国各大昆剧院团及昆曲保护、传承和发展方面取得的成果，进一步加强昆剧院团及昆曲研究机构之间的交流。

文化部等单位在澳门举办“根与魂·中国非物质文化遗产展演”活动

6月11日至7月10日，在文化部和澳门特别行政区政府社会文化司的支持下，由中国非物质文化遗产保护中心和澳门特别行政区政府文化局共同策划和组织的“根与魂·中国非物质文化遗产展演”在澳门综艺馆举行。本次展演由文化部副部长赵少华、王文章担任总策划。文化部副部长赵少华出席开幕式并为活动剪彩，活动分为展览和演出两个部分。本次展演活动是第一次在澳门全面、立体、集中地展示我国非物质文化遗产的资源状况、珍贵价值和保护成果。

文化部等单位在甘肃举办中国西部花儿（民歌）歌手邀请赛

6月28日，由文化部非物质文化遗产司、甘肃省文化厅、甘肃省文联、临夏州委、临夏州人民政府主办的“甘肃·和政中国西部花儿（民歌）歌手邀请赛”在甘肃省临夏州拉开帷幕。西部11省区的75名民歌歌手参加，以花儿演唱为主，突出西部各个省区民间音乐特色，代表了不同民族、不同流派、不同地域的民歌特性。经过2天、3场表演比赛，评出12个一等奖，16个二等奖和16个三等奖;青海、宁夏回族自治区等10个省区荣获组织工作奖，和政县荣获特别贡献奖。松鸣岩周边地区近5万群众观看了邀请赛。

文化部等单位在银川举办“春雨工程”全国文化志愿者边疆行活动

7月，由文化部主办，文化部社文司、宁夏回族自治区文化厅、广东省文化厅承办的“春雨工程”

全国文化志愿者边疆行活动在宁夏回族自治区展开。7月5日，2011年“春雨工程”——全国文化志愿者边疆行欢迎仪式暨开幕式正式开始，文化部党组书记、部长蔡武，宁夏回族自治区、广东省文化厅领导以及远道而来的广东省文化志愿者一起参加了欢迎仪式暨开幕式。作为系列活动内容，7月4日至8日，广东省非物质文化遗产展在宁夏回族自治区博物馆举办。展览荟萃了广东省30多个国家级、省级非物质文化遗产项目，其中有象牙雕刻、广州玉雕、石湾陶塑技艺、佛山木版年画、新会葵艺、大吴泥塑、潮州木雕等近200件珍贵实物展出。同时还邀请了国家级、省级代表性传承人及工艺美术大师现场制作，与观众交流互动。

文化部等单位在永宁举办第九届中国西部民歌花儿歌会

7月23日，由国家文化部、国家民族事务委员会、国家广播电影电视总局、国家旅游局、中国人民对外友好协会和宁夏回族自治区人民政府共同主办，文化部社会文化司等单位执行承办的第三届中国宁夏国际文化艺术旅游博览会系列活动——第九届中国西部民歌（花儿）歌会，在永宁中华回乡文化园广场开启。中国西部12个省、市、区及新疆生产建设兵团共13支代表队参加。汉族、维吾尔族、苗族、东乡族、蒙族、彝族、藏族、土家族、壮族、回族、布依族等10多个民族的近200位歌手参赛，产生金奖14个，银奖20个，铜奖28个。根据宁夏回族自治区文化厅与永宁县人民政府达成的文化合作协议，歌会自本届起永久落户永宁县。

文化部等单位在香港举办“根与魂·中国非物质文化遗产展演”活动

10月9日至27日，由中华人民共和国文化部和香港特别行政区政府民政事务局主办，中国非物质文化遗产保护中心和香港特别行政区政府康乐及文化事务署承办的“根与魂·中国非物质文化遗产展演”在香港中央图书馆展览馆举行。此次展演包括展览、演出、研讨会等。中华人民共和国文化部部长蔡武、香港特别行政区政府民政事务局局长曾德成GBS太平绅士、中央人民政府驻香港特别行政区联络办公室副主任李刚、中华人民共和国外交部驻香港特别行政区特派员公署副特派员高玉琛、文化部港澳台办主任侯湘华、文化部非物质文化遗产司司长马文辉、中国艺术研究院副院长张庆善、香港特别行政区政府康乐及文化事务署署长冯程淑仪太平绅士出席了开幕典礼并剪彩。研讨会于10月9日在香港中央图书馆演讲厅举办。10月11、12日“根与魂·中国非物质文化遗产展演”作为此次展演活动的又一项重要内容，在香港大会堂音乐厅举行。

文化部等单位在武汉举办第六届中国京剧艺术节

11月2日至18日，由文化部、湖北省人民政府共同在武汉主办了第六届中国京剧艺术节。文化部党组书记、部长蔡武，湖北省委书记、省人大常委会主任李鸿忠，湖北省委副书记、省长王国生等出席开幕式并观看演出。文化部党组成员、副部长王文章主持开幕式。

文化部在北京举办第三批国家级非物质文化遗产名录项目颁牌活动

8月29日，由文化部主办，中国非物质文化遗产保护中心承办的第三批国家级非物质文化遗产名录项目颁牌仪式在北京人民大会堂举行，中共中央政治局委员、国务委员刘延东出席仪式，向申报单位颁发标牌并观看了部分第三批国家级非物质文化遗产名录项目的演出。

中国非物质文化遗产保护中心等单位在自贡举办第十八届自贡国际恐龙灯会

1月5日至2月29日，中国非物质文化遗产保护中心、四川省文化厅、四川省商务厅和自贡市人民政府，共同在四川省自贡市举办了“第十八届自贡国际恐龙灯会”。四川省“自贡灯会”已有千年历史，本届灯会期间，自贡市开展了5大系列共计17项经贸文体活动，恢复举办“盛世灯火”万人提灯巡游活动。

中国非物质文化遗产保护中心等单位举办“BMW 中国文化之旅”系列活动

6月9日至18日，中国非物质文化遗产保护中心与宝马（中国）汽车贸易有限公司、华晨宝马汽车有限公司共同举办了为期10天的2011“BMW 中国文化之旅”。此次活动以“探华夏之源，传承千年的精神家园”为主题，由18辆宝马汽车组成车队，从山西省太原市始发，依次到访河南省安阳市、开封市、登封市、洛阳市、平顶山市、南阳市，继而取道湖北省，最终抵达十堰市武当山，对沿途相关的非物质文化遗产项目和代表性传承人进行了深入的探访，并对襄垣鼓书、清徐背棍铁棍、吕村战鼓舞、开封盘鼓、河洛大鼓、河南坠子、汝瓷烧制技艺、宛梆、吕家河民歌、武当武术、武当山宫观道乐等11项濒危的非物质文化遗产项目捐助了100万元现金，行程达2200公里。12月1日在北京举办“BMW 中国企业社会贡献系列活动——悦五行，聚千年神韵——‘BMW 中国文化之旅’五周年成果展”。

中国非物质文化遗产保护中心等单位在北京举办中国非物质文化遗产展示活动

7月10日，中国非物质文化遗产保护中心应文化部的要求，配合中共中央台办、共青团中央、教育部等17家单位共同主办的“两岸同心、我们同行”两岸万名青年大型交流活动，在人民大会堂举办了非物质文化遗产展演活动。中国非物质文化遗产保护中心从国家级非物质文化遗产名录中遴选出具有观赏性、互动性的14个项目，并通过国家级非物质文化遗产项目代表性传承人的现场演示，让两岸青少年更加直观地认识中华民族丰富多彩的非物质文化遗产，有力提升了“我们同根、两岸同心、我们同行”理念，推动了两岸的人们情系中华，共建美好家园的决心与信念。这是迄今规模最为盛大的两岸青年交流活动。

中国非物质文化遗产保护中心等单位在天津举办第二届全国京东大鼓艺术节

8月18日，由中国非物质文化遗产保护中心、中国曲艺家协会、天津市文化广播影视局和宝坻区人民政府联合主办的“第二届全国京东大鼓艺术节”在天津市宝坻区举办。活动内容包括：第二届全国京东大鼓艺术节开幕式暨纪念刘文斌诞辰120周年京东大鼓经典唱段演唱会、天津市宝坻区非物质文化遗产传承基地颁牌仪式、国家级非物质文化遗产项目代表性传承人董湘昆京东大鼓艺术研讨会、董湘昆收徒仪式和第二届全国京东大鼓艺术节闭幕式暨走进基层京东大鼓专场演出。

中国非物质文化遗产保护中心等单位在邯郸举办中国（邯郸永年）吹歌节

9月16日至19日，在文化部非物质文化遗产司的支持下，中国非物质文化遗产保护中心、河北省文化厅、中共邯郸市委和邯郸市人民政府在邯郸市永年县联合主办中国（邯郸永年）吹歌节。活动内容包括“金秋广府”开幕式及大型文艺演出、首届中国吹歌艺术大赛、首届中国吹歌艺术保护论坛、民间鼓吹乐展演展示、传统手工技艺展演和中国吹歌节闭幕式暨颁奖晚会。

中国工艺美术馆在北京举办中国当代工艺美术学术巡展——广东工艺美术展

2月25日至3月23日，由中国工艺美术馆主办、广东省工艺美术协会等承办的“中国当代工艺美术学术巡展——广东工艺美术展”在北京举办。展出的100余件作品具有浓厚的岭南特色，是具有时代风貌和展现广东工艺美术创作水平的优秀代表作。展览结束后，参展的大部分作者将自己的优秀作品无偿或以成本价捐赠给中国工艺美术馆永久典藏。

中华文化联谊会等单位在台湾联合举办守望精神家园——两岸非物质文化遗产月活动

11月26日至次年2月16日，由中华文化联谊会、湖南省人民政府与台湾财团法人沈春池文教基金会主办、湖南省文化厅承办的第二届“守望精神家园——两岸非物质文化遗产月”展览展演活动在台湾举办，活动范围包括台北市、台中市、高雄市、台南市、新竹县等地。整个活动历时83天。活动以“楚风湘韵”为主题，内容包括“楚风湘韵——湖南民艺民风民俗特展”“楚风湘韵——两岸民间乐舞专场演出”和“保护、传承、弘扬——两岸非物质文化遗产论坛”三个方面。同时开设第二届“守望精神家园——两岸非物质文化遗产月”网，及时介绍活动情况。

中国音乐学院等单位在广西壮族自治区举行“壮乡天籁·2011歌圩音乐节”

11月25日至27日，由中国音乐学院、中央人民广播电台、《广播歌选》杂志和广西壮族自治区平果县人民政府等单位联合主办的平果县“壮乡天籁·2011歌圩音乐节”隆重举行。本届歌圩音乐节还举办了民间嘹歌传承人大赛，400多名嘹歌手参加本次大赛。

各省（区、市）在“文化遗产日”期间举行各种展示展演活动

6月11日是我国第六个“文化遗产日”，又是《中华人民共和国非物质文化遗产法》正式施行以来的第一个节日。围绕“依法保护、重在传承”这一主题，全国各地纷纷亮出自己的绝活，举办了一系列形式多样、丰富多彩的文化活动，为节日营造了热烈、浓厚的气氛。

北京市：6月10日，2011年“文化遗产日”主题活动暨“薪火相传——中国非物质文化遗产传承人师徒同台展演”在中华世纪坛开幕，以图文并茂、现场表演和展示的方式，体现了非物质文化遗产保护“重在传承”的工作目标和实践成果。

天津市：6月12日，天津市文化广播影视局以《非遗法》的颁布为契机，组织了37个项目在天津市非物质文化遗产馆进行展示，从“观、听、赏、玩”等各个角度，其中10个传统舞蹈、传统音乐类项目进行了为期两天的展演，让全民切身体验、全情投入，推动非物质文化遗产融入当代、融入社会、融入民众生活。

河北省：6月11日至12日，由河北省文化厅主办，河北省非物质文化遗产保护中心、河北省群众艺术馆承办的庆祝全国第六个“文化遗产日”暨第四届河北省民俗文化节系列宣传展示活动在河北体育学院隆重举办。活动举行《河北省非物质文化遗产项目代表性传承人图志（第一辑）》首发仪式，举办一场以全省重点“非遗”项目和全省非物质文化遗产传播基地非物质文化遗产教学成果为主要内容的专场演出，另外选择武强木版年画、衡水内画、蔚县剪纸、焦氏脸谱、白沟泥塑等20个国家、省级

非物质文化遗产项目和代表性传承人进行了传统手工艺展示，还进行了非物质文化遗产知识问答和“《中华人民共和国非物质文化遗产法》解读”活动。

山西省：6月11日，山西省围绕“依法保护、重在传承”的主题，在太原市南宫广场，举办第三批省级非物质文化遗产名录项目授牌仪式；颁发山西省非物质文化遗产传习所和大师工作室牌匾；《中华人民共和国非物质文化遗产法》宣传及太原市部分国家级、省级非物质文化遗产项目展示活动。12日，在山西省图书馆举办了非物质文化遗产保护专题讲座。

辽宁省：6月8日至12日，由辽宁省文化厅主办、省非物质文化遗产保护中心承办的“全国第六个‘文化遗产日’非物质文化遗产系列普法宣传活动”在辽宁大剧院拉开帷幕。本次系列活动包括：辽宁省非物质文化遗产保护成果展、非物质文化遗产大讲堂、非物质文化遗产知识竞赛等多个系列活动。其中“非物质文化遗产大讲堂”邀请国家非物质文化遗产保护工作专家委员会副主任乌丙安和辽宁大学民俗学教授江帆登堂开讲。辽宁省文化厅还专门选调高跷秧歌、沈阳相声、二人转、奉天落子、抚顺地秧歌等一些特色非物质文化遗产项目进行现场展演。同时，向观众赠发3000册非物质文化遗产普法宣传册，全面地宣传和普及《中华人民共和国非物质文化遗产法》的相关知识。

吉林省：6月12日，吉林省暨延边州庆祝中国第六个“文化遗产日”系列活动在延边州图们市隆重举行。活动内容围绕学习、宣传和贯彻《中华人民共和国非物质文化遗产法》，活动分为两大板块：一是举行第一批延边州级非物质文化遗产传承基地、展示点揭牌仪式，命名州级非物质文化遗产项目传承基地10个，州级非物质文化遗产项目展示点6个，并举行全州非物质文化遗产保护工作总结表彰大会。二是组织开展吉林省暨延边州“文化遗产日”非物质文化遗产项目调演和“延边之春苹果梨花节”非物质文化遗产展演活动，并开展州级以上非物质文化遗产项目代表性传承人技艺展示活动。

黑龙江省：6月11日，全国第六个“文化遗产日”黑龙江省主场城市宣传活动日在牡丹江市文化广场举行。各界嘉宾和广大市民一起参与活动，观看非物质文化遗产项目表演，感受雪域源远流长的历史和底蕴深厚的文化遗产。

上海市：6月8日，2011年“文化遗产日”上海非物质文化遗产系列活动启动仪式在上海星舞台举行。活动启动仪式上，上海市文化厅、市非物质文化遗产保护中心宣布了第三批上海市非物质文化遗产名录推荐项目名单，公布了第三批上海市珍贵古籍名录；表彰上海市非物质文化遗产保护工作先进集体5个，先进个人25名；为人类非物质文化遗产代表作“昆曲”和“剪纸”颁发了联合国授予的证书；启动了为期一年的“上海学子非遗展馆行”活动。启动仪式结束后举行了江南丝竹新作品试奏会。同时，全市共有80余项丰富多彩、形式多样的非物质文化遗产系列活动随着仪式的启动在全市各区（县）陆续展开。

江苏省：6月11日，江苏省文化厅、省文物局结合“第五届江苏省文物节”，在南京举办了贯彻落实《中华人民共和国非物质文化遗产法》主题宣传日暨非物质文化遗产展演、咨询活动。制作了《中华人民共和国非物质遗产法》《江苏省非物质文化遗产保护条例》大型宣传展板；省文化厅、省非物质文化遗产保护中心、南京市文广新局、南京市非物质文化遗产保护中心工作人员及有关专家现场解疑析义；免费发放6000册《中华人民共和国非物质文化遗产法》单行本和非物质文化遗产标识徽章；举办“江苏省非物质文化遗产保护工作成果展”。与此同时，全省各级文化馆暨非物质文化遗产保护中心、非物质文化遗产展示馆（厅）、传习所和传承基地等全部对社会公众开放，项目保护单位和传承人深入社区、学校、乡村，举办宣传、咨询、展示、展演等各类活动191场（次）。

浙江省：6月11日，第六届浙江省非物质文化遗产节在嘉兴开幕。来自全省各地的11支表演队伍参加“吴越流风”浙江省传统音乐舞蹈精品会演。“岁月留痕——浙江省民俗风情照片征集大赛”吸引了500多位摄影爱好者参与，共征集到照片3000多幅。主办单位为获奖作者进行了颁奖。大赛评出最佳珍藏奖1名、一等奖2名、二等奖10名、三等奖20名，优秀奖75名。浙江省文化厅此前组织拍摄了首批浙江省国家级非物质文化遗产项目电视纪录片，共44集，也举行了首发仪式，并向部分学校赠送了全套电视纪录片光盘。

安徽省：6月9日，以“文化遗产与美好生活”为主题的安徽省第六个中国“文化遗产日”活动在六安市皖西博物馆广场启动。安徽省政府副省长谢广祥、省政协副主席赵韩出席启动仪式，省领导和省文化遗产保护领导小组成员单位负责同志一起观看了非物质文化遗产节目表演。6月11日当天，全省各类文博机构通过展览、讲座等形式，开展丰富多彩的宣传咨询和培训教育活动。

福建省：6月11日，“2011年文化遗产日福建系列活动”启动仪式在福建省博物院拉开帷幕，福建省人民政府对全省申报联合国非物质文化遗产名录工作先进单位进行表彰并予以授牌。省文化厅公布、并向福建省第一批非物质文化遗产生产性保护示范基地授牌，相继召开了全省学习贯彻《中华人民共和国非物质文化遗产法》座谈会，在《海峡都市报》刊发了文化遗产日专版。省非物质文化遗产保护中心举办了《文化村官的非物质文化遗产视角》——全省村级文化协管员摄影技能大赛优秀作品展，在三坊七巷组织《中华人民共和国非物质文化遗产法》法律咨询、灯谜竞猜等宣传教育活动。“畲族银器制作技艺作品展”在福建省非物质文化遗产博览苑拉开帷幕。同天，福建省还组织全省非物质文化遗产专家开展了《中华人民共和国非物质文化遗产法》座谈会，对《中华人民共和国非物质文化遗产法》的颁布实施意义进行了深入探讨。6月13日，由福建省艺术职业学院与福建省艺术馆、福建省非物质文化遗产保护中心联合主办，福建省艺术学校社文系承办的“《中华人民共和国非物质文化遗产法》宣传系列活动”在该校进行。

江西省：6月11日至12日，江西省文化厅在南昌举办以“依法保护、重在传承”为主题的首届江西非物质文化遗产进商场公益展示活动。南昌瓷板画、东湖赣发绣制作技艺、文港毛笔制作技艺、进贤文港微雕、安义匾额书法雕刻技艺、西湖区宣纸刺绣、瑞昌剪纸、吉州木叶纹黑釉瓷制作技艺、永新书法、婺源三雕（木雕）、婺源绿茶、鄱阳脱胎漆器、南丰傩面雕刻、乐安蛋雕、临川篾编、宜丰竹雕、宜丰吹塑版画、湘东傩面雕刻，以及景德镇手工制瓷拉坯、画青花、雕刻、釉上彩绘等22个非物质文化遗产项目，27名非物质文化遗产项目代表性传承人在商场展示传统手工技艺，南昌清音、进贤泼蛇灯、新建得胜鼓等传统音乐、舞蹈类项目进行演出。

山东省：6月11日，由山东省文化厅主办的山东省暨济南市庆祝第六个“文化遗产日”系列广场展演活动在济南市泉城广场举行。展演活动上，省领导为首批11名山东省传统技艺大师颁牌，并颁发了精品收藏证书。各界群众观看了山东省传统技艺大师师徒精品展和山东省传统舞蹈优秀传承团队广场展演，省内非物质文化遗产专家对新颁布的《中华人民共和国非物质文化遗产法》进行现场解读。

河南省：5月23日，河南省第6个“文化遗产日”主题活动在郑州启动。23日晚，河南非物质文化遗产项目开封盘鼓、大相国寺梵乐、开封石锁、兰考麒麟舞、豫东大鼓、寸跷秧歌、河洛大鼓、莲花灯舞、信阳民歌等在河南艺术中心广场进行展演，系列活动持续至6月中旬。6月11日晚，由河南省文化厅和河南省文物局联办的非物质文化遗产专场展演在郑州东区艺术中心露天广场举行。开封盘古、信阳民歌、河南坠子、寸跷秧歌、二鬼摔跤等12个节目为观众公益演出。

湖南省：“文化遗产日”期间，湖南省文化厅在坡子街举行了隆重的全省“文化遗产日”非物质文化遗产宣传活动启动仪式，向普通长沙市民发放《中华人民共和国非物质文化遗产法》及宣传资料。同时，全省各地文化行政部门及非物质文化遗产保护中心在各地组织开展了丰富多彩的非物质文化遗产保护宣传活动。据不完全统计，活动期间，全省共组织158场宣传活动，参与人数近1776.2万人。

广东省：6月11日，广东省文化厅和佛山市政府在佛山祖庙主办非物质文化遗产展览（演）活动。在深圳市，由广东省深圳市文体旅游局主办，深圳市文物管理办公室、深圳博物馆（深圳市非物质文化遗产保护中心）、深圳市文物考古鉴定所承办，深圳市宣传文化事业发展专项基金资助的第六个“文化遗产日”系列活动，分别在深圳博物馆老馆和罗湖区文化馆（分会场）举行。在博物馆老馆，进行“非遗”项目福永高桩醒狮舞展演和客家凉帽制作展演、展示，在分会场进行了“香云纱文化节”。

广西壮族自治区：6月11日，广西壮族自治区文化厅调集近800名基层农民演员在广西民族博物馆举办一系列文化遗产日主题活动，包括：民族团结跟党走——民俗踩街踏歌行非物质文化遗产巡游、第四届歌王大赛、日歌圩和夜歌圩展示、宣传贯彻《中华人民共和国非物质文化遗产法》主题晚会等主题活动。

海南省：6月11日，海南省“文化遗产日”系列活动在海口的海南省博物馆隆重开幕。海南省政府领导出席开幕式。开幕式上，对2006至2009年非物质文化遗产普查工作成绩突出的海南省非物质文化遗产保护中心等11个先进集体、邓景华等39名先进个人进行表彰。

重庆市：5月18日，重庆市文化广播电视局主办的“文化遗产宣传月”（5月18日至6月18日）活动拉开序幕。此次活动以“文化遗产与美好生活”“博物馆与记忆”为主题，主要包括：学习宣传《中华人民共和国非物质文化遗产法》座谈会、“文化遗产日”非物质文化遗产专题保护成果、“文化遗产日”非物质文化遗产现场宣传活动以及在重庆中国三峡博物馆举办的为期一个月的麦草艺画活动。其中，6月1日至6日，由重庆市委宣传部主办、重庆市文化广播电视局承办的“我们的节日·重庆端午周”非物质文化遗产展示活动在南岸区洋人街举办。梁平木版年画、梁平竹帘、重庆漆器髹饰技艺、蜀绣、荣昌折扇等18项国家级、市级非物质文化遗产名录项目参加展示活动。传统舞蹈、传统音乐和传统手工技艺的现场表演和展示，充分展现出重庆市国家级、市级非物质文化遗产名录项目的魅力。

贵州省：6月11日，贵州省文化厅举办了贵州省第二批省级非物质文化遗产名录代表性传承人颁证仪式、开通“贵州省非物质文化遗产网站”。5月25日至29日，在花溪红阳宾馆举办了全省《中华人民共和国非物质文化遗产法》培训班，学习、宣传、贯彻《中华人民共和国非物质文化遗产法》，6月9日，在省博物馆举办了“2011贵州非物质文化遗产‘依法保护、重在传承’专家座谈会”等系列活动。

云南省：6月11日至12日，2011年“文化遗产日”云南省暨昆明市非物质文化遗产系列活动在昆明市南屏步行街举行传统手工技艺现场制作、非物质文化遗产宣传展板展示和民族歌舞表演，充分展示不同地区非物质文化遗产的地域特色，同时借助广播、电视、报刊杂志、网络等传播平台，加大了《中华人民共和国非物质文化遗产法》的宣传力度，引导和鼓励广大群众积极参与非物质文化遗产保护，取得了良好的效果。

西藏自治区：6月11日，西藏自治区文化厅和文物局在拉萨举行第六个“文化遗产日”宣传活动、西藏自治区非物质文化遗产保护中心挂牌仪式，同时也举办了西藏非物质文化遗产展览和专场演出。

陕西省：6月11日，陕西省文化厅在西安人民剧院举办陕北民歌经典演唱会“永远的信天游——陕北民歌经典演唱会”，参演的演员有300余人。4000余观众观看了演出。

甘肃省：6月11日，甘肃省以“依法保护、重在传承”为主题举办了“文化遗产日”非物质文化遗产主题活动。甘肃省文化厅在兰州举办了“文化遗产进社区”系列活动，组织兰州各县区40余支社区文艺团队，在金轮广场进行了锅庄舞表演；同时组织花儿、兰州太平鼓、永登高高跷、甘南弹唱、甘南藏族锅庄、陇剧、秦腔、马头琴弹奏等非物质文化遗产项目进行表演，向参加活动的群众赠送了《中华人民共和国非物质文化遗产法》宣传册；在甘肃省图书馆举办了“《中华人民共和国非物质文化遗产法》与非物质文化遗产保护工作”讲座。

宁夏回族自治区：6月11日，宁夏回族自治区银川市举办文化遗产日系列活动。活动以媒体宣传与电视、广播、网络等宣传相结合；自治区举办“文化遗产日”集中社会宣传活动与基层各市县“文化遗产日”活动相结合；专家学者咨询讲解与普通大众参与了解相结合；传统端午节活动与遗产日活动相结合；通过社会广泛宣传、首府城市集中展示，宣传介绍文化遗产保护的法律知识，营造全区“遗产日”氛围，形成学习贯彻《中华人民共和国非物质文化遗产法》的高潮。

新疆维吾尔自治区：6月9日至13日，在乌鲁木齐市博物馆展厅组织开展“巧夺天工——新疆传统工艺美术传承与创新大展赛”活动，来自全疆各地州的120多名艺人，携近5000件作品参加了此次活动，大展赛分为“七彩天山——织染纫绣”“情满大地——剪刻画绘”“心灵净土——陶冶烧造”等6个版块，舆论媒体纷纷报道，受到了广泛的社会关注。

北京市复原日坛祭日典仪活动

3月21日，北京非物质文化遗产保护中心与北京市朝阳区文化委员会在日坛公园共同举办了“复原清代日坛祭日典仪活动”，至此实现了“天、地、日、月”四大祭祀礼仪在北京市的全部再现复原。

北京市举办第三届端午文化节暨临空经济区杯龙舟赛

6月4日，北京市委宣传部等单位在奥林匹克水上公园举办第三届北京端午文化节暨“临空经济区杯”龙舟赛，21个国家级、市级传统体育游艺和杂技、传统美术、传统技艺类非物质文化遗产名录项目及代表性传承人，在现场进行了技艺展示。

北京市举办首届北京非物质文化遗产代表性传承人作品拍卖暨传统技艺展

6月9日至11日，北京市文化局和荣宝斋举办“首届北京非物质文化遗产代表性传承人作品拍卖会暨传统技艺展”，正式拍卖前，86件参拍作品在展区内陈列三天，40余位非物质文化遗产项目代表性传承人现场展示制作过程和技艺。本次拍卖成交额531.6万元，成交率76.7%。

北京市举办京剧成功入选“人类非物质文化遗产代表作名录”一周年庆典活动暨第三届“国粹生香——2011北京京剧票友段位评授季”

为庆祝京剧成功入选联合国教科文组织“人类非物质文化遗产代表作名录”一周年，北京非物质文化遗产保护中心和北京电视台共同举办京剧成功入选“人类非物质文化遗产代表作名录”一周年庆典活动暨第三届“国粹生香——2011北京京剧票友段位评授季”。活动立足群众百姓、普及京剧知识、推广国粹艺术，为促进京剧的传承与发展发挥了积极作用。

天津市举办非物质文化遗产新春系列演出

1月14日，由天津市非物质文化遗产保护中心与天津京剧院、天津评剧院、天津河北梆子剧院、天津市曲艺团等非物质文化遗产保护与传承单位共同主办的“天津市非物质文化遗产新春系列演出”在中国大戏院拉开帷幕，以天津市闻名全国的非物质文化遗产代表性项目京、评、梆与传统相声的传承脉络为主题，在传统的新春佳节期间连续四场演出。

天津市举办“宝坻杯”评剧票友邀请赛

8月4日至8日，由天津市文化广播影视局、宝坻区人民政府主办，天津市群众艺术馆等承办的“宝坻杯”评剧票友邀请赛拉开帷幕。此次票友赛吸引了环渤海地区及华北、东北地区的众多评剧票友，共500余名选手报名参赛，其中不乏许多小票友。

河北省举办“红红火火过大年”全省非物质文化遗产展演

1月15日，河北省委宣传部、省文化厅主办，省非物质文化遗产保护中心、省群众艺术馆承办的“红红火火过大年”全省非物质文化遗产展演在石家庄河北大戏院盛装举办。省委宣传部、省文化厅负责同志、省非物质文化遗产保护工作专家委员会委员以及省会群众观看了此次盛会。此次活动共包括传统手艺（春节年俗文化用品）展示和大型非物质文化遗产专场演出两部分。

河北省、安徽省春节习俗展在澳门举办

1月26日至2月27日，由澳门特别行政区民政总署主办，文化部民族民间文艺发展中心、河北省文化厅、安徽省文化厅、中央政府驻澳门联络办公室文化教育部协办，河北省非物质文化遗产保护中心等单位承办的2011年浓墨艳彩展风华“河北省、安徽省春节习俗展”在澳门特别行政区卢谦若公园隆重开幕。此次展演活动共展出河北省国家级、省级非物质文化遗产项目相关实物和作品近200件。

河北省非物质文化遗产项目参加春节民俗文化活动

春节期间，河北省举办系列民俗文化活动。活动有列入国家及省级非物质文化遗产保护名录的独特民俗文化活动，如赵县范庄龙牌会、蔚县的拜灯山、打树花、怀来九曲黄河灯等；还有年俗的传统活动，如元宵灯展、灯谜、花会进城、正定的春节文化庙会、邯郸市第四届春节文化庙会、秦皇岛首届民俗文化庙会等。此外，各地还安排了丰富多彩的戏曲、曲艺、武术、杂技、秧歌、舞龙、舞狮表演和比赛活动，成为人们参与年俗、娱乐身心的文化风景。春节期间，河北省第三届民俗摄影比赛也正式启动。

河北省举办“我们的节日·元宵节”非物质文化遗产主题演出及灯展猜谜活动

2月17日（元宵节），由河北省委宣传部、河北省文化厅主办，河北省非物质文化遗产保护中心、

河北省群众艺术馆承办的“我们的节日 · 元宵节 —— 欢天喜地闹元宵”河北省非物质文化遗产主题演出及灯展猜谜活动在河北大戏院隆重举办，中共河北省委宣传部秘书长魏平、河北省文化厅领导出席活动。此次活动是“我们的节日”河北省非物质文化遗产系列展演工程7个民族传统节日主题活动的组成部分，共包括藁城宫灯灯展猜谜和大型元宵晚会两部分，充分展现河北省非物质文化遗产的独特风格和深厚文化内涵。

河北省举行屈家营音乐会重建25周年庆典大会

3月28日，河北省固安县屈家营音乐会重建25周年庆典大会在屈家营音乐堂隆重举行。音乐会主要负责人林中树向到场的中国艺术研究院音乐研究所和中央音乐学院等来自全国各地的音乐学家介绍了屈家营音乐会的基本状况和25年来的发展历程。

河北省举办“我们的节日 · 端午节”非物质文化遗产展演活动

河北省委宣传部、河北省文化厅主办，河北省非物质文化遗产保护中心、河北省群众艺术馆承办的“我们的节日 · 端午节 —— 粽叶飘香迎端阳”河北省非物质文化遗产展演活动于6月6日晚在河北大戏院隆重举办。此次活动是继“红红火火过大年”“欢天喜地闹元宵”“风和日丽过清明”“我们的节日”河北省非物质文化遗产系列展演之后第四个民族传统节日主题活动。为营造追思崇文的端午节日氛围，特别安排了朗诵类节目，如配乐诗朗诵《汨罗江水》、散文诗朗诵《那两千年的传说》、故事《善良的小屈原》等；舞蹈《端阳龙鼓情》、端午民谣《五月五是端午》等。

河北省举办燕赵文化艺术精品展

7月28日至8月10日，“北戴河之夏”燕赵文化艺术精品展在河北出版传媒集团北戴河文化创意产业研发基地隆重开幕。展览由中共河北省委宣传部、河北省文化厅、河北省新闻出版局、河北省文联、河北出版传媒集团公司等部门主办，北戴河文化创意基地、省非物质文化遗产保护中心、省书协、省美协等单位承办。新华社、《河北日报》、河北电视台等媒体进行了现场报道。

河北省举办“我们的节日 · 七夕节”文艺晚会

8月5日晚，由河北省委宣传部、河北省文化厅主办，河北省非物质文化遗产保护中心、河北省群众艺术馆承办的“我们的节日 · 七夕节 —— 情满人间爱永恒”大型文艺晚会在河北大戏院隆重举办。

这是河北省启动非物质文化遗产系列展演之后第五个以民族传统节日为主题的活动。

河北省举办第13届吴桥国际杂技节

10月22日，由文化部和河北省政府共同主办，河北省文化厅和石家庄市人民政府等承办的第13届中国吴桥国际杂技艺术节开幕。来自17个国家和地区的27个团体的30个节目、200多位杂技艺术家亮相“东方杂技大赛场”，同台竞技。最终，中国河北省杂技团的“行车蹬人”等获得金狮奖，另有6个节目获得银狮奖，9个节目获得铜狮奖，另有18个节目获得特别奖。河北省委书记张庆黎，省长张庆伟，文化部党组成员、部长助理高树勋，河北省委、省人大常委会、省政府、省政协、省军区领导，以及评委、国内外演职员、杂技界相关人士出席闭幕式。

河北省举办第六届中国·曲阳雕刻艺术节

11月7日，“第六届中国·曲阳雕刻艺术节”隆重开幕。艺术节以“耕石种艺·文心雕龙——促雕刻文化产业大发展大繁荣”为主题，由河北省文化厅和曲阳市政府共同主办。河北省副省长孙士彬宣布艺术节开幕。

山西省组织晋剧流派传承剧目展演

1月14日、15日，由山西省文化厅主办，山西省戏剧研究所、山西省非物质文化遗产保护中心等承办的百年流芳——晋剧流派传承剧目展演在山西省演艺中心举行。其中丁、程、郭、牛、冀派弟子分别作了精彩演出，获得广大群众的一致好评。

山西省举办太谷秧歌获奖作品展演暨传承创新研讨会

12月，山西省文化厅、山西省非物质文化遗产保护中心与晋中艺校联合举办“太谷秧歌获奖作品展演暨传承创新研讨会”，演出了近年来晋中艺校改编创新的9个太谷秧歌节目，演出结束后召开太谷秧歌的传承、创新研讨会，并将此次演出的曲谱整理印刷成《秧歌情·太谷秧歌获奖音乐作品集》。

辽宁省赴台湾开展非物质文化遗产展示展演活动

2月15日至18日，辽宁省省长陈政高率辽宁省经贸文化参访团赴台，并在台湾开展以“关东风情宝岛行”为主题的文化经贸交流活动，选调了具有辽宁地域特色的30余项非物质文化遗产项目、近百名传承人和项目代表赴台进行展示展演。

辽宁省举办全省非物质文化遗产表演类项目专场展演

9月25日晚，由中共辽宁省委宣传部和辽宁省文化厅联合主办，省非物质文化遗产保护中心承办的“辽海情韵”辽宁省非物质文化遗产表演类项目专场展演在辽宁大剧院广场拉开帷幕。乌力格尔、阜新东蒙短调民歌、辽西木偶戏、东北二人转、东北大鼓、评书、相声、评剧等11个非物质文化遗产项目参演，周丹、王娜、杨铁龙、邢传佩、金明焕等近200位传承人演出。

辽宁省非物质文化遗产项目赴澳门参加妈祖文化旅游节

10月3日至10月6日，辽宁省政协副主席、省委统战部部长高鹏率领辽宁代表团一行160余人抵达澳门，参加由澳门中华妈祖基金会主办，辽宁省人民政府参与协办的第九届澳门妈祖文化旅游节，为澳门市民奉献了三台精彩的专场文艺演出。这是辽宁省代表团第一次大规模赴澳门举行的文化、旅游、经贸交流活动。

辽宁省组织首届群众文化节皮影精品展演

10月11日，汇集辽宁省众多知名皮影艺人的辽宁省首届群众文化节皮影精品展演，在沈阳市铁西文化馆举行。大连市群众艺术馆皮影剧团和大连市复州皮影戏义和班联合表演传统皮影戏《梅花亭》。

吉林省举办全省非物质文化遗产保护工作成果图片展

6月1日，由吉林省文化厅和长春市文化局主办，吉林省非物质文化遗产保护中心、吉林省吉剧院、吉林省博物院承办的“吉林省非物质文化遗产保护工作成果图片展”在吉林长春举办。此次图片展从吉林省190个省级项目中重点选取列入联合国级、国家级的项目，通过图片制作展示吉林省非物质文化遗产保护工作的成果。

吉林省举办全省第四届非物质文化遗产项目展演

6月1日，由吉林省文化厅和长春市文化局主办，吉林省非物质文化遗产保护中心、吉林省吉剧院和吉林省博物院承办的“吉林省第四届非物质文化遗产项目展演”在吉林省吉剧院关东剧院和长春市文化广场举行。此次吉林省第四届非物质文化遗产项目展演，集中展示了代表吉林民族、民间特色的东北二人转、朝鲜族农乐舞、长鼓舞、蒙古族马头琴音乐、蒙古族民歌、蒙古族盅碗舞、东北大鼓、传统古筝技艺等项目。吉林省人大、吉林省政协、吉林省财政厅、吉林省文化厅有关领导与社会各界群众数万人观看了演出。

黑龙江省举办黑龙江流域传统渔猎文化展

9月16日，由国家级名录项目赫哲族鱼皮制作技艺保护单位黑龙江省民族博物馆举办的“黑龙江流域传统渔猎文化展”在哈尔滨文庙开展，展览共分六个部分，通过多种现代化手段对赫哲族独有的传统渔猎文化和近年来的保护成果进行展示，此次展览还展出了一批20世纪50年代征集的反映赫哲族渔猎生活的珍贵文物。

上海市举办长江流域民歌号子交流展演活动

6月3日，由上海市非物质文化遗产保护中心和上海杨浦区文化局等共同主办的“长江流域民歌号子交流展演活动”，在上海杨浦区文化馆群星剧场落下帷幕，来自湖南、湖北、重庆、安徽、江苏、浙江、上海七省市的9支国家级项目代表队参加了这次展演。

上海市举办“我们的节日·嘉定中秋月”非物质文化遗产项目展览

9月10日至12日中秋节期间，上海市在嘉定区古猗园举办“我们的节日·嘉定中秋月”非物质文化遗产项目展览，上海市非物质文化遗产保护中心组织了12个非物质文化遗产项目参展。展示项目包括石雕、朵云轩木版水印制作技艺、海派旗袍制作技艺、民族乐器制作技艺、皮影戏、西郊农民画、连环画、海派剪纸、嘉定竹刻、徐行草编、药斑布织染工艺、海派绒绣。

江苏省在昆山举办第二届江浙沪宝（宣）卷演唱交流会

11月21日，以江苏省文化厅非物质文化遗产处、苏州市文化广电新闻出版局为指导单位，由江苏省非物质文化遗产保护中心、苏州市民族民间文化保护办公室、昆山市文化广电新闻出版局等单位共同主办的第二届江浙沪宝(宣)卷演唱交流会在昆山市锦溪镇举行，来自江、浙、沪三地的12支宝(宣)卷团队参加了展示交流和专业研讨。

浙江省在桐庐举行第四届神州风韵全国剪纸大赛

3月24日晚，由中国非物质文化遗产保护中心、中华文化促进会、浙江省文化厅主办，中华文化促进会剪纸艺术委员会和县人民政府承办的“2011中国·桐庐国际剪纸艺术大展”暨第四届“神州风韵”全国剪纸大赛颁奖晚会在浙江桐庐剧院举行。组委会从国内1800多件剪纸作品、100件剪纸创意作品，以及德、英、法、日等9个国家的70幅剪纸作品当中，评出了剪纸作品大赛金奖10名、剪纸创意作品一等奖2名。10位剪纸作品获金奖的作者，组委会授予“十大神剪”称号。

浙江省在台湾举办天工遗风——浙江省非物质文化遗产精品展

5月28日，作为2011年“富春合璧，两岸同缘”系列活动之一，第五届“台湾·浙江文化节”重点活动“天工遗风——浙江省非物质文化遗产精品展”开幕式在台湾京华城举行。本次非物质文化遗产精品展由浙江省文化艺术交流促进会、财团法人沈春池文教基金会、中华亚太艺术文化交流学会主办，浙江省非物质文化遗产保护中心承办。这是浙江省非物质文化遗产项目首次成规模进入商场展演。精品展设十个特装展位和现场传艺区，采取实物展示、图片展览、多媒体演示、代表性传承人和民间艺术大师现场绝技演示、现场授艺等多种形式，呈现非物质文化遗产代表性传承人的艺术创造力，呈现非物质文化遗产生产、保护、传承、延续的过程。期间杭州刺绣、浦江剪纸、东阳竹编、嵊州泥塑等项目还进行了现场授艺。

安徽省春节习俗展在澳门举办

1月26日，由澳门特别行政区民政总署主办，国家文化部民族民间文艺发展中心、安徽省文化厅、中央政府驻澳门联络办公室文化教育部协办的“2011年浓墨艳彩展风华——安徽省春节习俗展”在澳门开幕。展览历时一个月。此次展览共集中展示最具地域风格和代表性的、国家级、省级非物质文化遗产项目相关实物和作品285件。

安徽省举办第二届全省民俗文化节

11月1日至3日，由安徽省人民政府主办，安徽省文化厅、铜陵市人民政府共同承办的第二届安徽省民俗文化节在安徽省铜陵市举行。本届民俗文化节以“拥抱民俗、快乐民众”为主题，以传统民俗文化和传统技艺项目的展示、交流、合作为主要内容，活动分为三大版块：以大型实景文艺演出《江淮风情画》和第二届中国（铜陵）江南民间艺术论坛为内容的开幕式板块；以安徽民俗村开园仪式及民俗游艺活动为内容的民俗村板块；以“天工开物”绝技绝活表演、民俗风情长廊汇展、金秋祈福灯会、百曲聚汇、民俗进社区、婚庆文化展演、民俗电影周等为内容的广场表演板块。三是推进非物质文化遗产保护成果交流。全省先后选送30余项国家、省、市级非物质文化遗产项目赴澳门、浙江、北京、深圳、四川等地参加各种展示会。

福建省在厦门组织海西二十一城非物质文化遗产系列活动

10月28日至31日，由福建省人民政府、中华文化联谊会和台湾亚太文化创意产业协会等两岸及港澳相关文化机构联合主办，厦门市人民政府承办的第四届海峡两岸（厦门）文化产业博览交易会在厦门举行，并举办了以“保护传承 创意未来”为主题的论坛。海西21个城市（实验区）本着优势互补、互惠互利、长期合作、共同发展的原则，与会期间共同签署《非物质文化遗产保护合作协议》。

山东省在澳门开展山东省非物质文化遗产展演年活动

年内，山东省非物质文化遗产保护中心继续组织非物质文化遗产项目代表性传承人18批36人在澳门世界遗产卢家大屋举行“山东省民间工艺展演”活动。此项活动继2010年12月13日起，持续到2012年2月5日结束。参与展示的18批共36人分别来自济南、青岛、潍坊、聊城等13个市，展示品种包括风筝、黑陶、剪纸、年画等36种传统手工技艺，展品超过2000件。

山东非物质文化遗产项目赴台湾举办山东印象展

7月11日至16日，山东省委副书记、省长姜大明率山东省经济文化交流团赴台成功举办“2011台湾·山东周暨第十七届鲁台经贸洽谈会”活动。山东非物质文化遗产项目及代表性传承人赴台举办“山东印象展”。“山东印象展”以展览的形式，选取了烟台剪纸、曹州面人、西关村王家锡雕、潍坊风筝、淄博刻瓷、鲁绣等40多个非物质文化遗产项目和文化创意项目进行展示，同时邀请了15位民间艺术家现场展演他们各自的绝活绝技。

河南省在淮阳举办非物质文化遗产展演

3月7日至4月3日，由河南省文化厅、周口市人民政府主办，周口市文化局、淮阳县人民政府、河南省非物质文化遗产保护中心承办“中原古韵——淮阳非物质文化遗产展演”。本次展演活动的主题是“传承民族文化，共建和谐社会”。展演以中部六省入选省级以上非物质文化遗产名录的表演类项目为主，共有近40个省级以上项目。另外，周口市本地20余个市县级非物质文化遗产项目也参加了展演。

河南省在襄城举办第二十七届中州首山乾明风筝文化节

3月19日（农历二月十五），第二十七届中州首山乾明风筝文化节在河南省襄城县首山举行。

河南省在新郑举办辛卯年黄帝故里拜祖大典

4月5日，辛卯年黄帝故里拜祖大典在河南省新郑市隆重举行。由政协河南省委员会、中华炎黄文化研究会、中华全国归国华侨联合会、中华全国台湾同胞联谊会主办，郑州市人民政府、政协郑州市委员会、新郑市人民政府具体承办。主题为“同根同祖同源，和平和睦和谐”。

河南省在焦作举办第六届中国·焦作国际太极拳交流大赛

8月20日，“第六届中国·焦作国际太极拳交流大赛”开幕。由国家体育总局和河南省人民政府主办，国家体育总局武术运动管理中心、中国武术协会、省体育局、焦作市人民政府承办。全国人大常委会副委员长、农工党中央主席桑国卫宣布大赛开幕。本届大赛以“健康太极、和谐世界”为主题，主要内容包括：独具太极故里文化特色的盛大开闭幕式，太极拳、太极剑、太极器械和太极推手比赛、国际太极拳高峰论坛、太极拳名人名家展示交流等活动。参赛国家和地区达到33个，共有345支代表队、3585名运动员，其中境外有59支代表队、506人；境内有286支代表队、3079人。

河南省在禹州举办“第七届禹州·中国钧瓷文化节”

11月5日，“第七届禹州·中国钧瓷文化节”开幕。开幕式上，中国陶瓷工业协会名誉会长杨志海为禹州颁发“中国陶瓷历史文化名城”的品牌。

河南省在汝南举办第三届梁祝文化节暨梁祝故里牌坊揭牌仪式

11月11日，第三届梁祝文化节暨梁祝故里牌坊揭牌仪式在汝南县梁祝镇隆重举行。梁祝镇是中国四大传奇爱情故事“梁祝爱情”的发源地，2005年汝南县被评为“中国梁祝之乡”，2006年梁祝传说被评为国家首批非物质文化遗产名录项目。

湖北省举办全省非物质文化遗产展览

春节期间，由湖北省文化厅主办，湖北省群众艺术馆、湖北省非物质文化遗产保护中心承办的“楚风楚俗——湖北省非物质文化遗产展览”在湖北省群众艺术馆展厅开展。

湖南省在长沙举办首届非物质文化遗产展览

4月9日至10日，由湖南省文化厅社会文化处、长沙市文化广电新闻出版局、永州市文化局、湖南省森林植物园主办，湖南省非物质文化遗产保护中心、长沙市非物质文化遗产保护中心承办的湖南省首届非物质文化遗产展览在长沙湖南省森林植物园举办。展览以“春天的记忆”为主题，由启动仪式、项目展览、文艺演出三大部分组成，重点展示了部分湖南省的国家级、省级和市级非物质文化遗产项目。

广东省在佛山举办广东省民俗花灯交流联展

1月，广东省文化厅、佛山市文化广电新闻出版局、南海区人民政府联合在佛山市举办“岭南花灯·闪耀南海——广东省民俗花灯交流联展”。

广东省在广州举办粤港澳粤剧群星会

5月，由广东省文化厅、香港特区政府民政事务局、澳门特区政府文化局主办，广东粤剧院承办的“粤港澳粤剧群星会”在广州举办。

广东省深圳市举办“我们的节日”非物质文化遗产展演展示活动

2月17日（元宵节），由广东省深圳市委宣传部、市文明办、市文体旅游局联合主办，深圳博物馆

（深圳市非物质文化遗产保护中心）承办的“欢乐闹元宵——‘我们的节日’非物质文化遗产展演展示活动”在深圳市民中心开场，近5000市民参与。活动以“展示深圳文化特色，丰富节庆生活”为宗旨，推出“与心相约、与春共舞、与灯争辉、与民同乐”四大主题活动，包括剪纸、年画等40个民间工艺展示及舞龙、舞狮、猜灯谜、送汤圆等节目。

广东省深圳市举办第一届深圳市香云纱文化节

6月11日，广东省深圳市非物质文化遗产保护中心与深圳市罗湖区非物质文化遗产保护中心联合举办首届“香云纱文化节”，主要活动内容包括：孙成毅香云纱主题摄影展、深圳市非物质文化遗产保护与发展论坛、独幕话剧《太平盛世香云纱》。文化节期间展演的独幕话剧《太平盛世香云纱》情节起伏跌宕，人物轮廓清晰，性格特点鲜明，为国内首部非物质文化遗产独幕话剧。此外，文化节期间还举行了“深圳市非物质文化遗产保护工作论坛”。

广东省深圳市在第26届世界大学生夏季运动会上进行“非遗”展示

8月12日至23日，在第26届世界大学生夏季运动会期间，由深圳市文体旅游局、市非物质文化遗产保护中心共同组织的“中国传统手工艺展”在大运村中国文化活动中心及展示区进行，国家级非物质文化遗产名录光福核雕、平阳木版年画、曹氏香包等“非遗”项目参与展示，展现了深圳“非遗”特色，如客家凉帽、赫哲鱼皮画、茶道、扇画等20个项目。

广东省深圳市举办第一届深圳市鱼灯节

9月8日至9日，由广东省深圳市非物质文化遗产保护中心和深圳市盐田区委宣传部（区文体局）共同举办首届“深圳市沙头角鱼灯节”。开幕式在盐田区市民中心广场举行，随后在中英街举行“鱼灯节巡游和交流活动”。鱼灯节期间还举办了“共筑美好精神家园——鱼灯舞传承与保护论坛”，就鱼灯舞的艺术特色、鱼文化观念的起源与发展及鱼灯舞的保护等展开研讨。

广东省、海南省在广州举办粤琼非物质文化遗产交流展

9月，为贯彻落实《广东·海南战略合作框架协议》精神，加强广东、海南两省非物质文化遗产的交流，促进传统技艺类非物质文化遗产的生产性保护。广东省文化厅非物质文化遗产处在广州市广州塔举办了“粤琼非物质文化遗产交流展”暨《条例》实施动员仪式。广东省文化厅、海南省文化广电出

版体育厅等有关单位领导和广东文化界名人代表、省有关专家等200人出席仪式。

广东省在广州举办全省传统工艺美术展

本年度，以广东省文化厅作为主办单位，广州市文化广电新闻出版局承办的“岭南风格——广东传统工艺美术展”，在广州塔举办，展期一年。

广西壮族自治区在东兴举办京族哈节

7月9日至15日，广西壮族自治区防城港市委、市人民政府主办的“2011防城港市京族哈节”在防城港市举行。京族是我国唯一以海洋为生的少数民族，聚居于广西防城港东兴京族三岛已经有近500年的历史。哈节是京族传统歌节，2006年被列入第一批国家级非物质文化遗产名录。

海南省在海口举办全省非物质文化遗产保护项目图片展

6月11日，“海南省非物质文化遗产保护项目图片展”在海口省博物馆举行，图片展中设有黎族传统纺染织绣技艺、黎族原始制陶技艺、黎族钻木取火技艺等项目现场展示。同时，在展览现场发放《中华人民共和国非物质文化遗产法》宣传册，共1000册。

重庆市举办市级非物质文化遗产保护成果系列展暨梁平县非物质文化遗产保护成果专题展

1月29日至2月28日，由重庆市文化广播电视局、梁平县人民政府主办，重庆市非物质文化遗产保护中心等单位承办的“重庆市非物质文化遗产保护成果系列展暨梁平县非物质文化遗产保护成果专题展”在重庆中国三峡博物馆举办。此次展览围绕“体验文化遗产传承巴渝文脉”，立足梁平县丰富的非物质文化遗产资源，用实物展、现场展演等方式，展示了包括梁平木版年画、梁平竹帘、梁山灯戏、梁平癞子锣鼓等国家级非物质文化遗产名录项目在内的具有鲜明地域特色的非物质文化遗产项目。

重庆市举办全市学习贯彻《中华人民共和国非物质文化遗产法》暨大渡口非物质文化遗产成果展

5月23日至7月23日，由重庆市文化广播电视局、大渡口区人民政府主办，重庆中国三峡博物馆、重庆市非物质文化遗产保护中心等单位承办的“传承城市记忆，守护精神家园——重庆市学习贯彻

《中华人民共和国非物质文化遗产法》暨大渡口非物质文化遗产成果展”在重庆中国三峡博物馆举办。此次展览分静态展示区、互动区、表演区三部分，用展板、实物、现场展演等方式，展示出具有鲜明特色的跳蹬石工号子、川剧座唱、麦草艺画、堰兴剪纸、新山村街道乱针绣、于氏滴塑、华生园糕点制作传统技艺、雷字牌工艺美术鞋垫、跃进革新丝带绣等大渡口地域非物质文化遗产项目。

重庆市举办市级非物质文化遗产保护成果系列展暨巴南区非物质文化遗产保护成果专题展

12月30日起，由重庆市文化广播电视局、重庆市巴南区人民政府主办，重庆市非物质文化遗产保护中心等单位承办的“重庆市非物质文化遗产保护成果系列展暨巴南区非物质文化遗产保护成果专题展”在重庆中国三峡博物馆举办。此次展览持续至2012年1月20日，以图片、文字、声像以及现场技艺展示等方式多层次、多角度、全方位地展示巴南区的非物质文化遗产资源，吹打（接龙吹打）和木洞山歌2项国家级非物质文化遗产名录项目，姜家舞龙习俗等9项重庆市市级非物质文化遗产名录项目和诸多区级非物质文化遗产名录项目参加展览。

四川省在成都举办传统年画珍赏展览

1月29日，由四川省博物院与四川省非物质文化遗产保护中心联合主办的“迎新接福·一纸万象‘传统年画珍赏’”展览在成都市四川博物院举办。

四川省在成都举办纪念川剧名家周裕祥、周企何百年诞辰活动

12月24日至26日，由四川省委宣传部、省文化厅、省振兴川剧领导小组主办，四川省川剧艺术研究院、四川省川剧院等单位联合承办的“纪念周裕祥、周企何百年诞辰活动”在成都举办。本次活动举办了两个专题研讨会及三场川丑纪念演出。周裕祥、周企何的艺术传人及川渝各路川丑名家在四川省川剧院剧场登台亮相，展示川丑各流派艺术的精湛技艺。来自四川成都、乐山、南充、自贡及重庆、贵州等地的文化艺术界人士近200人参加活动。

贵州省在贵阳举办非物质文化遗产相关春节文化活动

1月30日，由贵州省文化厅、贵州省文物局主办的“玉兔迎春大家乐”春节文化活动在贵州省博物馆广场拉开帷幕。活动以老百姓喜闻乐见的内容和形式，在喜庆、和谐中体现人文关怀，倡导文明新风。活动注重参与性、互动性、民俗味，内容丰富、形式创新。此次文化活动有文艺演出、民俗展览、贵州省内书画名家作品展示、专家学者年俗文化座谈会及“网上春节文化庙会”等，观众进行欢乐互动。此外，春节文化活动还增加了遵义市和安顺市两个分会场，形成省地互动，并通过“文化信息资源共享工程”向全省各地同步播出贵阳主会场活动的实况，进一步增加了“大家乐”活动的辐射面和影响力。

贵州省文化交流团赴台湾参加 2011文化民俗观光博览会

5月12日至19日，由贵州省文化厅领导带队的文化交流团一行应台北市山痴画会邀请赴台湾参加“2011文化民俗观光博览会”。博览会期间，贵州省民族歌舞及传统手工技艺传承人等10人，展示了独具特色的民族歌舞和银饰、蜡染、刺绣等少数民族传统手工技艺。

云南省在昆明举办第二届“非遗画忆——云南画院艺术作品展”

3月5日，第二届“非遗画忆——云南画院艺术作品展”在云南美术馆举行。此次展览通过美术绘画的形式，展现少数民族民俗、节日、舞蹈、民间文学、手工技艺和各民族文化保护区等多个被列入国家级、省级非物质文化遗产名录项目，从而达到保护和宣传的效果。

云南省在石屏举办第一届云南石屏彝族花腰传统手工刺绣比赛

3月7日至8日，云南省石屏县文化局在云南省石屏县哨冲镇慕善村举办“第一届云南石屏彝族花腰传统手工刺绣比赛”。此次比赛共有170余人参加、300余件刺绣和剪纸作品及160余套服饰参赛。

云南省在昆明举办第一届昆明官渡全国非物质文化遗产联展

3月22日至27日，云南省在昆明市官渡古镇举办第一届“昆明官渡全国非物质文化遗产联展”。此次联展以“展示传统年画和技艺，谱写民族文化新篇章”为主题，采取现场制作、实物展览和展销洽谈等方式，邀请来自全国的10个民间美术类和16个传统技艺类项目参加展览。

云南省在昆明举办非物质文化遗产进校园活动成果展

4月22日，“云南省非物质文化遗产传承人进民大系列成果展”在云南省非物质文化遗产保护传承基地——云南民族大学职业技术学院举办。此次活动邀请国家级非物质文化遗产项目纳西族东巴画省级传承人和国伟、和国耀与中国著名剪纸艺术家樊勇现场传承教学活动；同时，教学成果展厅展出传承人教学过程宣传展板和之前“非物质文化遗产传承人进民大”系列活动学生的部分作品：包括扎染、木雕、刺绣、剪纸、甲马纸和东巴画。

云南省在昆明举办古琴文化音乐会

9月3日，由云南省文化厅主办，云南省非物质文化遗产保护中心、云南省委宣传部重大文艺创作中心、云南昆明晨曦古琴研习馆承办的“非物质文化遗产《道·流水》”2011晨曦古琴文化音乐会，在昆明剧院举办。

云南省在普洱举办第七届民族民间歌舞乐展演

11月21日至25日，云南省第七届民族民间歌舞乐展演在普洱市举行。此次展演以“展示民族艺术风采，弘扬优秀传统文化”为主题，全省16个州市、云南民族村共17支代表队，合计63个节目，18个民族的演员、编导共计1156人参加了这次展演，节目荟萃了云南各民族具有民族性、独特性、艺术性、传承性的民间歌舞乐。展演最后评出金、银、铜奖节目50个，优秀奖节目9个，9支代表队获传承奖，11个代表队获组织奖。

西藏自治区在山南开展庆祝建党90周年、西藏和平解放60周年非物质文化展演活动

为庆祝建党90周年和西藏和平解放60周年，西藏自治区山南地区琼结县举办了非物质文化遗产展演活动。此次展演节目主要有国家级非物质文化遗产保护项目奔堆面藏戏，自治区级非物质文化遗产保护项目久河卓舞、堆巴谐钦，县级非物质文化遗产保护项目雪阿佳拉姆藏戏。参加展演的演员全为当地的农牧民群众。

陕西省在西安举办第二届西部非物质文化遗产展演暨西安文化遗产博览会

4月7日至11日，由文化部和陕西省人民政府主办的“第二届西部非物质文化遗产展演暨西安文化遗产博览会”在西安大唐西市隆重举行，本届西部非物质文化遗产展演暨西安文化遗产博览会内容丰富，包含了我国西部十省区100多项非物质文化遗产项目展演，期间还举办了第二届全国民办博物馆藏品展览会等活动。

陕西省在延安举办2011延安过大年节庆活动

2月17日（元宵节），2011“延安过大年”节庆活动在延安举办，陕北的非物质文化遗产项目秧歌、飞镲、霸王鞭、舞龙、鳖鼓、胸鼓、斗鼓、猎鼓、老鼓等悉数亮相，该活动已连续举办28个年头，曾荣获文化部第十五届群星奖，省文化厅领导出席了活动开幕式。

陕西省在西安举办第五届“中国集贤·西安鼓乐文化节”

3月29日，由陕西省艺术研究所、陕西省西安鼓乐研究保护中心主办，周至县集贤镇政府协办的第五届“中国集贤·西安鼓乐文化节”在西安举办。

陕西省在西安举办“第三届陕北说书大赛”颁奖晚会

8月15日，由陕西省文化厅主办的“第三届陕北说书大赛”颁奖晚会在西安人民剧院举办。本届陕北说书大赛经西安、延安、榆林三个赛区初赛后选出38个节目在西安进行决赛。10人荣获一等奖，12人荣获二等奖，13人荣获三等奖。此外还颁发了新苗奖、创新作品奖、优秀组织奖等奖项。

陕西省在西安举办2011大唐西市文化遗产节

8月27日至10月7日，由陕西省文化厅、陕西省文物局和西安市委宣传部主办，西安大唐西市文化产业投资有限公司承办的“2011大唐西市文化遗产节”在西安市大唐西市举办。

青海省在北京举办唐卡艺术精品展

7月25日，为期两个多月的“莲生妙相——青海唐卡艺术精品展”在北京恭王府圆满结束。期间，举办了唐卡精品展、青海传统手工艺品销售、热贡唐卡工艺技法讲座、民间艺人技艺展示等系列活动。累计接待观众10余万人次。恭王府管理中心一次性征集收藏唐卡61幅，总价达1008万元。

青海省在西宁举办第八届西北五省（区）花儿演唱会

7月5日至11日，由青海省文化馆、西宁市园林局主办，青海省民族文化艺术中心、西宁市南山公园承办，以“大美青海、花儿飘香”为活动主题的第八届西北五省（区）“时代联信”花儿演唱会在西宁市凤凰山举行。来自青海、甘肃、陕西、宁夏回族自治区、新疆维吾尔自治区的31名花儿歌手参加演出。活动期间，还组织了“西北五省（区）花儿歌手吐谷浑故乡行”“西北五省（区）花儿歌手花儿王朱仲禄先生故乡行”活动，在国家非物质文化遗产保护传承基地互助县丹麻镇设立了分会场。数十万群众观看了演出。

青海省在西宁举办第四届青海国际唐卡艺术与文化遗产博览会

8月19日至22日，青海省人民政府在西宁城南国际会展中心举办第四届青海国际唐卡艺术与文化遗产博览会。文化部副部长王文章，青海省委书记、青海省人大常委会主任强卫，青海省政协主席白玛，青海省委常委、宣传部部长吉狄马加等领导到场参观指导。本届博览会以“弘扬民族文化，提升产业水平，共享发展成果”为主题，推出了青海精品唐卡艺术、非物质文化遗产、民族民间工艺美术品、民族地方精品图书音像制品展、青海经典“花儿”、唐卡绘画技能比赛及论坛等系列活动，取得了显著的社会和经济效益。本届博览会参观人数近4万人，以唐卡为主的展品销售额达到185万元，产品订单额达1113万元，项目签约资金达1.86亿元。

宁夏回族自治区举办2011宁夏春节民俗文化大集

2月6日至8日（正月初四至初六），由宁夏回族自治区文化厅、银川市人民政府联合主办的“我们的节日——2011宁夏春节民俗文化大集”正式在银川市光明广场开集。每天上午11时开始，进行舞狮、踩高跷、跑旱船、唱秦腔、漫花儿、魔术、剪纸、抖空竹、踢毽子、打太极等10多项文化活动。

教育传播

天津市启动“非遗校园行”活动

6月，为探索引导年青一代参与到非物质文化遗产传承工作中的新模式，天津市非物质文化遗产保护中心在天津大学启动了“非遗校园行”系列活动。活动形式多样，包括展示学习、讲座演出、知识抢答等，国家级、省市级非物质文化遗产项目传承人和天津大学多个艺术社团的同学们积极互动，受到大学生的热烈欢迎。

辽宁省在凌源等地开展“非遗走基层、进校园”活动

10月17日，辽宁省非物质文化遗产保护中心正式启动了“非遗走基层、进校园”活动，选调地域特色、民族特色鲜明的非物质文化遗产项目深入凌源、锦州、岫岩等地的基层中小学校园。国家级非物质文化遗产项目“凌源皮影戏”走进凌源偏远地区的中小学，为广大师生送去皮影演出10余场，不仅丰富了乡镇学生的“第二课堂”，加深学生们对身边的非物质文化遗产的认识和了解，更进一步扩大了传承基础。此后，辽宁省非物质文化遗产保护中心继续深入基层，组织岫岩东北大鼓、医巫闾山满族剪纸、锦州皮影戏、锦州面塑分别走进了岫岩、锦州地区的校园。

大连市举办非物质文化遗产项目展览进校园活动

12月8日，由大连市文化广播影视局、大连市财政局、大连市教育局主办，大连市非物质文化遗产保护中心等单位承办的“大连市非物质文化遗产项目展览进校园”启动仪式在沙河口区中心小学举行。本次活动将历时一个半月时间在市内四区的16所小学流动展览，参展项目有联合国教科文组织人类非物质文化遗产代表作名录复州皮影戏、庄河剪纸，省级项目有马驷骥根艺、桃核微雕技艺、普兰店传统手工布艺制作技艺，市级项目有张宝粟雕刻、普兰店传统木雕手工技艺、大连木偶戏、金州胡氏石雕。

黑龙江省在饶河开展“桦树皮制作技艺进校园”活动

黑龙江省饶河县国家级非物质文化遗产名录桦树皮制作技艺传习所在黑龙江省饶河县四排乡赫哲族中心学校开展了“桦树皮制作技艺进校园”活动，推进制作技艺的普及，发展壮大了桦树皮制作技艺的受众面和传承队伍，培训学员200人次，拍摄传习录像素材240分钟、图片100余张。

上海市开展第一期“上海学子非遗展馆行”活动

6月中旬，上海市非物质文化遗产保护中心开展了“上海学子非遗展馆行”活动。活动涉及全市13个非物质文化遗产项目展览场所，包括上海市群众艺术馆、上海工艺美术博物馆、土山湾博物馆、黄道婆纪念馆、林曦明现代剪纸艺术馆、上海笔墨博物馆、嘉定竹刻博物馆、锣鼓书陈列馆、七宝皮影艺术馆、上海宝山国际民间艺术博览馆、奉贤滚灯艺术陈列馆、上海民族民俗民间文化博览馆、上海东华大学纺织服饰博物馆。

福建省组织编写非物质文化遗产系列教材

年内，福建省编辑出版了福建省非物质文化遗产保护系列丛书，并完成了《全国非物质文化遗产保护论文集》福建地区征稿工作，并与福建少儿文艺出版社合作编写少儿非物质文化遗产教材，组织编辑出版了《福建非物质文化遗产》（2011年刊），为《福建画报》非物质文化遗产专栏供稿，每月一期。

福建省在福州组织《非物质文化遗产概论》课程进校园活动

年内，福建省非物质文化遗产保护中心专门组织本中心非物质文化遗产保护部业务人员，为福建省艺术职业学院2009级社文系讲授《非物质文化遗产概论》课程。

河南省在郑州举办《中华人民共和国非物质文化遗产法》有奖知识竞赛

6月13日，由河南省文化厅主办，河南省艺术研究院承办的《中华人民共和国非物质文化遗产法》有奖知识竞赛在郑州河南省文化艺术研究院举行，并评出个人一、二、三等奖和组织奖。

广东省组织全省各地举办非物质文化遗产进校园主题活动

6月，广东省文化厅组织全省各地举办以“依法保护、重在传承——非物质文化遗产进校园”为主题的“文化遗产日”活动，全省有119项各类非物质文化遗产项目开展活动，其中26项非物质文化遗产项目开展了进校园活动。

重庆市非物质文化遗产保护中心与重庆市渝都监狱合作开展帮扶活动

年内，重庆市非物质文化遗产保护中心与重庆市渝都监狱合作，开展了国家级非物质文化遗产项目帮扶活动。国家级非物质文化遗产项目川江号子市级代表性传承人曹光裕、国家级非物质文化遗产项目吹打（接龙吹打）代表性传承人唐佑伦走进狱区，授徒传艺。

云南省持续开展非物质文化遗产进校园活动

全年，云南省非物质文化遗产保护中心组织锡器制作技艺、甲马纸制作技艺、银器制作技艺、彝族剪纸、傣族剪纸、彝族刺绣、纳西族东巴画、木雕制作技艺、乌铜走银、彝族舞蹈、傈僳族舞蹈、彝族三弦舞（阿细跳月）、铜鼓舞等，6次到云南艺术学院设计学院、舞蹈学院和云南民族大学职业技术学院开展传承教学活动，共邀请了16位省级传承人进行授课。

宁夏回族自治区继续推进非物质文化遗产进课堂、进教材、进校园活动

全年，宁夏回族自治区继续推进非物质文化遗产进课堂、进教材、进校园活动。宁夏回族自治区非物质文化遗产教育传承计划自2007年就在区内一些学校开始试点，海原县、西吉县、银川市兴庆区教育局回民一小、银川回中、六中、石嘴山市第十三小学、平罗回民一小、银川二中、宁夏大学音乐学院等学校已纳入花儿、回族民间乐器的制作与演奏、剪纸等课程，成为非物质文化遗产项目传承保护基地。至2011年，宁夏回族自治区非物质文化遗产保护中心已编印了《泥哇呜演奏入门教材》《口弦制作与演奏》教材，《剪纸》的中小学试用教材也在编写中。

（十一）保护机构的设立与保护队伍的建设

3个省（区）设立非物质文化遗产保护工作专门处室及机构

本年度，全国分别有2省（区）在文化行政部门设立了非物质文化遗产保护工作专门处室，另有1省设立了非物质文化遗产专业保护机构。具体如下：

5月，云南省非物质文化遗产保护中心经云南省机构编制委员会办公室批准设立，该中心为直属云南省文化厅的正处级事业单位，人员编制35人；11月，辽宁省非物质文化遗产处经辽宁省编制委员会办公室批准，在该省文化厅成立，人员编制2人；12月，西藏自治区省非物质文化遗产处经西藏自治区编制委员会办公室批准，在该省文化厅成立，人员编制3人。

全国人大法律委员会等单位在北京联合召开宣传贯彻《中华人民共和国非物质文化遗产法》座谈会

6月9日，全国人大法律委员会、全国人大教科文卫委员会、全国人大常委会法制工作委员会、国务院法制办公室、文化部在人民大会堂北京厅联合召开宣传贯彻《中华人民共和国非物质文化遗产法》

座谈会。全国人大常委会副委员长路甬祥、全国人大教科文卫委员会主任委员白克明、文化部部长蔡武、中宣部副部长翟卫华、全国人大法律委员会副主任委员李重庵、国务院法制办公室副主任袁曙宏、中国联合国教科文组织全国委员会秘书长方茂田、国家非物质文化遗产保护工作专家委员会委员朝戈金依次作会议发言。中宣部有关负责同志，国家发展和改革委员会、教育部、国家民委、财政部、国家文物局等非物质文化遗产保护工作部际联席会议成员单位以及有关单位的负责同志和来自法律界、非物质文化遗产保护界的60余位专家学者参加了座谈会。

天津市举办多期非物质文化遗产专题讲座

年内，天津市先后举办了多期天津市非物质文化遗产专题讲座，邀请全市的罗澍伟、甄光俊、张春生、单锡文、杨祥全等各类非物质文化遗产项目研究领域的专家，以深入浅出的形式讲述有关知识。同时邀请刘魁立、乌丙安、宋兆麟、柳长华、祁庆富、兰静等国家级非物质文化遗产领域专家作专题讲座，培训全市非物质文化遗产工作人员。

河北省在石家庄召开庆祝《中华人民共和国非物质文化遗产法》颁布座谈会

3月2日，河北省在石家庄市召开庆祝《中华人民共和国非物质文化遗产法》颁布座谈会。河北省非物质文化遗产保护中心、河北省文联、河北师范大学、河北省社科院、河北省民俗文化协会和河北省社会音乐研究会等相关负责人和专家，全省11个设区市及40多个县（市、区）非物质文化遗产保护中心主任及工作人员参加了座谈会。与会人员一致希望，河北省要贯彻国家法的精神，加快非物质文化遗产保护的地方立法进程，同时要研究出台相应的行政规章，形成统一而又分层次并具有河北实际特点的非物质文化遗产立体法制，为全省非物质文化遗产保护科学、健康、规范发展提供法制保障。

辽宁省召开宣传贯彻《中华人民共和国非物质文化遗产法》座谈会

6月8日，辽宁省文化厅在沈阳召开辽宁省宣传贯彻《中华人民共和国非物质文化遗产法》座谈会。国家非物质文化遗产保护专家委员会副主任委员乌丙安，辽宁省文化厅、省直有关部门、各市文化局、各市县非物质文化遗产保护中心有关负责人，以及非物质文化遗产领域的专家和传承人代表共25人参加了会议。座谈会上，与会代表对《中华人民共和国非物质文化遗产法》的法律条文进行了深入学习，并对如何更好地宣传落实《中华人民共和国非物质文化遗产法》发表了意见和建议。

浙江省非物质文化遗产保护队伍不断壮大

截至2011年年底，浙江省全省11个设区市均已建立非物质文化遗产保护中心，90个县（市、区）已有76个建立了非物质文化遗产保护中心。同时积极推进非物质文化遗产志愿者队伍建设，在浙江大学、浙江工商大学等5所高校建立了非物质文化遗产志愿者团队，上千名大学生志愿者宣誓上岗，参加非物质文化遗产保护社会实践。

河南省文化厅增补省级非物质文化遗产保护工作专家委员会委员

1月10日，河南省文化厅发出通知（豫文非遗〔2011〕1号），增补张玉彚（河南工艺美术馆馆长）、张明利（河南省中医药研究院研究员、主任中医师）、闵虹（河南教育学院教授、硕士生导师）、周志永（河南省豫菜工程委员会常务理事）4位专家为河南省非物质文化遗产保护工作专家委员会委员。

湖北省召开学习、宣传、贯彻《中华人民共和国非物质文化遗产法》会议

1月19日至20日，湖北省文化厅在武汉召开全省文化局长会议，会议确定全省学习、宣传、贯彻《中华人民共和国非物质文化遗产法》，切实加强文化遗产保护和利用，作为全省当年的重点工作之一。

湖北省召开学习贯彻《中华人民共和国非物质文化遗产法》座谈会

6月10日，湖北省文化厅召开全省学习贯彻《中华人民共和国非物质文化遗产法》座谈会，并纪念我国第六个“文化遗产日”。湖北省非物质文化遗产保护工程专家委员会部分专家，部分国家级、省级非物质文化遗产名录项目保护单位负责人及传承人代表参加了会议。

湖南省在隆回召开全省非物质文化遗产保护工作会议

12月21日至24日，湖南省文化厅在湖南省隆回县召开全省非物质文化遗产保护工作会议，总结交流近两年全省非物质文化遗产保护工作，传达落实文化部全国非物质文化遗产保护工作会议精神，部署次年全省国家级、省级非物质文化遗产代表性项目保护督查等工作。

广西壮族自治区召开宣传贯彻《中华人民共和国非物质文化遗产法》座谈会

6月3日，文化厅组织召开广西壮族自治区宣传贯彻《中华人民共和国非物质文化遗产法》专家、新闻媒体座谈会，广西文联、广西民族艺术研究院、广西民族大学、广西大学、广西师范学院、广西社会科学院、广西民族问题研究中心、自治区博物馆、自治区民族博物馆、自治区图书馆等单位的专家，自治区非物质文化遗产保护厅际联席会议成员单位代表，中央驻桂新闻媒体、广西各大新闻媒体等参加了座谈会。

重庆市召开全市学习宣传《中华人民共和国非物质文化遗产法》座谈会

6月16日，重庆市文化广播电视局召开“重庆市学习宣传《中华人民共和国非物质文化遗产法》座谈会”。重庆市文化广播电视局、市人大教科文卫委、市编办、市非物质文化遗产保护局际联席会议成员单位的领导以及相关专家，国家级非物质文化遗产项目代表性传承人代表，重庆市级非物质文化遗产项目代表性传承人代表和项目保护单位代表参加了座谈会。此次座谈会就非物质文化遗产的概念及内涵、非物质文化遗产的调查、非物质文化遗产代表性项目名录、非物质文化遗产的传承与传播、法律责任等几个重大事项进行了学习和宣传，就如何贯彻《中华人民共和国非物质文化遗产法》、颁布的重要意义以及对保护非物质文化遗产的现实作用进行了讨论。

四川省在成都召开《中华人民共和国非物质文化遗产法》贯彻座谈会

5月20日，四川省人大召开《中华人民共和国非物质文化遗产法》贯彻座谈会。四川省人大常委会成员副主任王宇坤，省人大常委会委员、教科文卫委员会主任委员杨国安等省人大有关领导和省政府法制办政法文教处负责人，文化厅及非物质文化遗产处负责人，四川省非物质文化遗产保护中心相关同志，非物质文化遗产保护专家和传承人代表参加了会议。

四川省在成都召开四川省国家级、省级非物质文化遗产代表性项目保护自查工作部署会议

12月28日，四川省文化厅在成都召开“四川省国家级、省级非物质文化遗产代表性项目保护自查工作部署会议”。会议通过了四川省文化厅开展四川省国家级、省级非物质文化遗产代表性项目保护自查工作的实施方案。文化厅相关领导对开展专项自查工作进行了动员部署。

陕西省在延安举办全省舞蹈干部技能展示活动暨群众文化工作交流会

9月14日至16日，由陕西省艺术馆主办，吴起县文化馆承办的“全省舞蹈干部技能展示活动暨群众文化工作交流会”在延安举办。陕西省艺术馆、非物质文化遗产保护中心负责人分别就《中华人民共和国非物质文化遗产法》的宣传和非物质文化遗产项目的申报方法进行授课，来自全省各地的一线非物质文化遗产保护工作者共计70余人参加了本次交流会。

宁夏回族自治区召开学习贯彻《中华人民共和国非物质文化遗产法》座谈会

3月18日，宁夏回族自治区文化厅召开了学习贯彻《中华人民共和国非物质文化遗产法》座谈会，文化主管部门领导、专家学者、传承人代表、项目传承保护单位代表70余人参加了会议。学员们逐条学习了《中华人民共和国非物质文化遗产法》的内容，专家和传承人在座谈发言中，联系我区非物质文化遗产保护工作的实际，对促进我区非物质文化保护工作中进一步开展生产性保护、文化生态保护区建设等项工作的意见和建议。文化厅领导就近年来我区非物质文化遗产保护工作的成绩、问题和2011年全区非物质文化遗产保护工作特别是《中华人民共和国非物质文化遗产法》的宣传、贯彻等工作进行了总结与部署。

宁夏回族自治区举办全区非物质文化遗产保护工作座谈会

10月10日，宁夏回族自治区文化厅召开全区非物质文化遗产保护工作座谈会。会议主要听取宁夏回族自治区各市文化局、自治区非物质文化遗产保护中心汇报了近年来非物质文化遗产保护管理工作情况；讨论了自治区级以上非物质文化遗产代表性项目保护管理方案；研究第三批自治区级非物质文化遗产代表性项目申报评审事宜；研究推荐第四批国家级非物质文化遗产项目代表性传承人评审事宜；研究“六盘山花儿文化生态保护实验区”挂牌及《规划》文本修改事宜。

二、国际

（一）名录

联合国教科文组织在印度尼西亚巴厘岛审议通过中国皮影戏列入人类非物质文化遗产代表作名录、伊玛堪列入急需保护的非物质文化遗产名录

11月22日至29日，联合国教科文组织保护非物质文化遗产政府间委员会第六届会议在印度尼西亚巴厘岛召开，会议主要评审了包括中国在内的5个缔约国提交的履约报告，38个申报2011年“人类非物质文化遗产代表作名录”项目（以下简称“代表作名录”）、17个申报“急需保护的非物质文化遗产名录”项目（以下简称“急需保护名录”）等。委员会充分肯定了中国政府在保护和传承非物质文化遗产方面做出的努力，以及与遗产相关社区卓有成效的工作。

经会议审议通过，19个项目列入2011年“代表作名录”，11个项目列入2011年“急需保护名录”。其中，我国申报的中国皮影戏成功列入2011年“代表作名录”，伊玛堪列入2011年“急需保护名录”。至此，全球共有232项“代表作名录”项目，27项“急需保护名录”项目和8项“优秀实践名册”项目。我国共有29个项目列入“代表作名录”，7个项目列入“急需保护名录”。

（1）伊玛堪

伊玛堪是中国黑龙江省赫哲族独有的用赫哲语表现的史诗体民间口头说唱艺术，历史悠久，世代传承。表演形式是说与唱相结合，无乐器伴奏，采用叶韵和散文体的语言，运用不同的唱腔表现人物和情节；说唱内容多讲述部落征战、生活民俗以及赫哲族英雄降妖伏魔、抗击入侵者的故事，具有鲜明渔猎文化和地域特征。这种独特的艺术形式在传承赫哲族语言、信仰、民俗和习惯方面发挥了关键作用。目前这种艺术正濒临失传，20世纪80年代，伊玛堪艺人中还有20多位大师级人物，而目前只剩下5名伊玛堪艺人能表演某些特定篇目。

（2）中国皮影戏

中国皮影戏是集雕刻、剪纸、绘画、造型、口头文学、音乐唱腔、表演于一体的综合艺术。皮影艺人操纵皮制或者纸制的平面影人，通过灯光将影像透映于幕窗上，配以乐队伴奏、唱念来演绎故事的表演艺术。民间皮影戏艺人具有不经过排练、不看曲谱就能张嘴演唱的技艺，许多老艺人凭口传记忆可以演出数十出传统剧目，也有掐嗓演唱、双手操纵多个影人、乐手一人吹打弹唱一出戏的独特技艺，同时有大量明、清文人手抄本皮影剧目遗传于世。

中国非物质文化遗产保护中心组织召开中国向联合国教科文组织申报“人类非物质文化遗产代表作名录”和“优秀实践名册”工作系列会议

受文化部委托，中国非物质文化遗产保护中心承担我国向联合国教科文组织申报“人类非物质文化遗产代表作名录”（以下简称“代表作名录”）和“优秀实践名册”项目的评审组织工作，多次会同文化部非物质文化遗产司、对外文化联络局，并邀请相关专家举办评审会议。具体工作有：1月16日，按照文化部的工作安排，中国非物质文化遗产保护中心在北京组织召开了“中国向联合国教科文组织申报2011年‘人类非物质文化遗产代表作名录’备案项目排序结果评审会议”，11位“中国向联合国教科文组织申报2011年‘人类非物质文化遗产代表作名录’和‘急需保护的非物质文化遗产名录’评审委员会”成员参加了评审会议；2月10日至11日，中国非物质文化遗产保护中心在北京组织召开了中国向联合国教科文组织申报2012年“代表作名录”和“优秀实践名册项目”评审工作会议，会议主要遴选了“代表作名录”补充项目，评审了“最佳实践项目”；3月15日至18日，中国向联合国教科文组织申报2012年“‘人类非物质文化遗产代表作名录’和‘优秀实践名册’推荐项目申报材料评审工作会议”。

（二）国际交流与合作

文化部、联合国教科文组织与四川省人民政府在成都共同举办第三届中国成都国际非物质文化遗产节

5月29日至6月11日，由文化部、联合国教科文组织与四川省人民政府主办的第三届中国成都国际非物质文化遗产节在成都市召开。活动围绕着“弘扬人类文明，共建精神家园”的主题，举办了开幕式暨天府大巡游、国际非物质文化遗产博览会和20多台传统戏剧精品剧目演出等七大类286项活动，邀请了联合国教科文组织、世界旅游组织、72个国家和地区、各省区市的7000多名代表，1900多个非物质文化遗产项目参加，直接参与节会活动的人数达570余万人。组织“第三届成都国际非物质文化遗产节·非物质文化遗产国际论坛”，发表了非物质文化遗产国际论坛成果文件《成都倡议》。

贵州省国家级非物质文化遗产名录项目侗族大歌参加法国巴黎国际旅游展

3月17日至20日，国家旅游局驻巴黎旅游办事处组织侗族大歌参加“法国巴黎国际旅游展”。参展期间，黎平侗族大歌艺术团6名演员，先后在巴黎凡尔赛门国家会展中心、国家旅游局巴黎办事处、巴黎三愚人剧院进行演出。

第二届巴黎中国曲艺节在法国巴黎举办

5月19日，由中国曲艺家协会和法国巴黎中国文化中心联合主办的“第二届巴黎中国曲艺节”在法国巴黎中国文化中心拉开帷幕。本届中国曲艺节以“燕赵风情”为主题，专场展示了河北省西河大鼓、木板大鼓、二人台等多种传统曲艺形式，博得现场观众的喝彩。

重庆市国家级非物质文化遗产名录项目重庆漆器髹饰技艺等在泰国曼谷参加重庆文化周

6月16日至21日，由中国驻泰国大使馆文化处、重庆市文化广播电视局和泰国泰华农民银行联合主办的重庆文化周活动在泰国曼谷市举办，以庆祝中泰建交36周年。漆器髹饰技艺（重庆漆器髹饰技艺）、麦草艺画、抛沙画、垫江角雕等8项国家级、重庆市市级非物质文化遗产名录项目参加了展示活动。

重庆市国家级非物质文化遗产名录项目川剧在英国威尔士参加重庆文化周

8月4日至8日，由文化部对外文化联络局、重庆市文化广播电视局、英国威尔士议会政府对外关系部共同主办的2011年重庆文化周在英国威尔士举行。重庆市的川剧、漆器髹饰技艺（重庆漆器髹饰技艺）、梁平木版年画、黄杨木雕、重庆糖画等国家级、重庆市市级非物质文化遗产名录项目参加展示活动。

河北省国家级非物质文化遗产名录项目皮影戏（昌黎皮影戏）赴意大利亚历山德里亚演出

5月，河北省昌黎县“向东皮影剧团”随中国美术馆一行，赴意大利亚历山德里亚市，参加了在此举行的意大利“中国文化年”系列文化交流活动。在交流活动中，剧团共演出了《鹤与龟》《火焰山》《三打祝家庄》《三打白骨精》等26出昌黎皮影经典剧目，将具有深厚文化内涵和独特审美价值的中国皮影艺术展现在意大利观众面前。

河北省国家级非物质文化遗产名录项目满族二贵摔跤赴美国多地展演

11月，河北省国家级非物质文化遗产名录项目满族二贵摔跤受国家民族事务委员会、中国民族博物馆委派，赴美国参加“多彩中华”对外文化交流活动，分别在美国马里兰州、宾夕法尼亚州、华盛顿、纽约等地参加了9场演出，历时14天，受到了美国观众的热烈欢迎和高度赞誉。

辽宁省省级非物质文化遗产名录项目辽阳逍遥门武功在第九届香港国际武术节获奖

3月11日，“武德杯”第九届香港国际武术节在香港沙田马鞍山体育馆举行。本次武术节上，来自50多个国家和地区的近900支代表队、共8000多名运动员同场竞技。辽宁省省级非物质文化遗产名录项目辽阳逍遥门武功代表性传承人段宏伟率领韩国弟子沈载佑、金泰旭参赛，最终获得3金、2银、1铜的成绩。

辽宁省国家级非物质文化遗产名录项目木偶戏（辽西木偶戏）表演剧目获韩国昌原国际演剧节金奖

8月20日，由锦州木偶剧团表演的国家级非物质文化遗产名录项目木偶戏（辽西木偶戏）剧目《天女散花》《木偶变脸》和《木偶画竹》，获得韩国昌原国际演剧节金奖。此次演剧节有来自中国、新加坡、日本、泰国、俄罗斯等30多个国家的演剧团队参加，演出了民族歌舞剧、话剧、木偶剧、哑剧、音乐剧等多个戏剧类型。

大连皮影戏《卖火柴的小女孩》作为参赛剧目入选2012年国际木联大会暨国际木偶艺术节

9月29日，由大连群艺皮影剧团创作排练的大型皮影戏《卖火柴的小女孩》入选2012年“国际木联大会暨国际木偶艺术节”，次年将参加由成都市人民政府、联合国教科文组织国际木偶联会、国际木偶联会中国中心在成都主办的“国际木联大会暨国际木偶艺术节”。

江苏省在意大利举办意大利中国文化年“茉莉飘香·江苏文化周”民间工艺展示和昆曲专场演出

7月25日至8月2日，在江苏省文化厅指导下，江苏省非物质文化遗产保护中心、江苏省昆剧院组成近30人的展演队伍，在意大利举办意大利中国文化年“茉莉飘香·江苏文化周”民间工艺展示和昆曲专场演出活动。

宁波市国家级非物质文化遗产名录项目赴韩国大邱广域进行文化交流

8月27日至9月2日，应韩国大邱广域市政府邀请，由宁波市文化馆、宁波市歌舞团组成的“赴韩文化艺术团”一行20余人参加韩国大邱广域市举办的“友好城市日”活动，并进行了非物质文化遗产展示及传统歌舞表演两场展演活动。其中，宁波市的国家级非物质文化遗产名录项目“三金”——宁波朱金漆木雕、宁波泥金彩漆、宁波金银彩绣的现场演示，吸引了众多游客纷纷驻足观赏。

福建省赴毛里求斯举办系列文化活动

2月，由福建省文化厅率领艺术团在“2011毛里求斯春节联欢晚会”上精彩亮相，就此拉开了福建与毛里求斯中国文化中心合作的序幕。同年5月、8月、9月和11月，福建省组织非物质文化遗产项目参加了毛里求斯非物质文化遗产展和“中国文化年”展演活动，并在毛里求斯举办了“发现中国——中国福建非物质文化遗产介绍”讲座、福建非物质文化遗产展演和福建非物质文化遗产摄影展。

厦门市文化交流演出团赴印度尼西亚泗水参加第七届2011年文化交流节演出

7月20日至7月26日，应印度尼西亚泗水苏腊巴亚市长邀请，厦门市文化交流演出团一行6人赴印度尼西亚泗水市参加了由当地政府主办的“第七届2011年文化艺术交流节”，并与来自印度尼西亚各地的文艺团体和韩国、巴基斯坦等10余个国家的表演团队共同进行演出。

河南省派艺术团赴韩国参加2011首尔鼓乐艺术节

9月22日至26日，河南省文化厅组派开封盘鼓艺术团赴韩国参加“2011首尔鼓乐艺术节”，此次艺术节邀请了中国、日本、巴西、澳大利亚、墨西哥、韩国六国打击乐团，共有269名演员参加演出。参加此次演出的开封盘鼓艺术团演员共有14名，有农民、社区群众和学生，年龄最大的64岁，最小的仅12岁。

河南省非物质文化遗产交流团赴韩国访问

9月22日至30日，河南省非物质文化遗产交流团赴韩国进行非物质文化遗产交流活动，此次活动是中韩文化交流年活动的组成部分。交流团中赴韩国安养市安养大学、水源市京畿道文化财团的专家学者和韩国当地的非物质文化遗产保护工作者进行了专题座谈，同时与联合国教科文组织亚太地区非物质文化遗产国际培训中心负责人一起，就韩国非物质文化遗产保护政策与国际交流合作项目开展情况进行了交流。

英国、肯尼亚、圭亚那文化代表考察团考察海南非物质文化遗产项目

1月15日至29日，英国、肯尼亚、圭亚那文化代表考察团考察海南省非物质文化遗产项目。此次“东南西北四国菱形国际文化的传播能力与建设”考察，服务于欧盟合作项目，由海南省国际文化交流中心牵头组织，海南省非物质文化遗产保护中心、海南师范大学、海南省民族研究所共同合作实施。

重庆市非物质文化遗产项目参加美国“北美欢乐春节品牌活动暨美国洛杉矶文化周”活动

2月2日至15日，重庆市组织梁平木版年画、漆器髹饰技艺（重庆漆器髹饰技艺）、重庆糖画、黄杨木雕等10余项国家级、重庆市市级非物质文化遗产名录项目参加了由美国洛杉矶政府主办的“北美欢乐春节品牌活动暨美国洛杉矶文化周”活动。

贵州省在法国巴黎举办中国贵州苗族服饰展

7月5日至13日，贵州省在法国巴黎中国文化中心举办“中国贵州苗族服饰展”，展出的贵州苗族服装以及相关刺绣、织锦、蜡染、银饰等民间工艺美术品160余件，形态多样、工艺精湛，受到了广泛好评。正在法国进行友好访问的中共中央政治局常委、中央纪委书记贺国强参观了此次展览。

贵州省国家级非物质文化遗产名录项目侗族大歌赴日本东京演出

10月22日至23日，应日本东京国学院的邀请，贵州省黎平县岩洞村的9名侗族大歌歌手在日本东京国学院大学100周年纪念讲堂举办侗族大歌演唱会，此次演出共两场，每场2小时，场场演出座无虚席。

陕西剪纸艺术展在德国柏林举办

7月7日至8月8日，由陕西省艺术馆主办的“陕西剪纸艺术展”在德国柏林市中国文化中心举办。此次展览展出剪纸作品60余幅。

陕西演艺集团民间艺术剧院赴巴西里约热内卢参加“第九届FIL国际木偶艺术节”

7月23日，陕西演艺集团民间艺术剧院受邀前往巴西里约热内卢参加“第九届FIL国际木偶艺术节”。此次木偶艺术节汇集了比利时、西班牙、意大利、法国等众多国家的精彩剧目。陕西省木偶传统经典剧目《三打白骨精》《钟馗嫁妹》《顶缸》等在巴西观众面前亮相，1100余名观众观看了演出。

陕西天地社火艺术团赴俄罗斯莫斯科参加 2011年莫斯科国际军乐节开幕式

8月31日，应莫斯科国际军乐节组委会邀请，陕西省文化厅组织陕西天地社火艺术团一行80人参加在俄罗斯莫斯科红场举办的“2011年莫斯科国际军乐节”开幕式。

陕西省戏曲研究院小梅花艺术团参加第五届巴黎中国戏剧节和德国柏林中国文化中心文艺演示和艺术讲座等活动

12月1日至7日，陕西省戏曲研究院小梅花艺术团一行49人，应邀参加“第五届巴黎中国戏剧节”和德国柏林中国文化中心文艺演示和艺术讲座等活动。国家级非物质文化遗产名录项目秦腔进行了精彩演出和展示。

新疆维吾尔自治区国家级非物质文化遗产名录项目哈萨克族阿肯阿依特斯传承人在哈萨克斯坦共和国国际阿依特斯大会上获得最高奖

11月，新疆文化交流团一行12人赴哈萨克斯坦共和国参加“国际阿依特斯”大会。中方4名阿肯（哈萨克族对优秀民间歌手的尊称）均有出色表现，其中新疆阿勒泰地区清河县的（女）阿肯加米哈·达吾列提，获得特等奖即整场比赛的唯一最高奖。

理论建设

概述

本年度，随着《中华人民共和国非物质文化遗产法》（以下简称《非遗法》）的颁布与实施，我国的非物质文化遗产保护工作，从以往单项的、选择性的项目保护阶段，走入了整体性、系统性的全面、科学和依法保护阶段。与此同时，我国非物质文化遗产保护的理论建设工作，也在逐步深化。在国家和地方各级部门的高度重视下，非物质文化遗产的理论研究从文化政策到学术理论等方面都取得了丰硕的成果，国家级、省部级非物质文化遗产保护理论方面的立项课题达到八十余项。

在文化政策方面，国家及各地文化主管部门主要围绕《非遗法》，组织了各种形式的研讨学习，编撰出版了从不同角度解读及研究《非遗法》的各类图书。由全国人大法律委员会、全国人大教科文卫委员会、全国人大常委会法制工作委员会、国务院法制办、文化部五部门组织非物质文化遗产领域的专家学者共同编写的《非物质文化遗产法律指南》，为《非遗法》的具体实施提供业务指导。

同时，6月9日，全国人大法律委员会、全国人大教科文卫委员会、全国人大常委会法制工作委员会、国务院法制办公室、文化部在人民大会堂联合召开宣传贯彻《非遗法》座谈会。国内、国际论坛、座谈和学术研讨会也就《非遗法》的具体实施，非物质文化遗产项目保护，传承人保护与培养，非物质文化遗产生产性保护、整体性保护、数字化保护等保护方式进行深入交流和探讨，共同探求非物质文化遗产保护的途径和方法。非物质文化遗产理论研究和学术探讨得到进一步推进。

各地文化主管部门，结合本地非物质文化遗产保护现状和自身工作特点，出版了省级非物质文化遗产名录图典、传承人图志等理论研究成果，弘扬了本地的非物质文化遗产，有力地推动了非物质文化遗产保护实践工作。

在学术研究方面，专家、学者们结合当前非物质文化遗产发展现状，尤其是在《非遗法》颁布和实施的时代背景下，从现实出发，在宏观层面，对《非遗法》重要意义和非物质文化遗产发展前景进行阐发与研究。如全国人大教科文卫委员会副主任委员任茂东撰写的“全面把握时代背景，深刻认识非物质文化遗产法的重要意义”一文，从四个层面全面分析了《非遗法》的重要意义；时任文化部副部长、中国艺术研究院院长、中国非物质文化遗产保护中心主任王文章为《中国世界文化和自然遗产地历史文献丛书》撰写的序言，从生态文明建设和文化创新的联系与互动方面提出了重要思考；国家非物质文化遗产保护工作专家委员会委员、中国文化艺术界联合会研究员刘锡诚撰写的“亚洲应携手合作保护东方文化传统”一文，对非物质文化遗产的国际合作提出设想和建议。学者们还从民间文学、传统音乐、传统美术及传统技艺等具体门类入手，以文化生态保护区建设、数据库建设等角度为切入点，在非物质文化遗产的保护、传承等方面展开研究。

在本章节的“专家访谈”栏目中，录入了文化部副部长王文章接受《世界遗产》记者、新华社记者的访谈。两篇访谈的内容均围绕《非遗法》，从国家层面对《非遗法》的重要意义、核心内容等进行了权威解读。书中收录了浙江省、福建省和新疆维吾尔自治区的文化主管部门相关负责人的访谈，他们全面细致地介绍了本地非物质文化遗产保护现状及其规划。还有一些专家通过访谈，以《非遗法》的出台为契机，对我国非物质文化遗产的保护现状、保护工作，提出自己的观点与建设性意见。

此外，通过“学术成果”和“立项课题”两个栏目的内容呈现，可以看到，我国在非物质文化遗产保护实践工作纵深发展的同时，理论建设工作也在逐步加强。同时，非物质文化遗产保护理论研究工作显现出与保护实践工作结合更紧密，研究视角更开阔，研究更专业并更具深度等特点，逐步建立起具有中国特色的非物质文化遗产保护理论体系。

一、理论研究

（一）学术成果

主要论著简介

《非物质文化遗产法律指南》简介

李树文、信春鹰、袁曙宏、王文章主编的《非物质文化遗产法律指南》一书，由文化艺术出版社于2011年6月出版发行。该书全面阐述了《中华人民共和国非物质文化遗产法》文本的内在含义。本书由全国人大法律委员会、全国人大教科文卫委员会、全国人大常委会法制工作委员会、国务院法制办、文化部五部门组织非物质文化遗产领域的专家学者共同编写。旨在进一步宣传普及非物质文化遗产保护基本知识及意义和目的，同时，通过对《中华人民共和国非物质文化遗产法》的权威解读，加深非物质文化遗产行政执法部门从业人员对《中华人民共和国非物质文化遗产法》的理解，提高执法水平。

文化部部长蔡武为该书撰写了序言："依法保护重在传承——关于贯彻《中华人民共和国非物质文化遗产法》的几点思考。"

全书分为四个部分。第一部分：法律及其相关文件，其中包括：中华人民共和国主席令（第四十二号）、中华人民共和国非物质文化遗产法、国务院关于提请审议《中华人民共和国非物质文化遗产法（草案）》的议案、关于《中华人民共和国非物质文化遗产法（草案）》的说明、全国人大教科文卫委员会关于《中华人民共和国非物质文化遗产法（草案）》的审议意见、全国人民代表大会法律委员会关于《中华人民共和国非物质文化遗产法（草案）》修改情况的汇报、全国人民代表大会法律委员会关于《中华人民共和国非物质文化遗产法（草案三次审议稿）》修改意见的报告、全国人民代表大会法律委员会关于《中华人民共和国非物质文化遗产法（草案）》审议结果的报告；第二部分：《中华人民共和国非物质文化遗产法》条文释义；第三部分：国务院及其有关部门文件，其中包括：国务院关于加强文化遗产保护的通知、国务院办公厅关于加强我国非物质文化遗产保护工作的意见、中宣部、中央文明办、教育部、民政部、文化部关于运用传统节日弘扬民族文化的优秀传统的意见、国家级非物质文化遗产保护与管理暂行办法、国家级非物质文化遗产项目代表性传承人认定与管理暂行办法、财政部、文化部关于印发《国家非物质文化遗产保护专项资金管理暂行办法》的通知、文化部办公厅关于印发《中国非物质文化遗产标识管理办法》的通知、文化部、教育部、全国青少年校外教育工作联席会议办公室关于在未成年人校外活动场所开展非物质文化遗产传承教育活动的通知、文化部关于加强国家级文化生态保护区建设的指导意见、文化部办公厅关于宣传贯彻《中华人民共和国非物质文化遗产法》的通知；第四部分：国际公约及其相关文件，其中包括：全国人民代表大会常务委员会关于批准《保护非物质文化遗产公约》的决定、保护非物质文化遗产公约、全国人民代表大会常务委员会关于批准《保护和促进文化表现形式多样性公约》的决定、保护和促进文化表现形式多样性公约。

《2007巴黎：中国非物质文化遗产艺术节》（中英文对照）简介

《2007巴黎：中国非物质文化遗产艺术节》是2007年由文化部主办“巴黎·中国非物质文化遗产艺术节”展览的画册。由文化艺术出版社编，并于2011年6月出版发行。全书包括“巴黎·中国非物质文化遗产艺术节”开幕式致辞；“巴黎·中国非物质文化遗产艺术节”晚会前讲话；在中国非物质文化遗产艺术节开幕式上的讲话；开幕式现场；参展作品、晚会；丰富的中国——非物质文化遗产；“中国非物质文化遗产艺术节”在巴黎获得圆满成功，对部分参展作品有较为细致的介绍和说明。

《中国工艺美术大师全集·吕尧臣卷》简介

《中国工艺美术大师全集》是中国艺术研究院策划编辑出版的一套大型学术丛书，由文化部副部长、中国艺术研究院院长王文章担任总主编，国内著名专家学者组成编委会，聘请优秀学者担任作者。该丛书研究对象为“中国工艺美术大师”荣誉称号获得者，需“德艺双馨”、符合出版个人全集的条件。丛书定位为“学术经典性、文献性、系统性”，计划完成100卷以上，涵盖十几个工艺门类上百种传统技艺，力图以各分卷独立出版的形式，串起一部以人为本的中国当代工艺美术历史和成就的“百科全书”。

《中国工艺美术大师全集·吕尧臣卷》全面呈现工艺美术大师吕尧臣的生平事迹、创作思想和工艺特点，深度挖掘了他作品中体现出来的审美理想和艺术价值，高度肯定了他在紫砂壶的创新设计方面和以“胶泥”为代表的工艺革新方面所表现出来的智慧。

丛书于2007年9月正式启动，至2011年已出版发行了《冯久和卷》《吕尧臣卷》《张同禄卷》《双起翔卷》《顾永骏卷》《汪寅仙卷》《郑益坤卷》《江春源卷》《文乾刚卷》《徐秀棠卷》《徐朝兴卷》《夏侯文卷》《黄松坚卷》《潘柏林卷》《高公博卷》《王笃纯卷》一共16卷；正在编辑出版的有《毛正聪卷》等10卷。

《中国民俗文化丛书》简介

《中国民俗文化丛书》由中国民俗学会组织编写，刘魁立、张旭担任主编，中国社会出版社于2006年首次出版发行，2008年再次改版发行，每一版丛书中的单行本均有调整。

2011年4月，该丛书再次改版发行，其中包括65本独立定价的单册书:《中国民俗文化丛书·民间诞生礼俗》《中国民俗文化丛书·民间酒俗》《中国民俗文化丛书·民间庙会》《中国民俗文化丛书·民间酒俗》《中国民俗文化丛书·祥瑞动物》《中国民俗文化丛书·端午节》《中国民俗文化丛书·春节》《中国民俗文化丛书·十二生肖》《中国民俗文化丛书·民居习俗》《中国民俗文化丛书·中秋节》《中国民俗文化丛书·民间游戏与竞技》《中国民俗文化丛书·民间饮食习俗》《中国民俗文化丛书·民间工艺美术》《中国民俗文化丛书·吉祥图案》《中国民俗文化丛书·门神》等。

该丛书内容全面地介绍了我国有关民间传统文化中的民俗事象，弘扬了中华传统文化以及在民俗中凝聚着的民族性格、民族精神、民族的文化创造和民族的真善美。

全国各省（自治区、直辖市）及新疆生产建设兵团组织编撰的相关图书简介

《河北省非物质文化遗产项目代表性传承人图志》（第一辑）

河北省非物质文化遗产保护中心编印了《河北省非物质文化遗产项目代表性传承人图志》（第一辑），由河北美术出版社出版。该书囊括了河北省所有进入第一、第二、第三批国家级和第一批省级非物质文化遗产的代表性传承人，共计260名，其中有91名国家级代表性传承人。书中按照项目类别为序对传承人进行逐一介绍，内容主要包括非物质文化遗产代表性传承人基础信息、从艺经历、传承谱系、技艺特征、艺术成就、传承现状及主要作品等，并配以精美图片。本书是第一部全面反映河北主要非物质文化遗产项目代表性传承人的地方性典籍。

《吉林省非物质文化遗产名录项目图典》简介

《吉林省非物质文化遗产名录图典》由吉林省文化厅厅长林君撰写序言。《吉林省非物质文化遗产名录图典》编辑委员会成员：主任林君，副主任张宗宝，顾问曹保明；主编张宗宝，副主编王勇，编辑（按姓氏笔画顺序排列）王韬、杨振生、周勤琴、袁媛、温中刚，美术设计王韬。《吉林省非物质文化遗产名录图典》作为吉林省非物质文化遗产保护工作的阶段性成果，《图典》收录了吉林省190个省级以

上的非物质文化遗产项目，以图文并茂的形式，多角度诠释了吉林省非物质文化遗产的活态性、民族性、地域性特征，详细介绍了吉林省非物质文化遗产项目名录的分布区域、项目特点、文化底蕴等。

《黑龙江流域非物质文化遗产代表作丛书》简介

《黑龙江流域非物质文化遗产代表作丛书》由黑龙江省民间文艺家协会编辑出版。丛书收录的内容覆盖全省公布的黑龙江省首批非物质文化遗产名录（57项），黑龙江省第二批非物质文化遗产名录（79项），并有进一步拓展，全面展示黑龙江流域各民族的传统文化财富。当年出版：《黑龙江摩苏昆》（430千字）、《黑龙江伊玛堪》（220千字）、《黑龙江乌钦》（200千字）、《黑龙江民间神话》（250千字）、《黑龙江民间传说》（210千字）、《黑龙江民间故事》（220千字）、《黑龙江歌谣》（230千字）、《黑龙江谚语》（200千字）、《黑龙江萨满文化》（190千字）、《黑龙江节庆文化》（220千字）。《黑龙江流域非物质文化遗产代表作丛书》分民风民俗、民间文学、民间艺术三个系列，全方位、多角度、大纵深地展示黑龙江地区的非物质文化遗产，延续优良的黑龙江文化基因，更好地继承了民族和地域传统。

《上海市非物质文化遗产名录图典》简介

《上海市非物质文化遗产名录图典》是上海第一部非物质文化遗产大型专题综合图书，由上海市文化广播影视管理局牵头组织编写，上海市非物质文化遗产保护中心联合上海文化出版社，会同各区（县）和项目保护单位、专家学者、传承人等多方参与，历时两年半，共收录了入选市政府公布的第一批上海市非物质文化遗产名录的项目，涵盖民间音乐、民间舞蹈、传统戏剧、曲艺、民间文学、杂技与竞技、民间美术、传统手工技艺、传统医药和民俗10个门类，共83项。全书共有图片400余幅，文字简介9万余字，内容涵盖各项目的历史渊源、传承区域、表现形态、文化价值和发展现状。全书中英文对照。

《安徽省第三批非物质文化遗产名录图典》简介

《安徽省第三批非物质文化遗产名录图典》由安徽省文化厅厅长杨果任主编，副厅长唐跃任副主编，编委人员张媛媛、王唯唯、丁佩玲、胡迟，编辑人员左金刚、张鹏水、戴亚南、郁建明。2011年4月，继2008年的《安徽省首批非物质文化遗产名录图典》和2010年《安徽省第二批非物质文化遗产名录图典》之后，安徽省文化厅组织编辑出版了《安徽省第三批非物质文化遗产名录图典》。第一批名录是对安徽省重点非物质文化遗产项目的一次集中“打捞”。第二批名录是秉承整体保护的原则，拾遗补缺，是对首批名录的进一步完善。第三批名录，则是在安徽省较为薄弱的项目类别上加大力度挖掘，使安徽省项目类别更加趋于均衡与丰富，共介绍了9类71项省级非物质文化遗产项目，融学术性、知识性、文献性和艺术性于一体，这是安徽省非物质文化遗产保护名录建设阶段性成果的呈现。该套丛书是安徽省第一部全面系统介绍安徽省非物质文化遗产名录的典籍，对充分展示安徽省丰富的非物质文化遗产资源、提高全社会保护非物质文化遗产的共识具有重要意义。

《薪火相传——江西非物质文化遗产》简介

《薪火相传——江西非物质文化遗产》由李玉英主编，江西人民出版社出版发行。该书是“新世纪江西文化十年（2001—2010）”丛书之一，首次以大型图文书形式对江西非物质文化遗产资源特色和保护成果进行总结，对宣传江西省级非物质文化遗产保护具有重要意义。该书自收集全省非物质文化遗产普查工作开展以来，各地挖掘整理出的具有较高历史、文学、艺术和科学价值的第一批、第二批江西省级非物质文化遗产名录项目164项，分为传统音乐、传统舞蹈、传统戏剧、曲艺、传统美术、传统技艺、传统医药、民俗及民间文学等9大类，每一大类分别从江西实际情况加以简要介绍。每项内容包括历史沿革、基本内容、特征价值、传承谱系，全书49万字，图片2000余张。

《河南省国家级非物质文化遗产图录（一）》简介

《河南省国家级非物质文化遗产图录》，由《河南省国家级非物质文化遗产图录》编辑委员会组织编写，河南人民出版社出版。为了配合河南省非物质文化遗产保护工作，展示具有代表性的非物质文化遗产项目，以河南省艺术研究院为主，成立了《河南省国家级非物质文化遗产图录》编辑委员会。该书收录了河南省经国务院批准公布的第一、第二、第三批国家级非物质文化遗产项目，共计73项，涉及保护单位95个。该书分为综述和十大门类的分述，在总述中，简述了河南非物质文化遗产的资源概况，分析了其特点，并对其保护工作作了回顾和前瞻。在十大门类的分述中，按照民间文学、传统音乐、传统舞蹈、传统戏剧、曲艺、传统体育、游艺与杂技、传统美术、传统技艺、传统医药、民俗的顺序，详细介绍了该省73项国家级非物质文化遗产项目的历史渊源、基本内容、文化价值和传承状况等，图文并茂，内容丰富，数据翔实，不仅可以让广大人民群众较为全面地认知该省的非物质文化遗产，提高文化自觉、文化自信和文化自强意识，更为今后的非物质文化遗产研究工作提供了重要的资料基础。

《云南非物质文化遗产保护工作概论》简介

《云南非物质文化遗产保护工作概论》，总结了云南省非物质文化遗产保护工作中的点滴实践，也是云南省各州市非物质文化遗产保护工作的重要参考资料。作者胡荣梅是云南省非物质文化遗产保护工程专家委员会委员，她从非物质文化遗产保护工作的多个视觉热点进行阐述，试图解答人们对“非遗”所困惑与关心的部分问题，同时也为“非遗”保护工作尝试性地总结了一套自己的工作经验和方法。全书是对云南省非物质文化遗产保护工作的总结之作，也是作者结合自身工作经历和经验对非物质文化遗产保护工作方法的分享。

《守望精神家园——百位青海非物质文化遗产项目代表性传承人讲述》简介

《守望精神家园——百位青海非物质文化遗产项目代表性传承人讲述》由青海省文化新闻出版厅供稿，青海省政协学习和文史委员会编辑出版。旨在为传承和弘扬青海各民族创造的优秀文化遗产，真实记载青海非物质文化遗产传承人活动，更好地推动青海开展非物质文化遗产保护工作。全书从青海省数十项非物质文化遗产门类里为数众多的传承人名单中，遴选了100位广有影响者，以图文并茂的形式，建立起了一份真实、直观的传承人人物档案。

《关于在51团境内筹建师市国家级维吾尔土陶烧制传承基地保护项目》简介

《关于在51团境内筹建师市国家级维吾尔土陶烧制传承基地保护项目》在新疆生产建设兵团三师图木舒克市师文化局非物质文化遗产办在兵团文广局（文物局）的指导下，由新疆生产建设兵团编制，于2011年3月出版。内容主要为规范工作，模法土陶烧制场地和土窑建设保护，加强对传承人的扶持保护措施等。

代表性论文摘要

全面把握时代背景，深刻认识《中华人民共和国非物质文化遗产法》的重要意义

任茂东

《中华人民共和国非物质文化遗产法》经第十一届全国人民代表大会常务委员会第十九次会议审议通过。这部法律的问世，是深入贯彻落实科学发展观、推动社会主义文化大发展大繁荣的具体体现，标志着我国非物质文化遗产事业全面进入了有法可依的历史时期，为铸造中华文明新的辉煌提供了有力的法律保障。当代中华儿女一定要不负时代重托，全面把握时代背景，深刻认识《中华人民共和国非物质文化遗产法》的重要意义，更加自觉、更加积极、更加主动地承担起传承中华民族优秀传统文化的历史任务，努力建设中华民族共有精神家园。

一、《中华人民共和国非物质文化遗产法》为中华文化繁荣兴盛提供了有力保障，为中华民族伟大复兴提供了强劲的文化动力

在社会发展和历史进步的过程中，人类创造了丰富的文化遗产。这些文化遗产既包括物质文化遗产，也包括非物质文化遗产。它们是人类在生存与繁衍过程中创造力、想象力、智慧与劳动的集体结晶，是真善美的体现，是人类文化多样性的生动展示。对一个民族和整个人类来说，文化遗产作为现存文化的记忆，非物质文化遗产与物质文化遗产具有同等重要的意义。而从历史的角度和非物质文化遗产存在形态来看，非物质文化遗产是密切人与人之间的关系以及他们之间进行交流的要素，是一种包含了更多随时代迁延而容易湮没的文化记忆，我们更应加以珍惜。

中华民族正处于驶向伟大复兴的历史航程中，中华民族的伟大复兴必然伴随着中华文化繁荣昌盛、万象更新。一个民族文化的繁荣发展，是在其文化传统基础上的传承和创新。离开文化传承，割断文化血脉，这个民族就会迷失自我，就会丧失根基。制定《中华人民共和国非物质文化遗产法》，归根结底，就是为了保护好、传承好、利用好、发展好中华民族优秀传统文化，牢牢守住我们的民族之魂、文化之根，促进社会主义精神文明建设，推动社会主义文化大发展大繁荣，为中华民族在伟大复兴的航程中提供强劲的文化动力。

新世纪以来，文化软实力在综合国力竞争中的地位和作用越来越明显，举足轻重，日益成为影响国际经济较量的重要因素，文化领域也已经成为国际意识形态较量的重要战场。中华文化能否在当代人类文明进程中铸造新的辉煌，关系到中国的国际经济、政治地位，关系到中华民族能否昂首屹立世界民族之林。《中华人民共和国非物质文化遗产法》的出台，将有力地促进中华文化的弘扬，推进我国从文化资源大国向文化资源强国的迈进，增强中华文化的国际影响力，加快形成与我国经济发展和国

际地位相适应的中华文化优势，为在新世纪迎接中华民族的伟大复兴奠定坚实的文化基础。

二、立法保护非物质文化遗产，将全面推进文化建设深入开展

制定《中华人民共和国非物质文化遗产法》，是新形势下加强非物质文化遗产保护、保存工作的迫切需要。非物质文化遗产作为中华民族世代相传的文化财富，承载着中华民族的精神和情感，是中华民族历史的见证、智慧的结晶、精神的象征和文化的基础，非物质文化遗产事业是我国文化建设的重要组成部分。随着工业化和城镇化的不断加快，一座座摩天大楼拔地而起，电灯电话、短信、微博及电子游戏等穿越时代空间，悄悄进入了人们的生活范围，人们开始大流动、大迁移，社会生产生活方式发生了天翻地覆的变化，非物质文化遗产在一些地方逐渐失去了生存环境，在祖国锦绣山河中的许多优秀传统文化表现形式正在被遗忘，面临着消亡的危险，亟须通过立法明确有关制度，进一步加强和完善保护、保存工作。《中华人民共和国非物质文化遗产法》在总结实践经验、集思广益、借鉴相关国际公约和其他国家法律的基础上，确立了调查、代表性项目名录、传承与传播等保护、保存工作的基本制度，对于巩固我国非物质文化遗产事业的成果，进一步规范和促进非物质文化遗产保护、保存工作的深入开展提供了有力的法律保障。

《中华人民共和国非物质文化遗产法》的重要作用不仅仅体现在规范和促进非物质文化遗产保护、保存工作上，对于促进我国文化建设全面深入开展也发挥着积极作用。党的十七大从中国特色社会主义事业"四位一体"总体布局的高度，提出了推动社会主义文化大发展大繁荣的战略任务，特别明确了"建设社会主义核心价值体系，增强社会主义意识形态的吸引力和凝聚力""建设和谐文化，培育文明风尚""弘扬中华文化，建设中华民族共有精神家园"和"推进文化创新、文化发展活动"四项核心内容。非物质文化遗产中所蕴含的优秀民族精神和文化理念，是中国特色社会主义核心价值体系和意识形态的重要内容，是建设和谐文化和培育文明风尚的重要精神力量，是弘扬中华文化、建设中华民族共有精神家园的重要载体，也是中华民族的优良传统，源远流长，是人寿年丰、国泰民安的基础。立法保护非物质文化遗产，必将整体推进社会主义先进文化建设，为我国文化大发展大繁荣注入不竭动力。

特别需要提及的是，立法保护非物质文化遗产，将有力维护我国文化身份和文化主权。非物质文化遗产是连结民族情感的纽带，是国家文化身份和文化主权的重要体现。我国非物质文化遗产在世代相传的过程中塑造了中华民族特有的精神价值、思维方式和文化理念，是中华文化的柱石。制定《中华人民共和国非物质文化遗产法》，将进一步增强中华儿女的文化认同，激励以爱国主义为核心的民族精神，有效地维护国家文化身份和文化主权，为中华民族屹立于世界民族之林奠定更加坚实的文化基础。

三、制定非物质文化遗产法，是中国特色社会主义法律体系建设的必然要求

加强社会主义法制是兴国安邦的重要手段。文化立法工作是社会主义法制建设的重要内容，文化方面的法律是中国特色社会主义法律体系不可缺少的重要组成部分。长期以来，由于文化领域工作的特殊性，

我国文化立法工作相对滞后，文化方面的法律较少，在一定程度上限制了我国文化建设的规范有序开展。《中华人民共和国非物质文化遗产法》的出台，使我国非物质文化遗产事业全面进入有法可依的历史时期，使文化领域的法制建设提高到一个新的水平。对于非物质文化遗产的立法是一项高瞻远瞩的决策，这部法律不仅是我国文化法制建设的丰硕成果，对于中国特色社会主义法律体系的形成也起到了重要的作用。

四、中国立法保护非物质文化遗产，是对人类文明的积极贡献

当今世界，人类社会在现代文明进程中面临着丧失文化多样性的严重威胁，保护人类非物质文化遗产是全世界普遍的意愿和共同关心的事项。正如国家主席胡锦涛致联合国教科文组织第28届世界遗产委员会会议的贺词中指出的那样，“加强世界遗产保护已成为国际社会刻不容缓的任务。这是历史赋予我们的崇高责任，也是实现人类文明延续和可持续发展的必然要求。”中华文明博大精深，是世界上唯一没有中断的古老文明，对人类文明进步做出了巨大贡献，在世界文明史上谱写了光辉灿烂的篇章。中国作为《保护非物质文化遗产公约》的成员国，制定《中华人民共和国非物质文化遗产法》，是践行对国际社会的庄严承诺，是在积极履行保护人类文化遗产的职责。这部法律不仅是保护和发展中华文化的需要，也是对保护人类文明事业的巨大贡献，同时为其他国家保护非物质文化遗产提供了有益借鉴，是保护世界文化多样性的一笔宝贵财富。

《中华人民共和国非物质文化遗产法》彰显了当代中华儿女“弘扬中华文化、建设中华民族共有精神家园”的信心和决心。在新世纪，我们要以《中华人民共和国非物质文化遗产法》为新起点，不断开创文化遗产事业的新局面，继续谱写文化建设新篇章，中华文明更加气象万千，为世界文化殿堂增添更加光辉灿烂、五彩缤纷的色彩。

（摘自《中国文化报》 2011年3月8日）

（作者：任茂东，全国人大教科文卫委员会副主任委员）

《中国世界文化和自然遗产地历史文献丛书》序

王文章

世界文化和自然遗产是人类文明和大自然演化的历史遗存，是大自然和祖先赐予我们的珍贵财富。它承载着厚重的历史，展现着自然造化的奇观，前者是人类文明的载体，后者是大自然演化进程的见证。对于我们多数人而言，面对世界文化和自然遗产地，亲临其境只能是心向往之，在现实中是难以实现的一种美好愿望。但了解世界文化和自然遗产地形成的历史，认识它的独特的艺术、科学、技艺及人类学、社会学、文学、宗教等的价值，自觉地爱护、保护这些人类创造和自然演化的不可替

代的宝贵财富，应是每一个人的责任。对于从事专业研究或实际保护工作的人们来说，这更应是一种自觉的意识和自觉的承担。摆在我们面前的《中国世界文化和自然遗产地历史文献丛书》，就是为了让人们翻开中国的世界文化和自然遗产名录时，也能够从有关历史文献的阅读中，看到它们的历史和今天的面貌；从遗产地的历史渊源和它们与社会、文化等的联系中的时代变迁，深入了解它们的历史地位、价值，并从这些历史记载与今天现状的比照中，去体会保护的意义和思考科学保护的途径。

我们知道，联合国教科文组织1972年在巴黎通过了《保护世界文化和自然遗产公约》。这一公约的通过，标志着世界范围内对保护文化与自然遗产严峻形势和急迫性的充分关切。该公约从价值判断的角度明确了“自然遗产”和“文化遗产”的界定范围及判定的标准。1987年，中国的泰山申报世界文化遗产名录，联合国教科文组织在考察泰山后，认为泰山是将文化与自然融合为一体，是具有独特的自然和文化双重价值的遗产。由此，引起联合国教科文组织重新认识和评价自然与文化延续的关系。因此，在该年的世界遗产申报评审中，中国的泰山以世界文化与自然双重遗产的身份被列入世界遗产名录。也从此开始，联合国教科文组织在世界文化和自然遗产的评审中，增加了“文化与自然双重遗产”这一新的种类。但它不是文化和自然遗产的并列，而是象征着人类文明的创造与自然遗产的和谐相融。到1992年，世界文化和自然遗产的评审又扩展到“由人类有意设计和建筑的景观”等具有重要保护价值的遗产范围，这一由联合国教科文组织第16届世界遗产大会提出来的概念，也成为世界文化与自然遗产名录涵盖的一个方面。从以上的情况可以看出，当代人类社会对保护自身所处环境和自身文明创造成果重要性认识的不断深化。到2003年联合国教科文组织第32届大会通过《保护非物质文化遗产公约》，更说明世界范围内对人类物质和非物质文化遗产保护的全面认知，也说明当代社会对这些珍贵遗产的保护，已经走上了一个比较自觉的阶段。

我国对物质和非物质文化遗产的保护历来十分重视，并且在两方面都取得了显著的成绩。就保护文化和自然遗产而言，1985年，第六届全国人大常委会第13次会议批准了联合国教科文组织1972年通过的《保护世界文化和自然遗产公约》，中国正式成为世界遗产公约的缔约国，显示了我国积极加强国际合作，珍视和保护本国文化、自然遗产的态度。在中央、省、市各级政府相关部门的努力下，我国积极申报世界文化和自然遗产。至2010年为止，我国列入世界文化和自然遗产40处，其中包括文化遗产26处，自然遗产8处，文化与自然双重遗产4处，文化景观2处。在拥有世界文化和自然遗产的国家中，我国名列前茅。同时我国还是拥有世界遗产类型最齐全和文化与自然双重遗产数量最多的国家之一，真正是名副其实的世界文化和自然遗产大国。尤其是北京就拥有周口店、长城、故宫、天坛、颐和园和十三陵6处世界文化遗产，其数量在全世界历史文化名城中位居前列。

在积极申报世界文化和自然遗产的同时，我国在保护方面的工作也不遗余力。中国的世界文化和自然遗产作为人类文明创造的结晶和人类认识大自然演化的历史见证，首先是属于自己的国家和民族的，但它们也是人类共同的精神文化财富，具有永恒和无法估量的价值。我们的首要任务就是要很好地保护这些遗产的真实性和完整性，这是实现当代人与子孙后代共享遗产资源的唯一正确的选择，也是人类社会可持续发展的基础保证。为了更好地保护我国的世界文化和自然遗产，我们就要以具有国际视野的眼光，借鉴国外一切有益的经验，进一步完善我国法律、法规和相关制度建设，积极探寻适合中国国情的遗产保护和管理制度，采取一系列切实措施，提高保护和管理水平，正确处理好保护、继承、弘扬与合理利用的关系，使我国的世界文化和自然遗产得以世代保护，永续传承。

要更好地保护我国的文化和自然遗产，有必要全面、深入地了解各历史时期遗产所在地人文与自然环境的变化情况，这些内容往往在相关历史文献中有比较详细的记载。但由于长期以来人们关注的重点是对世界文化和自然遗产地近现代人文和自然资源以及当代文化景观的保护和利用，而对遗产地历史文献的全面深入研究未能得到足够的重视。对文化和自然遗产历史演进和变化的深入、系统研究的疏略和缺失，不能不说是一个遗憾。其中的一个原因就是遗产地相关历史文献分散，不易翻检查寻，使得搜集、整理这些历史文献有一定的难度，这就不能不从客观上影响和制约了我国世界文化和自然遗产的进一步研究和保护工作的开展。有鉴于此，四川大学、北京大学等高校相关学者以数年之力，编纂了《中国世界文化和自然遗产地历史文献丛书》。这是我国第一次对已经列入世界文化和自然遗产名录的遗产地相关历史文献进行的一次全面、系统的整理，同时也是世界各缔约国中第一次将本国世界文化和自然遗产地相关历史文献进行的全面、系统的整理。《丛书》体例严谨，内容丰富，收录了不少珍稀文献，这为人们更好地了解以及研究和保护我国世界文化和自然遗产，构建了一个内容丰富的文献资源库。因此，该丛书的出版，必将有力地推动我国世界文化和自然遗产研究、保护和合理利用工作的深入开展。

今天，当我们面对自然遗产的时候，美国著名生态学家莱切尔·卡逊在1962年揭露批判现代工业文明引起的严重环境污染时讲的那句警醒世人的话："万物复苏繁茂生长的春天走向寂静"，仍在我们耳边回响。今天，"人类中心主义"思想影响正在逐渐消退，人与自然和谐相处的生态文明成为人们的追求和向往。保护好自然遗产不仅为人们认识大自然的演化提供见证，而且也是我们坚持可持续发展战略和科学发展观的不可推卸的责任。而文化遗产作为中华文明创造的结晶，我们面对它们的时候，不仅会为之骄傲和自豪，更使我们对创造民族文化更加灿烂辉煌的未来充满信心。我们的祖先创造了独树一帜的古代人类文明，今天在保护好它们的同时，人们在思考如何创造与新的变革的时代相称的具有代表性标志性的文化杰作。新的时代已经具备了这样的基础条件，当代文化杰作的诞生已经成为国家和民族的期待。我想，《中国世界文化和自然遗产地历史文献丛书》除了它自身的文献价值之外，也会带给我们对今天生态文明建设与文化创新的重要思考。

是为序。

（摘自《非物质文化遗产保护研究》，文化艺术出版社2013年版；
原载《中国世界文化和自然遗产地历史文献丛书》，上海交通大学出版社2011年版）

（作者：王文章，文化部副部长，
中国艺术研究院院长、中国非物质文化遗产保护中心主任、研究员）

为未来记录历史

冯骥才

在千头万绪的民间文化遗产的抢救和保护中，一项工作犹如一条红线贯穿其间。它涉及全国、规模庞大、难度颇高，这便是对木版年画全国性地毯式的普查和科学的记录与整理。我们紧握住这条工作线索，由始至终，历时八年，现在可以说，这套巨大并十分重要的中国民间文化与艺术的档案，已经完整和可靠地建立起来了。

面对着它，总结以往，不论对于认识自我，还是坚持信念，更清醒和科学地走好下边的路，都必不可少。

思想决定选择

早在2002年中国民间文化遗产抢救工程启动之前，我们就组织起精悍的多学科的专家小组，在晋中一带对村落民俗、民间文学与艺术进行采样调查，为即将要展开的全国性的田野抢救制定一系列统一的学术要求与标准，并编印了《普查手册》。

接下来是选择突破口。这突破口具有试验的意义，试验成功了就会成为一种示范。因此，这突破口（即项目）必须具备4个条件：全国性，同时具有各个地域风格；文化内涵深厚，适合多学科调查；传承形式多样，既有个人和家族的传承，也有村落和地区的传承；濒危，即是紧迫的抢救对象。经过论证，我们选择了年画。

在农耕社会，春节作为除旧迎新的节日，最强烈和鲜明地体现人们的精神愿望、生活理想、审美要求和终极的价值观。年画作为春节的重头戏，其人文蕴涵之深厚，民俗意义之鲜明，信息承载之密集，民族心理表现之深切，其他民间艺术难以企及。同时，它遍布全国各地，地域风格多彩多姿，手法纷繁，技艺精湛，又是绘画、雕版、民间文学与戏剧等多种文化和艺术的交汇相融，也是别的民间文化不能相比的。然而，这一农耕文明时代留下的巨型文化财富，在社会开放和转型中，如遇海啸，被冲击得七零八落，许多艺人在“文革”期间即已偃旗息鼓、放弃画业，大批画版流散到古玩市场，一些昔时声名显赫的年画产地几乎听不到呼吸的声音。它无疑是我们全国性民间文化亟待抢救的首选项目之一。

科学的设计

抢救工程在2003年展开。

普查必须注重遗产的完整性和全面性，不能疏漏。特别是民间文化是一种非物质性与活态的遗产，它因人而存在，因特异的人文而存在，因独特的方式与技艺而存在；它不只是一种客观的学术对象，也是一种传统的精神生活，是一种文化生命。

由此反思以往，年画一直仅仅被视作一种单纯的乡土的美术，因而历来多以物质性的年画本身作为调查和研究的主体；如果此次普查仍是片面的美术调查，大部分文化遗产——特别是非物质的成分辄必失去。故而此次普查，我们把一个个产地的地域特质、人文环境、民俗方式、制作工艺、技艺特征和传承记忆，全作为必不可少的调查内容。这种调查是过去很少做过的。为此，我们事先编写了《中国木版年画普查提纲》，将普查内容列为10个方面，包括产地历史、村落人文、代表画作、遗存分类、张贴习俗、工艺流程、工具材料、传承谱系、营销范围和相关传说与故事。这必然超越美术学范畴，而是人类学、民俗学、历史学、美术学等多学科多角度的综合调查。

在调查手段上，除去传统的文字和摄影，还加入录音和录像，以适应活态和立体的记录。同时，口述史和视觉人类学等学科的调查手段也在此次年画大普查中发挥了积极作用。

我国年画制作是产地化的，此次普查将产地分为大小两种。产地之大小不仅根据历史规模和影响力，还要看现有的活态遗存状况。一些产地历史上颇负盛名，但如果消亡太久和过于萎缩，便要归入小产地之列。

所有产地的普查都是翻箱倒柜式的田野调查，严格按照既定的要求与标准，逐村逐户地搜寻。调查前由各省民协按照《普查手册》和《年画普查提纲》组织人员，进行培训。普查人员由地方专家学者与相关的文化工作者相结合。调查结果要按照程序和标准进行分类、甄选、整理和撰写，并配合影像资料，制成该产地的文化档案。在总的工作步骤中，第一步是把率先完成普查的《杨家埠卷》精心整理，经专家委员会审核后，先行出版，分发给全国各产地作为普查和编写的范本，以求统一规范与编写质量的一致，这样就避免了后续各卷的参差不一。最终列入大产地的文化档案包括《杨家埠卷》《杨柳青卷》《朱仙镇卷》等，另有《滑县卷》是此次普查的重大发现。大产地的档案凡19卷，包括20个产地。山东的平度和东昌府二产地因遗存体量不大，合为一卷。

此外，小产地的文化档案皆归入《拾零卷》中。包括东丰台、剡城、晋南、彭城、泉州、南通、扬州、安徽、樟树、获嘉、汤阴、内黄、卢氏、老河口、夹江、邳州、澳门、台南米街、江苏纸马和苏奇灯笼画，凡一卷，共20个产地。还有一些产地曾经很知名，却因活态不存或片画难寻而不得已割舍之。

这里需要说明的是，从年画史看，木版年画进入上世纪以来，由于外来的石印与胶印技术的引进，石印的月份牌年画开始出现。石印年画形象逼真，有新奇感，而且印刷快捷，价钱便宜，很快占领了木版年画的市场。可以说，石印年画是木版年画的终结者。这在上海表现得十分突出。为此，我们在《上海小教场卷》中加入了石印月份牌年画的内容，以体现年画纵向的历史。此外，为尽可能将中国民间年画遗产完整呈现，不存遗憾，另设两卷《俄罗斯藏品卷》和《日本藏品卷》。这两卷的年画珍品基本上是首次披露于世，具有很高的资料价值与研究价值。

由于上述的设计和实行，我们实现了预定的目标——即完成了农耕时代中国年画终结式的总结。由300万字、1万幅图片，大量珍贵的年画发现和全面的文化发掘，构成了这22卷巨型的集成性的图文集，终于将我国年画这一磅礴的历史遗产，井然有序地整理成为国家与民族重要的文化档案。从现实意义上论，它成了这些年画产地进入国家与地方遗产名录保护（即政府保护）的可靠与有力的依据；从长远的意义上说，当这种口头与手工性的遗产，在转化为文本与音像档案之后，它才得以牢固、切确和永久保存。

可以说，记录就是一种保护，甚至是首要的保护。因为记录是为了未来而记录历史。

立足于田野

长长八年的抢救工作，关键是立足于田野。因为，民间文化在田野，不在书斋。它不是美丽和无机的学术对象，而是跳动着脉搏和危在旦夕的文化生命。

始自八年前朱仙镇上的发动，一连串的工作是频繁而不停歇的组织、研讨、论证，然后是逐门挨户的调查、寻访遗存、记录信息、艺人口述，跟着是资料梳理、分类整理、图片甄选与字斟句酌的档案编制，并且不断地回到田野去印证与补充。在中国民协抢救办的统一协调下，一次次组织各产地之间必要的工作交流，调配专家支持各产地的学术整理与编写，然而这一切都立足于田野。一切依据田野，来自田野，忠实田野。田野也使学术充满活力。

由于田野工作不断深入，我们还逐步认识到传承文化遗产最关键的传承载体是传承人，文化遗产的活力及精华主要在传承人身上。于是，我们从2007年又启动了“中国年画传承人口述史”工作，这项工作由天津大学冯骥才文学艺术研究院中国木版年画研究基地承担。这样，我们再次返回到各个产地，对其重要的传承人进行新一轮口述史访谈。现在，包括19个产地传承人的口述史也已经出版。当传承艺人的口述史完成，中国大地上的年画遗存基本上被我们“打捞”干净，完整地抢救下来。正是由于我们始终伫立于田野之中，才能使中国木版年画普查成果达到如此厚重与充分。

现在可以说，中国木版年画的普查工作画上了句号。然而，在文化的传承中，任何阶段性的句号都是一个起点。

（摘自《中国文化报》2011年7月19日；
原载《中国木版年画普查抢救大事记》，此处收录有删节）
（作者：冯骥才，中国文联副主席、中国民间文艺家协会主席）

亚洲应携手合作保护东方文化传统

刘锡诚

非物质文化遗产是民众以口传心授的方式世代传承、与民众生活密切相关的文化形态，它浸润着不同时代民众的世界观、社会理想与憧憬，承载着民众的智慧和人类的文明，体现着民族精神、思维方式和文化传统。因此，我们有理由说，非物质文化遗产是民族文化之渊薮，民族精神之根脉。本世纪初，世界已进入现代化、经济全球化的时代，亚洲各国社会出现了转型，传统意义上的文化被边缘化，民族文化受到西方强势文化和通俗文化的巨大冲击甚至吞噬。在农耕文明条件下产生和传承，并与农耕文明相适应的非物质文化遗产，逐渐失去了生存的条件。于是，大多数发展中国家开始认识到了保护本民族的非物质文化遗产对于保护民族的传统文化和文化传统，提高民族和国家的自信心、自尊心和民族凝聚力，提高国民的文化素质和文化自觉的重要性。

亚洲是一片古老的大陆。在古代，亚洲人民就创造了灿烂的文化，对世界经济的发展做出了重要的贡献。只是16世纪以后，西方殖民主义和帝国主义相继侵入，许多国家和地区先后沦为殖民地和半殖民地，经济遭到了严重摧残，民族文化遭受到西方文化的冲击或侵蚀，致使许多国家和地区长期处于贫困落后的状态。20世纪七八十年代后，亚洲走上了内部调整和外部合作的转型之路。然而对于任何民族来说，其根文化毕竟是强国之本，要守住亚洲文化的光辉传统，复兴和弘扬亚洲文化，增强亚洲文化的软实力，保护亚洲的非物质文化遗产应该是亚洲各国政府和民众的重要使命。我以为，保护非物质文化遗产的核心不外两点：一是保持和守护住千百年来民众以口传心授的方式创造和传播的文化及其传统，从而弘扬和发展民族的文化；二是既要吸收外来文化优秀的东西，又要遏制外来的强势文化对本土文化的吞噬与覆盖。

亚洲各国和各地区民众所创造和传承的非物质文化遗产，反映了亚洲人的宇宙观和价值观，历史观和审美观，是东方文化传统的珍贵财富。过往的情况是，亚洲国家和地区对其他亚洲国家、民族和地区的非物质文化遗产的了解，远远少于对西方、特别是欧洲非物质文化遗产的了解。其原因，无非是若干世纪以来西方殖民主义者的侵犯和占领，将其变成自己的殖民地和半殖民地，向亚洲国家宣传和推销西方文化，从而导致了亚洲各国对自己国家的非物质文化遗产的价值认识不足，保护和宣传不得力。所以，我们这一代人的使命就是，保护好我们所拥有的不同表现形式的非物质文化遗产，如此，既有利于以亚洲为主体的东方文化传统的复兴和传播，也有利于保持世界文化的多样性生态。在非物质文化遗产的保护上，除了各国政府强有力的举措外，非政府组织也有很多事情可做，尤其是专家的作用。同时，亚洲各国和各地区携手合作，也是时代赋予我们这代人的使命。

譬如，对“东南亚文化区”共有的非物质文化遗产项目的保护。中国学者芮逸夫在20世纪30年代就曾断言：根据铜鼓、芦笙、“兄妹（姊弟）配偶型”遗传人类的洪水神话等文化特质或文化元素来判断，亚洲的东南部存在着一个“东南亚洲文化区”。他说：“这种形式（兄妹兼指姊弟配偶型）的洪水故事的地理分布，大约北自中国本部，南至南洋群岛，西起印度中部，东迄台湾岛。从地理上察看，它的文化中心当在中国本部的西南。所以我推测，兄妹配偶型的洪水故事或起源于中国的西南，由此而传播到四方。因而中国的汉族会有类似的洪水故事；海南岛的黎族、台湾的阿眉族、婆罗洲的配甘族、印度支那半岛的巴那族，以及印度中部的比尔族与卡马尔族也都会有类似的洪水故事。"“兄妹（姊弟）配偶型”洪水神话作为亚洲广大地区流传的一个非物质文化遗产（神话）的“原型”，在亚洲文化史上的历史认识价值和重要性是不容置疑的。在芮逸夫的同时和之后，中国大陆和台湾的学者、外国学者对这个问题的研究一直没有停止过，他们积累了大量的中国大陆、台湾，以及亚洲其他国家流传的“兄妹（兼指姊弟）配偶型”洪水神话的材料。远古时代在亚洲产生的这个洪水神话，完全独立于希伯来人的《圣经·旧约》中的诺亚方舟神话，而另成一系，其价值和保护意义是不言而喻的。亚洲文化区各相关国家和地区的政府和学界，理应携起手来把亚洲洪水神话类型进行调查、记录、研究和保护。

再如，跨境而居民族的非物质文化遗产保护。在这方面的国际合作，此前已有成功的例子。2005年12月中国和蒙古国联合申报的“蒙古族长调民歌”已列入人类非物质文化遗产代表作名录、2008年至2009年中蒙保护蒙古族长调民歌联合田野调查分别在蒙古国和中国境内展开，为联合保护工作做出了开拓性的努力。这样的合作，在亚洲其他地区，如东南亚和东亚也有。人所共知，在亚洲，有许多古老的非物质文化遗产“原型”或“母题”，以及如今还存世的“活态”非物质文化遗产项目，是跨境而居的民族不同支系所共有的。例如，居住在中国云南的哈尼族和居住在缅甸东北部、泰国及老挝北部的阿卡人，他们的迁徙史诗《雅尼雅嘎赞嘎》就是这个跨国而居的民族的不同支系所共有的非物质文化遗产。窃以为，如果相关各国的政府机构和学者们能就中国的哈尼族和缅甸、泰国与老挝的阿卡人的迁徙史诗项目合作进行一次全面的调查，帮助这些民族或地区制定比较完善的保护计划，将是一件造福于这个民族和挽救这个濒临失传的非物质文化遗产项目的大好事。在这些方面，各国非物质文化遗产保护官员和学者之间合作的必要性与合作的空间，无疑是很广阔的。

（摘自《中国文化报》 2011年11月17日）
（作者：刘锡诚，中国文学艺术界联合会研究员、
国家非物质文化遗产保护工作专家委员会委员）

应重视保护妈祖文化的生态环境

陶立璠

2006年5月，妈祖祭典被列入第一批国家级非物质文化遗产名录。2009年9月，“妈祖信俗”申报人类非物质文化遗产代表作名录获得成功，成为中国首个成为世界级文化遗产的信俗类非物质文化遗

产项目。妈祖文化源远流长、博大精深，经过千年的文化积淀，成为一项丰富多彩的文化遗产。

妈祖由人到神的转变

当我们谈到妈祖文化时，必然要探讨妈祖文化的性质。妈祖文化的性质是信仰，而它也是妈祖文化的灵魂。妈祖文化的形成是民众信仰意识的产物，没有信仰就不可能产生妈祖文化，妈祖文化也不可能如此丰富。

考察妈祖文化发展的历史，我们会发现妈祖信仰来自民间。首先是传说，然后是传说的历史化和神化，最后形成普遍的妈祖信仰，形成妈祖文化。

目前，海内外学者一致认为，妈祖不是杜撰的偶像，而是从民众中走出来的真实人物，但她被神圣化了，成为天后圣母。据民间传说和方志记载，海神妈祖，名林默，生于宋建隆元年（公元960年）农历三月廿三，卒于宋雍熙四年（公元987年）农历九月初九，是生活在福建莆田湄洲岛上的一位民间女子。宋人黄岩孙撰《仙溪志》载："当地有所谓仙妃庙三座，其一顺济，其一昭惠，其一慈感，皆巫也。顺济谓州林氏女，能知人祸福，即妃也。"《宋绍熙蒲阳县志》亦称妃为"里中巫"。由上述记载，又可知妈祖本来是莆田县的一个女巫，"能言人休咎""能言人祸福"，死后被庙祀。可见妈祖的神迹最初充满了巫术信仰的特色。这种由巫变神的传说，将巫视为神灵，设庙祭祀的现象在中国是很普遍的。巫术是人类文化的源头之一，也是民间造神运动的孵化器。林默娘的"里中巫"身份，是妈祖信仰的原始形态。当妈祖从巫的信仰中脱胎出来时，她必须要变换一种身份，升华为神。许多文献记载，妈祖最初不过是一位懂得巫术的普通民女，死后也只是作为莆田地区的地方神加以奉祀，影响范围极为狭小。但是正如民俗的传播规律告诉我们的，作为妈祖信仰风俗的发动者，既然被崇拜的对象已经产生，就会坚信不移，同时他们还会在无形中为妈祖增光添彩，增强她的影响力，将自己创造的神灵事迹远播出去，于是产生了一系列妈祖显灵的事迹。这些事迹引起周围地区人们的关注，于是有更多的信徒参与进来，妈祖信仰便像滚雪球似的传播开来。

另外，中国的水神信仰由来已久。因为受阴阳学说的影响，古代中国人认为水神属阴，应属女性，而妈祖恰巧又是女性中的人杰和航海者最敬仰的一位海神，因此备受人们的关注。海事活动离不开水，特别是明代以后，海上丝绸之路大开，在航海活动中由于信仰心理的驱动，认为妈祖屡屡显灵。神迹传说是一种口碑，它会不胫而走，四处传播，这不仅增加了民众的信仰信心，同时由于当地士宦的提议和倡导，朝廷也频频给予妈祖赐封，妈祖的地位变得越来越高。康熙十九年（公元1680年），妈祖被赐封"护国庇民妙灵昭应弘仁普济天妃圣母"，康熙二十三年（公元1684年）又被赐封为"护国庇民妙应昭应普济天后"，"圣母"和"天后"从此便成了妈祖的圣称。

由此可以看到，民众的造神心理必须经历一个漫长的过程，在这个过程中由民间信仰到官方助势，形成妈祖文化这一精神宝库。这里要特别指出的是，官方的封赐对妈祖文化的形成起到了推波助澜的作用，使妈祖信仰不仅成为海事活动的重要组成部分，而且获得了合法的地位。

妈祖文化与旅游开发

确定信仰是妈祖文化的灵魂是十分必要的，特别是当妈祖文化和旅游结合、互动时，强调妈祖文化的信仰性质显得尤为重要，一定要做好一系列的保护规划。

首先，要弘扬妈祖文化的世界意义。妈祖文化的保护，就是要保护其祭祀仪式、民间习俗和故事传说。妈祖祭祀仪式表现的是民间信仰的制度化、规范化，突出了妈祖信仰的神圣性；妈祖的民间信仰习俗，是妈祖信仰已经融入民众生活的表现，是其生命力所在；而妈祖的故事传说，则是民众对妈祖圣迹的形象解说，是妈祖文化不可或缺的部分。妈祖文化的保护是一项严肃的任务，要警惕目前出现的“广场化”“表演化”倾向。在非物质文化遗产保护中我们常常听到一个熟悉的声音——“打造某某文化品牌”，在这种口号下，肆意对保护对象加以改造，使非物质文化遗产项目失去本来的面目，是极其有害的。比如，妈祖文化的祭祀空间——宫庙是不可随意移动的，转移到广场显然是不恰当的。

其次，要重视妈祖文化圈，这也是形成妈祖旅游文化圈的关键。妈祖信仰是一种地域性的文化现象，主要分布在中国的东部和东南沿海地区，其次是东亚和东南亚地区，涉及到日本、韩国、新加坡、越南以及海外华人居住的地区，带有海洋文化的显著特点。妈祖文化在其传播过程中，形成了一个以湄洲妈祖信仰为核心的、具有显著地域特色的“妈祖信仰文化圈”。对这个文化圈特别是海外妈祖文化圈的研究，对了解海外华人社会和信仰，有着重大的意义。

最后，应重视保护妈祖文化的生态环境。妈祖文化生态环境是指妈祖文化形成、传播的自然与人文环境，如除宫庙祭祀之外的“船仔妈”崇拜，渔民和航海者在船上供奉妈祖神像，祈求航海安全；对海祭拜，是在海边或沙滩摆上供桌、供品，面对大海向妈祖祭拜；家中供奉，是岛上渔民和居民在家中供奉妈祖，以及民间传说故事的传承等，这些都是妈祖文化传承的生态人文环境。一句话，就是要尊重民间的信仰习俗，创造良好的传承保护环境。妈祖文化是民众信仰的物化形态，将信仰还给信众，包容民众的信仰习俗，才能使妈祖文化生态得到有效的保护。

（摘自《中国文化报》 2011年5月19日）

（作者：陶立璠，中央民族大学民俗学教授、国际亚细亚民俗学会会长、国家非物质文化遗产保护工作专家委员会委员）

从典籍中追寻“非遗”的源流

方李莉

一次笔者参加文化部举办的中华典籍与非物质文化遗产的座谈会，与会学者对中华典籍与非遗保护关系的探讨引发了笔者的一些思考。典籍与非物质文化遗产有什么样的关系？我们应该如何保护典籍？仅仅是保护传统印刷术、传统笔墨纸张制作技艺，或是珍贵典籍的善本吗？事实上，这些并不是最重要的，最重要的是典籍中所承载的内容。典籍虽是物质的，但其所承载的内容却是非物质的。这些非物质的内容承载了中国几千年的历史，而这些历史记载和我们今天要保护的活态的非物质文化遗产有什么关系？

通过多年的田野考察，笔者认为，口头相传的非物质文化遗产在历史上可能是有文献记载的，我们现在认为其是民间艺术，可能在历史上是宫廷艺术或精英艺术。古人云“礼失求诸野”，许多文献记载的历史文化及风俗，经过历史的变迁，在城市和经济发达地区消失了，却在交通不发达的偏远农村被保存了下来。

2001年至2004年，笔者在陕西的关中地区和陕北地区做考察时发现，关中一带的农村由于邻近古代的长安城，其婚丧嫁娶的许多礼俗仍然遵循周代古俗。西安附近的一个村庄，千余年来许多民俗活动中一直演奏着唐代的宫廷音乐，完好地保存着唐代宫廷乐谱。因此，我们在研究这些民俗活动时，只有利用唐代的宫廷古籍才能说得清楚。又如陕北的剪纸，通过文献的研读，笔者了解到，这一带曾是仰韶文化和龙山文化的中心地之一，而且这个地方毗邻内蒙古，汉唐时期曾是非常重要的军事要塞，元明以后，随着蒙汉一家局面的形成，其重要性开始减退。由于地处偏僻、交通不便，其文化的流速相对较慢，当地的民间艺术包括民间习俗，还保持着原始时期和汉唐时期的传统，比如那里剪纸的风格和汉画像砖的风格尤为接近。剪纸是一种民间艺术，而汉代的画像砖是贵族阶层用来装饰墓室的，是一种贵族艺术，两者风格的接近说明，贵族艺术和民间艺术有一定的相通性，并不是全然没有关系。

不仅汉族文化如此，少数民族文化也是如此。笔者曾于2005年至2006年在贵州省六盘水市六枝特区的梭嘎乡考察苗族的一个分支——箐苗，这是一个没有文字、有着特殊历史和文化习俗的古老民族，当地的老人不会使用公历纪日，甚至不懂农历，而是用一种十二地支相配的十二生肖纪日。那里的集市也是用生肖作为周期轮流转的，每一个集市用两个生肖来表示，6个场一个周期，日子则是12天一个周期，一个月36天，一年10个月。相传在尧舜时期先民使用的历法是太阳历，或称华夏族纪年法，而箐苗所使用的历法与之相似。也就是说，汉族中早已失传的太阳历，在少数民族中却被保存了下来。还有汉族早期的祖先崇拜文化，也在这个族群得以完整地保留。

所以，典籍与非遗保护是有密切关系的。从中我们也可看出，非遗保护工作应重视对非物质文化遗产的有效保存，包括记录、研究和整理，因为一些非遗的消失是不可抗拒的和不可避免的。

非物质文化遗产的特点是无形的、非物质的，但如果我们要将其保存下来，首先必须要将其物质化，也就是必须要用物质化的手段和物质化的载体将其保存下来。传统的物质化手段就是用文字来记录，物质化的载体主要是纸张和书本。而在科学高度发达的今天，我们保存这些非物质文化遗产的手段越来越丰富，除文字手段外，还有音频、视频和图片等多媒体的方式。尤其是还可以通过数字化的手段制作出便于储存和查询的数据库，就像是文化的基因库。许多必然会消失、无法活态保留的非物质文化遗产，只要数字化以后存在数据库里，我们就可以非常完整地将其保存下来。如费孝通先生所说的，作为生物的生命体，死后是不会复活的，但作为文化的生命体，只要有环境和社会的需要就会再次复活，而数据库的存在为其复活创造了条件。

因此，当今非物质文化遗产的保存工作首先要从数据库的建立开始，而数据库所收集的数据必须具有权威性和研究性才会有价值与意义。另外，保存下来的资料如何存储、展示、传播，如何成为教育民众的工具，图书馆在这方面起到重要的作用。图书馆不仅要有大量的图书资料，还需要有大量的多媒体资料供大家查找和阅读。人们在这里一方面阅读古人的文献，另一方面观看当今还活着的非物质文化遗产的文字资料和多媒体资料，把历史与当代、过去与现在联系起来，让非物质文化遗产的传承形成一个社会氛围，把广大的民众引向文化的自觉与自省。

（摘自《中国文化报》 2011年9月22日）

（作者：方李莉，中国艺术研究院艺术人类学研究中心主任，
国家非物质文化遗产保护专家委员会委员）

中国剪纸的新时代——现状、趋势及其问题

乔晓光

2009年9月，中国剪纸入选联合国教科文组织第四批世界非物质文化遗产名录，揭开了中国剪纸历史发展中崭新的一页，作为中国古老纸文明形态中的剪纸传统，成为中华民族代表性的非物质文化遗产受到世人关注，世界开始了解一个多民族多样性活态文化的剪纸传统。

同时，全球化背景下，中国古老农耕文明向现代工业文明转型期的剪纸传统，也迎来了自身新的发展机遇，当下急剧变革开放发展的时代，也是一个新旧事物交替更换的时期，中国剪纸的现状目前就处在一个传承守护与发展创造共存并举的独特时期。一方面现代化快速发展对多民族剪纸传统带来了强烈的冲击，许多民族村寨中的剪纸已面临流变和濒危的处境，如何保护好中国剪纸传统这一笔多民族丰富深厚的非物质文化遗产，是需要全社会和不同传承地政府及民间传承人共同关注的事业。守住民族文化的根，使代表性的民族艺术传统活态地传承下去，这是历史赋予这个时代的使命，也是认

同热爱民族文化之人应尽的义务和责任。《中华人民共和国非物质文化遗产法》的颁布为文化传承和保护提供了法律性的依据和政策性的支持。中国剪纸现状的另一个特点，即脱离开民俗实用功能的艺术类剪纸，正在成为当下文化舞台上的流行类型。剪纸也成为城市现代生活中经常使用的公共性艺术符号。

改革开放30多年来，中国的社会结构和文化传统在发生着深刻的变化，剪纸总体的发展趋势呈现出由民俗类的民间艺术向艺术类的独立艺术形式发展的趋势，剪纸也开始出现许多衍生产品，如产业化类型的绘画型剪纸，旅游商品类型的风物，生肖类剪纸、工艺品类型的剪纸制品等。剪纸正在成为当代社会与艺术教育形态中，雅俗共赏、喜闻乐见的艺术形式，剪纸开始从地域性风格中解放出来向个体化语言风格发展。

回顾近百年中国历史中文化传统的命运，有活态启示性的个案一是中国的书法，另一个就是中国剪纸。书法在传统农耕时代，以男性精英和汉字为文化主体，以书写传统构成了历史的主流文化形态。辛亥革命后，硬笔书法逐渐取代了传统的毛笔书写，今天电脑又在取代硬笔书法，但传统书法没有消失，书法作为雅俗共赏的中国艺术传统传承了下来。今天书法也成为世界非物质文化遗产，无论在社会还是教育领域，书法已成为一门独立的艺术专业。中国书法艺术包含的文化传统，以及以汉字为书写方式的书法艺术都代表了中国古代艺术的最高成就。书法也为每个书写者提供了个体人性审美价值的体验与实现渠道。剪纸是以女性尤其是中国农村妇女为主体的文化传统，我们称之为民间艺术的母亲河。剪纸代表了中国古代纸文明的另一种民间形态，即以纹饰符号为民俗载体，以剪刀、刻刀为文化工具，以中国乡村妇女为传承主体，以剪纸的信仰行为为文化方式和手段。剪纸以图形叙事，在人与节日（祭日）、人与神、人与祖先之灵的沟通崇祭中，发挥了重要的情感媒介作用，剪纸有通神通灵的民俗文化功能。民间文化以口传文化为主要方式，不依赖文字和书写传统，因而，民间美术成为民间文化的重要生存方式。剪纸代表了中华民族更古老本源的图形叙事象征传统，剪纸承载信息与精神情感的潜力是巨大的，这正源于剪纸简约和局限性手段的特性本身，源于剪纸的普遍性和易操作性，源于剪纸文化精神中的常识性以及和生活紧密的关联性。剪纸高度的局限性反而提供了更宽心灵自由度实现的可能，无数代乡村妇女，正是在这种简约限制的语言方式中，创造了丰富多彩的剪纸艺术传统。剪纸的方式和文化功能使人更靠近了内在的心灵，更靠近了人的本能，所以剪纸也成为每一个实践者体验心灵情感和本能创造力的朴素手段。汉代造纸术发明至今已有了200年的历史，根据考古实物发现，中国剪纸也有了1500年的历史，剪纸代表的文化叙事思维与艺术表达手段，都与古代早期不同材质器物上的平面彩绘、雕刻镂空的纹饰传统一脉相承。因此，剪纸在今天的发展，吸收借鉴和认知中国古代艺术传统是必不可少的，而且只有把剪纸放到民族艺术发展历史的整体形态中，才能认识其独特的艺术价值。近百年来，随着历史变迁、社会的发展，和民间文化的命运一样，中国剪纸传统也在经历着自身的变化与发展，从边缘化的乡村日常生活的习俗剪纸，到进入主流文化和精英艺术家的视野，以及进入当代城市生活，成为引人注目的世界非物质文化遗产，这期间剪纸传统也经历了不同时期的境遇和历练，以及社会现实发展需求对剪纸的选择和淘汰。近百年的历史发展中，在诸多民间美术类型中剪纸作为最具普遍性、易操作以及广泛民众认同感的艺术形式，显示出独有的生命活力和本土文化特色的发展前景。

20世纪初，最早对剪纸传统关注的是中国新兴起的民俗学的研究者们，他们认识到了民间剪纸的民俗资料价值，但这时期的研究对象是以口传文化为重的民俗学和民间文学为主。20世纪20年代已有相关剪纸的图册出版，但均为外国人编辑，如法国人 Gerna Melhcers 出版了《中国剪纸艺术》多为南方花样，日本人小森忍君编印了《中国刺绣图案》，其中多是中国北方的刺绣剪纸花样。民间剪纸进入美术家的视野，专业美术工作者开始尝试新剪纸的创作，这个历史可以追溯到20世纪三四十年代革命圣地延安的木刻运动。以抗日战争为背景，以鲁迅倡导的左翼文化运动和新兴木刻运动为起因，以延安鲁艺师生艺术教学和艺术创作为主体，以毛泽东《在延安文艺座谈会上的讲话》为艺术创作方向。其中还有一个重要的因素，即以农民群体的审美习惯为创作标准。延安时期木刻艺术的创作思想已蕴含了深刻的文化人民性的思想萌芽，这一思想体现在民族化审美观上对民间文化和农民群体审美方式的尊重。延安革命时期的艺术思想和艺术创作实践，推动了剪纸从民俗窗花向独立艺术形式的发展，也推动了剪纸作为大众喜闻乐见的民间艺术与学院美术教育的结合。

延安鲁艺倡导的民间美术教学思想，正是中央美术学院民间美术教学思想的开端。艺术家古元、夏风、罗工柳、江丰、力群等，他们不仅用木刻的形式创作了表现边区生活的新窗花，同时，民间剪纸鲜活的生命力和质朴单纯明快的风格也深刻影响了延安木刻艺术的创作，形成了有强烈民族语言特色的版画风格。毛泽东《在延安文艺座谈会上的讲话》，提出了“大鲁艺”和“小鲁艺”。“大鲁艺”是指人民的生活，到工农兵生活中去学习体验成为革命艺术家必修的课程。延安时期的艺术家们还到民间采风收集剪纸，1943年至1946年江丰和艾青采风收集编辑了陕北《民间剪纸》画册，倡导在鲁艺开设剪纸窗花课和民间年画课，把人民大众喜闻乐见的艺术形式引进学院课堂中，这是江丰在延安革命时期的美术教学理想，由于特殊的战争年代，无法得以真正实现。1980年江丰“文革”结束平反后，出任中央美术学院院长，他上任后创建了“年画、连环画”系，1986年，改为“民间美术系”。把民间美术引入高等美术教育，这是新中国美术教育史上的一个创举。向人民致敬，这也是中国文化复兴的必然选择。

20世纪末，中国剪纸如同民间文化一样，进入流变濒危趋势的低谷时期，全球化、现代化、城市化社会变革的快速发展，使人们大大疏离了原有的传统生活，这反映出社会变革走向深层的时候，传统文化的适应性产生出新的问题，我们的文化传统正处在一个失语与调整、寻找的发展变化期。新世纪初联合国教科文组织启动了非物质文化遗产保护项目，在对非物质文化遗产的关注中，剪纸也开始受到重视。中央美术学院非物质文化遗产研究中心秉承了延安时期对民间艺术学习的传统，承担了中国民间剪纸向教科文申遗的工作，但申遗的基础是建立在中国民间剪纸研究会20多年社团工作对剪纸的调查、推介、研究和传承人发现的基础上进行的。

今天伴随着社会各界对非物质文化遗产的关注，中国剪纸也迎来了它的新时代。在国家体制内和地方文化事业的发展中，各界开始重视剪纸的存在和发展，剪纸作为世界非物质文化遗产也成为许多地方政府树立形象的品牌，虽然这不乏功利色彩，许多地方的剪纸进入国家非遗名录，许多传承人作为国家传承人、省级传承人或地方传承人得到了关注。各地剪纸创作、展览频繁举办，在大学、中学、小学的剪纸普及和推广都呈现出了非常好的发展趋势。国外的汉语教学和对外文化交流中也开始出现剪纸的表演与实践的传播。剪纸从上世纪末发展到今天，许多脱离民俗生活实用性的乡土风格剪纸开始进入城市现代生活，进入民间工艺流通传播的市场机制。而乡村民俗形态的剪纸传统，正在经历着前所未有的文化流变时期，许多民俗类型的剪纸，会随着急剧变革的村社文化，趋于濒危甚至消失，一些信仰类的剪纸类型会保持延续下去，也有一些节日类和生活类的剪纸会随着生存方式的变迁进入新农村的现代生活和城市生活中。剪纸已成为中国人生活中喜闻乐见的吉祥象征和喜庆形式，剪纸会在今天的城市生活中传承下去，剪纸也会作为一个独立的画种进入当代艺术形态。剪纸是一种非常有信息传达潜力的艺术形式，也是一种有中国文化特色和文化气质的艺术类型，许多新剪纸已开始以自己的方式，表达当代的生活和文化的创意以及个性化的艺术情感，同时新剪纸也在开拓创造着古老纸文明的许多新的可能。非物质文化遗产的价值观，提升了社会对民间剪纸的认识和保护意识，也提升了乡村剪花娘子群体的社会影响力，但这仅仅只是个开始，真正的文化尊重离农村妇女还很遥远。我们许多老一辈的艺术家为剪纸的普及、推广、组织工作以及研究与创作等工作做出了积极的贡献，如江丰、古元、艾青、力群、靳之林、冯真、王树村、滕风谦、讥风皋、曹振峰等许多前辈和基层美术工作者。还有更多民间剪花娘子，如库淑兰、王兰畔、高金爱、曹佃祥、王继汝、高凤莲、白凤莲、潘套九、王安丽、刘妹莎……她们为中国剪纸的传承更是做出了不可磨灭的贡献。但是作为专业领域的中国剪纸的基础田野调查和理论研究依然是薄弱的，至今我们还没有一部集各民族剪纸基本田野信息成果的研究专著。剪纸司空见惯的普及性，使我们长时间忽略了剪纸的基础学术研究，我们看不到剪纸背后的人，看不到人背后的文化。围绕剪纸展开的文化研究、艺术研究、女性社会学研究，以及剪纸本体的艺术思维研究和多民族活态文化空间的研究、当代性和艺术传承关系的研究等都是有待填补的课题。过去几十年中，许多学者在不断地努力，如滕风谦先生从物候历法的角度发现了剪纸与古老农耕文化的关联，以及生殖崇拜的文化内涵，打开了剪纸研究新的文化视角。靳之林先生在此基础上又向前大大地跨进了一步，他在延安工作期间，从陕北延安剪纸普查开始，20多年走遍了中国大地和世界很多地方，他以中国本源文化研究为核心，以民俗、民艺、考古、历史文献相结合的研究方法将中国剪纸的方法论推到了一个新的高度，代表了这个时代比较成熟的学科方法。在村社文化急速消失的社会变革中，中央美术学院非遗中心在前人的基础上提出了“活态文化”传承保护的理念，以及围绕着村社和传承人展开的田野学术研究方法，都是和社会现实发展紧密相关的开拓性思想实践。

中国有20多个民族有剪纸习俗传统，许多民族的剪纸虽然衰微，但仍然存活着，对于这些民族剪纸的调查还存在大量空白。中央美术学院非遗中心正做的国家项目《中国少数民族剪纸艺术传统调查与研究》，即旨在抢救和发掘多民族剪纸传统。同时，中央美术学院已经开设20多年的剪纸课，面对全院选修，普及了本土的艺术传统和语言，也大大地推广了剪纸在美术教育中的普及和传播。中央美术学院非遗中心正在编撰中国高等师范院校统一教材中的《中国民间美术》，本教材以理论、田野、艺术三位一体的方法，普及推广中国剪纸的艺术实践。

剪纸作为教育传承具有非常深远的未来意义，在2003年申报非物质文化遗产的过程中，我们就预感到中国民间剪纸会像书法一样，即使失去了传统民俗实用功能也不会消亡，它会进入到当代社会生活，成为雅俗共赏的艺术传统得以传承。今天，剪纸进入当代生活和艺术形态正在成为一种现实。

目前在剪纸界内部还存在着许多问题，比如剪纸传承保护和剪纸的基础理论调查研究不够，对剪纸文化研究视野的宽度不够。剪纸创作单一化，缺乏本土文化艺术的修养和国际化艺术视野。剪纸界内部也需要加强团结，创造健康有活力、相互尊重、相互鼓励、共同发展的大格局。在全球化背景下，文化视野的狭窄和缺失为艺术的发展带来了瓶颈，阻碍了剪纸进入当代文化形态与当代生活形态中的发展。剪纸真正的魅力是其活的文化价值，以及剪纸背后人性所带来的感人的东西，而不是简单的剪法和造型样式。剪纸是在一个整体的纸文明形态中显现其特色的，纸不仅是一种材料也是一种精神的介质。许多乡村民间剪纸的传人已经主动参与到了当地许多文化活动和艺术创作中来，他们需要支持，地方政府、社会以及国家的主流文化形态应该给民间的文化传人提供更多的机会，鼓励他们的文化传承和创造。鼓励他们在生活中寻找文化传承文化发展的新的可能性。无论是原生态传承或产业化及商业性发展，都应当为剪纸的各种发展提供更宽容的文化态度和文化政策机制。

剪纸正在进入它的新时代，需要剪纸界内部的团结、互助，更需要剪纸界自身对剪纸发展的自觉和深度。当下开放的时代为剪纸的发展提供的舞台是宽阔的，这就需要我们从事剪纸的创作者真诚地交流与竞争，放眼本土与世界的文化舞台。中国民间文艺家协会刚刚结束了为期十年的中国民间木版画编撰工作后，《中国民间剪纸集成》的出版已拉开序幕，目前已经出版了《蔚县卷》《豫西卷》，正准备出版《医巫闾山卷》《和林格尔卷》。中国民协所开展的不同省份的剪纸普查和抢救，必定会为中国剪纸的新时代注入新鲜的血液，也提供了重要的艺术传统发展的参照。

（摘自《中国广州中日韩非物质文化遗产保护比较暨
第三届中国高校文化遗产学学科建设学术研讨会论文集》）
（作者：乔晓光，中央美术学院非物质文化遗产研究中心教授、博士生导师）

从家庭传承到社会收徒的传承脉络看传统工艺美术人才的培养

邱春林

传统工艺美术的可持续发展关键在于人才培养。在社会转型期，如何重新构建传统工艺美术人才培养体系是急需解决的问题。

传统社会中以家庭内部传承为主

我国历史上农业社会时期漫长，在儒家思想的影响下，以宗法血缘关系为纽带的小农经济很发达，手工艺一直是作为农耕的合理补充存在着。不论是家庭副业还是职业化的手工业，其人才培养均依托于父传子、子传孙的家庭内部的技艺传承方式，即使存在师傅带徒弟的现象，其实也是以血亲关系为纽带。所以，在传统社会里，手工艺人才的培养主要以家庭或家族为单位，家庭教育是最重要的人才培养途径。在当时的社会背景下，家庭或家族式的培养方式既保证了技艺不外传，也使得人才培养可以低成本进行。

随着晚清洋务运动的兴起，工业化开始在中国推行，许多民族工业企业和职业学院出现后，企业内部职业教育和学院逐渐取代了旧时的家庭教育，手工艺人才培养方面越来越形成西方式的社会化教育模式。民国以后，多数手艺人走出家庭作坊到工场上班，他们的子女也纷纷被招入工场，被工场集体培训，他们在更广泛的社会环境中生产，并接受教育。尽管在工场里也有子承父业者，但这种情况毕竟少见。在民国这个动荡不安的时代里，尽管社会化教育在一定程度上取代了家庭教育，但手工艺的社会化教育机制和体系因战乱发育不良，除沿海一些地方外，内地城乡依然以家庭教育为主。

新中国成立后形成社会化培养模式

新中国成立后，为尽快实现工业化，国家加大了对传统工艺美术的生产和人才培养。1951年，老艺人纷纷被召集到一起，先是组成手工业生产合作小组，接着改成合作化集体企业。1958年，经过对小手工业主的社会主义改造，有的传统工艺美术企业改制成国营企业，手艺人被改造成工人阶级，家族传承下来的技艺也被集体化。这时，手艺人不再单纯地依靠家庭内部传承，而是遵循着重新建立起来的一种新型的师徒关系，即一个师傅带一群人，或是多个师傅一起带一个班。企业既是教学单位，也是生产单位，还是科研单位。这样，在企业内部就形成了教、产、研一体化的人才培养模式。在工艺美术人才社会化培养教育方面这是一大制度的创新。

与此同时，企业外部还有其他形式的社会化教育，比如，国家有了上百所专门培养工艺美术人才的大专院校、中专学校、职工夜校等，还有各省、市、工厂都设有工艺美术研究所、博物馆，这都是人才培养单位。毫不夸张地说，可能有史以来，在传统工艺美术行业内，都没有出现过如此立体、成熟、有效的人才培养体系，工艺美术社会化教育在1949年至上世纪90年代初已基本取代了家庭教育。

经过几十年工艺美术人才的社会化教育之后，历史上曾经失传的许多工艺美术门类陆续得到恢复和发展，产业工人队伍得以壮大，人才形成"井喷"现象，一个无可争辩的事实是，已评出的365个中国工艺美术大师以及近年来遴选为非遗传承人绝大部分都是1949年以后社会化教育模式培养出来的人才。可惜的是，这种良好的社会化人才培养模式所依附的企业出现人浮于事、经营不善的问题。随着上世纪90年代初计划经济向市场经济体制转轨，全国97%以上的国营和集体工艺美术企业都相继倒闭、改制，相关大专院校被兼并，相关研究所被撤消。短短几年间，原先行之有效的一套社会化教育机制突然之间完全中断了。

经济体制转轨传承模式发生变化

当全国工艺美术行业陆续完成了经济体制转轨之后，许多有手艺在身的工艺美术大师选择回到家庭，利用家庭成员组织起了最小的生产单位，同时也有意识地在家庭作坊中或私企中培养工艺美术人才。在做法上基本沿用了传统社会父传子或师傅带徒弟的方式，技艺传授的对象经过谨慎选定，技艺传播的范围很有限。血亲之间的技艺传播方式，在社会化教育机制彻底瓦解之后，在一定程度上弥补了人才培养途径的短缺，但是，家庭教育并不能满足工艺美术人才培养的客观需求。因为支撑这一机制的社会大环境已发生根本性变化，当今时代宗法制度缺席，伦理意识淡薄，家庭或家族已不是一个固若金汤的小社会，而蜕变为一个松散团体。且不说面向社会招收来的徒弟可能因为利益诱惑而中途脱离师傅的作坊出门单干，就是亲生子女也不一定听从长辈的安排。

目前，传统工艺美术的传承状况不容乐观，非遗传承人年龄都偏大，基本上都是1949年以后在集体或国有工艺美术企业中的技术骨干，年轻人难以守得住寂寞，舍得花时间和金钱跟随师傅认真学艺，手艺传承后继乏人。但在一味感慨年轻人不愿吃苦承担的同时，笔者则在想，社会为他们提供的受教育的机会有多少？对于今时今日的人才培养，社会教育该如何进一步完善，使想要在工艺美术领域闯一番事业的年轻人有章可循。

可见，工艺美术的人才培养既离不开家庭教育，也离不开社会教育。假如采取单一的模式，势必不能满足全社会的需求。工艺美术作为手工艺之花，凝聚着手工艺最高的技艺和人文价值，在今天正转型成为重要的文化艺术形式。从生产转向创作，从实用为主转向审美为主，传统工艺美术领域需要亦工亦文的新型人才。这批人才既要全面掌握老艺人传承下来的精湛技艺，又要具有全面的艺术修养，能创造出具有时代气息的传世精品。因此，在家庭教育之外，还特别需要重新建立社会教育的渠道。比如说，高等工艺美术学院、工艺美术材料研究所和造型研究所、工艺美术职业技术学院等都有必要重新恢复。只有社会教育形成高、中、低三级人才基础，加上家庭教育的辅助，才能保证各工艺美术品类有可观的人才基数。没有适当的人才基数，怎么可能诞生出未来的工艺美术大师和传承人？总之，人才培养关系到整个行业的发展趋势，也关系到许多重要的非物质文化遗产能否真正得到保护和传承。依靠单一的家庭教育已经显露出它的弊端，它实在不能独立承担起工艺美术后继人才的全部责任，必须尽快考虑重新建立多样化的社会教育机制。

（摘自《中国文化报》 2011年3月24日）

（作者：邱春林，中国艺术研究院工艺美术研究所副所长）

应加快建设中国各民族神话资料数据库

王宪昭

中国56个民族神话数量众多、形式多样、内涵丰富，具有多学科兼容的特征，是中华民族非物质文化遗产的重要组成部分。从民族归属划分，中国神话包括汉族神话与少数民族神话两个部分。纵观中国神话研究学术史，我们对汉族文献典籍神话重视程度较高，而对少数民族神话资料的搜集和研究相对薄弱。因此，通过对各民族神话类型的细分和数据统计，建立起较为系统的中国各民族神话资料数据库交流平台，是神话学学科建设和民族文化再认识的必然要求。

建设数据库的必要性

从数据库的文化价值而言，通过神话资料的数据化，可以为研究者和其他读者最大程度地展示各民族神话传承与研究的基本面貌，提供便捷的浏览或研究交流平台。各民族神话数据的搜集整理不仅是目前探讨民族问题的重要途径之一，也是非物质文化遗产保护的一项重要内容。神话数据库建设在抢救、保护和研究各民族的口头传统、保护人类文化的多样性，促进民族平等和文化沟通等方面具有不可替代的作用。

从数据库的学术价值而言，通过神话数据库建设，较全面地普查、梳理、立档和长期保存中国各民族神话，可以较系统地展现各民族神话的共性与个性，考察各民族神话的流传与变化情况，有利于对神话形态、本质与内涵的研究，提升神话研究的社会关注度，逐步形成具有民族特色的非物质文化遗产资料库。

以往我们的神话研究，一般以图书馆或资料室的文字文本为主。而事实上，神话作为一个特殊的学科，具有广博的兼容性，它不仅是人类早期的百科全书，而且直到今天都与民间信仰、族群祭典、人生礼仪等民间文化活动和民俗活动紧密结合在一起，建立在现代传媒数字化基础上的音影图文数据库在再现神话的立体语境方面具有巨大优势。

建设数据库的可行性

中国各民族神话资源的丰富性与多样性是数据库建设的重要基础。如果从建设数据库的神话生存形态划分，就有口头神话、文献神话、文物神话、民俗中的神话等类型。其中，大多数少数民族在漫长的历史发展过程中虽有悠久的历史，却没有固定的文字形式，神话作品全靠民间口头的形式代代相传。如新中国成立以前，在我国55个少数民族中只有蒙古族、藏族、维吾尔族等共21个少数民族有文字。不仅没有文字民族的神话需要口耳相传，即使有文字民族的神话也往往靠口传形式流传下来。这些民间口传的神话具有流传的不稳定性，也可以称之为“活态神话”。同样，大量的岩画、古代雕刻、绘画、宗教器物、民族服饰等都有神话的印记。这些不同类型资源的呈现急需一种与之相适应的保存和传播手段。

目前，信息网络等新技术手段为神话研究带来新的生机，各种视频与音频技术已能够承担神话讲述向“超文本”记录形态的转化，单一的依靠语言或文字“一统天下”的记录局面终将被打破。

建设数据库的主要方式

神话数据库应包括神话作品和神话研究成果两个组成部分，具体实施则需要相应的文化理念、资源整合和人力支持，强化众多民族神话数据库表述的逻辑性，增强数据编排的科学性与合理性。在数据库构成方面，要突出多元呈现的特点，在数据库的设计中，应主要包括以下4种类型：

文本为主体的神话资源。这些神话资源以目前公开出版的神话文献和现当代搜集整理的神话文本为主，在资料的呈现方式上采取电子文档和原版扫描后转换成的PDF文件，并设置相应的公开传播权限。

声音为主体的神话资源。由于此前录音条件的限制和人们对神话声音文件采集的相对不足，一方面可以通过对以往相关音源资料的细加工获取必要的神话讲述信息，另一方面可以通过必要的田野调查充实口头材料。

照片为主体的神话资源。这些资源主要包括文物中的神话、绘画中的神话、服饰中的神话，以及与神话讲述相关的讲述人、受众、讲述场所、用具等为神话研究提供信息的语境材料。

影像为主体的神话资源。这些资源主要是田野调查中采录的神话讲述或传承的影像。

上述不同类型的资料将最终转换为数码资源，通过平台或网站对外公开，实现神话研究中的资源共享或远程研讨。从实际操作看，这些不同类型的信息可以在同一个神话主体交叉呈现，如同一则神话作品的综合的立体式的定位，可以同时使用音影图文等性质不同的信息。

（摘自《中国文化报》 2011年8月23日）

（作者：王宪昭，中国社科院民族文学所副研究员）

（二）专家访谈

话说《非遗法》：王文章谈“非遗”

——接受《世界遗产》记者专访

《中华人民共和国非物质文化遗产法》正式颁布之际，本刊就中国非遗发展及相关立法背景、情况、意义等内容采访了文化部王文章副部长。

《世界遗产》：近年来，我国的非物质文化遗产保护工作为社会所瞩目。请您介绍一下近年来非物质文化遗产保护工作有哪些主要特点，取得了哪些进展。

王文章：近年来，我国非物质文化遗产保护工作卓有成效地全面展开，取得了显著成就，主要体现在以下几个方面：

一是政府主导、社会参与，形成全民参与非遗保护工作的良好局面。

党中央、国务院高度重视非物质文化遗产保护工作。2005年，国务院和国务院办公厅出台了《关于加强文化遗产保护的通知》和《关于加强我国非物质文化遗产保护工作的意见》两个文件，对非物质文化遗产保护工作的方针、政策、措施等提出明确要求。2011年2月25日，十一届全国人大常委会第十九次会议高票通过《中华人民共和国非物质文化遗产法》，为非物质文化遗产保护提供了法律支持。各级地方党委、政府也十分重视，社会各界积极参与，在保护机制建设、政策法规制定、经费投入等方面，积极采取措施，加大工作力度，为非遗保护工作提供了有力的保障。

社会公众包括公共文化机构、有关企事业单位、科研单位、文联等社会组织高度关注并积极参与非物质文化遗产保护工作，自觉保护非物质文化遗产的观念深入人心。通过在每年"文化遗产日"期间举办丰富多彩的非物质文化遗产展览、展演、论坛、讲座、咨询等活动，并利用报纸杂志、广播电台、电视台、网络等新闻媒体，集中、全面、深入地宣传非物质文化遗产保护工作，普及非物质文化遗产知识，使非物质文化遗产保护家喻户晓。第一次全国非物质文化遗产调查中，共有50多万人次参与了调查，有大批老文化工作者、老教师、老干部、老艺人、老工匠主动参与非物质文化遗产调查。各级各类学校积极开展非物质文化遗产进校园活动，将非物质文化遗产教育作为学校素质教育的重要组成部分。通过编印乡土教材和校本课程，将非物质文化遗产纳入教学中，使学生们充分感受到了中华传统文化的价值与魅力，增强了保护和传承非物质文化遗产的责任感，同时培养了广大青少年爱祖国、爱家乡的美好情操。

二是非物质文化遗产保护深入开展，逐步形成了科学的保护体系。

随着保护工作的逐渐深入，我国的非物质文化遗产保护从原来的民间文学、传统音乐、舞蹈、戏曲、美术等民族民间艺术，扩展到目前包括传统体育、游艺与杂技，传统技艺，传统医药，民俗等十大门类，其内涵不断丰富，内容更加全面。

在"保护为主，抢救第一，合理利用，传承发展"的保护方针指导下，逐步形成了符合我国国情的非物质文化遗产保护体系，基本完成了第一次全国非物质文化遗产普查工作；建立了较为完善的国家、省、市、县四级非物质文化遗产名录体系；命名了国家、省、市、县级非物质文化遗产项目代表性传承人；设立了11个国家级文化生态保护实验区；稳步推进非物质文化遗产专题博物馆、民俗博物馆、展示中心和传习所建设；逐步加强各级非物质文化遗产保护工作机构和队伍；中央和省级财政非物质文化遗产保护工作经费投入力度不断加大，确保了非物质文化遗产保护工作的顺利开展。

三是尊重传承规律，积极探索非物质文化遗产保护方式。

非物质文化遗产的丰富性，决定了保护方式的多样性。在保护工作中，根据非物质文化遗产的自身规律、特性和生存状况，我们逐渐探索出了多种非物质文化遗产保护方式：非物质文化遗产不可再生性、脆弱性、活态流变性，以及依托特定人文生态环境的特点，让我们通过工作实践摸索出了抢救性保护、生产性保护和整体性保护等保护方式。对濒危的非物质文化遗产采取及时的抢救保护措施，使其得到传承和延续；通过支持传统手工技艺类项目积极开展生产实践，将其转化为文化产品，使其更好地融入当代社会；通过在一些特定区域开展整体性保护实践，将非物质文化遗产从单个的项目保护提升到对其依存的自然、人文等生态环境进行整体性保护。

四是积极参与国际合作，提升中华文化国际影响力。

我国于2004年加入《保护非物质文化遗产公约》，并两次当选“保护非物质文化遗产政府间委员会委员国”，积极参与履约指南等规则的制定。目前，共有28个项目列入“人类非物质文化遗产代表作名录”、6个项目列入“急需保护的非物质文化遗产名录”，成为世界上入选名录项目最多的国家。2007年、2009年举办了两届中国成都国际非物质文化遗产节，今年将举办第三届。2010年5月，在中国艺术研究院挂牌成立了联合国教科文组织支持的亚太地区非物质文化遗产国际培训中心。在充分吸纳世界各国文明优秀成果的同时，积极推动非物质文化遗产“走出去”，让各国人民充分感受中华文化的独特魅力，并为促进国际文化平等对话和交流合作、维护人类文化多样性做出积极贡献。

《世界遗产》:《中华人民共和国非物质文化遗产法》颁布实施有哪些积极意义？

王文章:《中华人民共和国非物质文化遗产法》是21世纪我国文化领域出台的第一部法律，在文化法制建设中具有里程碑意义。《中华人民共和国非物质文化遗产法》的出台，对于加强我国非物质文化遗产保护工作，继承和弘扬中华民族优秀传统文化，促进社会主义精神文明建设，推动文化大发展大繁荣，必将产生重大而深远的影响。

立法保护，是非物质文化遗产得到全面保护的根本保障。《中华人民共和国非物质文化遗产法》将非物质文化遗产保护的有效经验上升为法律制度，有利于建立健全科学有效的保护体系，有利于巩固非物质文化遗产保护成果。联合国教科文组织《保护非物质文化遗产公约》要求各缔约国采取法律措施，确保非物质文化遗产得到保护和弘扬。在充分吸收国际公约精神的基础上，结合我国非物质文化遗产保护实践制定的《中华人民共和国非物质文化遗产法》，也是我国为全面履行国际公约义务，推动国际非物质文化遗产保护、维护人类文化多样性，做出的积极贡献。

《世界遗产》:《中华人民共和国非物质文化遗产法》的颁布实施对于我国的非物质文化遗产事业的发展会有哪些重大影响？对我国履行《非物质文化遗产公约》又会有怎样的国际意义？

王文章：随着非物质文化遗产保护工作的逐步深入，不仅仅是文化界，包括社会各界都认识到，保护非物质文化遗产是一项长期而艰巨的任务，需要一代一代做下去，需要法律、科技、行政和财政各项措施环环相扣，持续不断。随着工作实践的深入，近些年来各地陆续颁布了一些保护非物质文化遗产的地方性法规，但整个国家层面的立法仍是空白。《中华人民共和国非物质文化遗产法》的出台，将党中央关于文化遗产保护的方针政策上升为国家意志，将非物质文化遗产保护的有效经验上升为法律制度，将各级政府部门保护非物质文化遗产的职责上升为法律责任，有利于建立健全科学有效的保护体系，为非物质文化遗产保护政策的长期实施和有效运行提供了坚实保障。

非物质文化遗产是人类文明的瑰宝，加强非物质文化遗产保护，不仅是国家和民族发展的需要，也是国际社会文明对话和人类社会可持续发展的必然要求。我国政府高度重视参与国际非物质文化遗产保护工作，我国是制定《保护非物质文化遗产公约》的重要发起国，并两次当选保护非物质文化遗产政府间委员会委员国。以法律的形式保护本国非物质文化遗产，是《保护非物质文化遗产公约》赋予缔约国的重要职责。作为一个负责任的大国，中国有责任，也有义务，为推进国际社会的非物质文化遗产保护做出努力。在充分吸收国际公约精神的基础上，结合我国非物质文化遗产的保护实践制定《中华人民共和国非物质文化遗产法》，这是我国全面履行国际公约义务的体现，彰显了我国维护人类文化多样性的决心和努力，是我国为促进世界非物质文化遗产保护、维护人类文化多样性做出的积极贡献。

《世界遗产》：对下一阶段非物质文化遗产保护工作，您有哪些设想？对《中华人民共和国非物质文化遗产法》的实施和进一步完善，您有怎样的思考？

王文章：2011年是“十二五”的开局之年。“十二五”时期，我们将坚持“保护为主，抢救第一，合理利用，传承发展”的指导方针，重点开展以下工作，推进非物质文化遗产的科学保护、传承和发展：一是加强重点项目保护。启动“十二五”时期非物质文化遗产专项重点调查工程、名录项目保护工程；制定分类保护的规范标准，指导编制人口较少民族非物质文化遗产保护专项规划；二是加强代表性传承人保护，开展第四批国家级项目代表性传承人申报评审工作，启动代表性传承人抢救性数字化记录工程等。三是全面推进文化生态保护区建设，制定《国家级文化生态保护区总体规划编制规范》，继续开展国家级文化生态保护区命名工作。四是建设一批非遗专题博物馆、展示传习中心。五是深入推进非物质文化遗产生产性保护，开展国家级非物质文化遗产生产性保护示范基地建设。此外，要继续加强非物质文化遗产宣传展示工作，推进非物质文化遗产保护信息化建设和非物质文化遗产保护政策法规体系建设等工作。

《中华人民共和国非物质文化遗产法》是指导我国非物质文化遗产保护工作的根本依据。为促进《中华人民共和国非物质文化遗产法》的贯彻落实，我们要在认真学习和深刻领会其精神实质的前提下，准确把握法律内涵，通过广泛宣传，使社会各界深入了解、贯彻实施《中华人民共和国非物质文化遗产法》。针对非物质文化遗产保护工作中急需解决的热点、难点、重点问题，抓紧制定《〈中华人民共和国非物质文化遗产法〉实施细则》及相关政策和部门规章，研究制定非物质文化遗产生产性保护的相关扶持政策、非物质文化遗产传承机制建设、文化生态保护区建设有关规章及国家级非物质文化遗产名录项目分类保护规范，推动各地进一步完善出台地方性非物质文化遗产条例，形成全面系统的非物质文化遗产法律法规体系。

（来源：中华人民共和国文化部官网，2011年6月1日，
http://www.mcprc.gov.cn/sjzz/fwzwhycs_sjzz/fwzwhycs_gzdt/201111/t20111128_356487.htm）

非物质文化遗产保护的重要里程碑

——文化部副部长王文章与新华社记者谈"非遗"法出台

经全国人大常委会会议三次审议，《中华人民共和国非物质文化遗产法》于25日获表决通过。这部法律的出台有着怎样的意义？我国"非遗"保护的现状如何？如何解决"非遗"保护中有些地方"重申报、轻保护"的问题？怎样应对部分"非遗"传承后继乏人的窘境……带着这些问题，记者25日下午在法律通过后第一时间采访了文化部副部长王文章。

记者：经过社会各界人士和有关方面的共同努力，《中华人民共和国非物质文化遗产法》由全国人大常委会今天正式通过，您怎么评价出台这部法律的意义？

文化立法取得突破性进展"非遗"保护步入依法保护阶段

王文章：这是非物质文化遗产保护工作的一大喜事，它标志着我国非物质文化遗产保护工作的重大进展，是非物质文化遗产保护工作的一个重要里程碑。由此，我国的非物质文化遗产保护会步入依法保护阶段。

为推进非物质文化遗产保护工作的开展，我国出台了一系列重要政策规定，通过开展非物质文化遗产资源普查、建立国家四级名录保护体系、加强传承人保护等一系列重要举措，非物质文化遗产保护工作取得了显著成效。但是，在全球经济一体化和现代化进程中，我国经济社会发生了急剧的变迁，非物质文化遗产依存的社会环境日益狭窄，许多珍贵的非物质文化遗产濒临消亡，大量具有历史、文学、艺术、科学价值的珍贵实物流失。同时，由于非物质文化遗产保护制度建设特别是立法滞后，保护工作无法可依。出台《中华人民共和国非物质文化遗产法》，为我国非物质文化遗产保护提供了根本性的依据，使经费投入、传承人扶持等得到有效保障，会有力地提升非物质文化遗产保护工作的科学水平。

出台《中华人民共和国非物质文化遗产法》，是履行联合国教科文组织《保护非物质文化遗产公约》的责任和义务。我国于2004年8月加入公约。公约要求各国采取法律措施，确保非物质文化遗产得到保护和弘扬。

这部法律的出台，是文化立法取得的突破性进展，对全面促进我国非物质文化遗产保护，弘扬中华民族优秀传统文化，建设中华民族共有的精神家园，推动文化大发展大繁荣，促进经济社会全面协调可持续发展，将产生积极而深远的影响。

鼓励将“非遗”资源转化为生产力 合理开发可享税收优惠

记者：我国非物质文化遗产内容丰富、形式多样，我们倡导的保护也是以全方位、多层次的方式来反映和保存文化的多样性和丰富性。除对非物质文化遗产进行田野考察、采集、立档、保存、研究等抢救性保护外，整体性保护、生产性保护近年来颇受关注。

王文章：是的。抢救性保护、整体性保护和生产性保护是“非遗”保护的几种主要方式。

建设文化生态保护实验区，就是推进整体性保护的重要举措——既对无形的非物质文化遗产进行有效保护，也重视有形的民居、古建筑、历史街区和古村镇、重要文物等物质文化遗产的保护，又兼顾自然和文化生态环境，有利于调动当地政府和社会公众参与保护非物质文化遗产的积极性。2007年至今，经地方申报，组织专家考察和论证，文化部先后批复设立了闽南文化、徽州文化、热贡文化、迪庆民族文化等11个文化生态保护实验区。目前，这11个国家级文化生态保护实验区正在编制规划实施细则，进入整体性保护的具体实施阶段。

生产性保护是指非物质文化遗产项目通过生产过程得到活态保护和发展。在产品生产、流通、销售过程中，产生经济效益，并促进相关产业发展，使非物质文化遗产项目的核心技艺在生产实践中得到传承，也使非物质文化遗产的保护有了可持续传承的动力，实现“非遗”保护与经济社会协调发展的良性互动。

开展生产性保护，政府扶持是重要保障。近年来，文化部举办了一系列传统美术、传统技艺类非物质文化遗产项目展示活动，在全面展示我国传统手工艺“巧夺天工”的精粹性和文化内涵的同时，通过代表性传承人的技艺及其作品展示，使更多的民众认识到传承非物质文化遗产的重要价值。

《中华人民共和国非物质文化遗产法》指出，国家鼓励和支持充分发挥非物质文化遗产资源的特殊优势，在有效保护的基础上，合理利用非物质文化遗产代表性项目开发具有地方、民族特色和市场潜力的文化产品和文化服务。同时明确规定对合理利用非物质文化遗产代表性项目的单位予以扶持，依法享受国家规定的税收优惠。

今年文化部还将开展国家级非物质文化遗产生产性保护示范基地建设工作，在全国范围内先行试点，总结经验后再逐步推开。

重申报、轻保护的现象将得到根本扭转

记者：国务院已经公布两批1028项国家级非遗名录，抢救保护了一大批具有重要历史、文化和科学价值及珍贵濒危的非物质文化遗产。同时，国家、省、市、县四级非物质文化遗产名录体系已初步形成。但我们在采访中也发现，一些地方缺乏科学保护意识，重申报、重开发，轻保护、轻管理，保护措施不落实。对这种现象，您怎么看？

王文章：申报是非物质文化遗产保护的重要环节和手段，是确定各级名录的基础性工作。近年来，非物质文化遗产名录的申报工作，大大促进和带动了各地的保护工作。反对和限制申报工作中的重申

报、轻保护现象，一直是我们工作中的一个侧重点。但必须看到，目前仍然存在重申报、轻保护的现象。有的地方和单位只看重入选名录的社会影响，保护措施不落实。有的甚至只把非物质文化遗产项目视作经济资源开发利用，忽视按照科学规律进行传承。这些做法都是放弃承担相应的保护义务和责任的表现，应该引起社会的高度重视。文化部正在采取措施，引导这些地方将工作重点从申报转移到保护。

首先，确保各级名录的均衡合理。严格把握标准，适当控制国家级名录项目数量，努力推进地方名录特别是市、县级名录的建设，使国家、省、市、县四级名录体系形成合理的金字塔结构。在今后的国家级名录项目评审中，将进一步严格把关，对申报热降温，把保护的实事做实。

其次，进行全面、科学保护。针对非物质文化遗产的不同类别，在现有基础上分门别类地进一步完善非物质文化遗产项目保护标准和实施方案，对非物质文化遗产进行科学性保护。同时，遵循非物质文化遗产恒定性和活态流变性的规律，对列入各级名录的项目采取抢救性、生产性、整体性等多种方式进行全面保护。从“重申报，轻保护”转变为既重申报，更重保护。

第三，建立健全名录项目的监督检查和退出机制。文化部将总结近年来我国非物质文化遗产保护工作的实践经验，并参照联合国教科文组织保护非物质文化遗产公约的有关规定，建立国家级名录的退出制度，定期组织专家对国家级名录项目保护情况进行评估、监督和检查，对保护不力和进行破坏性开发的项目和单位予以警告，对于确实不再符合国家级名录标准，没有资格继续列入国家级名录的予以除名，并追究相关责任。

破解“后继乏人”窘境 授徒、学艺可获国家资助

记者：目前，部分非物质文化遗产存在后继乏人的现象，对此，应如何采取措施，以进一步完善保护传承机制？

王文章：非物质文化遗产是以活态形式传承的文化遗产，主要依靠传承人口传心授而世代相传。因此，传承人保护是非物质文化遗产保护工作的重点和核心。

随着城市化、现代化进程的加快和人们生活方式、生产方式的改变，不少非物质文化遗产项目面临着后继乏人的问题。对一些濒临失传的具有传承价值的项目，国家在组织人员进行记录、整理的同时，也对传承人给予一定资助，鼓励其传授技艺。

2007年至2009年，文化部先后命名了三批国家级非物质文化遗产项目代表性传承人，共计1488名，并专门举行了颁证仪式。中央财政从2008年起专门资助国家级非物质文化遗产项目代表性传承人每人每年8000元，从2011年开始，对传承人每年资助增加到了1万元，鼓励和支持他们开展传承活动。

各地对保护传承人重要性的认识不断深化，并因地制宜地采取了多种保护措施，如建立传承人档案，改善传承人的工作环境，为生活困难的传承人提供基本生活保障，对传承人授徒传艺、开展传习活动给予扶持等。目前，各地评定的省级非物质文化遗产项目代表性传承人共6332名。各地（市）、县也认定命名了一批传承人，逐渐形成了国家级、省级、地（市）级和县级四级非物质文化遗产项目代表性传承人命名机制。

《中华人民共和国非物质文化遗产法》也制定了鼓励代表性传承人开展传承、传播活动的具体措施，包括帮助提供必要的传承场所，提供必要的经费资助其开展授徒、传艺、交流等活动，支持其参与社会公益性活动，以及支持其开展传承传播活动的其他措施等。

《中华人民共和国非物质文化遗产法》的颁布实施，对建立完善传承人保护的长效机制提出了更高的要求，我们今后将继续彰显代表性传承人的重要地位，加大对传习活动的扶持力度，通过社会教育和学校教育，使非物质文化遗产项目的传承后继有人。今年文化部将开展第四批国家级代表性传承人申报评审工作；启动代表性传承人抢救性记录工程；通过深入调研，出台实施生产性保护的扶持政策，研究制定对学艺者、继承者的助学、奖学等激励措施，逐步建立起长效的传承机制。

（来源：新华网，2011年02月25日，
http://news.xinhuanet.com/society/2011－02/25/c_121123772.htm）

非物质文化遗产的传承与发展

——浙江省文化厅非物质文化遗产处处长王淼在“浙江在线”接受访谈

非物质文化遗产为何越来越受重视？浙江省非物质文化遗产有多少世界级、国家级项目？“十二五”期间我省将如何加大保护非物质文化遗产力度？直面热点焦点，通畅社情民意。浙江省文化厅非物质文化遗产处王淼处长作为特邀代表在浙江省政府门户网站浙江在线与大家一起探讨“非物质文化遗产的传承与发展”。通过浙江省人民政府门户网站、浙江在线“民生直通车”的留言板，以及浙江在线的官方微博，大家积极互动，参与到直播的互动中来。

为方便非物质文化遗产工作者学习交流，省非物质文化遗产网还开设了专门版面，以下为访谈实录。

主持人：直面热点焦点，通畅社情民意。大家好，这里是浙江省人民政府门户网站在线访谈和浙江在线新闻网站“民生直通车”为您同步直播的访谈节目，我是主持人宋薇。今天我们非常荣幸地邀请到浙江省文化厅非物质文化遗产处王淼处长做客我们的节目。欢迎大家通过浙江省人民政府门户网站、浙江在线“民生直通车”的留言板，以及我们的官方微博积极提问，参与我们的直播互动。王处长您好！欢迎您的到来。

王　淼：各位网友，大家好。

主持人：其实非物质文化遗产是民族精神文化的一个重要标识，它蕴含了民族特有的思维方式、

想象力和文化意识，而非物质文化遗产的保护和发展应该说意义非常重大，特别是前不久我们浙江省西湖申遗成功，这对我们浙江省非物质文化遗产保护工作增添了不少光彩。在党的十七届六中全会审议通过的《中共中央关于深化文化体制改革、推动社会主义文化大发展大繁荣若干重大问题的决定》，《决定》中明确提出了建设文化强国的战略目标，首先先问一下王处，您是怎么看待非物质文化遗产保护工作在推动浙江文化发展中的作用？

王　淼：我觉得非物质文化遗产对推动浙江文化的大发展应该说有着很重要的作用，我们说非物质文化遗产是一个民间文化，草根文化，乡土文化，是一个大地的文化、人民的文化、母亲的文化，所以在一定意义上要说非物质文化遗产就是中华文化的一个源头和根基。我觉得温家宝总理有几句话很经典，他在2007年参观中国非物质文化遗产成果展展览的时候，经过浙江展区，然后乐清这个展台的时候，他跟我们浙江乐清的林光栋老人，那年大概79岁，家宝总理对他说，我对非物质文化遗产有三句话理解，第一，它是民族文化的精华，第二，它是民族智慧的结晶，第三，是民族精神的象征。这三句话很经典，当时把在场的人全部镇住了，说明总理是有备而来，有深刻的思考。

我再补充三句话，就是第四，它是民族历史的见证，第五，它是民族身份的标志，第六，它是民族基因的保护。非物质文化遗产博大精深，因为从民间文学到表演艺术，到手工技艺，还有中医药民间知识等等，很丰富，我觉得它无论对构建社会主义核心价值，对构建公共文化服务体系，对促进文化产业体系的发展，都有很重要的作用。如果举一个例子的话，像戏曲它虽然体现了帝王将相，才子佳人，我们说它是才子佳人后花园，落难弟子考状元，体现了爱恨情仇，但是它里面隐含的都是一种健康向上的伦理道德的价值观念，因为它提倡人要向好，这在一定程度上也是一种核心价值，就是社会主导的一种主流的健康、向上的价值。再一个，戏曲项目，我们浙江戏曲品类很丰富，这个演出实际上就丰富了人民群众精神文化的生活，十七大当时讲了一句话，要兴起精神文化的大高潮，提出了要使人民群众的基本权益得到保障，要使人民群众的精神文化生活更加丰富多彩，通过这种潜移默化的熏陶影响，实际上不但是丰富群众生活，而且从另外一个角度来说，对核心价值也是一个体现。

现在提出大发展大繁荣，除了文化事业，还有一个文化产业的发展，实际上我们除了手工技艺的项目，民族的和旅游的结合，还有表演艺术的项目，实际上都可以成为一个新的经济增长点，成为拉动内需，促发展，成为为当地群众致富奔小康，所以我觉得加强非物质文化遗产保护意义很大，对于营造我们中华民族共有的精神家园也是意义很重大。

主持人：这个意义也非常深远，我在这儿也有几个问题想问一下王处长，在“十一五”期间，特别是浙江省在非物质文化遗产保护方面主要做了哪些方面具体的工作？目前我们浙江省基本上是一个什么样的情况？那么作为我们浙江省来说，它的非物质文化遗产有些什么样的特点？而世界级的项目和国家级的项目目前为止是什么情况？

王　淼：浙江“十一五”工作是风起云涌、如火如荼，我想做了哪些工作，可以用三个点来概括，一个是“非遗”的普查，我们是建立了非物质文化遗产名录的体系，另外一个是“非遗”保护的进程推进，浙江“非遗”普查浙江创造了普查的模式，我们可以说是地毯式拉网式，纵向到底，横向到边，不漏城镇，不漏项目，不漏种类，不漏艺人，我们动员了社会上很大的力量，当时我们这个工作刚刚起步，队伍也刚刚组建，所以我们更要运用社会各界的力量，特别是那些老艺人、老工匠、老干部、老教师、老文化人等等来参与这个普查，老年协会发挥了很大的作用。我们浙江这个普查有23万人参加，非常庞大，普查线索270多万条，重点调查了15万多个项目。

主持人：应该说这个基数非常庞大。

王　森：非常庞大，后来文化部在我们浙江象山08年11月召开了全国“非遗”普查的现场会，这个现场会就推广了浙江“非遗”普查的模式，当时我们配套搞了一个大型的展览，就是以县为单位，以乡镇为单元，把我们普查的结果，4000多本普查资料陈列出来，当时与会代表他们的反馈，他们说两个词，感动，震撼，有人说三个字，浙江的普查工作不得了、了不起，后来《中国文化报》用头版头条“非遗普查看浙江”，作为一个模板样式，还有说浙江的普查工作做到极致，叹为观止。所以我们把家底摸清。

主持人：首先把这个了解清楚了。

王　森：这个普查也是一个基本省情，对国家来说也是一个基本国情，我们到底有多少资源，这是保护的重要条件。第二个就是建立名录体系，我们浙江省政府是全国省级政府里的一个最早公布的省份，特别是在国务院先后公布的三批国家级非物质文化遗产名录中，我们连续三批都是名列榜首的，第一批是44个项目上榜，第二批是85个，第三批是58个，蝉联三连冠，很不容易，不简单，不容易，甚至说了不起。这个功归于大家，我们想建立名录体系它的必要性和重要性，就是你可以有针对性、时效性地实施一些保护，这是第二个。

第三个就是我们保护工作的推进，因为普查不是目的，普查只是一个手段，目的是把它保护好，把它合理利用，发展好。所以我们在保护中浙江有许多探索，或者说有一些模式，有一些经验。比如说我们各种基地，传承基地，传承教学基地，传承教育基地通过学校实践性的，另外传统节日保护基地，我们公布了20个，再一个是“非遗”旅游景点景区，我们这个是跟省旅游局共同公布的，刚才讲到传承教学基地是跟省教育厅公布的，文化部和教育厅公布了一批“非遗”的生产性保护基地，促进产业发展，同时也要维护传统的技艺。

主持人：应该说各个基地分得都非常清晰。

王　森：对，然后我们还搞了文化的生态区建设，从个别项目的保护转向整体性保护，从一些重点的圈养的动物园式的转成野生的，但这个是一个探索，也是一个社会的理念，等等吧，诸如此类的，我想“十一五”一个是普查，一个是建立名录体系，还有一个是在保护上不断进行探索。

您刚才讲浙江的“非遗”有什么特点，一个是起步早，我可以排出8个甚至10个第一，第二个就是说资源很丰富，因为一定程度上讲浙江的资源不多，为什么呢？第一，面积很小，但是我们浙江的地理风貌很丰富，有水乡、有山区、有丘陵，还有海洋，有辽阔的海江、有漫长的海岸线、众多的岛屿，所以地理风貌还是比较丰富的。另外一个就是城市化程度高，人口又少，通过这次普查，发现正因为地理风貌丰富，还有一个历史悠久，民族思想很丰富，表演艺术也很丰富，传统工艺也很丰富，所以浙江可以讲是一个非物质文化遗产大省，也是浙江从非物质文化遗产大省向强省转变奠定了基础。

第三个就是上榜的项目，上榜单的多，包括非物质文化遗产的世界级的项目有8个，江苏也是8个，我们并列第一，涉及13个保护地，你比如说浙江为主牵头申报的里面有多个保护地，涉及余杭的，涉及桐乡的，等等，有5个保护地。

主持人：那么国家级的项目大概有多少？

王　森：国家级总数是187项，排列三连冠，赵洪祝书记两次作过批示，都用了"可喜可贺"，还有一个就是刚才讲到第四点，载体很全，有8个、10个载体，另外就是活动很频繁，我们文化厅公布了18个重点扶植的文化节庆活动，各地具有地方特色的，但是又有品牌效应的活动。还有，我们公布了20个传统节日保护示范基地，这个就是从春节、元宵、端午、清明、七夕、重阳、中秋，都有保护示范地，所以我们欢迎大家到我们浙江过节。另外，我们利用每年文化遗产日，西湖要搞浙江省非物质文化遗产节，每年我们还要搞中国非物质文化遗产博览会，大家知道浙江也是一个会展大省，会展很多，各种专业展示活动，这一点在活动方面应该把非物质文化遗产的丰富多彩、形式多样、灿烂多姿都表现出来了。还有一个是品牌响，影响大、效果好，等等，这个我想可能是这样几个特点。

主持人：应该说我们浙江的非物质文化遗产工作的特点还是非常明显的。

王　森：应该说形势大好，不是小好，在全国地位很高，我们已经做了大量工作，还有更多的工作要做。

主持人：其实我们看到在《决定》中特别是强调了加快培养文化人才的队伍，而"非遗"项目的传承工作其实主要是依靠传承人的口传心授而世代相传，其实目前很多的传承人都已经年过古稀，都是一些老人了，而年轻人可能由于兴趣或者说更多的是精力上的原因，可能很少愿意去学习这些项目，或者把这些项目传承下来，部分的"非遗"也出现了传承后继乏人的现象，我想问一下王处，在"非遗"传承人才的培养上浙江省有没有什么具体的措施？

王　森：你讲的这个问题的确存在，就是年过古稀，我们现在列入国家级代表性的有94个，列入省级代表性的好像是728个，已经有28个区、市了，这里面我们对从艺的年限有要求，起码要25年，如果你20岁开始学，就要45岁以上，但是你要考虑到中间有一个"文革"的阶段，当中没人敢学，所以这个阶段10多年"休息"了一个阶段。

主持人：也就是最起码要60岁左右的人了。

王　森：60岁，甚至有的世界名录名单，我看一下也是差不多，连市一级公布的都是70多岁的老人，另外我们现在政府的资金也有限，我们有师傅辈的，徒弟的还轮不上，所以年纪都比较大。有专家呼吁每一分钟都有一个传承人去世，每一分钟都有一个民间艺术品种在消亡，这不是危言耸听，说明了时不我待、刻不容缓，要分秒必争，要和时间赛跑，这个现象是存在的。我们这个传承人的量还在逐渐放大，当然跟后面的资金配套也有关系了，你讲的的确有这么一个现象，都年过古稀。

另外，的确也存在着有许多项目没人学，后继乏人，我记得当时我们省里2007年搞了浙江省非物质文化遗产博览会，在浙江博物馆，吕省长去看了，看了两个小时，他一路跟传承人亲切交谈，其中他问了一个项目叫黄岩的“番王”，吕省长当时问这个老人，他说你这个项目有没有人学？这个老人说没人学，省长愣了一下，说为什么没人学？因为他说我这个费时很长，成本很高，然后卖得高了，没人要，卖得低了，成本收不回来，没利可图，没有经济效益，谁来学？就没人学了。应该讲随着“非遗”保护热潮的兴起，也不排除有相当一部分项目后继乏人。

主持人：有什么措施？

王　森：第一是认定传承人，代表性传承人，第二就是采取政府今天的办法，浙江省这个工作也是在全国率先。

主持人：怎样认定代表性传承人？

王　森：就是每一个项目起码有一位甚至多位。

主持人：就是每一个项目必须有这么一位。

王　森：对，必须，我们现在讲的“三位一体”，比如说项目和传承人，和传承人基地三者直接挂钩，宁波提出“三位一体”我们现在也在推广这个做法，这个基地去找徒弟，而不是传承人去找徒弟，传承人有时候没有这个力量去找徒弟，就是基地一个保护责任单位去找徒弟，然后让师傅去带，然后政府就签订这个师徒协议，这样呢，我们把一个单位或者一个社区作为保护主体，它这个责任义务要它切实担当起来；第二个就是政府津贴，现在国家级传承人呢，文化部是每人每年补助1万，省里现在是65岁以上传承人，有些地方，社区的市和县也有相应补助，所以有些传承人拿得多，可能是2万左右。

主持人：也就是各方津贴都在一起的话是2万多。

王　森：对，2万多，但是有些地方就没有这样一个政策措施，我们传承人拿到钱不是纯粹的生活补贴，还要他带更多的徒弟，生活补贴是民政部门的事情，我们主要还是一个传承。还有一个，我们在各地都有一些具体的办法，我昨天刚从六安回来，六安有11个传承人，政府文化主管部门要求每一个传承人起码带2个以上徒弟。

主持人：至少有20多个。

王　森：对，然后它对师傅、对徒弟都有补助，六安有一件事情做得很好，磨合子，就是说他们在中学、小学招募，就是愿意学这个磨合子印刷技艺的，从孩子开始自愿报名，结果报了250多名，积极性非常高，现在把他们组成两个班，每周两个课时。因为磨合子要学古汉语，要先把字描好，还要学雕刻，还有排版、解字，印刷也有特别的讲究，所以家长很支持，孩子很有兴趣，现在六安准备在250人里再选50个人办一个加强班。

主持人：就是50个特别突出的、特别好的孩子。

王　森：对，所以许多市、县都有相应的措施促进这个项目的保护传承。对我们来讲呢，“非遗”你刚才讲了是一个口传心授，言传身教，传承人是保护的主体，他应该讲是“非遗”的主人，所以政府部门就要为他们服务好，要肯定他的贡献，要承认他的地位，要给他一定的平台。所以我们这几年采取了很多措施，比如说我们每年的元旦到元宵都开展“服务传承人月”活动，而且2006年开始每年都坚持下来了，要去慰问他们，要送上一笔政府津贴，要带着他们去体检，然后要组织媒体去宣传一次，然后要给他落实一个徒弟，要给他解决一项实际困难，等等，“八个一”。还有一个“三个报”，我们传承人有大病或者逝世要报，还有传承人有重要的艺术成果要报，还有传承人有带徒仪式要报。所以我们通过这些途径让草根的、乡土的、民间的人士让他们成为从事一个向往的职业，我们觉得只有传承人有了一定的社会地位，才有更多的人去追随，把这个作为一个职业，作为一个事业去追求。

主持人：我们也希望更多的年轻人能够加入非物质文化遗产的各项项目，作为一个传承人，把我们这么好的一些项目一代一代传承下来。这里我们有一个问题，前段时间大家有一个比较有争议的非物质文化遗产的申请事件，就是东阳的“童子尿煮鸡蛋”这个事情，它成为了当地的“非遗”项目，有部分网友对于申报非物质文化遗产的程序感觉比较困惑，他们也想问一下王处长，就是我们省各级非物质文化遗产的申报具体有着怎么样的标准和要求？也就是怎么样才能够得上申报非物质文化遗产呢？

王　森：“童子尿煮鸡蛋”有一个比较典型的例子，人家说“扯蛋事件”，见仁见智，但是我觉得不是不可以上，东阳市政府在专家论证的基础上，后来把它认定为东阳事件的一个项目，有它的道理，关于“童子尿煮鸡蛋”网络炒得很热，比如说这个“童子尿煮鸡蛋”你敢吃吗？或者说这个“童子尿煮鸡蛋”真的可以补身体吗？

主持人：有没有他所说的这个效果？

王　森：还有这个“童子尿煮鸡蛋”到底吃的是科学，还是吃的是习俗？连央视、湖南卫视都到那里去采访，浙江卫视当时也想采访我，我说我不接受采访，我从来不拒绝媒体，但是我说这个项目情况比较特殊，第一个，这是东阳市列入的，不是省里列入的，第二个，从“童子尿煮鸡蛋”该不该上报，一定意义上我不是很有发言权，因为它作为中医药项目，那么如果是中医药的专家，或者是民俗的专家，所以我们推荐两个专家让浙江卫视去采访，他说你本人的态度呢？我说我本人的态度是不提倡、不支持、不反对，因为它这个东西是一个民间的土方子，就是说《本草纲目》里面也有记载，就是说童尿，而且说“童子尿煮鸡蛋”有一个春令进补，我们有这么一个特点，就是公众认同，就是在一个区域里面民众认同它是非物质文化遗产，那就可以是非物质文化遗产，专家认同，社会大家都没有异议，当地的老百姓觉得的确它有效果。

主持人：对，就是当地老百姓已经成为一种习俗在那边接受。

王　森：包括当作中医药项目在看，所以列上去，专家认可了，公众也不反对，但是从我们这里讲呢，就是说你这个项目没有经过卫生部门，没有经过中医药部门认可，卫生还有点问题，所以我刚才讲不提倡、不支持、不反对。你讲到底现在非物质文化遗产申报有哪些程序？

主持人：对，有哪些标准和要求？

王　森：是有几条的，比如说它要体现中国活的文化传统，还有中华文化的创造力，还有传统的、优秀的伦理道德和价值，当然还要体现鲜明的地方特色，或者体现一种独特的、天然创造的技艺和技能，有几条标准的，但是它这个把握有点弹性，有许多项目可上可不上，的确是争论很大，“童子尿煮鸡蛋”只是一个例子，也有专家提出来，你这个非物质文化遗产或者变成一个酒上，或者变成一个食品，这个有道理，你说该上不该上？我们中国的饮食文化也是博大精深，源远流长，法国大餐已经上了人类“非遗”项目，我们许多的传统项目当然也可以报，但是你报比如杭州杭帮菜可以上，但是是一个大概念，杭帮菜太虚了，那要找具体的，可能就是楼外楼，或者是知味观，你说小的不能上，那为什么五芳斋粽子可以上？它已经成为当地端午习俗的一个象征物，有一点文化意义在里面，同时它是一个品牌，中华老字号，而且这个产值也做得很大，它是一年销售3亿多个，起码我估计在10多亿吧，我觉得它是有弹性的，见仁见智，上报的标准条件还值得探讨，对我们来讲首先要体现重要的历史价值、文化价值、科学价值，这个项目在一定的区域内具有典型性、代表性，或者是关系到国家文化主权的、国家文化安全的，比如这个磨合子，包括有一些端午和韩国的端午节之争，包括中秋等，所以有些因素我们要综合考量。

主持人：应该说有一定的硬性条件，但是它的弹性也是蛮大的。我们知道为了提高知名度，带动旅游或招商引资，其实有些地方已经背离了文化遗产保护的真谛，而出现了争抢文化遗产的概念，我想问一下，对于这种现象您怎么看呢？特别是对于争抢文化遗产资源。

王　森：我觉得争抢文化资源是一件好事，就是大家注意到了文化资源对当地拉动旅游也好，促进经济也好，它的意义和价值更大，从这一点上是一件好事，有一句话比较流行，文化是旅游的灵魂，旅游是文化的载体，这两个要结合，我们“非遗”也要通过旅游去传播，旅游也通过“非遗”来提升人文内涵，两样结合得好，那肯定是好，因为现在都讲“眼球经济”，注意力就是生产力，所以大家认识到这个“非遗”资源的作用，所以抢“非遗”资源，这个从一定意义上讲是一个好事。

但是就像你刚才讲的，争抢太功利了，太商业化了，这又是一个问题，有些抢是可以的，你比如梁祝，无非是借题发挥一下，有一些可能实在是捕风捉影，因为旅游老是讲无中生有，捕风捉影，比如说现在把孙悟空故里，有人说找出来了，这都是传说中的人物，说在江苏的连云港，猪八戒故里也找出来了，福建的哪个县，高老庄，现在又说嫦娥的出生地在山东哪个县。

主持人：其实都是一些神话人物。

王　森：这个东西都是瞎掰，忽悠了，还有的就是抢西门庆，抢这么一个历史上留下臭名的，这样就没有意义了，从这个角度呢，我们一要肯定，但肯定的前提下要注意避免庸俗化的倾向。实际上有许多资源我觉得可以好好去做，你像浙江我到最近才知道，说是东阳有一个东白山，这个东白山里边有牛郎村，有织女村，而且有一个仙女湖，你如果去做这个文章那就会很大，这个资源可以做大文章，再一个你比如西施大家都知道，诸暨，这是西施故里，这个萧山现在就有点被动了，如果做就说是诸暨的了，如果不做，老百姓又讲你有这么丰厚的资源又不做，我说他们倒是可以做做范蠡的文章，你嘉兴还有一个范蠡湖，这个范蠡我觉得是全中国最成功的男人，第一、当官当了宰相，第二、泡妞泡了一个四大美女之一，第三、非常有钱，所以我觉得不要拉那种让人家笑话的，真正可以挖掘的东西很多。

主持人：层层深入，而不要一味地像您说的这种忽悠，神话这种人物也都搬出来了。那么我们在保护的过程中究竟是应该保护传统原貌，还是鼓励改革和创新？特别是一些过度的保护和扶植会不会使我们的“非遗”变味？

王　森：你讲了一个保持原貌和过度的创新，两者我觉得不矛盾，应该是不矛盾，因为作为“非遗”来讲，保护为主，抢救第一，前提就是保持原貌，原汁原味，原貌，你比如昆曲，我个人倒是希望我们昆曲一直维持不变，到500年以后我们的子子孙孙回过头来，还能够看到我们今天的或者是古时候留存下来的那种昆曲，那种韵味，见证历史上人们的一种生活方式，一种艺术品位，一种审美价值，我希望是这样。但是从另外一个角度呢，我们也不反对昆曲在基层传承的基础上有新的创造，你比如昆曲《牡丹亭》，很受年轻人，特别是青年学子的欢迎，我这个戏曲因为你的时代在变，生活方式在变，许多审美情趣，文化享受方式都变了，我不可能说看戏曲的总是白头发，没有黑头发，所以你能够既保持传统原貌的，又有创新的，两条腿走路我觉得是可以的，不冲突的。

另外，你说保持原貌有一个问题，事物都在相对变化，变是绝对的，不变是相对的，你这个原貌是明朝的原貌还是清朝的原貌，还是今天的原貌，非物质文化遗产我们觉得是活动的、动态的活的一种文化，所以我们一方面是反对拔苗助长，反对过度开发，反对把这个“非遗”项目搞得有点串味了，同质化，搞得不伦不类，另一方面，我们也不反对推陈出新，古为今用。另外呢，讲到过度保护，社会上现在讲，好像现在“非遗”过度保护，我觉得这句话是不对的，现在不存在过度保护，而是有许多的项目嗷嗷待哺，缺少资金，缺少人才。

主持人：这个力度还应该再加大。

王　森：对，我们当下所面临的是保护力度不够的问题，而不是过度保护的问题，所以我觉得有必要强调。

主持人：其实我们应该说正确地理解和把握，应该是把您刚才所说的把原来的传统面貌和改革创新相结合，都是需要的。我们今年发现一个问题，就是说在今年的9月份，文化部发布了《文化部关于加强国家级非物质文化遗产代表性项目保护管理工作的通知》，明确指出国家级非物质文化遗产项目要建立一个警告和退出的机制，我想请王处给我们谈一下，怎么样去解决这个“重申报、轻保护”的问题，还有您对国家级名录项目退出机制的理解？这方面您怎么看呢？

王　森：这个情况是存在，我们省里也不排除有一部分的项目存在着“重申报、轻保护”的问题，因为有一部分把申报工作作为政绩，当成一个形象工程，等船到码头了，革命到底了就万事大吉了，这是一种错误的现象，我们申报是为了保护，或者说申报也是一种保护，让你有重点、有针对性、时效性的保护，但是我们这个申报只是保护了一个起点，新的一个开始，或者是保护过程中的一个深化。所以我们为了解决这个问题，第一个，我们浙江文化厅采取了一个措施，叫实施国遗8个月保护措施，第二个，有一个专家指导组。

主持人：就是对于这个项目专门制定的一个专家项目组。

王　森：这个专家要全过程参与，整个档案的制定到保护、实施，第三个，一个工作班子，还有一个就是保护基地，当然你要有三个、五个更好，但是最起码要有一个，第四个，就是要有一个保护平台，就是你要给他一个落地展示的平台，还有一个，就是要有一个完备的档案，包括数字化的，包括进入网络宣传的，另外一个，要有一本普及读物，现在我们所有的“国遗”180多个项目，每一个项目一本书，可以拿这个作为项目教材普及宣传，再一个，要有一个具体的保护措施，比如海宁花灯，市政府专门出台了意见，就是8个月来推行这个保护，应该讲这是一个比较好的抓手。

主持人：应该说是一个比较系统化的工程了。

王　森：对，所以我们一项一册，分类指导，一抓到底，不达目的绝不罢休，我们也有监督机制。刚才你讲到这个退出机制很重要，从理论上来讲或者从规律来讲，有进就有退，而且有退出才是真正的保护，所以文化部对“国遗”项目明确了，已经标志着“国遗”项目不搞终身制，也标志着退出机制将进入实践阶段，进入真正运行的阶段，部里已经明确了，我们省级的名录项目退出机制应该讲我们是势在必行，国家的已经退出了，我们省里也在研究有关政策。这个退出机制我觉得今后应该跟官员，包括跟政府，包括跟有关主管部门挂钩，跟官员的考评相挂钩，如果你考评没考好，或者商业化过度开发造成后果的，要追究责任。

主持人：就是你更重要的是保护的开始，也是和真正的考核体系挂钩在一起的。我们有一位网友提到，希望有更多的机会去看一些“非遗”的优秀作品，他想请王处给大家介绍一下，我们浙江省的非物质文化遗产展示场馆的建设情况，以及非物质文化遗产的精品展的开展情况是怎么样的？

王　森：“非遗”场馆的建设正在推进，这个非物质文化遗产是一个古老的话题，从一定意义上讲，就这个事业来讲是一个新生事物，所以现在要后来居上，作为一个短板要加强。现在我们对“非遗”馆的建设比较重视，比如杭州市有3个“国遗”项目搞了三馆，另外杭州市的非遗馆已经立项，已经招标了，3.5万平米，投资4.3个亿。

主持人：在什么地方呢？

王　森：就是在奥体中心边上，浙江省非物质文化遗产馆已经列入“十二五”的浙江文化建设重点项目之一，当然包括许多方案，我们省里其他地方比如鄞州区已经建了20多个非物质文化遗产展示馆，当然有些政府支持，我们跟文物部门是工作一起做，成绩各自报。另外像安吉，每个村搞一个非物质文化遗产馆，体现当地的文脉，体现一种个性，体现一种文化特色，体现一种与众不同，这个工作做得很好，五彩缤纷。第一个，我们去年的8月份还是10月份，文化厅在安吉召开了乡村非物质文化遗产馆建设的一个推介现场会，安吉现在已经建了35个，所以我们要推广这个做法。非物质文化遗产大家说是无形文化，无形文化也要用物质载体来实现，所以这块我们要加强。

第二个，有非物质文化遗产的展出展览的机会，非物质文化遗产馆是一个常态化的，就是经常性的、日常性的、正常性的一个展览，还有一个就是文化遗产日，或者我们搞非物质文化遗产节等等，来展示非物质文化遗产的风采，展示非物质文化遗产的魅力，让人民群众去共享，所以这两项是我们都要做的，非物质文化遗产馆和一些活动展览都要做。

主持人：应该说我们所有人感受非物质文化遗产的这种文化的特色和特点，应该说身边经常都会有这样的机会去接触它，如果大家有兴趣的话，在非物质文化遗产馆或者在这些活动的时候都可以去参观这些展览和这些地方。

王　森：对，我们想把一些各地的活动都用预告的形式去告诉大家。

主持人：就是登录浙江非物质文化遗产的网站，我觉得大家如果有需要的话，都可以从这个网站上能够得到一些预告信息，按照这个信息去参观展览，这是一个比较好的途径。刚才网友也提到看这些非物质文化遗产的展览，其实加强对非物质文化遗产的保护需要社会公众普遍的一个认识，大家都要来做非物质文化遗产的保护工作，这些年随着宣传力度的增加，社会公众对非物质文化遗产的保护意识已经日益增强，其实刚才王处在一开始提到，这个热度已经开始慢慢升温了，我们想问一下，就是社会公众具体应该怎样去参与这个非物质文化遗产的保护呢？怎么亲身去参与这个保护？

王　森：一个前提就是要充分肯定、高度评价，我们精神鼓励，没有物质奖励，奖章、胸章，还有奖杯、证书，我们宣传表扬他的事迹，彰显他的精神，号召更多的人来保护。还有一个，我们现在建立非物质文化遗产志愿者社团，今年6月份我们在浙江大学举行了一个在杭高校非物质文化遗产志愿者团成立仪式，浙江工商大学、浙江理工大学等五所高校，这些孩子宣誓上岗，比如说高校是一个层面；另外就是我们各地还建立了许多社团，省里已经有7个相关社团，包括浙江民族文化促进会、浙江省物质文化促进会，都跟非物质文化遗产相关的，包括浙江省企业家振兴民族文化促进会等，然后这个工作也延伸到市、县，甚至延伸到乡村，比如桐庐有一个和村乡建立了非物质文化遗产志愿协会，有许多工作从上往下推推不动，只有这项工作得到了人民群众广泛的支持，衷心的拥护，所以这样子呢，要有一个机构去把大家凝聚起来，再延伸拓展参与工作。这里面应该讲在动员公众力量方面媒体发挥了重要的作用，包括主流媒体和新兴媒体，媒体对非物质文化遗产这块一直很关注，重彩浓墨，大张旗鼓，推波助澜，我觉得对凝聚社会共识方面发挥了很重要的作用。浙江“非遗”法规里面有一句话，任何单位和个人都有保护非物质文化遗产的义务，就是全民的义务，这句话强调得比较好，人人参与、人人共享，应该讲这是我们的目的。人民群众是非物质文化遗产的创造者，也应该是参与者和享有者。

主持人：应该说人人参与、人人共享，社会公众对于我们“非遗”的保护应该说是每个人的义务和职责所在。其实我们都知道，这个《决定》是为非物质文化遗产保护工作提供了一个新的机遇，我们想在节目的最后问一下王处，我们在“十二五”期间，浙江省的非物质文化遗产保护工作的重点将会有哪些呢？

王　森：这两天正在召开的我们省委的十二届六次全会里面对非物质文化遗产有更高的要求，我现在还没看到，但是我知道赵洪祝书记这方面有很多的强调，赵书记很重视，让我们倍加珍惜，采取措施，保护好、传承好、利用好，为了进一步明晰方向加强“非遗”工作，我们厅里出台了浙江省“非遗”事业发展的“十二五”规划，这个规划应该说是立足浙江、面向全国，立足当前、面向未来，提出了浙江“非遗”保护的一个八大行动计划，现在应该讲“十二五”怎么发展方向也明确了，步骤也已经清晰了，我们的目标就是要继续走在全国前列，要成为新型省份，要成为示范的省份。

这个重点呢，一、继续从省、县、村三个层面来推进，二、就是刚才讲到的从名录项目，三、就是各种基地、各种载体，四、是从生态区，全区域的、大区域的保护，这样三个重点区域推进，五、是从人、财、物方面去保障，所以我们觉得浙江“非遗”保护的前景是很广阔的，我们也应该作为先行者，作为文化部确定的全国的综合试点创造经验，提供示范，我们现在碰到的问题都是兄弟省市里面碰到的问题，在发展中的问题，需要在发展中进一步解决，因为我们好多工作走在前面，许多没有经验可以借鉴，没有多少模式可以参照，没有多少样板可以参照，所以我们要继续解放思想、实事求是、与时俱进、开拓创新，为了党的事业也好，国家的利益也好，民族大业也好，或者说世界人类文明的传承工作做出我们自己的贡献。

主持人：应该说我们这个“非遗”的工作还需要继续不断地推进，不断地去努力，不断地去发展。我们在这儿也非常感谢王处长的一一介绍，我相信大家对于非物质文化遗产保护的工作其实有了更深入的一个了解了。好，各位网友，由于时间的关系，今天的访谈我们到这儿就结束了，也再次感谢王处长在百忙之中来参加我们的节目。

王　森：首先谢谢小宋的引导，也谢谢各位朋友的参与。

主持人：好，今天也非常感谢各位网友的参与，希望大家继续关注我们的访谈节目，以及我们省政府门户网站和浙江在线网站的其他内容，我们下期节目再见。

（来源：浙江省非物质文化遗产保护中心供稿，2011年11月18日，
http://www.zjfeiyi.cn/meiti/detail/1－13.html）

掌握好“火候”才能形成“气候”

——福建省文化厅厅长陈秋平接受《中国文化报》记者专访

提到福建的非遗保护工作，圈内的人士少有几个不竖大拇指的。从最基础的资料收集、整理到体制机制上的探索创新，从生态保护区概念的最先提出到形式多样、开展得如火如荼的民间节俗，包括

为孩子们编写的课本、开展的夏令营，福建非遗保护于润物细无声中，已经形成了一定的“气候”。怎样能在政府主导的同时，让百姓切实参与其中，让非遗保护从文件、书本走向“人间”？这其间，如何掌握“火候”可是门学问。近日，记者就福建非遗保护工作的有关经验等问题，采访了福建省文化厅厅长、资深文化工作者陈秋平。

记者：您认为福建非遗工作近年来在体制机制上有何突破？

陈秋平：福建省是非遗资源大省之一，保存了大量古代闽越文化、中原文化、海洋文化遗产。长期以来，福建高度重视传统文化的保护和传承工作，积累了较为丰富的资料。近年来，在非遗的管理体制和运行机制上，我们进行了积极的探索，并取得了一定成效，主要是在政府主导下，充分利用福建独具特色、丰富多彩的非遗资源，引导和组织群众性的民俗节庆活动、闽台之间的文化交流活动、非遗的生产性保护和产业开发，从而发挥民间的优势、民俗的力量，营造有利于非遗保护的社会环境。

但平心而论，目前非遗保护仍存在一些难点，如尚未真正形成社会共识、非遗与现代社会接轨与适应问题等。

形成社会的共识，是一个动态的、长期的过程，需要持之以恒的努力。在此过程中，从事非遗保护的部门和单位要转变观念，正确地引导各种民俗和节庆活动。群众想做的事情，堵是堵不住的；群众不想做的事情，政府部门再倡导，也难以被认可。如何把群众性的活动导入非遗保护的总体布局之中，把政府需要做的事情导入群众性活动中去，可以说是一个值得思考的问题。

记者：尽管也存在一定的困难，但福建非遗保护工作仍然取得了全国瞩目的成就，这些成就是怎样取得的？有哪些值得其他省区市借鉴的经验？

陈秋平：我想这首先是由于中央的正确决策，文化部的正确指导，省委、省政府和地方各级党委、政府的高度重视以及相关部门的支持和配合。在这个基础上，福建各级文化部门和从事非遗保护的工作单位、干部职工默默奉献、辛勤耕耘，才有了今天的这一点成绩。

其次，福建充分发挥了本土非遗资源丰富以及闽台文化同根同源的优势，调动民间力量广泛开展各类民俗活动，从而提升社会对非物质文化遗产的认识，形成比较广泛的社会共识和海峡两岸的民间认同。

最后是在非遗领域，福建从未停止积极务实的探索和实践。新时代、新形势要求我们，必须按照本真性、系统性、科学性的要求，打破传统思路和方式，进行积极的探索和实践。这些年福建非遗工作的历程，也正是积极探索和努力实践的过程。

记者：目前福建非遗工作在哪些方面还需进一步加强？还有哪些需动员社会力量共同解决的问题？

陈秋平：比较薄弱的主要还是社会各界对非遗保护的认识，只有认识到位了，非遗保护才会成为社会大众和各级党委、政府自觉的行为，也才有可能真正解决阵地、设施、人员、队伍、经费等具体问题，从而全面开展资料的收集、整理、保存和研究利用等有利于传承的具体工作。

党的十七届六中全会明确指出，优秀传统文化凝聚着中华民族自强不息的精神追求和历久弥新的精神财富，是发展社会主义先进文化的深厚基础，是建设中华民族共有精神家园的重要支撑。我们要从这样的高度，认识非遗保护工作的战略意义，不断提高非遗保护工作的使命感和责任感，并在全社会形成保护非物质文化遗产的自觉性。

记者：下一步福建非遗工作还有哪些设想和期待？

陈秋平：福建的非遗保护工作虽然取得了阶段性的成果，但与非遗保护的目标和任务，与社会各界对优秀传统文化的需求相比，仍然存在着较大差距。

今后一个时期，我们将重点从五个方面加强全省的非遗保护：一是加强分类指导和理论研究，推进非遗保护逐步从"形态保护"向"生态保护"转化。二是加大非遗保护的经费投入和项目建设，努力建设一批面向社会大众的非遗保护和展示设施。三是加强非遗保护的人才队伍建设，逐步形成非遗理论研究、基层工作和资料收集整理的高素质队伍。四是加强文化生态保护区的建设，逐步形成由闽南文化生态保护实验区、客家文化生态保护实验区、湄洲妈祖文化生态保护区和畲族文化生态保护区为骨干的福建非遗保护的基本框架，并以示范点（园区）建设为重点，积极探索非遗保护的方式。五是积极推进非物质文化遗产的传承，在继承、传承和有效保护的基础上，加大创新力度，合理利用非物质文化遗产资源，开发具有地方特色和市场潜力的文化产品及文化服务，推进非物质文化遗产的生产性保护。

（摘自《中国文化报》2011年12月5日）

保护文化遗产就是保护我们的精神家园

——新疆维吾尔自治区非物质文化遗产保护研究中心主任李季莲接受新华网兵团频道专访

记者：各位网友大家好，欢迎您收看新华网新疆频道和兵团网联合推出的高端人物访谈，今天我们请到演播室的嘉宾是新疆艺术研究所所长、新疆维吾尔自治区非物质文化遗产保护研究中心主任李季莲，李老师欢迎您。李老师，请您跟我们的网友打声招呼吧！

李季莲：各位网友大家好。

记者：李所长，我们都知道，今年是第六个文化遗产日，今年的文化遗产日的主题是什么？

李季莲：讲到这个主题，我们先要说说文化遗产都包括哪些内容。文化遗产分物质文化遗产和非物质文化遗产两个部分，物质文化遗产是具有历史艺术科学价值的文物。比如说古建筑、古遗址、古墓葬、石刻、石窟寺、壁画、文献等等。非物质文化遗产主要指各种以非物质形态存在的，与群众生活密切相关的，而且还是世代相承的传统文化形式，包括口头传统，还有传统表演艺术，包括民间舞蹈，民间音乐，还有戏剧，曲艺，杂技、竞技，内容很多。还包括民俗和节日礼仪等节庆活动，以及有关自然界和宇宙的民间传统知识和实践，比如说生产生活知识等等。还有就是传统手工技艺，另外一个是文化空间。

李季莲：今年的文化遗产日的主题也是分两个主题：一个主题是文物保护的主题，是文化遗产与美好生活。非物质文化遗产保护的主题是依法保护，重在传承。为什么今年选了这个主题呢？主要是围绕着《中华人民共和国非物质文化遗产法》颁布。今年的2月25日，《中华人民共和国非物质文化遗产法》颁布了，它的诞生填补了我们国家只有文物保护法而没有文化保护法的空白，我们的国家非物质遗产保护进入了崭新的阶段。

记者：今年我们文化遗产日的相关活动都有哪些？

李季莲：文化遗产日的活动是这样的，历年活动可以用丰富多彩来形容。有展览、展演、讲座、论坛、非物质文化遗产进校园，非物质文化遗产进社区，媒体宣传等等。今年的活动很丰富，每年都要参加全国的活动，还要再参加自治区的活动。

今年全国的活动参加了由文化部、四川省人民政府和联合国教科文组织共同举办的“第三届中国成都国际非物质文化遗产节”，自治区被邀请的项目参加他们的开幕式巡演，另外参加他们的非物质文化遗产展销会。比如说我们的土陶制作技艺，还有英吉沙小刀，我们的地毯、织染、维吾尔族的刺绣都参加展销会。第三个活动是民族传统艺术表演舞台，专门把传统的进入国家级，特别是进入世界级的放在舞台上表演，还有分会场。巡演是请库车民间艺术团去的，舞台表演请的是莎车县去的。

自治区由自治区文化厅和自治区文物局举办了一系列的活动，主要有五个内容：第一，把文化遗产日和文物保护宣传周衔接起来。以文化遗产日作为文物保护宣传周的起始日。第二，6月11日在自治区博物馆门前广场上举行一个隆重的简短的2011年非物质文化遗产系列活动启动仪式，同时在这个院子里还要搞非物质文化遗产摄影展，还要搞非物质文化遗产知识有奖竞猜。在馆内做一个保护文化遗产的建设美好家园主题的图片展。第三，6月11日在乌鲁木齐市博物馆举办“巧夺天工新疆工艺美术传承与创新大展赛”，这个活动是由自治区文化厅、自治区妇联、自治区工艺美术协会主办，由我们艺术研究所（非遗保护中心）承办的展览。我觉得这个展览确实很有看点，我们普通的展览概念是静态的东西比较多，这次展览体现了活态的展览。

比如说我们除了把新疆进入国家级、自治区级和少部分地州级的名录项目，传统手工技艺类的，除这些展品展示以外，还把这些传承人带到现场，让他们去现场展示。这首先是体现了非物质文化遗产展览的活态展览，另外关键是走进大众，非物质文化遗产本来是与人民大众密切相关的事，就让老百姓也参与进来，参观人和传承人离得很近，国家级传承人在现场表演，使观众有一种亲切感，或者是可以亲眼看到，比如说编织遗产是怎么制作过程的，乐器是怎么完成的，非常有意义，老百姓能够亲身地感受。其实人们最大的愉悦是参与和互动，参与了以后才会感觉到它是非常好的活动。

记者：我有一个感受，非物质文化遗产虽然是民间的一些东西，但是作为我个人来说，感觉是若即若离。这次活动我们请来艺人现场表演，我们就可以加深印象。

李季莲：6月11日下午开幕，我希望网友能到现场去看，真的是非常好。第四个活动是要印制2011年文化遗产日的纪念封和纪念邮册。第五，是在文物保护宣传周面向社会举办文物知识专家咨询、专家座谈、专家讲座等活动。除了在自治区文化厅、文物局举办的系列活动以外，全疆各地州县的文化文物行政部门都要围绕文化遗产日的主题开展一系列的活动。

记者：所以我还想问一个问题，对于这次自治区的活动和以往比起来，规模是怎样的？

李季莲：我觉得每一届都很好，每一届的规模都挺大，每一届的主题不同，也不能说这次更大一些。我觉得从2006年遗产日到现在，每一届都有自己的特点，规模都很大。这也体现了党和政府对文化的重视。

记者：我们这里还有个问题，新疆在非物质文化遗产保护和研究方面取得了很大的成绩，那么都取得了哪些成绩？

李季莲：从2003年开始，成绩可以用突出显著来形容。

记者：我具体知道的就有三个，比较突出的，一个是维吾尔的木卡姆，另外一个是《玛纳斯》。

李季莲：从2005年开始，我们有三个项目进入了联合国的项目，第一个是刚才您说到的维吾尔木卡姆艺术，是第一个进入联合国教科文组织的人类非物质文化遗产代表作名录的。第二个就是《玛纳斯》，也是进入了人类非物质文化遗产代表作名录的，第三个项目是麦西热甫，它是第三个进入联合国，它是急需保护的非物质文化遗产名录。这三个项目进入了联合国的名录。

记者：我想补充一点，有很多网友不太了解，进入联合国是一种什么意义，另外麦西热甫为什么不同？

李季莲：人类非物质文化遗产代表作和急需保护的项目，人类代表作这个名称是顾名思义。急需保护的条件不一样，这个项目面临的是濒危的，所以才能进入急需保护。

关于麦西热甫我们简单地介绍一下。很多记者在问，到新疆以后，觉得新疆到处是麦西热甫，怎么还濒危呢？实际上我们在向联合国报这个项目时，引导大家扭转一个比较不正确的误区，实际上麦西热甫是一个非常有文化内涵的重要维吾尔族民俗活动，全疆各地确实有，是各种各样的，但是由于地域和文化功能的不同，它的表现形态也是丰富多样的。

比如说有节日麦西热甫、道歉麦西热甫，教育功能很丰厚。一次完整的包括维吾尔木卡姆的演唱演奏，包括歌舞表演，包括戏剧小品、曲艺、口头传统，还包括游戏，游戏有惩罚游戏和娱乐游戏。凡是完整的一次麦西热甫，它的内容是丰富多样的，从某种意义上来说，麦西热甫应该既是民间艺人展示自己才艺非常重要的一个舞台，同时又是解决矛盾、维护伦理的一个民族法庭。如果两个人在生活中产生了矛盾，就举办一场道歉麦西热甫，各自多作自我批评，互相道歉，就和解了，这很有文化内涵的，很有教育内涵的。还有一个功能民众可以到麦西热甫学习传统礼仪、生活经验和生产知识，同时又是娱乐身心的娱乐场。这四点已经足以证明麦西热甫的文化功能了。

而我们现在就认为麦西热甫就是歌舞，剩下的就是歌舞了，应该说濒危的主要存在的问题就在于麦西热甫只剩下歌舞的部分了。通过我们最近申报联合国急需保护的非物质文化遗产名录工作以来，现在开始大家对麦西热甫概念上理解有了新的认识，对它的文化内涵开始进行了挖掘。

记者：所以说刚讲到这些，也是给广大的网友普及了这么一个知识。包括对我个人来说，我一听到麦西热甫就是歌舞，很热闹的一种场面，没想到里面有很多这样的内涵。

李季莲：我们在四川搞国际非遗节，前面一个题目是维吾尔麦西热甫参加巡游，我说把这个名字改过来，叫维吾尔麦西热甫中的歌舞部分参加巡游，国际非遗节是很多人在关注这个活动，在这样大的活动中宣传成这样，就跟在联合国申报不是一回事了。 特别是木卡姆申报成功。新疆维吾尔木卡姆艺术是指报联合国教科文组织的定义，广泛流传在新疆各维吾尔社区的，以十二木卡姆为代表，包括几个地方木卡姆，比如说刀郎木卡姆、吐鲁番木卡姆、哈密木卡姆各种维吾尔木卡姆的总称，而且它是歌舞乐为一体大型的综合艺术，它是以十二木卡姆为代表。

是因为我们的十二木卡姆有十二套，每一套唱2个多小时，12套要唱24个多小时。另外，中间有300多首乐曲，每一套又分三大部分。哈密木卡姆也有12套，但是它的时长比十二木卡姆要短，每一部45分钟到1个小时，12部唱完以后大概是10个小时。吐鲁番木卡姆一共有11套，每部分有45分钟到1个半小时左右，11部唱完也是10个多小时。刀郎最短的是9部，每部是6至9分钟，全部九部演唱完需要1个半小时左右。说明新疆维吾尔木卡姆结构很庞大，内容是丰富多样的，这一点也不夸张。

世界上有19个国家有木卡姆音乐，新疆木卡姆是最终端的木卡姆，也是世界大家庭中最丰富多样的木卡姆。

记者：同样是维吾尔族木卡姆，为什么区分吐鲁番木卡姆、哈密木卡姆还有刀郎木卡姆，它们有什么不一样吗？

李季莲：那是地方木卡姆，十二木卡姆是宫廷和民间的感觉共存的，更重要的是宫廷这方面。刀郎木卡姆民间成分更多一些，是民间歌舞更粗犷一些，更贴近民众一些，更原生一些，更野性一些。十二木卡姆更宫廷一些。木卡姆之间都有联系，但是又有自己单独的特色。这个问题比较专业，我们探讨起来要很长的时间。让大家大概知道什么是木卡姆。

《玛纳斯》是中国三大英雄史诗之一，《江格尔》《格萨尔》。《玛纳斯》主要表现的是柯尔克孜民族英雄玛纳斯率领柯尔克孜人民反对外来侵略，保卫家乡的艰苦斗争的民族英雄事迹。现在93岁高龄的著名居素甫・玛玛依演唱的《玛纳斯》及其后世八代传奇故事要长达23.6万余行，这个规模是很庞大的，这位老人被国内外誉为当代“荷马”。《玛纳斯》作为新疆代表性的项目，在2009年10月2日被联合国宣布为人类非物质文化遗产代表作名录，和这个老人有非常重要的关系。他是不得了的民间艺人，神奇的民间艺人，这是三个入选联合国教科文组织的一个简单的情况。

记者：说来简单，已经很精彩了。目前新疆非物质文化遗产保护中心以及研究工作的进展情况如何?

李季莲:这个很多。2003年以来,新疆非物质文化遗产保护发展传承的工作取得了突破性的进展。第一,普查。普查是非常艰苦的一件工作,需要在文化厅非遗部门的领导,在全疆各地州密切的配合下,因为是地毯式的普查,牵扯的人很多。第一次普查已经完了,目前新疆有13个世居民族的非遗项目都有进入国家级的名录的,这一点体现了新疆应该是从非物质文化遗产保护层面体现出新疆是各民族的共同的精神文化中心,不是一个单一民族的,是各民族的,也体现了新疆文化多样性的特点和民族交融性的特点。 第二,立法工作。新疆的立法工作也取得了突破性的进展,在入选联合国教科文组织项目,新疆在全国从数量上来说是名列前茅的,立法也是走在了前面。2008年4月1日新疆颁布了《新疆维吾尔自治区非物质文化遗产保护条例》,这是地方法规。2010年10月1日又颁布了《新疆木卡姆艺术保护条例》。这两个地方法规的颁布和诞生,可以说是新疆非物质文化遗产保护事业发展进程中具有里程碑意义的时间,为什么这么说?它证明了、标志了新疆的非物质文化遗产保护工作进入了有法可依,纳入法制的轨道,这对我们保护工作提供了法律的保障。第三,培训和工作机制的建立。自治区建立了三级名录,加上国家级是四级名录。三级名录是指自治区级名录、地州市级名录、县市级名录。以前从县级直接可以报到国家级,现在不行了。国家级的名录必须是自治区级的,自治区级的必须是地州级的,地州级的必须是县级的,这样一来体系就建立起来了。新疆非物质文化遗产保护中心是一个机构两块牌子,是新疆艺术研究所,它又是在新疆申遗成功以后,自治区编委、自治区党委和政府又给我们挂了另外一个牌子,全区各地州县都相应地成立了保护机构。

记者:理论研究方面呢?

李季莲:我们在理论研究方面也取得了很大的成绩。2005年10月25日木卡姆申报成功以后,在2006年9月把第六届国际木卡姆研讨会争取到了在新疆举办,整个活动是3天的时间,自治区领导非常重视。当时自治区主席司马义・铁力瓦尔地,还有自治区党委副书记努尔・白克力,还有当时主管文化的库热西常委等,班子的规格很高,文化部副部长亲自来参加研讨会,很隆重。有50余名国内外的学者参加了研讨会,研讨了木卡姆几个议题,取得了一批有价值的学术成功。2007年9月在莎车举办了十二木卡姆研讨会,在2010年6月份又在阜康举办了哈萨克族的阿依特斯全国学术研讨会,这也是由政府主办的,文化厅承办,我们协办,主管文化的副主席铁力瓦尔迪・阿不都热西提亲自到会祝贺。

2010年10月份在库车县举办了库车民间歌曲研讨会,这些研讨会对项目宣传和学术价值提升都有很多的好处。除了这个研讨会以外,我们还出版了一批和非物质文化遗产相关的研究成果,就是书籍,各类的木卡姆书籍。比如《玛纳斯》申报的书用维汉两种文字出版,还出版了乐器音像图鉴、荟萃等。这些成果的出版也是自治区文化厅党组书记韩子勇的要求,他经常讲非遗保护研究工作要跟上,一定要多出成果,让更多的人来了解什么是非物质文化遗产,新疆有哪些经典的非物质文化遗产。顺着这个思路,我们出了这些成果,这些项目是学术价值的提升。

记者：在国家级和自治区级的名录上，在传承人的保护中做了哪些措施？

李季莲：我们先说传承人的保护。非物质文化遗产保护的重点是人，抢救的主要对象也是人。自治区对传承人的保护采取了很好的措施。克州每年都给居素甫·玛玛依过生日，给他送马匹，还给他送了红旗小轿车，还给他配了司机。这位老人做出了巨大的贡献，当地政府给他实质性的奖励，鼓励他再继续传承。居素甫·玛玛依老人现在年纪大了，虽然唱不了，但是他最重要的培养了10个弟子，就把他的技艺亲自给弟子口述，而且对他的弟子要求很严格。

我们在拍《玛纳斯》申报片的时候，老人已经90岁了，当时我给克州的领导说能不能让老人出现场。结果州上的领导说，不用，他一定会出现场的。我们摄制组被老人感动了，我们上午拍了4个小时，是在帐篷里拍的，我们拍了4个小时，老人跟了我们4个小时，一直和我们活动在一起，他那种精神状态非常好。后来我们说，能不能给我们讲几句话？老人的思想觉悟也非常高，他不光是技艺精湛，他的觉悟也很高。他给弟子说："我现在年纪大了，我现在给你们传授下的这些技艺，你们一定要把它认真地传承下去，党和政府如此的重视我们的民族文化，派了这么大的摄制组专门拍我们的片子，这是我们的历史责任。"当时听了以后，90岁的老人真的让我们很感动。

新疆对传承人的保护有很多具体的措施。从2008年开始，自治区党委和政府领导在每次文化工作会议上要把文化部颁发给国家级代表性传承人的证书、绶带、传承补助金，亲自发到他们手中。大家都知道，所谓的传承人都是年纪比较大的，尤其是国家级传承人。2008年来领证和绶带，接受传承补助金的艺人最小的年龄是60多岁，最大的90多岁，真的是人搀扶着站到舞台上去的。我们当时都在现场，那些人是满脸的热泪，我们下午就搞了座谈会。自治区文化厅把他们从各个地方接来，让他们参加会议，他们可能会有一些感言，我当时想都是农民和牧民，可能会议时间就一个小时。后来没想到，我们的座谈会开了整整三个多小时，都没打住。那些民间艺人是争先恐后，他们都在表示一个心愿，要把自己的有生之年贡献给非物质文化遗产保护事业。

记者：其实这是最宝贵的。

李季莲：他们说，我们要把民族文化的文脉延续下去。

记者：刚才我们谈到传承人的保护措施，现在还有没有做到传承人的机制。

李季莲：现在进入国家级的传承人有47名，自治区级的传承人有229名，这个体系的建立，每个国家级的传承人国家要给财政拨8000元的传承补助金，自治区级传承人每年地方财政要给3600元的传承补助金。自治区级的人数比较多，有229人，这才是第一批，后面还会不断地有。这也体现了政府的支持非物质文化遗产保护工作的力度。

记者：刚才我们谈到有保护传承人，建立了机制，也有一些出版性的东西，这些是我们能看到的东西。更多的有没有建立一些博物馆，或者是会展中心等？

李季莲：各地州县都在做博物馆、展示馆、传承中心、传习所，有的是建立大的传承中心，有的传习所是在传承人的家里就叫传习所，这个形式多样，有利于我们传承。以木卡姆为例，新疆第一个建起来的是鄯善县政府投资的，建立了第一个吐鲁番木卡姆传承中心。紧接着哈密地区投资建了规模比较大的哈密木卡姆传承中心。莎车县投资建了十二木卡姆传承中心，还有其他民族也在逐渐地建。蒙古族和布克赛尔县很有魄力，做《江格尔》艺术宫，邀请了自治区专家和当地专家共同完成设计，挺有新的创意的。

记者：这代表着各级政府对文化的重视。

李季莲：对，越来越体现了各级党委政府对这项工作的重视，给了这个工作的保障，有一个平台，有一个保障。

记者：这点对我们新疆人来说很了解了，文化对外宣传来讲我们做了哪些工作？其实我们都认为麦西热甫就是一个歌舞，就是一种误区。我们在非物质文化遗产方面，反映了一个地区民族完整的生活状态，目前我们新疆是如何宣传非物质文化遗产的？

李季莲：宣传的渠道是非常多的。比如说展览、展演、媒体，讲座、论坛，包括进社区、进校园，宣传面是很广的。

从2005年申报成功以后，我们巡演工作就开始了。今年要搞一个麦西热甫在全国各省的巡演。在这之前，特别是进入联合国的项目经常被邀请，刚才还接了一个电话，又邀请我们今年10月份希望《玛纳斯》去香港演出，而且在明年2月份还要去澳门演出，明年2月份是春节年俗展，全国选了两个省，一个是浙江，一个是新疆。新疆既是参加展览，又要参加比较丰富多彩的演出队，来展现新疆丰富多彩的非物质文化遗产。从这些展演、展览方面宣传，说明新疆的宣传工作虽然做了，我觉得做的还是不够。

我们更多的是专业团体出去的多一些，民间团体也出去了一些，比如说申报成功以后，国外有些地方也开始邀请《玛纳斯》去演出，相对来讲，外宣工作也要加强，让世界更多的人了解新疆。比如说和国际交流的研讨会、展演、展览都要加强，让世界更加了解我们新疆。

记者：刚才谈到了外宣，包括展览、展演、巡演，我们还要建数字博物馆。

李季莲：这也是我们一个新的想法。宣传媒介越多越好，对我们关注比较多的是报纸、广播、电视、网络。

记者：数字博物馆建成以后，网友在网上就能看到。

李季莲：对。第一步正在做数据库，非物质文化遗产技术库正在建设中，我们要分几步来做这个事，在这方面要进行新的投入，让更多人了解它，通过网络更快、更便捷。其实我们有一个新疆非物质文化遗产保护网，现在投入的精力比较少，网站的内容更换的比较少。最近刚刚成立了一个小组，我们所进了一批年轻人，他们的电脑技术都特别好，他们再把我们这个网站继续加强，让我们这个网站发挥作用。因为我们是新疆非物质文化遗产保护中心，有引领全疆搞好保护工作的任务，所以说我们的网站应该是要加大力度的，尤其是现代媒体更快捷，让更多的人了解。

记者：对，更加便捷。保护和研究的目的是为了传承和发展，目前新疆是如何将遗产转化为资源。

比如说一些民族的饰品是文化遗产，一些旅游的人非常喜欢，可能就变成了文化创意产业。

李季莲：其实你刚才谈到的是生产性保护。这也是近几年新的提法，刚开始做非遗时还没有这个提法。通过工作的推进，生产性保护议题被摆上议事日程，而且成为很热门的话题。2010年初，文化部举办了"非物质文化遗产生产性保护方式的研讨会"，这个研讨会对全国生产性保护工作是一个很大的推动。文化厅在开完这个会回来以后，在具体的实施过程中安排布置。

2010年非物质文化遗产日时，我们有一个新疆记忆展览，把生产性保护的东西纳入到里面。在新疆各地州县也进行了一些有益的探索。比如说艺术创新方面的探索，新疆阿尔泰地区哈萨克族创作的作品《阿嘎加依》，实际上这个艺术作品是把哈萨克族传统非物质文化遗产，用艺术的形式搬上舞台。而且在区内外演出反响很好，可以说是民族艺术的精品。 还有就是和旅游、商贸结合我们做了一些尝试。哈密、阜康市把展览、展销结合起来，怎么样把这些推向市场，同时用各种各样的方法把它连接起来，把它推出去，让人们能够接受。这是在生产性保护方面做的具体工作。

记者：生产性保护基地的建设，建设的情况怎样呢？哪些遗产是可以进行生产性保护的？

李季莲：比如一些传统表演艺术的把它做成碟，可以出版。主要是传统的手工技艺，土陶、织染、刺绣、编织都属于生产性保护的内容。生产性保护基地做得比较好的是喀什地区疏附县，搞了一个民族乐器村。这个民族乐器村现在所制作的乐器，都已经远销国内外，它都有订单。

记者：我听说布尔津也有。

李季莲：布尔津在它的广场中间建了2000多平米的展示馆，旁边是产品展销专柜，既可以展示，又可以展销。布尔津是一个旅游县城，融合得非常好。 现在已经把这个项目延伸到了农村，鄯善县有一个国家级代表性传承人吐尔逊·司马义，他把自己的一间屋子搞成了木卡姆展厅，把自己收集的服装、乐器、图片自己花钱布置挂起来，他有一个自我宣传的意识。这是一个很好的看点。我们给他带了2000元的慰问金，鼓励他让他做得再好一些。 我们在布尔津牧民家里，当地布尔津县给他挂了展示室，老两口是做哈族帽子、皮衣的。他们很有意思，挂了一个小小的展台，他说这是文化局挂的，我们就可以传承它，还可以销售。他们有宣传意识、销售意识。这种非物质文化遗产工作的推进和氛围，使得民间艺人有自我保护遗产的意识。

记者：说白了，在加强自我保护的同时，也增加了自己的收入。

李季莲：对，生产性保护其实是让它和市场接轨。当然我们也提倡，生产性保护一定是要开发利用，但是我们希望不要破坏性地开发，一定要引导好。其实旅游的内涵是文化，文化是旅游的灵魂，如果结合好了，新疆这么丰富的遗产会在这些方面做出很多新的创意，我觉得关键是意识，这种思维的创意，怎样用新的创意来把传统的文化用以现代社会，这是很重要的。

记者：在文化生态保护区的建设方面做了哪些？

李季莲：新疆在这块刚刚启动，文化厅主管非遗部门也和新疆各地县提出了要求，布置了一些任务。这个思路要重点放在重大项目和较少民族的项目上，这两块都是需要做文化生态保护区的。但是要求也挺高的，首先，这个地方本身非物质文化遗产保护得很好，而且项目很多，很集中。其次，当地政府态度一定要很积极、很自愿，要不然生态区的建立是很难的。

总而言之，非物质文化遗产保护工作是一个全新的事业，需要全社会的共同关注。再次，我也非常感谢新华社新疆分社的网站，能给我提供一个平台，让我来跟大家交流非物质文化遗产的保护话题，只有我们共同去关心共同去努力，我觉得新疆这么丰富的资源，非物质文化遗产保护工作一定会再上新的台阶。

记者：今天和您聊了这么多，其实我之前对非物质文化遗产了解得不是很多。但是今天我感觉是上了一堂课，我相信很多网友也是上了一堂课，下个月的第二个星期六是第六个文化遗产日，6月11日，我还想请李所长和广大网友介绍一下地点和活动。

李季莲：在自治区博物馆6月11日到17日，11日上午有一个启动仪式，在院子里有一个非物质文化遗产的摄影展，还有一个有奖知识竞猜，希望网友朋友们去参加。在自治区博物馆馆内还有“保护文化遗产，建设美好家园”的文物的图片展。还有一个点在乌鲁木齐市博物馆，6月11日到13日上午开展，这里是非常有看点的展览，把全疆国家级和自治区级的代表性传承人请到现场，有54个项目在现场展示，还有比赛，而且也有有奖竞猜，还有非遗图片展，主要是这两个点。其他的地方还有讲座、进校园活动，都分布在各个部门开展。

记者：刚才您重点突出的是有奖，而且我相信肯定是个大奖，今天就先不公布了，等到现场时再把大奖揭晓。今天聊得非常开心，也学到了很多的东西，非常感谢李所长做客我们的直播间，也非常感谢您的关注，我们下期再会。

（来源：新华网，2011年5月19日，
http://bt.xinhuanet.com/fangtan213.htm）

（三）立项课题

2011年立项的国家社科基金项目相关非物质文化遗产研究课题

负责人	项目名称	批准号	项目类别	工作单位
黄剑波	西南民族村寨民众信仰的考察研究	11BZJ028	一般项目（宗教学）	中国人民大学
刘道超	广西客家族群民间信仰与乡村社会稳定研究	11BZJ027	一般项目（宗教学）	广西师范大学
周毓华	羌族宗教文化与非物质文化遗产研究	11BZJ030	一般项目（宗教学）	西藏民族学院
陆　群	苗族"巴岱"信仰的历史与现状研究	11BZJ029	一般项目（宗教学）	吉首大学
张　淼	三教关系和民间信仰视域下的敦煌出土佛教疑伪经研究	11CZJ019	青年项目（宗教学）	曲阜师范大学
褚潇白	本土基督教与中国民间信仰关系研究	11CZJ017	青年项目（宗教学）	华东师范大学
俞黎媛	闽台民间宗教信仰的生态学研究	11CZJ018	青年项目（宗教学）	莆田学院
李　宜	西藏藏戏形态研究	11AZW007	重点项目（中国文学）	西藏民族学院
呼日勒沙	布里亚特民间文学研究	11BZW132	一般项目（中国文学）	内蒙古大学
黄琼英	彝族叙事长诗《阿诗玛》的跨民族翻译与传播研究	11BZW135	一般项目（中国文学）	曲靖师范学院
刘亚虎	籍载与口传南方民族四大族源神话研究	11BZW136	一般项目（中国文学）	中国社科院
陈泳超	民间传说的动力机制及其与当代社会思潮研究	11BZW137	一般项目（中国文学）	北京大学
陈全黎	文学记忆史：理论与实践	11CZW002	青年项目（中国文学）	湖南大学
杨通银	侗族大歌和侗语结构关系研究	11AYY006	重点项目（语言学）	徐州师范大学
哈申格日勒	中国人口较少民族语言实地调查——保安语使用现状与演变研究	11BYY101	一般项目（语言学）	内蒙古大学
胡艳丽	黔湘桂侗族非物质文化遗产跨区域保护和传承研究	11BGL111	一般项目（管理学）	凯里学院
刘庆余	"申遗"背景下线性文化遗产旅游合作机制及其制度响应研究	11CGL110	青年项目（管理学）	曲阜师范大学
吴文智	民营资本介入古村镇遗产保护和旅游开发的风险、机制与政策研究	11CGL111	青年项目（管理学）	华东师范大学
孙　刚	中国武术审美文化研究	11CTY001	青年项目（体育学）	山东师范大学
王百玲	西北少数民族民俗文化变迁的社会性别问题研究	11XMZ021	西部项目	甘肃农业大学人文学院
韩　杰	口述史视野下的裕固族文化变迁研究	11XMZ028	西部项目	河西学院

（续表）

负责人	项目名称	批准号	项目类别	工作单位
闵文义	舟曲灾后重建中非物质文化遗产抢救与保护研究	11XMZ031	西部项目	北方民族大学
柳倩月	中国民间文学批语史研究	11XZW003	西部项目	湖北民族学院
白玉宝	云南跨境民族非物质文化遗产保护研究	11XMZ078	西部项目	云南省文化馆

2011年立项的国家社科基金艺术类项目相关非物质文化遗产研究课题

项目负责人	项目名称	立项批准号	项目类别	单位
赵塔里木	澜沧江——湄公河流域跨界民族音乐文化实录	11AD002	国家重点	中国音乐学院
陈应时	中国传统音乐宫调理论研究	11AD003	国家重点	上海音乐学院
邱国珍	畲族民间艺术研究	11BA012	国家一般	温州大学
林成行	温州戏曲瓦当与南戏	11BB016	国家一般	温州大学
朱飞跃	中国采茶戏的本体研究与族群分析	11BB017	国家一般	文化部民族民间文艺发展中心
毛小雨	粤剧神功戏与岭南民间信仰	11BB020	国家一般	中国艺术研究院
王　挺	浙江省戏曲传承人口述史及数字档案创建	11BB021	国家一般	浙江传媒学院
齐　琨	民间信仰的多元性与民间音乐的多重结构——以湘中礼俗仪式音乐为例	11BD036	国家一般	中国艺术研究院
曹　量	海南岛黎族传统音乐形态研究	11BD037	国家一般	海南大学
郭　磊	江西赣南采茶舞蹈保护与实践研究	11BE045	国家一般	北京舞蹈学院
陈华新	中国民间艺术符号在地域性文化景观中的应用研究	11BH062	国家一般	山东建筑大学
苗延荣	中国民族艺术设计研究	11BH066	国家一般	天津理工大学
郭　艺	手工艺活态保护研究——以浙江传统雕刻技艺为例	11BH068	国家一般	浙江省非物质文化遗产保护中心
向云驹	现代社会转型期天津皇会的研究	11BG073	国家一般	天津大学
李　岗	山西戏曲传承与人才培养战略研究	11BG076	国家一般	山西省戏剧研究所
郁正民	黑龙江流域传统艺术文化资源开发与利用研究	11BG077	国家一般	哈尔滨师范大学
王晓芬	信息环境下非物质文化遗产保护策略研究	11BG078	国家一般	石家庄铁道大学
韩芸霞	维吾尔民俗戏剧文化研究	11CB081	国家青年	新疆艺术学院

（续表）

项目负责人	项目名称	立项批准号	项目类别	单位
付华顺	福建民间戏曲抄本研究	11CB082	国家青年	福建省艺术研究院
丁春华	清蒙古车王府藏弹词研究	11CB083	国家青年	中山大学
张勇风	中国戏曲文化中的“禁忌”现象研究	11CB084	国家青年	山西师范大学
李沈阳	吕剧的盛衰与当代勃兴	11CB085	国家青年	滨州学院
赵天为	昆剧表演艺术的脚色传承	11CB086	国家青年	东南大学
刘　壮	非物质文化遗产保护视角下的秀山花灯研究	11CB088	国家青年	重庆文理学院
杨玉成	社会转型与蒙古族音乐生活的变迁	11CD099	国家青年	内蒙古大学
胡　斌	现代琴学视域下的古琴文化发展机制研究	11CD100	国家青年	洛阳师范学院
程晖晖	中国传统音乐曲牌索引及其统计研究	11CD101	国家青年	菏泽学院
吴慧娟	二十世纪中国琵琶音乐研究	11CD102	国家青年	福州大学
姜　霞	跷碛藏族多声部音乐文化研究	11CD103	国家青年	四川师范大学
金　娟	土家族毛古斯舞的调查与研究	11CE104	国家青年	中国艺术研究院
孙志虹	天津民间美术发展现状的调查与研究	11CF106	国家青年	天津财经大学
谢亚平	四川夹江手工造纸技艺可持续发展研究	11CH113	国家青年	四川美术学院
王　磊	新疆维吾尔族传统民居聚落建筑艺术研究	11CH118	国家青年	新疆师范大学
王天祥	非物质文化遗产的属地保护与文化迁移研究——以重庆为例	11CG121	国家青年	重庆文理学院
陈　怡	维吾尔民间麦西热甫文化研究	11CG124	国家青年	新疆师范大学
孙冬宁	非物质文化遗产档案——中华老字号·传统技艺研究	11CG125	国家青年	山东非物质文化遗产研究中心
张　超	贵州三都水族马尾绣艺术非物质文化遗产保护与开发研究	11CG126	国家青年	贵州大学
胡天成	濒临消亡的重庆阳戏的抢救与保护	11EB128	国家西部	重庆市文化艺术研究院
王　萍	西北民间小戏与祭祀仪式研究——以甘肃、陕西民间小戏为主要研究对象	11EB129	国家西部	兰州城市学院
顾善忠	花儿与花儿剧研究	11EB130	国家西部	甘肃省文化艺术研究所
高　敏	二十世纪壮族音乐发展史研究	11ED134	国家西部	广西师范大学
向开明	中国朝鲜族百年舞蹈文化传承与发展研究	11EE135	国家西部	延边大学
李措毛	史诗《格萨尔》“口述”中的乐舞研究	11EE136	国家西部	青海师范大学

2011年立项的教育部项目相关非物质文化遗产研究课题

姓名	项目名称	项目号	项目类别	单位
田 青	非物质文化遗产校园传承研究	DLA 110302	全国教育科学“十二五”规划2011年度立项课题（教育部重点）	中国艺术研究院
安富海	学校教育传承民族文化的有效途径研究	EMA 110407	教育部青年	西北师范大学

2011年立项的文化部科技创新项目相关非物质文化遗产研究课题

类别	项目名称	承担单位	申报部门	项目负责人
文化遗产保护	实验性数字博物馆信息服务协同关键技术研究与应用	中国美术学院上海设计学院、江苏无锡博物院、上海新领地创意设计有限公司	上海市文化广播影视管理局	段卫斌
	唐卡的数字化保护及图像信息资源库建设	西北民族大学	甘肃省文化厅	王维兰
	运用现代科技手段研究唐琴斫制工艺	浙江省博物馆工艺部	浙江省文化厅	范珮玲
	湖北国家地理标志特产的非物质文化遗产地理信息系统	咸宁学院	湖北省文化厅	孙志国
	齐国服饰在现代纺织服装领域的传承及应用研究	山东理工大学	山东省文化厅	王 婧
	新农村建设中非物质文化遗产的传承与保护	山东建筑大学	山东省文化厅	姜 波
	陶胎漆器工艺研究	山东轻工业学院	山东省文化厅	于 泳
	维吾尔族模制法土陶烧造技艺	新疆大漠土艺馆	新疆维吾尔自治区文化厅	张文阁
演艺科技	低音胡琴和倍低音胡琴	北京市京港雪平提琴厂	中央民族乐团	席 强 胡雪平
	传统古丝弦原材料处理及制作工艺研究	吉林省文化科技研究所	吉林省文化厅	罗成金

2011年度国家文化创新工程项目相关非物质文化遗产研究课题

项目名称	申报单位	承担单位	共建部门	项目类型
吴江市戏曲文化生态保护区建设	江苏省文化厅	吴江市委宣传部、吴江市文广新局、江苏省戏剧学校	吴江市人民政府	重点项目

（续表）

项目名称	申报单位	承担单位	共建部门	项目类型
古代龙泉青瓷呈色机制研究及在现代日用瓷中的推广运用	浙江省文化厅	浙江省龙泉市文化广电新闻出版局、龙泉市夏侯文青瓷厂	浙江省龙泉市人民政府	重点项目
中国汉族代表性民间歌舞——安徽花鼓灯文化生态保护工程	安徽省文化厅	蚌埠市文广新局	蚌埠市人民政府	重点项目
“中国白”大型瓷雕艺术品工艺革新	福建省文化厅	福建省德化县凤凰陶瓷雕塑研究所	福建省德化县人民政府	重点项目
科学与艺术创新 提升陶瓷产品文化创意价值的研究	江西省文化厅	景德镇陶瓷学院	景德镇市人民政府	重点项目
水晶骨瓷工艺文化创新	山东省文化厅	淄博泰山瓷业有限公司	淄博市人民政府	重点项目

二、学术活动

文化部等单位在成都举办第三届成都国际非物质文化遗产节·非物质文化遗产国际论坛

5月29日至30日，由联合国教科文组织、文化部和四川省人民政府主办，中国非物质文化遗产保护中心、四川省文化厅和成都市人民政府承办，成都市文化局协办的第三届中国成都国际非物质文化遗产节·非物质文化遗产国际论坛在成都举办。来自印度尼西亚、越南、澳大利亚、日本等国家的专家及政府官员、非物质文化遗产领域的专家、学者和中国相关非物质文化遗产项目代表性传承人等共计69人参加了论坛。与会代表以“非物质文化遗产的保护与发展”为主题，在联合国教科文组织《保护非物质文化遗产公约》框架下，分享了实践《公约》的经验，各抒己见，探讨了非物质文化遗产保护的方略，并达成广泛共识，发表了《成都倡议》。

文化部等单位在北京举办中华典籍与非物质文化遗产传承座谈会

6月15日，由文化部非物质文化遗产司主办，国家图书馆承办的“中华典籍与非物质文化遗产传承座谈会”在国家图书馆古籍馆召开。本次座谈会是“册府琳琅 根脉相承——中华典籍与非物质文化遗产特展”的重要内容之一。国家图书馆馆长周和平、文化部非物质文化遗产司司长马文辉等文化部相关负责人及部分非物质文化遗产专家、古籍专家以及非物质文化遗产名录项目代表性传承人共40余人参加了座谈会。会上，国家图书馆副馆长张志清介绍了本次展览及相关工作，所有与会人员参观了此次展览。随后，各位专家针对《中华人民共和国非物质文化遗产法》颁布实施的重要意义、中华典籍与非物质文化遗产传承的关系、图书馆在非物质文化遗产传承与保护中的作用等议题展开了讨论。

文化部非物质文化遗产司等单位在兰州举办花儿保护论坛

6月26日，文化部非物质文化遗产司、甘肃省文化厅、甘肃省文联在兰州共同主办了“联合国人类非物质文化遗产代表作——花儿保护论坛”。论坛邀请中国非物质文化遗产保护中心有关专家，甘肃省、青海省、宁夏回族自治区文化厅及省级非物质文化遗产保护中心有关负责人，甘肃、青海、新疆、陕西、宁夏回族自治区、内蒙等省区民协负责人及全国花儿专家学者共约70余人参加。文化部非物质文化遗产司副司长屈盛瑞、中国民间文艺家协会副秘书长吕军等在论坛开幕时讲话。20余位专家学者在论坛作交流发言，围绕如何进一步做好花儿的保护工作和进一步加强对花儿的文学、音乐、民俗、曲令等进行深入研究展开讨论。大家一直认为，花儿入选联合国非物质文化遗产项目名录，一定要切实履行对国际社会的承诺，真正担负起作为保护人类非物质文化遗产缔约国责任，把花儿保护好、传承好。

文化部在北京举办国家级非物质文化遗产名录项目保护座谈会

8月29日，由文化部主办，中国非物质文化遗产保护中心承办的“国家级非物质文化遗产名录项目保护座谈会”在北京召开。来自国内非物质文化遗产领域的专家学者、各省（自治区、直辖市）文化厅（局）的负责同志、香港特别行政区民政事务局和澳门特别行政区文化局代表，以及部分第三批国家级非物质文化遗产名录项目申报单位负责同志，共计近200人参加了此次座谈会。会议上，大家紧密围绕贯彻落实《中华人民共和国非物质文化遗产法》，从非物质文化遗产项目的申报、管理与保护，非物质文化遗产科学保护的理念与实践和非物质文化遗产的传承、弘扬与发展三个议题出发，深入研讨国家级非物质文化遗产名录项目保护，进一步提高保护意识，强化保护责任，推动非物质文化遗产的科学保护。

文化部艺术司等单位在河南举办第二届中国豫剧节中国豫剧艺术发展论坛和第八届海峡两岸河洛文化暨豫剧发展论坛

9月27日，由文化部艺术司、河南省文化厅、郑州市人民政府等单位联合主办，河南省艺术研究院承办的“第二届中国豫剧节中国豫剧艺术发展论坛”和“第八届海峡两岸河洛文化暨豫剧发展论坛”在郑州举行。来自新加坡、台湾、北京、上海、河北、山东、湖北、新疆、陕西、河南等地的专家学者、第二届中国豫剧节各参演院团代表、河南省直院团的主要业务人员、河南部分地市艺术研究所的专家、河南大学、河南师范大学等院校戏曲专业的师生以及各新闻媒体的记者共130余人参加了论坛。

文化部非物质文化遗产司等单位在山西举办2011中部六省非物质文化遗产论坛

11月18日，由文化部非物质文化遗产司、中国非物质文化遗产保护中心、中共山西省委宣传部、山西省文化厅主办，中国民间文艺家协会国家遗产旅游研究委员会、山西省非物质文化遗产保护中心等单位承办的“2011中部六省非物质文化遗产论坛”在太原市召开，同时也启动了“中部六省非遗保护联动委员会”官网平台。文化部、山西省领导，中部六省分管副厅长、社文（非物质文化遗产）处长、非物质文化遗产中心主任，非物质文化遗产领域专家，山西省非物质文化遗产名录项目代表等参加了论坛。

中国艺术研究院·中国非物质文化遗产保护中心等单位在北京举办2011 BMW中国文化之旅论坛

5月23日，由中国艺术研究院·中国非物质文化遗产保护中心、宝马中国汽车贸易有限公司和华晨宝马汽车有限公司携手主办，“南方周末”报社协办的“叩问千年，悦承当下——2011 BMW中国文化之旅论坛”在北京国子监举行。中国艺术研究院院长助理、中国非物质文化遗产保护中心副主任吕品田，宝马集团大中华区总裁兼首席执行官史登科，宝马中国汽车贸易有限公司负责人与多位专家学者和文化名人共同出席了论坛。以“忆”“思”“续”为主线，就今年文化之旅的主题——中原文化的源起、发展与传承展开了深入的探讨，解读传统文化在当代社会中的价值和意义，并从中寻找促进社会可持续发展的力量。本次论坛的成功举办标志着“BMW中国文化之旅”五周年系列活动正式启动。

中国艺术研究院在北京举行非物质文化遗产资源数据库建设及数字化标准规范制定（一期）专家论证会

7月19日至20日，根据文化部“十二五”建设规划及非物质文化遗产数字化保护的工作要求，由中国艺术研究院承担建设的“非物质文化遗产数字化保护工程”启动项目——“非遗资源数据库建设及数字化标准规范制定（一期）”专家论证会在北京召开。会议主要就“一期项目”初步编制的《非遗数字化标准规范框架》、试点项目《数字化采集大纲》及非物质文化遗产专题数据库原型设计等进行专门论证。中国艺术研究院常务副院长刘茜，文化部非物质文化遗产司副司长马盛德，非物质文化遗产专家委员会副主任周小璞，非物质文化遗产专家委员会委员刘锡诚，中国艺术研究院院长助理、中国非物质文化遗产保护中心副主任吕品田，国家文物局数据中心信息部主任祝孔强及文化部非物质文化遗产司、中国艺术研究院和各地的非物质文化遗产保护、非物质文化遗产数字化保护技术方面的专家等共计30余人出席了会议。在为期两天的论证会上，“一期项目”的技术人员分别就“非遗资源数据库建设及数字化标准规范制定（一期）”项目概况、《非遗数字化标准规范框架》、试点项目《数字化采集大纲》及非物质文化遗产专题数据库建设四个重点内容进行了详细介绍和汇报演示。与会专家对《非遗数字化标准规范框架》《数字化采集大纲》和专题数据库建设中需要继续完善的问题达成了共识，提出了相应的修改意见和建议。

中国艺术研究院等单位在重庆举办中国重庆阳戏（傩戏）国际学术研讨会

11月14日至17日，由中国艺术研究院戏曲研究所、中国阳戏学研究会、重庆市文化艺术研究院主办的“2011中国重庆阳戏（傩戏）国际学术研讨会”在重庆市酉阳土家族苗族自治县召开。来自韩国、新加坡、日本和国内的70名专家学者，围绕阳戏（傩戏）的挖掘和传承展开深入交流，研讨传统民族文化的传承和发展，并现场观摩了酉阳民间阳戏（傩戏）班社的表演。

中国非物质文化遗产保护中心等单位在浙江举办“第四届中国廊桥国际学术（庆元）研讨会”

12月1日至4日，由中国非物质文化遗产保护中心、浙江省文化厅、浙江省文物局等单位联合举办的“第四届中国廊桥国际学术（庆元）研讨会”在浙江省庆元县举办。研讨会以“合作、共享、传承，推进廊桥申遗”为主题，与会专家学者共同探讨了廊桥文化保护与经济社会发展的互动关系，发掘廊桥的文化内涵，使中国廊桥的研究与保护工作在未来时间内有一个更加明确的工作思路和发展目标。

中国艺术人类学学会等单位在云南召开2011中国艺术人类学国际学术研讨会

11月11日，由中国艺术人类学学会、玉溪师范学院共同主办，玉溪师范学院艺术学院承办的“2011中国艺术人类学国际学术研讨会”在云南玉溪师范学院图书馆多元学术厅隆重开幕。该次会议以“艺术活态传承与文化共享”为主题，来自国内外的120余名艺术人类学专家、学者参与了本次会议，探讨的议题包括艺术人类学理论与方法、艺术人类学个案研究、艺术人类学与非物质文化遗产传承与保护、艺术人类学与民族文化教育等。

中国农业历史学会等单位在江苏举办第二届中国农业文化遗产保护论坛

10月23日至25日，中国农业历史学会、中国科学技术史学会农学史专业委员会、中国农业科学院中国农业遗产研究所等单位，在南京农业学术交流中心举办“第二届中国农业文化遗产保护论坛”。论坛主要讨论议题为“农业文化遗产保护现状、观点和经验”，中国农业博物馆、中国农业大学、西北农林科技大学、华南农业大学、中国农业科学院、江苏省纪委、各农业文化遗产保护地以及全国各地和日本的近200位领导、专家、学者参加了论坛。此次论坛除了开展学术交流与讨论，还进行了中国农业历史学会第五届会员代表大会换届选举。此次会议的召开研究和探讨了我国农业文化遗产保护的理论、方式和途径，推动了中国的农业文化遗产保护研究工作。

北京航空航天大学在北京举办“2011北京·中国民俗艺术国际论坛”

10月15日至16日，由北京航空航天大学主办，北航新媒体艺术与设计学院承办的“2011北京·中国民俗艺术国际论坛”在北京航空航天大学召开。中国艺术研究院音乐研究所所长田青与中国国家画院研究员、凤凰卫视主持人王鲁湘担任论坛学术主持人。中国科学院院士、北京航空航天大学校长怀进鹏到会并致辞。此次论坛研讨主题为：现代性与民俗艺术、中国民俗艺术的保护与传承、民间信仰与民俗艺术、现代教育与民俗艺术等。出席论坛的30余位专家学者分别来自国内及法国、英国、日本的高校与相关研究机构，研究领域涉及社会学、人类文化学、艺术学、中国非物质文化遗产保护及民俗艺术收藏与研究等方面。

吉林省在图们举办中国少数民族非物质文化遗产图们论坛暨第二届图们江文化论坛

8月7日，由中央民族大学中国少数民族非物质文化遗产研究与保护中心、吉林省文化厅、延边州人民政府联合主办，中共延边州委宣传部、延边州文化局和图们市承办的“中国少数民族非物质文化遗产图们论坛暨第二届图们江文化论坛”在吉林省延边朝鲜族自治州图们市召开。本次论坛共设有三项研讨议题，分别是贯彻落实《中华人民共和国非物质文化遗产法》，推进少数民族非物质文化遗产保护的理论与实践；中国朝鲜族非物质文化遗产保护及现状研究；跨境民族非物质文化遗产保护中的交流与协作。国家文化部非物质文化遗产司副司长马盛德、联合国教科文组织亚太地区非物质文化遗产国际培训中心杨治主任、原国家非物质文化遗产保护中心常务副主任田青分别致辞。国家非物质文化遗产保护工作专家委员会专家委员、中央民族大学教授祁庆富，中国社会科学院民族文学研究所所长、教授朝戈金，分别作主题发言。

江苏省在镇江举办“中国传说——2011海峡两岸白蛇传文化研讨系列活动”

11月18日至19日，由江苏省非物质文化遗产保护中心、江苏省民间文艺家协会等单位主办，镇江市民间文化艺术馆承办的“中国传说——2011海峡两岸白蛇传文化研讨系列活动”在镇江举办。系列活动包括三大内容：中国传说——2011海峡两岸白蛇传文化研讨会、专题讲座、“白蛇情缘”综艺晚会。在研讨会上，来自海峡两岸的10余位专家参与研讨。内地的专家主要从白蛇传传说作为国家级非物质文化遗产项目切入，对它的保护及传承工作提出了自己的见解。台湾学者介绍了近60年来台湾白蛇传研究工作概况，并阐述了白蛇传在台湾社会中的流传、演变及保护状况，同时他们还带来了一些老本歌仔册、歌仔戏录音、舞台演出照片等。通过他们的论述与实物展示，与会的内地专家对台湾白蛇传的研究和保护工作有了更直观的了解。

浙江省在象山举办渔民开洋、谢洋节学术研讨会

4月25日，浙江省象山县文化广电新闻出版局、杭州师范大学浙江省非物质文化遗产研究基地联合举办了全国渔民开洋、谢洋节学术研讨会。当天上午，浙江省象山石浦东门的渔民们在妈祖庙中按旧例举办了盛大的“开洋”典礼。来自全国各沿海城市的有关领导、专家和学者与象山资深渔文化研究专家一起，交流探讨了各地渔民开洋、谢洋节的不同传承现状和发展前景。文化部民族民间文艺发展中心张刚副主任发言。此次研讨会的召开加强了象山与各地区的横向交流与合作，为今后更好地举办开洋、谢洋节这个活动以及深入推进渔民开洋、谢洋节相关理论的研究奠定了科学的理论基础，同时，对研究我国沿海地区祭祀历史和活跃渔区文化生活、繁荣渔文化创作起到了推动作用。

浙江省在缙云召开浙江省民俗文化保护传承座谈会

8月4日至5日，由浙江省民俗文化促进会、浙江省非物质文化遗产保护办公室主办，中共缙云县委宣传部、缙云县文化广电新闻出版局承办的“浙江省民俗文化保护传承工作座谈会”在缙云县召开。浙江省民俗文化促进会会长童芍素、浙江省文化厅副厅长陈瑶、浙江省非物质文化遗产保护办公室主任王淼等非物质文化遗产保护工作者及保护基地负责人和部分论文作者约100余人出席了座谈会。与会专家作了专题讲座，代表们共同探讨了民俗文化的保护传承及有效方法、途径，亲身体验缙云国家级非物质文化遗产项目“张山寨七七会”民俗活动。

浙江省在德清召开“中国·德清第三届防风文化学术研讨会”

12月9日至11日，由中国先秦史学会、浙江省湖州市德清县人民政府共同主办，德清县委宣传部等单位共同承办的“中国·德清第三届防风文化学术研讨会”在德清县召开。2010年，“防风传说”入选第三批国家级非物质文化遗产代表性项目名录的民间文学项目类别。本次研讨会与会专家48名，收录论文达51篇，来自中国先秦史学会、中国社会科学院、北京大学、台北中国文化大学、浙江大学等专家与当地学者一起，从信俗、民俗、考古、信史等多角度多学科地探讨、研究防风文化的传承与发展。

厦门市举办海西21城非物质文化遗产产业发展论坛

10月30日，作为第四届海峡两岸文博会的组成部分，“海西21城非物质文化遗产产业发展论坛”在厦门市举办。论坛邀请了海峡西岸四省21个城市的非物质文化遗产专家代表参会，并签署了《非物

质文化遗产保护合作协议》。协议是由福建、广东、江西、浙江四省的非物质文化遗产保护中心倡议，各城市之间发挥区位优势，加强非物质文化遗产资源整合，增强非物质文化遗产工作互动融合。

厦门市召开2011年厦门市国家级、省级和市级非物质文化遗产项目代表性传承人工作座谈会

12月22日至23日，由厦门市文化广电新闻出版局、厦门市非物质文化遗产保护中心组织的“2011年厦门市省级、市级非物质文化遗产项目代表性传承人工作座谈会”“2011年厦门市国家级非物质文化遗产代表性传承人工作座谈会”在厦门市非物质文化遗产保护中心传习中心召开。来自厦门市的10位国家级非物质文化遗产项目代表性传承人、市六个区近90位非物质文化遗产项目代表性传承人分别参加了国家级和省级、市级非物质文化遗产代表性传承人工作座谈会。各级项目传承人纷纷就全市非物质文化遗产有关项目的传承情况、经验做法和存在困难，发表个人意见。

山东省在济南举办全国首届曲艺类非物质文化遗产保护成果展演暨经验交流会

11月10日至13日，由山东省文化厅、中华曲艺学会主办，山东省艺术研究所、山东省非物质文化遗产保护中心、山东省曲艺家协会等单位承办的“全国首届曲艺类非物质文化遗产保护成果展演暨经验交流会”在济南举行。本次会议共包括“非遗”保护成果展演、“非遗”保护经验交流会和孙镇业纪念演唱会三部分内容。

河南省在郑州举办新世纪十年河南曲艺发展态势研讨会

1月19日，河南省文艺评论家协会在河南省郑州市召开“新世纪十年河南曲艺发展态势研讨会”，与会专家对当今曲艺面临的现状、危机以及今后的发展策略进行了探讨。在发现与讨论问题的基础上，与会专家聚焦探讨了曲艺的发展策略：曲艺需要创新，各种曲艺样式可以作新的组合；要注重对年轻演员的培养；曲艺要扬长避短；要活态保护，让曲艺不断发展。

河南省在汝州举办第二届中国曲剧艺术节曲剧艺术发展论坛

9月8日，第二届中国曲剧艺术节曲剧艺术发展论坛在汝州市召开。本次曲剧艺术节由中国戏剧家协会、河南省文化厅、中共平顶山市委等单位联合主办，中共汝州市委等单位承办。中国剧协副主席、河南省剧协主席、省豫剧二团团长李树建，河南省剧协驻会副主席兼秘书长陈涌泉，汝州市相关领导和来自全国各高校、科研院所的专家等共计80余人参加了本次论坛。论坛上，应邀前来的18位专家、学者就曲剧的历史渊源、生存现状、保护传承、弘扬创新和美学特征等问题展开了深入研讨和交流。论坛对收到的50篇论文，采取“盲审”（论文上不显示作者姓名）和无记名投票的方式进行了评审，并邀请市公证处对论文整个评选过程进行公证。经过专家评委两天认真细致的评审，共有25篇论文获奖。其中一等奖1名，二等奖5名，三等奖9名，优秀奖10名。

广东省在中山举办非物质文化遗产生产性保护研讨会

1月1日，由广东省文化厅指导，广东省非物质文化遗产保护中心、中山大学中国非物质文化遗产研究中心、中山市文化广电新闻出版局联合主办的“广东省非物质文化遗产生产性保护研讨会”在中山市举行。专家学者、企业和传承人代表进行了交流探讨，在正确处理生产性保护中的各种关系、探讨生产性保护的方式方法和管理模式、加强理论研究等方面进行积极的探索。

深圳市举办全市非物质文化遗产保护工作论坛

6月12日，广东省深圳市非物质文化遗产保护中心组织的“深圳市非物质文化遗产保护工作论坛”在深圳市博物馆新馆召开，国家非物质文化遗产保护工作专家委员会副主任委员乌丙安、广东省非物质文化遗产保护工作委员会委员陈希和深圳市非物质文化遗产保护工作的领导、专家参加论坛。论坛就如何保护深圳非物质文化遗产中的传统技艺、传统音乐、民间文学、民俗四类项目，以及如何保护“香云纱染整技艺”展开讨论。

深圳市举办共筑美好精神家园——鱼灯舞传承与保护论坛

9月9日，深圳市文化局在深圳举办“共筑美好精神家园——鱼灯舞传承与保护论坛”。深圳市非物质文化遗产领域的专家、代表性传承人和参加鱼灯节巡游展演活动的各领队共30多人出席论坛。论坛就鱼灯舞的艺术特色、鱼文化观念的起源与发展及鱼灯舞的保护等展开研讨。

四川省在成都召开“灾区非物质文化遗产生产性保护示范基地建设”座谈会

4月25日，四川省文化厅在成都召开“灾区非物质文化遗产生产性保护示范基地建设”座谈会，会议由四川省文化厅领导主持，四川省文化厅非物质文化遗产处、非物质文化遗产保护中心相关负责人，绵阳市、德阳市、阿坝州等市州文化局分管领导、相关科室负责人参加了座谈会。

四川省在成都举办四川省川剧表演团体艺术生产与发展学术研讨会

5月30日，由四川省文化厅主办，四川省川剧艺术研究院和四川省川剧院共同承办的“四川省川剧表演团体艺术生产与发展学术研讨会”在成都举办。来自18个市、县川剧院团负责人及业务骨干和省川剧艺术研究院等单位的代表40余人出席了会议。研讨会期间，中国剧协分党组书记季国平、文化部原政策法规司司长康式昭等作了专题讲座。与会代表就表演院团的生产和发展、体制改革等论题展开了交流讨论。

四川省在成都举办两岸非物质文化遗产保护与传承论坛

7月12日，“情系巴蜀·两岸文化联谊行”重要活动“两岸非物质文化遗产保护与传承论坛”在成都大学举办。论坛期间，两岸学者交流了对巴蜀文化的研究心得，并就非物质文化遗产的保护和可持续发展的深入交换了意见。前财团法人海峡交流基金会副董事长、中国文化大学教授焦仁和，来自台北艺术大学等院校的台湾文化界人士近百名和成都大学师生共300余人出席了论坛。

云南省在昆明召开全省文化遗产保护工作会议

6月 14日，云南省文化遗产保护工作会议在昆明市召开。会议由云南省文化厅、省文物局主办。云南省副省长高峰出席会议并讲话，云南省人大、政协、省政府、省文化厅领导出席。会议将文物和非物质文化遗产保护工作合并总结和部署，体现了从“文物保护走向文化遗产保护”的创新理念和工作方法。来自全省各州市文化系统和省文化厅有关直属单位的300多位代表参加了会议。

大事记

国家

1月5日至2月29日，由中国非物质文化遗产保护中心、四川省文化厅、四川省商务厅和自贡市人民政府共同主办的“第十八届自贡国际恐龙灯会”在四川省自贡市举办。

1月16日，按照文化部的工作安排，中国非物质文化遗产保护中心在北京组织召开了“中国向联合国教科文组织申报2011年‘人类非物质文化遗产代表作名录’备案项目排序结果评审会议”。

1月16日，文化部正式批复同意《热贡文化生态保护区总体规划》，规划期限为2010年至2025年。

1月20日至25日，由文化部和北京市人民政府共同主办，中国非物质文化遗产保护中心、北京市文化局、北京市商务委员会、北京非物质文化遗产保护中心承办的“我们的节日——百名非物质文化遗产项目代表性传承人迎春展示活动”在北京市金源新燕莎MALL、北京市百货大楼、朝阳大悦城和国瑞城购物中心等大型商场举办。

1月，文化部批准“大理文化生态保护实验区”成为国家级文化生态保护实验区。

2月10日至11日，中国非物质文化遗产保护中心在北京组织召开了中国向联合国教科文组织申报2012年“代表作名录”和“优秀实践名册项目”评审工作会议，会议主要遴选了“代表作名录”补充项目，评审了“最佳实践项目”。

2月25日，十一届全国人大常委会第十九次会议审议通过《中华人民共和国非物质文化遗产法》。发布《中华人民共和国主席令第四十二号》，自2011年6月1日起施行。

2月25日至3月23日，由中国工艺美术馆主办，广东省工艺美术协会等承办的“中国当代工艺美术学术巡展——广东工艺美术展”在北京举办。

3月10日至15日，由文化部非物质文化遗产司、中国非物质文化遗产保护中心主办，广东省文化厅承办，广东省非物质文化遗产保护中心协办的“中国非物质文化遗产省市级非物质文化遗产保护中心负责人培训班”和“中国非物质文化遗产文化生态保护实验区建设培训班”在广东省广州市举办。

3月15日至18日，中国非物质文化遗产保护中心在北京组织召开“中国向联合国教科文组织申报2012年‘人类非物质文化遗产代表作名录’和‘优秀实践名册’推荐项目申报材料评审工作会议”。

3月25日至30日，由文化部主办，中国非物质文化遗产保护中心和浙江省文化厅承办的“中国非物质文化遗产保护与宣传工作培训班”和“中国非物质文化遗产‘生产性方式保护’理论与实践培训班”在杭州市举办。

3月27日，中共中央政治局常委李长春在福建省委书记孙春兰、省长黄小晶、福州市委书记袁荣祥等省市领导陪同下参观福建省非物质文化遗产博览苑，相继观看闽剧、软木画、寿山石雕、草编、建窑建盏、畲族银器、柘荣剪纸、泉州提线木偶戏、闽派古琴等非物质文化遗产项目传承人的现场展演，以及建窑建盏烧制技艺成果专题展。

4月1日至2日，以文化部非物质文化遗产司副司长马盛德为组长的国家级非物质文化遗产生产性保护示范基地建设实地考察组到保定进行实地考察。

4月7日至11日，由文化部和陕西省人民政府主办的“第二届西部非物质文化遗产展演暨西安文化遗产博览会”在西安大唐西市举办。

4月15日，文化部在北京召开“第三届中国成都国际非物质文化遗产节”新闻发布会。

4月24日，文化部非物质文化遗产司司长马文辉一行在福建省文化厅副厅长陈朱的陪同下，参观考察福建省非物质文化遗产博览苑。

4月24日至26日，由文化部非物质文化遗产司马盛德副司长率领的国家级非物质文化遗产生产性保护示范基地建设调研组一行5人，到广西百色市靖西县壮锦厂对国家级非物质文化遗产名录项目“壮族织锦技艺”生产性保护示范基地建设工作的情况进行考察、评估，并对基地建设提出具体的指导意见和建议。

4月26日，文化部办公厅函发《关于同意实施〈徽州文化生态保护区总体规划〉（安徽、婺源）的复函》（办非遗函〔2011〕147号），批准通过安徽省《徽州文化生态保护实验区总体规划》，6月1日起正式实施。

4月26日，国家文物局副局长宋新潮一行在福建省文物局局长郑国珍陪同下，参观福建省非物质文化遗产博览苑。

4月27日至5月1日，文化部非物质文化遗产司马盛德副司长带领的考察组到湖南省实地考察工作。

4月29日，全国政协副主席厉无畏在福建省市领导陪同下参观福建省非物质文化遗产博览苑。

4月29日，中国艺术研究院首届新疆非物质文化遗产保护定向培训班学员完成学习任务，中国艺术研究院研究生院举办结业仪式。

4月，我国政府首次向联合国教科文组织正式提交《〈保护非物质文化遗产公约〉履约报告》。

5月10日至7月25日，由文化部非物质文化遗产司、青海省文化厅新闻出版厅、文化部恭王府管理中心共同举办的“莲生妙相——青海唐卡艺术精品展”在北京恭王府举办。

5月13日，由文化部、商务部、国家广电总局、国家新闻出版总署、中国贸促会、广东省人民政府和深圳市人民政府联合主办的“第七届中国（深圳）国际文化产业博览会”在深圳开幕，文博会首设“非遗”专馆。

5月16日，由文化部艺术司、中国艺术研究院·中国非物质文化遗产保护中心和江苏省文化厅主办的“昆山韵·昆山情——昆曲入选‘人类非物质文化遗产代表作名录’10周年庆典活动”在江苏省昆山市举办。

5月19日，由中国曲艺家协会和法国巴黎中国文化中心联合主办的“第二届巴黎中国曲艺节”在法国巴黎中国文化中心拉开帷幕。

5月22日，联合国教科文组织授予江苏省常熟市“人类非物质文化遗产古琴艺术重要保护地区”称号。

5月23日，国务院公布《国务院关于公布第三批国家级非物质文化遗产名录的通知》（国发〔2011〕14号）。

5月23日，由中国艺术研究院·中国非物质文化遗产保护中心、宝马中国汽车贸易有限公司和华晨宝马汽车有限公司携手主办，南方周末报社协办的“叩问千年，悦承当下——2011 BMW 中国文化之旅论坛”开幕。

5月24日，工业和信息化部、文化部和人力资源社会保障部联合发布《关于开展第六届中国工艺美术大师评审工作的通知》（工信部联消费〔2011〕259号）。

5月26日至29日，文化部非物质文化遗产生产性保护示范基地考察组赴西藏自治区考察。

5月29日，由文化部、联合国教科文组织、四川省人民政府共同主办，中国非物质文化遗产保护中心、成都市人民政府、四川省文化厅承办，成都市文化局、成都市青羊区人民政府、中国成都国际非物质文化遗产博览园协办的“第三届中国成都国际非物质文化遗产节”在成都国际非物质文化遗产博览园开幕。

5月29日，全国政协副主席林文漪一行在福州市领导陪同下，参观福建省非物质文化遗产博览苑。

5月29日至6月11日，由文化部、四川省人民政府、联合国科教文组织主办，成都市人民政府、四川省文化厅、中国非物质文化遗产保护中心承办的“第三届中国成都国际非物质文化遗产节”在四川省成都市青羊区非物质文化遗产国际博览园举行。

5月30日，文化部非物质文化遗产司马盛德副司长一行考察四川雅安藏茶生产性保护基地。

5月30日，“第三届中国成都国际非物质文化遗产节古琴艺术大展”在四川成都杜甫草堂博物馆举办。

6月1日，十一届全国人大常委会第十九次会议审议通过的《中华人民共和国非物质文化遗产法》正式实施。

6月6日，文化部艺术司发布《文化部关于印发〈国家重点京剧院团保护和扶持规划〉的通知》（文艺发〔2007〕22号）。

6月8日，由文化部主办、国家图书馆承办的“册府琳琅，根脉相承——中华典籍与非物质文化遗产特展”在北京举办。

6月8日至15日，由文化部主办，中国艺术研究院·中国非物质文化遗产保护中心承办的2011年“文化遗产日”主题活动在北京中华世纪坛展览馆举办。

6月9日，全国人大法律委员会、全国人大教科文卫委员会、全国人大常委会法制工作委员会、国务院法制办公室、文化部在人民大会堂北京厅联合召开宣传贯彻《中华人民共和国非物质文化遗产法》座谈会。

6月9日至18日，中国非物质文化遗产保护中心与宝马（中国）汽车贸易有限公司、华晨宝马汽车有限公司共同举办为期10天的2011“BMW中国文化之旅”。

6月10日，“中国工艺美术馆收藏——广东工艺美术家捐赠优秀作品仪式”在中国艺术研究院举行。

6月10日至15日，由中华人民共和国文化部主办，中国非物质文化遗产保护中心承办的2011年“文化遗产日”主题活动在北京中华世纪坛展览馆举行。

6月11日，文化部部长蔡武在四川省副省长黄彦蓉、成都市市长葛红林、四川省文化厅厅长郑晓幸等领导陪同下参观第三届非物质文化遗产节国际非物质文化遗产博览会。

6月11日，“第三届中国成都国际非物质文化遗产节《成都倡议》碑揭碑仪式”在成都国际非物质文化遗产博览园举行。

6月11日，第三届中国成都国际非物质文化遗产节闭幕仪式暨主题晚会“天府神韵·民族记忆”在四川成都非物质文化遗产博览园世纪舞广场举办。

6月11日至7月10日，在文化部和澳门特别行政区政府社会文化司的支持下，由中国非物质文化遗产保护中心和澳门特别行政区政府文化局共同策划和组织的“根与魂·中国非物质文化遗产展演”在澳门综艺馆举行。

6月15日，由文化部非物质文化遗产司主办，国家图书馆承办的“中华典籍与非物质文化遗产传承座谈会”在国家图书馆古籍馆召开。

6月26日，由文化部非物质文化遗产司、甘肃省文化厅、甘肃省文联共同主办的“联合国人类非物质文化遗产代表作——花儿保护论坛”在兰州举行。

6月28日，由文化部非物质文化遗产司、甘肃省文化厅、甘肃省文学艺术联合会、临夏州人民政府主办，和政县委、县政府承办的“甘肃·和政中国西部花儿（民歌）歌手邀请赛”在国家级非物质文化遗产名录项目甘肃和政松鸣岩花儿会场举办。

7月12日，中国非物质文化遗产保护中心应文化部要求，为配合由中共中央台办、共青团中央、教育部等17家单位（于7月10日）共同主办的“两岸同心、我们同行”两岸万名青年大型交流活动，在北京人民大会堂举办非物质文化遗产展演活动。

7月19日至20日，根据文化部“十二五”建设规划及非物质文化遗产数字化保护的工作要求，由中国艺术研究院承担建设的“非物质文化遗产数字化保护工程”启动项目——“非遗资源数据库建设及数字化标准规范制定（一期）”专家论证会在北京召开。

7月22日至25日，由文化部、国家民族事务委员会、国家广播电影电视总局、国家旅游局、中国人民对外友好协会和宁夏回族自治区人民政府共同主办，文化部社会文化司等单位承办的第三届中国宁夏国际文化艺术旅游博览会系列活动——第九届中国西部民歌（花儿）歌会，在宁夏回族自治区永宁县中华回乡文化园举办。

7月23日，文化部非物质文化遗产司在新疆布尔津县举办“全国六省区三大史诗保存、保护与传承工作培训班”。这是文化部第一次针对非物质文化遗产重点项目中国三大史诗举办的培训班，也是研究三大史诗的著名专家第一次齐聚一起介绍交流三大史诗理论研究成果，并与来自三大史诗传承地西藏、四川、云南、青海、甘肃、新疆的传承人和保护工作者相聚一堂探讨三大史诗保护与传承工作。

7月23日晚，中国戏曲学院创排的大型京剧音乐史诗《长征组歌》在中国戏曲学院大剧场上演。

7月24日至27日，由文化部非物质文化遗产司主办，云南省文化厅承办，云南省大理市文化局协办的“全国非物质文化遗产普查成果应用培训班”在云南省大理市举办。

8月4日至8日，由文化部对外文化联络局、重庆市文化广播电视局、英国威尔士议会政府对外关系部共同主办的2011年“中国·重庆文化周”在英国威尔士举行。

8月18日，由中国非物质文化遗产保护中心、中国曲艺家协会、天津市文化广播影视局和宝坻区人民政府主办，天津市非物质文化遗产保护中心承办的“第二届全国京东大鼓艺术节”在天津市宝坻区举办。

8月21日至25日，由文化部主办，青海省文化新闻出版厅、黄南藏族自治州文化局承办的“国家级文化生态保护区现场交流会”在青海省同仁县召开。

8月24日，文化部发布《关于加强国家级非物质文化遗产代表性项目保护管理工作的通知》，进一步加强国家级非物质文化遗产代表性项目的保护管理工作。

8月29日，由中华人民共和国文化部主办，中国非物质文化遗产保护中心承办的“第三批国家级非物质文化遗产名录项目颁牌仪式”在北京人民大会堂举行。

8月29日，由文化部主办，中国非物质文化遗产保护中心承办的“国家级非物质文化遗产名录项目保护座谈会”在北京召开。

8月，国务院批准中国工艺美术馆工程立项。工程总建筑面积8.68万平方米，正在开展设计招标和可行性研究报告编制等前期工作。

9月14日，中国和蒙古联合保护非物质文化遗产合作机制第一次领导小组会议在北京召开，中国文化部赵少华副部长和蒙古国教育文化科学部库兰达副部长共同签署《中华人民共和国文化部和蒙古国教育文化科学部关于联合保护非物质文化遗产合作协议》。

9月16日至19日，在文化部非物质文化遗产司的支持下，由中国非物质文化遗产保护中心、河北省文化厅、中共邯郸市委和邯郸市人民政府联合主办的中国（邯郸永年）吹歌节在河北省邯郸市永年县举办。

9月23日，文化部非物质文化遗产司在新疆布尔津县举办了“全国六省区三大史诗保存、保护与传承工作培训班”。

10月1日，文化部党组书记、部长蔡武在福建省委常委、福州市委书记杨岳陪同下，参观福建省非物质文化遗产博览苑。

10月9日至27日，由中华人民共和国文化部和香港特别行政区政府民政事务局主办，中国非物质文化遗产保护中心和香港特别行政区政府康乐及文化事务署承办的“根与魂·中国非物质文化遗产展演”在香港举行。

10月15日至16日，由北京航空航天大学主办，北航新媒体艺术与设计学院承办的“2011北京·中国民俗艺术国际论坛”在北京航空航天大学召开。

10月23日至25日，由中国农业历史学会、中国科学技术史学会农学史专业委员会、中国农业科学院中国农业遗产研究所等单位举办的“第二届中国农业文化遗产保护论坛”在南京农业学术交流中心召开。

10月27日，文化部发布《文化部办公厅关于公示2011—2013年度“中国民间文化艺术之乡”命名名单的公告》。

10月31日，文化部发布《文化部关于公布第一批国家级非物质文化遗产生产性保护示范基地名单的通知》（文非遗发〔2011〕48号）。

11月2日至18日，由文化部、湖北省人民政府共同主办的“第六届中国京剧艺术节”在武汉举办。

11月11日，由中国艺术人类学学会、玉溪师范学院共同主办，玉溪师范学院艺术学院承办的“2011中国艺术人类学国际学术研讨会”在云南玉溪师范学院举办。

11月14日至17日，由中国阳戏学研究会、中国艺术研究院戏曲研究所、重庆市文化艺术研究院主办的“2011中国重庆阳戏（傩戏）国际学术研讨会”在重庆市酉阳土家族苗族自治县召开。

11月15日，由文化部主办的2011—2013年度“中国民间文化艺术之乡”、第三次全国文化馆评估定级命名颁牌仪式暨工作总结会议在江苏省常熟市举行。

11月18日，由文化部非物质文化遗产司、中国非物质文化遗产保护中心、中共山西省委宣传部、山西省文化厅主办，中国民间文艺家协会国家遗产旅游研究委员会、山西省非物质文化遗产保护中心等单位承办的“2011中部六省非物质文化遗产论坛”在太原市举行。

11月22日，文化部发布《关于对第六届中国工艺美术大师申报资格公示的通知》。

11月22日至29日，联合国教科文组织保护非物质文化遗产政府间委员会第六届会议在印度尼西亚巴厘岛召开。

11月23日，联合国教科文组织宣布，保护非物质文化遗产政府间委员会第六届会议作出决定，将中国提交的项目伊玛堪列入“急需保护的非物质文化遗产名录”。

11月27日，联合国教科文组织宣布，保护非物质文化遗产政府间委员会第六届会议作出决定，将中国皮影戏列入“人类非物质文化遗产代表作名录”。

12月1日至4日，由中国非物质文化遗产保护中心、浙江省文化厅、浙江省文物局等单位联合举办的“第四届中国廊桥国际学术（庆元）研讨会”在浙江省庆元县举办。

12月7日至11日，由文化部主办，浙江省文化厅、宁波市人民政府承办，宁波市文化广电新闻出版局协办的“全国非物质文化遗产保护工作会议”在宁波召开。

12月16日，文化部发布《文化部关于开展2012年国家非物质文化遗产保护专项资金申报工作的通知》。

12月25日，中国艺术研究院在北京举办“中国非物质文化遗产数字化保护工程（一期）”项目验收展示会。

地方

北京市

1月至2月，北京非物质文化遗产保护中心等单位举办第六届春节庙会灯会评选活动。延庆县元宵节花会展演、门头沟区首届大台幡会民俗节等31项活动分获“文化魅力”“非物质文化遗产展示”“非物质文化遗产展演”等5个奖项。

3月21日，北京非物质文化遗产保护中心与北京市朝阳区文化委员会举办“复原清代日坛祭日典仪活动”，至此实现“天、地、日、月”四大祭祀礼仪在北京市的全部再现复原。

5月23日，天坛传说、小红门地秧歌等15个北京市项目入选第三批国家级非物质文化遗产名录。

6月4日，北京市委宣传部等单位举办“第三届北京端午文化节暨临空经济区杯龙舟赛”。雕漆技艺、北京绢人等21个非物质文化遗产项目进行现场技艺展示。

6月9日至11日，北京市文化局和荣宝斋举办“首届北京非物质文化遗产代表性传承人作品拍卖会”，正式拍卖前参拍作品作者进行现场技艺展示。本次拍卖汇集86件作品，成交额531.6万元，成交比率76.7%。

7月至10月，北京非物质文化遗产保护中心和北京电视台共同举办京剧成功入选“人类非物质文化遗产代表作名录”一周年庆典活动暨第三届国粹生香——2011北京京剧票友段位评授季。

9月，北京市组织开展第三批市级非物质文化遗产项目代表性传承人申报评审工作。11月9日，正式公布第三批北京市级非物质文化遗产项目代表性传承人46人。

10月27日，北京市珐琅厂有限责任公司、北京市内联升鞋业有限公司、荣宝斋3个项目保护单位列入第一批国家级非物质文化遗产生产性保护示范基地，涉及景泰蓝制作技艺、内联升千层底布鞋制作技艺等4个国家级非物质文化遗产名录项目。

天津市

1月14日，由天津市文广局召开的2011年度社会文化、文物和博物馆工作会议在华夏未来少儿艺术中心举行。

1月，由天津市非物质文化遗产保护中心、天津日报传媒集团、天津市福彩广告有限公司联合主办的“福彩迎春戏曲相声专场晚会”系列演出活动在中国大戏院举办。

5月3日，天津市文化广播影视局公布《关于公布第二批天津市非物质文化遗产项目代表性传承人的通知》（津文广非遗〔2011〕3号）。

5月18日至23日，由天津市非物质文化遗产保护中心、天津大学学生会联合举办的“非遗北洋行”系列活动在天津大学学生活动中心举行。

6月10日至11日，由天津市委宣传部、天津市文化广播影视局主办，天津市非物质文化遗产保护中心承办的“‘薪火相传’天津市非物质文化遗产师徒同台（戏曲、曲艺）展示专场”在中国大戏院举办。

6月11日至12日，天津市非物质文化遗产馆举办主题为“依法保护，重在传承”的天津市“文化遗产日”主会场活动。

6月18日，由天津市非物质文化遗产保护中心和天津中新药业集团股份有限公司达仁堂制药厂共同举办的“达仁堂非物质文化遗产宣传周暨健康咨询周”活动在达仁堂中药文化展览馆共同举办。

7月22日，天津杨柳青木版年画博物馆举行开馆仪式。文化部副部长王文章及非物质文化遗产司司长马文辉，天津市委常委、宣传部部长成其圣，副市长张俊芳等出席开馆仪式。

7月至8月，天津市非物质文化遗产保护中心对国家级非物质文化遗产项目“风筝魏”代表性传承人魏永珍生前遗留的千余件风筝制品进行清整和收藏。

8月19日，天津市人大教科文卫专委会到市文化广播影视局开展非物质文化遗产地方立法调研督导工作。

9月27日，天津市人大常委会副秘书长刘华斌率市人大代表一行20余人分别到北辰区北仓镇刘园新村、杨柳青画社调研国家级名录项目刘园祥音法鼓、杨柳青木版年画的保护情况。

10月1日，《第二批天津市非物质文化遗产名录图典》由天津杨柳青画社正式出版。

11月17日至18日，天津市第十五届人民代表大会常务委员会举行第二十八次会议。会议听取和审议了市文化广播影视局局长郭运德受市人民政府委托所作的关于市非物质文化遗产保护工作情况的报告。

12月10日，由天津市非物质文化遗产保护中心、天津青年宫与南开大学校团委联合举办的“非遗进校园”活动在南开大学学生活动中心举办。国家非物质文化遗产专家委员会委员祁庆富作“天津市非物质文化遗产的保护与传播”主题讲座。

12月14日，天津首个校园非物质文化遗产传习基地“非遗进校园——相声传习基地”在南开大学国乐相声社团正式挂牌。

12月28日，天津市文化广播影视局公布10个非物质文化遗产保护示范基地名单（《关于公布天津市非物质文化遗产保护示范基地名单的通知》津文广非遗〔2011〕21号）。

12月底，天津市非物质文化遗产保护中心征集到北京收藏家张琴150余件年画“福本子”。该项征集工作汇集众多的年画题材和古线装书籍，丰富年画研究的专业成果和收藏范围。

河北省

3月28日，河北省固安县屈家营音乐会重建25周年庆典大会在屈家营音乐堂隆重举行。中国艺术研究院、中央音乐学院、中国音乐学院、河北省非物质文化遗产保护中心、廊坊市文广新局、固安县文化体育局相关学者和负责同志，中央电视台、《中国文化报》、廊坊电视台等新闻记者及附近村民等200余人参加庆祝活动。

4月18日，河北省省人大常委会副主任宋长瑞率省人大法制委、省人大常委会法工委有关人员到省直文化系统就文化遗产保护等工作进行调研。

4月26日至28日，由河北省人民政府、中国商业联合会主办，石家庄市人民政府、河北省商务厅、河北省文化厅承办的“2011中国·石家庄（正定）国际小商品博览会”在石家庄市正定县举办。本届正博会最大的亮点是首次增设了河北非物质文化遗产项目产品展示展销区，40多个国家、省级非物质文化遗产项目及其代表性传承人，结合现场手工技艺演示和图片、文字等多种形式，展示了自然纯朴的传统手工技艺。

5月19日，以“燕赵风情”为主题的“第二届巴黎中国曲艺节”在法国巴黎中国文化中心拉开帷幕。本届中国曲艺节专场展示河北省西河大鼓、沧州木板、二人台等多种传统曲艺形式。

5月，河北省昌黎向东皮影剧团随中国美术馆一行，赴意大利西北部城市亚历山德里亚市参加意大利“中国文化年”系列文化交流活动。

6月11日至12日，河北省庆祝第六个“文化遗产日”暨第四届河北省民俗文化节系列宣传展示活动在河北体育学院举办。

6月，第一部全面反映河北主要非物质文化遗产代表性传承人的权威性珍贵史料《河北省非物质文化遗产项目代表性传承人图志》由河北美术出版社出版发行。

9月16日，由中国非物质文化遗产保护中心、省文化厅与邯郸市委、市政府主办，非物质文化遗产保护中心、邯郸市文广新局、永年县委、县政府承办的首届中国吹歌节在河北省永年广府古城举办。

2011年，“我们的节日——河北省非物质文化遗产展演”依托春节、元宵节、中秋节等七个民族传统节日举办了非物质文化遗产展演、展览、论坛、网络展示等活动。

10月20日，河北省组织召开河北省推荐第四批国家级非物质文化遗产项目代表性传承人专家评审会，推荐张才才等51人为第四批国家级非物质文化遗产项目代表性传承人。

10月30日，作为国家级非物质文化遗产的蔚县剪纸，登上中国福利彩票的封面，这是河北省蔚县文化元素首次登上中国福利彩票封面。

12月19日，河北省文化厅印发《河北省国家级非物质文化遗产代表性项目保护督查工作实施方案》的通知。

12月26日，河北省非物质文化遗产保护工作领导小组第四次会议审核通过河北省第四批省级非物质文化遗产名录项目名单，共111个项目（子项123项）。

山西省

1月5日，山西省文化厅相关领导，以及各流派传承小组和山西省晋剧院、太原市实验晋剧院、晋中市文化艺术学校等单位相关人员参加在山西省戏剧研究所会议室召开的“晋剧流派传承剧目展演协调会”。

1月8日，山西省文化厅等有关部门联合召开新闻发布会，介绍“百年流芳——晋剧流派传承剧目迎新春展演”活动的有关情况。

1月14日至15日，由山西省文化厅主办，山西省戏剧研究所、山西省非物质文化遗产保护中心、山西省晋剧院、太原市实验晋剧院、晋中市文化艺术学校承办的“百年流芳——晋剧流派传承剧目展演”活动在山西省演艺中心举行。

3月15日，“全省社会文化和非物质文化遗产保护工作会议”在山西省京剧院召开。会议全面总结2010年全省社会文化和非物质文化遗产保护工作，安排部署“十二五”期间和2011年全省社会文化和非物质文化遗产保护工作，进一步明确当前工作任务。

5月13日至16日，山西省确定清徐老陈醋酿制技艺、中药炮制技术（山西颐圣堂醋制药材）、剪纸（广灵染色剪纸）、堆锦（上党堆锦）、黑陶烧制技艺、民间绣活（高平绣活）、砚台制作技艺（温氏空心澄泥砚）、木版年画（平阳木版年画）、稷山螺钿漆器制作技艺、面花（闻喜面塑）等10个项目参加在深圳举行的“第七届文博会”。

5月29日至6月11日，山西省参加第三届中国成都国际非物质文化遗产博览会。

6月10日至15日，山西省围绕“依法保护，重在传承”的主题，组织参加在北京民族文化宫展览馆举办的“薪火相传——中国非物质文化遗产传承人师徒同台展演”活动。

6月11日，山西省公布首批“山西省非物质文化遗产传习所和大师工作室”，老陈醋（美和居）酿制技艺传习所等8个非物质文化遗产传习所和平遥推光漆器髹饰技艺·薛生金大师工作室等3个非物质文化遗产大师工作室名列其中。

6月19日，山西省人民政府公布“第三批省级非物质文化遗产名录和扩展项目”名单，共计82项，扩展名录64项。

7月，山西省文化厅推荐“晋作家具制作技艺”和“雁北耍孩儿”参加2013年联合国教科文组织人类非物质文化遗产代表作名录项目评选；推荐“左权开花调进校园活动”和“老陈醋酿制技艺（美和居老陈醋酿制技艺）”参加优秀实践名册项目的评选工作。

8月29日，山西省组织上党二簧项目参加在人民大会堂小礼堂举行的“第三批国家级非物质文化遗产名录项目颁牌仪式”的演出。

11月，山西省向文化部报送非物质文化遗产工作总结《多措并举、多管齐下，积极推进非物质文化遗产保护工作》。

11月，根据《文化部办公厅关于推荐第四批国家级非物质文化遗产项目代表性传承人的通知》精神，经各项目保护单位推荐，市（县）文化行政主管部门审核，山西省非物质文化遗产保护工作专家评审委员会筛选、论证、评审，最终推荐山西省102名省级传承人参加第四批国家级非物质文化遗产代表性传承人评审。

12月30日，山西省文化厅公布山西省第三批省级非物质文化遗产保护项目代表性传承人386人。

内蒙古自治区

2月14日至17日，内蒙古自治区非物质文化遗产保护中心工作人员赴巴彦淖尔市乌拉特前旗公庙子对蒙古语诵经相关项目进行抢救性保护。

2月至4月，内蒙古自治区非物质文化遗产保护中心工作人员参加“首届中国非物质文化遗产知识竞赛”荣获一等奖与优胜奖各1名。

4月12日至17日，中蒙联合保护非物质文化遗产合作机制工作小组第二次会议在北京举行。

5月18日，内蒙古自治区包头市举办包头剪纸理论研讨会。

7月2日至16日，内蒙古自治区文化厅承办“第八届草原文化节”闭幕式晚会——“五彩之光”大型非物质文化遗产专题晚会。

9月30日，中国工艺美术大师、内蒙古自治区包头市剪纸艺术家刘静兰前往马耳他进行为期10天的艺术交流访问。

10月，内蒙古自治区非物质文化遗产保护中心提出并开始实施对全区非物质文化遗产100个濒危项目抢救及保护100位代表性传承人的《濒危项目抢救“双百工程”方案》。

辽宁省（含大连市）

2月15日至18日，辽宁省选调具有辽宁地域特色的30余项非物质文化遗产项目、近百名传承人和项目代表赴台湾参加以“关东风情宝岛行”为主题的文化经贸交流活动。

2月21日，大连市群众艺术馆群艺皮影剧团随辽宁省经贸文化参访团赴台北参加“大连——台北文化交流座谈会”。

5月5日，辽宁省开展第四批省级非物质文化遗产名录的评选工作，省政府批准并公布第四批省级非物质文化遗产名录项目35项。

5月18日，由中国根艺美术学会、辽宁省文化厅和大连市政府等部门联合主办的“马驷骥开创中国根艺事业30年艺术展”在中国美术馆开幕。

6月1日起，大连市非物质文化遗产保护中心为摸清全市非物质文化遗产基地基本情况，在全市范围内开展非物质文化遗产基地调研工作。

6月8日至12日，由辽宁省省文化厅主办，辽宁省非物质文化遗产保护中心承办的“全国第六个‘文化遗产日’非物质文化遗产系列普法宣传活动”在辽宁大剧院拉开帷幕。

6月11日，由大连市文化广播影视局、大连市财政局主办的“文化遗产日”非物质文化遗产项目展示展演活动在西岗区市民文化活动中心举办。

7月6日，辽宁省非物质文化遗产保护中心选送21件非物质文化遗产作品参加由辽宁省纪委、辽宁省监察厅、辽宁省文化厅于辽宁美术馆联合举办的“庆祝中国共产党成立90周年全省廉政文化作品展”。

8月30日至9月1日，大连市联合国级非物质文化遗产项目“复州皮影戏”义和班应邀参加由文化部非物质文化遗产司、甘肃省文化厅主办的“第三届中国道情皮影民俗文化节”。

8月31日，辽宁省组织开展第二批省级非物质文化遗产代表性传承人的评审和确认工作。确认省级非物质文化遗产代表性传承人22名，同时推荐27人为第四批国家级非物质文化遗产代表性传承人。

9月1日，大连市“复州皮影戏”义和班参加“全国皮影文化产业发展研讨会”，与全国非物质文化遗产方面的专家进行交流。

9月25日，由中共辽宁省委宣传部和辽宁省文化厅联合主办，辽宁省非物质文化遗产保护中心承办的“‘辽海情韵’辽宁省非物质文化遗产表演类项目专场展演”在辽宁大剧院广场拉开帷幕。

9月29日，由大连群艺皮影剧团创作排练的大型皮影戏《卖火柴的小女孩》作为参演剧目，入选“2012年国际木联大会暨国际木偶艺术节”。

10月3日至10月6日，辽宁省政协、辽宁省委统战部率领辽宁代表团参加由澳门中华妈祖基金会主办、辽宁省人民政府参与协办的“第九届澳门妈祖文化旅游节”。

10月11日，大连市群众艺术馆皮影剧团和大连市“复州皮影戏”义和班剧团携联合表演的传统皮影戏《梅花亭》参加在沈阳市铁西文化馆举行的“辽宁省首届群众文化节皮影精品展演”。

10月12日，大连市群艺皮影剧团、复州皮影戏义和班在中国人民解放军三军仪仗大队礼堂联合演出。演出的剧目有：复州皮影戏传统剧目《梅花亭》选段以及现代皮影戏《熊猫咪咪》《鹤与龟》《三打白骨精》选段和《变脸》。

10月17日至11月8日，辽宁省非物质文化遗产保护中心将“非遗进校园”活动范围扩展至基层，先后组织“凌源皮影戏”“锦州满族民间刺绣”和“岫岩东北大鼓”走进当地学校。

12月8日起，由大连市文化广播影视局、大连市财政局、大连市教育局主办的“大连市非物质文化遗产项目展览进校园活动”历时一个半月，在市内四区的16所小学流动展览，此次活动历时一个半月，大连市9项非物质文化遗产项目参加了展览。

12月23日下午，由大连市委宣传部、市文化广播影视局、市文联、市财政局主办的2011年打造文化大连系列活动之一“大连市群众特色文艺展演工程”首场展演——皮影专场在市群众艺术馆剧场举行。

12月，辽宁省非物质文化遗产保护中心组织开展“辽宁省省级以上剪纸项目调研活动”，共走访传承人和剪纸艺人43人，整理声像资料30多张盘，拍摄照片3000余张，征集剪纸作品448幅，完成调研表格43份，形成近6万字的调研报告。

吉林省

6月1日，为庆祝《中华人民共和国非物质文化遗产法》公布，吉林省文化厅和长春市文化局举办“吉林省非物质文化遗产保护工作成果图片展”和“吉林省第四届非物质文化遗产项目展演”。

6月初，吉林省国家级非物质文化遗产项目朝鲜族长鼓舞参加由中华人民共和国文化部、四川省人民政府、联合国教科文组织共同主办的“第三届中国成都国际非物质文化遗产节”，并应邀参加以非物质文化遗产为主题和特色的“天府神韵·民族记忆”文艺晚会等活动。

6月11日，吉林省联合国级非物质文化遗产项目朝鲜族农乐舞、国家级非物质文化遗产项目朝鲜族长鼓舞参加由中国非物质文化遗产保护中心和澳门特区政府文化局共同主办的“根与魂——中国非物质文化遗产展演”大型综合性文化活动。

6月12日，吉林省暨延边州庆祝中国第六个“文化遗产日”系列活动在延边州图们市举行。

6月20日，吉林省文化厅印发《关于公布第二批省级非物质文化遗产项目代表性传承人的通知》（吉文发〔2011〕168号）。

6月，长白山满族剪纸项目保护单位——通化师范学院美术学院讲师王纪的剪纸作品《满族风情》《高句丽风情》获2011年第26届中国民间工艺美术“乡土奖”金奖。

7月13日，吉林省松原市委宣传部与长春电影制片厂合作拍摄“故事吉林”系列电影《天歌》在吉林省前郭尔罗斯蒙古族自治县查干湖畔举行开机仪式。

8月7日，吉林省组织“中国少数民族非物质文化遗产图们论坛暨第二届图们江文化论坛”。

8月12日，吉林省非物质文化遗产项目展示活动在“第十届中国长春国际农业·食品博览（交易）会”开展。

8月，《吉林省非物质文化遗产名录图典》由吉林大学出版社出版。

11月11日，吉林省人民政府印发《吉林省人民政府关于公布第三批省级非物质文化遗产名录的通知》（吉政函〔2011〕235号）。

11月28日，吉林省文化厅印发《吉林省省级非物质文化遗产代表性项目申报评定办法》（吉文发〔2011〕294号）。

11月，国家级非物质文化遗产项目满族枕头顶刺绣的保护单位——吉林省通化师范学院美术学院讲师王纪的著作《满族枕头顶刺绣图鉴》获得吉林省第十届长白山文艺奖作品奖。

11月，《满族口头遗产传统说部丛书》获由吉林省委、省政府主办，吉林省委宣传部代评的吉林省文艺最高奖——“长白山文艺奖”。

黑龙江省

1月20日至25日，黑龙江省选派国家级非物质文化遗产项目“桦树皮制作技艺（鄂伦春族桦树皮船制作技艺）”代表性传承人郭宝林赴北京参加“我们的节日——百名非物质文化遗产项目代表性传承人迎春展示活动”。

4月，黑龙江省民间文艺家协会编辑出版《黑龙江流域非物质文化遗产代表作丛书》。

4月，黑龙江省文化厅非物质文化遗产处及省非物质文化遗产保护中心工作组一行四人到哈尔滨市阿城区检查非物质文化遗产保护工作进展情况并参加省级名录项目山神节活动。

6月11日，全国第六个“文化遗产日”黑龙江省主场城市宣传活动日在牡丹江市文化广场举行。

6月，黑龙江省文化厅出台《黑龙江省非物质文化遗产记录工程实施方案》，集中力量对第一批50余个处于濒危状态并具有历史文化价值的非物质文化遗产项目实施抢救式保护，对项目内容进行真实、系统和全面的记录。

6月，黑龙江省文化厅组织有关专家按照评审标准对全省13个市（地）和省直单位申报的144个非物质文化遗产项目进行了审议，提出第三批省级非物质文化遗产名录推荐项目51项（其中新入选项目47项，扩展项目4项）向社会公示。

7月14日，黑龙江省文化厅印发《黑龙江省人民政府关于公布第三批省级非物质文化遗产名录和省级非物质文化遗产扩展项目名录的通知》，公布第三批黑龙江省非物质文化遗产名录47项，扩展项目名录4项。

8月19日，由中国歌剧舞剧院与哈尔滨市阿城区非物质文化遗产保护中心联合主办的非物质文化遗产名录项目满族传统民歌的代表性传承人奚景春音乐作品演唱会在哈尔滨市阿城区举办。

8月22日，第二届黑龙江中俄文化大集暨“中俄双子城”之夏文化艺术节在黑河开幕。艺术节开辟黑龙江省国家级非物质文化遗产名录“望奎皮影”展厅。

9月16日，由国家级非物质文化遗产项目“赫哲族鱼皮制作技艺”保护单位黑龙江省民族博物馆举办的“黑龙江流域传统渔猎文化展”在哈尔滨文庙开展。

12月，黑龙江省非物质文化遗产保护中心编辑出版《2011年黑龙江省非物质文化遗产保护工作简报》。

上海市

1月，“国家非物质文化遗产中央专项资金保护成果汇报演出”在上海宝山国际民间艺术博览馆举行。

2月，上海非物质文化遗产网二期和上海市非物质文化遗产保护管理信息平台（数据库）二期建设工作启动。国家级非物质文化遗产项目丛书分卷《上海田山歌》《淮剧》《评弹》出版。国家级非物质文化遗产项目高清系列专题片《奉贤滚灯》《顾绣》《鲁庵印泥制作技艺》摄制完成。

3月21日，上海市文化广播影视局组织召开上海市贯彻实施《中华人民共和国非物质文化遗产法》座谈会。

3月28日，上海市《中华人民共和国非物质文化遗产法》宣传海报设计征集活动启动。

4月，上海市朵云轩木版水印技艺等4个国家级非物质文化遗产项目相关人员赴义乌参加中国（浙江）非物质文化遗产博览会。

5月29日，上海非物质文化遗产项目赴成都参加“第三届中国成都国际非物质文化遗产节”。

5月，国家级项目高清系列专题片《上海田山歌》《江南丝竹》《上海灯彩》摄制完成。上海中心图书馆非物质文化遗产专题分馆和“上海故事”非物质文化遗产专题陈列馆开馆。

6月1日，上海市《中华人民共和国非物质文化遗产法》宣传海报设计优秀作品揭晓。

6月3日，上海市非物质文化遗产保护中心和上海杨浦区文化局等共同主办“长江流域民歌号子交流展演活动”。

6月8日，“2011年文化遗产日上海非物质文化遗产启动仪式”在上海市群众艺术馆举行。

7月12日，上海市政府公布第三批上海市非物质文化遗产名录名单，共计37项。

7月，上海市非物质文化遗产项目保护工作系列调研启动。

8月18日，由上海文化出版社正式出版的《上海市非物质文化遗产名录图典》在上海展览中心2011上海书展现场举行首发仪式。

8月，上海市第四批国家级非物质文化遗产项目代表性传承人的申报工作正式启动。

9月11日，由北京市文化广播影视局等单位主办的“2011上海嘉定中秋月非物质文化遗产展示活动”在上海南翔古漪园举行。

10月31日，第四批国家级非物质文化遗产项目代表性传承人申报工作完成，上海市共向文化部推荐市级传承人51名。

10月，上海市国家级非物质文化遗产项目代表性传承人数字化采录工作启动。

12月，上海市国家级项目丛书《罗店划龙船习俗》《浦东说书》《徐行草编》《上海面人赵》《上海龙华庙会》《钱万隆酱油酿造技艺》《上海剪纸》出版；国家级项目系列高清专题片《上海剪纸》《上海面人赵》《徐行草编》《上海道教音乐》《泗泾十锦细锣鼓》《舞草龙》摄制完成。

江苏省

1月初，由江苏省文化馆·江苏省非物质文化遗产保护中心主办的"江苏省非物质文化遗产网站"正式开通。

5月11日，江苏省文化厅下发《关于省级文化生态保护实验区建设的指导意见》，对建设省级文化生态保护实验区作出规划和部署。

5月22日，江苏省常熟市被联合国教科文组织授予"人类非物质文化遗产古琴艺术重要保护地区"称号。

6月11日，江苏省设立省级文化生态保护实验区"洪泽湖渔文化生态保护实验区"。

6月11日，江苏省文化厅、省文物局结合"第五届江苏省文物节"，在南京举办贯彻落实《中华人民共和国非物质文化遗产法》主题宣传日暨非物质文化遗产展演、咨询活动。

6月13日至15日，江苏省"非物质文化遗产保护工作座谈会暨省级文化生态保护实验区规划纲要论证会"在洪泽县召开。

6月15日，江苏省召开"非物质文化遗产保护工作座谈会"，组织省非物质文化遗产保护专家委员会委员及一线非物质文化遗产保护工作者研讨《江苏省非物质文化遗产名录项目管理办法》《江苏省非物质文化遗产代表性传承人认定与管理办法》等规范性文件的修订草案。

7月25日至8月2日，由江苏省文化厅主办的意大利中国文化年"茉莉飘香·江苏文化周"活动，分别在意大利的乌尔比诺、法布里亚诺、阿斯科利皮切诺、威尼斯、佛罗伦萨5个城市举行。

9月2日，江苏省政府公布第三批省级非物质文化遗产名录，共计95项。

9月10日至15日，江苏省文化厅和省演艺集团组派省评弹团一行25人赴澳门参加"月满濠江"中秋节文艺演出活动。

9月至12月，江苏省组织开展全省非物质文化遗产名录项目保护现状调查。

11月3日，江苏省建成姜堰清明习俗文化生态保护实验区。

11月18日至19日，江苏省在镇江市举办"中国传说——2011海峡两岸白蛇传文化研讨系列活动"。

11月21日，江苏省在昆山市锦溪镇举行第二届江浙沪宝（宣）卷演唱交流会。

12月13日至15日，江苏省文化厅在无锡市举办以学习《中华人民共和国非物质文化遗产法》为主要内容的全省非物质文化遗产名录保护工作培训班。

12月23日，江苏省建成连云港山海文化生态保护实验区、江苏省高淳村俗文化生态保护实验区。

12月，江苏省文化厅报请省政府提请省人大修订完善《江苏省非物质文化遗产保护条例》，并在省人大举办的教科文卫干部培训班上介绍全省非物质文化遗产保护情况，使得"非遗条例"修订工作顺利列入2012年全省立法计划。

浙江省（含宁波市）

1月10日，浙江省文化厅会同浙江日报社、钱江晚报社、今日浙江杂志社，联合公布首届“浙江省精神家园守护者荣誉奖”评选结果，共20名。

2月11日，浙江省文化厅向文化部递呈《关于推荐申报“人类非物质文化遗产代表作名录”和“急需保护的非物质文化遗产名录”的请示》，预备申报“人类非物质文化遗产代表作名录”项目共14项，“急需保护的非物质文化遗产名录”项目共5项。

4月19日至22日，浙江省文化厅在义乌市举办“2011浙江省非物质文化遗产保护培训班”。

4月20日至23日，浙江省文化厅在义乌国际博览中心举办“2011中国（浙江）非物质文化遗产博览会”。

5月8日至21日，中央电视台《中华长歌行·端午》节目组在宁波市拍摄端午习俗特别节目。

5月18日，浙江省文化厅在诸暨召开“浙江省非物质文化遗产保护重点工作推进会”。

5月31日，宁波市文化广电新闻出版局组织“宁波市《中华人民共和国非物质文化遗产法》培训会议”。

6月，《甬上风物——宁波市非物质文化遗产田野调查》（慈溪卷）由宁波出版社出版。

7月5日，浙江省文化厅印发《关于认真贯彻落实省委赵洪祝书记重要批示精神，切实推进非物质文化遗产保护事业的指导意见》。

7月6日，浙江省文化厅印发《关于实施国家级非物质文化遗产项目“八个一”保护措施的通知》，切实加强“国遗”项目保护。

8月5日，浙江省文化厅在缙云召开“浙江省民俗文化保护传承工作座谈会”。

8月27日至9月2日，宁波市文化馆带队“三金”（宁波朱金漆木雕、宁波金银彩绣、泥金彩漆）赴韩参加广域市友好城市日活动，进行非物质文化遗产展示活动。

10月18日，浙江省文化厅印发《浙江省非物质文化遗产保护发展“十二五”规划》。

10月20日，浙江省文化厅印发《关于做好大运河沿线非物质文化遗产资源发掘促进大运河保护与申遗工作的通知》。

10月22日，浙江省文化厅印发《关于贯彻郑继伟副省长批示精神进一步推进国遗项目保护工作的通知》。

11月10日，浙江省东阳市陆光正创作室（东阳木雕）、青田县二轻工业总公司（青田石雕）入选第一批国家级非物质文化遗产生产性保护示范基地。

12月20日，浙江省文化厅在杭州召开“浙江省非物质文化遗产数字化建设推进会”。

12月，《甬上风华——宁波市非物质文化遗产大观》（鄞州卷）由宁波出版社出版。

安徽省

1月11日，安徽省文化厅下发《关于公布安徽省第三批省级非物质文化遗产项目代表性传承人的通知》(皖文非遗〔2011〕3号)，向社会公布安徽省第三批省级非物质文化遗产项目代表性传承人，计180人。至此，安徽省共有省级代表性传承人333人。

2月11日，安徽省文化厅下发《关于推荐第四批安徽省省级非物质文化遗产代表性传承人的通知》(皖文非遗〔2011〕12号)，对无省级代表性传承人的省级非物质文化遗产项目进行传承人认定。

3月8日，安徽省首个"《中华人民共和国非物质文化遗产法》培训班"在黄山市举办。

3月24日，安徽省人大召开非物质文化遗产保护工作情况汇报会，专题听取省非物质文化遗产保护工作情况汇报。

3月31日至4月15日，由安徽省人大教科文卫工委组织，安徽省文化厅、安徽省财政厅、安徽省旅游局、安徽省非物质文化遗产保护中心成员组成的调研组，赴蚌埠、淮南、黄山、宣城等市开展非物质文化遗产保护专题调研。

4月20日至23日，安徽省宣纸制作技艺、徽墨制作技艺、歙砚制作技艺、界首彩陶烧制技艺等6个项目参加由国家文化部、浙江省人民政府主办的2011中国(浙江)非物质文化遗产博览会。其中歙砚作品"富春山居图"、界首彩陶作品"刀马人"分获特别演示奖，宣纸作品‘"曹光华’牌2010·中国上海世博会纪念宣纸"获金奖。

4月27日至28日，安徽省开展首批省级非物质文化遗产传习基地申报评审工作和第四批安徽省省级非物质文化遗产代表性传承人申报评审工作。

5月25日，安徽省文化厅下发《关于公布安徽省首批非物质文化遗产传习基地的通知》(皖文非遗〔2011〕35号)，命名五河县文化馆等32个单位为"安徽省非物质文化遗产传习基地"。

5月25日，安徽省机构编制委员会下发皖编办〔2011〕122号文，同意单独设立省非物质文化遗产保护中心，中心为全额拨款事业单位，正处级建制，核定事业编制15名。

5月29日至6月11日，安徽省国家级非物质文化遗产项目歙砚制作技艺、徽州三雕、界首彩陶烧制技艺、阜阳剪纸、望江挑花、黄山毛峰、太平猴魁等9个项目在参加第三届中国成都国际非物质文化遗产节产品展销活动中获"太阳神鸟"银奖。

6月3日上午，由安徽省政府新闻办、安徽省文化厅共同组织的《徽州文化生态保护区总体规划》获批新闻发布会在省人大会议中心召开。

6月7日，安徽省文化厅下发《关于公布安徽省第四批省级非物质文化遗产项目代表性传承人的通知》(皖文〔2011〕10号)，公布葛士静等76人为安徽省第四批省级非物质文化遗产项目代表性传承人，至此，安徽省共评审认定409人为省级非物质文化遗产项目代表性传承人。

6月9日，以"文化遗产与美好生活"为主题的安徽省第六个中国文化遗产日活动在六安市皖西博物馆广场启动。

6月13日至15日，“安徽省非物质文化遗产培训班”在新世纪大厦举办，各市文化局分管负责人、非物质文化遗产（社文）科长、非物质文化遗产保护中心主任约60人参会，会议邀请文化部专家、省非物质文化遗产保护专家授课指导，培训课程包括《中华人民共和国非物质文化遗产法》解读、我国非物质文化遗产保护宏观政策分析、非物质文化遗产项目及传承人保护策略研究及非物质文化遗产项目申报文本的制作等。

6月22日，安徽省人大常委会听取和审议省政府关于全省非物质文化遗产保护情况的报告，并高度评价近年来安徽省非物质文化遗产保护工作的突出成就，对今后保护工作提出意见和建议。

8月25日至26日，安徽省副省长谢广祥一行在安徽省文化厅杨果厅长陪同下调研徽州文化生态保护区建设工作，调研组视察黄山区、绩溪、歙县等地，并在黄山市召开座谈会。

9月至10月，安徽省非物质文化遗产中心完成第四批国家级项目代表性传承人材料的收集、整理、录入、修订、完善、评审和推荐申报工作，共推荐76位省级传承人上报文化部。

9月至11月，安徽省非物质文化遗产保护中心面向全省征集国家级非物质文化遗产项目及项目代表性传承人的文字图片资料，并着手启动抢救性记录工程。

福建省（含厦门市）

1月1日至3日，福建省“非遗博览苑”参观人数达到3万多人，省非物质文化遗产保护中心组织了厦门中秋博饼、厦门漆线雕、柘荣剪纸、福安畲族银器、泉州竹编、泥塑柘荣布袋木偶表演、福州软木画制作及新疆木卡姆艺术等现场表演项目。

1月16日，由厦门市非物质文化遗产保护中心等单位主办的“聆听泥土的声音”陶埙演奏新年音乐会，在厦门市文化艺术中心鹭岛新天地举办。

1月17日至18日，由厦门市非物质文化遗产保护中心、思明区文化馆主办的“闽南文化进校园——讲古冬令营”分别在公园小学、前埔南小学开营。

1月25日，由福建省非物质文化遗产保护中心主办的“冯久和、冯其瑞、冯伟祖孙三代寿山石雕精品展”在非遗博览苑隆重开幕，并召开“冯久和祖孙三代寿山石雕学术研讨会”。

2月3日，福建省文化厅组派，福建省京剧院、福建省歌舞剧院、晋江市木偶剧团组成的艺术团一行28人，在毛里求斯国家会议中心举办“迎兔年庆典晚会”。

2月14日，福建省政府第66次常务会议通过《福建省传统工艺美术保护办法》，自2011年5月1日起施行。

2月16日下午，由福建省福州市委宣传部主办，福州市文化新闻出版局承办，福州各县（市）区宣传部协办的“两岸重大文化交流项目——2011（福州）海峡两岸民俗文化节”开幕展演活动在福州大戏院举行。

2月17日，由厦门市文化广电新闻出版局等单位主办，厦门市非物质文化遗产保护中心承办的“第五届莲花褒歌（山歌）比赛”在同安区莲花镇小坪道地自然村茶园举行。

3月5日，厦门市闽南文化研究会第三届理事会第二次会议在厦门市非物质文化遗产保护中心会议室召开。

3月12日，“建窑建盏烧制技艺成果展”在福建省非物质文化遗产博览苑正式拉开序幕。

3月，厦门市南乐团与泉州市南乐团在厦门市南音阁开展交流演出。

4月3日上午，主题为“灾区重建喜洋洋，欢唱畲歌感谢党”的“三月三”畲族山歌演唱会在延平区水南街道岭炳洋村举办。

4月11日，福建省财政对年满60周岁以上的省级非物质文化遗产项目代表性传承人每人每年补助3000元，专项用于省级非物质文化遗产项目代表性传承人开展非物质文化遗产项目传承工作。

4月20日至23日，福建省非物质文化遗产保护中心组织选送的4个非物质文化遗产项目在2011中国（浙江）非物质文化遗产博览会中悉获大奖。其中武夷岩茶（大红袍）制作技艺（手工肉桂）、福州木雕（母爱）、漳州木偶头雕刻（关公）荣获展品金奖，福州软木画工艺（斜梅正影）荣获展品银奖。

5月6日，由厦门市文化广电新闻出版局等单位主办，厦门市非物质文化遗产保护中心参与承办的“2011闽台街头艺术节”在厦门市中山路盛大开幕。

5月12日至16日，应金门县文化局邀请，厦门市非物质文化遗产保护中心组织厦门答嘴鼓表演团到金门参加2011金门迎城隍文艺活动。

5月21日至22日，由国家体育总局社体中心、福建省体育局等主办，厦门市体育局、厦门广电集团等承办，民革中央联络部、民革厦门市委协办的“集美端午龙舟竞技暨第六届‘嘉庚杯’‘敬贤杯’海峡两岸龙舟文化节”在集美龙舟池隆重举行。

6月1日，福建省文化厅主办的福建省学习贯彻《中华人民共和国非物质文化遗产法》座谈会在福州召开。

6月1日，由厦门市非物质文化遗产保护中心召开《中华人民共和国非物质文化遗产法》颁布实施座谈会，就贯彻落实《中华人民共和国非物质文化遗产法》进行讨论，并提出意见和建议。

6月4日至7日，厦门市高甲戏剧团应金门县金城镇南门境天后宫邀请赴金门演出。

6月6日，由福建省文化厅、福建省文明办、福建省台办、福建省旅游局、泉州市人民政府主办，泉州市文广新局、泉州市文明办、泉州市台办、泉州市旅游局、石狮市人民政府承办，蚶江镇人民政府、台湾鹿港文教基金会、石狮市台胞台属联谊会协办的“‘相约端午节，两岸一家亲’第五届闽台对渡文化节暨蚶江海上泼水节”开幕仪式及文艺表演在蚶江举行。

6月11日，厦门市第六个“文化遗产日”宣传活动在厦门市文化馆一楼大厅举行。

6月11日，第六个文化遗产日系列活动之“畲族银器制作技艺作品展”在福建省非物质文化遗产博览苑拉开帷幕。

6月12日，厦门市闽南文化研究会协助组织“第三届郑成功文化节”，推动纪念郑成功收复台湾350周年活动。

6月13日，全国政协副主席厉无畏，在福建省、厦门市有关领导的陪同下来到厦门牛庄文化创意园观看厦门市非物质文化遗产摄影展和厦门市非物质文化遗产项目拍胸舞、高甲戏、歌仔戏、车鼓弄等项目表演，并亲切会见“非遗”项目代表性传承人、梅花奖得主吴晶晶、苏燕蓉等。

6月13日，第六个“文化遗产日”期间，由福建省艺术职业学院与福建省艺术馆、福建省非物质文化遗产保护中心联合主办，省艺校社文系承办的“《中华人民共和国非物质文化遗产法》宣传系列活动”在省艺校举行。

7月1日至5日，厦门市高甲戏剧团受香港特区政府的邀请，赴香港参加“中国戏曲节”演出。

7月20日至26日，厦门市非物质文化遗产保护中心应印尼泗水市政府邀请，组织厦门市文化交流演出团赴印尼泗水市参加由印尼泗水市政府主办，印华东爪哇百家姓协会协办的“第七届2011年文化交流节”。

7月26日，厦门市闽南文化研究会在翔安区政府与区教育局的大力支持下，和台南文教基金会于翔安青少年宫举办“第三次闽南方言与文化进学校的师资培训夏令营”。

7月29日，由厦门市非物质文化遗产保护中心举办的“厦门非物质文化遗产图片展进社区活动”在思明区莲西社区卧龙晓城小区广场启动。

7月，“福建省非物质文化遗产产品展销活动及民族传统艺术展演”荣获由文化部、四川省人民政府、联合国教科文组织主办的“第三届中国成都国际非物质文化遗产节”组织奖一等奖和“太阳神鸟”银奖，国家级非物质文化遗产项目木偶戏（泉州提线木偶戏）项目代表性传承人陈应鸿获得“太阳神鸟”最佳表现奖。

8月19日，厦门市非物质文化遗产保护中心与湖里区文化馆在湖里文化中心为湖里辖区金山、金尚、兴隆、怡景、长乐社区的南音社团、南音爱好者举办南音演唱座谈会。

8月20日，由福建省南平市延平区樟湖镇溪口村和台湾马祖北竿乡芹壁村首次共同举办的第十届樟湖溪口“崇蛙”文化节在福建南平市延平区樟湖镇溪口村举行。

9月7日，在中国文化部、毛里求斯艺术和文化部和中国驻毛里求斯大使馆的大力支持下，由福建省文化厅和毛里求斯中国文化中心联合主办，福建省艺术馆、福建省非物质文化遗产保护中心承办的“中国福建非物质文化遗产展演”开幕式在毛里求斯首都路易港举行。

9月8日下午，由厦门市非物质文化遗产保护中心主办的“2011海峡两岸‘两岸同根’民间信仰研讨会”在厦门市文化馆非物质文化遗产传习中心举办。

9月9日至13日，福建省非物质文化遗产博览苑举办庆中秋“厦门漆线雕技艺成果展”“湖南侗族芦笙舞”表演，同时还进行“厦门中秋博饼”活动。

9月21日，由厦门市文化广电新闻出版局主办，厦门音乐广播、厦门市非物质文化遗产保护中心承办，《厦门晚报》、泉州刺桐之声电台、漳州人民广播电台文艺广播、金门艺文交流协会等单位协办的“第五届海峡两岸闽南语原创歌曲大赛新闻通气会”在厦门广电集团演播厅召开。

9月30日至10月6日，厦门市高甲戏剧团赴台湾参加“台湾彰化国际戏剧节”和新北市戏剧演出。

10月1日至7日，福建省非物质文化遗产博览苑举办“厦门漆线雕技艺成果展”“湘西苗族鼓舞”“永春纸织画”和“厦门中秋博饼”等活动。

10月10日，厦门市非物质文化遗产保护中心负责人黄念旭、厦门市闽南文化研究会会长陈耕等到同安区西柯镇调研吕厝周边非物质文化遗产项目——闽台送王船、南音、歌仔戏等的传承发展情况，以落实《厦门市闽南文化生态保护实验区建设规划》实施意见。

10月22日，在厦门市外事办的安排下，冰岛中国文化交流协会主席阿瑟赫尔加松率代表团及陪同人员莅临厦门市非物质文化遗产展厅弘晏庄木偶皮影戏传习中心，与厦门弘晏庄木偶皮影艺术团进行文化艺术交流。

10月22日，越南政府副总理阮春福携夫人在福建省市领导的陪同下，参观福建省非物质文化遗产博览苑。

10月24日，厦门市南乐团参加由中国曲艺家协会主办的“第七届中国曲艺节”。

10月28日至31日，厦门市非物质文化遗产项目“古埙演奏技艺”“厦门漆线雕技艺”“惠和影雕技艺”“漆宝斋漆艺”等项目参加“第四届海峡两岸（厦门）文化产业博览交易会”。

10月29日，以“海西城市互动，非物质文化遗产产业振兴”为主题的“第四届海峡两岸（厦门）文化产业博览交易会”在厦门国际会展中心隆重开幕。

10月，厦门歌仔戏研习中心重排的《荷塘蛙声》参加国际剧协“第33届世界代表大会优秀剧目展演活动”。

11月10日，在中国文化部、中国驻毛里求斯大使馆、毛里求斯艺术和文化部的大力支持下，由福建省文化厅和毛里求斯中国文化中心联合主办，福建省艺术馆承办的“中国福建非物质文化遗产摄影展”开幕仪式在毛里求斯文化中心隆重举行。

11月29日至12月2日，厦门市南乐团应邀赴澳门参加世界南音联谊首届庆典活动——澳门国际南音大会唱。

11月，厦门市非物质文化遗产保护中心赴台湾澎湖考察交流两岸褒歌，为2012年莲花褒歌活动立新意。

11月，厦门歌仔戏研习中心组织参加由福建省文联等主办的“第十届福建省水仙花戏剧奖·表演奖暨第25届中国戏剧‘梅花奖’福建选拔赛”，获得一个水仙大奖、三个金奖、七个银奖、三个铜奖。

12月10日，中国曲协相关领导参加“2011海峡两岸欢乐汇暨曲艺交流研讨会”，参观福建省非物质文化遗产博览苑。

12月11日，厦门市非物质文化遗产保护中心到同安丙洲调研南音演奏、演戏、祭祀祖先等民俗活动。

12月18日，由厦门市文化广电新闻出版局等单位主办的“厦门市第十四届南音唱腔比赛”圆满落下帷幕。

12月22日，由厦门市非物质文化遗产保护中心组织的“2011年厦门市省级、市级非物质文化遗产代表性项目的代表性传承人工作座谈会”在厦门市非物质文化遗产保护中心的传习中心召开。

12月25日，厦门市非物质文化遗产保护中心应邀参加“闽台共庆的同安东山古庙重建五百周年庆典”，并对其庆典仪式及古庙王爷信俗、庆典民俗活动等进行调研。

年内，由福建省文化厅牵头，福建省艺术馆、福建省非物质文化遗产保护中心组织有关专家和单位，完成“福建木偶戏后继人才培养计划”向国家申报工作。包括申报片拍摄、申报材料的撰写等工作，顺利通过文化部组织的专家评审会，并由文化部推荐到联合国教科文组织保护非物质文化遗产政府间委员会，申报“优秀实践名册”。

江西省

1月12日，江西省文化厅印发《关于报送2010年度国家级非物质文化遗产保护专项资金使用方案的通知》（赣文社字〔2011〕3号）。

3月17日，江西省文化厅向文化部提交《关于报送〈婺源·徽州文化生态保护区总体规划（2011年修订稿）〉的请示》（赣文社字〔2011〕11号）。

4月26日，江西、安徽省文化厅报送的《徽州文化生态保护区总体规划》（安徽、婺源）方案通过文化部办公厅批准。

5月3日，江西省文化厅向文化部提交《江西省文化厅关于2010年国家级非物质文化遗产保护专项资金使用情况的汇报》（赣文社字〔2011〕18号）。

5月3日，江西省文化厅印发《关于认真开展2011年“文化遗产日”非物质文化遗产活动的通知》（赣文社字〔2011〕19号）。

5月13日，江西省文化厅印发《关于学习宣传贯彻〈中华人民共和国非物质文化遗产法〉》的通知》（赣文社字〔2011〕24号）。

5月25日，江西省文化厅向文化部提交《关于调整我省国家级非物质文化遗产项目保护单位的请示》（赣文社字〔2011〕26号）。

6月8日，江西省文化厅向文化部提交《关于推荐有关企业联合申报景德镇手工制瓷技艺生产性保护示范基地的请示》（赣文社字〔2011〕27号）。

6月8日至15日，江西省文化厅选派婺源三雕（木雕）俞友鸿师徒2人参加由文化部在北京民族文化宫展览馆主办的“薪火相传——中国非物质文化遗产传承人师徒同台展演”。

6月11日至12日，在我国第六个“文化遗产日”期间，“首届江西非物质文化遗产进商场公益展示活动”在南昌洪客隆八一广场店和中山路店同时举办。

6月21日，江西省文化厅印发《关于公布第二批省级非物质文化遗产项目代表性传承人的通知》（赣文社字〔2011〕29号）。

7月22日，江西省文化厅印发《关于征集民俗文化资料的通知》（赣文社字〔2011〕33号）。

8月4日，江西省文化厅印发《关于转发〈文化部办公厅关于推荐第四批国家级非物质文化遗产项目代表性传承人的通知〉的通知》（赣文社字〔2011〕34号）。

8月4日，江西省文化厅印发《关于补报省级非物质文化遗产项目代表性传承人的通知》（赣文社字〔2011〕35号）。

8月4日，江西省文化厅向文化部推荐“铅山连四纸制作技艺”“婺源三雕”分别为2013年联合国教科文组织人类非物质文化遗产代表作名录和优秀实践名册项目。

8月19日，江西省文化厅印发《关于编辑出版〈江西省非物质文化遗产普查成果丛书〉的通知》（赣文社字〔2011〕40号）。

8月，“新世纪江西文化十年”丛书之一大型图册《薪火相传——非物质文化遗产》由江西人民出版社出版发行。

9月1日，江西省文化厅印发《关于转发〈文化部关于加强国家级非物质文化遗产代表性项目保护管理工作的通知〉的通知》（赣文社字〔2011〕41号）。

9月8日，江西省文化厅印发《关于公布第二批省级非物质文化遗产项目代表性传承人补充名单的通知》（赣文社字〔2011〕46号）。

9月16日至19日，由江西省文化厅组织景德镇手工制瓷（青花）、赣发绣、婺源木雕、进贤文港毛笔等传统美术与技艺项目，参加文化部、天津市人民政府主办的“2011中国（天津）演艺交易博览会”。

9月30日，江西省财政厅、江西省文化厅印发《关于下达2011年江西省国家级非物质文化遗产保护专项资金的通知》（赣财教〔2011〕143号）。

10月1日至3日，江西省文化厅选派于都唢呐、进贤二塘长工山歌、南昌清音、九江山歌队伍、婺源木雕、乐安蛋雕、景德镇手工制瓷技艺等项目参加“上海国际艺术节——第五届南翔戏曲庙会”。

10月19日，江西省文化厅、江西省工业和信息化委员会、江西省人力资源和社会保障厅两次推荐邱含、余效团、杨曙华、刘伟、侯一波、程永安、王跃林、涂志浩等17人参加国家“第六届中国工艺美术大师”评审。

10月31日，江西省文化厅向文化部提交《关于推荐第四批国家级非物质文化遗产项目代表性传承人的请示》（赣文社字〔2011〕49号）。

11月8日，江西省文化厅印发《关于核报第三批省级非物质文化遗产项目保护责任单位的通知》

（赣文社字〔2011〕50号）。

12月6日，江西省财政厅、江西省文化厅印发《关于下达2011年非物质文化遗产保护专项资金的通知》（赣财教〔2011〕225号）。

12月19日，江西省文化厅印发《关于申报第四批省级非物质文化遗产名录项目的通知》（赣文社字〔2011〕61号）。

12月27日，江西省文化厅印发《关于开展国家级非物质文化遗产代表性项目保护督查工作的通知》（赣文社字〔2011〕65号）。

山东省（含青岛市）

1月19日，山东省非物质文化遗产保护协会成立大会及第一届会员代表大会在山东剧院举行。

1月21日，山东省文化厅下发《关于公布山东省传统技艺大师的通知》，11人被公布为山东首批山东省传统技艺大师。

1月，山东省艺术馆（山东省非物质文化遗产保护中心）应澳门文化局邀请，组织非物质文化遗产项目代表性传承人36人在澳门世界遗产卢家大屋进行“山东省民间工艺展演年”活动。

2月7日至14日，青岛市举办“剪纸迎新春，非遗进我家”剪纸培训班。

2月8日，山东省文化厅为山东省两会起草《关于进一步加强山东省非物质文化遗产保护工作的建议》提案。

3月16日，澳门文化局对山东省非物质文化遗产保护工作进行考察和交流。考察团一行参观传统技艺现场表演，并赴泰安、潍坊、青岛等地交流和参观。

3月，青岛市举办“第二期非物质文化遗产公益性培训班”。

4月20日至23日，山东省文化厅社文处组织选送8个项目参加“浙江义乌非物质文化遗产博览会”，获得3项金奖。

4月26日，山东省文化厅下发《关于组织开展2011年文化遗产日非物质文化遗产宣传活动的通知》，部署文化遗产日的宣传展示活动。

4月27日，山东省文化厅下发《关于申报省级非物质文化遗产项目代表性传承人的通知》，部署传承人申报评选工作。

5月20日，山东省文化厅下发《关于做好国家级非物质文化遗产项目保护单位调整有关事宜的通知》，进一步规范项目保护管理工作。

5月，青岛市文化广电新闻出版局完成青岛市第三批市级非物质文化遗产名录评选工作。

6月11日，“山东省暨济南市庆祝第六个文化遗产日系列广场展演活动”在泉城广场举行。

6月21日，山东省文化厅下发《山东省文化厅关于组织开展2011—2013年度中国民间文化艺术之乡评审命名工作的通知》,部署中国民间文化艺术之乡评审工作。

7月9日至16日,山东省非物质文化遗产项目赴台湾参加"'山东印象'非物质文化遗产精品展"。

7月27日,山东省文化厅下发《关于推荐2013年联合国教科文组织人类非物质文化遗产代表作名录和优秀实践名册项目的报告》。

8月2日,山东省文化厅下发《关于开展第三批省级非物质文化遗产名录项目申报工作的通知》,部署省级第三批名录申报工作。

8月3日,山东省文化厅下发《关于开展山东省非物质文化遗产生产性保护示范基地申报工作的通知》,部署省级非物质文化遗产生产性保护示范基地的申报工作。

8月19日至22日,山东省文化厅派员参加"第四届青海国际唐卡艺术节与文化遗产博览会"。

9月27日,由山东省文化厅主办,山东省艺术馆(山东省非物质文化遗产保护中心)承办的"'齐风鲁韵'传习大课堂全省省级非物质文化遗产项目代表性传承人培训班"在淄博举办。

10月19日,山东省文化厅下发《关于转发文化部加强国家级非物质文化遗产代表性项目保护管理工作的通知》,进一步规范山东省国家级非物质文化遗产项目的管理工作。

10月19日,山东省文化厅下发《关于报送中央、省级非物质文化遗产专项保护经费使用情况的通知》。

10月21日,山东省文化厅下发《关于公布第三批省级非物质文化遗产项目代表性传承人的通知》,公布第三批省级非物质文化遗产项目代表性传承人62名。

10月21日,山东省文化厅下发《关于推荐第四批国家级非物质文化遗产项目代表性传承人的通知》。

10月24日,由山东省文化厅主办,山东画院、山东省非物质文化遗产保护中心承办的"山东省非物质文化遗产民间文学中国画展"创作工程在济南启动。

10月,山东省文化厅向省政府提交《关于举办第二届中国非物质文化遗产博览会有关情况的建议》等材料。

10月,青岛市完成即墨市大欧鸟笼、田横香饽饽、田横故事、虎头鞋虎头帽、柳腔、即墨黄酒传统酿造工艺6个项目的调研。

11月10日至13日,由山东省文化厅、中华曲艺学会主办,山东省艺术研究所、山东省非物质文化遗产保护中心、山东省曲艺家协会、济南市曲艺团承办的"全国首届曲艺类非物质文化遗产保护成果展演暨经验交流会"在济南举行。

11月,青岛市完成胶州市布老虎、茂腔、胶州秧歌、城隍爷出巡、彩塑、胶州民歌、胶州剪纸、太祖拳、高跷9个项目的调研。12月4日,山东省文化厅下发《关于公布我省入选2011——2013年度"中国民间文化艺术之乡"名单的通知》(鲁文函〔2011〕145号)。

12月21日,青岛市文化广电新闻出版局完成青岛市第三批非物质文化遗产名录公示及督导报送申报材料。

12月27日，山东省文化厅下发《关于开展国家级、省级非物质文化遗产代表性项目保护督查工作的通知》，在全省展开项目督导工作。

河南省

1月26日，由河南省文化厅主办的“2011年河南省‘春满中原’春节系列文化活动”启动。

2月3日至18日，河南省郑州文庙举办“春满中原”商都民俗文化庙会。

2月15日至16日，由国际亚细亚民俗学会、河南省民间文艺家协会、鹤壁市社科联和浚县人民政府等单位承办的“第二届中国春节文化高层论坛”在鹤壁举行。

2月21日，河南省文化厅发布《关于组织开展第三批河南省省级非物质文化遗产名录项目申报工作的通知》。

2月22日，2011年河南省非物质文化遗产保护工作会议在郑州召开。

2月24日，河南省文化厅“铭刻——河南省非物质文化遗产全面记录计划”正式启动。

3月7日至4月3日，由文化部非物质文化遗产司支持，河南省文化厅、周口市人民政府主办的“中原古韵——淮阳非物质文化遗产展演”在河南省淮阳县举办。

3月19日，第二十七届中州首山乾明风筝文化节在河南省襄城县举行。

3月22日，河南省文化厅下发《关于做好2011年中央补助地方非物质文化遗产保护专项资金申报工作的通知》。

3月22日，由河南省开封市非物质文化遗产保护中心举办的“2011年非物质文化遗产进校园的首场展示宣传活动”在河南大学举办。

4月5日，由政协河南省委员会、中华炎黄文化研究会、中华全国归国华侨联合会、中华全国台湾同胞联谊会主办的“辛卯年黄帝故里拜祖大典”在河南省新郑市举行。

5月3日，河南省文化厅发布《关于组织开展河南省非物质文化遗产生产性保护示范基地推荐和命名的工作通知》《关于组织开展第二批河南省非物质文化遗产研究基地评选命名工作的通知》。

5月23日，“中国第六个文化遗产日河南省主题活动新闻发布会”在河南省艺术中心举行。

5月27日，由河南省文化厅主办的“‘打造华夏历史文明重要传承区’专家报告会”举行。

5月29日至6月11日，“河南省非物质文化遗产展”在成都国际非物质文化遗产节获金奖。

5月31日，河南省文化厅发布《关于组织开展河南省民办非物质文化遗产展示馆、传习所推荐命名工作的通知》。

6月10日，由河南省开封市文广新局主办，开封市群艺馆承办的“非物质文化遗产鼓曲邀请赛暨民间艺术进开大”活动在开封大学举行。

6月11日，河南省文化厅举办"文化遗产日"活动。

6月12日，河南省文化厅召开"豫剧传统戏《战洪州》专家座谈会"。

6月13日，由河南省文化厅主办，河南省艺术研究院承办的"《中华人民共和国非物质文化遗产法》有奖知识竞赛"在郑州河南省文化艺术研究院举行。

6月13日，"BMW中国文化之旅"捐赠仪式在河南省开封市举行。

7月25日，河南省文化厅转发《文化部办公厅关于推荐第四批国家级非物质文化遗产项目代表性传承人的通知》。

7月25日，河南省认定首批25家工艺美术特色产业基地。

8月5日，河南省非物质文化遗产保护工作座谈会召开。

8月18日，河南省文化厅公布第二批河南省非物质文化遗产研究基地（8家）。

8月20日，由国家体育总局和河南省人民政府主办的"第六届中国·焦作国际太极拳交流大赛"在河南省焦作市开幕。

8月22日，河南省文化厅转发《文化部办公厅关于推荐第四批国家级非物质文化遗产项目代表性传承人的通知》。

8月22日，河南省第四批国家级非物质文化遗产项目代表性传承人申报工作启动。

8月23日，河南省文化厅印发《记忆中原——河南非物质文化遗产资源汇编》。

8月24日至26日，河南省第三期省级非物质文化遗产项目代表性传承人培训班举办。

6月29日至8月24日，河南省举办"第十二届河南省戏剧大赛"。

9月9日，河南省文化厅印发《河南省非物质文化遗产保护研究课题指南》。

9月17日至28日，由文化部和河南省文化厅、郑州市政府、中华豫剧文化促进会主办的"第二届中国豫剧艺术节"在河南省郑州市举办。

9月22日，河南省文化厅公布首批河南省非物质文化遗产生产性保护示范基地名单（10家）。

9月22日，河南省文化厅公布第二批河南省非物质文化遗产传习所、第二批河南省非物质文化遗产展示馆、河南省非物质文化遗产生产性保护示范基地。

9月22日至30日，河南省非物质文化遗产交流团赴韩日访问。

10月11日，"河南省非物质文化遗产网系统操作培训班"在郑州举办。

10月20日，河南省首批非物质文化遗产生产性保护示范基地和第二批传习所、展示馆公布。

10月22日，河南省文化厅公布命名第二批河南省非物质文化遗产研究基地并发布研究指南。

10月22日，河南省文化厅公布首批非物质文化遗产生态保护实验区。

10月26日，河南省人大《河南省非物质文化遗产保护条例》立法调研组赴安阳调研。

10月28日至11月6日，由信阳市非物质文化遗产保护中心、信阳师院城市与环境科学学院主办的"走进信阳文化传承文明精髓"非物质文化遗产保护系列精品活动在信阳师院举行。

10月31日，河南省文化厅下发《河南省文化厅关于加强国家级、省级非物质文化遗产保护工作的通知》。

11月5日，由中国陶瓷工业协会、中国工艺美术协会、河南省工业和信息化厅、许昌市人民政府主办的“第七届禹州·中国钧瓷文化节”在河南省禹城市体育馆开幕。

11月21日，河南省文化厅命名第四批河南省文化产业示范基地。

11月23日，河南省文化厅下文核报省级非物质文化遗产名录项目保护单位。

11月24日，河南省文化厅下发《关于加强国家级非物质文化遗产项目代表性传承人专项扶持资金管理工作的通知》。

11月24日，河南省文化厅召开“2011年度国家非物质文化遗产保护专项资金使用管理工作座谈会”。

11月25日，河南省文化厅下发《关于加强国家级非物质文化遗产项目代表性传承人专项资金管理工作的通知》。

12月7日，由河南省人大、河南省文化厅联合举办的“河南省《中华人民共和国非物质文化遗产法》培训班”在平顶山市举行。

12月19日，第三批河南省省级非物质文化遗产名录公布。

12月28日，河南省文化厅下发《关于做好2012年国家非物质文化遗产保护专项资金申报工作的通知》。

12月29日，2011年河南省非物质文化遗产科研成果评选结果，确定64项科研成果获奖，其中优秀成果奖19项、一等奖10项、二等奖18项、三等奖17项。

12月30日，河南省文化厅发布《关于做好2012年国家非物质文化遗产保护专项资金申报工作的通知》。

12月，由河南省艺术研究院编纂的《河南省国家级非物质文化遗产图录（一）》出版发行。

湖北省

1月20日至25日，湖北省鄂州、孝感、仙桃雕花剪纸项目的三位国家级、省级非物质文化遗产项目代表性传承人参加由文化部和北京市政府共同主办的“我们的节日——百名非物质文化遗产项目代表性传承人迎春展示活动”。

2月7日至9日，由湖北省文化厅主办，湖北省群众艺术馆、湖北省非物质文化遗产保护中心承办的“楚风楚俗——湖北省非物质文化遗产展览”在省群艺馆展厅开展。

3月15日，由湖北省非物质文化遗产保护中心举办的“全省非物质文化遗产资源普查数据库建设第二期培训班”在武汉举办。

6月8日，湖北省文化厅公布第一批省级文化生态保护实验区。

6月9日，湖北省人民政府公布第三批省级非物质文化遗产名录。

6月10日，湖北省文化厅召开全省学习贯彻《中华人民共和国非物质文化遗产法》座谈会，并纪念我国第六个“文化遗产日”。

8月17日至18日，由湖北省非物质文化遗产保护中心举办的“第四批国家级非物质文化遗产项目代表性传承人申报和推荐工作专题培训班”在武汉举办。

湖南省

2月14日，“2011年中国城步新春龙灯会”在湖南省邵阳城步苗族自治县举行。

3月19日，由湖南省湖湘文化交流协会、中共隆回县委宣传部、隆回县文化局、隆回县文学艺术界联合会联合举办，湖南大学建筑学院，湖南省国画馆协办的“‘展年画风韵，传文化精髓’国家级非物质文化遗产滩头木版年画展”在湖南省国画馆开幕。

4月9日至10日，湖南省非物质文化遗产保护中心探索性地采用“政府主导、社会参与”的模式，与湖南省民间文艺家协会、湖南省森林植物园联合主办“湖南省首届非物质文化遗产展”。

6月11日，湖南省文化厅在长沙火宫殿举行隆重的全省“文化遗产日”非物质文化遗产宣传活动启动仪式。

6月12日，湖南省文化厅、湖南日报报业集团、《香港大公报》联合举办“‘百年泸州老窖杯’湖南省首届非物质文化遗产系列宣传评选”授牌晚会。

10月11日至13日，湖南省组织近50名全省非物质文化遗产保护专家委员会委员参加的“‘湖南省第四批国家级非物质文化遗产名录项目代表性传承人申报推荐’评审会议”在长沙中天宾馆召开。

11月26日至次年2月16日，由中华文化联谊会、湖南省人民政府主办，湖南省文化厅承办，湖南省群众艺术馆（省非物质文化遗产保护中心）组织实施的第二届“守望精神家园——两岸非物质文化遗产月”文化交流活动在台湾举行。

12月3日至7日，湖南省第三批省级非物质文化遗产名录项目申报评审工作在长沙中天宾馆举行。

12月21日至24日，湖南省非物质文化遗产中心在邵阳市隆回县组织召开全省首次非物质文化遗产保护工作会议。

广东省（含深圳市）

1月1日，广东省中山市文化广电新闻出版局与中山大学中国非物质文化遗产研究中心签署《非物质文化遗产保护利用合作框架协议》。

1月11日，“广东省非物质文化遗产保护工作专家新春茶话会”在珠江宾馆召开。

1月27日，广东省文化厅下发《关于公布广东省第二批省级非物质文化遗产项目代表性传承人名单的通知》（粤文非遗〔2010〕2号）。

1月，广东省文化厅组织省非物质文化遗产专家对162个非物质文化遗产传承基地申报单位进行初评。

1月，广东省文化厅、广东省非物质文化遗产保护中心、中山大学中国非物质文化遗产研究中心、中山市文化广电新闻出版局联合主办“广东省非物质文化遗产生产性保护研讨会”。

1月，广东省文化厅公布第二批省级非物质文化遗产项目代表性传承人名单。

1月，在广东省文化厅指导下，佛山市文化广电新闻出版局、南海区人民政府联合举办“岭南花灯·闪耀南海——广东省民俗花灯交流联展”活动。

1月，广东省文化厅非物质文化遗产处和广东省非物质文化遗产保护中心与《中国社会科学报》“人文岭南”版合作，每月一期，省非物质文化遗产保护中心组织专家、学者，从学术角度解读岭南文化，弘扬广东省优秀“非遗”项目。

1月，广东省文化厅组织“潮绣艺术”等28个国家级、省级的传统美术、传统技艺、传统医药类非物质文化遗产项目参加“中山文化消费节”非物质文化遗产产品展销活动。

2月17日，“欢乐闹元宵——‘我们的节日’非物质文化遗产展演展示活动”在深圳市民中心北侧广场开幕。

2月，广东省文化厅组织推荐“古琴艺术”申报2012年联合国教科文组织的“优秀实践名册”。

2月，广东省文化厅组织参加由中国国际贸易促进委员会广东省委员会在广州香格里拉酒店主办的“岭南古风·华彩广东非物质文化遗产艺人展示活动”。

3月9日，由深圳市文体旅游局主办，深圳市非物质文化遗产保护中心承办的10场深圳市“非遗进社区”展演展示活动相继在全市各社区亮相。

3月16日至18日，广东省非物质文化遗产保护中心课题调研组赴茂名市对传统民俗节日“年例”开展专题调研。

3月27日，“我们的节日”系列活动广东省第三届麒麟文化节拉开帷幕，来自广东省各地市和港澳地区的几十支麒麟舞表演队进行精彩的表演。

3月31日至4月1日，广东省非物质文化遗产保护中心赴韶关市乐昌市调研，了解和掌握省级非物质文化遗产名录项目“九峰山歌”传承与保护情况。

3月，第七届广州民俗文化节暨黄埔“波罗诞”千年庙会活动在广州市南海神庙举办。

3月，广东省文化厅组织开展第四批省级非物质文化遗产名录申报和评审以及第四批国家级非物质文化遗产项目代表性传承人评选推荐工作。

3月，由广东省文化厅举办的“全省非物质文化遗产申报文本培训班”在广州市举办。

5月18日，深圳博物馆举办6大主题活动迎接国际博物馆日。其中，深圳市非物质文化遗产项目展示项目剪影、风车、糖画、泥塑深受观众喜爱，市民可免费获得艺人在现场完成的工艺作品。风车艺人还让观众参与到风车制作中来，起到良好的互动效果。

5月25日，深圳市南山向南村“向南侯王诞祭典”活动召开。

5月和8月，广东省非物质文化遗产保护中心在乐昌市举办两期业务工作培训，培训基层业务骨干200余人。

5月，由广东省文化厅、香港特区政府民政事务局、澳门特区政府文化局主办，广东粤剧院承办的“粤港澳粤剧群星会”在广州隆重上演。

5月，广东省非物质文化遗产保护中心开展广东省非物质文化遗产论文集的征集出版工作并与中山大学中国非物质文化遗产研究中心合作出版《文化遗产》（2011年增刊）。

6月11日，由广东省文化厅和佛山市政府主办的非物质文化遗产展览（演）活动在佛山祖庙举办。

6月11日，深圳市非物质文化遗产保护中心与区级非物质文化遗产保护中心联合举办的首届“香云纱文化节”在罗湖区文化馆启动。

6月12日，“深圳市非物质文化遗产保护工作论坛”在博物馆新馆会议室召开。

6月29日，由广东省文化厅、广州市文广新局联合主办，省保护中心与广州市保护中心承办的“岭南风格”系列展览在广州塔举行。

6月，广东省文化厅组织省非物质文化遗产专家对162个非物质文化遗产传承基地申报单位进行复评，共评选出50个候选单位。

6月，广东省各地举办以“依法保护、重在传承——非物质文化遗产进校园”为主题的“文化遗产日”活动。

6月，由文化部指导支持，中国非物质文化遗产保护中心、广东省文化厅主办，珠海市文体旅游局（版权局）承办的“根与魂中国非物质文化遗产展演”在珠海大会堂隆重上演。

7月，由广东省文化厅和宁夏回族自治区文化厅联合主办，广东省非物质文化遗产保护中心和宁夏博物馆承办的“‘春雨工程——文化志愿者边疆行’广东非物质文化遗产展”在宁夏博物馆隆重举行。

8月初，由中山大学中国非物质文化遗产研究中心主办的“中日韩非物质文化遗产保护比较暨第三届中国高校文化遗产学学科建设学术研讨会”在广州召开。

8月6日，由广东省民族宗教委员会、广东省文化厅、广东省旅游局、清远市人民政府和连山县委、县政府联合主办的2011年广东（连山）“七月香”壮家戏水节暨民族民间艺术节在连山壮族瑶族自治县拉开帷幕。

8月6日至25日，由广东省非物质文化遗产保护中心组织举办的“中国传统手工艺展”在深圳市大运村举办。

8月中旬，深圳市非物质文化遗产保护中心陆续与30多个非物质文化遗产项目保护单位签订协议，并下拨项目保护经费及传承人补助经费，经费共计169万元。

8月，广东省文化厅与省经信委联合组织广东省推荐第六届中国工艺美术大师评审工作，推荐的12名大师中有7名省级以上非物质文化遗产项目代表性传承人。

8月，广东省更新省级非物质文化遗产专家库，新聘省专家委员会委员90人。

8月，广东省文化厅非物质文化遗产处组织举办学习贯彻非物质文化遗产法规条例培训班。

8月，广东省非物质文化遗产保护中心与广东省民族宗教研究院联合开展潮州市畲族非物质文化遗产保护工作专题调研，深入潮安县文祠镇李工坑村调研。

9月8日，由深圳市非物质文化遗产保护中心和盐田区委宣传部（区文体局）共同举办的首届“深圳市沙头角鱼灯节”正式启动。

9月9日，由深圳市非物质文化遗产保护中心和盐田区委宣传部（区文体局）举办的“共筑美好精神家园——鱼灯舞传承与保护论坛”在深圳市大梅沙京基海湾酒店举办。

9月24日至25日，由广东省中山大学中国非物质文化遗产研究中心、中山大学中文系、香港中文大学吴多泰中国语文研究中心和吉首大学文学与新闻传播学院联合主办的“第二届濒危方言学术研讨会”在湖南吉首大学举行。

9月25日，由广东省广州市文联、广州市振兴粤剧基金会、中山大学中国非物质文化遗产研究中心等单位共同举办的“粤剧申遗成功两周年与青年对话活动”在中山大学举办。

9月，广东省文化厅在广州市广州塔举办“粤琼非物质文化遗产交流展”。

9月，《广东省非物质文化遗产条例》在广东省第十一届人民代表大会常务委员会第二十七次会议获全票通过，于10月1日正式施行。

9月，广东省文化厅非物质文化遗产处在湛江市举办全省非物质文化遗产档案管理和文化生态保护区建设培训班。

10月，广东省文化厅组织部分省级专家和市（县、区）文广新局领导和非物质文化遗产保护中心负责人赴福建考察学习闽南文化生态保护实验区建设经验。

11月5日至29日，深圳市10场“非遗”展演展示活动陆续亮相深圳8区的各个社区。

11月11日，“第十一届广东省艺术节”在广州市友谊剧院拉开帷幕。

11月16至18日，深圳市非物质文化遗产保护中心工作人员参加由省文化厅在湛江举办的“全省非物质文化遗产档案管理和文化生态保护区建设培训班”。

11月23日，由20辆宝马车组成的“BMW中国文化之旅”广东线探访车队前往深圳市参观龙岗区坂田的国家级非物质文化遗产项目坂田永生堂麒麟舞，及宝安区新安的市级非物质文化遗产项目上川黄连胜醒狮舞。

11月25日，“传承疍家文化共建和谐社区”深圳市盐田社区疍家文化节在社区广场举行。

11月30日，由中山大学中国非物质文化遗产研究中心、社会科学文献出版社共同主办的《中国非物质文化遗产保护发展报告（2011）》出版座谈会在京召开。

11月，由广东省中山大学中国非物质文化遗产研究中心与美国范德堡大学克尔博艺术、事业与公共政策研究中心联合主办的“中美非物质文化遗产论坛：政策比较”研讨会在广东佛山召开。

11月，深圳市非物质文化遗产保护中心的督查小组到宝安、南山、龙岗、光明新区、罗湖、盐田、坪山新区、福田等区对部分市级以上的非物质文化遗产项目单位进行督查。

12月，广东省非物质文化遗产保护中心与佛山市保护中心联合主办“业务工作培训班”。

12月，广东省非物质文化遗产保护中心指导与支持潮安县文祠镇李工坑村举办传统民族节日“畲族招兵节”。

广西壮族自治区

2月27日，国家级非物质文化遗产名录项目邕剧展示中心在南宁市解放路新会书院举行揭牌仪式。

5月20日至7月10日，广西壮族自治区文化厅组织4个专家调研工作组，分赴14个地级市和40多个县对全区的非物质文化遗产保护工作现状开展调研活动。

5月28日，广西壮族自治区文化厅印发《自治区文化厅关于公布第三批自治区级非物质文化遗产项目代表性传承人的通知》（桂文发〔2011〕76号），公布命名第三批自治区级非物质文化遗产项目代表性传承人121人。

5月，广西壮族自治区开始实行申报国家级非物质文化遗产名录项目预备推荐名单制度，共确定将“壮族会鼓”等93个项目列为广西申报国家级非物质文化遗产名录的预备推荐名单。

6月3日，广西壮族自治区文化厅组织召开广西壮族自治区宣传贯彻《中华人民共和国非物质文化遗产法》专家、新闻媒体座谈会。

6月5日，广西壮族自治区文化厅与百色市靖西县人民政府共同主办主题为“展壮乡医药文化之奇，造中国旅游养生之都”的活动在靖西端午药市举办。

6月11日，广西壮族自治区文化厅组织在全区范围内开展以主题为“文化遗产与美好生活”和“依法保护、重在传承”的第六个“文化遗产日”活动。

7月7日，《广西国家级非物质文化遗产名录丛书》主撰稿人与北京科学技术出版社签订编撰合同，按计划进入撰写阶段。

7月8日至8月18日，广西壮族自治区文化厅组织工作组赴南宁、桂林、梧州、北海、钦州、玉林、防城港、贺州8个市18个县（区）开展保护工作平台建设情况调研。

7月9日至15日，由广西壮族自治区防城港市委、市人民政府主办的京族哈节在东兴市澫尾岛举办。

10月10日至11月11日，广西壮族自治区文化厅组织人员前往田林县平塘乡平塘村、路城瑶族乡俄外村、旧州镇央白屯，德保县马隘乡、都安乡，靖西县，三江侗族自治县程阳八寨和梅林乡拍摄国家级名录壮剧、侗族木构建设营造技艺和侗族大歌记忆工程专题记录片。

10月15日至18日，由广西壮族自治区文化厅举办的“全区文化生态保护区建设工作暨宣传贯彻《非遗法》培训班”在河池市南丹县举办。

10月25日，广西壮族自治区组织开展第四批国家级非物质文化遗产项目代表性传承人推荐工作，共推荐31名自治区级代表性传承人参加国家级代表性传承人的申报工作。

11月15日至18日，广西壮族自治区文化厅的全区非物质文化遗产保护工作培训班在靖西县举办。

11月25日至27日，由中国音乐学院、中央人民广播电台、《广播歌选》杂志和广西壮族自治区平果县人民政府等单位联合主办的平果县“壮乡天籁·2011歌圩音乐节”在平果县开班。

12月19日，广西壮族自治区文化厅印发《广西壮族自治区文化厅关于公布第二批自治区级非物质文化遗产传习基地展示中心和生产性保护示范基地的通知》(桂文发〔2011〕139号)。

12月19日，经广西壮族自治区人民政府同意，河池市人民政府申报的国家级《铜鼓文化(河池)生态保护实验区规划纲要》按计划完成并上报文化部。

12月27日，由广西壮族自治区文化厅主办，广西博物馆承办的“2011年广西年俗节庆摄影比赛”颁奖仪式在广西文物苑举行。

12月31日，由广西壮族自治区文化厅主办，广西民族博物馆承办的“2011畅享民歌”决赛在广西民族博物馆举行。

海南省

1月13日，由海南电视台拍摄的大型人文电视片《瑰宝·海南记忆·海南文化传人》电视专题片在海南省博物馆正式启动。

1月15日至29日，英国、肯尼亚、圭亚那三国文化代表考察团考察海南非物质文化遗产项目。

3月，海南省配合中央电视台完成《黎族钻木取火技艺》专题片的拍摄。

4月2日至6日，香港培桥中学师生考察团一行60余人在海南省开展黎族文化考察研习活动。

5月，海南省启动《黎锦技艺》全书编纂工作。

6月11日，海南省“文化遗产日”系列活动在省博物馆开幕。

6月11日，海南省非物质文化遗产网站 http://www.hiich.org/ 正式开通。

6月11日，“海南省非物质文化遗产保护项目图片展”在海南省博物馆举办。

7月，海南省启动《海南省非物质文化遗产概览》编纂工作。

8月15日，《“黎族传统纺染织绣技艺”保护五年规划(2011—2015)》出版发行。

8月24日至28日，海南省文化广电出版体育厅与海南大学合作，赴五指山、保亭等相关市县开展黎锦原料种植调研。

10月13日，海南省文化广电出版体育厅印发《关于做好海南省第四批省级非物质文化遗产名录申报工作的通知》。

10月24日，海南省推荐梁家梁等11人申报第四批国家级非物质文化遗产项目代表性传承人。

10月26日，海南省公布《海南省非物质文化遗产丛书》第一辑入编项目名单，琼剧、黎族服饰等11个项目列入第一辑计划。

10月，欧盟资助项目“文化遗产理论及实践培训班”在海南省海口举办。

12月1日至3日，海南省召开第四批省级非物质文化遗产项目专家评审会。

12月11日至14日，海南省非物质文化遗产保护中心组织赴保亭、五指山、乐东、东方等地征集黎锦实物。

12月28日，海南大学提交“黎锦技艺原材料生产基地调研报告”。

重庆市

1月29日至2月28日，由重庆市文化广播电视局、梁平县人民政府主办，重庆市非物质文化遗产保护中心、重庆中国三峡博物馆、梁平县文化广电新闻出版局承办的“重庆市非物质文化遗产保护成果系列展暨梁平县非物质文化遗产保护成果专题展”在重庆中国三峡博物馆举行。

2月2日至15日，重庆市组织“梁平木版年画”“重庆漆器髹饰技艺”“重庆糖画”“黄杨木雕”等10余项国家级、重庆市市级非物质文化遗产名录项目参加由美国洛杉矶政府主办的“北美欢乐春节品牌活动暨美国洛杉矶文化周”活动。

4月7日，重庆市人民政府公布重庆市第三批市级非物质文化遗产名录项目119项。

4月，由重庆市文化艺术研究院段明、张安平编著的《巴渝文化》（上、下册）由四川大学出版社出版。

4月，重庆市非物质文化遗产保护中心向各区县保护单位征集市级非物质文化遗产名录项目实物资料。

5月18日至6月11日，由重庆市文化广播电视局主办的“文化遗产日”非物质文化遗产专题保护成果展在重庆中国三峡博物馆举办。

5月23日，重庆市10个非物质文化遗产项目入选国务院公布的第三批国家级非物质文化遗产名录及扩展项目名录。

5月，国家级非物质文化遗产项目吹打（接龙吹打）项目代表性传承人李自春因病逝世。

6月1日至6日，由重庆市委宣传部主办，重庆市文化广播电视局承办的“我们的节日 · 重庆端午周”非物质文化遗产展示活动在重庆市南岸区洋人街举办。

6月2日至3日，重庆市文化广播电视局受邀组织“川江号子队”参加由上海市非物质文化遗产保护中心与上海市杨浦区文化局联合举办的长江流域民歌号子交流研讨和展演活动。

6月11日，重庆市以“依法保护，重在传承”为主题的2011年“文化遗产日”非物质文化遗产宣传活动在九龙坡区杨家坪步行街举办。

6月16日，重庆市文化广播电视局召开“重庆市学习宣传《中华人民共和国非物质文化遗产法》座谈会”。

6月16日至21日，由重庆市文化广播电视局、中国驻泰国大使馆文化处和泰国泰华农民银行联合主办的“重庆文化周”在泰国曼谷市举办。

10月，重庆市完成第四批国家级非物质文化遗产名录项目代表性传承人的推荐评审、申报工作。

12月29日至30日，由重庆市文化广播电视局主办的“重庆市国家级非物质文化遗产代表性传承人学徒技艺大赛”在重庆中国三峡博物馆举办。

12月30日，由重庆市文化广播电视局、重庆市巴南区人民政府主办，重庆市非物质文化遗产保护中心、重庆中国三峡博物馆、巴南区文广新局承办的“重庆市非物质文化遗产保护成果系列展暨巴南区非物质文化遗产保护成果专题展”在重庆中国三峡博物馆开幕。

12月，重庆市文化广播电视局联合重庆市非物质文化遗产保护中心与梁平竹帘、秀山民歌等一批国家级非物质文化遗产名录项目保护单位签订项目任务书。

四川省

1月29日，由四川省博物院与四川省非物质文化遗产保护中心联合举办的“迎新接福·一纸万象‘传统年画珍赏’”展览在四川博物院拉开帷幕。

2月11日，四川省召开第三届中国成都国际“非遗”节暨首届成都国际“非遗”博览会筹备会议。

3月10日，“第三届中国成都国际非物质文化遗产节部省联席会议”在北京召开。

4月8日，四川省政府召开厅际联席会议，审议第三批省级非物质文化遗产名录。

4月12日，四川省文化厅在成都召开“四川省国家级文化生态保护实验区总体规划专家论证会”。

4月14日至15日，四川省文化厅在成都召开第三届“中国成都国际非物质文化遗产节”筹备工作协调会暨《中华人民共和国非物质文化遗产法》学习辅导会。

4月25日，四川省文化厅在成都召开“灾区非物质文化遗产生产性保护示范基地建设”座谈会。

5月11日，四川省党组书记、厅长郑晓幸主持召开“第三届中国成都国际非物质文化遗产节”筹备工作专题会议。

5月16日，四川省副省长黄彦蓉主持召开“第三届中国成都国际非物质文化遗产节”相关省级部门协调会。

5月20日，四川省人大召开《中华人民共和国非物质文化遗产法》贯彻座谈会。

5月25日，四川省文化厅党组成员、副厅长泽波做客四川省人民政府网站“在线访谈”栏目。

5月25日，四川省副省长黄彦蓉主持召开“第三届中国成都国际非物质文化遗产节”有关省级部门协调会。

5月27日，四川省十一届人大常委会第二十三次会议批准公布《阿坝藏族羌族自治州非物质遗产保护条例》，此条例自2011年7月1日起施行。

5月29日至6月2日，由四川省文化厅主办，四川省川剧艺术研究院承办的“第三期非物质文化遗产川剧传习班”在成都举办。

6月9日，四川省15个项目入选国务院公布的第三批国家级非物质文化遗产名录及扩展项目名录。

6月13日，四川省人民政府公布第三批四川省省级非物质文化遗产名录（89项）和第一、第二批省级非物质文化遗产名录扩展项目名录（38项），共计127项。

6月22日，四川省文化厅赴眉山市调研指导非物质文化遗产保护工作，并出席“眉山市非物质文化遗产保护工作调研会”。

6月24日，四川省文化厅参加了阿坝州人大常委会举办的法制讲座会并宣讲《中华人名共和国非物质文化遗产法》。

7月12日，“情系巴蜀·两岸文化联谊行”重要活动——“两岸非物质文化遗产保护与传承论坛”在四川省成都大学召开。

8月21日至24日，四川省文化厅赴青海黄南藏族自治州参加由文化部办公厅召开的“国家级文化生态保护区建设现场交流会议”。

9月14日，四川省文化厅赴北京参加文化部主持召开的“四川省羌族文化生态保护区总体规划”专家论证会。

9月16日至20日，由四川省文化厅主办，四川省非物质文化遗产保护中心承办的“四川省非物质文化遗产保护工作业务干部培训班”在成都举办。

10月11日至14日，四川省文化厅在成都组织召开推荐第四批国家级非物质文化遗产项目代表性传承人专家评审会。

10月26日至27日，四川省文化厅赴北川出席由北川县委县政府主办，县文化部门承办的“感恩奋进、欢庆羌年”活动，并出席北川非物质文化遗产保护展示中心落成典礼仪式。

11月1日，四川省成都市蜀锦织绣有限责任公司（蜀锦织造技艺）、四川省绵竹年画社（绵竹木版年画）、四川省雅安市友谊茶叶有限公司（黑茶制作技艺·南路边茶制作技艺）被列入文化部公布的第一批国家级非物质文化遗产生产性保护示范基地。

11月19日，四川省文化厅副厅长泽波一行出席洛带民间文化艺术保护中心落成典礼仪式。

11月24日，四川省非物质文化遗产保护中心建设项目工程在成都青羊国际“非遗”博览园破土动工。

11月30日，四川省文化厅在成都召开“第四届中国成都国际非物质文化遗产节策划研讨会”。

12月28日，四川省文化厅在成都召开“四川省国家级、省级非物质文化遗产代表性项目保护自查工作部署会议”。

贵州省

1月20日至25日，贵州省组织泥塑（苗族泥哨）、苗族银饰锻制技艺、蜡染技艺等项目参加由文化部和北京市人民政府共同主办的“我们的节日——百名非物质文化遗产项目代表性传承人迎春展示活动”。

1月30日，贵州省文化厅、贵州省文物局共同主办“玉兔迎春大家乐”春节文化活动。

2月17日，贵州省黔东南州侗族大歌队表演的节目《天蓝蓝》和《幸福赞歌》，在中央电视台举办的“郎酒·红花郎杯我最喜爱的2011年春节联欢晚会节目评选活动”中，分别获得一、二等奖。

3月17日至20日，贵州省侗族大歌参加由国家旅游局驻巴黎旅游办事处组织的“法国巴黎国际旅游展”。

3月22日，贵州省文化厅组织召开“苗族服饰”申报人类非物质文化遗产电视专题片文案专家研讨会。

4月7日至11日，贵州省侗族大歌参加由文化部和陕西省人民政府共同主办的“第二届西部非物质文化遗产项目展演系列活动”。

4月20日至23日，贵州省组织苗族银饰锻制技艺、水族马尾绣等国家级非物质文化遗产名录项目，参加在浙江义乌国际博览中心举办的“中国（浙江）非物质文化遗产博览会”。

5月12日至19日，贵州省文化厅应台北市山痴画会邀请，赴台参加“2011文化民俗观光博览会”。

5月25日至28日，由贵州省文化厅举办的“全省《中华人民共和国非物质文化遗产法》培训班”在贵阳市举办。

6月10日，贵州省组织国家级非物质文化遗产名录项目水族马尾绣代表性传承人宋水仙及其徒弟，参加由文化部在北京市主办的我国第六个“文化遗产日”系列活动“薪火相传——中国非物质文化遗产传承人师徒同台展演”。

6月11日，贵州省组织举办第六个“文化遗产日”系列活动。

7月5日至13日，贵州省在法国巴黎中国文化中心举办“中国贵州苗族服饰展”。

10月8日至27日，贵州省国家级非物质文化遗产名录项目侗族大歌、苗族银饰锻造技艺参加由文化部和香港特别行政区民政事务局在香港主办的“根与魂——中国非物质文化遗产展演”。

10月22日至23日，贵州省黎平县岩洞村的9名侗族歌手应日本东京国学院邀请，参加在日本东京国学院大学100周年纪念讲堂举办的侗族大歌演唱会。

10月24日，贵州省组织召开“第四批国家级非物质文化遗产项目代表性传承人评审推荐会”。

11月29日至12月3日，澳门专家殷立民一行到贵州省考察当地非物质文化遗产项目。

12月16日，贵州省召开“省级非物质文化遗产生产性保护示范基地评审会”，共评出14个省级非物质文化遗产生产性保护示范基地。

云南省

1月，云南省编制完成《云南文化遗产事业发展“十二五”规划》。

3月22日至27日，由云南省非物质文化遗产保护中心主办的“第一届昆明官渡全国非物质文化遗产联展”在昆明市官渡区官渡古镇举办。

3月，云南省根据《文化部关于做好2011年中央补助地方文化事业专项资金申报工作的通知》的要求，编制38个国家级非物质文化遗产名录项目的保护规划。

6月11日至12日，云南省在昆明举办“2011年‘文化遗产日’云南省暨昆明市非物质文化遗产系列活动”。

6月14日，云南省文化遗产工作会议在昆明举行。

7月26日至29日，云南省在昆明举办第一次彝族傣族（剪纸）、彝族刺绣、纳西族东巴画等非物质文化遗产项目培训班。

8月8日，云南省非物质文化遗产保护中心正式成立。

8月，云南省组织专家前往耿马县孟定镇芒团村调研，积极推进“芒团民族传统手工造纸传习展示馆”（简称传习馆）建设。

9月14日至18日，云南省举办“云省非物质文化遗产（剪纸）培训班”。

10月17日至19日，云南省组织开展云南省推荐第四批国家级非物质文化遗产项目代表性传承人评审工作。

10月31日，云南省建水县贝山陶庄文化产业有限公司（建水紫陶烧制技艺）和宁洱县困鹿山贡技茶场（贡茶制作技艺）被列入文化部公布的41个国家级非物质文化遗产生产性保护示范基地。

11月22日至25日，云南省“第七届民族民间歌舞乐展演”在普洱举办。

11月29日至12月30日，云南省组织红河石屏彝族烟盒舞、花腰歌舞及彝族女子舞龙等项目在江西省婺源举行的“中国乡村文化旅游节”。

西藏自治区

4月，西藏自治区文化厅赴日喀则地区有关县开展西藏非物质文化遗产专项调研。

6月11日，西藏自治区举办第六个“文化遗产日”宣传活动暨自治区非物质文化遗产保护中心挂牌仪式。

6月至9月，西藏自治区检查和验收2010年度非物质文化遗产重点项目。

10月，西藏自治区昌果卓舞《雅砻春潮》应邀参加“根与魂——中国非物质文化遗产展演（香港）”活动。

12月，西藏自治区成立西藏自治区文化厅非物质文化遗产处。

陕西省

1月1日起，由陕西省文化厅主管，陕西省非物质文化遗产保护中心主办的《陕西省非物质文化遗产保护工作动态》改版，由每年出刊4期增至6期。

1月14日，“西安鼓乐传习基地揭牌仪式”在陕西省周至县艺术职业学校举办。

1月17日至18日，由陕西省文化厅主办，陕西省非物质文化遗产保护中心承办的“陕西省非物质文化遗产培训班”在西安举办。

2月17日，2011“延安过大年”节庆活动在延安举办，陕北的非物质文化遗产项目秧歌、飞锣、霸王鞭、舞龙、鼗鼓、胸鼓、斗鼓、猎鼓、老鼓等参加此次活动。

2月20日，“2011年全省非物质文化遗产保护工作会议”在西安召开。

3月28日至4月2日，陕西省艺术馆举办陕北秧歌培训班。

3月29日，由陕西省艺术研究所、陕西省西安鼓乐研究保护中心主办，周至县集贤镇政府协办的“第五届中国集贤·西安鼓乐文化节”在西安市周至县集贤镇举办。

4月7日，陕西民俗非物质文化遗产博览城开馆营业。

4月17日至19日，“陕西省第三批非物质文化遗产项目评审会”在西安召开，评选出第三批省级非物质文化遗产名录项目116项（140个小项）。

6月3日，陕西省印发《陕西省人民政府关于公布第三批非物质文化遗产名录的通知》，公布第三批省级非物质文化遗产名录项目。

6月7日，陕西省印发《关于表彰陕西省非物质文化遗产项目代表性传承人先进个人的通报》，对西安鼓乐代表性传承人赵庚辰等53名陕西省国家级、省级非物质文化遗产代表性传承人先进个人给予通报表彰。

6月8日，陕西省印发《关于命名陕西省非物质文化遗产生产性保护示范基地（单位）的通报》，命名陕西省非物质文化遗产生产性保护示范基地（单位）25个。

6月11日，由陕西省文化厅举办的陕北民歌经典演唱会“永远的信天游——陕北民歌经典演唱会”在西安人民剧院举办。

7月7日至8月8日，“陕西剪纸艺术展”在德国柏林中国文化中心举办。

8月31日，陕西省天地社火艺术团应莫斯科国际军乐节组委会邀请，参加在俄罗斯莫斯科红场举办的“2011年莫斯科国际军乐节”开幕式。

9月15日，陕西省文化厅在人民剧院举办“第三届陕北说书大赛”颁奖晚会。

9月18日至29日，陕西省文化厅组团参加“庆祝中伊建交40周年暨中国文化周”主题文化宣传活动。

9月27日至10月7日，由陕西省文化厅、陕西省文物局和西安市委宣传部主办，西安大唐西市文化产业投资有限公司承办的“2011大唐西市文化遗产节”在西安大唐西市举办。

10月9日至10日，由陕西省非物质文化遗产保护中心主办、耀州区文化馆承办的“陕西省非遗保护工作培训班”在西安耀州区举办。

10月9日至11月1日，由陕西省人民政府主办，陕西省文化厅承办的“陕西省第六届艺术节”在西安举办。

10月11日，陕西省文化厅召开“推荐第四批国家级非物质文化遗产项目代表性传承人评审会议”。

11月3日至4日，陕西省周至南集贤西村乐社参加由中央音乐学院组织举办的“2011年世界音乐周”活动。

12月1日，由陕西省文化厅振兴秦腔办公室、西安曲江新区管委会、西安曲江文化产业投资（集团）有限公司主办，西安秦腔剧院有限责任公司等单位承办的“文化惠民·秦腔经典传统剧目演出月”正式启动。

12月1日至7日，陕西省戏曲研究院小梅花艺术团参加“第五届巴黎中国戏剧节”和德国柏林中国文化中心文艺演示和艺术讲座等活动。

甘肃省

1月25日，甘肃省文化厅组织召开甘肃省非物质文化遗产部门联席会议，审议讨论《甘肃省非物质文化遗产保护“十二五”规划》。

2月15日，甘肃省文化厅召开关于文化生态保护区建设的专家论证会，初步论证甘肃拟建文化生态保护区名单。

3月16日，甘肃省人民政府公布第三批甘肃省非物质文化遗产名录（甘政发〔2011〕34号），共计91项（111小项）。

3月16日，甘肃省“环县道影皮影戏”经认真准备，制定的《环县道情皮影戏综合保护行动计划》经专家评审，被文化部确定为中国向联合国教科文组织申报“优秀实践名册项目”的6个项目之一。

4月20日至23日，甘肃省组织庆阳香包绣制、夜光杯雕、洮砚制作技艺、庆阳剪纸4个国家级非物质文化遗产名录项目应邀参加在浙江义乌举办的“2011中国（浙江）非物质文化遗产博览会”，获得2个银奖、2个优秀参展项目奖，省文化厅获优秀组织奖。

5月26日，甘肃省文化厅召开甘、青、宁三省区协调工作会议，就花儿的联合保护进行协商。

6月11日，甘肃省以“依法保护，重在传承”为主题举办“文化遗产日”主题活动，大力宣传《中华人民共和国非物质文化遗产法》。

8月19日至22日，甘肃省组织保安族腰刀锻制技艺参加在青海省西宁市举办的“第四届青海国际唐卡艺术与文化遗产博览会”。

9月16日，甘肃省文化厅公布《第三批甘肃省非物质文化遗产名录项目代表性传承人》（甘文厅发〔2011〕128号）。

10月28日，根据《文化部办公厅关于推荐第四批国家级非物质文化遗产项目代表性传承人的通知》（办非遗函〔2011〕336号），经甘肃省非物质文化遗产保护专家委员会专家评审，确定推荐30个国家级名录项目共计39名甘肃省级非物质文化遗产项目代表性传承人申报国家级非物质文化遗产项目代表性传承人。

青海省

1月16日，青海省《热贡文化生态保护区总体规划》获文化部正式批复同意。

2月21日，青海省文化新闻出版厅公布格日尖参等46人为青海省第二批省级非物质文化遗产项目代表性传承人。

6月10日，“青海省学习宣传贯彻《中华人民共和国非物质文化遗产法》座谈会”在西宁市举行。

6月20日至27日，由青海省人力资源和社会保障厅、北京市人力资源和社会保障局主办，北京市人才服务中心承办的“三江源非物质文化遗产保护高级研修班”在北京举行。

8月19日至22日，由青海省人民政府主办的“第四届青海国际唐卡艺术与文化遗产博览会”在西宁市城南国际会展中心举行。

9月27日至29日，由青海省文化新闻出版厅举办的“全省国家级代表性传承人培训班”在西宁市举办。

12月，由青海省文化新闻出版厅与省政协文史委员会联合编纂的《守望精神家园——百位青海非物质文化遗产项目代表性传承人讲述》正式出版。

宁夏回族自治区

2月6日至8日，“我们的节日·2011年春节民俗文化大集”在宁夏回族自治区银川光明广场举办。

2月10日至15日，宁夏民间刺绣传承人赵桂琴、麻编传承人张璟、回族民间乐器泥哇呜传承人杨达吾德、泥塑传承人王永红、剪纸传承人田彦兰、阿文书法传承人张艾布等6名“非遗”传承人应邀赴阿联酋迪拜参加由文化部主办的2011中国文化周。

3月10日，宁夏回族自治区文化厅组织召开学习贯彻《中华人民共和国非物质文化遗产法》座谈会。

5月，宁夏回族自治区非物质文化遗产中心与宁夏回族自治区广电总台影视频道《老王茶馆》栏目合作，拍摄制作系列专题节目《探寻塞上非遗》。

5月11日至17日，以“塞上回乡”为主题的宁夏回族自治区非物质文化遗产项目参加深圳国际文化产业博览会。

5月23日，宁夏回族自治区回族婚俗、贺兰砚制作技艺2个项目入选第三批国家级非物质文化遗产名录。

6月8日至15日，宁夏回族自治区杨氏泥塑项目国家级代表性传承人杨栖鹤龙赴京参加文化部“薪火相传”文化遗产日宣传展示活动。

6月11日，以“依法保护，重在传承”为主题、宣传《中华人民共和国非物质文化遗产法》的文化遗产日系列活动在银川市玉皇阁广场举办。

6月23日，宁夏回族自治区人民政府批复同意文化厅《关于设立六盘山山花儿生态保护试验区的请示》。

7月4日至8日，由广东省文化厅和宁夏回族自治区文化厅联合主办，宁夏回族自治区非物质文化遗产保护中心和宁夏博物馆承办的“春雨工程——文化志愿者边疆行”广东非物质文化遗产展在宁夏博物馆隆重举行。

7月22日至25日，第九届中国西部民歌花儿歌会在宁夏永宁县中华回乡文化园举办。

10月10日，宁夏回族自治区文化厅召开“全区非物质文化遗产保护工作座谈会”。

10月24日“推荐第四批国家级代表性传承人专家评审会”在宁夏回族自治区文化厅召开。

新疆维吾尔自治区

3月24日，新疆维吾尔自治区文化厅批准成立新疆塔塔尔族文化遗产保护发展学会。

4月17日至18日，新疆维吾尔自治区文化厅与克孜勒苏柯尔克孜自治州宣传部在乌鲁木齐召开专题研究拍摄《玛纳斯》代表性传承人居素甫·玛玛依专题纪录片事宜的会议。

4月17日至20日，由新疆维吾尔自治区文化厅举办的“自治区非物质文化遗产保护工作培训班”和“自治区传统美术刺绣项目传承人培训班”在乌鲁木齐市举办。

5月23日，新疆维吾尔自治区有15个项目入选国务院公布的第三批国家级非物质文化遗产名录。

5月29日至6月11日，新疆维吾尔自治区文化厅组织库车县42位民间艺人参加“第三届中国成都国际非物质文化遗产节”。

6月11日至13日，在新疆维吾尔自治区博物馆举行第六个文化遗产日活动启动仪式，活动包括“巧夺天工——新疆传统工艺美术传承与创新大展赛”和“美丽家园——新疆非物质文化遗产摄影图片展”。

7月1日，新疆维吾尔自治区文化厅实施《江格尔》抢救性记录工作。

10月12日，新疆维吾尔自治区文化厅公布第三批自治区级非物质文化遗产名录。

11月29日至12月6日，新疆维吾尔自治区文化交流团一行12人赴哈萨克斯坦共和国参加“国际阿依特斯”大会。阿勒泰地区清河县加米哈·达吾列提（女）阿肯，获得唯一最高奖特等奖。

新疆生产建设兵团

3月，新疆生产建设兵团编制三师图木舒克市师《关于在51团境内筹建师市国家级维吾尔土陶烧制传承基地保护项目》

3月，新疆生产建设兵团制定六师五家渠市《关于加强师市非物质文化遗产保护的实施意见》。

5月，新疆生产建设兵团编辑出版《六师五家渠市非物质文化遗产汇编》。

5月，六师五家渠市宣传部副部长、文化局副局长尹慧莲和土碱烧制技艺传承人田希云分别被文化部评选为非物质文化遗产保护先进工作者和先进个人。

5月，新疆生产建设兵团组织刀郎艺人在三师图木舒克市辖区为职工群众演出60余场。

6月，新疆生产建设兵团制定六师五家渠市非物质文化遗产保护工作《五年发展规划》。

6月，新疆生产建设兵团成立哈萨克毡绣布绣合作社，这是兵团成立的第一个非物质文化遗产合作社。

10月，新疆生产建设兵团组织参加“锦绣中华中国织绣精品大展”，并获得一个银奖和两个铜奖。

12月，新疆生产建设兵团在红旗农场三场槽子建立哈萨克毡绣布绣生产基地。

香港特别行政区

3月11日至15日，由香港国际武术节组委会主办的“武德杯”第九届香港国际武术节在香港沙田马鞍山体育馆举行。

9月13日，由文化部港澳台办、香港特别行政区政府教育局支持，中国民族民间文化艺术交流协会（香港）主办，文化部民族民间文艺发展中心协办的“香港青少年中国民族民间文化艺术研习考察计划”的活动开幕式在香港文化中心举行。

10月8日，由香港特别行政区政府民政事务局主办的主题为“保护非物质文化遗产：从理念到实践”的“亚洲文化合作论坛”在香港举行。

10月9日至27日，由中华人民共和国文化部和香港特别行政区政府民政事务局主办，中国非物质文化遗产保护中心和香港特别行政区政府康乐及文化事务署承办的“根与魂·中国非物质文化遗产展演”在香港中央图书馆展览馆举行。

澳门特别行政区

1月26日至2月27日，由澳门特别行政区民政总署主办，文化部民族民间文艺发展中心、河北省文化厅、安徽省文化厅、中央政府驻澳门联络办公室文化教育部协办，河北省非物质文化遗产保护中心等单位承办的“2011年浓墨艳彩展风华——河北省、安徽省春节习俗展”在澳门特别行政区卢谦若公园隆重开幕。

6月11日至7月10日，在文化部和澳门特别行政区政府社会文化司的支持下，由中国非物质文化遗产保护中心和澳门特别行政区政府文化局共同策划和组织的“根与魂·中国非物质文化遗产展演”在澳门综艺馆举行。

10月4日至6日，由澳门中华妈祖基金会主办，辽宁省人民政府参与协办的“第九届澳门妈祖文化旅游节”开幕式在澳门举行。

11月29日，世界南音联谊会在澳门成立。

台湾地区

5月28日，由浙江省文化艺术交流促进会、财团法人沈春池文教基金会、中华亚太艺术文化交流学会主办，浙江省非物质文化遗产保护中心承办的第五届“台湾·浙江文化节”重点活动“天工遗风——浙江省非物质文化遗产精品展”开幕式在台湾京华城隆重举行。

11月26日至次年2月16日，由中华文化联谊会、湖南省人民政府与台湾财团法人沈春池文教基金会主办，湖南省文化厅承办的“楚风湘韵”为主题的第二届“守望精神家园——两岸非物质文化遗产月”展览展演活动在台湾举办。

附　录

一、著作选目

序号	书名 / 丛书名	作者 / 主编	出版单位	出版时间
1	《中国的非物质文化遗产》	《中国的非物质文化遗产》编写组　编	北京语言大学出版社	2011.01
2	《耳苏人沙巴象形文和图经调查》(中国少数民族非物质文化遗产研究系列丛书)	宋兆麟　编著	民族出版社	2011.01
3	《中国富宁壮族坡芽歌书》(中国少数民族非物质文化遗产研究系列丛书)	文日焕　主编	民族出版社	2011.01
4	《汉族题材少数民族叙事诗译注：壮族·仫佬族·毛南族卷》(中国少数民族非物质文化遗产研究系列丛书》	蓝　柯　主编	民族出版社	2011.01
5	《木卡姆》(阿拉伯文)	韩子勇　著	外文出版社	2011.01
6	《亚细亚民俗研究》(第8辑)	邹明华　高雅玲　主编	学苑出版社	2011.01
7	《豫剧》(上、下)(中原戏曲文化丛书)	马紫晨　卢清丽　冯彬彬　马驰　原淑静　著	河南文艺出版社	2011.01
8	《问瓷录：巩县窑 新钧窑 郑州柴窑》(全三册)	廖永民　梅则文　张松林　田培杰　著	河南人民出版社	2011.01
9	《中国钧瓷艺人录：政治、市场和技艺框架下传统手工艺人的社会学叙事》(黄河文明研究丛书)	王洪伟　著	中州古籍出版社	2011.01
10	《传统文化隐喻：禹州神垕钧瓷文化产业现代性转型的社会学研究》(黄河文明研究丛书)	王洪伟　著	中州古籍出版社	2011.01
11	《张家港市非物质文化遗产要览》	陈世海　主编	凤凰出版社	2011.01
12	《江苏农业文化遗产调查研究》	王思明　李　明　主编	中国农业科学技术出版社	2011.01
13	《农业：文化与遗产保护》	王思明　李　明　主编	中国农业科学技术出版社	2011.01
14	《井陉非物质文化遗产》(社科新学术论丛)	马　佶　柳敏和　张树林　主编	线装书局	2011.01
15	《川剧辛亥革命剧本选》	四川省川剧艺术研究院　编	四川文艺出版社	2011.01
16	《华锐拉伊》	乃旦才让　主编	甘肃民族出版社	2011.01
17	《浚县大平调》(浚县文化精粹系列丛书)	朱中月　李壮丽　著	中州古籍出版社	2011.01
18	《古州撷英：李文元平定非物质文化遗产文章选编》	李维澜　主编	中国文史出版社	2011.01
19	《遗风新韵：走进平湖民间文学》	张福观　主编　平湖市文化馆　编	中国文史出版社	2011.01

（续表）

序号	书名 / 丛书名	作者 / 主编	出版单位	出版时间
20	《安福民俗》	李玉平　主编	中国文联出版社	2011.02
21	《中国木版年画传承与发展论坛》	天津市西青区文化广播电视局　编	天津社会科学院出版社	2011.02
22	《井陉年俗》	马　佶　郑建敏　主编	线装书局	2011.03
23	《安塞民歌全集》	于志明　殷宇鹏　编	国际文化出版社	2011.03
24	《中国木版年画集成·拾零卷》	冯骥才　主编	中华书局	2011.03
25	《神话 神话：张振梨先生学术思想研讨会论文集》（河南省民间文化遗产抢救工程系列成果）	程健君　高有鹏　主编	河南大学出版社	2011.03
26	《民族文化与文化软实力》	龙耀宏　主编	民族出版社	2011.03
27	《羌族释比口述史》（中国少数民族非物质文化遗产研究系列丛书）	阮宝娣　编著	民族出版社	2011.03
28	《医巫闾山满族剪纸传承人：汪秀霞》（中国民间文化杰出传承人丛书）	王　光　著	民族出版社	2011.03
29	《中华人民共和国非物质文化遗产法解读》（高端释法丛书）	信春鹰　主编 全国人大常委会法制工作委员会行政法室　编著	中国法制出版社	2011.03
30	《中华人民共和国非物质文化遗产法释义及实用指南》（中华人民共和国法律释义及实用指南丛书）	全国人大常委会法制工作委员会行政法室　编	中国民主法制出版社	2011.03
31	《怀梆文化生态研究》	丁永祥　著	中国社会科学出版社	2011.03
32	《昆戏集存甲编》（6卷）	周　秦　编	黄山书社	2011.04
33	《黑龙江摩苏昆》（黑龙江流域非物质文化遗产代表作丛书）	孟淑珍　译著	黑龙江人民出版社	2011.04
34	《黑龙江伊玛堪》（黑龙江流域非物质文化遗产代表作丛书）	黄任远　主编	黑龙江人民出版社	2011.04
35	《黑龙江乌钦》（黑龙江流域非物质文化遗产代表作丛书）	黄任远　吴　刚 张春莲　编纂	黑龙江人民出版社	2011.04
36	《黑龙江民间神话》（黑龙江流域非物质文化遗产代表作丛书）	徐昌翰　主编	黑龙江人民出版社	2011.04
37	《黑龙江民间传说》（黑龙江流域非物质文化遗产代表作丛书）	王益章　黄任远　编纂	黑龙江人民出版社	2011.04
38	《黑龙江民间故事》（黑龙江流域非物质文化遗产代表作丛书）	栾文海　杨　国　主编	黑龙江人民出版社	2011.04
39	《黑龙江歌谣》（黑龙江流域非物质文化遗产代表作丛书）	郭崇林　尹淑凤 主编	黑龙江人民出版社	2011.04
40	《黑龙江谚语》（黑龙江流域非物质文化遗产代表作丛书）	刘永江　王益章　主编	黑龙江人民出版社	2011.04
41	《黑龙江萨满文化》（黑龙江流域非物质文化遗产代表作丛书）	王铁峰　编著	黑龙江人民出版社	2011.04
42	《黑龙江节庆文化》（黑龙江流域非物质文化遗产代表作丛书）	戴淮明　著	黑龙江人民出版社	2011.04

（续表）

序号	书名 / 丛书名	作者 / 主编	出版单位	出版时间
43	《赫哲族传统图案集锦》（东北三江流域文化丛书）	王英海　孙　熠 吕　品　编著	黑龙江教育出版社	2011.04
44	《赫哲鱼文化》（东北三江流域文化丛书）	王世卿　王积信 吕　品　著	黑龙江教育出版社	2011.04
45	《赫哲族民歌情感蕴涵》（东北三江流域文化丛书）	刑　容　刑铁红 刑铁志　著	黑龙江教育出版社	2011.04
46	《巴渝文化》（上、下）	张安平　段　明　编	四川大学出版社	2011.04
47	《张楚北民间故事集》 （河南省民间文化遗产抢救工程系列成果丛书）	张楚北　编纂	大象出版社	2011.04
48	《河洛剪纸巧手 张秀琴》	乔台山　主编	中原农民出版社	2011.04
49	《云南新平花腰傣花街节研究》（“博士文库”丛书）	李银兵　著	中央民族大学出版社	2011.04
50	《中华人民共和国非物质文化遗产法释义》 （中华人民共和国法律释义丛书）	信春鹰　主编	法律出版社	2011.04
51	《原生态文化资源价值与旅游开发——以黔东南为例》	余达忠　著	民族出版社	2011.04
52	《中国文化档案：非物质文化遗产》	《汉语世界》杂志社　编	商务印书馆	2011.04
53	《传统节日与非物质文化遗产》	萧　放　著	学苑出版社	2011.04
54	《中国西南濒危文字图录：清华百年西南濒危文字展选》	赵丽明　宋兆麟　编	学苑出版社	2011.04
55	《凤凰县非物质文化遗产探源》	凤凰县民族文化 保护中心　编	中国文史出版社	2011.04
56	《昆剧传世演出珍本全编》	苏州昆剧传习所　编	上海人民出版社	2011.05
57	《东北三江流域非物质文化遗产》	王福安　主编	黑龙江省教育出版社	2011.05
58	《四川扬琴六十年创作曲集》	伍明实　何政军 张　跃　主编	四川美术出版社	2011.05
59	《浙江民间丧俗信仰研究》	陈华文　陈淑君　著	上海文艺出版社	2011.05
60	《酒泉夜光杯雕》	何国宁　蔡　捷 沙　鑫　主编	甘肃文化出版社	2011.05
61	《镇平玉雕志》	镇平玉雕志编纂 委员会　编	中州古籍出版社	2011.05
62	《内乡宛梆》	徐向升　主编	中州古籍出版社	2011.05
63	《高平民间刺绣》（高平非物质文化遗产保护丛书）	安新鲜　著	北京工艺美术出版社	2011.05
64	《体育非物质文化遗产研究》（体育文化论丛）	国家体育总局体育文化 发展中心　编	北京燕山出版社	2011.05
65	《数字化保护：非物质文化遗产保护的新路向》	李　欣　著	科学出版社	2011.05
66	《中国萨满文化研究》（中国少数民族非物质文化遗产研究系列）	色　音　著	民族出版社	2011.05
67	《中国少数民族重大节日调查研究》（中国少数民族非物质文化遗产研究系列）	邢　莉　编著	民族出版社	2011.05

（续表）

序号	书名 / 丛书名	作者 / 主编	出版单位	出版时间
68	《非物质文化遗产与历史变迁中的地方社会》	马　莉　著	人民出版社	2011.05
69	《木版水印》（荣宝斋非物质文化遗产书系）	王宗光　著	荣宝斋出版社	2011.05
70	《阿尔档案》（北京文化遗产保护中心丛书）	阿尔村人　编著	文物出版社	2011.05
71	《全国非物质文化遗产保护论文集》（上、下）	文化部艺术服务中心　编	中国戏剧出版社	2011.05
72	《高平民间剪纸》（高平非物质文化遗产保护丛书）	安新鲜　著	北京工艺美术出版社	2011.05
73	《高平民间面塑》（高平非物质文化遗产保护丛书）	安新鲜　著	北京工艺美术出版社	2011.05
74	《活态的纸文明——作为世界非物质文化遗产的中国剪纸传统》	乔晓光　主编	黑龙江人民出版社	2011.06
75	《走进民间》	康新民　著	江苏大学出版社	2011.06
76	《忆江南——江阴市非物质文化遗产图录》	江阴市文化广电新闻出版局　编	凤凰出版社	2011.06
77	《河北省非物质文化遗产项目代表性传承人图志》	马维彬　主编	河北美术出版社	2011.06
78	《非物质文化遗产研究集刊》（第四辑）	陈华文　主编	学苑出版社	2011.06
79	《曲阳石雕》（河北民俗文化丛书）	万树勋　王丽敏　编著	科学出版社	2011.06
80	《达斡尔族萨满文化遗存调查》（中国少数民族非物质文化遗产研究系列丛书）	丁石庆　著	民族出版社	2011.06
81	《羌族释比唱经》（中国少数民族非物质文化遗产研究系列丛书）	王治升（说唱） 阮宝娣　徐亚娟 采录翻译	民族出版社	2011.06
82	《摩梭民间美术：最后母系文化的视觉印记》	刘遂海　编	人民美术出版社	2011.06
83	《2007巴黎·中国非物质文化遗产艺术节》	文化艺术出版社 编	文化艺术出版社	2011.06
84	《非物质文化遗产法律指南》	文化艺术出版社 编	文化艺术出版社	2011.06
85	《文化遗产保护的数字化展示与传播》	郑巨欣　陈峰　著	学苑出版社	2011.06
86	《中国少数民族非物质文化遗产法律保护基本问题研究》	韩小兵　著	中央民族大学出版社	2011.06
87	《千军台庄户幡会》（非物质文化遗产丛书）	王朝臣　主编	团结出版社	2011.06
88	《辽宁省阜新蒙医药研究所志》	《辽宁省阜新蒙医药研究所志》编纂委员会　编	中国文史出版社	2011.07
89	《陕西迷胡》	史玉中　选编	西安出版社	2011.07
90	《东北二人转研究资料汇编》（8卷）	吉林省艺术研究院　编	吉林人民出版社	2011.07
91	《中国工艺美术大师全集（徐朝兴卷）》	周绍斌　徐华颖　著	上海文艺出版社	2011.07

（续表）

序号	书名 / 丛书名	作者 / 主编	出版单位	出版时间
92	《达斡尔族斡米南文化的观察与思考：以沃菊芬的仪式为例》（中国少数民族非物质文化遗产研究系列丛书）	萨敏娜　吴凤玲　著	民族出版社	2011.07
93	《上党戏曲名家》（长治市非物质文化遗产保护系列・上党戏曲丛书）	程伏舜　编著	中国戏剧出版社	2011.07
94	《上党戏曲逸闻趣事》（长治市非物质文化遗产保护系列・上党戏曲丛书）	程伏舜　编著	中国戏剧出版社	2011.07
95	《上党戏曲剧团》（长治市非物质文化遗产保护系列・上党戏曲丛书）	霍秋法　编著	中国戏剧出版社	2011.07
96	《上党戏曲剧目选编》（长治市非物质文化遗产保护系列・上党戏曲丛书）	任治平　编	中国戏剧出版社	2011.07
97	《上党戏曲音乐》（长治市非物质文化遗产保护系列・上党戏曲丛书）	赵雪峰　编著	中国戏剧出版社	2011.07
98	《草根遗产的田野思想》	向云驹　著	中华书局	2011.07
99	《中国民间美术》（全国普通高等学校美术学［教师教育］本科专业必修课程教材）	乔晓光　主编	湖南美术出版社	2011.08
100	《实用刺绣入门》	赵红育　编著	金盾出版社	2011.08
101	《中国喜歌集》（中国历代民歌整理与研究丛书）	周玉波　编	社会科学文献出版社	2011.08
102	《喜歌札记》（中国历代民歌整理与研究丛书）	周玉波　著	社会科学文献出版社	2011.08
103	《两汉魏晋南北朝民歌集》（中国历代民歌整理与研究丛书）	王　青　李敦庆　编	南师大出版社	2011.08
104	《明清俗曲流变研究》	徐元勇　著	东南大学出版社	2011.08
105	《任式阴阳八盘掌》	方国栋　著	天津科技出版社	2011.08
106	《吉林省非物质文化遗产名录图典》	林　君　主编	吉林大学出版社	2011.08
107	《薪火相传——江西非物质文化遗产》	李玉英　主编	江西人民出版社	2011.08
108	《陈式太极拳志》（增订本）	焦作市地方史志办公室　编	中州古籍出版社	2011.08
109	《真者朴素：扎燕名家费保龄》（首都百工系列丛书）	杨丽凡　著	北京出版社	2011.08
110	《汉籍蒙古族民俗文献辑注》（中国少数民族非物质文化遗产研究系列丛书）	白・特木尔巴根辑注	民族出版社	2011.08
111	《鄂尔多斯文化・非物质文化遗产卷》	张占霖　主编	社会科学文献出版社	2011.08
112	《非物质文化遗产研究集刊》（第四辑）	陈华文　主编	学苑出版社	2011.08
113	《传统的复兴与发明》	王霄冰　邱国珍　主编	知识产权出版社	2011.08
114	《浙江根雕艺术》	郑剑夫　主编	中国林业出版社	2011.08
115	《天后圣母神迹录：妈祖传奇故事》	于国庆　编著	宗教文化出版社	2011.08
116	《陇南白马人民俗文化研究・歌曲卷》（陇南市政协白马人民俗文化研究丛书）	邱正保 总主编 张益琴　主编	甘肃人民出版社	2011.09

（续表）

序号	书名 / 丛书名	作者 / 主编	出版单位	出版时间
117	《陇南白马人民俗文化研究·舞蹈卷》（陇南市政协白马人民俗文化研究丛书）	邱正保　总主编 张益琴　主编	甘肃人民出版社	2011.09
118	《陇南白马人民俗文化研究·语言卷》（陇南市政协白马人民俗文化研究丛书）	邱正保　总主编 魏　琳　莫　超　主编	甘肃人民出版社	2011.09
119	《陇南白马人民俗文化研究·故事卷》（陇南市政协白马人民俗文化研究丛书）	邱正保　总主编 邱雷生　蒲向明　主编	甘肃人民出版社	2011.09
120	《中国曲艺艺术赏析》	杨和平　编著	苏州大学出版社	2011.09
121	《浙江文化遗产保护史》	王巨山　著	杭州出版社	2011.09
122	《巩义民俗志》	王建设　张鑫琦 卢耀灿　主编	中州古籍出版社	2011.09
123	《知识产权体系下非物质传统资源权利保护研究》（黑龙江大学法学文丛）	杨建斌　著	法律出版社	2011.09
124	《被表述的民俗艺术：对商河鼓子秧歌的历史人类学考察》	刘统霞　著	知识产权出版社	2011.09
125	《民族的记忆》	常素霞　主编	科学出版社	2011.10
126	《衰落的通天树：新疆锡伯族萨满文化遗存调查》（中国少数民族非物质文化遗产研究系列丛书）	奇车山　著	民族出版社	2011.10
127	《侗歌民俗研究》（中国少数民族非物质文化遗产研究系列丛书）	徐新建　著	民族出版社	2011.10
128	《杨树底下敛巧饭》	文物出版社　著	文物出版社	2011.10
129	《开鲁县非物质文化遗产图录》	王　杰　主编	内蒙古人民出版社	2011.10
130	《中国非物质文化遗产保护发展报告（2011）》	康保成　主编	社会科学文献出版社	2011.11
131	《吴风楚韵：镇江非物质文化遗产图文集》	刘振兴　杭维立 周明磊　主编	江苏大学出版社	2011.11
132	《江海流韵：南通非物质文化遗产的开发与利用》	曹锦扬　主编	江苏大学出版社	2011.11
133	《河南老字号》	夏挽群　主编	大象出版社	2011.11
134	《民间瑰宝耀京华：西城区非物质文化遗产保护成果概览》（中英文本）	北京市西城区文化委员会　编	北京市西城区文化委员会	2011.11
135	《前门和前门的传说》	杨建业　著	中国社会出版社	2011.11
136	《宁波市非物质文化遗产论丛（2011）》	陈佳强　主编	中国文史出版社	2011.11
137	《桃花坞工艺史记》	郑丽虹　著	山东画报出版社	2011.12
138	《云南非物质文化遗产保护工作概论》	胡荣梅　编著	云南民族出版社	2011.12
139	《二人转传统剧目选》（共十卷）	田子馥　主编	吉林人民出版社	2011.12
140	《客家神韵》（江西省非物质文化遗产普查成果丛书）	李玉英　主编	中国戏剧出版社	2011.12

（续表）

序号	书名 / 丛书名	作者 / 主编	出版单位	出版时间
141	《庐陵风韵》（江西省非物质文化遗产普查成果丛书）	李玉英　主编	中国戏剧出版社	2011.12
142	《秀美饶信》（江西省非物质文化遗产普查成果丛书）	李玉英　主编	中国戏剧出版社	2011.12
143	《宜人惠风》（江西省非物质文化遗产普查成果丛书）	李玉英　主编	中国戏剧出版社	2011.12
144	《海峡两岸豫剧交流访谈录》	康　洁　肖夏勇　张占标　主编	河南文艺出版社	2011.12
145	《赵铮坠子艺术的审美特质》	巩　伟　主编	郑州大学出版社	2011.12
146	《淮河风情》（淮河文化丛书）	宋国军　张彦林　著	河南人民出版社	2011.12
147	《石家庄市非物质文化遗产图典》（第2辑）	李耀峰　主编	九州出版社	2011.12
148	《中国北方民族文学比较研究》	郎　樱　著	民族出版社	2011.12
149	《土家族非物质文化的教育保护与传承研究》	谭志松　著	民族出版社	2011.12
150	《中国北茶马古道研究》	北茶马古道研究会主编	世界知识出版社	2011.12
151	《薪火传承：定海区非物质文化遗产代表性传承人小传》（《定海记忆》丛书）	潘瀚涛　编	中国文史出版社	2011.12
152	《高密半印办画年画》（高密市政协文史丛书）	政协高密市委员会　编	中国文史出版社	2011.12

二、论文选目

期刊论文选目

序号	论文题目	作者	期刊	年 / 期
1	联合国教科文组织非物质文化遗产保护条约——从通过到第一次政府间委员会召开	爱川纪子　白　羲　译	民间文化论坛	2011/06
2	试论非物质文化遗产的知识产权保护模式	白慧颖	商业时代	2011/25
3	关于传统村落文化研究方法的思考	白佩芳　杨豪中　周吉平	建筑与文化	2011/08
4	论哈尼族非遗保护的认识瓶颈及其突破对策	白玉宝	玉溪师范学院学报	2011/05
5	西藏“非遗”蓬勃发展　有效保护传统文化	本刊记者	人权	2011/01
6	非物质文化遗产旅游开发模式探讨——以福州市为例	蔡朝双	长春理工大学学报（社会科学版）	2011/04

（续表）

序号	论文题目	作者	期刊	年／期
7	辰河高腔目连戏的音乐特点及其发展的思考	蔡多奇 王文笑	音乐创作	2011/04
8	上海非物质文化遗产的资源特点及其文化产业发展中的作用	蔡丰明	创意设计源	2011/01
9	浅谈非物质文化遗产保护——以西安鼓乐为例	曹耿献	艺术教育	2011/09
10	湖南桃江县“三棒鼓”的艺术特征	曹蕙姿	艺术教育	2011/06
11	凌源皮影——说不尽的光影魅力	曹　洋 李　阳	今日辽宁	2011/05
12	关于科学保护“非遗”的几点着力点——以佛山为例	曾燕霞	文化遗产（2011年增刊）	2011/07
13	“非遗”民间宝卷的范围和宝卷的“秘本”发掘出版等问题——影印《常州宝卷》序	车锡伦	河南教育学院学报（哲学社会科学版）	2011/01
14	花鼓灯抗战灯歌宣传功能浅探——基于演艺类遗产社会价值的视角	陈德琥	文艺理论与批评	2011/06
15	传承昆曲的策略与途径——昆歌	陈泓茹	艺术百家	2011/03
16	凉山彝族旅游产品设计中的创新研究——以漆器为例	陈　焕	商业文化（下半月）	2011/09
17	我国民族传统体育非物质文化遗产保护现状与对策研究	陈　辉	吉林省教育学院学报	2011/01
18	文化生态保护区中的民俗生态保护臆说	陈江风 顾艳玲	郑州轻工业学院学报（社会科学版）	2011/01
19	中国“过年日子”的历史轨迹	陈勤建	文化遗产	2011/04
20	民间文学类非物质文化遗产的传统性与传承力	陈映婕	民族艺术研究	2011/06
21	少数民族非物质文化遗产保护的民族自治立法模式研究——以北川羌族自治县为实证	陈云霞	北方民族大学学报（哲学社会科学版）	2011/03
22	非物质文化遗产档案管理主体研究——以妈祖信俗档案管理为例	陈祖芬	档案学通讯	2011/01
23	城镇化进程中赫哲族非物质文化遗产的保护	程丽云 徐美群	佳木斯大学社会科学学报	2011/03
24	乌江流域土家族巫歌文化浅析	程　盼	河南教育学院学报（哲学社会科学版）	2011/06
25	从文化资本角度看非物质文化遗产	崔锦江	文化遗产（2011年增刊）	2011/07
26	中国民族传统体育击壤项目的遗存与流变	崔雪梅 吴光远	北京体育大学学报	2011/05
27	土家族古碑林：诠释审美价值观及文化传播方式——以恩施州鱼木寨古碑林为个案考察	戴宇立 谢亚萍	贵州民族研究	2011/05
28	陕西省农村非物质文化遗产保护与开发研究	单　杰 李红梅	安徽农业科学	2011/10
29	让西藏文化遗产永久传承	单霁翔	求是	2011/09
30	我国非物质文化遗产的法律保护研究	邓建辉 单人俊	人民论坛	2011/20

（续表）

序号	论文题目	作者	期刊	年／期
31	潮州大吴泥塑的保护与开发探析	邓亮生	艺术教育	2011/12
32	对粤剧非物质文化遗产保护的一点思考	邓思源	文化遗产（2011年增刊）	2011/07
33	高校非物质文化遗产教育论略	丁永祥	河南师范大学学报（哲学社会科学版）	2011/02
34	当代美学视野中的非物质文化遗产	丁永祥	中州学刊	2011/03
35	黎族树皮布的制作技艺	董　艺 刘　军	中国民族	2011/12
36	海南黎族非物质文化遗产保护与开发	董国皇	前沿	2011/03
37	潍坊的地方剧种——“茂腔”之演化历程	窦　青	音乐创作	2011/01
38	陕西古代非物质文化遗产的传承与保护	杜红艳	前沿	2011/02
39	陕西非物质文化遗产的经济价值、保护与开发利用	杜小荣	新西部（下旬・理论版）	2011/06
40	国家非物质文化遗产之“长洲醉龙”略考	段　琼 程响林	体育科技文献通报	2011/07
41	非物质文化遗产“白纸坊太狮”传承与保护	段全伟 吕韶钧 雷军蓉 王建文 刘　伟	北京体育大学学报	2011/09
42	黄梅戏舞台演出形式的发展与嬗变	段友芳	戏曲研究	2011/04
43	举办凤翔彩绘泥塑旅游文化节的可行性分析	樊雅琴 张红娟	陕西农业科学	2011/07
44	保护非物质文化遗产 促进文化英德建设——从英石假山盆景技艺成功列入“国遗”说起	范桂典	文化遗产（2011年增刊）	2011/07
45	河南民俗遗存与中国古传说	范明三	郑州轻工业学院学报（社会科学版）	2011/06
46	魏晋南北朝文人园林文化空间之溯源	范英豪	南京艺术学院学报（美术与设计版）	2011/01
47	“花儿”传承之再研究	方　明	民间文化论坛	2011/03
48	录像拍摄与非物质文化遗产保护的关系	方　镇	商业文化（下半月）	2011/05
49	如何才能建立一个完整的非物质文化遗产保护观——从阅读典籍和图书馆的建设谈起	方李莉	群言	2011/11
50	花儿唱响世界——花儿申报联合国非物质文化遗产代表作名录综述	封　尘	甘肃文艺	2011/03
51	构筑传统音乐生存发展的多元文化生态——江苏百年昆曲艺术传承与发展的启示	冯　芸	苏州教育学院学报	2011/01
52	古琴艺术保护传承中的偏误	冯光钰	人民音乐	2011/03
53	浅谈赫哲族民歌结构性信息的审美特征	高　璐	世纪桥	2011/15

（续表）

序号	论文题目	作者	期刊	年/期
54	非物质文化遗产中传统节日的德育资源及其开掘应用	高　扬 元　米 满　宁	民族艺术研究	2011/03
55	关于甘肃非物质文化遗产保护的思考	高莉花	甘肃文苑	2011/01
56	“光韵”的消失与非物质文化遗产保护	葛　磊	郑州航空工业管理学院学报（社会科学版）	2011/01
57	景德镇制瓷工艺与非物质文化遗产	龚保家 唐文丽	艺术评论	2011/10
58	论非物质文化遗产的保护利用，民间艺术特征与产业发展——以陕西关中民间艺术为视角	巩珊珊	价值工程	2011/08
59	北京兔儿爷文化探源	关　昕	河南教育学院学报（哲学社会科学版）	2011/05
60	探索非物质文化遗产专题博物馆的建立更好地推动保护与传承	关　宏	文化遗产（2011年增刊）	2011/07
61	洛阳海神乐的现状及传承研究	郭　芳	洛阳师范学院学报	2011/09
62	常州梳篦的文化生态	郭　琳	美术观察	2011/02
63	城镇化进程中非物质文化遗产的保护——以天津杨柳青南郊古画乡的拆迁为个案	郭　平	民间文化论坛	2011/06
64	《中国少数民族古籍总目提要·赫哲族卷》简评	郭天红	黑龙江民族丛刊	2011/04
65	草原文化生态保护区建设的构想	哈正利	北京林业大学学报（社会科学版）	2011/02
66	新疆非物质文化遗产让他们着迷：俄罗斯专家眼中的新疆	韩　雪 杨国强	对外传播	2011/03
67	论非物质文化遗产的档案资源开发	韩　英 章军杰	档案学通讯	2011/05
68	走向“新生态”——邳州纸塑狮子头研究及保护刍议	韩　超	民族艺术研究	2011/03
69	非物质文化遗产权——一种超越知识产权的新型民事权利	韩小兵	法学杂志	2011/01
70	建设县级艺术档案在非遗工作中的重要性	韩殷莲	办公室业务	2011/11
71	中国非物质文化遗产传统体育与竞技的知识产权保护	韩志强	体育科技文献通报	2011/01
72	关于中医针灸“申遗”的思考	郝刘祥	科学文化评论	2011/02
73	壮欢艺术与传承利用	何　欣	民间文化论坛	2011/03
74	安徽非物质文化遗产个案研究——以黄梅戏等为例	何成进 潘　辉	现代商贸工业	2011/15
75	江安竹簧工艺的价值及特征	何政军 何煜雪	中华文化	2011/03
76	从粤剧戏神中窥探广府文化的兼容性	贺　媛	文化遗产（2011年增刊）	2011/07
77	非物质文化遗产保护与传承的思考	侯玲雅	文化遗产（2011年增刊）	2011/07

（续表）

序号	论文题目	作者	期刊	年/期
78	安徽特色民俗	胡　迟	江淮文史	2011/06
79	南海击波丝路论剑——“南海海上丝绸之路学术研讨会”会议综述	胡素萍 张　华	中国史研究动态	2011/06
80	深圳非物质文化遗产数字化保护初探	花蓓蓓	文化遗产（2011年增刊）	2011/07
81	台山市非物质文化遗产的传承与发展	黄彩筠	文化遗产（2011年增刊）	2011/07
82	云南人口较少民族非物质文化遗产的保护与传承——以邦丙村布朗族的传统纺织技艺为研究个案	黄彩文	西北民族研究	2011/03
83	努力守护民族记忆 积极传承民族文化——云南多元民族档案工作的行与思	黄凤平	档案学研究	2011/04
84	云南省瑶族非物质文化遗产保护的现状分析与对策研究	黄禾雨	红河学院学报	2011/06
85	非物质文化遗产视野中的濒危语言	黄龙光	河南教育学院学报（哲学社会科学版）	2011/06
86	潮菜食俗在潮州民俗中应用的文化审视	黄漫钰	文化遗产（2011年增刊）	2011/07
87	试论新疆少数民族非物质文化遗产中传统手工技艺的保护及对策	黄适远	新疆艺术学院学报	2011/03
88	白沙油鸭传统制作工艺调查	黄雪颖	文化遗产（2011年增刊）	2011/07
89	略谈非物质文化遗产保护中的档案工作	黄艳	文化遗产（2011年增刊）	2011/07
90	非物质文化遗产的公共属性与保护对策研究	黄永龙	现代商业	2011/33
91	论哈萨克族阿依特斯艺术的历史根源和艺术形式	贾合甫·米尔扎汗	民间文化论坛	2011/04
92	东莞沙田咸水歌初探	贾静波 饶　旋	文化遗产（2011年增刊）	2011/07
93	非物质文化遗产保护与青少年教育	江小兵	文化遗产（2011年增刊）	2011/07
94	非物质文化遗产网站建设现状及对策	姜　雷	农业图书情报学刊	2011/02
95	从十个方面入手依法推进陕西非遗保护深入开展	蒋惠莉	西北民族研究	2011/02
96	非物质文化遗产——悦城龙母文化的产业化之道	蒋明智	民间文化论坛	2011/05
97	试论土家族哭嫁歌的艺术特色——以鄂西南土家族哭嫁歌为例	蒋芝芸 毛正天	文艺争鸣	2011/01
98	白蛇传在镇江的立体型传承和保护	金璐明	艺术百家	2011/08
99	追寻民族心灵史的文化轨迹——以“东蒙民间故事”为例	靳宏琴 王墨清	民间文化论坛	2011/03
100	鲁西南传统戏剧“两夹弦”之文化探源	靳晓莉	艺术评论	2011/09
101	从马王堆汉绣看湘绣的传承与发展	康　洁 毛勇臻	收藏家	2011/06
102	人类非物质文化遗产代表作之一——花儿的保护、传承与创新	柯　杨	民间文化论坛	2011/05
103	怀集县非物质文化遗产保护工作之探讨	孔志毅	文化遗产（2011年增刊）	2011/07

（续表）

序号	论文题目	作者	期刊	年/期
104	民俗文化的现代化效应 ——樟木头麒麟艺术与经济发展	赖业伟	文化遗产（2011年增刊）	2011/07
105	非物质文化遗产保护实践中几种关系和问题	蓝海红	文化遗产（2011年增刊）	2011/07
106	东莞清溪的麒麟文化生产性保护	蓝茂堃	文化遗产（2011年增刊）	2011/07
107	秦皇岛鼓吹乐的民族音乐学考察与保护策略研究	李　锋	艺术百家	2011/08
108	非物质文化遗产与现代环境艺术设计	李　光 黎　黎	艺术评论	2011/11
109	文化空间视野下梅花拳的保护与传承	李　虎	吉林体育学院学报	2011/01
110	土家族织锦遗产的数字化保护	李　军	暨南大学学报 （自然科学与医学版）	2011/05
111	土家族方言歌谣的修辞类型及其艺术特点 ——以恩施自治州土家族为例	李　莉	文艺争鸣	2011/01
112	江苏农业文化遗产保护调查与实践探索	李　明 王思明	中国农史	2011/01
113	文化生态视野下的非遗保护与旅游发展 ——以西安为例	李　毅 李　强	人民论坛	2011/14
114	做好非遗保护工作需要认识的几个基本常识问题	李　永	文化新世纪	2011/49
115	徐州地区音乐类非物质文化遗产保护的 成果经验与存在问题探究	李爱真	音乐创作	2011/04
116	拳行天下——记国家级非物质文化遗产 南少林五祖拳	李海燕	福建画报	2011/05
117	从春节文化看传统文化的和谐性	李浩斌	甘肃艺苑	2011/04
118	莱芜梆子在“非遗”语境下的时代应对	李红云	民族艺术研究	2011/12
119	在传承中创新，在保护中发展——浅谈东莞 非物质文化遗产资源的产业化之路	李　华	文化遗产（2011年增刊）	2011/07
120	论非物质文化遗产传承人的认定与支持 ——兼评《中华人民共和国非物质 文化遗产法》第29至第31条	李华成	河南教育学院学报 （哲学社会科学版）	2011/03
121	非物质文化遗产活动中民俗与宗教问题初探	李　华 王卫东	文化遗产（2011年增刊）	2011/07
122	试说中国古代的狂欢节——蜡祭	李慧玲	河南师范大学学报 （哲学社会科学版）	2011/02
123	新疆非物质文化遗产的奇葩：各民族传统舞蹈	李季莲	西北民族研究	2011/01
124	浅谈赫哲族传统体育文化的传承和发展	李金才	佳木斯大学社会科学学报	2011/03
125	洮州元宵万人扯绳考源	李金梅 张　帆	体育文化导刊	2011/03
126	试论传播学研究对非物质文化遗产保护的几点启示	李　军	文化遗产（2011年增刊）	2011/07
127	昆明官渡花灯音乐	李琳娅	民族音乐	2011/02
128	加强“非遗”保护力度 为北京经济社会发展做贡献	李薇薇	时代经贸	2011/06

（续表）

序号	论文题目	作者	期刊	年/期
129	西藏和平解放60年与藏族文化遗产保护研讨会简述	李文学	民族研究	2011/04
130	陕西非物质文化遗产保护现状与对策思考	李亚妮	青春岁月	2011/20
131	论凸显文物的非物质文化属性提升博物馆的社会教育效果	梁柳婵	文化遗产（2011年增刊）	2011/07
132	万应“神茶”——记第二批国家级非物质文化遗产泉州晋江灵源万应茶	林芳菲	福建画报	2011/04
133	抢救濒危非物质文化遗产的多重价值——以国家级非物质文化遗产名录六坊云龙舞的抢救性保护为例	林凤群	文化遗产（2011年增刊）	2011/07
134	还愿仪式音乐的功能性探析——以河洛大鼓“还愿书”为例	林乐飞	洛阳师范学院学报	2011/10
135	潮州非物质文化遗产的生产性保护刍谈	林宇南	文化遗产（2011年增刊）	2011/07
136	文化遗产保护中文艺学的选择	凌建英	文学评论	2011/01
137	非物质文化遗产与民族精神的塑造	刘　颁	长春师范学院学报	2011/09
138	国际语境下的非物质文化遗产保护与旅游开发	刘　畅 张　帆	北京联合大学学报（人文社会科学版）	2011/04
139	湘西苗族音乐的保护探微	刘　洁	艺术教育	2011/08
140	论云南壮剧发展的制约因素	刘　琉 程德才	文山学院学报	2011/02
141	云南壮剧的保护与传承研究报告	刘　琉 任　仁	民族艺术研究	2011/02
142	鲁西民间礼俗视野中的梆子腔剧种音乐	刘　娜	民俗研究	2011/12
143	黄梅戏传统音乐的继承与创新——评大型现代黄梅戏《李四光》	刘　萍	黄冈师范学院学报	2011/04
144	珠海市体育非物质文化遗产研究	刘　亚	体育文化导刊	2011/07
145	图书馆非物质文化遗产数据库建设法律问题研究	刘赪娜	艺术教育	2011/07
146	锦州非物质文化遗产现状及评述	刘国武 刘　赍	辽宁工业大学学报	2011/05
147	在城市化进程中如何实施非物质文化遗产的保护与传承	刘　红	文化遗产（2011年增刊）	2011/07
148	地域文化与民间生态——论传统戏剧类非遗保护的活态思维	刘红娟	中州学刊	2011/05
149	“蓝关戏”的艺术价值与传承	刘红侠	郑州航空工业管理学院学报（社会科学版）	2011/01
150	北京郊区非物质文化遗产及其在乡村旅游中的利用研究	刘丽丽	首都师范大学学报（自然科学版）	2011/06
151	非物质文化遗产研究的文化生态学方法论及其意义	刘世文	商业文化（上半月）	2011/09
152	少数民族地区高校图书馆与本地非物质文化遗产的传承	刘双燕	科技情报开发与经济	2011/18

（续表）

序号	论文题目	作者	期刊	年/期
153	为了新的传统创造 ——非物质文化品牌的包装与推广研究	刘维尚	才智	2011/01
154	保护与利用："非遗"离双赢有多远	刘文韬	党建	2011/02
155	论"非遗"传承人的保护方式	刘锡诚	河南教育学院学报 （哲学社会科学版）	2011/01
156	北京民间文学保护若干问题的探讨 ——北京"民间文学"研究报告	刘锡诚	民间文化论坛	2011/02
157	非遗保护的一个认识误区	刘锡诚	河南社会科学	2011/05
158	传统砖雕艺术的历史价值及其发展前景展望	刘显波 郭慧玲	科教文汇（上旬刊）	2011/02
159	发挥教育在非物质文化遗产传承中的作用	刘小林	长春教育学院学报	2011/03
160	对非物质文化遗产保护工作的思考	刘小叶	文化遗产（2011年增刊）	2011/07
161	强化公众意识，促进非物质文化遗产的传承与发展	刘颖雯	文化遗产（2011年增刊）	2011/07
162	三水籍妇女华工"红头巾"的形成和文化内涵	刘永辉	文化遗产（2011年增刊）	2011/07
163	源流·仪式·功能：民俗学视野下的 河州"财宝神"探微	刘玉忠	民间文化论坛	2011/03
164	云南傣族织锦技艺的调查	龙　博 赵　丰 吴子婴 彭　婕	丝绸	2011/12
165	江苏民俗类农业文化遗产的现状 调查与保护对策研究	路　璐 王思明	中国农史	2011/03
166	完善民族地区非物质文化遗产知识 产权保护的法律思考	罗　澍	理论月刊	2011/03
167	民俗类非物质文化遗产的知识产权保护 模式探究——以火把节为例	罗　澍	西南民族大学学报 （人文社会科学版）	2011/09
168	论文化遗产数据库的构建及转化为教育资源的策略	罗江华	贵州民族研究	2011/06
169	土家族傩文化现状解读 ——以恩施土家族苗族自治州为例	罗巧玲	湖北民族学院学报 （哲学社会科学版）	2011/04
170	黎族传统织锦技艺研究	罗文雄	中南民族大学学报 （人文社会科学版）	2011/05
171	浅析非物质文化遗产数字化保护——以傣锦为例	马　静	艺术与设计（理论）	2011/11
172	保护非物质文化，发展辽宁创意文化产业	马　婷	商业文化（下半月）	2011/03
173	云南省高等音乐艺术教育"本土化"教学实践 ——兼论实践对音乐类非物质文化 遗产传承的积极意义	马　薇	民族艺术研究	2011/02
174	对当前云南高等音乐教育的思考 ——从本土非物质文化遗产的传承与保护谈起	马　雁	大众文艺	2011/07
175	试论民俗空间的基本特征	马惠玲	中州学刊	2011/05

（续表）

序号	论文题目	作者	期刊	年／期
176	“文化遗产”：保护和开发是否能并举	马知遥	民间文化论坛	2011/02
177	华县皮影制作特色研究	孟　洁 李伯川	云南农业大学学报（社会科学版）	2011/02
178	遵循传统切合文脉——吕品田谈“手工艺的品格”	孟繁玮 赵　明	美术观察	2011/06
179	依托非物质文化遗产修建当代少数民族美术的发展生态——祁庆富访谈	孟繁玮 赵　明 祁庆富	美术观察	2011/05
180	论黄梅采茶调与黄梅戏的关系	孟福强	大舞台	2011/05
181	也谈高州民歌	孟庆民	艺术教育	2011/02
182	沙湾非物质文化遗产传承保护与开发利用问题探讨	缪　莉	文化遗产（2011年增刊）	2011/07
183	舞蹈创作要注重非物质文化遗产的传承与发展	莫丽婵	文化遗产（2011年增刊）	2011/07
184	非物质文化遗产教育传承：当代高校文化素质教育的新路径——以重庆文理学院为例	牟延林 谭　宏 王天祥 刘　壮 钟代军	民族艺术研究	2011/01
185	全国少数民族传统体育运动会发展趋向探讨	倪东业	北京体育大学学报	2011/08
186	档案机构如何参与非物质文化遗产保护	倪永宁 徐拥军	北京档案	2011/08
187	非物质文化遗产保护在东莞厚街的实践与探索	欧明炽 温少玲	文化遗产（2011年增刊）	2011/07
188	非物质文化遗产在青少年中传承模式的研究——以肇庆端砚为例	潘博成 王　珊 邓正恒 杨秀玲	商业文化（上半月）	2011/09
189	顺德非物质文化遗产保护工作	彭有结	文化遗产（2011年增刊）	2011/07
190	“西关正骨”的活态保护与传承	彭稚萍	文化遗产（2011年增刊）	2011/07
191	民族地区学校教育传承少数民族非物质文化遗产的现状与反思——以国家级非物质文化遗产云南彝族烟盒舞为例	普丽春	民族教育研究	2011/02
192	对非物质文化遗产传承人生存环境的思考——以重庆铜梁扎龙世家为例	戚　序 王海明	西南大学学报（社会科学版）	2011/03
193	我国非物质文化遗产的地域性文化特质分析——以内蒙古自治区和林格尔剪纸为例	戚　序 乌日瀚	前沿	2011/09
194	非物质文化遗产传承人群体性特征及遴选机制——以梁平竹帘传承群体为例	戚　序 赵云雪	艺术探索	2011/03
195	“原生态”民歌的舞台化实践与“非遗”保护——在“中国原生态民歌盛典”学术研讨会上的发言	乔建中	人民音乐	2011/08

（续表）

序号	论文题目	作者	期刊	年/期
196	苏州越溪船拳民俗体育文化的初探	秦琦峰	出国与就业（就业版）	2011/24
197	品味艺术馨香传承国之瑰宝——高校艺术教育在非物质文化遗产传承与发展中的作用	邱　玥	陕西教育（高教版）	2011/09
198	云浮市非物质文化遗产保护初探	邱钧彦	文化遗产（2011年增刊）	2011/07
199	“非遗”为投资另辟新径	曲家辉	艺术市场	2011/08
200	安塞生活场景剪纸的艺术价值	邵　婷	美术大观	2011/02
201	民族传统体育非物质文化遗产的高校教育传承保护研究	邵玉萍	广西师范大学学报（哲学社会科学版）	2011/06
202	非物质文化遗产资源在艺术类高职院校特色专业建设中的优势与价值	沈　勇	艺术教育	2011/03
203	安徽省非物质文化遗产“五禽戏”的健身推广	石　生 季　华	长春理工大学学报	2011/01
204	老字号与非物质文化遗产——关于老字号非遗传承人的保护	石振怀	时代经贸	2011/09
205	汉代丝织纹样中的文化密码	束霞平	丝绸	2011/07
206	西安鼓乐文化空间保护	宋　超	音乐天地	2011/03
207	新疆少数民族民间美术研究现状	宋红雨	美术	2011/12
208	少数民族非物质文化遗产保护现状	宋建林	文艺理论与批评	2011/06
209	关键是保护即将消失的非物质文化遗产	宋兆麟	民间文化论坛	2011/05
210	金渡花席编织技艺的现状、传承与保护	苏凤玲	文化遗产（2011年增刊）	2011/07
211	西乡北帝古庙“三月三”庙会的由来以及对未来发展的一点思考	苏米娜	文化遗产（2011年增刊）	2011/07
212	浅谈深圳非物质文化遗产的挖掘与弘扬	苏小雨	文化遗产（粤增刊）	2011/45
213	凤阳花鼓非物质文化遗产属性探究	苏兆龙	民族艺术	2011/01
214	文化遗产的数字新生命	孙　泠	IT经理世界	2011/21
215	云南传统表演艺术类国家级“非遗”的现状与问题	孙明跃	昆明学院学报	2011/05
216	表演艺术类国家级非物质文化遗产	孙明跃	民族艺术研究	2011/05
217	凤翔木版年画的造型观	孙英丽	宝鸡文理学院学报（社会科学版）	2011/06
218	荆楚剪纸传承人林世柏艺术研究	孙正国	长江大学学报（社会科学版）	2011/11
219	安徽茶类地理标志与非物质文化遗产保护	孙志国 熊晚珍 王树婷 钟学斌	安徽农业科学	2011/13
220	非物质文化遗产资源旅游开发的选择与控制	谭　宏	生态经济	2011/02
221	基于“非遗”视角下的新农村建设与民族传统体育发展	谭　宏	成都体育学院学报	2011/05

（续表）

序号	论文题目	作者	期刊	年 / 期
222	构建民间美术的教育传承体系 —— 基于非物质文化遗产保护和传承的视角	谭　宏	民族艺术研究	2011/06
223	档案馆参与非物质文化遗产数字化保护的 模式及实现策略研究	谭必勇 徐拥军 张　莹	档案学研究	2011/02
224	“南国牡丹”闽西汉剧	谭雪刚	福建画报	2011/12
225	土家族非物质文化遗产会展活态保护新模式探析	谭志国	广西民族大学学报 （哲学社会科学版）	2011/03
226	海派面塑的传承与发展创新	汤　健	上海工艺美术	2011/12
227	非物质文化遗产保护与河阳花鼓戏传承	汤　洁	艺术评论	2011/02
228	蔡李佛拳非物质文化遗产的内涵及传承	汤立许 蔡仲林 秦明珠	体育学刊	2011/05
229	河南武陟青龙宫庙会文化探析	唐　霞	洛阳师范学院学报	2011/09
230	非物质文化遗产保护背景下民族古籍的保护与开发 —— 以彝族创世史诗《查姆》为例	唐碧君	贵州师范学院学报	2011/08
231	文化多样性与文化遗产保护的历史演化及其反思	田　阡 杨红巧	民族艺术	2011/01
232	昆曲等你六百年	田　青	艺术评论	2011/06
233	对中国音乐类非物质文化遗产保护有关问题 的梳理及思考	田　园	艺术教育	2011/03
234	非物质文化遗产保护视野下的民间艺术及其传承	田　阡	民族艺术	2011/04
235	村落社会结构变迁中传统体育的非物质文化遗产保护 —— 以弥勒县可邑村彝族阿细跳月为例	万　义	体育科学	2011/02
236	关于非物质文化遗产的保护与保存	万建中	新视野	2011/01
237	非物质文化遗产保护的国际视野和中国经验 ——2010 中国艺术人类学学术会议综述	汪　欣	河南教育学院学报 （哲学社会科学版）	2011/01
238	非物质文化遗产保护的文化生态论	汪　欣	民间文化论坛	2011/01
239	长白山满族木屋保护研究	王　纪	北京林业大学学报 （社会科学版）	2011/03
240	非物质文化遗产视角下的恩施民族传统体育	王　杰 苏聪慧	体育科技文献通报	2011/12
241	新疆非物质文化遗产保护的法律思考	王　婧	法制与经济（下旬）	2011/01
242	海南省非物质文化遗产介绍（19）黎族传统器乐曲	王　静	新东方	2011/01
243	民间“五毒”与昆丑“五毒戏”	王　宁	民族艺术	2011/01
244	折子戏特点简论	王　宁	戏曲研究	2011/02
245	以云南昌宁苗族服饰为例谈非物质 文化遗产的保护性开发	王　伟 曲艳玲	赤峰学院学报 （汉文哲学社会科学版）	2011/02

（续表）

序号	论文题目	作者	期刊	年 / 期
246	周贻白地方戏研究对当前非物质文化遗产保护的意义	王　雯	文艺理论与批评	2011/03
247	我国民族传统体育非物质文化遗产保护的立法研究	王　卓	北京体育大学学报	2011/04
248	传承 革新 积累 发展 —— 京剧列入人类"非遗"代表作后的思考	王安葵	艺术评论	2011/02
249	十年树"昆"	王安葵	艺术评论	2011/06
250	福建梅林戏使用的乐器及乐队编制	王本谦	乐器	2011/12
251	非物质文化遗产保护与区域旅游问题刍议	王　焯	全国商情（理论研究）	2011/04
252	深圳市"非遗"保护现状及传承思路	王程太	文化遗产（2011年增刊）	2011/07
253	民间信仰与非物质文化遗产保护的互动关系 —— 以上海为例	王海冬	世界宗教文化	2011/06
254	非遗的抢救与开发 —— 从民族舞蹈遗产保护的角度谈	王海涛	文艺争鸣	2011/10
255	浅析华县皮影的保护与发展	王红艳 王　欢	价值工程	2011/10
256	禅城区"非遗"调查及集中展示规则刍议	王建玲	文化遗产（2011年增刊）	2011/07
257	整体性原则与非物质文化遗产保护	王巨山 夏晓晨	民族艺术研究	2450/08
258	从"形式经历"到"文化体验"的回归 —— 也谈非物质文化遗产开发利用的原则与对策	王巨山	山东社会科学	2011/09
259	安塞腰鼓的发展现状及其影响因素分析	王军棉	价值工程	2011/36
260	黄河中下游民间云肩文化考析	王闪闪 崔荣荣	艺术百家	2011/08
261	非遗之路任重道远	王文瑛	文化遗产（2011年增刊）	2011/07
262	非物质文化遗产与无形文化遗产辩正	王先胜	民族艺术研究	2011/02
263	再论非物质文化遗产的相对性	王先胜	河南教育学院学报（哲学社会科学版）	2011/04
264	内蒙古地区非物质文化遗产传承与保护	王欣欣	商业文化（上半月）	2011/09
265	傣族剪纸 —— 活色生香的民间艺术	王艳琦	云南民族大学学报（哲学社会科学版）	2011/03
266	晋阳风火流星的兴衰演变	王耀卿	北京舞蹈学院学报	2011/01
267	浅析艺术管理学科之于非物质文化遗产保护工作的意义	王依及	艺术教育	2011/02
268	非物质文化遗产地方保护体系的三维构架 —— 地方政府、地方社区组织、地方居民	王永桂	郑州航空工业管理学院学报（社会科学版）	2011/01
269	经典：从民间向文献的转换 —— 以"民间经典文化书系"为例	王永宽	河南工业大学学报（社会科学版）	2011/01
270	桃符演变为春联的文化探讨	王永宽	河南教育学院学报（哲学社会科学版）	2011/02

（续表）

序号	论文题目	作者	期刊	年 / 期
271	保护非物质文化遗产：警惕档案机构边缘化	王云庆 陈　建	档案学通讯	2011/01
272	寻迹芳踪，绵绵延续 ——南海区非物质文化遗产保护工作理论与实践的探索	王志强	文化遗产（2011年增刊）	2011/07
273	辽宁省民族地区非物质文化遗产保护 与传承中的几个问题与对策	魏　军	满族研究	2011/02
274	加大抢救保护扶持力度 促进昆曲艺术科学发展	文化部 艺术司	艺术评论	2011/06
275	也谈蒙古长调的现状与保存	乌云陶丽	人民音乐	2011/05
276	绵竹年画的传承与创新	吴　丹	河南教育学院学报 （哲学社会科学版）	2011/04
277	达斡尔族“乌钦”考论	吴　刚	民族文学研究	2011/03
278	凤鸣于天——南通板鹞风筝的艺术 特点及其创新探索	吴　颖	商业文化（上半月）	2011/12
279	非物质文化遗产传承人的文化自觉 ——以深圳三个非遗传承人为例	吴翠明	文化遗产（2011年增刊）	2011/07
280	安庆黄梅戏的发展与旅游开发	吴洁芳 李　娜	科技和产业	2011/09
281	粽溢流香 传统节令食品发扬光大——道滘裹蒸粽	吴沃辉	文化遗产（2011年增刊）	2011/07
282	“天地之中”的物质与非物质文化遗产 ——论设立“天地之中”儒、释、道文化 生态保护实验区的可能性、可行性与必要性	吴效群 方启雄	河南社会科学	2011/05
283	守护精神家园 挑起教育担当 ——音乐非物质文化遗产保护概论一书自序	吴跃华	人民音乐	2011/06
284	“花儿”乡土文化与学校教育传承方式的思考	武宇林	民族教育研究	2011/01
285	新疆非物质文化遗产保护事业的发展	夏　侠	新疆职业大学学报	2011/02
286	以桃花为木刻年画为主题的课程教学设计	夏吉红	科教导刊	2011/11
287	浅谈渔猎民族文物的征集——以赫哲族为例	夏　磊 孙中馗 尤为民	黑龙江民族丛刊	2011/03
288	从《河北民间古乐工尺谱集成》等书的编纂说起	项　阳 柏互玖	人民音乐	2011/07
289	白族传统体育文化发展研究——以“三月街”为例	谢庆伟 张　凯	云南财经大学学报（社会科学版）	2011/01
290	从横经席的制作技艺论生产性方式保护	谢　意	文化遗产（2011年增刊）	2011/07
291	新农村文化建设中民间艺术传承路径探析	邢海玲	郑州大学学报（哲学社会科学版）	2011/04
292	非物质文化遗产社区保护的经验 ——以融水苗族坡会群为例	徐赣丽	河南社会科学	2011/02
293	档案馆在非物质文化遗产保护中的几点思考 ——以云南省为例	徐国英 张志东	云南档案	2011/12

（续表）

序号	论文题目	作者	期刊	年／期
294	我国非物质文化遗产档案管理研究述评	徐拥军 谭必勇 张　莹	北京档案	2011/11
295	鄂东民间黄梅戏“水戏”探究	徐玉莲	四川戏剧	2011/05
296	基于非物质文化保护语境中的艺术设计教学思考	许正人	艺术教育	2011/10
297	生态与原生态——论非物质文化遗产生态构建	许志能	文化遗产（2011年增刊）	2011/07
298	我国非物质文化遗产旅游资源的开发与保护	闫丽新	东方企业文化	2011/08
299	非物质文化遗产旅游可持续发展的实证研究	严润成	商业时代	2011/06
300	民间文学艺术的法律保护	阎莉薇	商业文化（上半月）	2011/12
301	浅谈李方屯年画的文化内涵	杨　浩 张美珍	艺术教育	2011/04
302	档案部门与非物质文化遗产数据库建设	杨　红	北京档案	2011/03
303	弥渡花灯继承与创新的思考	杨　华 赵智霞	民族音乐	2011/04
304	简述侗族南北民间音乐	杨　鉴	音乐创作	2011/04
305	浅谈非物质文化遗产传承主体的保护	杨　杰	文艺生活	2011/03
306	浅谈群众文化在非物质文化遗产保护中的作用	杨　杰	文艺生活	2011/03
307	西南地区非物质文化遗产的区域性特征及 整体性保护策略研究	杨　静 唐经伟	中华文化	2011/03
308	云南花灯、滇剧的发展与保护研究（上、下）	杨　军 刘佳云	民族艺术研究	2011/02
309	浅析敦煌曲子戏的发展与现状	杨　玲	大众文艺	2011/08
310	商洛花鼓与商洛渔鼓之比较研究 ——兼论商洛地方戏剧的生态模式	杨　军 苏　军	黄河之声	2011/05
311	安塞腰鼓进课堂的可行性及实施策略研究	杨彩萍 杜春斌	陕西教育（高教版）	2011/02
312	中华老字号的文化视觉形象	杨朝晖	文艺研究	2011/08
313	辽宁大洼县二界沟镇新农村建设中对 古渔雁文化保护传承的研究	杨豪中 李　媛 吴文超	小城镇建设	2011/08
314	乡村文化精英与非物质文化遗产保护	杨洪林 姚伟钧	江西社会科学	2011/09
315	浅谈剪纸艺术在高校景观中的应用	杨华华 段渊古	艺术与设计（理论）	2011/03
316	莞香文化的传承	杨继春 刘祥辉	文化遗产（2011年增刊）	2011/07
317	地方高校图书馆对非物质文化原生资源的保存研究	杨晶石	长春师范学院学报	2011/08
318	对广州灰塑保护与传承的一点思考	杨丽芳	文化遗产（2011年增刊）	2011/07

（续表）

序号	论文题目	作者	期刊	年 / 期
319	海南民间舞蹈的现状与保护建议	杨莉川	琼州学院学报	2011/04
320	“2010年音乐类非物质文化遗产保护·徐州论坛”综述	杨美媛	人民音乐	2011/11
321	云南布朗族风俗歌［索］的变异过程及其异文化解读	杨民康	中国音乐学	2011/01
322	展线上的演绎：重现生态昆剧（曲）史——论“兰苑芳鳌——中国昆曲600年全景”特展思维	杨学晨	戏曲艺术	2011/04
323	非物质文化遗产的文化空间保护探析	杨　叶	文化遗产（2011年增刊）	2011/07
324	论江汉平原皮影戏的传统艺术特征与现代创新	杨永波	艺术与设计（理论）	2011/09
325	从针灸“申遗”成功看针灸的发展	姚振江 王智琴 喻建兵 郑小飞	湖北中医药大学学报	2011/04
326	论镇区文化中心在非物质文化遗产保护的作用	叶宏亮	文化遗产（2011年增刊）	2011/07
327	“呀呀油”：信阳民歌中的奇葩	尹云芝	信阳师范学院学报（哲学社会科学版）	2011/03
328	本溪市非物质文化遗产旅游开发探析	于　雪	辽宁科技学院学报	2011/01
329	陕西省体育类非物质文化遗产保护现状分析	于奎龙	宜春学院学报	2011/12
330	齐鲁地域文化与山东秧歌	于蔚泉	戏剧丛刊	2011/10
331	非物质文化遗产民族教育传承立法的完善	余　澜 杨　洋	民族教育研究	2011/06
332	对民间艺术吴川泥塑的传承和保护	玉　磊	文化遗产（2011年增刊）	2011/07
333	关于洪梅传统花灯制作与传承的现状分析	袁玉敏	文化遗产（2011年增刊）	2011/07
334	试析太极拳的多元化发展	原艳玲 张　震	河南教育学院学报（哲学社会科学版）	2011/01
335	工艺美术类遗产“原汁原味”三议	苑　利	民间文化论坛	2011/05
336	城市地名文化遗产评价体系及应用——以北京市牛街地区为例	岳升阳 杜书明	城市问题	2011/08
337	依法保护非物质文化遗产	詹瑜璞	民主	2011/04
338	羌族“泰山石敢当”现象的文化成因	张　犇	民族艺术研究	2011/01
339	独占第一春——枫亭镇元宵游灯	张　薇	福建画报	2011/03
340	“弓鱼”绝技	张　薇	福建画报	2011/11
341	非物质文化遗产语境下闽南“拍胸舞”的发展研究	张　媛	北京舞蹈学院学报	2011/04
342	情铸“绞胎”陶艺——“绞胎”陶艺创作中的情感表达	张保军	美术大观	2011/01
343	苏州昆剧戏衣的艺术特色与文化内涵	张蓓蓓	民族艺术	2011/01

（续表）

序号	论文题目	作者	期刊	年/期
344	非物质文化遗产保护传承之马戏人才培养开发模式探究	张栋梁 张支柱 时　莉	人力资源管理	2011/04
345	略谈广饶县非物质文化遗产保护工作之现状	张洪秀	青年文学家	2011/04
346	黔东南苗族传统银饰工艺变迁及成因分析 ——以贵州台江塘龙寨、雷山控拜村为例	张建世	民族研究	2011/01
347	历史证明材料在非遗审定中的重要性及其搜寻	张娟弛	文化遗产（2011年增刊）	2011/07
348	立足传统　着眼未来——“2011花儿保护论坛”述评	张君仁 王　冰	人民音乐	2011/09
349	民族民间艺术的传承与发展 ——以云南建水紫陶的发展为例	张黎明	文山学院学报	2011/05
350	非物质文化遗产传承中的“昌黎地秧歌”	张丽娜	大众文艺	2011/10
351	广东汉乐的传承与传承人的研究分析	张利珍	音乐创作	2011/06
352	京西山梆子	张万顺	前线	2011/11
353	北方泥塑艺术资源的传承研究	张新沂	艺术与设计（理论）	2011/08
354	国家级传统体育、游艺与杂技类非物质文化遗产名录对云南非遗申报的启示	张雪峰 赵艳艳	体育世界（学术版）	2011/06
355	南海海上丝绸之路学术研讨会综述	张一平 严春宝	史学月刊	2011/12
356	敦煌曲子戏遭遇断代窘况	赵　虎	文化月刊	2011/09
357	我国经济法视域下的非物质文化遗产保护	赵　宁 阎其华	河南师范大学学报（哲学社会科学版）	2011/02
358	丰富传统节日文化内涵的思考	赵　书	前线	2011/01
359	高校音乐专业在“非遗”保护和传承工作中的人才培养模式	赵　欣	教学研究	2011/01
360	越调名家毛爱莲声腔艺术研究	赵　毅	河南大学学报（社会科学版）	2011/03
361	建设华夏历史文明重要传承区刍议	赵保佑 毛　兵 卫绍生	中州学刊	2011/01
362	非物质文化遗产保护视角下安塞腰鼓的发展前景研究	赵冬刚	陕西科技大学学报（自然科学版）	2011/03
363	新疆非物质文化遗产的法律保护	赵虎敬	法制与社会	2011/36
364	小议石家庄丝弦生存现状与保护发展	赵佳玮 赵佳玢	科技创新导报	2011/21
365	千峰翠色千年传　千年龙泉千禧来 ——龙泉青瓷成功申报“人类非遗”始末	赵建林	金融博览	2011/02
366	满族民间美术文献资源库的构建研究	赵林英	图书馆学研究	2011/18
367	明清民间木版年画女性人物图像吉祥意蕴解悟	赵晓晴	民俗研究	2011/12

（续表）

序号	论文题目	作者	期刊	年 / 期
368	现代都市里的花会组织与其活动 ——以天津市杨家庄永音法鼓会为例	赵彦民	民俗研究	2011/09
369	苏北乡村唢呐班调查及其发展对策研究	赵宴会	音乐探索	2011/02
370	论苏北赵庄唢呐班曲牌音乐中的“核调”现象	赵宴会	人民音乐	2011/06
371	高校图书馆在非物质文化遗产保护中 角色定位与实践	赵燕玲	重庆文理学院学报	2011/10
372	非物质文化遗产九曲黄河灯	赵智娟	北京档案	2011/09
373	西北花儿的文化形态与文化传承 ——以青海花儿为例	赵宗福	西北民族研究	2011/01
374	谈清远市非遗保护与传承亟待解决的 问题以及针对性建议	郑陆尉	文化遗产（2011年增刊）	2011/07
375	韩中非物质文化遗产唱乐（Pansori）和昆曲 清唱的现况与课题 ——以全州大私习大会和苏州虎丘曲会为例	郑元祉	戏曲艺术	2011/04
376	非物质文化遗产视野下的紫金县客家花朝戏研究	郑紫苑	民间文化论坛	2011/01
377	非遗音乐的教育功能及其实践对策	钟　莹 刘伟辉	教学与管理	2011/06
378	少数民族非物质文化遗产德宏傣族 孔雀舞的旅游价值及开发	周　灿 尹卫东 景德萍	经济研究导刊	2011/24
379	社区参与：非物质文化遗产国际法保护的基本理念	周　超	河南社会科学	2011/02
380	文化遗产与“地域社会”	周　星	河南社会科学	2011/02
381	折子戏与昆曲遗产的保护传承 ——《昆戏集存·甲编》前言	周　秦	戏曲艺术	2011/01
382	当代南通童子戏戏曲化变革及反思	周辉国 杨旺生	民族艺术	2011/04
383	论云南少数民族舞蹈的传承	周孟君	群文天地	2011/16
384	论非遗的保护	周　蓉	文化遗产（2011年增刊）	2011/07
385	银纽丝、金纽丝与桐城山歌	周玉波	中国典籍与文化	2011/02
386	浅谈面料再造工艺对服装设计师的实用意义	朱　琰	艺术百家	2011/02
387	成都市非物质文化遗产“闹年锣鼓”研究 ——以彭州市为例	朱　艳 华　茂	音乐创作	2011/01
388	恩施州非物质文化遗产类型及其保护对策探讨	朱华松	民族论坛	2011/02
389	非物质文化遗产传承与地方社会 ——对岭南社会延续性的探讨	朱　伟	文化遗产（2011年增刊）	2011/07
390	土家族非物质文化遗产教育自治权地方立法的完善	朱祥贵 毛　婧	民族教育研究	2011/01
391	论民俗文化的艺术内涵与生命意识 ——川南“盐工号子”之考据	朱叶莉	求索	2011/12

（续表）

序号	论文题目	作者	期刊	年 / 期
392	“非遗”语境下古琴传承与保护的考察——以虞山琴派为例	诸　炜	人民音乐	2011/10
393	凤翔木版年画的设色分析	祝　捷	美术教育研究	2011/06
394	论外砂织席技艺的非物质文化遗产属性	庄少武	文化遗产（2011年增刊）	2011/07
395	论大理白族非物质文化遗产——“绕三灵”的价值功能	邹成锡 朱　虹 谷峥霖	新西部（下旬．理论版）	2011/11

重要会议论文选目

序号	论文题目	作者	会议论文集名称	会议时间
1	从清明节看民族文化传承——土家人清明挂亲	郭　静	清明（寒食）文化的多样与保护——中国传统节日（清明・寒食）论坛文集续编	2011-03-01
2	《加速实施 中国黎学》方案，让黎族文化产品走向世界	林开耀	2010当代海南论坛文集（上）	2011-03-01
3	国际旅游岛视野下的文化经济	鲁祖涛	2010当代海南论坛文集（下）	2011-03-01
4	非遗档案管理与现代档案资源建设	凌　照 李姗姗	兰台撷英——向建党90周年献礼	2011-07-01
5	借助北京传统资源优势平台寻找提升文化软实力新亮点——以北京老字号的发展为例	丁　青 刘　东	2011北京文化论坛——打造先进文化之都培育创新文化论坛文集	2011-07-10
6	保护传承非物质文化遗产提升首都文化软实力——以房山区等非物质文化遗产为例	苑焕乔	2011北京文化论坛——打造先进文化之都培育创新文化论坛文集	2011-07-10
7	浙江省非物质文化遗产传统医药资源的现状分析及管理	朱德明 王　涛	中华医学会医史学分会第十三届一次学术年会论文集	2011-07-30
8	保护和传承国家级非物质文化遗产——我指挥表演“八卦鼓”舞	李晓燕	文化研究论坛	2011-08-01
9	中国剪纸的新时代——现状、趋势及其问题	乔晓光	中日韩非物质文化遗产保护比较暨第三届中国高校文化遗产学学科建设学术研讨会论文集	2011-08-02
10	王氏妇科崩漏治疗探讨	王金亮	第十一次全国中医妇科学术大会论文集	2011-09-23
11	清源固本发扬蹈厉，在动态传承中创新发展——关于“非遗”保护背景下豫剧传承发展的几点思考	张大新	《河南戏剧》第二届中国豫剧节中国豫剧艺术发展论坛专辑	2011-09-27
12	关于豫剧可持续发展的几点思考	刘景亮	《河南戏剧》第二届中国豫剧节中国豫剧艺术发展论坛专辑	2011-09-27

（续表）

序号	论文题目	作者	会议论文集名称	会议时间
13	河南豫剧音乐的现状忧患及发展思考	方可杰	《河南戏剧》第二届中国豫剧节中国豫剧艺术发展论坛专辑	2011－09－27
14	豫剧在全国流布与发展现状分析	吴亚明	《河南戏剧》第二届中国豫剧节中国豫剧艺术发展论坛专辑	2011－09－27
15	豫剧“北派”艺术	史玉芳	《河南戏剧》第二届中国豫剧节中国豫剧艺术发展论坛专辑	2011－09－27
16	新疆与河南传统与现实，血脉与情感——从《天山雪莲》看豫剧在新疆发展	肖　帅	《河南戏剧》第二届中国豫剧节中国豫剧艺术发展论坛专辑	2011－09－27
17	这里梆子声声响——谈谈豫剧在湖北的流传与发展	李大庆	《河南戏剧》第二届中国豫剧节中国豫剧艺术发展论坛专辑	2011－09－27
18	非物质文化遗产古本易筋十二势进社区规范化管理与可持续发展的探索与思考	严石卿	2011全国中医药科普高层论坛文集	2011－10－01
19	重视北京民俗历史研究丰富世界城市文化内涵	赵　书	史苑撷萃：纪念北京史研究会成立三十周年文集	2011－11－01
20	非物质文化遗产传承保护之成功个案——长白山满族民间剪纸发现、挖掘、传承保护研究	王　纪	2011年中国艺术人类学论坛暨国际学术会议——艺术活态传承与文化共享论文集	2011－11－10
21	传统民俗春联文化的保护与传承——以重庆市江津区中山古镇为案例的调查	胡　泊	2011年中国艺术人类学论坛暨国际学术会议——艺术活态传承与文化共享论文集	2011－11－10
22	唐代扬州铜镜铸造工艺的几个问题	姚义斌	全国高校第五届美术史学年会论文集	2011－10－29
23	陕西红拳的传承研究——从非物质文化遗产的视角	马甜甜 陈学超	第九届全国体育科学大会论文摘要汇编	2011－12－05
24	传统武术传承现状与体系构建的调查分析	范铜钢 虞定海 查安妮	第九届全国体育科学大会论文摘要汇编（2）	2011－12－07
25	基于国际旅游岛建设背景下——城市化进程中“非遗”保护与发展策略	张军军	“当代海南论坛”2011冬季峰会——让旅游插上文化的翅膀：海南旅游与文化融合发展论文集	2011－12－29
26	进一步传承弘扬妈祖文化促进国际旅游岛文化建设	陈水雄	“当代海南论坛”2011冬季峰会——让旅游插上文化的翅膀：海南旅游与文化融合发展论文集	2011－12－29
27	江西传统戏曲研究的一项基础性工程	周伟华	艺海探真——论文论著选编	2011－09－01

报纸文章选目

序号	论文题目	作者	报纸	发表时间
1	“非遗”保护亟须加大财政投入	陈　茁	河南日报	2011－01－21

（续表）

序号	论文题目	作者	报纸	发表时间
2	旅游演艺：非物质文化遗产传承的助推器	周丽燕	人民政协报	2011－01－27
3	生产性保护：让非遗重焕生机	屈　菡	中国文化报	2011－01－30
4	年俗认同与城市文化建设	田兆元	文汇报	2011－02－01
5	东丰台木版年画	冯骥才	今晚报	2011－02－04
6	失去传承人意味着文化断裂	王宪昭	中国文化报	2011－02－22
7	非物质文化遗产法草案进入三审 “非遗”传承人能力丧失可重新认定传承人	秦佩华	人民日报	2011－02－25
8	非遗保护，立法只是第一步	程小旭	中国经济时报	2011－02－25
9	“非遗”传承人不再终身制	郭　佳	北京青年报	2011－02－26
10	《非物质文化遗产法》出台	李红艳	北京日报	2011－02－26
11	保护民族文化之根——聚焦非物质文化遗产法	周　玮 白　瀛	人民政协报	2011－02－26
12	非物质文化遗产保护的重要里程碑 ——文化部副部长王文章谈非遗法出台	周　玮	中国文化报	2011－02－26
13	非遗法出台有望为“申报热”降温	王晶晶	中国青年报	2011－03－01
14	“阿诗玛”不仅是遗产	杨福泉	中国文化报	2011－03－01
15	依法保护重在传承——关于贯彻 《中华人民共和国非物质文化遗产法》的几点思考	蔡　武	人民日报	2011－03－02
16	开启我国非物质文化遗产保护工作新篇章文化部 贯彻实施《中华人民共和国非物质文化遗产法》 专家座谈会发言摘登	李晓林 李　静 陈　曦	中国文化报	2011－03－03
17	《非物质文化遗产法》将推动文化立法再上台阶	屈　菡	中国文化报	2011－03－04
18	《非物质文化遗产法》颁布：恰逢其时，更要 落到实处让非遗与相关法律一同融入社会	翟　群	中国文化报	2011－03－05
19	深入贯彻实施《非物质文化遗产法》全面推进我国非 物质文化遗产保护工作——在贯彻实施《非物质文 化遗产法》专家座谈会上的讲话	蔡　武	中国文化报	2011－03－08
20	全面把握时代背景，深刻认识非物质 文化遗产法的重要意义	任茂东	中国文化报	2011－03－08
21	“非遗”保护要建立退出机制 ——专访全国政协委员田青	杨兆敏	工人日报	2011－03－11
22	过度开发非遗项目捞钱不长久	张　鹏 白　雪	中国青年报	2011－03－11
23	刻刀下的历史——河北蔚县剪纸的创新与发展	刘锡诚	中国文化报	2011－03－15
24	悠悠“古渔雁”“渔猎”活化石	邱　宏	沈阳日报	2011－03－21
25	非遗如何不再“非常遗憾”	胡洪江	人民日报	2011－03－28
26	“花儿”的美随季节而变	柯　杨	中国文化报	2011－03－29

（续表）

序号	论文题目	作者	报纸	发表时间
27	何时再能“忙趁东风放纸鸢”记盖州风筝代表性传承人赵秉泉	曹　洋	中国文化报	2011－03－31
28	在非遗保护中推进中国旅游产业发展	周丽燕	人民政协报	2011－04－07
29	如何去发现与挖掘非物质文化遗产	曹保明	中国文化报	2011－04－14
30	建设新农村要重视非物质文化遗产保护	周丽燕	人民政协报	2011－04－21
31	元谋花灯艺术特点浅析	杨春早 杨凤丽	楚雄日报（汉）	2011－04－22
32	终生恋鼓艺　非遗护卫人 ——记陕西省蛟龙转鼓代表性传承人吴彦杰	梁　挺	中国文化报	2011－04－26
33	《非遗法》施行在即江苏探索非遗知识产权保护	陈　菲 蔡玉高	中国文化报	2011－04－29
34	科学推进非遗生产性保护	苏　文	中国文化报	2011－05－04
35	天坛传说：圣与俗的统一	刘锡诚	中国文化报	2011－05－05
36	会唱侗歌就会唱侗戏	余未人	中国文化报	2011－05－05
37	耿慧英：万千青丝绣出“水墨”	曹　洋	中国文化报	2011－05－05
38	一个音乐学家的社会责任 ——由“非遗”与“原生态”想到的	田　青	人民政协报	2011－05－09
39	化危机为契机推进非遗保护传承	白　炜	中国文化报	2011－05－10
40	我们的工作仍然在田野	曹保明	中国文化报	2011－05－12
41	“非遗”十年让昆曲院团面貌大变	成　长	中国文化报	2011－05－12
42	千阳刺绣半边天绣出一片天	卢志平	宝鸡日报	2011－05－12
43	榆林小曲陷入困境	任学武	中国文化报	2011－05－12
44	探索“非遗”保护的途径	李悦春	云南日报	2011－05－13
45	关于姚安县文化遗产传承保护的思考	陈德清	云南经济日报	2011－05－13
46	成都非遗节的国际视线	张　琰	中国文化报	2011－05－17
47	绘染艺术家恐技艺失传寻徒	刘　玥	江西晨报	2011－05－18
48	关于非遗保护与产业发展的思考	吴　江	中国文化报	2011－05－23
49	闽南民居营造技艺还能存活多少年	陈美者	中国文化报	2011－05－24
50	古琴文化的传承靠创新	田　青	人民政协报	2011－05－26
51	《保护非物质文化遗产公约》中国国际层面履约工作解读：全面开展非遗国际合作践行国际层面履约责任	国　季	中国文化报	2011－05－26
52	普法工作全面展开 依法保护任重道远	李　静	中国文化报	2011－05－31
53	《非遗法》将于6月1日起正式施行普法工作全面展开依法保护任重道远	李　静	中国文化报	2011－05－31

（续表）

序号	论文题目	作者	报纸	发表时间
54	《中华人民共和国非物质文化遗产法》今日实施 ——留住中华民族文化之根	王比学	人民日报	2011－06－01
55	对加强和保护查姆文化的思考	杨达军 苏迎华	楚雄日报（汉）	2011－06－01
56	《非遗法》6月1日正式实施 中国非遗保护体系初步构建	赖　睿	人民日报（海外版）	2011－06－02
57	《中华人民共和国非物质文化遗产法》正式实施 我国非遗进入依法保护新阶段	刘修兵	中国文化报	2011－06－03
58	一针一线绘出美好前景 ——记锦州满族民间刺绣传承人夏丽云	栾　芳	中国文化报	2011－06－03
59	热贡艺术“冷热不均”，折射非遗保护困局	姜辰蓉 王大千	中国文化报	2011－06－04
60	晋宁抢救非物质文化“富矿”	黄丽萍	昆明日报	2011－06－08
61	什么样的“非遗”不是“非遗”	苑　利	人民日报	2011－06－10
62	非遗保护中的民俗文化	田　青	人民日报	2011－06－10
63	激活非遗——深圳龙岗文化产业发展启示	萧　波	人民日报	2011－06－10
64	非物质文化遗产：警惕“春天的味道”	李　舫	人民日报	2011－06－10
65	弘扬人类文明共建精神家园——第三届中国成都国际非物质文化遗产节·非物质文化遗产国际论坛发言摘要	崔成泉	中国文化报	2011－06－10
66	非物质文化遗产如何走出传承困境	孟　刚	中国消费者报	2011－06－10
67	《非物质文化遗产法》亮点解读	孟　刚	中国消费者报	2011－06－10
68	经济学视野下的非遗保护	陈勤建	中国文化报	2011－06－10
69	中国非遗保护有法可依	赖　睿	人民日报海外版	2011－06－11
70	部分非遗技艺后继乏人《非遗法》出台提供改善契机 莫让“师徒同台”成为无奈回忆	屈　菡	中国文化报	2011－06－14
71	非遗保护：文献保存也很重要 ——中华典籍与非物质文化遗产传承座谈会侧记	马子雷	中国文化报	2011－06－20
72	“非遗”传承：寻求走向市场的合理之路	艾福梅	人民政协报	2011－06－24
73	依法保护重在传承 ——近距离观察中国非物质文化遗产生存状态	杨　春	人民政协报	2011－06－27
74	“保存”与“保护”二者应并重 ——读《中华人民共和国非物质文化遗产法》	刘锡诚	中国文化报	2011－07－05
75	乡土文化为城镇发展注入活力	邵　威	中国文化报	2011－07－05
76	传承人培养成为非物质文化遗产保护焦点	王海晋	北京青年报	2011－07－12
77	五三腔：彝家山寨里的音乐奇葩	王春美	玉溪日报	2011－07－15
78	《非遗法》的理念解读	林伟民	中国文化报	2011－07－19

（续表）

序号	论文题目	作者	报纸	发表时间
79	善待她：江山坐唱班	杨和平	光明日报	2011-07-20
80	“馅饼节”蕴藏的民俗内涵 ——兼谈如何认识非遗项目的本真性	曹保明	中国文化报	2011-07-21
81	前门传说：不是单纯的风物或名胜	刘锡诚	中国文化报	2011-07-28
82	要注意保护传承的多样性	曹保明	中国文化报	2011-08-11
83	非遗之后该怎么办	麻　雪 李　波 王　星	宝鸡日报	2011-08-25
84	非物质文化遗产保护与文化创意	高　瑜	中国文化报	2011-08-30
85	中原南街木雕的风格与价值	梁俊锋	河南日报	2011-09-17
86	理性思考：民俗类非遗项目本真性	杨　梓	中国文化报	2011-09-19
87	从典籍中追寻非遗的源流	方李莉	中国文化报	2011-09-22
88	非遗，在文化的春天里绽放	彭海霞 裴　霞	中国文化报	2011-09-26
89	建立健全非物质文化遗产知识产权保护制度	曾　荐	人民日报	2011-09-30
90	保护传承——文化遗产焕发生机	杨　燕	云南日报	2011-10-17
91	平度市传统舞蹈类非遗项目现状调查	魏　明 张　萍	中国文化报	2011-10-18
92	寻找非遗传承的核心点	曹保明	中国文化报	2011-10-25
93	非遗在守护中传承	刘　彬 王勉励	人民日报	2011-11-09
94	亚洲应携手合作保护东方文化传统	刘锡诚	中国文化报	2011-11-17
95	大力推进文化和旅游融合发展提升海南 旅游的魅力和竞争力	陆志远	中国旅游报	2011-11-25
96	苏州评弹的“海派”	朱栋霖	文汇报	2011-11-25
97	一个山区县的非遗保护样本——浙江磐安的非遗保护	陈永岗	中国文化报	2011-11-29
98	彝族月琴初探	金　娜	云南经济日报	2011-11-29
99	促进非物质文化遗产保护与开发更好结合	仲莉华 李艳燕	人民日报	2011-12-01
100	一道美丽风景——多元的湖州南浔非遗场馆	柳艳娟 孙　琳	中国文化报	2011-12-01
101	桐乡：蚕桑舞春秋非遗结硕果	褚红斌 陈亚琴	中国文化报	2011-12-01
102	创意搭台传承唱戏　珍贵遗产护之有道 福建非遗保护的那些“金点子”	焦　雯	中国文化报	2011-12-05
103	非遗保护将进入数字化时代	陈彬斌	中国文化报	2011-12-06

（续表）

序号	论文题目	作者	报纸	发表时间
104	传统体育类非遗项目：冷热不均 两极分化	宋俊华 陈　熙 赵斯羽	中国文化报	2011－12－08
105	文化元素让查干湖光彩炫目	刘向华	吉林日报	2011－12－13
106	“三位一体”：非遗保护的宁波模式	费　伊	中国文化报	2011－12－21
107	把浙江传统音乐传承好	杨和平	浙江日报	2011－12－21
108	有法可依 有法必依 依法行政 依法保护——学习贯彻《中华人民共和国非物质文化遗产法》的几点体会	王　淼	中国文化报	2011－12－22

博士学位论文选目

序号	论文题目	作者	学位授予单位
1	中国北方少数民族萨满舞蹈结构及功能研究	孙慧佳	中国艺术研究院
2	《格萨尔王传》与多康地区藏族族群认同	王　蓓	中国社会科学院研究生院
3	明清三国戏曲研究	张红波	北京大学
4	从民间艺术到文化遗产——秀山花灯的人类学考察	崔鸿飞	中央民族大学
5	清代琼黎图研究	戴成萍	中央民族大学
6	中国朝鲜族舞蹈与韩国民族舞蹈比较研究——以舞蹈人类学为视角	高仙玉	中央民族大学
7	北京传统首饰技艺传承研究	韩　澄	中央民族大学
8	古村落非物质文化遗产保护研究——以肇兴侗寨为个案	季诚迁	中央民族大学
9	一个文化资本的生成与运作——山东四县水浒文化的人类学考察	李　旭	中央民族大学
10	中国少数民族工艺美术的实用性及其特点	梁智勋	中央民族大学
11	造像的法度与创造力——西藏昌都嘎玛乡唐卡画师的艺术实践	刘冬梅	中央民族大学
12	古村落保护的策略与行动研究——以山西下州村为例	聂存虎	中央民族大学
13	辽宁地区妈祖文化调查研究——以东港市孤山镇为例	孙晓天	中央民族大学
14	美学视野中清明节日民俗的整合	王　剑	中央民族大学
15	制度化背景中的剪纸传承与生活实践——以山东高密河南村为例	王　雪	中央民族大学
16	少数民族村落文化景观遗产保护研究——以贵州省榕江县宰荡侗寨为例	刘艺兰	中央民族大学
17	清代琼黎图研究	戴成萍	中央民族大学

（续表）

序号	论文题目	作者	学位授予单位
18	为谁而歌——以海城民间丧葬仪式中的鼓乐为例	林　林	中央音乐学院
19	贵州布依戏研究——以贵州省册亨县布依戏为案例	刘玲玲	中央音乐学院
20	黎族习惯法研究	叶英萍	中国政法大学
21	绍兴舜王巡会会货表演研究	袁　瑾	华东师范大学
22	夏商周青铜器艺术的发展源流	倪玉湛	苏州大学
23	明清苏州地区昆剧演出场所及文化生态研究	张慧琴	苏州大学
24	明代苏州园林史	郭明友	苏州大学
25	广西融水苗族服饰的文化生态研究	尹　红	中国美术学院
26	博山琉璃及其产业化保护研究	宋　暖	山东大学
27	东阿阿胶制作技艺产业化研究	鲁春晓	山东大学
28	土家族非物质文化遗产保护与开发研究	谭志国	中南民族大学
29	李自成传说研究	刘丽丽	华中师范大学
30	湖北红安张家湾舞龙研究	张晓舒	华中师范大学
31	藏传佛教艺术传承中信息技术应用的价值定位研究：以热贡唐卡为例	卓么措	西南大学
32	土家族审美文化研究	杨　亭	西南大学
33	民族服饰文化传承中的图像记录研究——以互助土族服饰为例	徐红梅	西南大学
34	符号哲学视野中土家族敬祖习俗育人价值研究——以偏岩土家族村寨为例	向帮华	西南大学
35	石林彝族撒尼人刺绣象征文化研究	瞿天凤	云南大学

硕士学位论文选目

序号	论文题目	作者	学位授予单位
1	歌唱与劳动——四川夹江马村乡竹麻号子调查研究	李盈盈	中国艺术研究院
2	徽州传统民居营造技艺现状研究	乔宽宽	中国艺术研究院
3	中国少数民族非物质文化遗产保护与传承研究——以德格印经院雕版印刷技艺为调查案例	夏　雪	中国艺术研究院
4	口述史与非物质文化遗产研究——以甘肃红堡子地区“打土匪”早期口头表述为例	谢忠军	中国艺术研究院
5	明清时期北京民间灯画研究	郇高娣	中国艺术研究院

（续表）

序号	论文题目	作者	学位授予单位
6	山西民间舞蹈中的“男扮女装”现象研究	薛　莉	中国艺术研究院
7	清代宫廷承应戏初探	卞　冀	中国艺术研究院
8	景德镇制瓷工具之利坯刀研究	刘晓雪	中国艺术研究院
9	神圣的表演——温州道教斋醮科仪音乐的体验与阐释	林立策	中国艺术研究院
10	上党梆子生成发展中几个问题探讨	王丹丹	中国艺术研究院
11	编钟双音技术的流变	王宏蕾	中国艺术研究院
12	“第一届全国曲艺会演大会”的调查与研究	王　娟	中国艺术研究院
13	《单弦牌子曲资料集》研究	王利肖	中国艺术研究院
14	宁都县石上割鸡仪式音乐的调查与研究	肖艳平	中国艺术研究院
15	房山区北窖村音乐会传谱及其活态传承研究	周晓爽	中国艺术研究院
16	我国非物质文化遗产法律保护问题探析	周　婷	中国社会科学院研究生院
17	战国游说与诸子之“说”	安宝罗	北京大学
18	《古谣谚》研究	尉程炜	北京大学
19	伍子胥传说研究	张志娟	北京大学
20	非物质文化遗产的民事保护	戴　妍	中央民族大学
21	论豫剧的法律保护	胡艳娟	中央民族大学
22	文献学视野下的《畲族小说歌》研究	黄倩红	中央民族大学
23	冀中民间故事嬗变研究（1980－2010年）——以河北省耿村为例	李敬儒	中央民族大学
24	从古一张画店作坊看杨柳青年画的传承	李思思	中央民族大学
25	西吉皮影的传承与保护——以西吉县王民乡红太村皮影艺人谢科选为个案	李秀琴	中央民族大学
26	河北易县忠义村：一个满族村的民族学调查研究	刘春惠	中央民族大学
27	塔吉克族婚俗仪式音乐研究	刘　涛	中央民族大学
28	湘西北桑植“打花灯”的传统形态与现代演变	刘　洋	中央民族大学
29	新农村建设下屯堡地戏的重塑	慕　笛	中央民族大学
30	塔吉克族肖公巴哈尔节的变迁研究	热米娜·穆合塔尔	中央民族大学
31	立—教—演：重庆酉阳县土家族摆手舞的田野观察与研究	苏　丹	中央民族大学
32	蔚县剪纸商业化生存发展经验研究	苏梦薇	中央民族大学
33	京族非物质文化遗产保护若干法律问题研究——基于京族非物质文化遗产的调研	谭岗凤	中央民族大学

（续表）

序号	论文题目	作者	学位授予单位
34	汶川地震后羌笛的传承与发展研究	汤　嘉	中央民族大学
35	论民间文学艺术权的创立	王保同	中央民族大学
36	内蒙古通辽科尔沁地区蒙古族服饰的保护与传承	王尚楠	中央民族大学
37	羌族地区文化生态的保护与发展 ——以四川省汶川县布瓦村为例	王　媛	中央民族大学
38	科尔沁右翼中旗乌力格尔的保护与传承研究	吴　桐	中央民族大学
39	生生不息——乾州春会的人类学研究	向　伟	中央民族大学
40	陇东原上的女红奇葩 ——甘肃庆阳香包文化产业调查研究	张娜娜	中央民族大学
41	云南南涧彝族自治县“跳菜”音乐研究	张　艳	中央民族大学
42	论地方政府在保护少数民族非物质文化遗产中的主导作用 ——以巴塘弦子为例	谢兴华	中央民族大学
43	山西非物质文化遗产传承人生存现状及保护策略研究	牛晓珉	中央民族大学
44	楚雄彝族活态史诗研究——以《梅葛》为对象	李一秀	中央民族大学
45	华县皮影研究	韩　玉	中央民族大学
46	浅谈安徽花鼓灯锣鼓的传承与发展及面临的几个问题	王贝贝	中央音乐学院
47	对常德丝弦传承的调查与研究	熊舒元	中央音乐学院
48	知识产权视野中的民间文学艺术保护 ——以“保护在先权利”为视角	何慧婷	中国政法大学
49	多维视角下中国传统医药的国际保护	马　赟	中国政法大学
50	非物质文化遗产的知识产权保护研究	谢　兰	中国政法大学
51	论我国民间文学艺术的保护模式 ——以河南朱仙镇木板年画的保护为视角	张　舒	中国政法大学
52	历史文化村镇的保护与可持续发展研究 ——以江南水乡古镇为例	汪　婷	中国地质大学（北京）
53	非物质文化传承研究——以贵州水城县山歌为例	卢　黎	北京第二外国语学院
54	剪纸艺术的现代转型与应用研究	张　群	北京林业大学
55	梅花拳五势桩技法及健身作用研究	杜军明	北京体育大学
56	彝族烟盒舞在玉溪市中学开展的可行性研究	杨清林	北京体育大学
57	文圣拳的技术体系和传承脉络整理研究	陈德冉	首都体育学院
58	基诺族小学民间美术乡土教材开发的行动研究	骆　艳	首都师范大学
59	安塞腰鼓运动发展的现状及影响因素的分析	马红伟	河北师范大学
60	山西大同“碓臼沟秧歌”调查研究	周　洁	山西大学
61	辽阳民间鼓乐文化研究	苗利莉	辽宁大学

（续表）

序号	论文题目	作者	学位授予单位
62	从海城高跷秧歌变迁看民间艺人的能动作用	何婷婷	辽宁大学
63	民间文学艺术知识产权保护探究	史　娜	吉林大学
64	文化遗产的保护与开发——以沈阳故宫为例	柏艺萌	吉林大学
65	朝鲜族秋千历史演变与社会功能的研究	刘　洋	吉林大学
66	查干湖旅游项目发展对策研究	宝蒙权	吉林大学
67	朝鲜族萨满教巫舞研究	张小姣	吉林大学
68	电视文艺传播对我国非物质文化遗产的保护措施	高　健	东北师范大学
69	中小学课外活动中加强民族民间舞蹈学习的可行性研究	潘楠楠	东北师范大学
70	二人转传播的问题及对策研究	孟佳林	东北师范大学
71	长白山满族民间剪纸研究	刘亚非	延边大学
72	医学人类学视野下朝鲜族传统医药的传承与开发——以延边朝鲜族自治州为中心	门美佳	延边大学
73	山东胶东地区秧歌音乐研究	苏　榕	延边大学
74	鲁西南张氏鼓吹班研究	康　宁	延边大学
75	民间傣剧现状调查研究——以盈江四地为个案	王　薇	上海戏剧学院
76	回归民俗的生活世界：以泰康路田子坊为例	茅正圆	华东师范大学
77	民俗主义视角下的绍兴大禹祭祀文化	杨　曼	华东师范大学
78	《五臧山经》神灵体系的构成与信仰记忆的博弈	刘　捷	华东师范大学
79	王昭君民间传说美人叙事研究	饶晓敏	华东师范大学
80	黎族传统织锦纹样的现代运用	邬思敏	东华大学
81	黎族传统村落形态与住居形式研究	陈小慈	南京农业大学
82	夹缬手工艺的数字化模拟与保护	陈　峰	中国美术学院
83	论非物质文化遗产的知识产权保护	孙志学	安徽大学
84	非物质文化遗产传承人的特征研究	濮飞飞	安徽医科大学
85	山东淄博孟姜女传说的传承现状研究——以淄河镇城子村为例	付伟安	山东大学
86	经历非遗——鲁中地区一种乡民艺术的当代变迁	郭凌燕	山东大学
87	山东荣成渔民号子研究	张姣阳	山东大学
88	论民间文学的知识产权保护——以中国传统武术为例	赵晴晴	山东大学
89	非物质文化遗产视角下的山东传统武术研究	张志成	山东师范大学
90	申遗形势下传统武术的保护研究	滕希望	山东师范大学

（续表）

序号	论文题目	作者	学位授予单位
91	山东日照岚山民歌研究	王　捷	山东师范大学
92	论非物质文化遗产的创新性传承	于伟伟	山东艺术学院
93	城市语境中的泰山皮影戏研究	朱振华	山东艺术学院
94	胶东秧歌“女性角色”类型研究	杨春雪	山东艺术学院
95	新农村发展中的中医药建设研究	衣翠翠	山东中医药大学
96	非物质文化遗产视角下文圣拳的传承及创新发展研究	张桂彪	山东体育学院
97	胶州秧歌文化社会学研究	赵　磊	山东体育学院
98	民间工艺品包装中的多元化分析——菏泽面塑包装设计	程　爽	青岛大学
99	我国体育非物质文化遗产的可持续发展研究	祝　程	曲阜师范大学
100	北宋开封民俗体育活动的传承、演变与发展	谢兆瑞	河南大学
101	朱仙镇木版年画出版传播研究	徐丽敏	河南大学
102	汴绣艺术研究	王　科	河南大学
103	郑州回族婚俗变迁与现代化	刘　婷	河南大学
104	民俗视野中的兰考地区婚俗问题	程贵丽	河南大学
105	濮阳大弦戏研究	史周宾	河南大学
106	传统武术动作名称的意象研究	赵艳敏	河南大学
107	鹿邑道教音乐调查研究	李春玲	河南大学
108	古都梵音——开封大相国寺佛教音乐考察与研究	刘　霞	河南大学
109	和式太极拳“耍拳”论	李　斌	河南大学
110	秀山泥人李泥塑艺术研究	崔师瑜	河南大学
111	历史背景下的地方小剧种——商丘市四平调剧团兴衰史	于　露	河南大学
112	情系坠子 曲艺人生——记坠子大师赵铮	李　方	河南大学
113	焦作怀梆戏研究	王　静	河南大学
114	非物质文化遗产视域下传统武术的现代化发展	李　芬	河南师范大学
115	京韵大鼓唱腔艺术研究	杜艳冰	河南师范大学
116	邓州罗卷戏的历史与现状	王　珣	河南师范大学
117	论常香玉及其豫剧作品展现的中华民族精神	康俊峰	河南理工大学
118	河南浚县泥塑艺术的审美价值研究	孔　静	郑州大学
119	地坑窑民居传统营造中的科学性研究	陈瑞芳	郑州大学

（续表）

序号	论文题目	作者	学位授予单位
120	人文关怀：民间信仰之本 ——以浚县庙会神灵崇拜为切入点	聂建顺	中原工学院
121	旅游开发背景下的民族文化保护研究 ——以恩施土家族苗族自治州来凤县舍米湖村摆手舞为例	向　晶	湖北民族学院
122	西北民歌“花儿”的审美文化阐释	王军林	湖北民族学院
123	湖北民俗与乡村旅游发展研究	林　艳	华中师范大学
124	传统节日知识本体的构建及表示方法研究	郝挺雷	华中师范大学
125	琼北传统民居营造技艺及传承研究	熊　绎	华中科技大学
126	中国国家级非物质文化遗产保护中的地方政府职能研究 ——以湖北武当武术为例	易文君	华中农业大学
127	民俗体育的传承、变迁及对策研究 ——以大足鲤鱼灯舞为个案研究	先小平	西南大学
128	黔东南苗族乐器制作技术传承及影响因素探析	车　博	西南大学
129	蒙古族那达慕文化在学校教育中传承的策略研究	吕金梅	西南大学
130	羌族非物质文化遗产静态保护和活态 传承结合模式构建研究	徐用高	西南大学
131	非物质文化遗产传承人法律保护研究	龙冠中	西南大学
132	非物质文化遗产国际保护法律问题研究	邓　薇	西南政法大学
133	云南民间工艺美术的造型技法及其审美内涵研究	杨婷娜	重庆大学
134	对重庆地区非物质文化遗产传承人群体性 特征及相关问题的探析	赵云雪	重庆大学
135	西南地区历史文化村镇文化遗产普查标准构建	何兆熊	重庆大学
136	市场经济下对“高密三绝”的保护形式及功能价值探析	孙　慧	重庆大学
137	和林格尔剪纸与地域版画创作研究	乌日瀚	重庆大学
138	滩头年画艺术特征研究	周　吉	重庆大学
139	潍坊风筝的视觉要素与美学特征研究	孙　建	重庆大学
140	云南民间工艺美术的造型技法及其审美内涵研究	杨婷娜	重庆大学
141	皮影戏的数字化应用与研究	耿鸿业	重庆大学
142	文化人类学视域下的巴渝民歌文化初探	胡小琴	重庆大学
143	民俗学视域下的朱仙镇木版年画研究	张红波	重庆大学
144	重庆梁平“涂氏木雕”艺术现象的探析	陈　松	重庆师范大学
145	大理巍山扎染艺术语言在现代壁挂中的应用研究	孟　倩	西南交通大学
146	档案工作参与云南少数民族非物质文化遗产保护研究	金文杰	云南大学

（续表）

序号	论文题目	作者	学位授予单位
147	云南彝族阿哲人“祭龙”活动的当代复兴问题考察——基于对巡检司镇陶瓦村的田野调查	何春燕	云南大学
148	少数民族地区高校民族文化传承研究——从文化再生产视角解析楚雄师范学院在彝族文化传承中的作用	陈玉梅	云南大学
149	云南孟连傣族宣抚土司礼仪音乐调查与研究	金　红	云南大学
150	民族民间艺术的传承机制研究——以剑川石龙村白族调为中心的讨论	张秋霞	云南大学
151	傣族贝叶档案在云南民族文化产业发展视野下的发掘研究	陈园园	云南大学
152	怒族传统节日“如密期”研究	和　湍	云南大学
153	拉祜扩节庆活动的权力符号建构与艺术样式研究	周　翔	云南大学
154	云南少数民族节日开发研究	王　莹	云南大学
155	剑川白族调音乐形态与传承发展研究——以“白曲村”石龙村为例	吴　哲	云南大学
156	葫芦丝文化在云南当代的发展	张春亮	云南艺术学院
157	非物质文化遗产的传承途径探究	夏宁博	云南艺术学院
158	花腰彝舞龙文化研究	陆定福	云南艺术学院
159	文化人类学视野下的巍山彝族“打歌”	刘成成	云南艺术学院
160	云南民族工艺品产品转化探析	侯朝洞	云南艺术学院
161	云南特色民间工艺产业化发展研究——以花腰彝刺绣为个案	关　珊	云南艺术学院
162	纳西古乐的传承与保护探析	和洁蕾	云南民族大学
163	论云南甲马造型特点	彭晓虹	云南师范大学
164	云南非物质文化遗产的品牌资产计量模型研究	罗　巍	云南财经大学
165	南通海合院式民居的石雕艺术研究	唐本华	昆明理工大学
166	凤翔木版年画艺术特色及美学意蕴研究	鲁　珂	西北大学
167	审美文化视域下的秦腔传统剧研究	刘　苑	西北大学
168	陕北民歌的审美特质	刘　姣	西北大学
169	山西省岚县“岚城面塑供会”民俗活动的考察研究	张燕霞	西北民族大学
170	论陕北民歌在初中音乐课程中的开发与运用	杨延文	陕西师范大学
171	社火脸谱装饰造型研究	段盈盈	西安美术学院
172	民俗艺术图式中的“构成性”试析——以陕西剪纸为例	杜　澂	西安美术学院
173	非物质文化遗产视角下耀州窑制瓷工艺的保护和传承研究	崔　瑛	西安外国语大学
174	非物质文化视野下的蒋村传统村落环境研究	朱黎明	西安建筑科技大学

（续表）

序号	论文题目	作者	学位授予单位
175	陕北秧歌的风格特征与教学的研究	常　静	西安体育学院
176	陕西红拳发展现状与策略研究	卢　佳	西安体育学院
177	陕北说书与近代陕北社会	王二梅	延安大学
178	非物质文化遗产法律保护研究：基于新疆地方立法及保护实践	古力米克热·莫合旦	新疆大学
179	哈萨克族达斯坦的演唱与传承——以新疆阿勒泰地区福海县为例	阿依努尔·毛吾力提	新疆大学
180	维吾尔族民间制毡工艺研究	夏克尔·赛塔尔	新疆大学
181	艾特莱丝织造工艺研究：和田地区为例	阿丽亚·阿里木江	新疆大学
182	新疆少数民族非物质文化遗产保护研究	夏勇彪	新疆师范大学
183	新疆维吾尔木卡姆传承中心运行现状及发展研究	王　鸿	新疆师范大学
184	新疆锡伯族节庆体育的研究	孙慧芳	新疆师范大学
185	新疆民族民间传统手工木器装饰审美意识研究	赵　凯	新疆师范大学
186	和谐社会视阈下维吾尔族非物质文化遗产中的和谐思想研究	塔吉姑·吐逊	新疆师范大学
187	阿尔泰山区图瓦人的传统音乐文化研究	刘　煦	新疆师范大学
188	维吾尔族传统爱德莱斯绸工艺研究	阿布都热合曼	新疆师范大学